Yigal Lossin · HEINRICH HEINE

Yigal Lossin

HEINRICH HEINE

Wer war er wirklich?

MELZER VERLAG

Aus dem Hebräischen übersetzt von Abraham Melzer.

Die Übersetzung wurde durch einen Zuschuss
der Landeshauptstadt Düsseldorf unterstützt.

Redaktion: Viola Behr, Monika A. Weißenberger, Petra Zöllner

Die kursiv gesetzten Texte sind Zitate von Heinrich Heine.

© 2006 by Melzer Verlag GmbH, Neu Isenburg
www.melzerverlag.de

Satz & Layout: Bernhard Heun, Rüssingen
Umschlagentwurf: Publikation Atelier, Dreieich
Druck und Bindung: GGP Media GmbH, Pößneck

ISBN: 3-937389-98-9
Printed in Germany

INHALT

ZITATE

„Ich träume mit aufgemachten Augen…"[1]
(Heine zugeschrieben)

Ihr Lieder! Ihr meine guten Lieder!
Auf, auf! und wappnet euch![2]
(Die Nordsee)

„Heine beinhaltet die gesamte deutsche Kultur; in seinem Kopf
sprudelten alle Ideen des modernen Europa."[3]
(Matthew Arnold)

„Deutschland hat nur einen Dichter hervorgebracht, außer Goethe:
das ist Heinrich Heine – und der ist noch dazu ein Jude."[4]
(Friedrich Nietzsche)

„Heine – sag' ich – wird sich immer von neuem besudeln; denn
auch dem ist's genug, ein Ärgernis zu geben; sollte er auch selbst,
als kotiger Arlequin oder Henker, umherlaufen müssen."[5]
(Rachel Varnhagen)

„O Deutschland!
Ich sehne mich dennoch nach dir…"[6]
(Zu: Die Nordsee; Seekrankheit)

„Lechzend klebe mir die Zunge
An dem Gaumen, und es welke
Meine rechte Hand, vergäß ich
Jemals dein, Jerusalem."
Wort und Weise, unaufhörlich
Schwirren sie mir heut im Kopfe, …"[7]
(Romanzero)

9

VORREDE VOR DER VORREDE

Eines regnerischen Morgens traten wir, zwei Israelis (meine Frau und ich) sowie unsere kleine Tochter durch das Tor des Friedhofs im Bezirk Montmartre in Paris. Eine zauberhafte Atmosphäre lag über diesem Ort; als wir zwischen den prächtigsten Grabsteinen der Berühmten umherspazierten, der früheren Honoratioren von Paris, blitzten hier und da vor meinen Augen bekannte Namen auf: Berlioz, Stendhal, Théophile Gautier, die Brüder Goncourt – und noch viele andere großartige Menschen, die diesen Ort sozusagen zu einem kleinen Pantheon der französischen Romantik gemacht haben. Nicht weit entfernt liegt die einstmals berühmte Schönheit Madame Récamier. Auch Alexandre Dumas der Jüngere liegt hier, und Alphonsine Plessis, seine Geliebte, eine Mätresse, bekannter als die „Kameliendame". Auf einigen Grabstätten liegen Blumenkränze, denn an solchen Orten wird die Unsterblichkeit in Blumen gemessen, und so erwartete uns eine Überraschung, als wir das Grab von Heinrich Heine erreichten. Nicht ein Blumenkranz, sondern ein Meer von Blumen schmückte die Grabstätte. Es schien, dass keiner der berühmten Franzosen, die hier lagen, sich in dieser Hinsicht mit dem fremden Dichter messen konnte, der ein Deutscher und ein Jude gewesen war. Während wir so standen, kamen zwei junge Frauen in Jeans hinzu. Im Lauf unserer Unterhaltung erfuhren wir, dass sie aus Berlin sind und wir erzählten ihnen, dass wir aus Jerusalem kämen. Aus der Höhe des Denkmals blickte die Büste Heines auf uns, sein Kopf geneigt, seine Augen geschlossen, und er selbst sah aus, als ob er in Gedanken versunken wäre. Ich fragte mich, was der Dichter sagen würde, wenn er gewusst hätte, dass sein Grab eines Tages von Israelis und Deutschen besucht würde. In meiner Fantasie sah ich eine damals für ihn typische Bewegung, mit dem Finger das linke gelähmte Augenlid hebend, ich glaubte auch den ironischen Funken gesehen zu haben, der in seinen Augen angesichts der Anwesenheit von Angehörigen der beiden Völker aufblitzte, die seine gespaltene Identität, seine zerrissene Seele symbolisieren, das, was in diesem Buch „Doppelleben" genannt wird.

Als wir unsere Blumen niederlegten, sahen wir die in den Marmor eingravierten Zeilen seines Gedichtes *Wo?*:

> *Wo wird einst des Wandermüden*
> *Letzte Ruhestätte seyn?*
> *Unter Palmen in dem Süden?*
> *Unter Linden an dem Rhein?*

In diesem Gedicht versteckt sich der Schlüssel zum Verständnis des Geheimnisses von Heines Leben. In den ersten vier Zeilen wird auf seine deutsch-jüdische Gespaltenheit hingewiesen. Später wird seine kosmopolitische Flucht zum Ausdruck gebracht:

> *Werd ich wo in einer Wüste*
> *Eingescharrt von fremder Hand?*
> *Oder ruh ich an der Küste*
> *Eines Meeres in dem Sand.*

> *Immerhin mich wird umgeben*
> *Gotteshimmel, dort wie hier,*
> *Und als Totenlampen schweben*
> *Nachts die Sterne über mir.*[1]

Das Paradox Heine besteht freilich aus viel mehr als nur der Formel Deutscher-Jude-Weltbürger. Es ist eine unendliche Geschichte, voller Gegensätze und Widersprüche, und nach mehr als 130 Jahren Forschung gibt es immer noch Überraschungen und bewegende Entdeckungen. Der Besuch auf dem Friedhof kann auch denjenigen überraschen, der das Thema gründlich studiert und erforscht hat. Heinrich Heine starb vor einhundertfünfzig Jahren, und sein Grab ist immer noch ein Wallfahrtsort, als ob er ein Heiliger oder ein Wundertäter gewesen wäre. Worin besteht nun diese Anziehungskraft? Dem auf die Spur zu kommen, war mein Anliegen, als ich mit der Niederschrift dieses Buches begann.

Zunächst jedoch einige Bemerkungen zur Vorgeschichte:

Ein aufmerksamer Leser wird sicher die Schreibgewohnheiten des Autors durchschauen, der sich seit seiner Jugend damit befasst, Radioprogramme und Drehbücher für Dokumentarfilme im Fernsehen zu fertigen. Die Gewohnheit, Dinge zu beschreiben, ohne überflüssige literarische Bearbeitung, Zeugenaussagen aus erster Quelle mit den Meinungen anderer zu verbinden, und besonders Abschnitte mit ausgesprochen filmischem Charakter zu bringen, sind die Merkmale meines Berufes. Den Anstoß zu diesem Buch gab ein Drehbuch, das ich vor mehr als neunundzwanzig Jahren auf Veranlassung des Direktors der Abteilung für Kunst und Literatur beim israelischen Fernsehen geschrieben habe. Dies war meine erste Aufgabe, nachdem ich eine Serie von neunzehn Folgen über die Geschichte des Zionismus beendet hatte. Doch der Generaldirektor des Fernsehens hat das Drehbuch damals nicht genehmigt. All meine Bemühungen, die Entscheidungsträger zu überzeugen, dass es sich um den größten jüdischen Schriftsteller seit der Bibel handele, und dass er einer der Großen der Weltdichtung sei, haben nichts genützt.

Zwischen September und Oktober 1982 veröffentlichte ich in der Wochenendausgabe der Tageszeitung „Haaretz" eine Serie von Artikeln, in denen ich darstellte, wie Heinrich Heine, dieser getaufte Jude, mutig und hartnäckig für die Verteidigung verfolgter Juden gekämpft hat und wie er (obwohl er respektlos über Rabbiner sprach) voller Verehrung für die Bibel war, das traditionelle jüdische Leben voller Lob beschrieb, und Lobesgesang auf diejenigen verfasste, die in Aufopferung für Gott den Märtyrertod starben.

Ich habe auch versucht zu zeigen – und das ist das Wesentlichste – dass Heine, die Symbolfigur für die Generation der Assimilierten und

Getauften, in gewisser Hinsicht der Verkünder der Wiedergeburt Israels war. Heine lebte im Zeitalter der Aufklärung, als die Meinung vorherrschte, das Judentum sei eine Religion und die Juden eine religiöse Gemeinschaft. Die aufgeklärten Juden glaubten, dass sie, um als vollberechtigte Bürger in ihren Heimatländern anerkannt zu werden, verpflichtet seien, den religiösen Kultus von jedem nationalen Hinweis zu säubern und die Erinnerung an die Vergangenheit und die Hoffnung auf die Zukunft zu verleugnen. Heine behauptete, sie verleugneten damit ihre Seele. Das Judentum war nach seiner Auffassung eine historische Identität. Er sprach von *„Israel"*, welches in seinen Augen ein Volk war. Viele Male schwor er *„(…) wenn ich deiner vergesse Jeruscholayim"*[2], und in den Führern der Reformbewegung sah er Quacksalber, durch deren Bemühungen, das Judentum zu verschönern, Israel *„verbluten"* werde. Durch seinen Einsatz in dieser Auseinandersetzung legte er bereits den ersten gedanklichen Keim für die nationale jüdische Revolution, die erst zwei bis drei Generationen später ausbrechen sollte. Wer seine Erzählung *Der Rabbi von Bacherach* liest und seine Briefe aus der Zeit, in der er aktives Mitglied im „Verein für Kultur und Wissenschaft der Juden" war, wird überrascht sein, dort auch Gedanken des modernen Zionismus vorzufinden.

Was Heines Gedanken so interessant macht, ist in erster Linie seine Stellung als einer der größten Lyriker der Welt. Er selbst schrieb in einem seiner Gedichte: *„Ich bin ein deutscher Dichter"*. Nietzsche schrieb, dass er ein „europäisches Ereignis" sei. Matthew Arnold behauptete, sein Genius beinhalte „die gesamte deutsche Kultur; und in seinem Kopf sprudelten alle Ideen des modernen Europa". Es wäre demnach ein Fehler, Heine auf „Judentum" oder „Zionismus" zu beschränken, aber es wäre ein noch größerer Fehler, diese Komponente in seinem Wesen zu ignorieren. Aus diesem Grund stellte ich meine Artikel unter die Überschrift „Heinrich Heines Doppelleben", doch der Redakteur druckte sie unter der Überschrift „Heinrich Heines Feuersäule".

Es ist überflüssig zu erwähnen, dass all meine Artikel und wohl auch die Überschrift nicht den notwendigen Eindruck auf die Wächter des kleinen Bildschirms machten. Der Plan, Heinrich Heine ein cineastisches Denkmal zu setzen, wurde also verschoben und erst nach vierzehn Jahren wieder angesprochen, als die Kulturwelt mit den Vorbereitungen zum zweihundertsten Geburtstag des Dichters begonnen hatte. Diesmal saßen in der Direktion des Rundfunks Vertreter der Gesellschaft, für die die Frage der Taufe des Juden Heine kein Hindernis mehr hätte sein dürfen. Aber auch diesmal wurde mein Vorschlag abgelehnt. Vielleicht weil auch diesmal der Zeitpunkt unglücklich war: 1996 war ein Olympiajahr. Und wenn es in gewöhnlichen Jahren schon nicht leicht ist, eine Finanzierung für derartige Filme zu erhalten – dann erst recht nicht in einem Jahr, in dem alle finanziellen Reserven für die Berichterstattung über die olympischen Spiele aufgebraucht werden. Und nun beschloss ich, diese erstaunliche Geschichte in Buchform aufzuschreiben.

VORREDE

Ein Jude der dritten Kategorie

Denkt an Heine![1]
Ch. N. Bialik

Wo ist Heines Platz in der Geschichte der Juden? War er einer der bedeutendsten Juden, wie es Heinrich Graetz, der Vater der jüdischen Geschichtsschreibung, behauptet? Oder war er etwa nur ein „vorübergehender Schatten", wie ein anderer Historiker, Shimon Bernfeld, sagte?[2] Unzähliges wurde über Heines Verhältnis zum Judentum und über das Verhältnis des Judentums zu ihm geschrieben – und noch immer ist das letzte Wort zu diesem Thema nicht gesprochen: Was für ein Jude war er? Ist vielleicht die Rede davon, „dass sich jüdischer Geist in eine fremde Materie hineinbildet", wie es Max Brod ausdrückte?[3] Oder vielleicht nur von einem deutschen Dichter jüdischer Abstammung, so wie auch Norman Mailer, Saul Bellow und Philip Roth amerikanische Schriftsteller jüdischer Abstammung sind? War er ein reformierter Jude, wie sein Neffe Hermann Schiff behauptete?[4] Oder war er laut Gabriel Riesser ein getaufter Verräter, der nichts mit dem Judentum zu tun haben wollte? Oder repräsentiert Heinrich Heine vielleicht nur etwas wunderbar Einfaches – so einfach, dass es bis heute den Forschern und Biographen verborgen geblieben ist?

Der Name Heines taucht in jeder Diskussion über den jüdischen

16

Genius auf, zusammen mit Spinoza, Marx, Freud, Kafka und Einstein. Sein Name erscheint in allen möglichen sekundären Listen, die das Gegenteil behaupten. Isaac Deutscher zählt ihn in seinem Essay „The Non-Jewish Jew" (Der nichtjüdische Jude, 1958) zu den revolutionären Ketzern, die ihre Verbindung zum Judentum aufgegeben haben: Spinoza, Marx, Rosa Luxemburg, Trotzki und Freud.[5] Salomon Liptzin nennt in seinem Buch „Germany's Stepchildren" (1948) seinen Namen zusammen mit Rahel Varnhagen, Ludwig Börne, Moses Hess, Theodor Herzl, Arthur Schnitzler, Walter Rathenau, Jakob Wassermann, Stefan Zweig, Martin Buber und anderen. Hannah Arendt stellt ihn in ihrem Essay „The Jew as Pariah" an den Anfang der Liste und hinter ihn Bernard Lazar, Charlie Chaplin (den sie irrtümlich für einen Juden hielt) und Franz Kafka.[6] Und wer erinnert sich daran, dass Max Nordau in seinem wichtigsten Vortrag auf dem ersten Zionistenkongress (Basel 1897) „das Judentum der Propheten, das Judentum des alten Hillel, des Philo, Ibn-Gabirol, Jehuda Halevy, Maimonides, Spinoza und Heine"[7] besonders gelobt hat?

Heine? Heines Judentum? Der Literaturhistoriker Hugo Bieber hat auf über 300 Seiten alle Stellen zusammengefasst, in denen Heine sich über Juden und das Judentum äußert.[8] In der Einleitung zur amerikanischen Ausgabe heißt es: „Diese Anthologie wird auch all denen eine große Überraschung bereiten, die Heine gelesen und mehrmals wieder gelesen haben ..."

Die Auswahl der jüdischen Stellen in Heines Werk und ihre Trennung vom restlichen Werk, wie es Bieber getan hat, eröffnet einerseits eine faszinierende Sichtweise, die einmalig in der Geschichte des jüdischen Volkes ist, belässt Heine jedoch immer noch als paradoxe und rätselhafte Erscheinung. Die Forscher bemühen sich zu erklären, wie der Verfasser des *Rabbi von Bacherach,* der die Bibel als *„das Buch (...), das Gott mit heilig eigner Hand geschrieben"*[9] lobt, an anderer Stelle schreiben konnte, dass das Judentum keine Religion sei, sondern ein *„Unglück",* eine *„unheilbar große (...) Brüderkrankheit"* oder eine *„längst verlorene (...) Sache";* warum lobt Heine in den beiden ersten Kapiteln seiner Geschichte den orthodoxen Rabbiner von Bacherach, stellt ihn im dritten Kapitel einem getauften Juden gegenüber, der behauptet,

dass der jüdischen Religion die „*rechte Sauçe*" fehle und er deshalb den
Kult der phönizischen Göttin Astarte vorziehe; und wie kann der Verfasser der *Prinzessin Sabbat* (Schabbat), eines Lobgesangs auf die traditionelle, alte jüdische Lebensart, ein anderes Gedicht aus den *Hebräischen Melodien* unter dem Titel *Disputation* mit der Bemerkung abschließen:

> „*Doch es will mich schier bedünken,*
> *Daß der Rabbi und der Mönch,*
> *Daß sie alle beide stinken.*"[10]

Viele haben hier jüdischen Selbsthass diagnostiziert, andere eine
Liebe-Hass-Beziehung; es gab auch einige, die das Problem durch lau-
nischen Charakter Heines erklärten, unberechenbar und wild, der aufbaut, um zu widerlegen, der streichelt, um zu beißen.

Und in der Tat ist die Odyssee seines Lebens seltsam und wunderlich: Der Mensch, der in seiner Jugend geschworen hat „*(...) wenn ich
deiner vergesse Jeruscholayim*"[11], wurde in einer protestantischen Kirche
getauft und heiratete eine französische Schuhverkäuferin nach katho-
lischem Ritus. Der romantische Lyriker, der zum Haupt der liberalen
Schule des „Jungen Deutschland" gekrönt wurde, glaubte an den Sozialismus von Saint-Simon, arbeitete mit Karl Marx zusammen, und
Jahre nach dem Bekenntnis, dass er „Hellene" und Weltbürger sei,
schloss er den Kreis mit der stolzen Erklärung, dass seine Ahnen „*dem
edlen Hause Israel angehörten, daß er ein Abkömmling jener Märtyrer [sei],
die der Welt einen Gott und eine Moral gegeben, und auf allen Schlachtfeldern
des Gedankens gekämpft und gelitten haben.*"[12]

Jeder, der das Rätsel um Heines Judentum entschlüsseln will, sei vor
der Gefahr gewarnt, die man „Verlust der Proportionen" nennt. Das
Material zu diesem Thema ist so reichhaltig und zauberhaft, dass es
leicht ist, sich hinreißen zu lassen und zu vergessen, dass sein Genius
die ganze Welt umschlossen hat, und dass das Judentum nur ein Kreis
von vielen war, in denen er lebte und sich zu äußern pflegte. Wer versuchen sollte, ihn nach der Methode von Sir Jesaja Berlin zu klassifi-
zieren – Igel oder Fuchs – wird sicherlich zu der Überzeugung gelan-

gen, dass er der fuchsigste Fuchs war. Man kann über sein Judentum, sein Deutschtum, sein Hellenentum, seine französische Verbindung, seine spanische Maske und sogar – wie der Titel eines der interessanten Bücher zu dem Thema lautet – über „The English Legend of Heinrich Heine" schreiben.[13] Heine ist ein einsamer Stern in der Geschichte des Liberalismus, Sozialismus und des Kommunismus. Die Windungen seines Lebens interessieren auch die Theologen, die voller Verwunderung seinen Weg verfolgen, vom hegelianischen Atheismus über die Verehrung der griechischen Götterwelt bis zurück zum Glauben an den Gott der Bibel. In all diesen Kreisen hinterließ er wunderbar wilde Aufzeichnungen, aber ohne Zweifel werden seine Weltbekanntheit und seine Unsterblichkeit *„Auf Flügeln des Gesanges"*[14] getragen, ein Ausdruck, den er selbst in einem seiner Gedichte geprägt hat. „Den höchsten Begriff vom lyrischen Dichter hat mir *Heinrich Heine* gegeben", schrieb Nietzsche, „ich suche umsonst in allen Reichen der Jahrtausende nach einer gleich süßen und leidenschaftlichen Musik."[15]

Das *Buch der Lieder* (1827) ist eines der bekanntesten, bestverkauften, meistgelesenen und meistvertonten Bücher der deutschen Sprache. Die größten Komponisten, Schubert, Mendelssohn-Bartholdy, Schumann, Liszt, Brahms und sogar der junge Wagner vertonten seine Gedichte. Bis heute zählt man 4579 Melodien (Stand 1994) nur zu diesem Buch, zu allen Gedichten Heines gibt es etwa zehntausend Kompositionen, und das ist ein Rekord in der Geschichte der Literatur.[16]

Dagegen lag ihm selbst, wenn man seinen Worten Glauben schenken will, nichts an seinem Ruhm als Dichter. Er zog es vor, dass künftige Generationen seiner als eines *„brave(n) Soldat(en) im Befreyungskriege der Menschheit"*[17] gedenken. Heine war im 19. Jahrhundert das, was Voltaire im 18. Jahrhundert war – der scharfsinnigste Schriftsteller Europas; er war ein Satiriker, der tapfer gegen die Torheit und Tyrannei der reaktionären Regime kämpfte und dafür einen hohen Preis bezahlte: Boykott und Exil. Seine letzten fünfundzwanzig Jahre, fast die Hälfte seines Lebens, verbrachte er als aus politischen Gründen Verbannter in Paris, wo er ständig von preußischen Geheimpolizisten beobachtet wurde und von österreichischen Spionen umgeben war; das Gefängnis drohte für den Fall, dass er seinen Fuß auf deutschen Boden setzte. Die Verbindung von romantischem Dichter und Freiheitskämpfer brachte seine französischen Verehrer dazu, ihn „Voltaire au Claire de Lune" zu nennen – Voltaire im Licht des Mondes. Für die Engländer war er der „Bard of Democracy", und in ihren Augen war er nach Goethe der wichtigste Vertreter der deutschen Lyrik.[18] Die Zahl der Aufsätze, Dissertationen und Biografien, die über ihn in englischer Sprache geschrieben wurden, übersteigt die Zahl derjenigen über jeden anderen deutschen Schriftsteller einschließlich Goethe.[19] Seine Werke wurden in alle modernen Sprachen übersetzt, und immer neue Übersetzungen erscheinen; er selbst war stolz darauf, der erste europäische Dichter zu sein, der ins Japanische übersetzt wurde.[20]

Unter den großen Dichtern Deutschlands war Heine der erste und einer der wenigen, der sich mit Journalismus beschäftigte. Er war Redakteur eines politischen Magazins in München und später Auslandskorrespondent in Paris. Seine journalistischen Schriften wie seine übrige Prosa, Erzählungen und Essays hatten sowohl inhaltlich als auch stilistisch einen enormen Einfluss auf Generationen von Schriftstellern und Journalisten. Wurde die deutsche Sprache mit einer schwerfälligen Matrone verglichen, streng und pedantisch gekleidet, dann wurde Heine als ein junger Liebhaber beschrieben, der die Knöpfe ihres Kleides öffnete und sie vom drückenden Korsett befreite, bis sie alle ihre Reize zeigte, eine schöne Jungfrau, scharfzüngig und ungezogen. Sein besonderer Stil, in dem er sich alle Freiheit nahm, rührte aus seinem Bestreben, die Trennung zwischen Kunst und Alltag aufzuheben, die Literatur aus dem Elfenbeinturm einer reinen Lyrik à la Goethe herauszuholen, sie von der Suche der Romantischen Schule nach der „Blauen Blume" zu befreien und hinein in das wirkliche Leben zu führen. Von ihm lernte die Generation des „Jungen Deutschland" das Schreiben mit einer politisch-gesellschaftlichen Botschaft.

Heine war ein Dichter-Prophet, eine Art Seismograf, der mit sensibler Nadel alle künftigen Revolutionen skizzierte. Er verkündete noch vor Karl Marx die kommunistische Revolution: „(...) der Communismus, obgleich er jetzt wenig besprochen wird und in verborgenen Dachstuben auf seinem elenden Strohlager hinlungert, so ist er doch der düstre Held, dem eine große wenn auch nur vorübergehende Rolle beschieden in der modernen Tragödie, und der nur des Stichworts harrt, um auf die Bühne zu treten."[21] Er sah jedoch im Kommunismus auch ein großes Unheil: „(...) mich beklemmt vielmehr die geheime Angst des Künstlers und des Gelehrten, die wir unsre ganze moderne Zivilisazion, die mühselige Errungenschaft so vieler Jahrhunderte, die Frucht der edelsten Arbeiten unsrer Vorgänger, durch den Sieg des Kommunismus bedroht sehen."[22] Er beschrieb in einer furchterregend genauen Prophezeiung die Geburt des Nazismus aus dem Geist der Romantik. Die Anlehnung der Romantiker an alte Naturmythen und die Pflege der grausamen Folklore des Bösen und der Gewalttätigkeit, wie es die Brüder Grimm taten – sie werden am Ende im deutschen Volk dunkle, aggressive Kräfte freisetzen, die zur Katastrophe führen werden. „Das Christentum – und das ist sein schönstes Verdienst – hat jene brutale germanische Kampflust einigermaßen besänftigt, konnte sie jedoch nicht zerstören, und wenn einst der zähmende Talisman, das Kreuz, zerbricht, dann rasselt wieder empor die Wildheit der alten Kämpfer (...). Es wird ein Stück aufgeführt werden in Deutschland, wogegen die französische Revoluzion nur wie eine harmlose Idylle erscheinen möchte. (...) nehmt Euch in Acht! Ich meine es gut mit Euch, und deßhalb sage ich Euch die bittere Wahrheit. Ihr habt von dem befreiten Deutschland mehr zu fürchten, als vor der ganzen heiligen Allianz mitsammt allen Kroaten und Kosacken."[23] Nach dieser Warnung vor der deutschen Gefahr folgte eine noch unglaublichere Prophezeiung: „Aber siegt einst Satan (...), so zieht sich über die Häupter der armen Juden ein Verfolgungsgewitter, das ihre früheren Erduldungen noch weit überbieten wird..."[24] Heine war der erste und einzige seiner Generation, der den Holocaust vorausgesehen hat. Hier sollte man allerdings festhalten, dass er in all seinen Anklagen den Deutschen niemals eine Kollektivschuld angelastet hat. Er sah sie in zwei Hälften gespalten und lobte die „bessere (...) und schönere (...) Hälfte des deutschen Volkes", doch es war die Hälfte, „die keine Waffen trägt (...)."[25]

Heine war kein Denker mit einer klaren Doktrin, aber die Gedanken, die aus seiner Feder stammen, beeinflussten die verschiedensten Denker, zum Teil sogar des 19. Jahrhunderts. Heinrich Graetz verglich ihn mit einem König, der in der Kutsche fährt und mit vollen Händen Goldmünzen nach allen Seiten wirft. Nicht nur Marx lieh sich bei ihm Ideen, sondern auch dessen Gegenpol Nietzsche. Marx' geflügeltes Wort „Religion ist das Opium des Volks" stammt ohne Quellenangabe ursprünglich aus Heines Börne-Denkschrift (1840)[26], und Nietzsches These „Gott ist tot" („Die fröhliche Wissenschaft", 1882), ist der Schrift *Zur Geschichte der Religion und Philosophie in Deutschland* entlehnt. Das gleiche gilt auch für einen anderen Verehrer Heines, nämlich Sigmund Freud, dessen Schriften mit Zitaten aus Heines Werk durchsetzt sind.

So wie Heine Leser aus allen Schichten bezaubern konnte, so konnte er auch Ärger verursachen und sich selbst in Schwierigkeiten bringen. Seit Wagner, der behauptete, er sei ein falscher Dichter, Treitschke, der darüber klagte, dass mit ihm „das Eindringen der Juden in die deutsche Literatur" begonnen habe, und Goebbels, der seine Bücher ins Feuer warf, dauert bis in unsere Tage die Feindschaft seinem Werk gegenüber an. Was man Nietzsche durchgehen ließ, sich über das Christentum lustig zu machen und Abscheu vor den Deutschen zu zeigen, erlaubte man dem Juden Heine nicht. Was man Lessing, Kant, Goethe und Schiller verzieh, ihre kosmopolitische Weltanschauung, wurde bei ihm als Verschwörung und Verrat an der Heimat gedeutet. In einer Zeit, in der die meisten literarischen Dispute des 19. Jahrhunderts vergessen waren, blieb Heine übrig als jemand, der, auch 150 Jahre nach seinem Tod, noch einen Sturm der Entrüstung entfachen konnte.

Das widersprüchliche Verhältnis der Deutschen zu Heinrich Heine verdeutliche Richard Wagners und Friedrich Nietzsches Umgang mit dem Dichter. In seinem frühen liberalen Lebensabschnitt vertonte Wagner *„Die Grenadiere"* und entlieh von Heine die Idee für zwei seiner Opern, „Der fliegende Holländer" und „Tannhäuser". In seiner späteren, antisemitischen Phase verleugnete er seine moralische Schuld Heine gegenüber, und in dem berüchtigten Aufsatz „Das Judentum in der Musik" nannte er ihn „einen unerbittlichen Dämon des Verneinens" und stellte ihn als Symbol der Machtergreifung der deutschen Kultur durch die Juden dar.[27] Nietzsche dagegen verehrte Heine grenzenlos. „Er besaß jene göttliche Bosheit, ohne die ich mir das Vollkommene nicht zu denken vermag – (…) Und wie er das Deutsche handhabt! Man wird einmal sagen, dass Heine und ich bei weitem die ersten Artisten der deutschen Sprache gewesen sind (…)." Also sprach der Vater des „Zarathustra".[28]

Im Rahmen des Disputs wird manchmal der Eindruck erweckt, als ob die Rede von zwei Heines sei. Metternich, der Führer der post-napoleonischen Reaktion, der den Befehl gegeben hatte, Heines Schriften zu zensieren und zu boykottieren, deren Druck verbot und dafür sorgte, dass an allen Grenzstationen Haftbefehle auf Heines Namen lagen, bewahrte neben seinem Bett ein Exemplar vom *Buch der Lieder* auf. 1855 schrieb Heine an einen unbekannten Adressaten, er habe erfahren, dass Metternich bei der Lektüre seiner Gedichte Tränen vergossen habe. Bismarck, der eiserne Kanzler, der Deutschland vereinigte – ein Vorgang, vor dem Heine gewarnt hatte, da er in ihm eine Gefahr für den Weltfrieden sah, sagte, dass man den Namen Heine nur in einem Atemzug mit Goethe nennen sollte.[29]

Gegen diese Ansicht, dass Heine der zweitwichtigste Dichter Deutschlands sei, kamen zu Beginn des 20. Jahrhunderts Widersprüche auf. Karl Kraus, der zornige Satiriker, machte 1910 den Anfang mit der Behauptung: „Heine (…) [hat] der deutschen Sprache so sehr das Mieder gelockert, dass heute alle Kommis an ihren Brüsten fingern können."[30] Diese Kritik im Zeitalter der modernistischen Dichtung machte einen nachhaltigen Eindruck, und seit Kraus erhoben sich die Literaten und reagierten mit Geringschätzung auf Heines klare Lyrik, die unterhaltsam und für jeden verständlich war; auch in ihrer überwältigenden Popularität sahen sie einen Makel. So erklärt sich, dass 1953 von dreißig deutschen Intellektuellen, unter ihnen Thomas Mann, Hermann Hesse und Martin Buber, als sie gebeten wurden, ihre deutschen Lieblingsgedichte zu nennen, keiner ein Gedicht von Heine wählte.[31] Erst in den sechziger Jahren wurde Heines Lyrik durch eine neue Generation von Kritikern rehabilitiert und er wurde auf das Ruhmespodest der deutschen Literatur gesetzt.[32] Wer heute den Friedhof Montmartre in Paris besucht, steht bewegt vor dem unaufhörlichen Strom von Besuchern aus aller Welt, viele von ihnen

Jugendliche aus Deutschland, das *Buch der Lieder* in der einen Hand, einen Blumenstrauß in der anderen. Das Meer frischer Blumen, das täglich sein Grab bedeckt, zeigt auf wunderbare Weise die Liebe, die man heute noch diesem vergessenen Dichter entgegenbringt, diesem Psalmisten, diesem *Enfant terrible* der deutschen Lyrik. Zuweilen kommt auch ein Gast aus Israel, legt einen Stein auf das Grab und murmelt ein *Kaddisch* (Totengebet).

„Heine", schrieb Hanna Arendt, „war der einzige jüdische Deutsche, der von sich sagen konnte, dass er Deutscher und Jude ist." In all den Generationen von Assimilierten und Getauften wird man nicht einen Schriftsteller finden, dessen Identifizierung mit dem Judentum so eindeutig war, und sie stammte nach Meinung Arendts „aus einem Gefühl der Suche nach Wahrheit ohne Kompromisse."[33] Die *Hebräischen Melodien,* und besonders die *Geständnisse* haben Aufsehen erregt; aber als man dem Dichter, der auf seiner Matratzengruft im Sterben lag, erzählte, dass alle von seiner Rückkehr zum Judentum sprechen, antwortete er: *„Ich mache kein Hehl aus meinem Judentume, zu dem ich nicht zurückgekehrt bin, da ich es niemals verlassen hatte."*[34]

Die Forschung mochte aber eine so einfache Erklärung nicht akzeptieren. In seinem Buch „Heine: Eine moderne Biographie" behauptet Jeffrey Sammons, dass das Wort „stinken", welches seine *Hebräischen Melodien* abschließt, ein Beweis dafür sei, dass seine Rückkehr (und dieses Wort „return" stellt er in Anführungszeichen) nicht an eine „traditionelle Doktrin" gebunden war.[35] Auch S. S. Prawer schreibt in seinem Buch „Heine's Jewish Comedy", dass dies keine Rückkehr zur jüdischen Religion gewesen sei.[36]

Dies ist zwar richtig, es stellt sich jedoch die Frage: Wenn nicht zur jüdischen Religion, wohin konnte er dann zurückkehren? Oder in seiner Sprache: Was ist das Wesen des Judentums, zu dem er nie zurückkehrte, weil er es nie verließ? Die Schwierigkeit der Forscher bei der Beschäftigung mit diesem Problem liegt wohl in der Auffassung, die im Zeitalter der Emanzipation im Westen herrschte, dass das Judentum eine Religion sei und die Juden eine religiöse Gemeinschaft, eine Auffassung, die ganz besonders in den USA noch heute Anhänger hat. Die jüdischen Deutschen, Franzosen, Amerikaner etc.

wollten glauben, dass sie Deutsche, Franzosen, Amerikaner etc. sind, gemäß ihrer Nationalität, und Juden – nur gemäß ihrer Religion. „Weltliche Juden" oder, Gott behüte, „nationales Judentum" waren Begriffe, die man nicht kannte. In Heines Zeitalter gab es nur die Wahl zwischen zwei Arten von Juden: zwischen Orthodoxen und Aufgeklärten. Er selbst gehörte einer Gruppe an, die an Selbstverachtung und an der Qual der eigenen Identität litt. Heine versuchte hier einen dritten Weg zu bahnen, nach dem das Judentum hauptsächlich eine historische Qualität sei, die das Volk Israel zusammenhalte, nicht durch die Bande eines Glaubens oder durch Glaubenssätze, sondern durch die Kraft eines existenziellen Instinkts, eines kollektiven Gedächtnisses und des Gefühls der nationalen Solidarität.[37] In einem Brief an Moser schrieb er: *„Ich habe ihnen doch schon den Wahn benommen, daß ich ein Enthousiast für die jüdische Religion sey. Daß ich für die Rechte der Juden und ihre bürgerliche Gleichstellung enthousiastisch sein werde das gestehe ich (…)."*[38] In den Geständnissen, in denen er die Odyssee seines Lebens ausbreitete, lobte er Moses *(Mosche Rabenu)* nicht als den Begründer einer Religion, sondern als den Gestalter eines Volkes: *„Welche Riesengestalt! (…) Wie klein erscheint der Sinai, wenn der Moses darauf steht! (…) er nahm einen armen Hirtenstamm und schuf daraus ein Volk, das ebenfalls den Jahrhunderten trotzen sollte, ein großes, ewiges, heiliges Volk, ein Volk Gottes, das allen anderen Völkern als Muster, ja der ganzen Menschheit als Prototyp dienen konnte: er schuf Israel!"*[39] Und jetzt, auf seinem Sterbebett, erinnerte er sich mit Stolz an seine Zugehörigkeit zu dieser Nation, Israel, *„die der Welt einen Gott und eine Moral"* gegeben hat. Was seine Taufe betraf, die aus der Notwendigkeit heraus, seinen Lebensunterhalt zu verdienen, vollzogen worden war, so verhielt er sich hierzu sein Leben lang spöttisch und geringschätzig: *„Ils prêteront un faux serment, car jamais juif ne croira à la divinité d'un juif"* (die Juden, die sich zum Christentum taufen lassen, belügen sich selbst, weil niemals ein Jude die Göttlichkeit eines anderen Juden akzeptieren wird).[40] Heine sah sich als *„von Herzen ein Jude, der sich aber aus Luxusübermuth taufen läßt"*[41] – eine Formulierung, die man heute nicht mehr akzeptieren würde – und dennoch, trotz der Problematik seiner Taufe überrascht in seiner Persönlichkeit ein neuer Typus Jude, einzig in seiner Generation, Außenseiter in seiner Zeit, der aber in sehr großer Zahl zwei bis drei Generationen später entstehen sollte, als die Juden aufstanden, als sie feststellten, dass sie ein Volk waren und anfingen, sich als Volk zu definieren. Ahad Ha'Am, der Vater des geistigen Zionismus, erklärte diese revolutionäre Wiedergeburt, dieses Judentum der dritten Kategorie, indem er einen Unterschied machte zwischen dem Juden des „Ich glaube" und dem Juden des „Ich fühle."[42]

Nach Matthew Arnold, dem großen viktorianischen Kritiker, beinhaltete Heines Genius „die ganze deutsche Kultur (…); und in seinem Kopf sprudelten alle Ideen des modernen Europa."[43] Dazu können wir noch hinzufügen, dass man unter diesen Ideen auch einige der zentralen Ideen des modernen Zionismus finden konnte. Heine war Ahad Ha'Am um sechzig Jahre voraus, der in seinem Aufsatz „Sklaverei innerhalb der Freiheit" sagte, die versklavten Ostjuden seien freier als die freien Westjuden. Er war Bialik* mit der Idee der Selbstverteidigung um 80 Jahre voraus; und er war auch Tschernichowski** voraus – mit dem Aufruf, sich an „Israels" Feinden zu rächen. Heine ist der Verkünder des Zeitalters der nationalen Erneuerung auch in seinem Kampf gegen die Reformer, wegen ihrer Bereitschaft, ihre historischen Wurzeln zu verleugnen, um Bürgerrechte zu erhalten. Er warnte jedoch davor, dass *„durch ihre Ungeschicklichkeit (…) Israel verbluten"* werde. Als Leopold Zunz, der Begründer der Wissenschaft des Judentums, sein Buch der Predigten herausbringen wollte, schrieb Heine, dass er von diesem Buch keine religiöse Erneuerung erwarte, sondern *„etwas viel besseres, eine Aufregung der Kraft. Eben an letzterer fehlt es in Israel."*[44] Hätte er in der Sprache von heute gesprochen, dann hätte er wohl gesagt „Stärkung der jüdischen Identität". Die

---

* Hayyim Nahman Bialik (1873-1934), der größte hebräische Dichter der Neuzeit

** Saul Tschernichowski (1875-1943), einer der größten hebräischen Dichter der Tehiya-Ära, übersetzte die Ilias und die Odyssee ins Hebräische und entfachte um die Jahrhundertwende einen Sturm, indem er Gedichte schrieb, die den jüdischen religiösen Traditionen kritisch gegenüberstanden und das heidnische Schönheitsideal priesen.

Beispiele sind vielfältig und überraschend. Heine, der in den jüdischen Geschichtsbüchern als Symbol für Assimilation und Taufe beschrieben wird, kann also auch als ein früher widersprüchlicher Verkünder der zionistischen Revolution betrachtet werden. Als solcher kann er auch wegen der Kritik, die er über die überflüssige Geistigkeit des Judentums geäußert hat, verstanden werden. Lange, lange Jahre vor Berdyczewski (Bin Gurion)*, Tschernichowski und den „Kanaanitern"** lobte er die *„Heilige Astarte"*, die phönizische Göttin, und die *„Lebenslust (…) im Tempel der Götter"*.[45] Heine war, wenn man so will, auch der erste „Kanaaniter". Kann man ihn deshalb Zionist nennen? In seiner Dichtung und in seinen Briefen finden wir zwar auch „zionistische" Ausdrücke, die nach einer Erklärung verlangen, aber nirgends findet sich die Behauptung, dass das Land Israel in der Lage wäre, seine realen Probleme und diejenigen des Volkes Israel zu lösen. So sehr er Jehuda Halevy bewunderte, so wenig kam ihm in den Sinn, in seinen Spuren Richtung Osten zu gehen, in die Wildnis des Landes Israel. Als er sich dann entscheiden musste, Deutschland zu verlassen, aus Furcht vor einer Verhaftung, haben ihn seine Füße in den Westen geführt, zu den Lichtern von Paris – zum *„Neuen Jerusalem"*, wie er die Stadt nannte, die ihm für den Rest seines Lebens Zuflucht schenkte.

Was ist es also für ein Judentum, zu dem Heine nie zurückgekehrt ist, weil er es nie verließ? In heutiger Terminologie ist es ein weltliches, freies oder nationales Judentum. Dieses Judentum ist, wenn man so sagen darf, die versäumte Wahl von Millionen von Juden, die im Zeitalter von „Gottes Tod" nicht mehr zwischen Orthodoxie und

---

* Micha Josef Berdyczewski (Bin Gurion) 1865-1921, der Vorkämpfer des Modernismus in der hebräischen Literatur, rief zu einer „Umwertung aller Werte" und anderen Ideen Nietzsches auf.

** Die neokanaanitische Bewegung, oder „Junge Hebräer", war eine ideologisch-politische Bewegung, die am Vorabend des 2. Weltkrieges auftauchte und die Schaffung einer neuen hebräischen Nation in Palästina forderte. Sie lehnten nicht nur die Religion ab, sondern auch die kulturellen Traditionen, die sich im Laufe des zweitausendjährigen Exils herausgebildet hatten, und waren bestrebt, alle Verbindungen mit der jüdischen Diaspora selbst abzubrechen. Statt dessen wollten sie auf mythischer, prä-israelitischer und kanaanitischer Grundlage eine neue hebräische Kultur schaffen, die der Bewegung den Namen gab.

Reformjudentum wählen müssen. Dieses Judentum der dritten Kategorie verpflichtet seine Mitglieder nicht, die Glaubensgrundsätze zu beachten oder die Gebote und Verbote zu erfüllen, und im Grunde ist es auch nur ein Gefühl. Ahad Ha'Am beschrieb dieses Judentum so: „Ich kann den Glauben und die Ideen meiner Vorfahren verurteilen, ohne Angst zu haben, dass die Verbindung zwischen mir und meinem Volk aufgelöst wird."[46] Das ist genau das, was dieser ungestüme, wilde Heine getan hat; aber da er zu früh war, erregte er den Zorn des jüdischen Establishments. In den Augen Gabriel Riessers, eines jüdischen Volkstribuns in der Zeit der Emanzipation, war Heinrich Heine ein Stachel im jüdischen Fleisch, eine Wunde, ein Hindernis im Vorhaben der Juden, sich in die deutsche Nation einzugliedern. So groß war sein Zorn, dass er sich sogar einmal mit Heine duellieren wollte. Während einer Diskussion über die Errichtung eines Denkmals für Heine 1906 in der Stadt Mainz (fünfzig Jahre nach seinem Tod!) einigten sich die Reformer und Orthodoxen, sie vergaßen für eine kurze Stunde ihren Streit, und unterschrieben zusammen mit dem Rabbiner der Stadt einen Protestbrief gegen das Vorhaben.[47]

Trotz aller Bemühungen, seinen Ruf zu zerstören, war Heine der beliebteste Dichter unter den deutsch lesenden Juden. Sie sangen seine Lieder, lachten und weinten; und seltsamerweise fanden viele von ihnen, assimilierte Juden, durch ihn sogar die Verbindung zu ihrem verlorengegangenen Judentum. Einer dieser Juden war Theodor Herzl. Seine Kenntnisse der jüdischen Tradition waren so miserabel, dass er für eines der festlichsten Kapitel in seinem Roman „Altneuland" tatsächlich Heine benötigte, um den fiktiven Besuch im Tempel in Jerusalem zu beschreiben: „Durch den herrlichen Raum begannen Gesänge und Lautenspiel zu rauschen. Wundersam ergriffen diese Klänge das Gemüt Friedrichs. Sie trugen ihn zurück in Fernen seines eigenen Lebens und in andere Zeiten Israels. Die Beter um ihn herum signalisierten und murmelten die vorgeschriebenen Worte. Ihm aber kamen schöne deutsche Verse in den Sinn: die *Hebräischen Melodien* von Heinrich Heine. Da war Prinzessin Sabbat wieder, „die man nennt die stille Fürstin". Der Tempelsänger hob das alte Lied zu singen an, das in vielen hundert Jahren dem zerstreuten Volke heimweh-

weckend erklungen war, in unzähligen Synagogen auf dem Erden-
runde, das Lied des edlen Dichters Salomon ben Halevy:

„Lecho Daudi Likras Kallo…" – und wie es Heine auf deutsch ausdrückt: „*Komm, Geliebter, deiner harret schon die Braut, die dir entschleiert
ihr verschämtes Angesicht!*"[48]

„Ja, Heine fühlte als ein wahrer Poet die Romantik, welche im
Schicksale seines Stammes enthalten war."[49]

Nordau, der auf dem ersten Zionisten-Kongress (1897) Heine mit
dem alten Hillel, mit Jehuda Halevy, Maimonides und Spinoza verglichen hatte, wiederholte acht Jahre später bei seiner Trauerrede auf
Theodor Herzl diese Passage und nahm Heine in einer kaum verän-
derten Reihenfolge in dramatischer Weise auf, als er sagte, dass Herzls
Begriffe vom Judentum sich „in Personen wie Judas Maccabäus,
Bar-Kokchba, Jehuda Halevy, Spinoza, Heine…" widerspiegelten.[50]

In ihrer Prophezeiung konnten sich Herzl, Nordau und Bialik nicht
vorstellen, dass man Heine auch in einem jüdischen Staat boykottieren würde. Die orthodoxen Funktionäre in Israel, die Zünglein an der
Waage aller politischen Koalitionen, behaupten, er sei ein Getaufter
gewesen, der das Judentum verleugnet habe. Das hinderte zum Beispiel die Stadtverwaltung von Jerusalem auch daran, eine Straße oder
ein Viertel, oder gar ein Stadion nach dem Menschen zu benennen,
der geschrieben hat, dass ihn der Psalm „*wir saßen an den Flüssen
Babels*"[51] zum Weinen brächte; der immer wieder geschworen hat:
„*(…) wenn ich deiner vergesse Jeruscholayim*"[52] und der *Jehuda ben Halevy*,
eines der bewegendsten und schönsten Zionsgedichte, verfasst hat.
Tel Aviv hat sich vor langer Zeit einmal richtig blamiert: Die Stadt
nannte eine kleine Gasse an der Grenze zu Jaffa nach dem Rabbi von
Bacherach, einem Rabbi, den es niemals gegeben hatte, der lediglich
der Held in einer Erzählung von Heine ist. Nur nach vielen scharfen
Protesten und Demonstrationen von Schriftstellern und Künstlern
gelang es dem Bürgermeister Shlomo Lahat, der in Berlin geboren
wurde und Heines Gedichte mit der Muttermilch aufgesogen hat, sich
über eine Hilfsverordnung aus dem Jahre 1942 hinwegzusetzen, die
die Benennung von Straßen nach getauften Juden verbot, und er be-
glückte die Stadt mit einer kleinen Straße, benannt nach dem großen

Dichter. Zur großen Enttäuschung des Besuchers ist es keine Wohn-
straße, sondern ein Teil einer Durchfahrtsstraße irgendwo am Rande
der Stadt. Demnach werden wir immer noch nicht in einer Heinrich-
Heine-Allee spazieren können, in der Heinrich-Heine-Straße in
einem Kaffeehaus sitzen oder an einer Demonstration am Heinrich-
Heine-Platz teilnehmen; wir werden von einem Unfall hören, der
irgendwo in der Heine-Straße stattgefunden hat, auf dem Weg zum
Fußballstadion von Makabi Jaffa. Eine bessere Note verdient die Stadt
Haifa, die seit jeher für ihre außergewöhnlichen Taten bekannt ist.
Diese hat schon vor vielen Jahren einen Platz in der Nähe des Wasser-
turms auf dem Karmel nach Heine benannt.

Vor achtzig Jahren hatte Bialik die Idee, dass die Übersetzung sämt-
licher Schriften von Heinrich Heine und ihre Integration im Kanon
der jüdischen Literatur ein passendes Denkmal für diesen wunderbaren Juden wäre, der in seinen Augen ein „Symbol der jüdischen Seele
und ihrer vielen Wanderungen" war. Dieses Übersetzungsprojekt erfüllte in seinen Augen die Pflicht zur „Befreiung der Gefangenen".
„Denkt an Heine!" hat uns Bialik befohlen.

KAPITEL 1

Die Leiden des jungen Heine

„Aus meinen großen Schmerzen
Mach' ich die kleinen Lieder." [1]
(Lyrisches Intermezzo)

Im Laufe seines Lebens pflegte Heine sich als einen der ersten Menschen der modernen Zeit darzustellen. *„Ich, Signora, bin in der Neujahrsnacht Achtzehnhundert geboren."* *„Ich habe es Ihnen ja schon gesagt"*, bemerkte der Marchese, *„er ist einer der ersten Männer unseres Jahrhunderts."* [2]

So schrieb er in den Aufzeichnungen seiner Italienischen Reise. Und so formulierte er diesen Gedanken in seinen *Prosanotizen: „Um meine Wiege spielten die letzten Mondlichter des 18ten und das erste Morgenroth des 19ten Jahrhunderts."* [3] Und das sind nicht die einzigen Beispiele. In Wirklichkeit wurde er zwei Jahre vorher geboren, am 13. Dezember 1797, aber es liegt ein tieferer Grund hinter seiner Prahlerei, dass er als erster das Licht des 19. Jahrhunderts erblickt habe. Er war in der Tat eine Übergangsperson zwischen zwei Zeitaltern und zwei Welten; und an seinem symbolischen Geburtsdatum könnten wir viele der Gegensätze und Paradoxa festmachen, die über seinem Leben und seinem Werk schweben.

Wenn der Mensch, wie es der Dichter sagt, ein Produkt seiner Heimatlandschaft ist, so wie auch ein Produkt seiner Zeit, dann sollte man bedenken, dass das Rheinland, wo Heine geboren wurde und aufwuchs, der Verbindungsstreifen zwischen Deutschland und Frankreich ist. Auf der einen Seite das alte Deutschland, feudalistisch, romantisch, verzaubert, rückständig, verschlossen, das nostalgisch auf sein barbarisches Mittelalter zurückblickt; auf der anderen Seite das revolutionäre Frankreich, bürgerlich, industrialisiert, aufgeklärt, vergnügt, offen, das die westliche Zivilisation im Laufschritt vorantreibt.

Im Gegensatz zu dem Nationalstaat Frankreich war Deutschland in jenen Jahren noch kein Staat, sondern nur ein Begriff und ein Name. Das deutschsprachige Gebiet war in mehr als 300 Kleinstaaten aufgeteilt. Es gab dort zwei starke Großmächte, das Habsburgische Österreich und das Hohenzollersche Preußen, ansonsten war es eine Vielzahl von kleinen und kleinsten Staaten, Fürstentümern und freien Städten. Diese führten eine sehr egoistische Politik, und nicht selten kämpften sie gegeneinander. Jeder Staat hatte eine eigene Zollhoheit. Ein Jude, der beispielsweise von Görlitz in Schlesien zur Messe nach Leipzig in Sachsen wollte, musste mindestens acht Zollschranken passieren und vierzehn verschiedene Zölle entrichten. Moses Mendelsohn, der Philosoph, der mit Fürsten verkehrte und mit dem Klerus korrespondierte, fuhr im Jahre 1776 vom preußischen Berlin ins sächsische Dresden. Dort wurde er aufgefordert, ein „Kopfgeld" zu zahlen, welches für Juden und Rindvieh galt. Er zahlte den geforderten Betrag, zwanzig Groschen, und machte sich bei dem Zollbeamten darüber lustig, dass man ihn wie einen polnischen Ochsen besteuert habe.[4]

Das Mosaik dieser Länder wurde schon seit über tausend Jahren „Das Heilige Römische Reich (deutscher Nationen)" genannt. Voltaire sagte, dass es „kein Reich, nicht römisch und schon gar nicht heilig" sei; Napoleon hat die Kleinstaaterei aufgelöst, aber es gelang ihm nicht, Deutschland zu einigen. Heine pflegte zu sagen, die Deutschen lebten in 36 Ländern, unter 36 Tyrannen. Eigentlich war Deutschland zu seiner Zeit in 39 Länder aufgeteilt, mit einer Ökonomie, die auf Landwirtschaft und Handwerk aufgebaut war. So knüpften die Deutschen ihre Teppiche noch mit Spinnrocken und Spindel, während im Westen schon die Fabriken rauchten. Die gesamte Bevölkerungszahl ihrer Städte einschließlich Wien und Berlin betrug nur die Hälfte der

Einwohner von Paris. Düsseldorf, Heines Geburtsstadt, heute eine blühende Stadt mit 600 000 Einwohnern, war zu jener Zeit ein Städtchen mit 16 000 Einwohnern. Es war eine der Städte am Rhein – der großen Wasserstraße, die im Altertum die Grenze zwischen dem Römischen Imperium und den barbarischen deutschen Stämmen war. Im Mittelalter war das Rheintal die Wiege der deutschen Romantik wie auch der Geburtsort des aschkenasischen, europäischen Judentums. Die Ufer des Rheins waren Schauplatz der Heldentaten Siegfrieds und der Nibelungen, und die schönen und schrecklichen Märchen über Zwerge und Wichte, Geister und Hexen sind dort entstanden. In Mainz, dem Sitz des Erzbischofs, wirkte auch Rabbi Gerschom, das „Licht der Diaspora". In Worms, der Hauptstadt der Nibelungen, studierte Raschi, der führende Kommentator der Bibel und des Talmud. Hier schufen die Juden ihre Kultur. Hier wurden ganze Gemeinden um des heiligen Namens willen ermordet. Hier wurde Harry Heines Persönlichkeit geformt.

In den *Memoiren,* die er an seinem Lebensabend geschrieben hat, erwähnte er Erlebnisse aus seiner Jugend. Einige von ihnen sind so schön erzählt, dass es schwer fällt zu glauben, dass sie auch tatsächlich stattfanden; und dennoch, wer das Rätsel Heine lösen möchte, seine Paradoxa, all das, was in diesem Buch seine gespaltene Persönlichkeit, sein „Doppelleben" genannt wird, wird vielleicht hier den Schlüssel finden. Eine Geschichte handelt von seinem Großvater. Alles, was er von ihm wusste, konnte man in einem Satz ausdrücken. *„Dein Großvater",* erzählte ihm sein Vater, *„war ein kleiner Jude und hatte einen großen Bart."*[5]

Zu dieser Zeit besuchte Heine die Schule der Franziskaner in Düsseldorf. Als er eines Tages seinen Kameraden in der Schule erzählte, dass sein Großvater ein kleiner Jude mit einem großen Bart sei, brach in der Klasse ein Tumult aus. Die Kinder verbreiteten diese Neuigkeit untereinander, wobei sie auf die Tische sprangen, die Tintenfässer auf den Boden warfen und die Rechentafeln von den Wänden rissen: „(...) *dabey wurde gelacht, gemeckert, gegrunzt, gebellt, gekräht, ein Höllenspektakel, dessen Refrain immer der Großvater war, der ein kleiner Jude gewesen und einen großen Bart hatte."* Plötzlich Totenstille. Der

Klassenlehrer stand am Eingang der Klasse und fragte ärgerlich, wer diesen Tumult verursacht hatte. Als der Schuldige festgestellt wurde, Harry Heine, erhielt dieser seine Strafe mit dem Schlagstock.

„Es waren die ersten Prügel die ich auf dieser Erde empfing", schrieb Heine und fügte hinzu, dass er niemals vergessen konnte, dass der Anlass dafür die *„Mittheilung über (seinen) Großvater"* war. *„(…) jedesmahl wenn von kleinen Juden mit großen Bärten die Rede war, lief mir eine unheimliche Erinnerung grüselnd über den Rücken. ‚Gesottene Katze scheut den kochenden Kessel' sagt das Sprüchwort und jeder wird leicht begreifen daß ich seitdem keine große Neigung empfand nähere Auskunft über jenen bedenklichen Großvater und seinen Stammbaum zu erhalten oder gar dem Publikum wie einst dem kleinen dahinbezügliche Mittheilungen zu machen."*

Wenn es in den Geschichte seiner Familie eine Gestalt gab, der er sich nahe fühlte, war es weder sein Großvater väterlicherseits, der ein Kaufmann war, noch sein Großvater mütterlicherseits, der Arzt war, sondern der Onkel seines Großvaters, der für seine Zeit ein außergewöhnlicher Jude war, ein Abenteurer, Wanderer, Träumer. Wundergeschichten hörte er über diesen Mann, Simon de Geldern, der *„Chevalier"* oder *„der Morgenländer"* genannt wurde. Man sagte, dass er Häuptling eines jüdisch-beduinischen Stammes in Nordafrika war, dass er alle benachbarten Stämme bekämpfte und Schrecken unter den Kaufmannskarawanen verbreitete. In Europa verkehrte er an den Höfen von Prinzen, glänzte mit seiner Schönheit und der Pracht seiner orientalischen Kleidung, und beeindruckte alle mit der Weisheit der Kabbala. Einen besonderen Zauber übte er auf Frauen aus; und einst, als er sich in ein Abenteuer mit einer Hofdame verstrickt hatte, war er genötigt nach London zu fliehen. Dort schrieb er das Oratorium „Moses am Berge Horeb". Die Gestalt des Simon de Geldern, des jüdischen Abenteurers, entflammte nach den Erzählungen seiner Tanten die Phantasie des Knaben bis zur vollständigen Identifikation mit ihm: *„Alles was man von ihm erzählte machte einen unauslöschlichen Eindruck auf mein junges Gemüth, und ich versenkte mich so tief in seine Irrfahrten und Schicksale, daß mich manchmal am hellen lichten Tage ein unheimliches Gefühl ergriff und es mir vorkam als sey ich selbst mein seliger Großoheim und als lebte ich nur eine Fortsetzung des Lebens jenes Längstverstorbenen!"*

Hier setzt er noch eine Kleinigkeit hinzu, die auch unsere Aufmerksamkeit verdient:

„Er wallfahrtete nach Jerusalem, wo er, in der Verzückung des Gebetes, auf dem Berge Moria ein Gesicht hatte. Was sah er? Er offenbarte es nie."

In den *Memoiren* öffnet Heine auch eine Luke zu den Geheimnissen seiner anderen Welt. Seine erste Liebe, so behauptete er, war ein deutsches Mädchen, Josepha – oder *„das rote Sefchen"*, die so genannt wurde wegen ihres Haares, das *„rot wie Blut"* war. Ihr Vater, Onkel und Großvater waren Henker, und nachdem sie Waise wurde, wohnte sie bei der Witwe ihres Onkels, die eine Hexe war. Diese ernährte sich vom Verkauf von Liebesträngen an junge Leute, die auf diesem Wege versuchten, ihre widerspenstigen Mädchen zu verführen, und vom Verkauf von Fingern der Toten aus dem Nachlass ihres Mannes an Bierbrauer, denn es war ja bekannt, dass die Finger eines gehenkten Diebes, besonders eines unschuldig Gehenkten, den Geschmack des Getränks verbessern. Dort erzählte sie ihm, nach seinen Worten, ihre Berufsgeheimnisse. Einmal habe sie ihn sogar zum Satan-Priester geweiht.

Hier erfahren wir, dass nicht nur die Hexerei den Knaben in dieses Haus gezogen hat, sondern die Nichte, das besagte Sefchen, die bei ihm die Leibeslust erweckte. Sie war in seinem Alter, sechzehn, groß, dünn, aber sehr gut entwickelt: *„Und da sie"* schrieb er, *„kein Korsett und kein Dutzend Unterröcke trug, so glich ihre enganliegende Kleidung dem nassen Gewand einer Statue. Keine marmorne Statue konnte freilich mit ihr an Schönheit wetteifern, da sie das Leben selbst und jede Bewegung die Rhytmen ihres Leibes, ich möchte sagen sogar die Musik ihrer Seele offenbarte."* Sefchen hat in ihm auch den Dichter geweckt. Sie lehrte ihn alte Volkslieder, und von diesen konnte er sich besonders an das Gedicht „Die schöne Otilje" erinnern, die ein böser Mann fragt, ob sie auf dem großen Baum gehenkt werden will, oder in dem blauen See schwimmen oder ein scharfes Schwert küssen ... Darauf erwidert Otilje: Ich will nicht hängen am hohen Baum, ich will nicht schwimmen im blauen See, ich will küssen das blanke Schwert...

Ein großes und scharfes Schwert war im Geräteschuppen der Hexen-Tante verborgen. Mit diesem Schwert hatte der verstorbene

Großvater die Köpfe hunderter von Delinquenten abgetrennt. Die Schwerter der Henker, lehrt uns Heine ein Kapitel in der Folklore des Schreckens, die eines der Fundamente der deutschen Romantik sind, sind nicht wie die anderen Schneidemesser; denn während sie gebraucht werden, eignen sie sich ein geheimes Bewusstsein an, *„und sie lechzen manchmal nach Blut, und oft um Mitternacht könne man deutlich hören, wie sie im Schranke, wo sie aufgehängt sind, leidenschaftlich rasseln und rumoren";* Deshalb pflegten die Henker diese gefährlichen Schwerter zu begraben, nachdem sie ihre Pflicht hundertfach erfüllt haben. Aber die Hexen-Tante, die wusste, dass man mit einem solchen Schwert die teuersten Zauber vollführen kann, hatte in der Erde gesucht, das Schwert herausgeholt und es in ihrem Schuppen versteckt, zwischen all ihren anderen Zauberutensilien. Einmal, als die Alte nicht zu Hause war, bat der Knabe darum, dieses Wundergerät zu sehen. Sefchen ging in den Schuppen und kam mit einem riesigen Schwert zurück, das sie schwenkte, *„während sie schalkhaft drohend die Worte sang: ‚Willst du küssen das blanke Schwert, Das der liebe Gott bescheert?'*

Ich antwortete darauf in derselben Tonart: ‚Ich will nicht küssen das blanke Schwert — ich will das rothe Sefchen küssen!'"

Die Tochter des Henkers fürchtete sich ihn abzuwehren, um ihn nicht mit dem Stahl zu verletzen, und ohne es zu wollen ließ sie zu, dass er mutig ihre dünnen Schenkel umarmte und ihre widerspenstigen Lippen küsste.

Die Forscher haben mit großer Mühe diese Figur zu identifizieren versucht, die aus einem Märchen der Brüder Grimm zu entspringen scheint, ihre Existenz konnte jedoch nicht nachgewiesen werden. Heute ist die Meinung verbreitet, dass Sefchen niemals existiert hat, sondern nur ein Gleichnis war, ein Produkt seiner Träume, die Frucht der unterbewussten Verbindung zwischen Eros und Tod, welches in seinem Werk in vielfältigen Formen vorkommen wird.[6] Das rote Sefchen, wie die blonde Loreley, symbolisiert die dunkle Seite der deutschen Romantik, zu der er wie mit Zauberbanden hingezogen wurde und von der er sich fürchtete wie vor einem Unglück.

Die Seele Heines, des Sohns des Rheinlands, war in ständiger Bewegung zwischen diesen beiden Polen seines Lebens, seinem Judentum und seinem Deutschtum, wobei sie sich ständig von dieser Anziehungskraft lösen wollte, um in die Höhe zu schweben, ein Mensch zu sein, der Mann der Zukunft, ein Weltbürger; und dieses Ideal, die dritte Seite des Dreiecks seiner Träume, symbolisierte für ihn die Französische Revolution.

Sein Held war Napoleon. Als er vierzehn Jahre alt war, konnte er ihn sogar mit eigenen Augen sehen, als dieser seine Stadt mit einem Besuch ehrte. Es war am 3. November 1811, und als er Jahre später das Ereignis beschrieb, tat er das mit Worten, die an den Einzug Jesu in Jerusalem erinnern:

„Aber, wie ward mir erst, als ich ihn selber sah, mit hochbegnadigten, eignen Augen, ihn selber, Hosiannah! den Kaiser. Es war eben in der Allee des Hofgartens zu Düsseldorf. Als ich mich durch das gaffende Volk drängte (…). Und der Kaiser mit seinem Gefolge ritt mitten durch die Allee, die schauernden Bäume beugten sich vorwärts, wo er vorbeikam, die Sonnenstrahlen zitterten furchtsam neugierig durch das grüne Laub, und am blauen Himmel oben schwamm sichtbar ein goldner Stern. Der Kaiser trug seine scheinlose grüne Uniform und das kleine, welthistorische Hütchen. Er ritt ein weißes Rösslein (…) und das Volk rief tausendstimmig: es lebe der Kaiser!" [7]

Zur Empfangszeremonie luden die Behörden nicht nur den katholischen Bischof und den protestantischen Geistlichen ein, sondern auch den jüdischen Rabbiner. „Alle Menschen sind Brüder vor Gott!" sagte Napoleon zu ihnen.

Vor der französischen Besatzung litten Deutschlands Juden Schmach und Verfolgungen aller Art. Die Armeen der Revolution, die in der Spitze ihrer Lanzen die Ideen der Aufklärung und Menschenrechte getragen haben, eröffneten ein neues Zeitalter in der europäischen Geschichte und auch im tagtäglichen Leben der Juden. Sie beseitigten die Ghettos, beendeten die Diskriminierung und führten die Juden von der Sklaverei in die Freiheit.

Als Harry Heine geboren wurde, war seine Geburtsstadt Düsseldorf seit zwei Jahren in den Händen der Franzosen. Ihre Herrschaft dauerte in verschiedenen Formen bis zu seinem sechzehnten Lebensjahr, und man kann demzufolge sagen, dass er den bitteren Geschmack des Ghettos und der Verfolgungen nicht kannte. Als Jude und als Kind spürte er auch nicht die Demütigung durch die Herrschaft einer fremden Armee, und daraus resultierte auch seine Verehrung für Napoleon, den er als die größte Persönlichkeit seiner Zeit betrachtete. Heine war das älteste von vier Kindern des Ehepaares Samson Heine (1764-1828) und Peira-Zippora aus dem Hause van Geldern (1771-1859). Er hatte eine Schwester, Sarah-Charlotte (1800-1899), und zwei jüngere Brüder, Gottschalk-Gustav (1805-1886) und Meyer-Maximilian (1807-1979). In seinen *Memoiren* kann man nichts über das jüdische Leben im Haus der Familie Heine erfahren. Wir haben nicht einmal eine Ahnung, ob er konfirmiert wurde (Bar-Mizwa), was wahrscheinlich nicht der Fall war. An keiner Stelle verrät er seinen hebräisch-jüdischen Namen, der ihm, wie es Brauch war, anlässlich der Beschneidung gegeben wurde, aber man nimmt an, dass sein Name Chajim war, benannt nach seinem Großvater, dem kleinen Juden mit dem großen Bart.*

Was seinen deutschen Vornamen betrifft, so gab es auch hier ein Problem. Bei seiner Geburt erhielt er den Namen Harry, genannt nach Mr. Harry, einem Agenten aus Liverpool, mit dem sein Vater Geschäftsbeziehungen hatte. Den Namen Heinrich wird er erst siebenundzwanzig Jahre später annehmen, als er zum Christentum konvertiert.

In den *Memoiren* beschreibt Heine seinen Vater als gutherzig und gut aussehend, wenn auch ein wenig feminin, der Pferde, Jagdhunde und Militäruniformen liebte. Er war Offizier in der Zivilgarde, und Heine beschreibt, wie er vor Stolz aufgeblasen vor seinen Soldaten in den Gassen der Stadt marschierte, in einer blauen Uniform und auf seinem Kopf ein Dreispitz. An keiner Stelle erwähnt er, was die Forschung inzwischen herausgefunden hat, nämlich dass sein Vater im Vorstand der „Gesellschaft zur Ausübung menschenfreundlicher

---

* Der Name des Großvaters war Chajim von Bückeburg, so ist es auch auf seinen Grabstein auf dem jüdischen Friedhof von Hannover eingraviert. Er war Kaufmann, und von seinen Kunden und Lieferanten wurde er Heimann oder Heinemann genannt. Als die Juden aufgefordert wurden, sich Familiennamen zuzulegen, verkürzte er Heinemann in Heine.

Handlungen und zum Rezitieren der Psalmen" war, was nichts anderes gewesen ist (nach Meinung von Max Brod) als die *Chewra Kaddischa* (Beerdigungsbrüderschaft) der Gemeinde in Düsseldorf.[8]

Seine Mutter, Zipora-Peira, die unter den Namen Betty bekannt wurde, war, nach seinen Worten, eine aufgeklärte Frau, die die Werke von J. J. Rousseau las und als junges Mädchen ihrem Vater, einem Arzt, lateinische Dissertationen vorzulesen pflegte. Aus den Briefen, die sie hinterlassen hatte, die in schlechtem Deutsch, in hebräischen Buchstaben verfasst waren, geht hervor, dass er ein wenig übertrieben hat, obwohl sie – und nicht ihr schwacher Ehemann – die treibende Kraft zu Hause war. Sie war es, die dafür sorgte, dass ihr Kind aus dem jüdischen *Cheder* (Schule für kleine Kinder), wo er sein Studium begonnen hatte, herausgenommen und auf die Schule des Franziskaner-Ordens geschickt wurde.

In den *Geständnissen* und *Memoiren* wiederholte Heine die Erzählung über seine Schulzeit in der kirchlichen Erziehungsanstalt *("denn katholische Priester waren es, denen ich als Kind meinen ersten Unterricht verdankte; sie leiteten meine ersten Geistesschritte")*. Er überging mit vollkommenen Schweigen die Zeit davor, in der er vordem im *Cheder* war, wo er ein wenig Thora mit den Erläuterungen von Raschi und vielleicht auch ein wenig Hebräisch gelernt hatte. Die gesprochene Sprache zu Hause war Judendeutsch, und in seinen Briefen an seine jüdischen Briefpartner, ganz gleich ob es seine Familienmitglieder waren oder Personen wie der Komponist Meyerbeer oder der Baron Rothschild, kann man Sprachperlen finden wie: *„Ganef"* (Dieb), *„Rachmones"* (Mitleid), *„Talles und Tefilim"* (Gebetriemen und Gebetschal), *„Scholem"* (Frieden), *„Milchome"* (Krieg), *„Meschugge"* (Narr), *„Gojim und Reschoim"* (Nichtjuden und Antisemiten) und noch Dutzende solcher Beispiele.

Seit den dreißiger Jahren färbte Heine auch seine gedruckte Lyrik mit hebräisch-jiddischen Worten wie: *„Schabbes"*, in einem deutschen Epos schlechthin wie dem *Tannhäuser*, oder *„Nigen"* (Melodie) in *„Der Gott Apollo"*, *„Arbekanfes"* (Himmelsrichtungen) in *„Disputation"* usw. In seinen Gedichten *Prinzessin Sabbat* und *Jehuda ben Halevy* fügt er einen vollen hebräischen Satz ein, *„Lecho Daudi likras Kalle"* *(„Komm,*

Geliebter, deiner harret schon die Braut"). In seinen Gesprächen, die aufgeschrieben wurden, kann man Worte finden wie: *„Chuzpe"* (Unverschämtheit), *„Schaute"* (Dummkopf), *„Mauchel"* (verzeiht), *„Gewure"* (Heldentum), *„Masol"* (Glück), *„Emmes"* (Wahrheit) – und das ist nur eine kleine Auswahl.[9]

In seinen *Memoiren,* die für das breite Publikum gedacht waren, gibt es nicht den Schatten eines Hinweises, dass er in einem traditionellen Haus aufgewachsen ist; aber bei der Lektüre seiner Briefe und Werke dürfen wir annehmen, dass seine Kindheitserlebnisse auch das Essen von Matzen beinhaltet haben, das Fasten am neunten Aw, das Segnen des Palmzweig am Laubhüttenfest, das Anzünden der Kerzen an Hanuka, das Essen von Schalet am Samstag; und dass die Melodien von „Lecha Dodi", „Chad Gadja" (aus der Pessach-Haggada, die zu Ostern beim Abendmahl in jedem jüdisch traditionellem Haus vorgelesen werden) und „An den Wassern von Babel", sein Leben lang in ihm geklungen haben. Am Sterbebett behauptete er, sein erstes Gedicht sei *Belsazar* gewesen, das er im Alter von sechzehn Jahren unter dem Einfluss von „Bachazoz halajla" aus der Pessach-Haggada verfasst habe.[10] Dies ist ein direktes Zeugnis von ihm, dass er Ostern an einem Abendmahl teilgenommen hatte (was er auch in seinem Werk *Der Rabbi von Bacherach* beschrieben hat). Alle anderen Zeugenaussagen sind von den Umständen abhängig, die uns zeigen, dass ihm ein Maß an jüdischem Gefühl von Jugend an eingeflößt wurde, obwohl die Assimilation in seinem Elternhaus sehr intensiv war. Als er erwachsen wurde, war sein jüdisches Erbe äußerst mager.

Die Jahre seiner intellektuellen Bildung, vom sechsten bis zum sechzehnten Lebensjahr, verbrachte er in christlichen und kirchlichen Erziehungsanstalten, aber die Atmosphäre der Toleranz unter der französischen Herrschaft beeinflusste seine Entwicklung stark, sie schärfte seinen Sinn für Humor und Spott und entwickelte in ihm die Werte des Fortschritts und der Freiheitsliebe. Dazu kommt noch, dass der Rektor des Gymnasiums Jakob Schallmeyer war, der, obwohl er Priester war, die als ganz besonders freidenkerisch und ketzerisch geltende griechische Philosophie lehrte.

Samson Heine, der in Düsseldorf ein kleines Importgeschäft für

Tuch führte, war darüber nicht sehr erfreut. *„Lieber Sohn! Deine Mutter läßt dich beim Rektor Schallmayer Philosophie studieren. Das ist ihre Sache. Ich, meines Theils, ich liebe nicht die Philosophie; denn sie ist lauter Aberglauben und ich bin Kaufmann und hab meinen Kopf nötig für mein Geschäft. Du kannst Philosoph sein so viel du willst, aber ich bitte dich sage nicht öffentlich was du denkst, denn du würdest mir im Geschäft schaden, wenn meine Kunden erführen daß ich einen Sohn habe der nicht an Gott glaubt; besonders die Juden würden keine Velveteens mehr bei mir kaufen, und sind ehrliche Leute, zahlen prompt und habe auch Recht an der Religion zu halten."*[11]

Im Gegensatz zu Samson Heine, der mit seinen Geschäften nicht erfolgreich war, erlebte dessen jüngerer Bruder Salomon eine einmalige Karriere. Mit sechzehn Jahren kam er nach Hamburg, in seiner Tasche nur sechzehn Groschen. Er begann als Schreiber bei einer Bank zu arbeiten. Innerhalb weniger Jahre war er selber der Inhaber der Bank und einer der reichsten Männer Deutschlands. Nathan Rothschild, der größte Finanzzauberer seiner Zeit, der mit ihm Geschäfte machte, pflegte zu sagen: „Wenn ich ihm sage wie viele Aktien er für mich kaufen soll, kauft er immer die doppelte Anzahl für sich selbst." Salomon Heine hatte keine Ausbildung, aber einen ungewöhnlichen Scharfsinn; er sprach deutsch mit jiddischem Akzent, schrieb fehlerhaft, aber die Senatoren von Hamburg pflegten jedes Mal, wenn sie an ihm auf der Straße vorüber gingen, ihre Hüte zu ziehen; er besaß keine Bürgerrechte, aber die Honoratioren des Landes fühlten sich geehrt, wenn sie an seinem Tisch eingeladen wurden; und einmal gastierte bei ihm auch der Fürst Blücher, der Sieger der Schlacht bei Waterloo.

Wenn es in der Biographie von Harry Heine eine wichtige Person gibt, die sein Leben noch mehr als sein Vater und seine Mutter beeinflusst hat, dann ist es sein Onkel Salomon. Man kann sich sein Leben gar nicht vorstellen ohne diese Verbindung voller Abhängigkeit, die zwischen ihnen all die Jahre herrschte.

Die Verbindung begann im Sommer 1816, als der Onkel Heinrich nach Hamburg eingeladen hatte, um aus ihm einen Geschäftsmann zu machen. Es gibt nur wenig Informationen über diesen Lebensabschnitt von Heine. Es ist bekannt, dass er ein Jahr vorher nach Frank-

furt am Main geschickt worden war in der Absicht, ihm Geschäfts-
sinn und Bank-Erfahrung zu vermitteln. Ein Versuch, dem kein Erfolg
beschieden war, und Heine kehrte nach Düsseldorf zurück. Dort
verbrachte er ein halbes Jahr mit Nichtstun, Tagträumen, und soweit
bekannt ist begann er in diesem Jahr auch seine ersten Gedichte zu
schreiben.

In der Ballade *Die Grenadiere*, die offensichtlich in jenem Jahr geschrieben wurde, gab Heine seiner großen Verehrung Napoleons Ausdruck – eine mutige Tat, eine Provokation in den Tagen, als die Fran-
zosenfeindschaft gängige Norm in Deutschland war. Das Gedicht entstand unter dem Eindruck der französischen Soldaten, den Resten der
Grande Armée, die Düsseldorf passierten, auf ihrem Weg von Russland zurück nach Frankreich. Diese „Waisenkinder des Ruhmes", wie
er sie nannte, marschierten mit zerrissenen Uniformen, geschunden
und müde, viele von ihnen hinkten und ließen ihn an die Sage von
den Soldaten denken, *„die des Tags in der Schlacht gefallen und des Nachts
wieder vom Schlachtfelde aufstehen und mit dem Tambour an der Spitze nach
ihrer Vaterstadt marschieren (…)."* [12]

Seine Gedichte haben auf seine Eltern keinen Eindruck gemacht.
„Meine Mutter", schrieb er, *„war überhaupt nicht damit zufrieden, daß
ich Verse machen lernte und seien es auch nur französische; sie hatte nemlich
damals die größte Angst, daß ich ein Dichter werden möchte; das wäre das
Schlimmste, sagte sie immer, was mir passieren könne."* [13] Sie wandte sich
also an Onkel Salomon um Hilfe. Dieser lud ihn nach Hamburg, besorgte ihm eine Arbeit als Schreiberling in seinem eigenen Bankhaus,
und als er keine Ergebnisse sah, gründete er für ihn ein Bekleidungs-
geschäft. Aber auch dieser Handel, Harry Heine & Co., war nach
einem Jahr pleite. Heine konnte oder wollte kein Geschäftsmann
werden.

Er zog es vor, in den Kaffeehäusern an der Alster zu sitzen, die weißen Schwäne, die auf dem Wasser schaukelten, zu betrachten, und
einen Blick auf die jungen Damen zu werfen, die vorüber spazierten.
In einem Brief an Christian Sethe, seinen Klassenkameraden aus dem
Gymnasium in Düsseldorf, nannte er Hamburg ein *„verludertes Kauf-
mannsnest (…). Huren genug, aber keine Musen."* [14]

Die Wahrheit ist, dass ihn in dieser Stadt doch die Muse geküsst hat. Im Februar 1817, da war er 19 Jahre alt, wurden seine ersten Gedichte im „Hamburger Wächter", einem unbedeutenden und dazu noch antisemitischem Blatt veröffentlicht, unter dem Pseudonym Sy Freudhold Riesenharf – aus „Harry Heine Düsseldorf" zusammengesetzt.

Was ihm nicht gelang, war der Versuch, mit den Gedichten das Mädchen, das er liebte, zu beeindrucken. *„Das ist auch eine herzkränkende Sache, daß sie meine schöne Lieder, die ich nur für Sie gedichtet habe so bitter und schnöde gedemüthigt und mir überhaupt in dieser Hinsicht sehr hässlich mitgespielt hat"*[15], schreibt er an Sethe. Ihren Namen nennt er nicht, aber in der Regel identifiziert man sie mit seiner Cousine Amalie.

In diesem Brief erzählte er, wie sie ihm eines Tages eine goldene Locke aus ihrem Haar gegeben hatte, und am nächsten Tag wies sie ihn ab. *„Sie liebt mich nicht"*, schrieb er, indem er bemerkte, dass das Wort „sie" ewiges Paradies bedeutet, und das Wort *„nicht"*, welches er mit zwei Linien hervorhob, steht für die ewige Hölle.

Dieser Brief, der vor Beleidigtsein und Selbstmitleid strotzt, mit Stellen von Elegie im Stil von Werthers Leiden („U – U – Und – Und – O! – O Christian!") steht am Anfang einer der berühmtesten Liebesgeschichten der Weltliteratur; die große, unglückliche Liebe Harry Heines, des armen Dichters, zu Amalie Heine, seiner reichen Cousine mit dem goldenen Haar und dem verschlossenem Herzen.

Im wunderschönen Monat Mai,
Als alle Knospen sprangen,
Da ist in meinem Herzen
Die Liebe aufgegangen.

Im wunderschönen Monat Mai,
Als alle Vögel sangen,
Da hab' ich ihr gestanden
Mein Sehnen und Verlangen.[16]

Für Generationen von Lesern gab es keinen Zweifel daran, wem Heine seine Liebe im Monat Mai eröffnete und wen er „*Auf Flügeln des Gesanges*" tragen wollte, was sich hinter „*Ein Jüngling liebt ein Mädchen, / Die hat einen Andern erwählt*" verbarg und wen er meinte, als er sagte:

> *Vergiftet sind meine Lieder; –*
> *Wie könnt' es anders seyn?*
> *Du hast mir ja Gift gegossen*
> *In's blühende Leben hinein.*

Die Leser, die ununterbrochen im *Buch der Lieder* blätterten, sahen darin selbstverständlich die private Biographie des jungen Heine.

Und Heine? Er hatte niemals seine Liebe zu Amalie ausdrücklich zugegeben, die Forscher und Biographen konnten aber auf keine andere Muse hinweisen. Sie haben hartnäckig ihre Spuren fast in jedem Gedicht, das er schrieb, nachgewiesen, beispielsweise in den *Traumbildern*. In einem der Gedichte wird beschrieben, wie das lyrische Ich an einer Hochzeitsfeier teilnimmt, wo alle fröhlich und ausgelassen sind, sich dem glücklichen Paar nähert und erkennen muss: „*O weh, mein Liebchen war die Braut.*"[17] Der Bräutigam, ein Fremder, schenkt ihr Wein ein: „*O weh! Mein rothes Blut sie trank.*" Die Braut gibt ihrem Bräutigam einen Apfel: „*Der nahm sein Messer schnitt hinein, – / O Weh! das war das Herze mein.*" Das Gedicht stammt aus dem Jahr 1815 oder 1816, das bedeutet, dass es etwa fünf Jahre vor der Hochzeit von Amalie Heine aus Hamburg mit Johann Friedländer aus Königsberg geschrieben wurde. Heine war auf dieser Hochzeit nicht anwesend, die 1821 stattfand und hatte auch Amalie seit geraumer Zeit nicht mehr gesehen. Bevor er sie 1827 wieder treffen sollte, schrieb er an einen Freund: „*Ich bin im Begriff diesen Morgen eine dicke Frau zu besuchen, die ich seit 11 Jahren nicht gesehen habe, und der man nachsagt ich sey einst verliebt in sie gewesen. Sie heißt Me Friedländer aus Königsberg, so zu sagen eine Cousine von mir. (…) Die Welt ist dumm und fade und unerquicklich und riecht nach vertrockneten Veilchen.*"[18]

Die ganze Liebesgeschichte zwischen Harry Heine und Amalie

Heine steht und fällt mit zwei Texten. Im ersten (in seinem Brief an Sethe von Oktober 1816) erwähnt er nicht den Namen der Geliebten, aber man kann die Identifizierung mit Amalie nicht von der Hand weisen, da es in der Umgebung keine andere Kandidatin gibt (ihre Schwester Therese war zu jener Zeit neun Jahre alt). Im zweiten (in einem Brief an Varnhagen aus dem Jahr 1827, als er dreißig Jahre alt war) erwähnt er zwar den Namen Amalies, verheiratete Friedländer, und erinnert daran, *„daß ich diese, so sagte man, einst geliebt habe"*, aber weder bestätigt er noch widerruft er. Hier kommt hinzu, dass er in seinen früheren Werken – Lyrik und Prosa – eine Gertrud, Hedwig, Veronika, Agnes und ähnliche erwähnt. Der Name Amalie ist dagegen nirgends zu finden. Auch in seinen *Memoiren,* die an seinem Sterbebett geschrieben wurden, nannte er nur einen einzigen Namen: Sephchen, die Tochter des Henkers. In „Gespräche mit Heine" von H. H. Houben, einer der wichtigsten Quellen über sein Leben, wird der Name Amalie nur einmal erwähnt: In dem Abschnitt, der aus den Erinnerungen der feministischen Schriftstellerin Fanny Lewald entnommen ist. Fanny erzählte Heine von ihrer Bekanntschaft mit Amalie Friedländer (die 1838 gestorben war, vor ihrem 40. Geburtstag), und erwähnte, „dass man sie dort [in Königsberg] für Heines Jugendliebe gehalten". Er hat nicht darauf reagiert.[19]

Die Tatsache, dass Heine sein wahres Liebesleben verborgen hielt, hat die Forscher und Biographen nicht gehindert, daran festzuhalten, dass Amalie die Protagonistin des *Buchs der Lieder* sei. Mehr noch, dreißig Jahre nach dem Tod des Dichters war man bereit, der Geschichte eine weitere Muse zuzufügen. Ernst Elster, der klassische Herausgeber von Heines Schriften, stellte im Jahre 1887 fest, dass das *Lyrische Intermezzo* aus dem *Buch der Lieder,* das zuerst im April 1823 veröffentlicht wurde, in der Lage sei, die Liebe des Dichters zu Amalie wiederzugeben; dagegen wurde der Abschnitt *Die Heimkehr,* aus den Jahren 1823-1824 unter dem Eindruck seiner zweiten Liebe geschrieben, auch diese eine unglückliche Liebe. Gemeint ist Therese, die jüngere Schwester von Amalie, die ebenfalls seine Werbung abgewiesen hatte – sie gab einem Börsenmakler mit Namen Adolph Halle den Vorzug.

Die meisten Biographien beschreiben ausführlich die Liebe Heines zu den zwei Schwestern, seinen Cousinen, und da sie sich nicht auf Zeugenaussagen aus erster Hand verlassen konnten, entwickelten sie die Liebesgeschichte anhand der lyrischen Quellen. Das war bis zum Jahr 1962, als etwas mehr als hundert Jahre nach dem Tod des Dichters der Engländer William Rose seine Forschungsarbeit veröffentlichte, in der er feststellte, dass man sich auch auf die lyrischen Quellen nicht verlassen kann. In einem schmalen Band „Die frühen Liebeslieder von Heinrich Heine" zeigte er, dass die Gedichte, die Amalie zugedacht sind, fast fünf Jahre, nachdem diese ihn abgewiesen hatte, geschrieben wurden, und zweieinhalb Jahre nachdem er sie zuletzt gesehen hatte; und dass einige Gedichte, die Therese zugedacht werden, mit Sicherheit vor dieser Verliebtheit geschrieben wurden. Rose zog den Schluss, dass jede Verbindung zwischen den Gedichten und der Wirklichkeit nichts als Spekulation und Klatsch ist.

Rose gelang es nicht, den Mythos der Liebesgeschichte im Hintergrund des *Buchs der Lieder* völlig zu entkräften. Aber es ist ihm gelungen, dass die Forscher und Biographen seitdem nicht mehr so leichtfertig ihren Phantasien folgen wie in der Vergangenheit. Sogar Jeffrey L. Sammons, der von der chronologischen Interpretation eines Rose Abstand nimmt, wenn er sagt, dass ein Dichter seinen kreativen Schmerz über Jahre in sich behalten kann, drückt sich von da an vorsichtiger aus. Heine, so schreibt er, hinterließ uns „eine Liste von Andeutungen", dass tatsächlich etwas stattgefunden habe. Die Zeugnisse in unserer Hand seien zwar „dürftig, aber eindeutig". Und er fährt fort, dass es durchaus möglich wäre, dass Heine seine Liebe auf Therese übertragen hat, auch wenn hier die Beweise noch schwächer seien.

Von hier ab wird nicht mehr gefragt, ob es eine Liebe gegeben hat oder nicht, sondern von welcher Qualität diese Liebe war. Sammons will uns an eine einfache Tatsache erinnern: Amalie war vielleicht schön und begehrenswert, aber mehr als all dies war sie eine gute Partie. Harry und seine Eltern waren offensichtlich nicht die einzigen armen Verwandten, die von ihr mit Ehrfurcht gesprochen haben. „Es gibt Grund zu der Annahme", fasst er zusammen, „dass hinter den literarischen Ausdrücken seiner enttäuschten Liebe ein familiäres Begehren von Onkel Salomons Schatz steht, die zu unsterblichen Lyrik sublimiert wurde, ähnlich wie der archetypische Kampf ums Gold der Nibelungen."[20]

Wenn das Verhältnis Heines zu seinen Cousinen in der Tat nebulös bleibt, so ist seine Zuneigung zu ihrem Vater eindeutig. Salomon Heine hatte es auf sich genommen, die Zukunft dieses jungen Mannes zu sichern, und als sich zeigte, dass er mit seinen Geschäften keinen Erfolg haben würde, beschloss die Familie, dass er Jura studieren müsse. Das war eine schicksalhafte Entscheidung, da man in jenen Tagen nur bei einem Medizinstudium Jude bleiben konnte. Ein Jude, der Jurisprudenz studieren wollte, tat demnach den ersten unvermeidlichen Schritt in Richtung des Weges, der am Ende zur Taufe führte.

Im Jahr 1819 verschlimmerte sich die Lage der Juden in Deutschland. Seit der Annullierung der Emanzipation anlässlich der Niederlage Napoleons litten sie nicht nur unter der Diskriminierung und der Aberkennung ihrer bürgerlichen Rechte, sondern mussten sich auch mit einer Welle von Verfolgungen und Teutomanie, die das Land erfasst hatte, auseinandersetzen. Die Deutschen beschuldigten für alle ihre Probleme die jüdisch-französischen Verbindung; aber die Franzosen zogen sich hinter den Rhein zurück, und die Juden blieben; sie waren der traditionelle Feind, und da sie schutzlos waren, war es auch leicht, an ihnen alle Verbrechen der Französischen Revolution abzurechnen. In den Theatern wurden antijüdische Komödien aufgeführt, Hetzschriften waren zu Bestsellern geworden.

Friedrich Rühs, ein Geschichtsprofessor an der Universität in Berlin, rief dazu auf, die fremden Fundamente aus dem Leben der Nation zu entfernen. Unter anderem schlug er vor, den Juden analog zum Gelben Stern des Mittelalters das Tragen eines Bandes oder einer besonderen Krawatte aufzuzwingen. Ein anderer Gelehrter, Friedrich Jakob Fries von der Universität Heidelberg, forderte, die Juden zu christianisieren oder sie zu vertreiben.

Einige Juden mit fortschrittlichen Ideen haben geglaubt, dass die Judenfrage eine Frage des Erscheinungsbildes sei. Es gab welche, die die Wurzel des Bösen in der alten Synagoge sahen, wo es Lärm und hässliche Tumulte gibt, und sie beschlossen, ihr Judentum zu reformieren.

Im Jahre 1815 gründete Israel Jacobson die Reformsynagoge in Berlin. Er trug den Talar eines protestantischen Pfarrers und sprach die Gebete in deutscher Sprache. Der Bankier Jakob Hertz Beer, der Vater des Komponisten Giacomo Meyerbeer, fügte die Orgelmusik dazu. Die Reform, die an den christlichen Gottesdienst erinnerte, rief erheblichen Widerstand hervor. „Jacobson hat nicht gemerkt", schrieb Graetz, „wie widerwärtig und komisch es ist, der alten Mutter den Schmuck der jungen christlichen Tochter aufzuhängen." Wer aber diesen ersten reformistischen Versuchen ein Ende bereitet hatte, war der König. Er forderte die Juden auf, weiter so zu beten wie früher. Friedrich Wilhelm III. war in seinem Land bereit, lediglich zwei Arten von Juden anzuerkennen: Ghetto-Juden oder getaufte Juden.

Und so ließen sich Massen von Juden taufen, in der Hoffnung, so der Enge ihres Judentums zu entfliehen. Am 21. März 1816 nahm der Bankier Abraham Mendelssohn seine vier Kinder, die Enkel von Moses Mendelssohn, zur neuen Kirche in Berlin. Fanny war zehn Jahre alt, als sie getauft wurde; Jakob-Felix, das musikalische Wunderkind, war neun; Rebekka war vier und Paul zwei Jahre alt. Was hätte Moses Mendelssohn gesagt, wenn er gewusst hätte, dass nach seinem Tod vier seiner sechs Kinder sich taufen lassen würden? Und was hätte er empfunden, wenn er geahnt hätte, dass von seinen neun Enkelkindern nur eines Jude bleiben würde? Im Sommer 1817 ließ sich auch Herschel Marx, der Sohn des Rabbiners von Trier, taufen, um zu verhindern, dass er von seiner Stellung als Regierungsanwalt entlassen wurde. Er änderte seinen Namen von Herschel in Heinrich, und nach einem Jahr, am 5. März 1818, wurde sein Sohn, Karl, geboren. Im Jahr 1818 ließ sich auch der Schriftsteller Ludwig Börne taufen. Zu seiner Erklärung sagte er, damit man ihn nicht verdächtigte, dass es in seinem Kampf für die Freiheit private Motive gebe. Seine Verachtung für diesen Akt drückte er aus, indem er sagte: „Es tut mir nur leid um die Taufkosten, die ich zahlen musste."

Der Druck der Regierung auf die Juden wuchs. Professor Fries, über den Goethe sagte, dass er der widerlichste unter den Judenhassern sei, vertraute seiner Regierung nicht, dass sie das aufhalten könnte. Er hängte seine Hoffnung an den Pöbel. „Dieser Skandal", schrieb er, „wird nicht beendet werden ohne Gewalttätigkeiten."

Und so kam es auch. Im Jahre 1819 begann der Mob, seine Wut auf die Juden in Pogrome umzusetzen, in Hamburg, Frankfurt und noch in anderen Städten wurden Scheiben zerschlagen, Geschäfte geplündert, Juden verletzt und getötet, unter seltsamen Rufen „Hep! Hep!" Nach der geläufigen Erklärung ist HEP ein Notarikon der römischen Worte *Hierosolyma est perdita,* was bedeutet: Jerusalem ist verloren.

Ludwig Börne, seit einem Jahr Christ, sah in den „Hep-Hep" Pogromen die letzten Zuckungen der mittelalterlichen Feindschaft. *„Die Flamme des Hasses",* schrieb er, *„entflammte wieder in aller Klarheit um für immer zu erlöschen."*[21]

1819, im Jahr der Unruhen, begann Heine seine Studien an der Bonner Universität, und sofort entdeckte er, wie wenig er den Beruf des Juristen mochte. *„Welch ein fürchterliches Buch ist das Corpus Juris",* schrieb er, *„die Bibel des Egoismus."*[22] Seine Zeit pflegte er in den Vorlesungen für Geschichte, Literatur und Kunst zu verbringen. Hier hatte er das Glück, Schüler von August Wilhelm Schlegel zu sein, dem Gründungsvater der Romantischen Schule. *„Außer Napoleon",* schrieb er, *„war das der erste große Mann den meine Augen bis dahin gesehen haben."* Er hörte bei ihm Vorlesungen über die Deutsche Sprache und ihre Literatur und über das Epos der Nibelungen.

Schlegel beeindruckte Heine auch damit, dass er so gar nicht der Vorstellung des armen Dichters entsprach, der nach der gängigen Vorstellung einen verblichenen, zerrissenen Mantel zu tragen habe, Gedichte für Hochzeiten schreiben und in den Nächten – anstatt sich mit Mädchen aus gutem Hause zu amüsieren – betrunken in der Gosse liegen müsse, wenn die Strahlen des Mondes ihn leidenschaftlich küssten.

Im Gegenteil: *„Noch heute fühle ich den heiligen Schauer, der durch meine Seele zog, wenn ich vor seinem Catheder stand und ihn sprechen hörte. Ich trug damals einen weißen Flauschrock, eine rothe Mütze, lange blonde Haare und keine Handschuhe. Herr A. W. Schlegel trug aber Glaceehandschuhe, und war noch ganz nach der neuesten pariser Mode gekleidet; er war* *noch ganz parfümirt von guter Gesellschaft und eau de mille fleurs; er war die Zierlichkeit und die Eleganz selbst, und wenn er vom Großkanzler von England sprach, setzte er hinzu ‚mein Freund‘, und neben ihm stand sein Bedienter, in der freyherrlichst Schlegelschen Hauslivree, und putzte die Wachslichter, die auf silbernen Armleuchtern brannten und nebst einem Glase Zuckerwasser vor dem Wundermanne auf dem Katheder standen. Livreebedienter! Wachslichter! silberne Armleuchter! mein Freund, der Großkanzler von England! Glaceehandschuh! Zuckerwasser! welche unerhörte Dinge im Collegium eines deutschen Professors!“*[23]

„Klein, ziemlich muskulöse Gestalt; blonde Haare mit weißen durchmischt; hohe und bedeutsame Stirne“, – so beschrieb einer der Studenten den jungen Heine in Bonn.

„Um den Mund immerwährend ein ironisches, gutmütiges Lächeln; die Hände hält er (Heine) meist auf dem Rücken und schlottert so einen Entengang dahin. Hält sich für schön und kokettiert im Spiegel heimlich mit sich. Er spricht gut und hört sich gern sprechen; so oft er einen Witz reißt, lacht er laut auf, dann wird seine Physiognomie, die sonst nichts auffallend Orientalisches hat, ganz jüdisch, und die ohnedies kleinen Augen verschwinden beinah.“[24]

Heine wollte nichts leidenschaftlicher als am Studentenleben teilhaben. Am 18. Oktober nahm er an einem Fackelzug anlässlich des Jahrestages der Niederlage von Napoleon bei der Völkerschlacht in Leipzig teil. Die Studenten bestiegen den nahegelegenen Kreuzberg, zündeten ein großes Feuer an, warfen alle Fackeln hinein, sangen patriotische Lieder, hielten Vorträge und gingen danach nach Hause. Jede patriotische Demonstration war damals, in der post-napoleonischen Reaktion verboten, und der Präsident der Universität hat eine Untersuchung des Vorfalls eingeleitet. Heine war unter den Studenten, die Zeugnis ablegen sollten. Als er nach dem Inhalt der Reden gefragt wurde, stellte er sich dumm: *„An der ersten Rede habe ich keinen Inhalt festgestellt und an den Inhalt der zweiten Rede kann ich mich nicht erinnern (…)“*[25]

Seine Teilnahme am Studentenalltag beinhaltete Abenteuer aller Art. Es wird berichtet, dass er wegen einer antisemitischen Bemerkung an einem Duell beteiligt gewesen sei. Er selbst hat auch über

Abenteuer mit Straßenmädchen berichtet: *„Auch ich hab mahl (schöner Busen halber) die Musen vernachlässigt. Meine Bestrafung hast Du selbst gesehen, nemlich meine poetische Unfruchtbarkeit von vorigem Winter (...). Aber der alte Schlegel, der überhaupt mit den Damen umzugehn versteht, hat die zürnenden Schönen wieder mit mir versöhnt; und da er ihrer vielgenossenen Reitze satt ist, (...) so hat er sie mir gütigst zugekuppelt, und allen 9 Schwestern habe ich bereits wieder dicke Bäuche gemacht."*[26]

Die Verbindung mit Schlegel entstand, nachdem Heine ihm einige seiner Gedichte gezeigt hatte: *„Mit meinen Poesien war er sehr zufrieden, und über die Originalität derselben fast freudig erstaunt. Ich bin zu eitel um mich hierüber zu wundern. Ich habe mich sehr gedockt gefühlt als ich neulich von Schlegel förmlich eingeladen wurde, und bei der rauchenden Kaffetasse stundenlang mit ihm plauderte."*[27] Schlegel hat ihn noch einige Male eingeladen, mit ihm über seine Gedichte diskutiert, Verbesserungen vorgeschlagen und ihm insbesondere Mut gemacht. *„Seine erste Frage ist immer: wie es mit der Herausgabe meiner Gedichte stehe? und scheint solche sehr zu wünschen."*

„Das Schicksal wollte es", schreibt Antonina Vallentin, „aus einer wunderlichen Ironie, dass der Vater der Romantik, der unermüdliche Geburtshelfer der neuen Zeit, die künstlerische Ader bei einem Jüngling erwecken sollte, der in der Zukunft die Romantik begraben sollte" und ein anderer Biograph, Louis Untermeyer: „Nicht Heine und nicht Schlegel konnten ahnen, dass der Vater der Romantischen Schule demjenigen Mut macht, der diese Schule zerstören sollte."[28]

Die Romantik war eine Protestbewegung gegen die Bewegung der Aufklärung des 18. Jahrhunderts, die die griechische und römische Kultur des Altertums nachahmen wollte. Was hat die deutsche Seele, fragten die Romantiker, gemeinsam mit Iphigenie aus dem unbekannten Land der Tauren, wenn doch auf dieser Erde, hier im Rheintal, Krimhild den Tod Siegfrieds gerächt hat? Warum bis zu Alexander dem Großen und Julius Cäsar gehen, wenn Friedrich der Rotbart, genannt Barbarossa, in den Höhlen des Kyffhäuser schlummert und nur auf den Ruf wartet, Deutschland zu erlösen? Die deutsche Romantik forderte, die Betonung mehr auf das Gefühl zu legen als auf dem Intellekt. Sie schöpfte ihre Eingebung aus den Mythen, aus den Sagen des Schwarzwaldes und den Epen der Mönche und Ritter. Ihr Kampfesruf war „Weniger denken! Mehr leben!"

Im Gegensatz zur Aufklärung, die universell, humanistisch war, die die Gleichheit aller Menschen propagierte, also auch der Juden, schrieb die Romantik, und besonders die deutsche Romantik, die Stammesverbindung auf ihre Fahne, die historische Besonderheit, das, was wir heute „Wurzel" nennen; und damit hat sie eine Trennungslinie zwischen den Juden und den Nichtjuden gezogen, die nichts Gutes ahnen ließ.

Heine wurde vom Zauber der Romantik überwältigt und lehnte sich zugleich gegen sie auf. Sein erster Aufsatz, der gedruckt wurde, *Die Romantik* (1820), wurde im Geiste Schlegels geschrieben. Es war ein polemischer Aufsatz gegen die Kritiker der Romantischen Schule, und nur in einem Absatz erlaubte er sich eine persönliche Kritik, als er die deutsche Sprache lobte *(„unser heiligstes Gut")*, wo er unter anderem schrieb, dass „*(…) das deutsche Wort (…) ein Grenzstein Deutschlands (ist), den kein schlauer Nachbar verrücken kann, ein Freiheitswecker, dem kein fremder Gewaltiger die Zunge lähmen kann, eine Oriflamme in dem Kampfe für das Vaterland, ein Vaterland selbst demjenigen, dem Torheit und Arglist ein Vaterland verweigern.*"

Zu dieser Zeit begann er den *Almansor* zu schreiben, eine Tragödie über die Verfolgung der muslimischen Mauren in Spanien. „*In diesem Stück*" schrieb er, „*habe ich mich ganz eingebracht, mit all meinen Paradoxen, meiner Weisheit, Liebe, Hass und all meinen Wahnsinn.*"

Almansor ist ein junger Araber, der Spanien wegen der Verfolgung durch die Christen verlassen hatte. Als er nach vielen Jahren zurückkehrt, findet er heraus, dass seine Geliebte Zuleima, die ihm von Kindestagen an versprochen war, konvertiert ist und mit ihrem neuen Namen, Donna Clara, plant, einen christlichen Spanier zu heiraten. Als er zu ihr gehen möchte, versucht der alte Hassan, ihn daran zu hindern:

> Geh' nicht nach Alis Schloß! Pestörtern gleich
> Flieh' jenes Haus, wo neuer Glaube keimt.
> Dort zieht man dir, mit süßen Zangentönen,

> *Aus tiefer Brust hervor das alte Herz,*
> *Und legt dir eine Schlang' dafür hinein.*
> *Dort gießt man dir Bleitropfen, hell und heiß,*
> *Auf's arme Haupt, daß nimmermehr dein Hirn*
> *Gesunden kann vom wilden Wahnsinnschmerz.*
> *Dorten vertauscht man dir den alten Namen,*
> *Und gibt Dir einen neu'n; damit dein Engel,*
> *Wenn er dich warnend ruft beim alten Namen,*
> *Vergeblich rufe. O, betörtes Kind,*
> *Geh' nicht nach Alis Schloß; – du bist verloren,*
> *Wenn man in dir Almansorn wiedersieht!*[29]

Almansor riskiert sein Leben, entführt Zuleima-Clara und flieht mit ihr in die Berge. Dort stürzen sich beide von den Felsen herab, um ihren Verfolgern zu entkommen.

Heine zog es vor, über das Unglück der Muslime zu schreiben, da die Stunde noch nicht reif war, sich als Jude zu erkennen zu geben. Er verbannte seine Klage auf das Spanien von Ferdinand und Isabella, offensichtlich um die Agenten Metternichs zu täuschen. Zu dieser Zeit waren selbst Goethe und Schiller nicht geschützt vor der Zensur, und Dramen wie „Egmont" oder „Wilhelm Tell" wurden untersagt, da sie die Freiheit propagierten. Ein seltsamer Krieg wurde damals in den Blättern der Zeitungen geführt. Anfangs pflegten die Redakteure weiße Flecken an den zensierten Stellen zu lassen; aber die Behörden verboten das und zwangen die Redakteure dazu, listenreicher zu werden. Börne füllte die leeren Stellen in seiner Frankfurter Zeitung mit sinnlosen Texten, ein anderer Redakteur mit schalen Witzen.

Das Stück *Almansor* ist in Vergessenheit geraten, nicht wegen der Zensur, sondern weil Heines Talent nicht im Verfassen von Dramen lag. Das Interesse an diesem Text wurde über hundert Jahre später durch die Nazis geweckt, als sie die Bücherverbrennungen „jüdischer" Bücher inszenierten. Das erinnerte an eine erschreckend prophetische Zeile aus dem Ende des ersten Aktes, als die Bücherverbrennung auf dem Marktplatz von Granada beschrieben wird. Almansor erzählt, wie der Koran ins Feuer geworfen wurde, worauf Hassan antwortet:

„Das war ein Vorspiel nur, dort wo man Bücher / Verbrennt, verbrennt man auch am Ende Menschen."[30]

Heines Studium in Bonn dauerte weniger als ein Jahr; im September 1820 wechselte er aus Gründen, die nicht ganz klar sind, nach Göttingen.

Die Göttinger Universität genoss einen guten akademischen Ruf, aber sie war noch im alten Deutschland verhaftet und wurde noch nicht, wie die Städte am Rhein, von den Ideen der neuen Zeit berührt. Heine machte sich über die Studentenverbindungen lustig, die Namen von barbarischen Stämmen aus der dunklen Zeit trugen wie „Sachsen", „Teutonen", „Vandalen" und ähnliche. In dieser Sitte sah er ein böses Zeichen.

„Im Bierkeller zu Göttingen mußte ich einst bewundern", schrieb er, *„mit welcher Gründlichkeit meine altdeutschen Freunde die Proskripzionslisten anfertigten, für den Tag wo sie zur Herrschaft gelangen würden. Wer nur im siebenten Glied von einem Franzosen, Juden oder Slaven abstammte, ward zum Exil verurtheilt. Wer nur im mindesten etwas gegen Jahn oder überhaupt gegen altdeutsche Lächerlichkeiten geschrieben hatte, konnte sich auf den Tod gefaßt machen, und zwar auf den Tod durchs Beil, nicht durch die Guillotine, obgleich diese ursprünglich eine deutsche Erfindung und schon im Mittelalter bekannt war, unter dem Namen ‚die welsche Falle.'"*[31]

In Göttingen begann Heine seinen Hass gegen den Adel zu entwickeln. Die nach Göttingen geschickten Studenten des Königreichs Hannover *„(...) hocken (...) beisammen, und sprechen nur von ihren Hunden, Pferden und Ahnen, und hören wenig neuere Geschichte (...)"*[32]

Wenn der Adel bei ihm Abscheu erregte, dann hat sein Gegenteil, das deutsche Volkstum, seine Seele mit Angst erfüllt. *„(D)ie Worte ‚Vaterland, Deutschland, Glauben der Väter u.s.w.'"*, schrieb er, *„elektrisieren die unklaren Volksmassen noch immer weit sicherer als die Worte: ‚Menschheit, Weltbürgertum, Vernunft der Söhne, Wahrheit (...)!'"*[33]

Vom Lehrplan war er auch nicht begeistert. Die Methode, die auf Pauken und Auswendiglernen basierte und das Denken nicht förderte, machte ihm keine Freude. Er kritisierte den *„Hochmut der Noten, die Bedrängnis, das trockene Lernen"*, und verspottete die Professoren, dass sie in ihren Köpfen keine neuen Ideen haben, sondern nur Daten und Zitate. Als er später den *Tannhäuser* schrieb, fügte er hinzu: „*Zu Göttingen blüht die Wissenschaft, / Doch bringt sie keine Früchte. / Ich kam dort durch in stockfinstrer Nacht, / Sah nirgendswo ein Lichte.*"[34]

Heine war nicht sehr erfolgreich in seinem Studium, er arbeitete an seinen Gedichten und schickte eine Auswahl an Brockhaus, den bekannten Leipziger Verleger. Als ihm das Manuskript mit einem höflichen Brief zurückgeschickt wurde, tröstete er sich damit, dass auch Goethe beim ersten Mal abgelehnt worden war.

Er tröstete sich auch in den Armen von Straßenmädchen, und einige glauben, dass er sich damals mit dieser schrecklichen Krankheit infiziert hat, die sich später in seinem ganzen Körper ausbreiten und ihn am Ende niederzwingen sollte. Seine Stimmung war ziemlich miserabel, das Studium langweilte ihn, die Professoren enttäuschten ihn, und die Studenten, die sich häufig duellierten, bereiteten ihm Verdruss. Auch er duellierte sich, was unter den jüdischen Studenten des Zeitalters der Emanzipation, im Rahmen ihrer Bemühungen, sich den Christen anzugleichen und das Vorurteil der jüdischen Feigheit zu widerlegen, weit verbreitet war. Und so geschah es, dass er Ende Dezember in eine Diskussion mit einem Kommilitonen geriet; der Disput entgleiste in persönlichen Beleidigungen, und Heine forderte seinen Rivalen, einen Studenten namens Wiebel, zu einem Duell. Der Vorgang wurde dem Rektor der Universität gemeldet, der sich beeilte, die Burschen vor Gericht zu stellen und sie zu einem Universitätsverweis von sechs Monaten zu verurteilen. Die Strafe hat Heine allerdings erfreut. Noch bevor das Semester zu Ende war, packte er seine Sachen und beeilte sich, von diesem langweiligen und deprimierten Ort zu verschwinden. Sein Weg führte ihn jetzt nach Berlin.

Als er das Tor Berlins durchschritt, überquerte Heine die Schwelle in die große Welt. Bei all der akademischen Würde Bonns und Göttingens – Berlin, die Hauptstadt Preußens, war eine Großstadt mit zweihunderttausend Einwohnern; es war die zweitgrößte deutsche Stadt und kam gleich nach Wien, war eines der wichtigsten intellektuellen Zentren Europas. Als er im März 1821 dort ankam, war die Romantik auf ihrem Höhepunkt. Das Schauspielhaus zeigte die Oper „Der Freischütz" von Weber, in der sich Mystik und Patriotismus im

Zeitgeist vereinten. Im Haus des Bankiers Abraham Mendelssohn, in der Leipziger Straße 3, fanden jeden Sonntag musikalische Matineen statt. Dessen zwölfjähriger Sohn Felix musizierte mit seinen Schwestern und seinem Bruder eigene Kompositionen. *„Fachleute meinen"*, berichtete Heine, *„daß der Junge ein zweiter Mozart werden könnte."* In den literarischen Salons trafen sich die Vertreter der Romantik mit den Denkern ihrer Generation; und in der Universität führte ihn sein Weg (obwohl er sich zum Jura-Studium eingetragen hatte) zu den Vorlesungen von Professor Hegel.

„Es ist der große Hegel", schrieb Heine, *„der größte Philosoph, den Deutschland seit Leibnitz erzeugt hat."*[35]

Georg Wilhelm Friedrich Hegel konnte nicht gut vortragen oder schreiben, und trotzdem besuchten immer viele Zuhörer seine Vorträge. Sie waren verworren, seine Ausdrücke glanzlos und seine Aussprache, die aus seiner Kehle *„stoßweis hervorseufzt"*[36], wurde dauernd durch einen ununterbrochenen Husten gestört. *„Ehrlich gesagt"*, schrieb Heine, *„selten verstand ich ihn (...)."* (Hegel selbst pflegte darüber zu klagen, dass keiner ihn verstehe. Die Anekdote, nach der er auf seinem Totenbett gesagt haben soll: *„Nur Einer hat mich verstanden (...) und der hat mich auch nicht verstanden"*, hat ihren Ursprung in Heines Schrift *Zur Geschichte der Religion und Philosophie in Deutschland*.

Was doch verstanden wurde, genügte, um eine der größten Revolutionen in der Geschichte des westlichen Denkens hervorzurufen. Hegel meinte, dass die Philosophie sich nicht mit festen, ewigen und unveränderten Ideen befassen sollte, wie es seit den Tagen Platons der Fall war, sondern dass sie vielmehr eine Antwort auf die sich verändernde Wirklichkeit bieten müsse. Er verwies auf die Tatsache, dass die Menschheit sich in einer linearen Linie entwickelte, von einer primitiven, wilden Gesellschaft zu einem modernen, rationalen Staat, und er hat diese Entwicklung dem „Absoluten Geist", der „Idee" und dem „Verstand" zugeschrieben, die in der Welt herrschen und sich verwirklichen wollen.

Die Geschichte entwickelt sich aber nicht linear, weil die Wirklichkeit voller Widersprüche und ihr Weg voller Brüche und Katastrophen ist. Wenn die Zeit reif geworden ist, bricht eine Revolution aus, nach der die Menschheit sich auf einer höheren Stufe findet. Der Fortschritt der Geschichte verläuft nach Hegel in einem dreifachen Schritt: Jede Stufe entwickelt ihre Negation, und der Kampf zwischen ihnen endet mit dem Sprung in eine höhere Stufe, fortschrittlicher und vernünftiger.

Hegel nannte seine Methode „Dialektik", und diese hatte einen ungeheuren, berauschenden Einfluss auf das Denken des 19. Jahrhunderts. Wer seinen Gott verloren hatte, erhielt jetzt den „Absoluten Geist" Hegels; wer sich nach der Heiligen Dreifaltigkeit sehnte, erhielt jetzt die These-Antithese-Synthese (Begriffe, die Hegel selber nicht gebrauchte, die aber unter seinen Schülern sehr verbreitet waren). Auch wer keine einzige Zeile seiner Schriften gelesen hatte, fand in Hegels Dialektik den Schlüssel zur Lösung der noch ungelösten Rätsel der Geschichte, zur Voraussage der Zukunft und Befestigung des Glaubens an den Fortschritt und sein gutes Ende. Unter den jungen Hegelianern ist der wohl berühmteste Karl Marx, und damit wird deutlich, dass Hegel auch auf unser Leben im Zwanzigsten und Einundzwanzigsten Jahrhundert mehr Einfluss hatte als jeder andere Philosoph.

Hegel hatte eine dicke Schicht von Rationalismus auf die romantische Wurzel in Heines Seele gelegt; er schärfte in ihm die Anlage, die Gegensätze in der Wirklichkeit zu sehen.

Beide trafen sich auch bei gesellschaftlichen Ereignissen und sie verkehrten auch beide im Salon von Rahel Varnhagen, der damals Mittelpunkt für das geistige Berlin war. Hier gingen die jungen Adeligen ein und aus, wohlhabende Bürger, Minister, Theaterschauspieler, Künstler und Philosophen.

Heine, der aufgrund eines Empfehlungsschreibens von Schlegel aufgenommen wurde, machte hier mit den Brüdern von Humboldt Bekanntschaft: mit Wilhelm, dem aufgeklärten Politiker, und Alexander, dem berühmten Naturforscher; mit dem Theologen Friedrich Daniel Schleiermacher, dem platonischen Liebhaber von Henriette Hertz; mit Adelbert Chamisso, dem Verfasser von „Peter Schlehmihl", dem Mann, der dem Teufel seinen Schatten verkaufte; mit Friedrich de la Motte-Fouqué, dem Verfasser von „Undine", der kleinen verzauberten Meerjungfrau.

Rahel war etwa fünfzig Jahre alt, im Alter seiner Mutter; ein schmächtiger Körper wie bei einem Mädchen, ein altes Gesicht, nicht besonders schön, nur wenn sie redete, eroberte sie mit ihrer warmen, sinnlichen Stimme die Herzen. Sie war die Hohepriesterin des Goethe-Kultes in Berlin. Ihr persönlicher Zauber, ihre Klugheit, ihr literarischer Geschmack und ihre Lebensweisheit verschafften ihr eine außerordentliche Stellung in der Geschichte der deutschen Literatur. Wenn ein neuer Dichter oder ein neues Buch erschienen war, warteten alle auf die Beurteilung von Rahel.

Rahel stellte unmittelbar Heines geniale lyrische Begabung fest, aber sie sah auch seine menschlichen Schwächen. „Heine", schrieb sie, „Heine – sag' ich – wird sich immer von neuem besudeln; denn auch dem ist's genug, ein Ärgernis zu geben; sollte er auch selbst, als kotiger Arlequin oder Henker, umherlaufen müssen."[37]

Sie lobte seine Gedichte, kritisierte aber auch seine narzißtischen Spitzfindigkeiten, seinen inneren Drang, immer wieder zu zeigen wie brillant und scharfsinnig er war. Manchmal verlor sie ihre Geduld. Einmal, nachdem er gegangen war, sagte sie: „Man muss die Fenster öffnen."[38]

Heine, der mit Menschen nicht besonders gut umgehen konnte, verehrte Rahel mehr als alle Frauen in seinem Leben. Er nannte sie die *„liebe, gute, kleine Frau mit der großen Seele"*.[39] In einem Brief an ihren Ehemann, den Diplomaten August Varnhagen, lobte er sie, weil sie *„für die Wahrheit gekämpft, gelitten, gestritten und sogar gelogen"*[40] habe, ein Kompliment, über das Rahel sehr verärgert war. In einem anderen Brief schrieb er, dass er sich ihr gerne wie ein Hund ergeben und zu ihrem Eigentum machen würde und dass auf seinem Halsband stehen solle: *„j'appartiens à Madame Varnhagen"*[41] (ich gehöre Madame Varnhagen).

Varnhagen schickte ihn mit einem Empfehlungsschreiben zu Professor Friedrich Gubitz, dem Redakteur der angesehenen Zeitschrift „Der Gesellschafter". *„Ich bin Ihnen völlig unbekannt"*, sagte Heine, *„will aber durch Sie bekannt werden."* Gubitz sah ihn vergnügt an und sagte: „Wenn's geht, recht gern!" Danach bat er ihn seinen Namen zu wiederholen.[42] Heine überließ ihm einige Gedichte, und nach einiger

Zeit, im Mai 1821, fand er sie gedruckt unter seinen Namen in den Seiten des „Gesellschafters". In den literarischen Kreisen von Berlin fragte man: Wer ist H. Heine?

Gubitz fand für ihn auch einen Verleger, Friedrich Maurer, und dieser war bereit, seine Gedichte zu drucken, die vorher von Brockhaus abgelehnt worden waren. Das Buch erhielt den einfachen Titel: *Gedichte von H. Heine*. Es erschien in Dezember 1821. Der 24-jährige Dichter wurde beobachtet, wie er vor der Buchhandlung von Maurer in der Straße „Unter den Linden" auf und ab ging, immer wieder einen Blick auf das Schaufenster werfend, wo der dünne Band mit seinen Gedichten ausgestellt wurde. *„Ich erhielt vierzig Exemplare umsonst – und keinen Pfennig – von dem Buch"*, beklagte er sich. Eines der ersten Exemplare schickte er an Goethe nach Weimar mit den Worten: *„Ich liebe Sie. (…) Ich küsse die heilige Hand, die mir und dem ganzen deutschen Volke den Weg zum Himmelreich gezeigt hat (…)."*[43]

Goethe machte sich nicht einmal die Mühe, den Empfang zu bestätigen; aber in den Salons von Berlin deklamierte man die bittersüßen Gedichte. Sie waren voller Weltschmerz, was den romantischen Pessimismus traf, der damals in Mode war. Elise von Hohenhausen, die ebenfalls einen literarischen Salon führte, verlieh Heine den Titel „der deutsche Byron". Er nahm das Kompliment ohne Widerspruch an, und gestaltete seine Frisur nach dem Bildnis des englischen Romantikers, der schon zu seinen Lebzeiten ein Mythos war.

Heine teilte seine Zeit zwischen den Vorlesungssälen an der Universität, dem Nachmittags-Tee bei Rahel Varnhagen und dem Weinkeller von Lutter und Wegener, dort saß er oft mit E.T.A. Hoffmann und den anderen Bohemiens, die wegen ihrer wilden Art zu den Salons nicht eingeladen wurden. Heine selbst rauchte und trank nicht, Gestank und Lärm brachten ihn oft aus der Fassung, aber er fühlte sich dieser lärmenden Gesellschaft verbunden, in der es einige Genies gab. *„Hoffmann"*, schrieb Heine, *„hingegen sah überall nur Gespenster, sie nickten ihm entgegen aus jeder chinesischen Teekanne und in jeder Berliner Perücke; er war ein Zauberer, der die Menschen in Bestien verwandelte und diese sogar in königlich preußische Hofräte; er konnte die Toten aus den Gräbern hervorrufen (…)."* Damals war Hoffmann 45 Jahre alt und todkrank, seine Tage waren gezählt. Er hatte geglaubt, dass auch er ein Alptraum sei und seine Schriften, nach Aussage Heines, nichts weiter seien, als *„ein entsetzlicher Angstschrei in zwanzig Bänden.“*[44]

An einem der Frühlingstage erschien Salomon Heine in Berlin. Er wollte herausfinden, welche Fortschritte sein Neffe beim Studium machte, und was er herausfand, hat ihn natürlich nicht erfreut. Salomon war kein Geizhals, aber auch ein steinreicher Mann liebt es nicht, sein Geld aus dem Fenster zu werfen. Er wollte seinem Neffen eine Lektion erteilen, aber zuvor führte er ein Gespräch mit Professor Gubitz. Dieser hörte nicht auf, Heines Begabung zu loben, während sich jener über dessen ungeregelte Lebensweise beklagte. Da sagte Gubitz, dass man von einem Dichter voller Träume nicht erwarten könne, dass er Verständnis für ein ordentliches Leben aufbringe. Und fügte hinzu: „Es darf nicht sein, dass ein solcher Onkel einen solchen Neffen im Stich lässt!“

„Ich habe niemals daran gedacht so was zu machen“, sagte der Onkel, „aber sei es wie es sei – er muss den Wert des Geldes lernen (...)“ Und indem er das sagte, wandte er sich an seinen Kollegen, den Berliner Bankier Leonard Lipke, in dessen Haus die Unterredung stattfand. „Der Herr behauptet, es könne da verfallen ein großes Genie, ich will's glauben. Zahlen Sie meinem Neffen jetzt zweihundert Taler gleich, dann jährlich fünfhundert Taler auf drei Jahre, und Weiteres mögen wir erleben.“[45]

Salomon Heine hatte keine Ahnung von geistigen Werten, aber er konnte abschätzen was ein guter Ruf wert sei. Seinen Bekannten erzählte er, dass wichtige Professoren in Berlin ihm versprochen hätten, dass der junge Harry (der seinen Familiennamen trug) ein Genie sei.

So wurden für eine Zeit lang Heines ökonomischen Nöte gelöst, aber keine anderen Probleme: seine fortschreitende Krankheit, seine Kopfschmerzen, die gespannten Nerven. Seine besondere Sensibilität gegenüber Lärm war so weit fortgeschritten, dass sogar die Geräusche einer Orgel ihn aus der Fassung brachten. In den zweieinhalb Jahren, die er in Berlin weilte, hat er fünf Mal die Wohnung gewechselt, und das war nur ein Vorgeschmack auf das, was kommen sollte. *„Krank, isolirt, angefeindet und unfähig, das Leben zu genießen, so leb ich hier“*[46], schrieb er an Christian Sethe. Manchmal wurde er von einem Misstrauen gepackt, das fast an Paranoia grenzte.

„O Christian, wüßtest Du, wie meine Seele nach Frieden lechzt, und wie sie doch täglich mehr und mehr zerrissen wird. Ich kann fast keine Nacht mehr schlafen. Im Traum seh ich meine sogenannten Freunde, wie sie sich Geschichtchen und Notizchen in die Ohren zischeln, die mir wie Bleytropfen in's Hirn rinnen. Des Tags verfolgt mich ein ewiges Misstrauen, überall hör ich meinen Namen und hinterdrein ein höhnisches Gelächter.“

Und mehr noch:

„Ich lebe jetzt in einer ganz besonderen Stimmung, und die mag wohl an allem den meisten Antheil haben. Alles, was deutsch ist, ist mir zuwider; und Du bist leider ein Deutscher. Alles Deutsche wirkt auf mich wie ein Brechpulver. Die deutsche Sprache zerreißt meine Ohre. Die eignen Gedichte ekeln mich zuweilen an, wenn ich sehe, daß sie auf deutsch geschrieben sind. Sogar das Schreiben dieses Billetts wird mir sauer, weil die deutschen Schriftzüge schmerzhaft auf meine Nerven wirken. Je n'aurais jamais cru que ces bêtes qu'on nomme allemands, soient une race si ennuyante et malicieuse en même temps. Aussitôt que ma santé sera rétablie je quitterai l'Allemagne, je passerai en Arabie, j'y menerai une vie pastorale, je serai homme dans toute l'étendue du têrme, je vivrai parmis des charmeaux qui sont pas étudiants, je ferai des vers arrabes (…).“[47]

„Arabien" ist nur eine Allegorie. In seinen Briefen an Nichtjuden, wie an seinen Klassenkameraden Sethe, gibt er niemals einen Hinweis auf seine Abstammung. Auch in den gedruckten Gedichten gibt es dafür kein Anzeichen. Heine war, wie man weiß, niemals nach „Arabien" gereist. Vier Tage nachdem er diesen Brief geschrieben hatte, trat er überraschend in dem „Verein für Kultur und Wissenschaft der Juden" ein.

KAPITEL 2

Der „Verein für Kultur und Wissenschaft
der Juden"

*„Außerdem treibe ich viel Chronikstudium und ganz be-
sonders viel historia judaica. (…) Ganz eigene Gefühle bewegen mich wenn ich jene traurige Annalen durchblättre;
eine Fülle der Belehrung und des Schmerzes. Der Geist der
jüdischen Geschichte offenbart sich mir immer mehr und
mehr, und diese geistige Rüstung wird mir gewiß in der
Folge sehr zu statten kommen."*
(An Moses Moser, 25.6.1824)

Am 7. November 1819 verabredeten sich in Berlin sieben junge
Juden. Sie wollten feststellen, warum nach einer kurzen Peri-
ode der Duldung und Gleichberechtigung der Judenhass in
Deutschland wieder entflammt war.

Die sieben, die zur zweiten Generation der Aufklärung gehörten,
litten fürchterliche Not: Sie durften einerseits nicht in die deutsche
Gesellschaft eintreten − andererseits konnten sie nicht mehr in das
Ghetto zurück. Unter ihnen waren einige der besten Studenten Berlins, Eduard Gans zum Beispiel war der Vorzeigeschüler von Hegel,
aber trotz seiner außergewöhnlichen Begabungen lehnten die Behörden seine Bewerbung um eine akademische Stellung ab. „Ich gehöre",

schrieb er an den preußischen Erziehungsminister, „derselben Gruppe glückloser Menschen, die verhasst sind weil sie keine Bildung haben, und verfolgt wird wegen ihrer Bemühung diese Bildung zu erlangen."[1]

In dieser Auffassung, wonach die Judenfrage ein Problem der Bildung sei, liegt das ganze tragische Missverständnis, das das deutsche Judentum seiner Lage entgegenbrachte, von Moses Mendelssohn bis in die letzten Tage des deutschen Judentums. Gans und seine Freunde konnten ihr Dilemma einfach lösen, indem sie sich taufen ließen. Zu Beginn des neunzehnten Jahrhunderts war die Judenfeindschaft noch eine Frage der Religion, der Rassismus war noch nicht bekannt. Die Verführung war groß. Bis 1823 ließen sich laut Graetz in Berlin 1236 Juden taufen – die Hälfte der jüdischen Gemeinde der Stadt.

Der Grund, der die andere Hälfte daran hinderte, die Grenze zu überschreiten, war in der Regel die Selbstachtung, doch der Preis, den sie bezahlten, war sehr hoch, schmerzlich und unbegreiflich. Eines der Mitglieder, Joel Abraham Liszt, sprach vor den Anwesenden das Dilemma aus, als er fragte: „Wozu dieses Festhalten an dieser Sache (Judentum), die ich nicht achte und deretwegen ich so sehr leide?" Er sprach von der Notwendigkeit, den „Rabbinismus, der die Nation deformiert", zu Fall zu bringen, und forderte die „Erneuerung unserer Nationalität in all ihrer Ehre". In diesen Begriffen „Nation" und „Nationalität" lag ein revolutionärer Klang, da es das höchste Prinzip des Zeitalters der Emanzipation war, dass das Judentum eine Religion ist und die Juden eine religiöse Gemeinschaft. Nur die Feinde der Juden behaupteten damals, dass die Juden eine Nation seien; und Liszt, da er nicht genau wusste, was er da sagte, bat die Anwesenden, zur nächsten Sitzung eine „Charakteristik unserer Nationalität" mitzubringen.

Der „Verein", wie er genannt wurde, gründete eine Schule für junge Männer, die die jüdischen Talmudschulen fluchtartig verlassen hatten, und für all diejenigen, die unaufhörlich aus den polnischen „Stedtl" nach Berlin strömten. Der Lehrplan beinhaltete Unterricht in Mathematik, Geschichte, Geographie, Französisch, Latein etc., mit einem besonderen Augenmerk auf die Verbesserung der Aussprache und Grammatik der deutschen Sprache. Wie alle assimilierten Juden glaubten die Vorsteher des Kulturvereins, dass wegen der Ostjuden, die

die Sprache nicht beherrschten und mangelndes Benehmen hatten, die Judenfeindschaft bestehen bliebe. Ferner hatte sich der Verein zum Ziel gesetzt, die Juden zu „rechtschaffenden" Menschen zu formen und sie für Industrie, Wissenschaft und Kunst zu interessieren, damit sie nicht nur als Händler ihren Lebensunterhalt bestritten. Es gab auch den Plan, eine landwirtschaftliche Schule für jüdische Knaben zu gründen.

Aber der Höhepunkt der Aktivitäten des Vereins war das wissenschaftliche Institut. Sein Direktor, Leopold (Yom-Tov Lipmann) Zunz, erstellte einen Lehrplan zur systematischen Erforschung des Judentums. Eine wissenschaftliche Aufarbeitung der Vergangenheit würde – so glaubte man – den assimilierten Juden, die an Minderwertigkeitskomplexen litten, ihre Ehre zurückgeben; und auf der anderen Seite – und das ist das Wesentliche – werde es ihr Ansehen unter den Nichtjuden erhöhen.

Dieses Ziel wurde bekanntlich in Deutschland niemals erreicht. Wenn es irgendwelche Erfolge gab, waren sie verbunden mit dem ersten Ziel, der Wiederherstellung der eigenen Selbstachtung, und hier gab es erstaunliche Ergebnisse. Die Gründer des Vereins konnten beispielsweise nicht ahnen, dass „die Weisheit Israels" (oder, wie es heute genannt wird, „Die Wissenschaft des Judentums") eine der Ursachen für die nationale Wiedergeburt der Juden sein würde. Nationale Wiedergeburt? Wer konnte sich so etwas überhaupt vorstellen? Wir dürfen nicht vergessen, dass in der besprochenen Zeit, den zwanziger Jahren des 19. Jahrhunderts, das Judentum als eine tote Nation angesehen wurde. Alles was man für sie tun konnte, war, ihm die letzte Ehre zu erweisen.

Die philosophische Basis für diese Weltanschauung lieferte Georg Wilhelm Hegel, den die meisten Anhänger des Vereins verehrten. Er pflegte zu sagen, dass das Judentum, das der Welt die Idee des Monotheismus gab, seine historische Aufgabe mit dem Erscheinen des Christentums erfüllt habe. Das Christentum ist nach Hegels Definition der glorreiche Sieg des Judentums, da es die monotheistische Idee aus der Enge einer nationalen Religion in die Weiten einer Weltreligion katapultierte; und dieser Sieg macht die Existenz des Volkes Israel überflüssig, vergleichbar mit dem Beispiel eines prächtigen Baumes, dessen Spross den Samen als eine leere Hülle zurücklässt. Die Juden müssen deshalb in aller Ehre von der historischen Bühne abtreten, so wie die Babylonier, Griechen, Römer und alle anderen untergegangenen Völker des Altertums, nachdem sie ihre Pflicht erfüllt hatten und ihre Kultur zum Besitz der gesamten Menschheit wurde.

Eduard Gans versuchte, die bittere Pille zu versüßen, die Todespille, als er am 28. Oktober 1822 in der Versammlung sagte: „Es kann nicht sein, dass die Juden verschwinden und das Judentum gänzlich zerstört wird; aber ihre Zukunft wird es sein sich in die große Bewegung einzubringen, und dennoch weiter zu existieren, wie dieser Strom, der im Ozean verbleibt."

Mit Hilfe der Hegelschen Dialektik hatte der 25-jährige Präsident vor, sein verwirrtes Publikum zu trösten, indem er das Problem des Judentums nicht als eine Wahl zwischen Sein oder Nichtsein darstellte, sondern als eine Chance zu Sein *und* Nichtsein. Er sah zwar in der Auflösung des Judentums eine historische Notwendigkeit – gleichwohl aber, im Geiste seines großen Lehrers, eine Garantie dafür, dass es nicht ausgelöscht würde: es werde fortfahren zu existieren, unter der Wasseroberfläche, in den Tiefen der allgemeinen Zivilisation.

Auch diejenigen im Publikum, die nicht genau verstanden hatten, was er da sagte, zweifelten nicht daran, dass der Untergang des Judentums eine Frage der Zeit sei; und wenn es dann sein sollte, dann war es besser das Judentum mit Stolz und aufrechtem Gang zu verlassen, Menschen mit einem großen kulturellen Erbe würdig, und sich in die deutsche Nation einzubringen. Die Aufgabe des Vereins sahen sie nicht in der Belebung des Judentums, sondern in seiner ehrenvollen Bestattung. Das war der ausdrückliche Standpunkt von Zunz.

In seinem Vortrag „Etwas über die rabbinische Literatur", behauptete er, dass in dieser Stunde, da die kreativen Quellen des Judentums verkümmerten, die beste Zeit sei, Bilanz zu ziehen. Er beschrieb den Vorgang, dass die Juden in Massen die deutsche Kultur adaptierten, als „Totenbegräbnis für die hebräische Literatur". „Und deshalb", schrieb er, „erscheint die Wissenschaft und verlangt

Rechenschaft von einer Sache, die beendet ist." Auch hier kann der Leser die Stimme Hegels hören, der zu sagen pflegte, dass die Eule der Minerva (der Göttin der Wissenschaften) erst in der Dämmerung abfliegt.

Zunz war Rationalist und Skeptiker und konnte sich nicht vorstellen, dass nach dem Untergang ein neuer Anfang möglich wäre. Die „Wissenschaft des Judentums", die er 1819, im Jahr der Pogrome, gegründet hatte, war in seinen Augen wie eine „Operation nach dem Tode". Später einmal besuchte ihn Uri Zvi Grinberg, und als sich dieser als hebräischer Schriftsteller vorstellte, fragte ihn Zunz sarkastisch: „In welchem Jahrhundert leben sie?" Er glaubte nicht mehr an die kreative Kraft der jüdischen Nation. Mit Sicherheit konnte er sich nicht vorstellen, dass die Wissenschaft, die er als Fach gründete, Teil einer wundersamen Erneuerung der jüdischen Nation sein werde. Wenn ihm jemand gesagt hätte, dass im August 1977 auf dem Ölberg bei Jerusalem, der Hauptstadt des Staates Israel, ein internationaler Kongress über die Wissenschaft des Judentums stattfinden werde, mit 1274 Vorträgen, zum Teil in modernem Hebräisch gehalten, was für viele Juden inzwischen auch Muttersprache war, hätte er denjenigen als verrückt bezeichnet. Gerschom Scholem, einer der größten Wissenschaftler des Judentums im 20. Jahrhundert, nannte die bahnbrechende Idee von Leopold Zunz „ein voreiliges Begräbnis".[2]

Im Tagebuch des Vereins schrieb der Vizepräsident Zunz: „4. August, 1822 schlägt Gans den Heine vor zum Mitglied; aufgenommen. Zum ersten Male in den Sitzungen anwesend am 29. September 1822."[3]

Wie man weiter aus den Notizen sehen kann, begann Heine nicht sofort sich aktiv zu beteiligen. Ein polnischer Adliger, Eugen von Breza, lud ihn zu einer Reise durch Polen ein. Heine besuchte Brezas Landbesitz bei Posen und hatte Gelegenheit, den polnischen Adel kennenzulernen; er studierte die Lebensbedingungen der Bauern, aber es scheint, dass die Juden den stärksten Eindruck auf ihn hinterließen. Nie vorher sah er so viele Juden. Seine Eindrücke beschrieb er in dem Artikel „Ueber Polen", der anonym in der von Gubitz verlegten Zeitung „Der Gesellschafter" veröffentlicht wurde. Bereits hier können wir die Taktik erkennen – die Heine später zu einer Kunst entwickelte – wie man politisch verschwörerische Ideen einbringt und vor dem Zensor versteckt. Wie er zum Beispiel, als er das Leben des polnischen Adels beschrieb, nebenbei bemerkte: *„Ich läugne es nicht, daß ich die Bäume der Flur mehr liebe als Stammbäume (…).“* In dem Abschnitt über die polnischen Frauen, die er die *„Weichsel-Aphrodite(n)“* nennt, heißt es, dass die polnischen Frauen nicht „ahnenstolz“ seien: *„(…) es fällt keinem polnischen Fräulein ein, sich etwas darauf ein zu bilden, daß vor einigen hundert Jahren ihr wegelagernder Ahnherr, der Raubritter, der verdienten Strafe entgangen ist.“* Im Zusammenhang mit der Beschreibung des polnischen Patriotismus ist zu lesen: *„Wenn Vaterland das erste Wort des Polen ist, so ist Freyheit das zweite. Ein schönes Wort! Nächst der Liebe gewiß das schönste.“*[4]

Den polnischen Juden, die er als außenstehender Beobachter beschrieb, widmete er mehr als ein Drittel seines Berichts: *„Das Aeußere des polnischen Juden ist schrecklich. Mich überläuft ein Schauder, wenn ich daran denke, wie ich hinter Meseritz zuerst ein polnisches Dorf sah, meistens von Juden bewohnt. (…) Dennoch wurde der Ekel bald verdrängt von Mitleid, nachdem ich den Zustand dieser Menschen näher betrachtete, und die schweinestallartigen Löcher sah, worin sie wohnen, mauscheln, beten, schachern und – elend sind.“* Ihre Spiritualität bezeichnet er als *„unerquicklichen Aberglauben, den eine spitzfindige Scholastik in tausenderley wunderliche Formen hinein quetscht.“* Da seine Beschreibung nicht frei von antisemitischen Stereotypen ist, ist seine Schlussfolgerung, die sich dieser traurigen Beschreibung anschließt, umso überraschender und revolutionärer:

„Dennoch, trotz der barbarischen Pelzmütze, die seinen Kopf bedeckt, und der noch barbarischeren Ideen, die denselben füllen, schätze ich den polnischen Juden weit höher als so manchen deutschen Juden, der seinen Bolivar auf dem Kopf, und seinen Jean Paul im Kopf trägt. In der schroffen Abgeschlossenheit wurde der Charakter des polnischen Juden ein Ganzes; durch das Einathmen toleranter Luft bekam dieser Charakter den Stempel der Freyheit. Der innere Mensch wurde kein quodlibetartiges Compositum heterogener Gefühle und verkümmerte nicht durch die Einzwängung Frankfurter Judengaßmauern, hochweiser Stadt-Verordnungen und liebreicher Gesetz-Beschränkungen.“

Jede Zeile in diesem Abschnitt verlangt genaue Prüfung. Es ist offensichtlich das erste Mal, dass von jemandem aus der Generation der Emanzipation eine neue Bewertung der Ghettojuden ausgesprochen wird und sich so die Identitätsnot des modernen Juden ausdrückt.

Um diese revolutionäre Meinung im richtigen Licht zu betrachten, sollten wir uns daran erinnern, dass es zu jener Zeit, zwei bis drei Generationen vor dem nationalen Umschwung und dem Auftreten des Zionismus, nur zwei verschiedene Arten von Juden gab: Orthodoxe und Aufgeklärte. Auch Heine lehnte die Lebensgewohnheiten der Ghettojuden ab, ihr abstoßendes Äußeres und ihr Aberglaube widerten ihn an, aber im Gegensatz zu seinen aufgeklärten Freunden war sein Verhältnis nicht einseitig: Er empfand sie zwar als primitiv, aber authentisch; sie erweckten Abscheu, aber sie verursachen auch Neid wegen ihrer seelischen Ausgeglichenheit. Dem gegenüber litten die aufgeklärten Juden nach der Meinung Heines unter Selbstverachtung, Minderwertigkeitsgefühl und an Problemen der Identitätsfindung. *„Der polnische Jude mit seinem schmutzigen Pelze, mit seinem bevölkerten Barte und Knoblauchgeruch und Gemauschel ist mir noch immer lieber als Mancher in all seiner staatspapiernen Herrlichkeit.“*

Es werden 68 Jahre vergehen, bis ein zionistischer Denker, Ahad Ha'Am, diese Idee in seinem Artikel „Knechtschaft innerhalb der Freiheit“ ausdrückt, in dem er auf den hohen seelischen Preis aufmerksam macht, den die Juden im Westen für die Anerkennung als Menschen zu zahlen haben.

Das Paradox „Knechtschaft innerhalb der Freiheit“, eine der tiefgründigsten Ideen des modernen Zionismus, zieht sich bei Heine durch sein ganzes Leben, angefangen mit dem Artikel *Über Polen* (1823) über *Der Rabbi von Bacherach* (1825) bis zu den Beschreibungen des Lumpenhändlers Moses Lump in den *Bädern von Lucca* (1828) und des Rabbi Chayim aus dem Frankfurter Ghetto in *Ludwig Börne. Eine Denkschrift* (1840) und endet mit *Prinzessin Sabbat* aus den *Hebräischen Melodien,* die er kurz vor seinem Tode, 1851, verfasste. In all diesen Schriftstücken wiederholt sich bei Heine immer wieder das Paradox der Ghettojuden, die zwar Geschöpfe der Vergangenheit seien, aber glücklicher als die modernen Juden lebten.

Ende September 1822, direkt nach seiner Rückkehr aus Polen, begann Heine sich im Verein zu betätigen. Drei Mal in der Woche lehrte er mit Eifer und ohne Gehalt in der Schule Französisch, Deutsch und allgemeine Geschichte. Mehrere Wochen lang war er Vereins-Sekretär und schrieb die Sitzungsprotokolle. Sein Hauptinteresse galt aber der Geschichte des jüdischen Volkes. Unter der Leitung von Zunz, dem großen Kenner, und mit Hilfe von Moser, der Seele des Vereins, begann er Material für die Erzählung zu sammeln, die in seinem Kopf Gestalt annahm, *Der Rabbi von Bacherach*.

Es verging keine allzu lange Zeit, bis ihm wieder einmal deutlich wurde, wie einzigartig er war und wie sehr er sich von den anderen unterschied. Es war am 3. Februar 1823. Der Ausschuss beriet über die Veröffentlichung eines Lehrbuches der jüdischen Religion für die Jugend. Bei der Debatte, die sich darüber entwickelte, sagte Heine, *„man dürfe das Judentum nicht in der Weise des modernen Protestantismus behandeln.“*[5]

Unter den Mitgliedern des Vereins war Heine der einzige, der sich gegen die Reformbewegung stellte. In ihr sah er die schlechte Seite der Aufklärung und eine Gefahr für das Bestehen des Judentums: *„(…) auch ich habe nicht die Kraft einen Bart zu tragen, und mir Judenmauschel nachrufen zu lassen, und zu fasten etc. Ich hab nicht mahl die Kraft ordentlich Mazzes zu essen.“*[6]

Die junge Reformbewegung war im Verein voll vertreten, so mit Dr. Israel Jacobson, dem Gründer der ersten Reformsynagoge; mit den berühmten Predigern Dr. Eduard Kley und Dr. Gotthold Salomon vom Hamburger Tempel, der seinerzeit die lokale Gemeinde spaltete und in der gesamten jüdischen Welt für Aufregung sorgte. Sogar der Vereinsälteste, David Friedländer, der Urheber der Idee, dass sich die Juden in die Deutsche Nation einreihen und somit die jüdische Identität verlieren sollten, war Mitglied.

Friedländer, der Anführer der Reformer nach dem Tod von Moses Mendelssohn, einem Vertreter der jüdischen Aufklärung, war damals zweiundsiebzig Jahre alt, und hinter ihm lag eine Vergangenheit voller Vorschläge zur Verbesserung des Judentums. Er war derjenige, der die Idee hatte, die hebräische Sprache aus dem Gebetbuch zu entfernen und aus den Gebeten die Namen Zion und Jerusalem zu streichen, was später die Reformbewegung übernommen hat. Er machte den Vorschlag, das Wort „Jude", welches Jahre hindurch als Schimpfwort galt, mit dem angenehmen biblischen Wort „Israelit" auszuwechseln. Im Jahre 1799 formulierte er die berühmte Aufforderung, die Juden Berlins sollten sich dem Protestantismus anschließen, unter der Bedingung, die Göttlichkeit Jesu und ähnliche nicht annehmbare Dogmen, die dem Judentum absolut fremd sind, nicht anerkennen zu müssen. Die Protestantische Kirche lehnte diese seltsame Idee auf der Stelle ab, da doch ausgerechnet dieser Punkt, die Göttlichkeit Jesu, das Wesen des Christentums sei.[7]

„Einige Hühneraugenoperateurs (Friedländer & Co)", schrieb Heine, *„haben den Körper des Judenthums von seinem fatalen Hautgeschwür, durch Aderlaß zu heilen gesucht, und durch ihre Ungeschicklichkeit und spinnwebige Vernunftbandagen muß Israel verbluten."*

Heine macht sich weiter über Friedländer und seine Anhänger lustig: *„(Sie) wollen ein evangelisches Christenthümchen unter jüdischer Firma, und machen sich ein Talles aus der Wolle des Lamm Gottes, machen sich ein Wams aus den Federn der heiligen Geiststaube und Unterhosen aus christlicher Liebe, und sie falliren und die Nachkommenschaft schreibt sich: Gott, Christus & Co."* Während Friedländer sich bemühte, das Judentum zu heilen, ließ sich in seiner Familie einer nach dem anderen taufen. Wer diesen Schritt nicht zu Lebzeiten machte, wurde nach seinem Tod getauft. Keiner seiner Nachkommen blieb Jude. Sein Leben lang, auch nachdem er selbst getauft wurde, predigte Heine erbarmungslos gegen die Reformbewegung im Judentum, die bereit war, für eine Hand voll Bürgerrechte ihre jüdischen Wurzeln zu verleugnen. *„(…) auch ich habe nicht die Kraft einen Bart zu tragen, und mir Judenmauschel nachrufen zu lassen, und zu fasten etc. Ich habe nicht mahl die Kraft ordentlich Mazzes zu essen."* Diese Worte wurden zu Pessach geschrieben. *„Ich wohne nemlich jetzt bey einem Juden (Mosern und Gans gegenüber) und bekomme jetzt Mazzes statt Brod und zerknacke mir die Zähne. Aber ich tröste mich und denke wir sind ja im Gohles."*[8]

Ein junger Jude aus der Generation der Aufklärung hätte das Wort „Goles" (Exil) nie über seine Lippen gebracht. In dessen Augen war

Deutschland das verheißene Land. „Wir haben ein Vaterland und wir können froh sein über dieses Vaterland", erklärte Eduard Gans bei der Generalversammlung des Vereins, und drückte damit den Herzenswunsch seiner Generation aus. Die Tatsache, dass der Patriotismus von Gans und all den anderen einseitig war, und dass das deutsche Vaterland ihnen die Liebe nicht erwiderte, war für sie ein trauriges Missverständnis. So wie alle Liberalen waren sie davon überzeugt, dass die Geschichte vorwärts schreite in Richtung von Freiheit und Gleichberechtigung, und sie behaupteten, dass, wenn die unvermeidliche Assimilation zu einem gelungenen Ende komme, dann auch das Ende der Diskriminierung der Juden kommen werde. „Eine Feuersäule, die die israelitische Nacht beleuchtet, gibt es nicht mehr", sagte Gans, „aber viele Wolken am Tag. Zerstreut die Wolken!"[9]

Heine war nicht beteiligt an diesem reißenden hegelianischen Optimismus. So sehr er ein romantischer Träumer war, so sehr sah er bereits sehr früh die Gefahr, die die Verbindung zwischen Romantik und Nationalismus für die Juden darstellte: *„Der Judenhaß beginnt erst mit der romantischen Schule (Freude am Mittelalter, Katholizismus, Adel) gesteigert durch die Teutomanen."*[10] Obwohl er einen revolutionären Kampfgeist zeigte, der sich für die Freiheit und das Wohl der Massen einsetzte, fürchtete er den Augenblick, in dem der Mob die Regierung übernehmen werde. Im Februar 1823 schrieb er: *„(...) und außerdem fühle ich mich ein bischen seltsam gestimmt wenn ich zufällig in der Zeitung lese daß auf den Straßen Londons einige Menschen erfroren und auf den Straßen Neapels einige Menschen verhungert sind. Obschon ich aber in England ein Radikaler und in Italien ein Carbonari bin, so gehöre ich doch nicht zu den Demagogen in Deutschland; aus dem ganz zufälligen und geringfügigen Grunde, daß bey einem Siege dieser letztern einige tausend jüdische Hälse, und just die besten, abgeschnitten werden."*[11]

Seine ungewöhnliche Einstellung drückte er auch in seinem Verhältnis zu Zunz aus: *„Ich mag ihn auch gut leiden und es schmerzt mich bitterlich wenn ich sehe wie dieser herrliche Mensch so verkannt wird wegen seines schroffen abstoßenden Aeußern. Ich erwarte viel von seinen nächstens erscheinenden Predigten; freylich keine Erbauung und sanftmüthige Seelen-*

pflaster; aber etwas viel besseres, eine Aufregung der Kraft. Eben an letzterer fehlt es in Israel."[12]

„*Eine Aufregung der Kraft! In Israel!*" Hätte er sich in der Sprache unserer Zeit ausgedrückt, dann hätte er wohl gesagt: „Stärkung der jüdischen Identität".

Im Gegensatz zu dem Rationalisten und Skeptiker Zunz, der zwischen seinem jüdischen Gefühl und seinem Verstand zerrissen war, der ihm sagte, dass alles umsonst sei – fand Heine, der Romantiker und Träumer, beim Studium der Geschichte die Aussicht auf ein Erwachen des Judentums. So lässt sich der gemeinsame Weg für eine ziemliche Weile verstehen. Zusammen forschten sie im Rachen des Löwen der deutschen Romantik, und trafen sich (aus purem Zufall) im Tal der Offenbarung dieser Schule wieder: dem Rheintal.

Es scheint als ob Zunz und Heine sich bemühten, die andere Seite der Rhein-Medaille zu zeigen. Dieser Fluss ist nicht nur die Heimat von Siegfried und den Nibelungen und all ihren Rittern und Mönchen, die die Landschaft mit all den heiligen und tapferen Handlungen zierten; er ist auch die Heimat ihrer Opfer.

Der erste Beitrag, den Zunz in der „Zeitschrift für die Wissenschaft des Judentums" veröffentlichte, war „Salomon ben Isaac, genannt Raschi". Raschi, der größte jüdisch-ashkenasische Gelehrte im Mittelalter, lehrte bekanntlich in Worms, der Stadt der Nibelungen. Rabbi Abraham, der Held in Heines Erzählung, war der Rabbiner von Bacherach, die Stadt der Loreley.

Soweit gibt es eine Ähnlichkeit zwischen beiden, doch von hier an trennen sich ihre Wege.

Nach außen hin reihte sich Zunz, abgesehen von der wissenschaftlichen Zweckdienlichkeit, in die Apologetik der Generation ein, die den Völkern die Schönheit des Judentums zu zeigen versucht hat, denn sie ist lieblich zu betrachten. Heine dagegen will nicht schmeicheln, er klagt an!

Und nach Innen ist „Die Wissenschaft des Judentums" von Zunz, nach den Worten Gerschom Scholems, „eine erschreckende Bestattungszeremonie."[13] Heines Romantik will nicht bestatten; seine Romantik will beleben, oder, wie er es später einmal nennen wird: *„Etwas was längst verloren scheint zu retten."*

Was führt Heine in den Jahren 1822 bis 1825 dazu, sich den Angelegenheiten der jüdischen Gemeinde zu widmen? Alle Bestrebungen in seinen Kreisen ging dahin, den Rahmen zu sprengen, Deutsche zu werden, Europäer, Bürger der großen weiten Welt. Heine gelang es. Sein erstes Buch, *Gedichte,* sicherte ihm einen Platz in der deutschen Literatur. In seiner Tasche hatte er bereits *„das Entreebillet zur europäischen Kultur".* Und da sehen wir ihn plötzlich, wie er vollkommen allein gegen die Strömung schwimmt. Wenn man seine Worte aus dieser Zeit analysiert, wird deutlich, dass es kein Schritt rückwärts war, sondern (um es mit Hegels Worten zu beschreiben) eine neue Synthese für das Judentum, eine, die es noch nicht gab.

Wir dürfen nicht vergessen, dass Heine direkt aus dem Lehrhaus der Romantischen Schule nach Berlin kam. Sein Lehrer und Erzieher, der ihn ermuntert hatte, seine Gedichte zu veröffentlichen, war kein anderer als August Wilhelm Schlegel, Gründer und Anführer der deutschen Romantik. Heine lernte am eigenen Leib, wie viel nationale Energie die Erforschung der Vergangenheit freisetzte und welche Bedeutung die Romantik bei der Befreiung der Völker hatte. In ihrer Suche nach den „Wurzeln" hatten die deutschen Romantiker die Juden aus der Volksgemeinschaft ausgeschlossen, und vielleicht schloss sich Heine, der jüdische Romantiker, aus diesem Grund dem „Verein für Kultur und Wissenschaft der Juden" an. Er suchte „Wurzeln".

Hier ist es wichtig, darauf aufmerksam zu machen, dass Heines Wirken im Verein nur ein Aspekt in seinem damaligen Leben war, wenn auch ein sehr wichtiger. In der Öffentlichkeit zeigte er sich als Deutscher in jeder Beziehung: So bei seinem Studium an der Universität, bei der Teestunde im Salon der Rahel Varnhagen und in den kleinen Stunden der Nacht in der Kneipe von Lutter und Wegener; und so in seinem zweiten Buch, *Tragödien, nebst einem lyrischen Intermezzo,* welches im April 1823 erschien.

Immer wieder können wir erkennen, wie er zwischen seiner verborgenen jüdischen Welt und seinem öffentlichen Leben trennte. *Almansor* ist auf den ersten Blick ein Protest gegen die Unterdrückung der moslemischen Mauren von Spanien – und der Autor bemühte sich, alle Zeichen seiner Abstammung und Identität zu verschleiern, was jedoch vergeblich war. Am 20. August 1823 wurde das Drama auf die Bühne in Braunschweig gebracht. Mitten in der Aufführung brach ein Tumult aus. Der Grund dafür war ein Gerücht, das sich im Saal verbreitete, dass der Urheber nichts anderes als ein lokaler Geldverleiher sei, der Heine heiße. Dann rief einer der Zuschauer, ein Reitlehrer: „Sollen wir wirklich dem Unsinn eines Juden zuhören, der keine Meinung hat? Es reicht uns!" Es gab Pfiffe und Schreie, und die erschreckten Schauspieler beeilten sich, den Vorhang über *Almansor* herunter zu lassen.

Dagegen ist das Stück *William Ratcliff* nicht aufgeführt worden. In dieser Tragödie übt Heine soziale Kritik, indem er den Konflikt zwischen „arm" und „reich" thematisiert. In einer Diebesherberge in den schottische Bergen sagt der Wirt Tom: *„So dacht' ich auch, und teilte ein die Menschen / In zwei Nationen, die sich wild bekriegen; / Nämlich in Satte und in Hungerleider. / Weil ich zu letzterer Partei gehörte, / So mußt ich mit den Satten oft mich balgen."*[14]

Dies wurde im Jahre 1822 geschrieben, als Karl Marx, der Vater der Lehre vom Klassenkampf, vier Jahre alt war. Bis er erwachsen wird, gelingt es Heine, sich einen Namen als linker radikaler Schriftsteller zu machen, der unaufhörlich die Macht des Kapitals angreifen und begründen wird, was er *„die große Suppenfrage"* nennt. In seinen Schriften erscheinen die ersten Ausdrücke von – nennen wir es: „jüdische Ethik und der Geist des Sozialistismus". Heine war der Verkünder dieser Reihe von jüdischen Revolutionären: Moses Hess, Karl Marx, Ferdinand Lassalle, Rosa Luxemburg, Viktor Adler, Leon Trotzki und Abertausende anderer in der alten Linken und in der neuen Linken – eine lange Reihe, berühmt und tragisch, ohne die man die Geschichte des Sozialismus nicht erzählen kann.

Heine selbst hat seinen dramatischen Werken eine große Bedeutung beigemessen. In *Almansor* und *Ratcliff* schwenkte er bereits die zwei großen Fahnen seines Lebenskampfes: des Kampfs um die Rechte der Juden und des Kampfs um die Befreiung der Menschheit. Weniger schätzte er die sechsundsechzig Gedichte des *Lyrischen Intermezzo*. Was passierte, war aber genau das Gegenteil. Seine Dramen wurden sehr schnell vergessen, aber durch die Gedichte erlangte er Weltruhm.

Das *Lyrische Intermezzo* beinhaltet einige seiner berühmtesten Gedichte, die vertont wurden: *Im wunderschönen Monat Mai* (Musik: Robert Schumann), *Auf Flügeln des Gesanges* (Musik: Felix Mendelssohn), *Ein Fichtenbaum steht einsam* (für dieses Gedicht sind 121 Vertonungen bekannt, darunter zwei Versionen von Franz Liszt) und mehr. Auch in seinen Gedichten erweist sich Heine als Revolutionär. Die meisten Gedichte sind nur auf den ersten Blick romantisch; viele Liebesgedichte sind eigentlich Gedichte der Enttäuschung; die Traumgedichte enden mit einem plötzlichen und schmerzhaften Erwachen. Heine schlägt hier die Romantik mit ihren eigenen Waffen. All diese Rosen und Narzissen, Schmetterlinge und Nachtigallkonzerte, Palmen und Lotusblumen, Feen und Zwerge, verzauberte Wälder, tanzende Geister und ähnliche Klischees aus der romantischen Schule – all das passiert bei ihm das fressende Feuer der Ironie, des Paradoxen und der Lebensweisheit. „Von hier an", schreibt Louis Untermeyer, „wird kein Mensch sie mehr ernsthaft benutzen können."[15] Seine Leser begannen die Weltschmerz-Gedichte zu mögen, und ganz besonders das wunderschöne Deutsch, in dem sie geschrieben waren, ihre bittere Süße und ihre Musikalität. Die Kritik dagegen war kühl, abgesehen von einigen wenigen Schriftsteller-Kollegen, wie Immermann, Fouqué und dem Ehepaar Varnhagen, die Heines lyrischen Genius erkannten. Keiner der bedeutenden Dichter, denen er seine Bücher geschickt hatte – Goethe, Uhland, Tieck und andere – hat reagiert, vielleicht weil sie zu misstrauisch waren.

Heine widmete sein Buch seinem Onkel Salomon. *„Mit dieser Widmung"*, erklärte er, *„wollte ich meine Hochachtung ausdrücken, die ich gegenüber diesem großen Mann habe, und meine Dankbarkeit für all die Liebe, die er mir schenkte."*[16]

Es gibt etwas Seltsames an dieser Widmung. Wenn die Gedichte des *Lyrischen Intermezzo* tatsächlich seine enttäuschte Liebe zu Amalie ausdrücken, dann ist es merkwürdig (meint William Rose), dass er das Buch ihrem Vater gewidmet hat; denn wenn Salomon Heine gewusst hätte, welche Rolle seine Tochter in dem Buch spielte, wäre er sicher nicht zufrieden gewesen über die Art, wie sie in einigen Gedichten beschrieben wird. Im *Lyrischen Intermezzo IV* beschreibt das lyrische Ich die „Himmelslust", die es empfindet, wenn es an der Brust der Geliebten lehnt; im *Lyrischen Intermezzo V* träumt das lyrische Ich davon, wie der Tod die roten Lippen der Geliebten bleicht. In dem Gedicht XXIX wird die Vermählung der Geliebten mit dem „dümmsten der dummen Jungen" thematisiert und in dem Gedicht XLVIII wünscht das lyrische Ich seiner Geliebten Alter und Hässlichkeit:

> *Es liegt der heiße Sommer*
> *Auf deinen Wängelein;*
> *Es liegt der Winter, der kalte,*
> *In deinem Herzchen klein.*
>
> *Das wird sich bei dir ändern,*
> *Du Vielgeliebte mein!*
> *Der Winter wird auf den Wangen,*
> *Der Sommer im Herzen seyn.*

Forscher, die in der Gedichtsammlung nach der jüdischen Identität des Verfassers gesucht haben, fanden etwas im *Lyrischen Intermezzo XXXIII,* in dem ein einsamer Fichtenbaum im Norden thematisiert wird, der mit einer weißen Schneedecke umhüllt ist, in der Kälte friert und sehnsüchtig von einer Palme träumt, die einsam und schweigend auf einem einsamen Felsen im Morgenland trauert. Die zionistische Deutung dieses Gedichts bekam zwar nicht den Segen der bedeutenden Forscher, aber diese Deutung ist nicht unmöglicher als die anerkannten Deutungen[17] – dass hier die Rede von der unglücklichen Trennung zwischen dem hoffnungslosen, unglücklichen Harry und der unerreichbaren Amalie sei. In beiden Fällen erklären sich die Worte nicht von selbst, wer aber die Symbolsprache Heines kennt, in der die Palme meist die Landschaft des Heiligen Landes symbolisiert, wird zugeben, dass eine zionistische Deutung nicht absolut unmöglich ist. Mit einer kleinen Anstrengung kann man hier sogar eine Ähnlichkeit entdecken zu Jehuda Halevys Versen „Mein Herz ist im Osten, doch ich am westlichen Ende". Heine, wie es seine Gewohnheit war, half seinen Kommentatoren nicht, denn bereits zu dieser Zeit legte er sich Angewohnheiten eines Marranen zu – Drückebergerei, Verkleidung, Doppelzüngigkeit, Misstrauen – er fand Wege, die verschiedenen Zensoren zu überlisten. Das ist das marranische Syndrom, das ihn so oft dazu führte, sich hinter Masken spanischer Ritter zu verstecken.[18]

Ein Doppelleben zu führen ist nicht so einfach. Es ist mit einer großen seelischen Spannung verbunden, und in gewissem Sinne lässt sich die außergewöhnliche Empfindsamkeit Heines, seine angespannten Nerven und paranoischen Reaktionen diesem Umstand zuschreiben. So war es auch, als der Baron de La Motte-Fouqué, einer der ersten Schriftsteller, die Heines Gedichte schätzten, ihm einen anerkennenden herzlichen Brief über das *Lyrische Intermezzo* schrieb und sogar ein Gedicht beilegte. *„Fouqué hat mit kürzlich einen sehr herzlichen Brief geschrieben und mir ein sehr schönes Gedicht gewidmet; ich will es Dir gelegentlich mittheilen. Auch dieser wird dieses Gedicht einmal ungeschrieben wünschen, wenn er meinen Stammbaum genauer untersucht hat. (…) schreib es mir gleich wenn Du irgend in einem Blatte einen Hinweis über diesen meinen Stammbaum findest."*[19]

Und was sagte seine Familie? Sie war von der Veröffentlichung seines Gedichtbandes nicht besonders begeistert. Hier fragte man: Wie geht es weiter? Der Bursche ist schon 26 Jahre alt, und ist immer noch nicht in der Lage, sich selbst zu ernähren. Alle wussten, dass er in seinen zwei Jahren in Berlin alles andere getan hatte außer Studieren. Und vielleicht versuchte er die Zeit herauszuzögern, da er ja wusste, dass das Leben eines jüdischen Studenten in dem postnapoleonischen Deutschland, um es in unserer Sprache auszudrücken, eine bereits bekannte Chronik von vorhersagbarer Taufe ist.

Heine wurde also aufgefordert, sein Studium zu beenden. Mit großem Bedauern trennte er sich von seinen Berliner Freunden und fuhr zu seinen Eltern, die damals in Lüneburg wohnten. Das war eine provinzielle Kleinstadt mit wenigen Einwohnern. *„Die Hauptstadt der Langeweile"* nannte er sie. Eine Erregung ergriff die Bewohner an dem Tag, als Salomon Heine in einer von vier Pferden gezogenen Kutsche in die Stadt kam, um für die Familie seines Bruders eine passende Wohnung zu suchen. Noch Jahre später sprachen die Menschen dort über den Besuch des berühmten Millionärs aus Hamburg.

Salomon wollte hier seinen Bruder nach dessen geschäftlichem Misserfolg in Düsseldorf auf die Beine helfen. Samson hatte keine besondere Begabung für Geschäfte, zumal sich bei ihm in den letzten Jahren eine Gehirnschwäche zeigte, die ihn arbeitsunfähig machte. Salomon hatte zwar die Verantwortung für seine Existenz auf sich genommen, gleichwohl wollte er nicht, dass er zu nahe an seinem Wohnort lebt, und deshalb hatte er ihn nur nach Lüneburg gebracht, das etwa fünfzig Kilometer von Hamburg entfernt liegt.

Zu Hause herrschte Einsamkeit und gedrückte Stimmung. *„In Hinsicht der Aufnahme meiner Tragödien"*, schrieb Heine an Moser, *„habe ich hier meine Furcht bestätigt gefunden. Der Succes muß den übeln Eindruck verwischen. Was die Aufnahme derselben bey meiner Familie betrifft so hat meine Mutter die Tragödien und Lieder zwar gelesen aber nicht sonderlich goutirt, meine Schwester tollerirt sie bloß, meine Brüder verstehn sie nicht, und mein Vater hat sie gar nicht gelesen."*[20]

Heine sehnte sich nach den Freunden, die er in Berlin zurückgelassen hatte. Er korrespondierte eifrig mit Varnhagen, Gubitz, Fouqué, Zunz und anderen, die meisten Briefe aber schickte er an seinen vertrautesten Freund Moses Moser. Diese Briefe, in denen er beschreibt, was ihn bedrückt, seine Sorgen und seine Einsamkeit, in denen er aber auch seine Gedanken und Vorstellungen ausbreitet, werfen ein wunderbares Licht auf seine verborgene jüdische Welt. *„Juden sind hier, wie überall, unausstehliche Schächerer und Schmutzlappen, christliche Mittelklasse unerquicklich, mit einem ungewöhnlichen Rischeß [Judenhass], die höhere Classe ebenso im höheren Grade. Unser kleiner Hund wird auf der Straße von andern Hunden auf eigene Weise berochen und maltraitirt, und die Christenhunde haben offenbar Rischeß gegen den Judenhund."*[21]

Moser war *„das tätigste Mitglied des Vereins, die eigentliche Seele desselben"*[22], wie Heine geschrieben hatte. Er war Bankangestellter und nicht so angesehen wie Gans und Zunz, aber er war ein ehrlicher, gebildeter und kluger Kopf. Heine nannte ihn den *„Epilog von Nathan dem Weisen"*.

In seinen Briefen an Moser spottet Heine über die dogmatische Treue von Gans und Zunz zu Hegels Lehre. Der Romantiker in ihm wollte sich nicht damit abfinden, im Judentum nur eine religiöse Idee, eine Ideologie und sonst nichts zu sehen.

„Sehr drängt es mich, in einem Aufsatz für die Zeitschrift, den großen Judenschmerz (wie ihn Börne nennt) auszusprechen, und es soll auch geschehen sobald mein Kopf es leidet. Es ist sehr unartig von unserem Herr Gott, daß er mich jetzt mit diesen Schmerzen plagt; ja, es ist sogar unpolitisch von dem alten Herrn, da er weiß daß ich viel für ihn thun möchte. Oder ist der alte Freyherr von Sinai und Alleinherrscher Judäas ebenfalls aufgeklärt worden, und hat seine Nazionalität abgelegt, und giebt seine Ansprüche und Anhänger auf, zum Besten einiger vagen, kosmopolitischen Ideen? Ich fürchte der alte Herr hat den Kopf verloren, und mit Recht mag ihm le petit juif d'Amsterdam ins Ohr sagen: entre nous, Monsieur, vous n'existez pas. Und wir? wir existieren? Um des Himmels willen, sag nicht noch einmahl daß ich bloß eine Idee sey! Ich ärgere mich toll darüber. Meinethalben könnt Ihr alle zu Ideen werden; nur laßt mich ungeschoren. Weil Du und der alte Friedländer und Gans zu Ideen geworden seyd, wollt Ihr mich jetzt auch verführen und zu einer Idee machen. Rubo lob ich, den habt Ihr nicht dazu bekommen können. Der Lehmann möchte gerne Idee werden und kann nicht. Was geht mich der kleine Markus an mit seinem Demonstriren daß ich eine Idee sey; seine Magd weiß es besser. Die Doktorinn Zunz hat mir mit thränenden (Judaism) Augen (Judaim) geklagt; daß man ihren Mann ebenfalls zur Idee machen wollte, und daß sie dadurch all seine Kraft und Saft verlöre, Jost hätte sich deßhalb vom Verein zurückgezogen und Auerbach sey mahl dadurch krank geworden."

Der Romantiker Heine wehrt sich hier gegen den Hegelianischen Idealismus, der davon ausgeht, dass das Judentum überholt sei. Er selber sah die Existenz des Jüdischen Volkes mit gemischten Gefühlen. Manchmal sieht er es als Geistervolk, und manchmal behauptete er, dass es ein lebendiges Volk sei, mit Menschen aus Fleisch und Blut, mit all den Instinkten, den Mythen und sogar mit der Hoffnung auf eine Zukunft.

Trotz der Einsamkeit und Langeweile – oder vielleicht gerade deswegen – war das halbe Jahr, das er im Hause seiner Eltern verbracht hat, sehr fruchtbar. Er versuchte zu lernen. *„Der Corpus Juris"*, schrieb er, „*liegt wie ein Kissen unter meinem Kopf*", aber die meiste Zeit widmete er dem Gedichteschreiben und historischer Quellenforschung für seine Arbeit am *Rabbi von Bacherach*. Zu diesem Zweck hatte ihm Moser aus Berlin Basnages Geschichtswerk „*Histoire des Juifs depuis Jésus Christ jusqu'à présent*" geschickt. Dieses Werk aus dem Jahr 1707 war zu jener Zeit – noch bevor es das bahnbrechende Buch von Jost und die klassischen Bücher von Graetz und Dubnow gab – die wichtigste Quelle, um sich über die Geschichte der Juden nach der Zerstörung des Tempels zu informieren. Obwohl Basnage ein französischhugenottischer Theologe war, gelang es ihm, die Geschichte der Juden ehrlich und objektiv zu beschreiben. Das Werk machte auf Heine einen enormen Eindruck.

Im Juli schickte ihm Moser das dritte Heft der „Zeitschrift für die Wissenschaft des Judentums". Heine ärgerte sich über den unmöglichen Stil der meisten Beiträge und schrieb direkt an Zunz einen Protestbrief:

„*Ich will keine Göthische Sprache, aber eine verständliche, und ich bin fest überzeugt was ich nicht verstehe, versteht auch nicht David Levy, Israel Moses, Nathan Itzig, ja vielleicht nicht mahl Auerbach II. Ich habe alle Sorten deutsch studirt, sächsisch deutsch, schwäbisch deutsch, fränkisch deutsch, – aber unser Zeitschriftendeutsch macht mir die meisten Schwierigkeiten. Wüste ich nicht zufällig was Ludwig Markus und Doctor Gans wollen, so würde ich gar nichts von Ihnen verstehen. (…) Seyn sie mir des oben gesagten halber nicht böse, lieber Zunz, erstens bin ich ja ein Abonent der Zeitschrift, zweitens liebe ich Sie.*"[23]

Heine fühlte, dass das jüdische Problem (im Sinne von Erwachen der jüdischen Kraft) nicht durch die Gelehrten gerettet werden würde, Zunz, der Vater und Gründer der „Wissenschaft des Judentums", war ein genialer Gelehrter, seine Aufsätze aber waren für ihre Trockenheit berüchtigt. Gerschom Scholem, der außergewöhnliche Gelehrte der „Wissenschaft des Judentums", beschrieb Zunz in grotesken Sätzen: Ein Riese, der sich als Zwerg verkleidet hat, der Gräser auf den Feldern der Vergangenheit sammelt und sie trocknet, damit in ihnen kein Hauch von Leben mehr bleibt, und sie dann in bereits beerdigten Büchern begräbt.[24]

Heine wollte den Juden das geben, was Walter Scott den Schotten und Engländern gegeben hatte: einen historischen Roman. Seiner Meinung nach lernt eine Nation ihre Geschichte von ihren Dichtern, und nicht von ihren Historiken. Die Dichter erfinden zwar Vorkommnisse und Gestalten, doch somit überliefern sie wahrheitsgetreu die Ziele der Geschichte: *„In gleicher Hinsicht möchte ich behaupten"*, schrieb er, *„Walter Scotts Romane gäben zuweilen den Geist der englischen Geschichte weit treuer als Hume; wenigstens hat Sartorius (Professor für Geschichte in Göttingen) sehr Recht, wenn er in seinen Nachträgen zu Spittler jene Romane zu den Quellen der englischen Geschichte rechnet."*[25]

Walter Scotts Romane erfreuten sich in Deutschland einer großen Popularität, und Heine, der sich damals darauf vorbereitete, seinen historisch-jüdischen Roman zu schreiben, war besonders von „Ivanhoe" beeindruckt, welchen er 1821 gelesen hatte, in der Übersetzung von Elisa von Hohenhausen. In „Ivanhoe" beschreibt Scott mit großer Sympathie Rebekka, die schöne Jüdin, und ohne besondere Zuneigung ihren Vater, Isaac aus York, einen niederträchtigen und herzlosen Charakter. Heine beschreibt dagegen seine zwei Helden mit großem Wohlwollen: Sarah, die schöne Jüdin, und Abraham, ihr Ehemann, der Rabbi von Bacherach. Es wird ihm zwar nicht gelingen, wie Scott einen breitgespannten Roman zu schreiben, sondern nur ein „Fragment"; doch sogar dafür gebührt ihm der Titel, der verborgene Pionier des jüdischen historischen Romans zu sein.[26]

Am 22. Juni 1823 fand in Zollernspieker die Hochzeit von Charlotte Heine mit dem Hamburger Kaufmann Moritz Embden statt. Heine hat seine Schwester sehr geliebt. *„Wir verstehen uns so gut"*, schrieb er ihr, *„wir allein sind vernünftig, und die ganze Welt ist meschugge."* Dem neuen Schwager war es nicht vergönnt, Komplimente von ihm zu bekommen. Er war ein durchschnittlicher Philister, ein einfacher, beschränkter Mensch. *„Wir beide unterscheiden uns darin"*, schrieb Heine, *„daß bey ihm in seinem Kopfe die Schrauben zu fest geschraubt sind, und daß sie bey mir zu lose geschraubt sind."*

Der Ehrengast war Onkel Salomon, der die Mitgift der Braut finanzierte und auch die Kosten der Feier übernahm. Er kam mit seiner Frau und den Kindern, außer Amalie, die wegen der Geburt ihres

Kindes abwesend war. Die Aufmerksamkeit zog jetzt ihre jüngere Schwester Therese auf sich, die Heine seit Mai 1819 nicht mehr gesehen hatte. Damals war sie ein Mädchen von 12 Jahren. Jetzt war sie eine kleine Frau von 16, genau so alt wie Amalie, als Heines Liebe entbrannt war.

Als Heine einen Monat später Hamburg besuchte, hat ihn offensichtlich eine Gefühlswelle überwältigt. *„Die alte Leidenschaft bricht nochmals mit Gewalt hervor"*, schrieb er an Moser. Und einige Wochen später: *„(...) aber doch sehne ich mich danach Dir in vertrauter Stunde meinen Herzensvorhang aufzudecken, und Dir zu zeigen wie die neue Thorheit auf der alten gepfropft ist."*[27] Aufgrund dieser zwei Satzbruchstücke und aus der Analyse aller möglichen Andeutungen, die in seinen Gedichten über die sogenannte zweite Liebe vorhanden sind, ist Elster später in der Lage zu behaupten (im Jahre 1887, das heißt mehr als 60 Jahre danach), dass Heine, enttäuscht von der Liebe zu Amalie, seine Liebe auf ihre Schwester Therese übertragen habe, diese jedoch erwiderte bekanntermaßen seine Liebe ebenfalls nicht und heiratete schließlich einen Börsenmakler, der Adolf Halle hieß. Zu unserem Thema gibt es über diesen unglücklichen Besuch in Hamburg dennoch eine weit interessantere Zeugenaussage. Heine war in eine Affäre verwickelt, die später in der jüdischen Geschichte unter dem Namen „Tempel-Streit" bekannt geworden ist, und das gab ihm die Gelegenheit, mit seinen Freunden von der Reformgemeinde wieder einen Streit vom Zaun zu brechen.

Der „Tempel" war die Reform-Synagoge in Hamburg, deren Bau fünf Jahre hindurch Anlass zu dauerndem Streit in der jüdischen Welt war. Den Reformern, die aus Berlin vertrieben wurden, gelang es hier, in der freien Hansestadt, ihren Traum zu verwirklichen: Eine prächtige Synagoge, die sie Tempel nannten, in der der Gottesdienst in deutscher Sprache, nicht auf Hebräisch, gehalten wurde, und, wie es bei den Christen üblich ist, begleitet vom Orgelspiel; und das Wesentliche: Sie strichen aus dem Gebetbuch alle Stellen über die Ankunft des Messias, die Rückkehr nach Zion und alles, was einen Schatten auf ihren deutschen Patriotismus werfen könnte.

Die aufgeklärten Hamburger Juden, unter der Führung des spenda-

blen Millionärs Salomon Heine, unterstützten die Reformer; Heine
dagegen erregte ihren Zorn, weil er sich in diesem Streit auf die Seite
der Orthodoxen stellte. Und wieder zeigt Heine hier, wie bei seiner
Beurteilung der polnischen Juden, keine ideologische Identifizierung,
sondern dasselbe dialektische Verhalten, typisch zionistisch, er sieht die
Orthodoxen zwar als Wesen, die am Aussterben sind, denen gegenüber
er aber gleichwohl eine instinktive Zuneigung empfindet.

„Bernais hab ich predigen gehört", schreibt in obigem Brief an Moser,
*„er ist ein Charlatan, keiner von den Juden versteht ihn, er will nichts, und
wird auch nie eine andre Rolle spielen; aber er ist doch ein geistreicher Mann,
und hat mehr Spiritus in sich als Dr Kley, Salomon, Auerbach I und II. Ich
hab ihn nicht besucht, obschon ich hinlänglichen Anlaß hatte. Ich achte ihn nur
in so fern er die Hamburger Spitzbuben betrügt (…)."*

Mit solchen Ideen gelang es Heine, sich mit einigen aus der Hamburger Zweigstelle des Vereins zu überwerfen. *„Freunde mit denen ich
den größten Theil meines Lebens verbracht, wenden sich von mir, Bewunderer
werden Verächter, die ich am meisten liebe hassen mich am meisten, alle suchen
zu schaden."*[28]

Hier schüttet Heine zum ersten Mal sein Herz über seine heranrückende Taufe aus. *„Wie Du denken kannst – kommt hier die Taufe zur
Sprache. Keiner von meiner Familie ist dagegen, außer ich. Und dieses ich ist
sehr eigensinniger Natur. Aus meiner Denkungsart kannst Du es Dir wohl abstrahiren daß mir die Taufe ein gleichgültiger Akt ist, daß ich ihn auch symbolisch nicht wichtig achte, und daß er in den Verhältnissen und auf der Weise,
wie er bey mir vollzogen werden würde, auch für andere keine Bedeutung hätte.
Für mich hätte er vielleicht die Bedeutung daß ich mich der Verfechtung der
Rechte meiner unglücklichen Stammesgenossen mehr weihen würde."*

Das brennende Problem, die Taufe, beschäftigt ihn unaufhörlich.
Sechs Wochen später schickt er Moser ein Gedicht, das er nicht für
die Veröffentlichung bestimmt hatte: eine anti-antisemitische Satire.
Deren Held – zum ersten Mal in Heines Werk – ein Jude ist.

Die Handlung spielt in Spanien. Donna Clara, die Tochter des Alkalden, verlässt das Fest, das im Schloss ihres Vaters stattfindet, und geht
im Garten des Schlosses spazieren, in der Hoffnung, den unbekannten
Ritter zu treffen, der auf einer Laute unter ihrem Fenster spielte. Der

Ritter erscheint tatsächlich, und beide wandeln im Mondlicht durch den Garten, während der Ritter Donna Clara Liebesworte zuflüstert, die sie erröten lassen: „„*Aber sage mir, Geliebte, / Warum du so plötzlich rot wirst?' / ,Mücken stachen mich, Geliebter, / Und die Mücken sind, im Sommer, Mir so tief verhaßt, als wären's Judenrotten.'"* Auf seine Frage, ob sie ihn liebe, antwortet Donna Clara: „*Ja, ich liebe dich, Geliebter, / Bei dem Heiland sei's geschworen, / Den die gottverfluchten Juden / Boshaft tückisch einst ermordet.*" Sie schwört ihm: „*Falsch ist nicht in mir, Geliebter, / Wie in meiner Brust kein Tropfen / Blut ist von dem Blut der Mohren / Und des schmutz'gen Judenvolkes.*" Der Ritter führt sie in eine Myrthenlaube, wo ein „*schmelzend süßes Brautlied / Singt die Nachtigall, die holde*". Plötzlich aber schallen Pauken und Trompeten aus dem Palast. Da erwacht Donna Clara. „*Horch! da ruft es mich, Geliebter*", sagt sie und befreit sich aus der Umarmung des Ritters, „*Doch, bevor wir scheiden, sollst du / Nennen deinen lieben Namen, / Den du mir so lang verborgen.*" Und der Ritter küsst ihre Finger, ihre Lippen sowie ihre Stirn und sagt heiter lächelnd: „*Ich, Sennora, Eu'r Geliebter, / Bin der Sohn des vielbelobten, / Großen, schriftgelehrten Rabbi / Israel von Saragossa.*"[29]

„*Es giebt einen Abraham von Saragossa*", schreibt Heine an Moser, „*aber Israel fand ich bezeichnender. Das ganze der Romanze ist eine Scene aus meinem eigenen Leben, bloß der Thiergarten wurde in den Garten des Alkalden verwandelt, Baronesse in Señora, und ich selbst in einen heiligen Georgen oder gar Apoll! Es ist bloß das erste Stück einer Trilogie, wovon das zweite den Helden von seinem eigenen Kinde, das ihn nicht kennt, verspottet zeigt, und das dritte zeigt dieses Kind als erwachsenen Dominikaner, der seine jüdischen Brüder zu Tode foltern läßt. (…) Auf jeden Fall werde ich diese Romanze in meiner nächsten Gedichtesammlung aufnehmen. Aber ich habe sehr wichtige Gründe zu wünschen daß sie früher in keine christliche Hände gerathe (…).*"[30]

In seiner Antwort schrieb Moser, dass er über die Romanze sehr gelacht habe. „*Aber es geht mir oft so*", antwortete Heine, „*ich kann meine eigne Schmerzen nicht erzählen ohne daß die Sache komisch wird.*"[31]

In *Donna Clara* geht Heine einen Schritt weiter. Im *Almansor* existiert das Wort „Jude" nicht, aber diesmal verfasste er eine Romanze über einen Juden, wenn auch einen getauften. Gleichwohl wagte er nicht, es sofort zu veröffentlichen. Die Romanze wurde erst drei Jahre später gedruckt, im Jahre 1826, als Heine ebenfalls getauft war.

Das Gefühl der schleichenden Taufe störte seine jüdische Seele kaum. Im Gegenteil, sie belebte sie eher. In seinem letzten Brief aus Lüneburg vom 9. Januar 1824 verspricht er Moser, dass er ihm von der Universitätsbibliothek Göttingen die Liste aller Bücher zum Thema Judentum schicken werde: *„Ich bin neugierig auf Deinen Aufsatz im 4ten Heft, schicke mir es gleich nach Göttingen sobald es erscheint",* schreibt er an Moser und beschwert sich darüber, dass er keine Informationen vom Verein bekommt. *„Denkst Du etwa daß die Sache unserer Brüder mir nicht mehr so sehr am Herzen liege wie sonst? Du irrst Dich dann gewaltig. Wenn mich auch mein Kopfübel jetzt niederdrückt so hab ich es doch nicht aufgegeben zu wirken. ‚Verwelke meine Rechte wenn ich deiner vergesse Jeruscholayim' sind ungefähr die Worte des Psalmisten, und es sind auch noch immer die meinigen."*[32]

KAPITEL 3

Eine angekündigte Konvertierung

Und du bist zu Kreuz gekrochen,
Zu dem Kreuz, das du verachtest,
Das du noch vor wenig Wochen
In den Staub zu treten dachtest!
(Nachlese)

Im Januar 1824 ging Heine nach Göttingen, diesmal um sein Studium zu beenden: *„Ich lebe jetzt ganz in meiner Jurisprudenz. Wenn du glaubst daß ich kein guter Jurist werde, so irrst Du Dich.“*[1]

Lottchen, die Servierin in der Gaststätte Landwehr, wo die Studenten zu essen pflegten, sagte zu ihm: „Mit Ihnen ist's etwas ganz anderes als mit den übrigen Herrn Studiosen; Sie sind ja schon so berühmt wie unsere Professoren; ich habe ihre Gedichte gelesen, ach, wie herzlich schön! Und das Gedicht vom ‚Kirchhof‘ weiß ich fast auswendig, und jetzt, Herr Heine, können sie mich küssen in Gegenwart von allen diesen Herren. Seien Sie aber auch recht fleißig und schreiben Sie noch mehr so schöne Gedichte.“[2]

Heine teilte seine Zeit zwischen seinem Studium und dem Schreiben, und auch das Schreiben teilte er auf. Er bereitete eine weitere Gedichtsammlung mit dem Titel *Die Heimkehr* für den Druck vor und fing gleichzeitig mit seiner ersten Erzählung, der *Rabbi von Bacherach*, an. Der Dualismus in seiner Seele nahm zu: *„Wäre ich ein Deutscher –*

und ich bin kein Deutscher, siehe Rühs, Fries an vielen Orten"[3], und an einen christlichen Freund schrieb er: *„Ich weiß daß ich eine der deutschen Bestien bin, ich weiß nur zu gut daß mir das Deutsche das ist, was dem Fische das Wasser ist, daß ich aus diesem Lebenselement nicht heraus kann, und daß ich – um das Fischgleichniß beyzubehalten – zum Stockfisch vertrocknen muß wenn ich – um das wäßrige Gleichniß beyzubehalten – aus dem Wasser des deutschthümlichen herausspringe. Ich liebe sogar im Grunde das Deutsche mehr als alles auf dieser Welt, ich habe meine Lust und Freude dran, und meine Brust ist ein Archiv deutschen Gefühls, wie meine zwey Bücher ein Archiv deutschen Gesanges sind."*[4] In einigen Gedichten, die er damals schrieb, kam dieses Leiden des Außenseiters zum Ausdruck: *„Wer bist du, Fremder?"*, fragt die Frau am Fenster (die Geliebte? Oder vielleicht die Heimat?) den Fremden in *Die Heimkehr* und er antwortet: *„Ich bin ein deutscher Dichter."*

> *Wenn ich an deinem Hause*
> *Des Morgens vorüber geh',*
> *So freut's mich, du liebe Kleine,*
> *Wenn ich dich am Fenster seh'.*

> *Mit deinen schwarzbraunen Augen*
> *Siehst du mich forschend an:*
> *Wer bist du, und was fehlt dir,*
> *Du fremder, kranker Mann?*

> *,Ich bin ein deutscher Dichter,*
> *Bekannt im deutschen Land;*
> *Nennt man die besten Namen,*
> *So wird auch der meine genannt.*

> *Und was mir fehlt, du Kleine,*
> *Fehlt Manchem im deutschen Land;*
> *Nennt man die schlimmsten Schmerzen,*
> *So wird auch der meine genannt.'*

Heine wohnte allein. Sein Zimmer war unordentlich, das Bett nicht gemacht, die Bücher waren auf dem Tisch, den Stühlen und auch auf dem Boden verstreut. Und was noch typischer ist: Seine Koffer waren nur halb ausgepackt. In Göttingen wiederholt sich das Syndrom der Wanderungen, das schon in Berlin begonnen hat. Während der zwanzig Monate, die er dort war, wechselte er seine Adresse vier Mal.

Im Gegensatz zur Nachlässigkeit bei der Ordnung in seinem Zimmer achtete Heine sehr genau auf seine äußere Erscheinung. Im Gedächtnis eines der Studenten blieb er als Dandy haften, gekleidet in einen braunen Mantel mit zwei Knopfreihen, die bis zum Hals zugeknöpft waren, einem grünen Barett und einen schwarzen Seidenschal, der lose um seinen Hals hing. Seinen Freunden blieb er als „kleine zwergenartige Figur mit blassem, langweiligem Gesichte" in Erinnerung. Sie erzählten von seiner besonderen Empfindlichkeit gegen Lärm und seine Abstinenz von Alkohol und Tabak. Es reichte ihm, sagten sie, an einer Flasche Rheinwein zu riechen, die er in seinem Zimmer aufbewahrte. Er selber hörte nicht auf über Kopfschmerzen zu klagen. Einer seiner Freunde (Eduard Wedekind) erzählte, dass er beim Eintreten ins Zimmer zu sagen pflegte: „*Laß mich, lieber Junge, ich bin krank!*" Er sank in seinen Sessel und hüllte sich in Schweigen; aber wenn einer der Anwesenden mit ihm über ein Gedicht sprechen wollte, das er geschrieben hatte, hörten die Kopfschmerzen sofort auf und er bekam rote Wangen. „*Was meinst du, lieber Junge?*" Ein anderer Student, Phillip Spitta, schrieb, dass seine Lieder Musik seien, in der man das Weinen der Engel und das Lachen des Teufels hören könne. „*Das haben Sie schön gesagt!*" hat ihm Heine gedankt.[5]

In den Osterferien fuhr er nach Berlin, um sich um das Erscheinen der Gedichte zu kümmern. Die Sammlung von 33 Gedichten wurde im „Gesellschafter" gedruckt, und wieder hallte sein Name durch die literarischen Salons.

Es ist nicht bekannt, welchen Eindruck damals das Gedicht II der *Heimkehr* gemacht hat, aber im Lauf der Jahre wird die *Loreley* sein berühmtestes Gedicht werden. Die *Loreley* und der *Rabbi von Bacherach* zeigen das Problem der Identität Heines außergewöhnlich gut. Bacharach, die Stadt am Ufer des Rheins, diente als Hintergrund für seine jüdischste Erzählung. Loreley, der Felsen in der Nähe von Bacharach, ist das Thema seines deutschesten Gedichts.

Loreley ist nicht, wie man annimmt, eine mythologische Gestalt, die von Heine verewigt wurde, im Gegenteil, Loreley ist eine erdichtete Gestalt, erfunden von Clemens Brentano, die aufgrund von Heines Version zur Legende wurde.

Brentano, der Herausgeber der Anthologie „Des Knaben Wunderhorn", nahm den Namen vom malerischen Felsen Lurlei in einem der Windungen des Rheins, 8 Kilometer nördlich von Bacharach. Im Jahre 1799 schrieb er die Ballade „Die Lore Lay", die mit den Worten beginnt: „Zu Bacharach am Rheine / Wohnt eine Zauberin". Und es erzählt von einer Jungfrau, die so schön war, dass alle sich in sie verliebten, bis sie den Ruf einer Hexe bekam. Der Bischof lud sie vor den Gerichtshof der Kirche, verliebte sich aber selber in sie („So schön war ihr' Gestalt") und statt sie auf dem Feuer zu verbrennen, schickte er sie in ein Kloster. Sie sehnte sich nach dem Tod, weil der Jüngling, den sie liebte, sie verließ, und auf dem Weg ins Kloster kletterte sie auf den Lore Lay Felsen und sprang in den Fluss. Die Ballade von Brentano hat einige Gedichte über die Lore Lay inspiriert. In einem von ihnen verwandelt sie sich in eine Meerjungfrau, die die Schiffer des Rheins in den Abgrund zieht.[6]

Heines Loreley begeht keinen Selbstmord, sondern sitzt bequem auf dem Felsen und verursacht mit ihrer Musik den Untergang der anderen. Diese Version – nicht zuletzt wegen der Melodie Friedrich Silchers – hat Loreley verewigt und aus ihr eine mythologische Gestalt gemacht.

Ich weiß nicht, was soll es bedeuten,
Daß ich so traurig bin;
Ein Mährchen aus alten Zeiten,
Das kommt mir nicht aus dem Sinn.

Die Luft ist kühl und es dunkelt,
Und ruhig fließt der Rhein;
Der Gipfel des Berges funkelt
Im Abendsonnenschein.

Die schönste Jungfrau sitzet
Dort oben wunderbar,
Ihr gold'nes Geschmeide blitzet,
Sie kämmt ihr goldenes Haar.

Sie kämmt es mit goldenem Kamme,
Und singt ein Lied dabei;
Das hat eine wundersame,
Gewaltige Melodei.

Den Schiffer im kleinen Schiffe
Ergreift es mit wildem Weh;
Er schaut nicht die Felsenriffe,
Er schaut nur hinauf in die Höh'.

Ich glaube, die Wellen verschlingen
Am Ende Schiffer und Kahn;
Und das hat mit ihrem Singen
Die Lore-Ley gethan.[7]

Es ist nicht bekannt, ob Heine während des Schreibens des Gedichts gewusst hat, dass es etwas Besonderes war. Seine Briefe aus Göttingen sind voller Einzelheiten über die Mühe des Schaffens bei *Der Rabbi von Bacherach,* aber er verliert kein Wort über Gedicht II des Zyklus *Heimkehr,* in dem die zukünftigen Deuter einen Ausdruck des Protests gegen seine Cousine Amalie sehen, die wie dieser blonde Teufel Loreley sein Leben zerstört hat. Vielleicht war es auch Therese? Wer kann es wissen! Und vielleicht — wenn wir an das Motiv von Eros und Tod denken, dem wir zuerst in der Beschreibung seiner Liebe zu Sephchen, der Henkerstochter, begegneten — vielleicht ist die Loreley auch eine Allegorie auf die Liebesbande der begeisterten, aussichtslosen Verbindung der deutschen Juden zu ihren Mördern. Es gibt dafür keine Beweise, und Heine hat niemals das Geheimnis der Loreley verraten; aber das ist eines der Merkmale seines Genius, dass seine Gedichte wie Rubine in vielen Farben glitzern, und von jeder Seite, von der man auf den Stein blickt, verändert sich das Bild. Jede Zeile, angefangen von *„Ich weiß nicht was soll es bedeuten, daß ich so traurig bin"*, fortgesetzt mit der Gestalt der Loreley, einer typischen Ikone des Deutschtums, bis zum Ertrinken des hypnotisierten Schiffers am Felsenriff durch ihren Gesang, symbolisiert auf wundersame Weise auch die Tragödie der deutschen Juden. Die Deutschen werden selbstverständlich eine solche Deutung nicht akzeptieren. So sehr sie durch Heines scharfe Zunge gelitten haben, so sehr haben sie die Loreley in Liebe adoptiert. Der Gesang dieser Sirene wurde zum nationalen Erbe, und seit damals bis heute, wenn ein Schiff am gefährlichen Felsen in der Nähe von Bacharach vorbeifährt, glauben die Reisenden in der Abenddämmerung Loreley zu sehen, wie sie ihr goldenes Haar kämmt. Sie war so populär, dass selbst Hitler sie nicht verbieten konnte, als er verordnete, die deutsche Kultur von den Juden, oder was er „jüdischer Geist" nannte, zu säubern. In den Augen der Nazis war Heine der ausgezeichnete und böseste Vertreter dieses Geistes; und trotz alledem, während der Tage, als seine Brüder in die Gaskammern geschickt wurden, fuhren die Mörder fort, die Loreley auf allen patriotischen Versammlungen zu singen. Es kursiert das Gerücht, dass in den Liederbüchern aus der Nazizeit geschrieben worden sei: „Loreley – Melodie: Silcher. Text: unbekannt."

Im September 1944, acht Monate vor dem Ende des Zweiten Weltkriegs, schrieb Nathan Altermann sein Gedicht „Loreley", und darin machte er auf die tragische Verbindung zwischen Loreley und ihren Schöpfer aufmerksam:

Loreley, 1944

Sterne von oben
Blickten auf den Rheine,
Zerschmetterten in den Städten
Die Bildnisse von Heine.

Loreley stand auf
Und mit einem mutigen Akt,
Sprang sie aus dem Buch
Zu des Trommlers Takt.

Scheiterhaufen brannten in der Stadt
Feuer, von Büchern voll,
Und Loreley tanzte
Auf einem Bierfass wie toll.

Schrie und verkündete:
„Verrecke" und „Nieder",
Und schleuderte ins Feuer
„Das Buch der Lieder".

Nachdem es verbrannte,
Dieses Buch in dem Feuer,
Bestieg sie das Fahrzeug
Vom Besatzungsungeheuer

Denn vor den Soldaten,
rund um den Brand,
ritten die Walküren
und der Mythos verschwand.

Und das Fahrzeug fuhr
Über Leben und Menschenbrei,
An Heines Gesicht zog vorbei
Das Fräulein Loreley

Und sie schleuderte auf ihn Feuer
Und er fiel auf seine Glieder,
Vergänglich ist der Dichter,
Aber ewiglich sind seine Lieder.

Kehren wir 120 Jahre zurück, mit Heine von Berlin nach Göttingen. Er ist wohlgelaunt und glücklich, als er seine neuen Gedichte (darunter die Loreley) gedruckt sieht.

„Ich lebe hier im alten Gleise", teilte er Moser mit, *„das heißt ich habe 8 Tage in der Woche meine Kopfschmerzen, stehe des Morgens um 1/2 5 auf und überlege was ich zuerst anfangen soll, unterdessen kommt langsam die 9te Stunde herangeschlichen wo ich mit meiner Mappe nach dem göttlichen Meister eile (…) Außerdem treibe ich viel Chronikenstudium und ganz besonders viel historia judaica. Letztere wegen Berührung mit dem Rabbi, und vielleicht auch wegen inneren Bedürfnisses. Ganz eigene Gefühle bewegen mich wenn ich jene traurigen Analen durchblättre; eine Fülle der Belehrung und des Schmerzes. Der Geist der jüdischen Geschichte offenbart sich mir immer mehr und mehr, und diese geistige Rüstung wird mir gewiß in der Folge sehr zu statten kommen. An meinem Rabbi habe ich erst 1/3 geschrieben, meine Schmerzen haben mich auf schlimme Weise daran unterbrochen, und Gott weiß ob ich ihn bald und gut vollende. (…) Die Paschafeyer ist mir gelungen, ich bin Dir für die Mitheilung der Agode Dank schuldig, und bitte Dich noch außerdem mir das Caho lach Manga und die kleine Legende Maasse be Rabbi Leser – wörtlich übersetzt zukommen zu lassen. Auch die Psalmstelle im Nachtgebete: ‚Zehntausend Gewaffnete stehen vor Salomons Bette' mir wörtlich übersetzt zu schicken. Vielleicht gebe ich dem Rabbi einige Druckbogen Illustrations auf englische Weise als Zugabe, und zwar originaler Ideenextrakt über Juden und ihre Geschichte. – Benjamin von Tudela, der jetzt auf meinem Tische herumreist, läßt Dich herzlich grüßen. Er wünscht daß ihn Zunz mal bearbeite und mit Uebersetzung herausgebe; (…) Ueber die Frankfurter Juden war mir der Schudt sehr nützlich; ich habe beide Quartbände ganz durchgelesen und weiß nicht ob ich mich mehr geärgert über das Rischess das über jedes Blatt ausgegossen, oder ob ich mich mehr amusirt habe über die Rindviehaftigkeit womit das Rischeß vorgebracht wird. O wie haben wir Deutsche uns vervollkommnt! Es fehlt mir jetzt nur noch Notizen über die Spanischen Juden im 15ten Jahrhundert und besonders über ihre Akademien in dieser Zeit, wo finde ich was? oder besser gesagt 50 Jahr vor ihrer Vertreibung. Interessant ist es daß daßelbe Jahr wo sie vertrieben worden, das neue Land der Glaubensfreyheit, nemlich Amerika entdeckt worden."*[8]

Im Herbst verschlimmerten sich seine Kopfschmerzen, und der

Arzt verordnete lange Spaziergänge an der frischen Luft. Er machte sich auf eine Fußwanderung, einen Rucksack auf der Schulter, ins Harzgebirge. Das Ergebnis war *Die Harzreise,* das Werk, das seinen Namen in die Geschichte der deutschen Literatur einmeißeln sollte. In der *Harzreise* erzählt Heine alle möglichen Begebenheiten, wahre und erfundene, die er auf der Reise erlebt hat. Nur das wichtigste Ereignis — die Wallfahrt zu Goethe nach Weimar — wird er übergehen. Heine sah wie alle in Goethe den Giganten der deutschen Dichtung. Er konnte aber niemals dessen Aufmerksamkeit auf sich lenken. Er schickte ihm seine zwei Bücher sofort nach ihrem Erscheinen, erhielt aber nicht einmal eine Empfangsbestätigung. Jetzt, gegen Ende seiner Reise, stand er erregt, mit Wanderstock und Rucksack, vor der olympischen Gestalt. Er nannte ihn den *„Vater der Götter, de(n) großen Jupiter".* *„Wahrlich",* schrieb er später, *„als ich ihn in Weimar besuchte und ihm gegenüber stand, blickte ich unwillkürlich zur Seite, ob ich nicht auch neben ihm den Adler sähe mit den Blitzen im Schnabel. Ich war nahe dran ihn griechisch anzureden; da ich aber merkte, daß er deutsch verstand, so erzählte ich ihm auf deutsch: daß die Pflaumen auf dem Weg zwischen Jena und Weimar sehr gut schmeckten."*[9]

Heine hat sich diesen Lapsus nicht verziehen: *„Ich hatte in so manchen langen Winternächten darüber nachgedacht, wie viel Erhabenes und Tiefsinniges ich dem Goethe sagen würde, wenn ich ihn mahl sähe. Und als ich ihn endlich sah, sagte ich ihm, daß die sächsischen Pflaumen sehr gut schmeckten. Und Goethe lächelte."*

„Goethe lächelte (…)", so schrieb er in der *Romantischen Schule.* *„Ueber Göthes Aussehen erschrak ich bis in tiefster Seele",* schrieb er in einem persönlichen Brief und fügte hinzu: *„das Gesicht gelb und mumienhaft, der zahnlose Mund in ängstlicher Bewegung, die ganze Gestalt ein Bild menschlicher Hinfälligkeit. Vielleicht Folge seiner Letzten Krankheit. Nur sein Auge war klar und glänzend. Dieses Auge ist die einzige Merkwürdigkeit die Weimar jetzt besitzt."*[10]

Der Empfang war kühl. Der alte Goethe zeigte wenig Interesse am wichtigsten lyrischen Dichter, der nach ihm in Deutschland entstand (Schiller, der 1805 starb, war kein Lyriker). Er war höflich, frage nach seinem Gesundheitszustand und seinen literarischen Plänen. Hier beging Heine wieder einen fürchterlichen Lapsus. *„[Ich beschäftige mich] mit einem Faust"*, sagt er. *„Haben sie weiter keine Geschäfte in Weimar, Herr Heine? – Mit einem Fuße über die Schwelle Ew. Exzellenz sind alle meine Geschäfte in Weimar beendet."*[11] Damit endete das Treffen zwischen den zwei großen Lichtern der deutschen Lyrik. Goethe schenkte Heine nicht die Anerkennung, die er erhoffte. Offensichtlich hat er niemals seine Gedichte gelesen. Nachdem er ihn losgeworden ist, wandte er sich an sein Tagebuch, und auf der Seite des 2. Oktober schrieb er: „Heine von Göttingen."

Was Heine anbelangt, er machte sich die schwersten Vorwürfe über die Taktlosigkeit seiner Worte über Faust. Das war der wunde Punkt bei Goethe, sein Lebenswerk, mit dem er lebenslang gerungen hat, ohne es abzuschließen. Aber nicht deshalb war die Chance gering, dass sich beide verstehen: *„Da fühlte ich erst ganz klar den Contrast dieser Natur mit der meinigen, welcher alles Praktische unerquiklich ist, die das Leben im Grunde geringschätzt und es trotzig hingeben möchte für die Idee."*[12]

Goethe hatte den Ruf eines Hedonisten, den Vergnügungen des Alltags ergeben, davon überzeugt, dass die Kunst der Moral überlegen ist. Er war ein Gegner der Französischen Revolution, in der er den Sieg der Massen gesehen hat, und aus diesem Grund zeigte er Gleichgültigkeit gegenüber den Befreiungskriegen gegen Napoleon. Er lebte und wirkte, einsam und glänzend, im Elfenbeinturm. In seinem Buch „Dieser Mensch Heine" schrieb Lewis Browne: „Der Unterschied zwischen den beiden lag nicht darin, dass Goethe ein Hedonist und Heine ein Altruist war, sondern offenbar darin, dass der Christ in Ruhe in seinem Zion lebte, während Heine sein Leben lang an den Wassern von Babel saß und weinte. Goethe war bei sich zuhause; er gehörte dazu – und Heine nicht!"

Das ist eine nette Bemerkung, aber sie enthält einen Fehler. Für Heine war es ein seelisches Bedürfnis, ein Idealist zu sein, nicht im philosophischen Sinne, sondern in dem Sinne, politische und gesellschaftliche Ideale zu verwirklichen, wie er in einem Brief erklärte: *„(...) denn es ist noch die große Frage ob der Schwärmer, der selbst sein Leben für die Idee hingiebt, nicht in einem Momente mehr und glücklicher lebt* *als Herr v. Göthe während seines ganzen 76jährigen egoistisch behäglichen Lebens.*"[13]

Und in der Tat, die Biographie Heinrich Heines zeigt, dass fast jeder seiner Lebensabschnitte im Zeichen der Opferung für eine Idee stand. Seinen Weg im Leben ging er, indem er die Flaggen wechselte. Fast immer hatte er irgendein Ideal gehabt, das seinem Leben Sinn gab. Die Begegnung mit Goethe in Weimar hatte ihn sozusagen an seine Verpflichtung gegenüber dem Kampf erinnert, dessen Fahne er in diesem Abschnitt seines Lebens verpflichtet war. Und deshalb widmete er sich, sobald er von der Harzreise zurückkam, mit erneuten Kräften seinem *Rabbi von Bacherach*, den er in den Sommermonaten vernachlässigt hatte. *„Es wird aber sehr groß, wohl ein dicker Band, und mit unsäglicher Liebe trage ich das ganze Werk in der Brust. Ist es doch ganz aus der Liebe hervorgehend, nicht aus eitel Ruhmgier. Im Gegentheil wenn ich der Stimme der äußern Klugheit Gehör geben wollte so würde ich es gar nicht schreiben. Ich sehe voraus wie viel ich dadurch verschütte und feindseeliges herbeyrufe. Aber eben auch, weil es aus der Liebe hervorgeht wird es ein unsterbliches Buch werden, eine ewige Lampe im Dome Gottes, kein verpraßelndes Theaterlicht.*"[14]

In der Fortsetzung dieses Briefes an seinen Freund Moser schreibt er: *„Du hast vergessen mir ein paar Notizen mitzutheilen die ich in meinem Letzten Briefe zum Behuf des Rabbi verlangte. Dem Dr Zunz lasse ich für seine Mittheilung über die spanischen Juden, tausendmahl danken. Obschon sie höchst dürftig ist, so hat Zunz mir doch, mit einem einzigen scharfsinnigen Wink, mehr genutzt, als einige vergeblich durchstöberte Quartbände, und er wird unbewußt auf den Rabbi influenzirt haben. Da Zunz kein Formelmensch ist, so kann ich einen besonderen Brief sparen indem ich Dir mittheile was Du ihm sagen sollst. Dieses besteht noch darin, 1. daß ich ihn liebe, 2. daß ich ihn schätze 3. daß ich wünsche er hätte die Güte mir anzuweisen wo ich gute Notizen finde über die Familie der Abarbanels (auch Abravanels genannt). (…) Die schmerzliche Lektüre des Basnage ward Mitte des vorigen Monaths endlich vollendet. Was ich speciell suchte habe ich eigentlich nicht darinn gefunden, aber viel Neues entdeckte ich (…) einen Theil des Eindrucks den es auf mich gemacht, habe ich den 11 September in folgender Reflekzion angedeutet:*

(An Edom!)

Ein Jahrtausend schon und länger,
Dulden wir uns brüderlich,
Du, du duldest, daß ich athme,
Daß du rasest dulde Ich.

Manchmal nur, in dunklen Zeiten,
Ward dir wunderlich zu Muth,
Und die liebefrommen Tätzchen
Färbtest du mit meinem Blut!

Jetzt wird unsre Freundschaft fester,
Und noch täglich nimmt sie zu;
Denn ich selbst begann zu rasen,
Und ich werde fast wie du.

Aber wie ein Wort das andre giebt so giebt auch ein Vers den andern, und ich
will die paar unbedeutendere Verse mittheilen, die ich gestern Abend machte, als
ich über die Weenderstraße, trotz Regen und Wetter spatzieren ging und an
Dich dachte, und an die Freude wenn ich Dir mahl den Rabbi zuschicken
kann, und ich dichtete schon die Verse die ich auf den weißen Umschlag des
Exemplars als Vorwort für Dich schreiben würde, – und da ich keine Geheimnisse für Dich habe, so will ich Dir schon hier jene Versen mittheilen:

Brich aus in lauten Klagen,
Du düstres Martyrerlied,
Das ich so lang getragen
Im flammenstillen Gemüth'.

Es dringt in alle Ohren,
Und durch die Ohren ins Herz;
Ich habe gewaltig beschworen
Den tausendjährigen Schmerz.

Es weinen die Großen und Kleinen,
Sogar die kalten Herr'n,
Die Frauen und Blumen weinen,
Es weinen am Himmel die Stern'.

Und alle die Thränen fließen
Nach Süden, im stillen Verein,
Sie fließen und ergießen
Sich all' in den Jordan hinein.

Ich brauche Dich nicht darauf aufmerksam zu machen daß die Verse welche ich jetzt schreibe wenig werth sind und bloß zu meinem eigenen Vergnügen gemacht werden. Aber bedenke auch meine Lage, ich komme den ganzen Tag nicht vom Forum, und höre von nichts sprechen als Stilizinium, Testamenten, Emphytheusis u.s.w. Und wenn ich mah in einer Freystunde hinüberschiffe nach Thessalien, um mich auf dem Parnaß zu ergehn, so treffe ich nur Juden, die dort (siehe Basnage) Gemüse bauen, und ich spreche mit ihnen von den Schmerzen Israels."

Heine hat diese beiden Gedichte nicht in die Sammlungen aufgenommen, die damals gedruckt wurden. Diese Gedichte, die nach seinem Tode entdeckt wurden, gehören auf jeden Fall der Kategorie der National-Gedichte. Sie sind in der ersten Person geschrieben. Das eine Gedicht ist sarkastisch, bitter wie Wermut, nicht konform mit dem Geist der Versöhnung jener Generation (Edom ist der Kodename, den die jüdischen Weisen dem verhassten Rom gegeben haben, und im Mittelalter wurde es der Kirche zugeschrieben). Es ist nicht nur ein antichristliches Widerstandsgedicht, sondern auch die Prophezeiung einer neuen Generation von Juden, die wie alle Völker sein werden und Gewalt anwenden werden. Jedenfalls symbolisieren diese zwei verborgenen Gedichte einen der Höhepunkte seines jüdischen Bewußtseins und seiner Identifikation mit dem Judentum. Das passierte paradoxerweise ausgerechnet zu der Zeit, als ihm klar wurde, dass seine Taufe näher rückte. Im selben Brief fügt er hinzu: *„Ungern vermisste ich in Deinem Briefe Nachricht über den Verein. Du kannst mir ja seinen Zustand mit wenig Worten andeuten. Hat der Verein schon Karten* *herumgeschickt pour prendre congé? Oder wird er sich halten? Wird Gott stark seyn in den Schwachen, in Auerbach und Consorten? Wird ein Messias gewählt werden? Da Gans sich taufen lassen will, so wird er es wohl nicht werden können, und die Wahl eines Messias hält schwer.*"

Hier reagiert Heine zum ersten Mal auf die Gerüchte, dass Eduard Gans beschlossen hat sich zu taufen, um an der Universität in Berlin als Professor akzeptiert zu werden. Der Verrat des Präsidenten des Vereins, der den Schwur der Freunde brach, dass sie niemals wegen einer Stellung konvertieren würden, war der Todesstoß, der zur Auflösung des „Verein für Kultur und Wissenschaft der Juden" führte. In diesem Brief bricht, abgesehen von dem traurigen Scherz, Heines Glaubensbekenntnis durch, der dem Verein eine Art von messianischer Rolle zugedacht hatte, dem jüdischen Volk irgendeine Art von Erlösung zu bringen. Ab jetzt ist alles verloren. Ein halbes Jahr nachdem er sein düsteres Martyrergedicht verfertigt hatte, mitten in der Arbeit am *Rabbi von Bacherach,* konvertierte auch er zum Christentum.

Das geschah am 28. Juni 1825. Heine verließ heimlich Göttingen und ging zur nahegelegenen Gemeinde Heiligenstadt, wo er völlig unbekannt war. Pastor Grimm prüfte ihn und entdeckte zu seiner Freude einen ungewöhnlichen Konvertiten. Heine erinnerte sich an das, was er in seiner Kindheit im Franziskaner-Kloster und im Jesuitengymnasium in Düsseldorf gelernt hatte und gab richtige Antworten. Sehr bald entwickelte sich die Taufe zu einer gelehrten Unterhaltung, in der Heine fragte und der Pastor bemüht war zu antworten. Die Zeremonie der Taufe fand um elf Uhr vormittags statt. Im Kirchenbuch wurde eingetragen, dass „ein Proselyt, Herr Harry Heine" den Namen „Christian Johann Heinrich Heine" angenommen hatte.[15] Danach lud ihn der Pastor zum Mittagessen ein. Heine saß blass am Tisch, in Gedanken versunken und aß ohne Appetit. Er beeilte sich nach Göttingen zurückzukehren, und obwohl ihm nur noch drei Wochen bis zu den Abschlussprüfungen verblieben, konnte er nicht mit dem Schreiben am *Rabbi von Bacherach* aufhören.

„Dann arbeite ich so angestrengt als möglich, Jurisprudenz, Geschichte und den Rabbi etc. Letzterer schreitet nur langsam vorwärts", berichte er am 1. Juli 1825 an Moser, ohne zu verraten, dass er vier Tage vorher getauft

worden war. „(J)ede Zeile wird abgekämpft, doch drängts mich unverdrossen weiter indem ich das Bewußtseyn in mir trage daß nur Ich dieses Buch schreiben kann, und daß das Schreiben desselben eine nützliche, gottgefällige Handlung ist. (…) Zunz hat mir zwar schon mahl durch Dich geschrieben wo im 15 Jahrhundert die vornehmste Schule der spanischen Juden war, nemlich in Toledo; aber ich möchte wissen, ob dieses auch vom Ende des 15 Jahrhunderts zu verstehen ist? Er nannte mir auch Sevilla und Granada, aber ich glaube in Basnage gelesen zu haben daß sie früher schon mahl aus Granada vertrieben worden. Auch, wie ich Dir notirt möchte ich über die Abarbanells etwas erfahren was ich nicht aus kristlichen quellen schöpfen kann. Wolf hat diese alle in seiner Bibliothek angeführt. Basnage ist dürftig. Schudt hat ebenfalls etwas zusammen gerafft, Bartolocci hab ich noch nicht gelesen. Wenig, unbegreiflich wenig enthalten die spanischen Historiker von den Juden. Ueberhaupt hier ist egyptische Finsterniß. – Ende dieses Jahres denke ich den Rabbi fertig zu haben. Es wird ein Buch seyn das von den Zunzen aller Jahrhunderte als Quelle genannt werden wird."[16]

Je näher der Zeitpunkt seiner Prüfung kam, desto mehr steigerte sich seine Angst. Er schrieb an den Dekan der Fakultät: „Gottingae vero jurisprudentiae tantum operam dabam, sed pertinax capitis morbus, qui me duos annos usque ad hoc tempus excruciat, incredibilem in modum me semper impediebat, et effecit ut scientiae non respondeant diligentiae studioque meo."[17] (Fürchterliche hartnäckige Kopfschmerzen quälen mich schon seit zwei Jahren, und das ist der Grund warum meine Kenntnisse nicht auf einer Stufe stehen mit meinem Fleiß.) Heine fürchtete sich sehr vor dem Dekan, Professor Gustav Hugo, der zur konservativen Partei der Juristerei gehörte, und wie er schrieb, war er „der Freund meiner erbittersten Feinde." Hier erwartete ihn eine Überraschung.

„Ich habe disputirt wie eine Kutschenpferd über die 4te und 5te Thesis, Eid und Confarreatio" berichtete er Moser. „Es ging sehr gut, und der Decan (Hugo) machte mir bei dieser feyerlichen Scene die grösten Elogen, indem er seine Bewunderung aussprach daß ein großer Dichter auch ein großer Jurist sey. Wenn mich letztere Worte nicht mißtrauisch gegen dieses Lob gemacht hätten, so würde ich mir nicht wenig darauf einbilden daß man vom Kadether herab, in einer langen lateinischen Rede, mich mit Göthe verglichen und auch geäußert daß nach dem allgemeinen Urtheil meine Verse den göthischen an die Seite *zu setzen sind. Und dieses sagte der große Hugo aus der Fülle seines Herzens, und privatim sagte er noch viel schönes denselben Tag, als wir beide mit einander spazieren fuhren und ich von ihm auf ein Abendessen gesetzt wurde. Ich finde also daß Gans Unrecht hat wenn er in geringschätzendem Tone von Hugo spricht. Hugo ist einer der größten Männer unseres Jahrhunderts.*"[18]

Im selben Brief schreibt er auch: *„Grüße mir Zunz recht herzlich, sag ihm daß ich ihm recht sehr danke für seine Notizen. In Granada haben 1492 wirklich Juden gewohnt, denn sie werden in der Capitulazion dieser Stadt ausdrücklich erwähnt. Ueber Abarbanel habe ich die Dissertation von Majus (Vita Abarbanelis) über ihn aufgetrieben, alle christliche Quellen zusammengestellt, aber sehr dürftig.*"

Anfang August, nachdem die Abschlussfeierlichkeiten beendet waren, packte Heine seine Sachen, seine Manuskripte und privaten Dokumente, und beeilte sich aus Göttingen zu verschwinden. Zwei Tage später meldete er sich bei seinem Onkel in Hamburg. Endlich hatte Salomon Heine ein wenig Freude an seinem Neffen. Seine langjährige Investition trug Früchte. Heine besaß zwei Zeugnisse – einmal den Doktor der Rechte und „das andere" (wie er sagte), das ihm eine Karriere im Leben ermöglichen konnte. Und was kann er für ihn tun? Er schlug dem Knaben (Heine war fast achtundzwanzig Jahre alt) eine medizinische Behandlung vor, aber dieser sagte, die beste Medizin für seine Krankheit sei der Meeresstrand. Der Onkel diskutierte nicht mit ihm, reichte ihm fünfzig Louis d'or, und Heine beeilte sich auf die Insel Nordeney zu kommen. Heine liebte es, am Strand zu sein. Einige seiner schönsten Gedichte hat er über die Nordsee verfasst. Am 1. September schrieb er: *„Ich bin noch immer der alte Narr, der, wenn er kaum mit der Außenwelt Friede gemacht, gleich wieder von innern Kriegen geplagt wird. – Es ist ein mißmüthiges Wetter, ich höre nichts als das Brausen der See – O läg ich doch begraben unter den weißen Dünen. – Ich bin in meinen Wünschen sehr mäßig geworden. Einst wünschte ich begraben zu seyn unter einer Palme des Jordans.*"[19]

Heine dachte, dass er leicht über die Krise seiner Taufe, sein *„Entree Billet zur Europäischen Kultur"*, hinwegkommen würde. An Moser schrieb er: *„Aus meiner Denkungsart kannst Du es Dir wohl abstrahiren daß mir die Taufe ein gleichgültiger Akt ist, daß ich ihn auch symbolisch nicht* *wichtig achte (…)."* Heine war nicht allein. In jener Zeit wurden tausende solcher Billets erworben. Die besten der jüdischen Jugend strömten zu den Taufbecken: Die wenigsten aus Überzeugung, die meisten aus Gründen des Vorteils; aber Heine fand keinen Trost darin, dass viele es wie er machten. *„Da mal die Rede von Büchern ist, so empfehle ich Dir Gollownins Reise nach Japan. Du ersiehst daraus daß die Japaner das civilisirteste, urbanste Volk auf der Erde ist. Ja ich möchte sagen das christlichste Volk, wenn ich nicht zu meinem Erstaunen gelesen wie eben diesem Volke nichts so sehr verhaßt und zum Greul ist als eben das Christenthum. (…) Ich will ein Japaner werden. – Vielleicht schicke ich Dir noch heute ein Gedicht aus dem Rabbi, woran ich leider wieder unterbrochen worden. Ich bitte Dich sehr das Gedicht, so wie auch was ich Dir von meinen Privatverhältnissen sage, niemanden mitzutheilen. Ein junger Spanischer Jude, von Herzen ein Jude, der sich aber aus Luxusübermuth taufen läßt, korrespondirt mit dem jungen Jehude Abarbanell, und schickt ihm jenes Gedicht, aus dem Maurischen übersetzt."*[20]

Es ist nicht bekannt, um welches Gedicht es sich handelt; aber aus jenen Herbsttagen des Jahres 1825 ist das Gedicht *Almansor* bekannt, das die Christianisierung der Mauren unter der Regierung Ferdinands und Isabellas thematisiert: Almansor ben Abdullah lässt sich im Dom zu Cordoba, einer ehemaligen Moschee, taufen:

> *Oh, ihr Säulen, stark und riesig,*
> *Einst geschmückt zu Allahs Ruhme,*
> *Jetzo müßt ihr dienend huld'gen*
> *Dem verhaßten Christenthume!*
>
> *Ihr bequemt euch in die Zeiten,*
> *Und ihr tragt die Last geduldig; –*
> *Ei, da muß ja wohl der Schwäch're*
> *Noch viel leichter sich beruh'gen."*[21]

Nach der erzwungenen Taufe nimmt Almansor an einer Feier im Schloss zu Alkolea teil und tanzt mit verschiedenen Damen, denen er *„so wahr ich Christ bin"* schwört, dass er sie in seinem Herzen trage.

Nach dem Fest bleibt er mit der Gastgeberin Donna Clara, in deren Schoß er einschläft, allein:

> *Und er träumt: er stehe wieder,*
> *Tief das Haupt gebeugt und triefend,*
> *In dem Dome zu Corduva,*
> *Und er hört' viel dunkle Stimmen.*

> *All die hohen Riesensäulen*
> *Hört er murmeln unmuthgrimmig,*
> *Länger wollen sie's nicht tragen,*
> *Und sie wanken und sie zittern;*

> *Und sie brechen wild zusammen,*
> *Es erbleichen Volk und Priester,*
> *Krachend stürzt herab die Kuppel,*
> *Und die Christengötter wimmern.*

„Sobald ich in Hamburg oder in Berlin zur Ruhe komme", schrieb er an Moser, *„will ich den Rabbi fortsetzen."*[22]

Gans' Konvertierung lässt ihm keine Ruhe. *„Ich sehe mit Spannung Gans' Rückkunft entgegen"*, schrieb er weiter, *„Ich glaube wirklich daß Gans als Eli-Ganz zurückkehrt. Auch glaube ich daß, obgleich der erste Theil des Erbrechts mit vollem Rechte, nach Zunzischer Bibliothekseinteilung, als Quelle zur jüdischen Geschichte betrachtet kann, dennoch der Theil des Erbrechts, der nach Gans Zurückkunft von Paris erscheint, keine Quelle zur jüdischen Geschichte seyn wird, eben so wenig wie die Werke Savignys* und*

---

* Friedrich Karl von Savigny (1779-1861), ein Professor für Römisches Recht an der Universität Berlin, war der Führer der konservativen historischen Schule der Jurisprudenz, die eine absolutistische Herrschaft befürwortete. Eduard Gans (1798-1839), der nach seiner Konvertierung ebenfalls Rechtsprofessor an der Universität Berlin wurde, sollte dort die liberale philosophische Schule der Jurisprudenz gründen, die für das Naturrecht und die Menschenrechte eintrat und damit in Gegnerschaft zu Savigny und der historischen Schule trat, der auch Professor Hugo angehörte.

anderer Goyim und Reschoim. Kurz, Gans wird als Christ, im wäßrigsten Sinne des Wortes, von Paris zurückkehren."

Nach drei Monaten, im Dezember 1825, konvertierte auch Gans in Paris. Heine verspottete ihn — und man sagt auch sich selbst, und manche sagen seine ganze Generation — mit dem Gedicht *Einem Abtrünnigen:*

> *Und du bist zu Kreuz gekrochen*
> *Zu dem Kreuz das du verachtest*
> *Das du noch vor wenig Wochen*
> *In den Staub zu treten dachtest! (…)*

Das Gedicht endet:

> *Gestern noch ein Held gewesen*
> *Ist man heute schon ein Schurke.*[23]

Dieses Gedicht wurde in der Zeit einer schweren seelischen Krise verfasst, die ihn bis zu Selbstmordgedanken geführt hat. Im Dezember 1825 schrieb er an Moser: *„Ich weiß nicht was ich sagen soll, Cohn versichert mich Gans predige das Christenthum, und suche die Kinder Israel zu bekehren. Thut er dieses aus Ueberzeugung so ist er ein Narr; thut er es aus Gleisnerey so ist er ein Lump. Ich werde zwar nicht aufhören Gans zu lieben, dennoch gestehe ich, weit lieber wärs mir gewesen, wenn ich, statt obiger Nachricht, erfahren hätte Gans habe silberne Löffel gestolen. Daß Du, lieber Moser, wie Gans denken sollst kann ich nicht glauben obschon es Cohn versichert und es sogar von Dir selber haben will. — Es wär mir sehr leid wenn mein eigenes Getauftseyn Dir in einem günstigen Lichte erscheinen könnte. Ich versichere Dich, wenn die Gesetze das Stehlen silberner Löffel erlaubt hätten, so würde ich mich nicht getauft haben. — Mündlich mehr hiervon.*

Vorigen Sonnabend war ich im Tempel, und habe die Freude gehabt eigenohrig anzuhören wie Dr Salomon gegen die getauften Juden loszog, und besonders stichelte, ,wie sie von der bloßen Hoffnung, eine Stelle (ipsissima verba) zu bekommen, sich verlocken lassen dem Glauben ihrer Väter untreu zu werden.'

*Ich versichere Dir, die Predigt war gut und ich beabsichtige den Mann diese
Tage zu besuchen. – Cohn zeigt sich groß gegen mich. Ich esse bey ihm am
Schabbes, er sammelt glühende Kuggel auf mein Haupt, und mit Zerknir-
schung esse ich dieses heilige Nazionalgericht, das für die Erhaltung des Judenthums mehr gewirkt hat als alle drey Hefte der Zeitschrift. Indessen hat es auch
größern Absatz gehabt.*"[24]

Heine fühlte, dass er auf beiden Seiten verloren hatte. Am 9. Januar
1826 schrieb er wiederum an Moser: *„Ich bin jetzt bey Christ und Jude
verhaßt. Ich bereue sehr daß ich mich getauft hab; ich seh noch gar nicht ein daß
es mir seitdem besser gegangen sey, im Gegentheil, ich habe seitdem nichts als
Unglück. (…) Ist es nicht närrisch, kaum bin ich getauft so werde ich als Jude
verschrieen."* Und in einem anderen Brief: *„Ich erinnere mich, der Psalm
„wir saßen an den Flüssen Babels" war damals Deine Force, und Du rezitir-
test ihn so schön, so herrlich, so rührend, daß ich jetzt noch weinen möchte, und
nicht bloß über den Psalm. (…) Ich denke oft an ihn (Gans), weil ich an mich
selbst nicht denken will. So dachte ich diese Nacht: mit welchem Gesichte
würde wohl Gans vor Mosche Rabenu* (in hebräischen Buchstaben) *treten,
wenn dieser plötzlich auf Erden wieder erschiene. Und Moses ist doch der
grösste Jurist der je gelebt hat, denn seine Gesetzgebung dauert noch bis auf
den heutigen Tag."*[25]

Die Affäre mit Gans ließ ihm keine Ruhe.

„Ich hoffe nicht", schrieb er an Moser, *„daß Gans, der fast noch Brand-
fuchs des Christenthums ist, schon zu kristeln anfängt! (…) Sollte er es aber
jemals thun, so wird ihm Dein als Weltheiland gekreuzigtes Judenthum
schmerzlich zurufen: Dr. Eli! Dr. Eli! lama schabatani!"**[26]

Die Gedanken über Gans' Konvertierung haben ihn viele Jahre
beschäftigt. Einerseits hat er auch seine Verdienste um die deutsche
Wissenschaft gelobt: *„Er war einer der fleissigsten Gesandten der Hegelianischen Philosophie".* Auf der anderen Seite verspottete er den ehemaligen

---

* Heine und Moser pflegten die Qualen der Juden ihrer Zeit mit den Qualen
Jesu am Kreuz zu vergleichen. Heine war wohl der Meinung, dass der hebräische Name von Gans Elijahu war. „Eli, Eli lama schaba[ch]tani" („Mein Gott,
mein Gott, warum hast du mich verlassen?") sind die letzten Worte Jesu am
Kreuz.

Präsidenten des „Vereins für Kultur und Wissenschaft der Juden", weil er den Schwur gebrochen hatte. *„Es ist die traditionelle Pflicht, daß ein Kapitän als letzter sein sinkendes Schiff verlässt, aber Gans floh als erster (...)."* Es liegt etwas Typisches in dieser Kritik, die er nach zwanzig Jahren schrieb – hatte er sich doch vor Gans taufen lassen; Aber Heine – und das passierte ihm öfters – pflegte bei seinen Nächsten seine eigenen Schwächen zu missbilligen. Entsprechend muss man auch den nächsten Abschnitt bewerten, den er angeblich über Gans schrieb: *„Ja wenn auch seine Seele sich rasch und weit erschloß für alle Heilsfragen der Menschheit, so ließ er doch selbst im Rausche der Begeisterung niemals die Personalinteressen außer acht. Eine witzige Dame, zu welcher Gans oft des Abends zu Tee kam, machte die richtige Bemerkung, daß er während der eifrigsten Diskussion und trotz seiner großen Zerstreutheit dennoch, nach dem Teller der Butterbröde hinlangend, immer diejenige Butterbröde ergreife, welche nicht mit gewöhnlichem Käse, sondern mit frischem Lachs bedeckt waren."*[27]

Im Monat Mai 1826, fast ein Jahr nach seiner Taufe, schrieb er an Zunz über seinen Plan, den *Rabbi von Bacherach* zu veröffentlichen; aus einem anderen Brief geht aber hervor, dass es keine leichte Entscheidung war. *„Die Zeiten sind schlecht, ich muß etwas für meinen Ruhm sorgen, indem ich jetzt so halb und halb davon leben muß. (...) Im 2ten Bande soll ebenfalls der Rabbi erscheinen und ich bin darauf gefaßt daß ich alsdann in der frommen christlichen Welt ganz verhaßt bin."*[28]

Heine weihte Moser in seine Zweifel ein, und dieser riet ihm, sich mit der Veröffentlichung nicht zu beeilen. Also archivierte er die Erzählung, die er als *„Ewiges Licht im Tempel Gottes"* betrachtete. Er tat dies in dem Gefühl, dass der Kampf, um dessentwillen er den „Rabbi" geschrieben hatte, verloren sei. Das Auseinanderbrechen des „Vereins" verstärkte unter den Mitgliedern das Gefühl, dass das Judentum dem Untergang geweiht sei. „Die Juden, die Juden", rief Moser, „ihr Andenken wird mein Herz mit Trauer füllen." „Das Judentum, das wir neu aufbauen wollten", schrieb Zunz, „ist in Stücke zerrissen und dient als Nahrung den Wilden, Dummen, Geldwechslern, Idioten und Parnassim (Hebräisch: Gemeindeführer)."[29]

Auch Heine war davon überzeugt, dass es keinen Halt mehr für denjenigen gab, der die Auferstehung des Judentums unterstützen wollte. „*Der Verein*", schrieb er 20 Jahre später, „*folgte einer großen Idee, sehr erhaben, aber unmöglich. Geistig begnadete Menschen mit tiefen Herzen versuchten hier eine seit langem verlorene Sache zu retten, und aller höchstens ist es ihnen gelungen auf den Schlachtfeldern der Vergangenheit die morschen Knochen der alten Kämpfer zu finden.*"[30]

Wer aber sorgfältig den *Rabbi von Bacherach* liest, wird zu seiner Überraschung Anzeichen der Auferstehung entdecken. *Der Rabbi von Bacherach* ist die Geschichte des Auszugs aus Ägypten, ins 15. Jahrhundert versetzt. Es beginnt mit einem historischen Rückblick über die Verfolgungen der Juden am Rhein während der Kreuzzüge und zu Beginn der Schwarzen Pest. Er erläutert, wie sie aufgrund von falschen Beschuldigungen, dass sie Brunnen vergiftet, Hostien geschändet und Kultmorde verübt hätten, zuhauf massakriert wurden: „*Das war das läppische, in Chroniken und Legenden bis zum Ekel oft wiederholte Märchen, daß die Juden geweihte Hostien stählen, die sie mit Messern durchstächen, bis das Blut herausfließe, und daß sie an ihrem Paschafeste Christenkinder schlachteten, um das Blut derselben bei ihrem nächtlichen Gottesdienste zu gebrauchen.*"[31]

Als er die wunderschönen Landschaften des Rheintals beschrieb, erklärte Heine die Bedeutung einer der Ruinen, der St. Werner Kirche. „*Sankt Werner ist ein solcher Heiliger, und ihm zu Ehren ward zu Oberwesel jene prächtige Abtei gestiftet, die jetzt am Rhein eine der schönsten Ruinen bildet und mit der gotischen Herrlichkeit ihrer langen, spitzbögigen Fenster, stolz emporschießender Pfeiler und Steinschnitzeleien uns so sehr entzückt, wenn wir an einem heitergrünen Sommertage vorbeifahren und ihren Ursprung nicht kennen.*" Er erzählt, dass Werner eines dieser christlichen Kinder war, das die Juden für ihren Kult angeblich ermordet hatten. Nach seinem Tod ereigneten sich einige Wunder, welche dazu führten, dass der Tote zum Heiligen erhoben wurde. Während der Massaker an den Juden wurden an den Ufern des Rheins noch drei weitere Kirchen zu Ehren von Werner dem Heiligen gebaut. Eine von ihnen steht bei Heine in Bacharach.

Und so ereignete sich die Geschichte. Rabbi Abraham begibt sich mit seinen Verwandten und Freunden zum Passach-Seder. Neben ihm sitzt seine bildhübsche Ehefrau Sarah („*Dieses Antlitz war rührend schön,*

wie denn überhaupt die Schönheit der Jüdinnen von eigentümlich rühren-
der Art ist."), und als die Gäste den zweiten Weinbecher einschenken
und Rabbi Abraham verkündet *„Siehe! das ist die Kost, die unsere Väter*
in Ägypten genossen! Jeglicher, den es hungert, er komme und genieße! Jegli-
cher, der da traurig, er komme und teile unsere Paschafreude! Gegenwärtigen
Jahres feiern wir hier das Fest, aber zum kommenden Jahre im Lande Israels!",
in diesem Moment öffnet sich die Tür, und zwei Fremde mit blassem
Gesicht treten ein und bitten am Seder teilnehmen zu können. Rabbi
Abraham lädt sie mit freundlichem Gesicht ein und fährt fort, die Geschichte des Auszugs aus Ägypten zu erzählen, bis urplötzlich sein
Atem stockt und er erschrickt: auf dem Fußboden unter dem Tisch
sieht er den Leichnam eines Kindes liegen. Als alle Gäste hinausgehen,
um sich die Hände zu waschen, verlassen Abraham und Sarah das
Haus und gehen in Eile zum Fluss. In der Dunkelheit der Nacht hören
sie neben anderen Geräuschen der Zerstörung das *„Sterbeglöckchen der*
Sankt-Werners-Kirche". Eilig besteigen sie das Boot, das den Rhein aufwärts bis nach Frankfurt segelt.

Die Beschreibung der Fahrt auf dem Rhein ist ein typisches Beispiel für den revolutionären Weg, den Heine in der Literatur ein-
schlug. Zunächst einmal baut er sich eine Basis aus all den romantischen Materialien, die sich ihm im Überfluss anbieten, wenn er die
Fahrt auf dem Fluss beschreibt, um dann eine begeisterte romantische
Erzählung niederzuschreiben. *„Der alte, gutherzige Vater Rhein"*, schreibt
er, *„erzählt ihnen seine schönsten Märchen."* Sarah kennt sich, wie sich
herausstellt, ziemlich gut aus in der Mythologie des Rheins. Während
ihr Gatte und der stumme Schiffer im Mondschein rudern, was
kommt ihr da in den Sinn, wenn nicht der Schatz der alten Nibelungen, der in den Tiefen des Flusses versunken ist, und sie glaubt auch
auf einem der Berggipfel die Jungfrau zu sehen, die von den Zwer-
gen entführt worden ist, wie sie ihre Arme ängstlich ausbreitet. Und
Sarah, die Gattin des Rabbiners aus Bacherach, sieht im Geiste all die
verzauberten Prinzessinnen, lachenden Meerjungfrauen, singenden
Bäume und all die anderen Gestalten aus der Welt der Märchen, die sie
in ihre Kindheitstage zurückführen, und sie hört sogar die Stimme
ihrer Muhme, wie sie ihr all diese Märchen erzählt. Und plötzlich die

Stimme ihres Vaters, wie er die Muhme rügt, weil „*sie sie dem Kinde soviel Torheiten in den Kopf schwatze*".

Das ist es! Das ist Heine, das „enfant terrible" der deutschen Literatur, der zu einem Gegenangriff startet. Mit einem starken Pinsel und in lebendigen Farben zeichnet er eine „Sabbat-Idylle": Der Vater in einem Sabbatkittel aus blauer Seide; der Gemeindediener, der bei ihm sitzt, kaut Rosinen und spricht in der heiligen Sprache; und der kleine Abraham (ihr zukünftiger Gatte, der Rabbi von Bacherach), ein goldiger Junge, ein Genie, erzählt die Geschichte von Jakob und Rachel (auch die Juden haben Märchen). Sarah (wie Heine) lebt in zwei Welten. Die Erinnerungen vermischen sich in eigenartiger Weise, bringen die Situation bis zum Einsturz. Gegen Ende des ersten Kapitels zerstört Heine den ganzen romantischen Überbau, und aus seinen Splitter baut er wieder ein surrealistisches Bild zusammen.

Der Fluss, der vorher Sarah seine Märchen erzählt hat, ändert plötzlich seinen Geschmack „*Es war auch, als murmelte der Rhein die Melodien der Agade, und die Bilder derselben stiegen daraus hervor, lebensgroß und verzerrt, tolle Bilder: der Erzvater Abraham zerschlägt ängstlich die Götzengestalten, die sich immer hastig wieder von selbst zusammensetzen; der Mitzri* [Hebräisch: Ägypter] *wehrt sich furchtbar gegen den ergrimmten Moses; der Berg Sinai blitzt und flammt; der König Pharao schwimmt im Roten Meere, mit den Zähnen im Maule die zackige Goldkrone festhaltend; Frösche mit Menschenantlitz schwimmen hintendrein (...)*" Währenddessen kommt es Sarah vor, als sähe sie ihre Freunde und Familienangehörige, die sie hinter sich in Bacherach zurückgelassen hat, „*wie sie mit Leichengesichtern und in weißwallenden Totenhemden schreckenhastig vorüberliefen, den Rhein entlang*", und sie hört ihren Gatten das Boot rudern und „*Höre Israel...*" murmeln. „*Da verzog sich plötzlich all das eindringende Dunkel und Grausen, der düstre Vorhang ward vom Himmel fortgerissen, es zeigte sich oben die heilige Stadt Jerusalem mit ihren Türmen und Toren; in goldner Pracht leuchtete der Tempel; auf dem Vorhofe desselben erblickte die schöne Sara ihren Vater in seinem gelben Sabbatschlafrock und vergnügt mit den Augen lachend; aus den runden Tempelfenstern grüßten fröhlich alle ihre Freunde und Verwandte; im Allerheiligsten kniete der fromme König David, mit Purpurmantel und funkelnder Krone, und lieblich ertönte sein Gesang und Saiten-*

spiel – und selig lächelnd entschlief die schöne Sara." Damit endet das erste
Kapitel des *Rabbi von Bacherach*.

Frankfurt, wohin das Flüchtlingspaar ankommt, ist eine für ihre Judenfeindschaft bekannte Stadt. Der Verfasser, der im zweiten Kapitel
all die Gräueltaten beschreibt, die sich im Mittelalter ereignet haben,
schreibt zweifellos unter dem Eindruck der HEP-HEP Krawalle, die
in dieser Stadt erst fünf Jahre davor stattgefunden hatten. Sicherlich
sind die Sitten, Gebräuche und die Protagonisten aus der Zeit Heines.
Jenseits der romantischen Erzählung aus dem Mittelalter zeigt sich
hier jedoch sehr deutlich eine aktuelle realistische Botschaft.

Starke Mauern umgeben das Ghetto, um die Juden vor der Wut des
Mobs zu schützen. Eine Soldatenwache steht vor dem verschlossenen
Tor, aber was für eine Wache – einer der Wächter, der Trommel Hans,
singt das Marienlied, das die Judenmörder während der Pest zu singen
pflegten.

„*Hans, das ist eine schlechte Melodie', rief eine Stimme hinter dem verschlossenen Tore des Judenquartiers"* (…) „*,Hans'* (…) *,ich bin ein einzelner
Mensch, und es ist ein gefährlich Lied, und ich hör es nicht gern, und ich habe
meine Gründe, und wenn du mich liebhast, singst du was anders, und morgen
trinken wir…* '" Als der Trommler das Wort „trinken" vernimmt, hört
er auf mit seinem grausigen Lied und ruft: „*Der Teufel hole die Juden,
aber du, lieber Nasenstern, bist mein Freund, ich beschütze dich, und wenn wir
noch oft zusammen trinken, werde ich dich auch bekehren.*" Der jüdische
Ghetto-Wächter, Nasenstern, wird hier als Feigling beschrieben, sein
Partner bei der Wache, Jäckel, als Narr. „*Wie schlecht geschützt ist Israel!*",
lässt Heine den Rabbi von Bacherach sagen. „*Falsche Freunde hüten seine
Tore von außen, und drinnen sind seine Hüter Narrheit und Furcht!*"

In diesem Satz steckt fast der Ruf zur Selbstverteidigung – eine
Idee, die zu der Mentalität der Juden in der Zeit der Emanzipation
und Aufklärung vollkommen im Gegensatz steht. Es scheint, dass bis
zu den Tagen Bialiks, des Dichters von „Die Stadt des Todes", es die
Juden nicht gewagt hatten, in solchen Begriffen zu denken.

Heine kann als der früheste Verkünder der nationalen Wiederbelebung bezeichnet werden, nicht nur aufgrund seines Rufs nach aktiver
Verteidigung im Sinne vom Bialik, sondern auch wegen seines Aufrufs

nach Rache im Sinne von Tschernichowski, dem großen Dichter in hebräischer Sprache, der ebendazu aufrief. So legt er dem Narr, nachdem dieser die Verse des Chad Gadja zu Ende gelesen hatte, folgende Zeilen in den Mund:

„‚Ja, schöne Frau‘, fügte der Sänger hinzu, ‚einst kommt der Tag, wo der Engel des Todes den Schlächter schlachten wird, und all unser Blut kommt über Edom; denn Gott ist ein rächender Gott − −‘" Diese antichristliche Position war den Hütern der Emanzipation der Juden im 19. Jahrhundert ein Dorn im Auge. Sie wollten gefallen, versöhnen. Die Aktivität Heines war zu ihrem Missfallen eine unnötige Schärfung des Konfliktes, und im dritten Kapitel verschärften sich die Dinge noch mehr. In diesem Kapitel erscheint ein spanischer Ritter, der von der Schönheit Sarahs begeistert ist. *„‚Ich schwöre, Señora, Ihr seid das schönste Weib, das ich im deutschen Lande gesehen habe, und so Ihr gewillet seid, meine Dienste anzunehmen, so bitte ich Euch um die Gunst, Huld und Erlaubnis, mich Euren Ritter nennen zu dürfen und in Schimpf und Ernst Eure Farben zu tragen!‘ ‚Edler Herr!‘, antwortet die schöne Jüdin, ‚Wenn Ihr mein Ritter sein wollt, so müßt Ihr gegen ganze Völker kämpfen, und in diesem Kampfe gibt es wenig Dank und noch weniger Ehre zu gewinnen! Und wenn Ihr gar meine Farben tragen wollt, so müßt Ihr gelbe Ringe auf Euren Mantel nähen oder eine blaugestreifte Schärpe umbinden: denn dieses sind meine Farben, die Farben meines Hauses, des Hauses, welches Israel heißt und sehr elend ist und auf den Gassen verspottet wird von den Söhnen des Glücks!‘"*

Wir sehen, wie Heine den Juden so etwas wie eine blau gestreifte Fahne vorschlägt, lange bevor eine solche Fahne über dem Gebäude des ersten zionistischen Kongresses in Basel wehte. Der Unterschied ist, dass der Schöpfer der Nationalflagge, Wolffsohn, 1897 seine Idee vom *Talit*, dem jüdischen Gebetsschal nahm; für Heine war es ein Zeichen der Schmach. Aber das ist nur eine kuriose Einzelheit. Erstaunlicher ist die Weltanschauung des Ritters, der sich als getaufter Jude entpuppt und kein geringerer als Don Isaak Abarbanel ist.

Don Isaak Abarbanel, Heines Alter Ego, lässt einige ketzerische Meinungen gegenüber der jüdischen Religion von sich hören: *„‚Der Verkehr mit dem Volke Gottes ist sonst nicht meine Liebhaberei, und wahrlich nicht, um hier zu beten, sondern um zu essen, besuche ich die Judengasse…‘*

‚Du hat uns nie geliebt, Don Isaak...‘ ‚Ja‘, fuhr der Spanier fort, ‚ich liebe
eure Küche weit mehr als euren Glauben; es fehlt ihm die rechte Sauce. Euch
selber habe ich nie ordentlich verdauen können. Selbst in euren besten Zeiten,
selbst unter der Regierung meines Ahnherrn Davids, welcher König war über
Juda und Israel, hätte ich es nicht unter euch aushalten können, und ich wäre
gewiß eines frühen Morgens aus der Burg Zion entsprungen und nach Phöni-
zien emigriert oder nach Babylon, wo die Lebenslust schäumte im Tempel der
Götter...‘ ‚Du lästerst, Isaak, den einzigen Gott‘, murmelte finster der Rabbi,
‚du bist weit schlimmer als ein Christ, du bist ein Heide, ein Götzendiener...‘
Ja, ich bin ein Heide, und ebenso zuwider wie die dürren freudlosen Hebräer
sind mir die trüben, qualsüchtigen Nazarener. Unsre Liebe Frau von Sidon,
die heilige Astarte, mag es mir verzeihen, daß ich vor der schmerzenreichen
Mutter des Gekreuzigten niederknie und bete... Nur mein Knie und meine
Zunge huldigt dem Tode, mein Herz blieb treu dem Leben! ...‘"

Und was geschah danach? Das werden wir niemals mehr erfahren,
denn nach der Auseinandersetzung zwischen dem Rabbi und Don
Isaak Abarbanel verlassen alle den Ort um zu speisen, und da endet die
Geschichte. *Der Rabbi von Bacherach* ist nach den Worten seines Verfassers „Ein Fragment", und trotzdem besitzen wir genügend Fakten, uns
die Entwicklung der Geschichte vorzustellen. Laßt uns nicht vergessen, dass es sich um eine Pessach-Geschichte handelt, und bei diesem
Fest wird von der Auswanderung aus Ägypten erzählt. Freilich ist die
Auswanderung aus Bacherach-Ägypten nach Heine keine tatsächliche
Rückkehr nach Zion. Wie wir am Ende des ersten Kapitels lesen, ist
das Ziel das Heilige Jerusalem, das kein geographischer Punkt ist, sondern eine Sehnsucht nach der Ankunft des Messias. In Wirklichkeit
führt Heine die Geschichte vom Mittelalter, welches durch den Rabbi
Abraham von Bacherach symbolisiert wird, in die Renaissance, die
Don Isaak Abarbanel repräsentiert.

Symbolisiert wird? Ist das möglich? Da sehen wir es wieder, sagen
die Forscher, der unerwartete Heine, der wilde, böse, der aufbaut um
zu zerstören. Im zweiten Kapitel sprach er in Verehrung von der Thora
„das Gott mit heilig eigner Hand geschrieben und für dessen Erhaltung die
Juden soviel erduldet, soviel Elend und Haß, Schmach und Tod, ein tausend-
jähriges Martyrtum." Und plötzlich, im dritten Kapitel, lässt er einen

getauften Juden Lästerungen aussprechen *(„du bist weit schlimmer als ein Christ, du bist ein Heide, ein Götzendiener…")*, und dieser stellt fest, dass die Lehre Israels für seinen Geschmack zu traurig und trocken ist, und er deshalb Götzendienerei vorzöge. Lion Feuchtwanger klärte auf, was in den Augen der Forscher wie ein Widerspruch aussah, als er herausfand, dass Kapitel drei eine spätere Hinzufügung aus dem Jahre 1840 war (das Jahr, in dem Heine seine Geschichte aus dem Archiv herausholte und veröffentlichte, im Rahmen seines Kampfes gegen die Ritualmordanklage von Damaskus).[32] Hier ist nicht der Raum, diese Behauptung zu untersuchen, die auf beweisbaren Indizien beruht, und von unserer Seite macht es keinen Unterschied, wann dieses jüdische Manifest von Heine geschrieben wurde, im Jahre 1825 oder im Jahre 1840. In jedem Fall ist es ein revolutionärer Durchbruch im jüdischen nationalen Bewusstsein.

Das konnten Heines Forscher, von denen viele assimilierte Juden waren, nicht verstehen, da sie beherrscht waren von einer Vorstellung, die das nationale Bewusstsein der Juden nicht vorsieht. Sie waren aus Gründen deutschen Nationalismus gezwungen, dies zu tun und hielten deshalb an dem Prinzip fest, welches besagt, dass das Judentum nur eine Religion sei und weiter nichts. Deshalb haben sie nicht nur das Erwachen des jüdischen Nationalismus nicht erkannt und anerkannt, sondern konnten sich auch nicht vorstellen, dass aus der pluralistischen Idee der jüdischen Renaissance auch ein Zweig wachsen würde, der das altertümliche israelitische Heidentum verherrlichte.

Drei Generationen bevor der hebräische Schriftsteller Berdyczewski den Aufstand gegen den Propheten Elias für die Götzendiener Baals positiv hervorgehoben hatte; bevor der Dichter Tschernichowski sich vor die Büste Apollos stellte, aus Protest gegen das Judentum, welches den Gott derjenigen, die Kanaan im Sturm erobert haben, mit den Gebetsriemen geknebelt hat; bevor der Dichter Shneour sich in einem Ausbruch von Lobgesängen an die Götzendienerei vom Zwang der Tradition löste, fünf Generationen vor der Auferstehung der „Kanaaniter", der politischen israelisch-palästinensischen Metamorphose dieser literarischen Revolution, verkündete Heine ein *„kenaanitisches"* Manifest, in dem er die Revolte der Auferstehungsgeneration vom Anfang des neunzehnten Jahrhunderts und der neuen Generation von Pionieren vom Anfang des zwanzigsten Jahrhunderts gegen die übermäßige Geistigkeit des Judentums vorwegnahm. Dieser Aufstand wird irrtümlicherweise dem Einfluss Nietzsches zugesprochen und seiner Lehre von der Umwertung aller Werte; aber Heine schrieb diese Zeilen 1825 oder 1840, jedenfalls vor Nietzsches Geburt in Jahr 1844.

In der Tat haben die Wellen, die die Besten der Generation forttrugen, auch ihn getragen; aber mitten im Wirbel kehrte er mit den vertrauten Bewegungen eines eleganten Schwimmers zum Ufer zurück. Und wenn wir auf diesen Ertrinkenden, Heinrich Heine schauen, können wir sehen, wie sich in seiner Seele, wie in einer Kristallkugel, die Zukunft der Auferstehungsgeneration und die Wiederaufrichtung Israels spiegeln.

KAPITEL 4

Zion am Ufer des Niagara

> *„Wenn einst Ganstown erbaut seyn wird, und*
> *ein glücklicheres Geschlecht am Missisippi*
> *Lulef benscht und Maztes kaut, und eine neu-*
> *jüdische Literatur empor blüht dann werden*
> *unsere jetzigen merkantilischen Börsenaus-*
> *drücke zur poetischen Sprache gehören..."*
> (Brief an Moser, 23.5.1823)

Aber Heine war doch Zionist! möchte man nun am liebsten ausrufen. Und in der Tat schwor Heine *„Meine rechte Hand, vergäß ich jemals dein, Jerusalem"* und gab zu, dass die Melodie von *„Bei den Wassern Babels saßen / Wir und weinten"* ihn zum Weinen bringe, und in einer bestimmten Periode seines Lebens wollte er, dass seine Seele, *„unter den Palmen des Jordan"* begraben werde. Heine drückte mit erstaunlicher Kraft die Gefühle aus, die zu allen Zeiten die Herzen der Juden bewegt hatten. Aber die Begriffe „Zionist" und „Zionismus" entstanden über fünfzig Jahre nach den Ereignissen, die hier in diesen Kapiteln beschrieben werden. Sie sind mit der nationalen Befreiungsbewegung der Juden verknüpft und mit ihrer Idee, eine nationale Heimstätte oder gar einen jüdischen Staat in Erez-Israel (Palästina) zu errichten. Demnach ist jeder Versuch, jemanden aus der Generation Heinrich Heines als „Zionist" zu bezeichnen, eine ana-

chronistische Sünde. Und selbst wenn wir den Begriff in seiner breiten, übergeordneten Bedeutung interpretieren wollten und ihn jedem
verleihen wollten, der im Laufe der Geschichte die Rückkehr nach
Zion und die Auferstehung Israels unterstützt hat, selbst dann wird es
schwierig, Heine in diese Kategorie mit einzuschließen. Wir können
ihn nicht einmal zu denjenigen zählen, die den Zionismus vorausgesagt haben. Wir können ihn mit einer nördlichen Kiefer vergleichen,
die sich fortwährend nach einer östlichen Palme sehnt, und über dieses Gedicht hat schon der hebräische Schriftsteller und Literatur-
Nobelpreisträger S. Y. Agnon ironisch gesagt: „Jeder dieser Bäume
steht an seinem Platz und erledigt seine Pflicht in Sehnsucht." Heine
hat auf eine jüdische Renaissance gehofft, aber zu keinem Zeitpunkt
und an keinem Ort ging er davon aus, dass diese sich in Palästina
ereignen würde.

Die wenigen Juden, die zu jener Zeit nach Palästina einwanderten,
riskierten ihr Leben; sie kamen in ein unterentwickeltes Land; das Tal
Jezreel war ein Sumpf voller Malariamücken – die Saronebene war
verlassen und der Boden voller Dornensträucher; die arme Bevölkerung siedelte spärlich, hauptsächlich in den Bergen; und diese waren
kahl, steinig, ohne Schatten und fast ohne Wasser. Es schien fast, als ob
der Fluch Gottes auf diesem Land ruhte. „*Sein Gemüte machte beben /
Schon das Wort Jerusalem*" so Heine in seinem Gedicht *Jehuda ben Halevy,* in dem er die Füchse und Schlangen beschreiben wird, die zwischen den Ruinen umherschleichen, die Steine, die Tränen vergießen
und den arabischen Räuber, der Jehuda ben Halevy ermordete, als
dieser die Stadt betrat.[1] Das Land Israel erfüllte die Herzen mit Liebe
und Furcht.

Rückblickend betrachtet war der Zustand des Landes eigentlich
sogar ideal für die Rückkehr nach Zion. Kein ernsthaftes Hindernis
lag damals den Juden im Weg, wenn sie in Massen nach Zion zurückkehren wollten, die dortigen Böden erlösen und dem Leben in der
Minderheit ein Ende setzen wollten. Sie haben die Gelegenheit nicht
genutzt, und das bedeutete, dass der Verfall des Volkes größer war als
der Verfall des Landes. Ausgerechnet in jenen Jahren, den Jahren der
politischen Reaktion und der ökonomischen Krise nach den napole-

onischen Kriegen, zeichnete sich eine neue Emigrationswelle in der
Geschichte des Volkes Israel ab. Die Juden, trotz der Sehnsucht nach
Zion, wanderten in großer Zahl nach Amerika aus. Sie schlossen sich
somit der großen, historischen Wanderbewegung des 19. Jahrhunderts
an, die im Laufe von hundert Jahren fünfzig Millionen Europäer in die
neue Welt brachte, darunter drei Millionen Juden. Die Vereinigten
Staaten, in denen insgesamt nur zehn Millionen Menschen lebten, er-
sehnten Einwanderer, zumal erst jetzt die riesigen Weiten im Süden
und Westen erschlossen wurden und jedem Land angeboten wurde,
der nur wollte. Im Jahre 1819 bot der Staat New York die Lände-
reien auf Grand Island am Niagara-Fluss zum Verkauf an. Mordecai
Manuel Noah beschloss, die Insel zu erwerben und darauf eine Art
„Nationale Jüdische Heimstätte" zu errichten.[2]

Noah richtete seinen Ruf an alle europäischen Juden, in die neue
Heimat zu kommen, „in der sie in Freiheit ihre nationale Identität erhalten können." Hier scheint es, als ob zum ersten Mal jemand eine
moderne zionistische Formel benutzt, indem er in einem wundervol-
len Satz die doppelte Sehnsucht ausdrückt, die „nationale (weiter als
Volk zu überleben) und die humanitäre (sich vor Verfolgung und
Knechtschaft zu befreien). Diese einfache Formel vereinigt das Ziel
des geistigen Zionismus Ahad Ha'Ams (eine Lösung der Probleme des
Judentums) und das Ziel des politischen Zionismus Theodor Herzls
(eine Lösung der Probleme der Juden) in sich. Was achtzig Jahre später Ahad Ha'Am und Theodor Herzl nicht gelingen sollte, hat dieser
seltsame Mann Noah vollbracht.

Mordecai Manuel Noah, der 1785 in Philadelphia geboren wurde,
war der berühmteste Jude in Amerika vor dem Bürgerkrieg. Er war
wie Herzl seiner Ausbildung nach Jurist, übte den Beruf des Journalisten aus und verfasste Bühnenstücke für das Theater. Mit der „Judenfrage" wurde er konfrontiert, als er als Konsul der Vereinigten Staaten
in Tunis (1813) weilte. Nach seiner Rückkehr ließ er sich in New York
nieder, gab dort einige Zeitungen heraus, war Funktionär der Demokratischen Partei und wurde sogar zum Sheriff ernannt. Im Jahre 1818
hielt er eine zionistische Rede in der Synagoge „Shearith Israel" und
schlug dabei vor, dass die Juden „wieder Syrien in ihre Hand nehmen

und sich ihren Platz unter den Regierungen der Welt erobern sollten." John Adams, der zweite Präsident der Vereinigten Staaten und einer der Unterzeichner der Unabhängigkeitserklärung, schrieb einige Monate später an Noah: „Ich wünsche die Juden wieder in Judea zu sehen, als unabhängige Nation."

Als Noah aber die enormen Schwierigkeiten erkannte, die bei einer jüdischen Besiedlung Palästinas entstehen würden, wurde er vorerst von einem „Zionisten" zum „Territorialisten". „Das Land Israel", erklärte Noah in einem Aufruf aus dem Jahre 1819, „die Wiege und Herkunft euerer Väter, ist in den Händen der groben Moslems, unter deren Herrschaft es keine individuelle und nationale Freiheit gibt. Die Juden können demnach nicht dorthin siedeln mit dem Ziel, ihre Unabhängigkeit aufs Neue zu erlangen und ihre nationale Ehre wieder herzustellen." Daher lädt Noah die Juden ein, ihren Staat in Amerika einzurichten, im Land der Freiheit. Als es keine Resonanz auf seinem Aufruf gab, kehrte Noah zu seinen Geschäften zurück, und fast glaubte man, er habe den Gedanken an einen jüdischen Staat fallen gelassen. Ein Jahr später veröffentlichte er in seiner Zeitung einen Artikel, der Rhode Island als geeignet für die jüdische Einwanderung pries. Er betonte jedoch, dass keine Absicht bestehe, dort eine nationale Heimstätte zu errichten. „Es gibt keine Möglichkeit das zu bewerkstelligen. Sie werden sich über das Land streuen und sich mit der restlichen Bevölkerung vermischen."

Es sah so aus, als ob der Gedanke einer territorialen Konzentrierung der Juden in der Nähe der Niagarafälle von der Tagesordnung verschwunden war – aber weit gefehlt. Es gab noch eine Beschäftigung mit Noahs Plan: Das war in Berlin, im „Verein für Kultur und Wissenschaft der Juden". Am 1. Januar 1822 sandten die Vorsteher des Vereins einen ermutigenden Brief an Noah, in dem sie ihm für die „Aussichten, die er unseren armen Brüdern gibt", dankten. Sie ernannten ihn zum Ehrenmitglied und baten ihn, unter seiner Präsidentschaft in den Vereinigten Staaten eine Filiale des Vereins zu gründen. Die Filiale sollte in Briefkontakt mit der Zentrale in Berlin stehen, um „über die Überführung eines Großteils der europäischen Juden in die USA (...), um vor ewiger Knechtschaft und Verfolgungen gerettet zu werden" zu beraten. Unterschrieben haben „A. Gans, Doktor der Rechte, Vorsitzender; Zunz, Doktor der Philosophie, Vize-Vorsitzender; M. Moser, Stellvertretender erster Sekretär".

Die Vorsitzenden des Vereins beschäftigten sich ernsthaft mit Noahs Plan, nicht so sehr wegen der nationalen Aspekte („Die Nation zu erhalten"), sondern vielmehr wegen humanitärer Aspekte („wegen der Freiheit"). Aber unter den Mitgliedern des Vereins war zumindest einer, der sich mit den nationalen Aspekten beschäftigte. Es war ein junger Arzt, Eliezer Sinai Kirschbaum. Auch er würdigte Noahs Plan, schlug jedoch vor, mit dem Plan nicht in Amerika, sondern in Afrika zu beginnen. Warum Afrika? Weil das Interesse des Vereins an der Geschichte der Juden auch die entlegensten Winkel umfasste. Eines der aktiven Mitglieder, der Orientalist Ludwig Markus, erregte großes Aufsehen mit seiner Erforschung Äthiopiens. *„Nach diesem Lande zogen ihn wohl zunächst die Untersuchungen über die Falaschas, einen jüdischen Stamm, der lange in den abyssinischen Gebirgen seine Unabhängigkeit bewahrt hat."*[3]

Die Kunde dieses wundersamen jüdischen Königreiches an den Ufern des Kusch erweckte im Herzen dieses erwähnten Mitglieds, Kirschbaum, den Willen, irgendetwas zu tun. Am 21. September 1821 reichte er dem Verein ein Expose ein, in dem er vorschlug, mit dem Projekt der Auferstehung der Juden bei den Falaschen zu beginnen.

„Es scheint mir", schrieb er, „dass dieser Stamm, der von einem Kulturvolk stammt und der immer noch Herrschaft und ein eigenes Königreich hat und in den Künsten bewandert ist, – nachdem es die europäische Kultur übernehmen wird – der ganzen jüdischen Nation helfen könnte eine historische Position zu erlangen." Kirschbaum wusste nicht, dass die Falaschen schon seit zweihundert Jahren ihre Unabhängigkeit verloren hatten und auch nicht, dass sie in ihrem Land verfolgt wurden. Er teilte dem Verein seinen Plan mit, zu ihnen nach Abessinien zu reisen. Auf seinem Weg, sagte er, werde er über Palästina und Babylon reisen und dort unter anderem die Möglichkeit der Vereinigung der Karäer und Samariter mit dem übrigen Volk Israel prüfen. „Und obwohl diese Reise verbunden ist mit überflüssigen Schwierigkeiten", schrieb er in seinem Exposé, „und die

Erfüllung der Idee nur als eine Frucht von Fantasie und Einbildung scheint, so ist allein die Möglichkeit eines Erfolges dieses Projektes die größten Opfer wert. Und aus diesem Grunde habe ich beschlossen dieses Opfer zu Gunsten der nationalen Einheit meiner Seele zu bringen."

Die Nation in der Seele! Der Nation die historische Position zurückerobern! Aus diesen Worten – trotz ihres fantastischen Klanges – klingt unsere Zukunft. Moser, die gute Seele des Vereins, zeigte eine kindische Begeisterung für die Idee der Reise zu den Falaschen. Die Geschichten über die verlorenen zehn Stämme hatte schon immer seine Fantasie entflammt. Seit dem Erscheinen von „Eldad der Daniter" im neunten Jahrhundert und den „Reisen Benjamins von Tudela" im zwölften Jahrhundert hatten die Juden Hoffnung geschöpft aus diesen Erzählungen über unabhängige, freie Brüder, die auf der anderen Seite des Flusses „Sambation" ein utopisches Leben führten. David Reuveni verursachte sogar eine Art messianische Erweckung. Diese Geschichten hatten weniger einen wahren Kern, sie drückten vielmehr die Sehnsucht eines verfolgten Volkes aus, das unterdrückt wurde, keine Heimat hatte – die Sehnsucht nach einem unabhängigen Land, nach Freiheit und militärischer Stärke. Kirschbaum hat seinen Reiseplan nicht verwirklicht, veröffentliche aber nach einiger Zeit in der Zeitschrift des Vereins eine größere Forschungsarbeit unter dem Titel: „Halakhot (Gesetze) des messianischen Zeitalters."

In einer hebräisch-rabbinischen Sprache setzte er sich mit der im Judentum herrschenden Auffassung auseinander, nach welcher die Erlösung unmöglich ist, bis ans Ende der Tage verschoben und von den Kriegen von Gog und Magog abhängig gemacht wird, mit der Auffassung von der Auferstehung der Toten und ähnlichen Wundern. Kirschbaum unterschied zwischen der Erlösung Israels durch Wunder und Zauber und der politisch-nationalen Erlösung. In „Gesetze des messianischen Zeitalters" erwähnte Kirschbaum wohlwollend den Plan „unseres Lehrers und Erziehers Mordechai Noah aus Maryland in den Vereinigten Staaten", dabei betonte er, dass ein jüdischer Staat in der Diaspora eine Vorhalle für Erez-Israel sein müsse. „Sollte es in Erez-Israel sein, umso besser", so schrieb er, „und wenn in der Diaspora, wartet man bis das Volk Israel sich vermehrte und stark wurde und man nimmt das Land Israel mit Gewalt."

Der „Verein", der bekanntlich das erste Forum in der Neuzeit war, in dem fast alle möglichen Lösungen der Judenfrage geprüft wurden, überging demnach auch nicht die klassische Lösung, die zionistische; Kirschbaum war aber isoliert. In der Frage des Messias übernahm der Verein mit großer Mehrheit die Deutung des Mitglieds Lazarus Bendavid, eines kantianischen Philosophen. Dieser zeigte in einem besonderen Artikel, der ebenfalls in der „Zeitschrift für die Wissenschaft des Judentums" erschien, dass der Glaube an den Messias kein Dogma der jüdischen Religion sei. Die Bedeutung des Erscheinens des Messias war, nach Meinung von Bendavid und einiger der besten Denker der Zeit, die Erlangung der Bürgerrechte in ihren Wohnorten. Heine mochte Bendavid ganz besonders, der, *„obgleich schon hochbejahrt, an den jugendlichsten Irrgedanken des Vereins teilnahm",* schrieb er in seinen Erinnerungen.

In den Erinnerungen und Briefen von Heine gibt es keine Stellungnahme zu den Ideen Kirschbaums. Dagegen gibt es eine interessante Stellungnahme zum Plan der Besiedelung Amerikas. *„Wahrhaftig",* schreibt er an Moser, *„Du bist der Mann in Israel der am schönsten fühlt! Ich kann nur das Schöngefühlte anderer Menschen leidlich ausdrücken. Deine Gefühle sind schwere Goldbarren, die meinigen sind leichtes Papiergeld. Letzteres empfängt bloß seinen Werth vom Zutrauen der Menschen; doch Papier bleibt Papier, wenn auch der Banquier Agio dafür giebt; und Gold bleibt Gold, wenn es auch als scheinloser Klumpen in der Ecke liegt. Hast Du an obigem Bilde nicht gemerkt, daß ich ein jüdischer Dichter bin? Doch wozu soll ich mich genieren, wir sind ja unter uns, und ich spreche gern in unseren Nationalbildern. Wenn einst Ganstown erbaut seyn wird und ein glücklicheres Geschlecht am Mississippi Lulef* [hebr. Palmzweig] *benscht und Matzes kaut, und eine neu-jüdische Literatur empor blüht dann werden unsere jetzigen merkantilischen Börsenausdrücke zur poetischen Sprache gehören, und ein poetischer Urenkel des kleinen Marcus wird in Talles und Tefillim* [Gebetsschal und Gebetsriemen] *vor der ganzen Ganstowner Kille* [Gemeinde] *singen: Sie saßen an den Wassern der Spree und zählten Tresorscheine, da kamen ihre Feinde und sprachen gebt uns Londoner*

Wechsel — hoch ist der Cours — Genug der Selbstpersifflage (…) Dein Freund H. Heine."[4]

Jenseits der Selbstverspottung und der antisemitischen Stereotypen, auf die Heine niemals verzichtete, taucht zwischen den Zeilen dieses Briefes die Grundidee des modernen Zionismus auf: Die Lösung der Probleme der Juden (*„ein glücklicheres Geschlecht"*) und die Lösung des Problems des Judentums (*„eine neujüdische Literatur emporblüht"*). Nur die dritte Komponente, die Rückkehr nach Zion, fehlt. Heine stellt sich den Judenstaat an den Ufern des Mississippi vor.[*]

Juden, die nach Zion wandern, sah er nur in seinen Träumen; und als er einen solchen Traum beschrieb, tat er dies mit Don Quichotischen Ausdrücken: *„Noch in dieser Nacht träumte ich von Dir. In altspanischer Tracht und auf einem andalusischen Hengst rittest Du in der Mitte eines großen Schwarms von Juden, die nach Jerusalem zogen. Der kleine Markus, mit seinen großen Landkarten und Reisebeschreibungen, ging voran als Wegweiser. Zunz en escarpins trug die in rothem Marokin eingebundene Zeitschrift; die Docterin Zunz lief nebenher als Markentenderin, ein Fäßchen joneftigen Branntwein auf dem Rücken. Es war ein großes jüdisches Heer, und Gans lief von einem zum anderen um Ordnung zu schaffen. Lehmann und Wohlwill trugen Fahnen, worauf das Schild Davids und der bendavidsche Lehrsatz gemalt. (…) Wahrscheinlich war ich gestern Abend beim Lesen des Basnage eingeschlafen."*[5]

Zwei Jahre später träumte Heine einen anderen Traum: *„Ich träumte auch, Gans und Mordechay Noa kamen in Strahlau zusammen, und Gans war, O Wunder! stumm wie ein Fisch. Zunz stand sarkastisch lächelnd dabei und sagte zu seiner Frau: siehst Du Mäuschen? Ich glaube, Lehmann hielt eine lange Rede, im vollen Tone, und gespickt mit ,Aufklärung' ,Wechsel der Zeitverhältnisse' ,Fortschritte des Weltgeistes' eine lange Rede, worüber ich nicht einschlief, sondern im Gegentheil, worüber ich erwachte."*[6]

---

[*] Daraufhin wurden, zusätzlich zu dem von Mordecai Noah, andere Emigrations- und Siedlungsprojekte vorgeschlagen. 1819 veröffentlichte William D. Robinson, ein Christ, ein jüdisches Siedlungsprogramm jenseits des Mississippi, an das Heine möglicherweise bei seinem Verweis auf Ganstown gedacht haben mag.

Dieser „Traum" kam als Reaktion auf die Nachrichten, die aus Amerika eintrafen – dass es Mordecai Manuel Noah endlich gelungen sei (vier Jahre, nachdem er seinen ersten Aufruf veröffentlichte), Land auf der Insel Grand zu erwerben. Das Land war nicht mehr als tausend Hektar groß, und es reichte mit Mühe für die Besiedelung durch 25 Familien, trotzdem entschied er sich dafür, seinen Plan zu veröffentlichen, den er „Ararat" nannte. In der Tat, Noah, ein Meister in Öffentlichkeitsarbeit, konnte keinen besseren Namen finden.*

Die Zeremonie der Landübernahme fand nicht auf der Insel statt, die verlassen und schwer erreichbar war, sondern im nahegelegenen Buffalo, das in jenen Jahren eine Grenzsiedlung mit gerade 2500 Einwohnern war. Am Morgen des 15. September 1825 erwachten die Bewohner der Siedlung durch einen Kanonendonner. Eine bunte Prozession von Soldaten und freien Handwerkern nebst einigen Verwaltungsbeamten marschierte zu den Klängen des Orchesters der lokalen Kirche.

Ein solches Schauspiel hatten die Bewohner der amerikanischen Provinzstadt noch niemals in ihrem Leben gesehen. Noah, der erfahrene Regisseur von den New Yorker Bühnen, wusste, wie man der Zeremonie theatralische Züge gibt. Er selber war schwarz gekleidet mit einem roten Talar und einem Medaillon aus purem Gold. Zu den Klängen des Oratoriums Judas Maccabäus von Händel betrat er an der Spitze der Prozession die Kirche. Der Pfarrer hielt eine christliche Andacht, der Chor sang christliche Choräle, und Noah entfernte die Hülle vom Grundstein, auf dem gemeißelt war (auf Hebräisch): „Höre Israel der Gott unser Gott ist einzig"; und auf Englisch: „Ararat – eine Zufluchtstätte für Juden – wurde gegründet durch Mordecai Manuel Noah am 15. September 1825, im fünfzigsten Jahr der Unabhängigkeit der Vereinigten Staaten."

Noah stand vor der Menge, alles in allem eine Respektsperson. Rote Wangen, eine Adlernase, feurige Augen. In seiner Rede betonte er, dass Ararat nur eine zeitlich begrenzte Zufluchtstadt für die Juden

---

* Am siebenten Tage des siebten Monats setzte die Arche im Gebirge Ararat auf. (Genesis 8, 4).

sei, bis die Erlösung des Landes Israel komme. „Die gesetzlichen Eigentümer des Landes Israel", sagte er, „sind Sklaven in ihrem Land. Sie sollen in die Vereinigten Staaten kommen und dort in freiheitlichen Verhältnissen sich darauf vorbereiten, ein eigenes jüdisches Königreich zu gründen." In dieser Vision gab es fast keine Grenze mehr zwischen dem Erhabenen und dem Lächerlichen. Noah verlangte gleiche Rechte für die Karaäer und die Samariter und die anderen vergessenen Stämme Israels, zu denen er auch die amerikanischen Indianer zählte. Diese waren, nach seinen Worten, „die Nachkommen der zehn Stämme, die durch den König der Assyrer vertrieben wurden." Noah sprach wie ein Präsident und Herrscher. Er führte seine Titel nach dieser Rangordnung auf: „Bürger der Vereinigten Staaten von Amerika, ehemaliger Konsul der Vereinigten Staaten in Tunis, der große Sheriff von New York, juristischer Berater…" und jetzt fügte er dem ganzen hinzu: „Und mit der Gnade Gottes – Herrscher und Richter in Israel." Jetzt ernannte er feierlich Repräsentanten überall auf der Welt. Darunter auch den „Doktor Gans und Professor Zunz".

Die ganze Geschichte hinterlässt einen seltsamen Beigeschmack. Die Auferstehung Israels zu verkünden – in einer christlichen Kirche? Repräsentanten ernennen, ohne diese zu fragen? Und in der Tat, die Gestalt Noahs ist umstritten bei den Forschern. Es gibt solche, die seinen Idealismus loben, und es gibt andere, die behaupten, er wollte aus der ganzen Geschichte persönliche Vorteile ziehen; manche sahen in ihm den ersten modernen Zionisten, andere sahen in allem einen Akt von Bodenspekulation; und andere wiederum sahen darin ein Zauberkunststück in Public-Relations, um seine eigene gesellschaftliche Position in New York wieder aufzubauen.

Eindeutig bleibt, dass Noah keinen weiteren Schritt getan hat, um seinen Plan zu verwirklichen. Seine Füße haben niemals Grand Island betreten, und auch der Grundstein wurde niemals nach Ararat überbracht. Dieser Stein, das einzige fühlbare Zeugnis dieser seltsamen Affäre, blieb in Buffalo und wird noch heute als Kuriosität im lokalen historischen Museum gezeigt. Mag die Meinung über ihn sein wie sie ist – Noah gelang es, seinen Namen in die Geschichte der Juden einzuschleichen. Er hatte einen Sinn für Schlagzeilen, dieser Jude aus

New York; und die Zeitungen aus Amerika und Europa haben bereitwillig über diese farbenreiche Affäre berichtet.

Die Stellungnahmen kamen prompt. Der Oberrabbiner von Frankreich, Abraham de Cologna, war überrascht, seinen Namen in der
Liste der „Repräsentanten" zu entdecken, und beeilte sich, sich von
diesem Plan zu distanzieren, indem er warnte, dass man die Lösung
nicht forcieren darf. An vielen Orten nannte man Noah Abenteurer,
Scharlatan, Irrer und Träumer. Noah wusste nicht, dass, als er Gans zu
seinem Repräsentanten in Sachen der Auferstehung Israels nannte,
dieser bereits mit den abschließenden Vorbereitungen seiner Konvertierung beschäftigt war. Darüber kam die stachelige Reaktioktion von
Heine: *„Gans war stumm (…) wie ein Fisch…"*[7]

Heine schlug auch auf die Abonnenten von Zunz. Er sandte ihm
sein neues Buch *Reisebilder* (darin die *Harzreise* und der Liederzyklus
Die Nordsee) zusammen mit folgendem Brief: *„An Dr. Zunz, designirter
Richter über Israel, Vizepräsident des Vereins für Cultur und Wissenschaft der
Juden, Präsident des wissenschaftlichen Instituts, Redakteur der Zeitschrift für
die Cultur und Wissenschaft der Juden, Mitglied der Ackerbau-Commission,
Bibliothekar –*

*Bey letzterem Titel werde ich stehen bleiben, indem ich Ihnen anbey ein
Exemplar meines neuesten Buches für die Vereinsbibliothek überschicke, mit
der Bitte, im Fall letztere schon nach Ararath versetzt ist, das besagte Exemplar an die Frau Doctorinn Zunz, zum Verbrauch in der Küche, gefälligst zu
übergeben. Der größte Theil dieses Buches ist Quelle und ist daher nicht ent-
behrlich für die Geschichte unserer Juden. Ich aber bin*

> *mit der alten Liebe u Freundschaft*
> *Ihr Freund*
> *H. Heine,*
> *Dr. Jur. und Mitglied des Vereins für Cultur*
> *und Wissenschaft der Juden im 18ten Jahrh.*

*P.S. Im 2ten Theil der Reisebilder erscheint der Rabbi und zwar sehr beschnit-
ten – doch sollen in demselben Theile noch viele Curiosa enthalten seyn."*[8]

Dieser Brief wurde wenige Tage geschickt, nachdem er an Moser folgende Zeilen schrieb: *„Ich erinnere mich, der Psalm ‚wir saßen an den Flüssen Babels' war damals Deine Force, und Du rezitiertest ihn so schön, so herrlich, so rührend, daß ich jetzt noch weinen möchte, und nicht bloß über den Psalm...“*[9]

Warum standen nicht Heine und all diejenigen, die Tränen über die Flüsse Babels vergossen, auf und gingen nach Zion? Das ist eine der wichtigsten Fragen in der Geschichte der Beziehungen des Volkes Israel zu dem Land Israel. Warum kehrten die Juden nach der Vertreibung aus Spanien 1492 nicht zurück in ihr Land? Warum nicht während der messianischen Bewegung von Schabtai Zwi? Während all der Zeiten sind zionistische Ideen gezündet und gelöscht worden wie Meteore in der Dunkelheit. Noah und Kirschbaum waren nicht die ersten und auch nicht die letzten, die nach der Auferstehung des Volkes riefen, aber die Generation war offensichtlich noch nicht reif, es stand kein Moses auf, der Israel aus Ägypten führen sollte, und es gab keinen Kyrus, der die Rückkehr nach Zion ermöglichen sollte. Und was geschah mit dem Dichter, der das erste zionistische Lied verfasste, auf den Wassern von Babel? Ist er in das Land eingewandert, mit Esra und Nehemia?

Trotz alledem, auch ohne ausdrücklichen Zionismus, war Heine keine historische Kuriosität wie Noah und keine Randbemerkung wie Kirschbaum. Es scheint, dass er sich selbst seiner revolutionären Ideen nicht bewusst war. Es gab im Judentum seiner Zeit zwei große Strömungen: die fromm-orthodoxe und die aufgeklärt-reformistische; er aber bewegte sich gegen den Strom, gegen beide Ströme. Er ging allein, ganz allein, jedoch wusste er nicht, wohin; allerdings zeichnete er mit seinem Weg den dritten Strom.

Matthew Arnold, der viktorianische Kritiker, schrieb, dass im Gehirn Heines „alle Ideen des modernen Europa sprudelten“. Unter diesen Ideen konnte man – wie wir sahen – auch einige der zentralen Ideen des modernen Zionismus finden. Heine war sich dessen nicht bewusst. Aus seiner Sicht waren dies nur spontane Proteste gegen eine künstliche Situation, in die ein Volk geriet, das die Verhältnisse gezwungen haben, seine Gefühle zu verleugnen und sich von seinen

Wurzeln zu trennen. Er hatte keine systematische Ideologie, aber er war der erste aufgeklärte und gebildete Jude, der auf den hohen Preis hingewiesen hat, den die Juden für Bildung und Emanzipation bezahlen müssen. Er war der erste assimilierte Jude, der verstanden hatte, dass die Assimilation, wie es Gershom Scholem formuliert hat, „ein Phänomen von gewaltigem Selbstbetrug" gewesen ist (dass sie geglaubt haben, sie seien Deutsche).[10]

Im Gegensatz zu Moses Mendelssohn, dem Vertreter der jüdischen Aufklärung, der es vermieden hat, mit Christen Diskussionen über Glauben und Meinungen zu führen, pflegte Heine sich offenherzig zu äußern, ohne Scheu, ohne Absicht, den Juden zu gefallen und ohne Rücksicht darauf, was die Nichtjuden sagen würden. Heine fürchtete sich nicht vor den Gegensätzen, trotz der Kritik der apologetischen Nachfolger Moses Mendelssohns, die sich bemüht haben, die Unterschiede zwischen Juden und Christen zu verwischen. Er drückte sich frei aus, ohne Zügel, befreit von den Vorurteilen der Fromm-Orthodoxen und den Lügen der aufgeklärten Reformer. Bei Gelegenheit hat er sich auch befreit von dem, was er *„Spinnweb"* der hegelianischen Philosophie nannte, die das Judentum zum Untergang verurteilt hatte. Der getaufte Heine war, so paradox es klingt, der große Befreier der jüdischen Gefühle, zu einer Zeit, als koschere Juden diese Gefühle verdrängten, damit sie nicht stören beim Kampf um ihre Bürgerrechte. Aus vielen Gründen kann man in ihm demnach den psychologischen Übervater vieler kommender zionistischer Revolutionäre sehen, die im Zionismus nicht nur eine Befreiungsbewegung im politisch-gesellschaftlichen Sinne sahen, sondern auch eine Bewegung zur Befreiung der Juden von den Fesseln der Tradition und der Mentalität der Diaspora.

Im Gegensatz zu Gans, Zunz und den anderen gebildeten Freunden, die im „Verein für Kultur und Wissenschaft der Juden" ein Mittel für den Kampf um die Befreiung der Juden sahen, sah der Romantiker Heine darin auch ein Mittel zum Kampf um ihr Überleben. Er schrieb, *„daß der esoterische Zweck jenes Vereins nichts anderes war als eine Vermittlung des historischen Judentums mit der modernen Wissenschaft..."*[11] Und nochmals, das ist nicht die Stimme eines orthodoxen Juden und auch nicht die eines Reformjuden, sondern eines Juden der dritten Kategorie, in dessen Augen das Judentum kein religiöser Glaube ist, sondern hauptsächlich eine historische Entität. Wenn wir daran denken, dass es das oberste Prinzip der deutschen Juden während des ganzen neunzehnten Jahrhunderts war, dass das Judentum nichts sei als eine Religion, und mit welchem Zorn sie Herzl angriffen, als er sagte „wir sind ein Volk" – dann werden wir begreifen, wie revolutionär Heines Worte waren, als er vom „historischen Judentum" sprach.

Das Beispiel, das er vor Augen hatte, war das hellenistische Judentum in Alexandria im Altertum. *„Unter ähnlichen Umständen"*, schrieb er, *„zur Zeit des Philo, als die griechische Philosophie allen alten Dogmen den Krieg erklärte, ward in Alexandrien Ähnliches versucht, mit mehr oder weniger Missgeschick."*

Dieser Vergleich mit der jüdisch-hellenistischen Diaspora ist vielsagend. Philo von Alexandria, der Zeitgenosse Jesu, war mit Leib und Seele Jude. Sein Gedankenwerk sollte nachweisen, dass das Judentum zur griechischen Philosophie nicht im Widerspruch steht. Die hellenistischen Juden lehnten die herrschende Religion ab, die Götzendienerei war, erkannten aber die Überlegenheit der griechischen Kultur an und wurden von ihr mit Zauberfesseln angezogen. Ähnlich wie die deutschen Juden in der Generation Heines kämpften auch die Juden Alexandrias um ihr geistiges Überleben in einer feindlichen Atmosphäre von Verfolgung und Hetze. Ihre Beziehung zu Zion war stark. Sie drückte sich in Geldspenden und Pilgerfahrten aus. Aber diese wie jene waren Assimilierte (Philo konnte, wie wir wissen, kein Hebräisch), und sie sahen ihre Zukunft in der Diaspora. Es dauerte nicht lange, bis dieses reiche und wunderbare Judentum vertilgt wurde, und vielleicht hat Heine das gemeint, als er sagte *„mit mehr oder weniger Missgeschick"*. Heine sah, im Gegensatz zu seinen Kameraden, die Bedeutung des Vereins nicht in erster Linie in der Pflege der Bildung und Unterstützung der Emanzipation (*„die in unseren Tagen manchmal so ekelhaft geistlos durchgeträtscht wird"*). Vor seinen Augen sah er eine neue Synthese des Judentums, die sowohl traditionell wie auch modern ist; eine alte Nation, die mit der Zeit schreitet. In diesem Sinne kann man in ihm, wenn nicht einen der Verkünder des Zionismus, so doch zumindest den Verkünder des deutschen Zweiges der zionistischen Bewegung sehen.

Der deutsche Zionismus war eine besondere Pflanze im modernen zionistischen Supermarkt. Unter ihren Führern traten junge Intellektuelle hervor (darunter Martin Buber, Arnold Zweig, Salman Schocken u. a.), die trotz ihres ausdrücklichen zionistischen Denkens nicht daran gedacht haben, nach Palästina auszuwandern. Sie befürworteten die Fortsetzung der jüdischen Existenz innerhalb Deutschlands. Sie waren Romantiker, die eine jüdische Renaissance hervorrufen wollten, als Teil der deutschen Kultur und Sprache.

In den Augen dieser jungen Intellektuellen war der Zionismus die Antwort auf die Lage der Wurzellosigkeit, Entfremdung und Selbstverleugnung, in der sich das westliche Judentum befand, als Resultat der Aufklärung und der Emanzipation. Ihr Judentum beinhaltete unter anderem die Änderung des Verhältnisses zum „Ostjudentum", und sie setzten sich für sie ein (zig Jahre, nachdem es Heine zum ersten Mal tat) wegen ihrer Wurzel, Volksnähe und Vitalität. Martin Buber übersetzte die „Legende des Baalschen"und die „Geschichten des Rabbi Nachman"; Arnold Zweig veröffentlichte ein Buch mit dem Titel „Das ostjüdische Antlitz" – ein Lobgesang auf das polnische Judentum; Franz Kafka – obwohl er dieser Gruppe nicht angeschlossen war – konnte dieses Gefühl in einem seiner Briefe ausdrücken: „Wenn man mich zuließe zu sein alles was ich wollte", schrieb er, „dann wäre ich gern ein kleiner Junge aus Ost-Europa …"[12] Kafka, der in seiner Jugend erstickt wurde „in der Langeweile und Geschmacklosigkeit der Synagoge", erlebte 1911 eine stürmische Begegnung, als die Truppe eines jiddischen Theaters nach Prag kam. Was seine Begeisterung erweckt hat waren jene Menschen, die zwar nur in der Religion leben, „aber sie leben in ihr ohne Anstrengung, ohne Verstand, ohne Last…" Er freundete sich mit einem der Schauspieler an, verliebte sich in eine der Schauspielerinnen, begann die „Volkstümliche Geschichte der Juden" von Graetz zu lesen, begann Hebräisch zu lernen und sich sogar für den Zionismus zu interessieren. Wie die besagten anderen Intellektuellen hatte Kafka nicht die Absicht, in das Ghetto zurück zu kehren. Im Grunde wollten sie vorwärts kommen bei der Suche nach den jüdischen Inhalten, die sie beim Rennen um die Bürgerrechte verloren hatten. Sie haben ihre „Wurzeln" gesucht.

Die zionistische Bewegung in Deutschland, Anfang des zwanzigsten Jahrhunderts, wollte nicht verschluckt werden im Sinne von Gans, als eine Strömung unter dem Ozean, sondern strebte danach, stolz und aufrecht zu stehen, wie ein Berggipfel der deutschen Kultur. Sie sah, wie Heine, ihr Ideal in der jüdisch-hellenistischen Renaissance in Ägypten oder im jüdisch-arabischen goldenen Zeitalter in Spanien; ihre Vorbilder waren Philo von Alexandria und Jehuda Halevy. Jerusalem war notwendig als ein Symbol und Herzenswunsch. In dieser Hinsicht können wir sagen, dass Heinrich Heine, der erste deutsch-jüdische Romantiker, der erste Verkünder des Zionismus deutsch-jüdischer Prägung ist. Er verehrte Jehuda Halevy, aber zu keinem Zeitpunkt kam ihm in den Sinn, in dessen Fußspuren nach Osten zu gehen, in die Wildnis in Palästina. Als seine Zeit gekommen war, Deutschland aus Furcht vor der Verhaftung zu verlassen, haben ihn seine Füße in den Westen geführt, zu den Lichtern der Großstadt Paris, in das „Neue Jerusalem", wie er die Stadt nannte, die ihm Zuflucht für den Rest seines Lebens geschenkt hat.

KAPITEL 5

„Ich bin ein deutscher Dichter!"

*„Hast Du an obigem Bilde nicht gemerkt,
daß ich ein jüdischer Dichter bin?"*
(An Moses Moser, 23. Mai 1823)

„Ich bin ein deutscher Dichter!"
(Die Heimkehr)

E ines Tages, es war Ende Januar 1826, betrat ein junger Mann von kleinem Wuchs die Buchhandlung Hoffmann & Campe in Hamburg und wünschte die Tragödien von Heine zu kaufen. Der Inhaber der Buchhandlung, Julius Campe, erfüllte seinen Wunsch. Bei dieser Gelegenheit empfahl er ihm auch den ersten Band des Dichters. „Die mag ich nicht", sagte der Mann, „Ich verachte sie!" – „Wie, Sie verachten sie?" rügte ihn der Verkäufer, „dann haben sie es mit mir zu tun!" „Lieber Herr", sagte der Kunde, „ich kenne sie besser als Sie, denn ich habe sie geschrieben!" Campe, der vielleicht schon erraten hatte, wer sein Gegenüber war, lachte laut auf. „Nun, mein Herr Doktor, wenn Sie wieder einmal so etwas Wertloses produzieren und Sie haben gerade keinen besseren Verleger, so bringen Sie sie mir, und ich werde mir eine Ehre daraus machen, meine Firma daraufzusetzen."[1]

Das kam zur richtigen Zeit. Damals hatte Heine Manuskripte bei sich liegen, für die er schwer einen Verleger fand. *Die Harzreise* lag länger als ein Jahr auf dem Tisch eines Berliner Verlegers, und sein Versuch, den großen Brockhaus aus Leipzig dafür zu interessieren, war auch diesmal erfolglos. Campe nahm das Manuskript bereitwillig an, und damit begann eine 30-jährige Partnerschaft; eine stürmische Partnerschaft, voller Krisen, reich an Erfolgen. Heine hätte keinen besseren Verleger finden können als Julius Campe, und Campe hätte sich mit keinem strahlenderen Star schmücken können als mit Heinrich Heine.

Julius Campe war ein Mann von 34 Jahren, klein und kompakt, klug, begabt und mutig, der sich darauf spezialisierte, oppositionelle Literatur zu verlegen. Er war liberal, aber viel gemäßigter als seine Autoren, und seine Arbeit tat er nicht unbedingt aus Idealismus, sondern auch aus Abenteuerlust und kaufmännischen Erwägungen. Er liebte es, sich mit der behördlichen Bürokratie zu streiten, die Zensur zu überlisten, verbotene Bücher unter den Augen der Polizei zu schmuggeln; seine Tricks, seine Findigkeit und sein Mut sind ein Vorbild in der Geschichte der Pressefreiheit. Seine Bücher wurden oftmals beschlagnahmt, und über seinem Kopf schwebte immer die Gefahr der Verhaftung; aber er wusste, dass der Handel mit dieser Ware, die andere Verleger nicht anfassen wollten, auch hohe Gewinne mit sich bringen konnte. Campe suchte jeden Liberalen, Radikalen und Dissidenten, den er finden konnte. Er sollte der Verleger von Ludwig Börne und der Autoren des „Jungen Deutschland" werden; aber es gibt keinen Zweifel darüber, dass Heine seine beste Entdeckung war, so sehr er auch der schwierigste und problematischste war. Innerhalb von vier Monaten brachte Campe den ersten Band der *Reisebilder* (Mai 1826) heraus, der wegen der *Harzreise* so genannt wurde, ein Prosawerk, das zwischen zwei Liedzyklen erschienen ist: *Die Heimkehr* und *Die Nordsee.*

Wie in seinen zwei früheren Büchern, so gab es auch in diesem Buch keinen Hinweis darauf, dass der Verfasser Jude war; aber Heine, seit dessen Taufe noch kein Jahr vergangen war, machte hier einen mutigen Schritt. Er fügte zwei antichristliche Gedichte ein. Das eine, *Donna Clara,* handelt von einer antisemitischen Schönen, die sich einem unbekannten Ritter hingibt, der ihr schließlich zu ihrer Schande verrät, dass er kein anderer ist als der *„Sohn des vielbelobten, / Großen, schriftgelehrten Rabbi / Israel von Saragossa";* und *Almansor,* ein scharfes Protestlied über die Christianisierung der Araber in Spanien, dessen aktuelle Bedeutung sehr durchsichtig war. Außer diesen zwei Beispielen verteilte er im Buch noch weitere spärliche versteckte Hinweise, so dass der literarische Detektiv in Zukunft seine Schlüsse über die Identität des Verfassers ziehen konnte; aber der neutrale Leser, der das Werk aus sich heraus interpretiert, würde es nicht erkennen.

Ein typisches Beispiel ist das Gedicht *Du bist wie eine Blume,* das Hugo Bieber in seine Anthologie „Heinrich Heine: Confessio Judaica" aufgenommen hat:

> *Du bist wie eine Blume,*
> *So hold und schön und rein;*
> *Ich schau' dich an, und Wehmuth*
> *Schleicht mir in's Herz hinein.*
>
> *Mir ist, als ob ich die Hände*
> *Auf's Haupt dir legen sollt',*
> *Betend, daß Gott dich erhalte*
> *So rein und schön und hold.*[2]

Bieber verließ sich auf Heines Worte, dass er die Inspiration für dieses Lied von einem „armen jüdischen Mädchen" erhielt, die er allein umherirrend in den Straßen von Berlin fand. Einen Beweis für diese Annahme fand er im jüdischen Brauch, die Hände auf den Kopf zu legen, während man seinen Segen spricht. Aber dies ist nicht der Grund, warum dieses Lied so bemerkenswert ist, sondern weil es ohne jeden Zusammenhang mit der oben erwähnten Interpretation 222 Mal vertont worden ist! Das ist ein Rekord bei den Gedichten Heines, in der deutschen Lyrik ganz allgemein und offensichtlich auch in der Lyrik der gesamten Welt.[3]

Wir sehen also, dass Heine sich nicht komplett von seinen jüdischen Wurzeln getrennt hat; er sah nur keinen Nutzen für sich selbst und keinen Gewinn darin, das Geheimnis seines Herzens der ganzen Welt zu offenbaren. Er lebte in zwei Welten. Das Judentum war seine geschlossene Welt. Und als er seinen Liederzyklus *Die Heimkehr* der von ihm verehrten Rahel Varnhagen widmete, nannte er sie nicht „Rahel", wie sie allgemein bekannt war, sondern nach ihrem Taufnamen „Friederike".

Offen sprach er nur unter Freunden. Er schickte ein Exemplar der *Reisebilder* an Gans, den früheren Präsidenten des „Vereins für Kultur und Wissenschaft der Juden", der jetzt, nach seiner Taufe, Professor an der Berliner Universität war. Dem Buch hatte er einen Brief beigefügt, in dem er ihn auf die Widmung an Friederike aufmerksam machte.

„Ich habe diesen Namen, der mir so lieb ist, an den Eingangspfosten meines Buches angeschlagen, und es ist mir dadurch wöhnlicher und gesicherter geworden. Auch Bücher müssen ihre Mesusse* haben. – Leb wohl, behalte mich lieb, mich, Deinen Freund H. Heine."[4]

In seiner Studie „Heine's Jewish Comedy" weist Prof. S. S. Prawer auf die scharfe Ironie dieses Abschnitts hin. „Der Konvertit Heine", schreibt er, „erklärt dem Konvertiten Gans, warum er seine Gedichte der Konvertitin Rahel Varnhagen widmete ..."[5]

Dieses Versteckspiel kommt im Gedicht X der *Nordsee* zum Ausdruck. In diesem Gedicht erzählt er, wie er auf dem Deck des Schiffes lag und „träumenden Auges" hinab in das spiegelklare Wasser schaute, als er plötzlich in der Tiefe eine alte, menschenbelebte Stadt entdeckte und glaubte, sogar ein Glockengeläute zu hören. Dieses Geläut verursachte ihm einen Schauer. Sein kaum geheiltes Herz fing wieder an zu bluten, und die Tropfen fielen auf ein altes Haus, das melancholisch menschenleer ist, nur dass unten am Fenster ein Mädchen saß, den Kopf auf dem Arm gestützt. *„Und ich kenne dich armes, vergessenes Kind!"* Er erklärt nicht, wer dieses Mädchen ist; er vermerkt nur, dass sie *„fremd unter fremden Leuten [saß], Jahrhunderte lang"*. Dieses Bild erfüllt ihn mit Gram, er möchte sich hinabstürzen zu ihr ins Meer, allein

---

* Mesusse oder Mesussa ist die rituelle Kapsel, die am Türpfosten im Haus religiöser Juden zum Schutz vor Unglück angebracht wird.

hier *„Aber zur rechten Zeit noch / Ergriff mich beim Fuß der Capitän, / Und zog mich vom Schiffsrand, / Und rief, ärgerlich lachend: / ,Doktor, sind Sie des Teufels?'"* Das ist ein für Heines Dichtkunst typisch dissonanter Schluss, im Sinne des Zerplatzens eines Traumes, zurück in die Wirklichkeit. Wenn wir aber fragen, wer dieses Mädchen ist und was sie symbolisiert, werden wir auf Grund des Geschriebenen keine eindeutige Antwort geben können. Sie kann alles sein und auch gar nichts. Doch die Forscher, die die Originalhandschrift mit der gedruckten Fassung verglichen hatten, fanden einen kleinen aber interessanten Unterschied. An der Stelle wo es heißt, dass sie *„fremd unter fremden Leuten / Jahrhunderte lang"* saß, fanden sie in der Handschrift, dass sie dort *„fremd unter fremden Leuten, / Fünftausend Jahre lang"* saß. Es ist nicht das einzige Mal, dass Heine das jüdische Kalendarium als Code benutzt; und es sieht so aus, als ob er durch die Maske und Verkleidung hindurch Zeichen der Not und der Identität schicken will. Und in der Tat haben manche das Gedicht *Seegespenst* als ein Klagelied auf sein verloren gegangenes Judentum interpretiert. Wer mit der Auffassung der Kabbalisten von der Shekhinah vertraut ist, der Gegenwart Gottes in Gestalt einer Frau, muss über die vielleicht unbewusste Verbindung zwischen diesem Gedicht und der jüdischen Tradition nachsinnen, das Exil der Schekhinah zu beklagen.

Auch in einem anderen Gedicht in diesem Zyklus, *Reinigung,* hat der Dichter für einen Augenblick einen Einblick in das Innerste seines Herzens gegeben. In dem Abschnitt, in dem er all seine Schmerzen, Sünden und sogar seine Schellenkappe in den Ozean wirft, könnten wir an den Brauch des „Taschlich" denken, ein Gebet an Neujahr, bei dem man symbolisch die Sünden ins Wasser wirft.[6]

Diese Beispiele sind Ausnahmen. Der ganze Zyklus ist vom Universalismus gestempelt; und Heine (der „Hofdichter der Nordsee" wie er sich selbst krönte) betont hier eine ganze Bandbreite von menschlichen Gefühlen gegenüber der See. „In den *Nordsee*-Gedichten", schrieb George Brandes, der berühmte dänische Literaturhistoriker, „hören wir zum ersten Mal in der deutschen Lyrik das Gebrüll des Ozeans in seiner ganzen Frische und all seiner Gewalt."[7]

Die *Reisebilder* wurden vom Lesepublikum begeistert aufgenommen und bescherten Heine besonders wegen der *Harzreise* eine breite Anerkennung unter den Kritikern. Zwar distanzierten sich einige von der egozentrischen Schreibweise, der böswilligen Scharfsinnigkeit und zuweilen von der Missachtung heiliger Werte, doch alle mussten seine große literarische Begabung zugeben. Die *Harzreise,* die bis zu seinem Tode sechs Mal nachgedruckt wurde, wird als sein erstes Prosawerk angesehen (die wirklich erste Schöpfung, *Der Rabbi von Bacherach,* wird erst vierzehn Jahre später erscheinen). Es ist ein Werk voller Phantasie, Humor und Poesie; ein Kaleidoskop von Naturbeschreibungen und menschlichen Bildern, das ein neues Genre geschaffen hat, welches oft nachgeahmt wurde. Ganz besonders kommt hier die deutsche Sprache zum Ausdruck: frisch, direkt, spitzfindig, wie es bisher noch nicht bekannt war. „Heine war der Schöpfer einer Epoche", schrieb Brandes, „nicht nur in der deutschen Lyrik, sondern in der Lyrik allgemein. Er führte einen völlig neuen Stil ein, eine Kombination aus Gefühl und Humor, und als neue Idee verfasste er Prosa, die mit Lyrik durchdrungen ist, ob auf dem Weg der Verneinung oder der Parodie. Seine Stellung als Schöpfer einer Epoche verdankt er seiner historischen Stellung, da er in der Zeit lebte, als die krampfhafte, romantische Verdrehung der Wirklichkeit durch einen pessimistischen Realismus abgelöst wurde; das ist die Erklärung für die Verschmelzung der beiden Elemente, die wir in seiner Schreibweise finden."[8]

Die *Harzreise,* die berühmteste Reisebeschreibung der deutschen Literatur, markiert den Durchbruch Heines in den Ruhmestempel. Von jetzt an wird es schwierig sein, ihn in der ersten Reihe der Dichter und Prosaschriftsteller Deutschlands zu ignorieren. Von jetzt an wird er zu Recht seine eigenen Zeilen aus dem Gedicht Nr. 13 aus der *Heimkehr* zitieren können: *„Ich bin ein deutscher Dichter / Bekannt im deutschen Land."*

Obwohl die *Harzreise* keine ausgesprochen politische Botschaft hat, so kann man zwischen den Zeilen den zukünftigen Revolutionär schon erkennen. So etwa in dem liebenswerten, lyrischen Abschnitt *„Die Bergidylle",* in dem er plötzlich die Tilgung der Herrschaft des Bösen in der Welt verkündet, alte Todeswunden heilt und das alte Recht erneuert: *„Alle Menschen, gleichgeboren, / Sind ein adliges Geschlecht."*

Wie schon erwähnt, hatten die Kritiker die *Harzreise* gelobt, auch wenn sie sich hier und da wegen der ungezügelten Kritik an Menschen und Institutionen davon distanzierten. Besonders die Stadt Göttingen war wütend, über die er schrieb, sie sei *„berühmt durch ihre Würste und Universität"* und sie *„gefällt einem am besten, wenn man sie mit dem Rücken ansieht."* Ihre Bevölkerung teilte er in vier Stände ein: *„Studenten, Professoren, Philister und Vieh"*, und betonte, dass der Viehstand der bedeutendste von ihnen sei. Die Philister[9], die Kleinbürger mit engem Horizont, in denen er die Hauptursache für Deutschlands Bedrängnis sah, werden als Menschen *„mit schmutzigen Gesichtern"* beschrieben. *„(…) so mochte ich kaum begreifen, wie Gott nur soviel Lumpenpack erschaffen konnte"*, spottet er die Studenten, die sich weder um das Studium kümmerten, noch um die pedantischen Professoren, die geistlos seien und keinen Humor hätten. Über seinen Professor Hugo, seinen Lehrer in Römischem Recht, schrieb er, er *„riß beständig juristische Witze, und lachte selbst darüber so herzlich (…)."*[10]

Kurzum, Göttingen hatte das Buch nicht geliebt und verbot sogar seine Verbreitung innerhalb der Stadtgrenzen.

Eines Abends ging Campe an Heines Wohnung vorbei, und als er Licht im Fenster sah, blieb er stehen und rief einige Male nach ihm, worauf plötzlich das Licht erlosch. Campe beschloß, Heine hereinzulegen. Er ging in den nahegelegenen Markt, kaufte Kuchen und ließ ihn mit einem Zettel „Von Professor Hugo aus Göttingen" an Heine schicken. Als die beiden sich am nächsten Tag trafen, fragte der Verleger, wie der Kuchen geschmeckt habe. Heine schlug sich auf die Stirn.

„,Was! Sie haben mir die Kuchen geschickt? Und ich Tor habe sie ins Kaminfeuer geworfen!' Er hatte in der vorigen Nacht gehört, daß man von der Straße nach ihm rief, und einige Zeit später war dieser Kuchen mit einem Zettel von Hugo gekommen. ,Da sie mir im Namen Hugos überbracht wurden und ich auf der Straße meinen Namen hatte schreien hören, so glaubte ich, meine Göttinger Feinde, denen ich in der ,Harzreise' so übel mitgespielt, wollten Rache an mir üben und hätten – wer weiß! – den Teig der Pfeffernüsse mit Rattengift gewürzt."[11]

Heine fing an, hinter jeder Ecke Feinde zu sehen, die ihm schaden wollten, und nicht alle waren die Frucht seiner Fantasie. Ein Hamburger Kaufmann, Joseph Friedländer, griff ihn auf der Straße an mit der Behauptung, Heine meine ihn, als er jemanden in der *Harzreise* als *„schwarzen, noch ungehenkten Makler, der dort mit seinem spitzbübischen Manufakturwaren-Gesicht einherläuft"* beschreibt. An Moser schrieb er: *„Daß ein stinkiger Jude in Hamburg überall herumgelogen hat er habe mich geprügelt, wirst Du gehört haben. Der Schweinhund hat mich bloß auf der Straße angegriffen, ein Mensch den ich nie im Leben gesprochen habe. Jenen Angriff (er hat mich kaum am Rockschoß gefaßt und das Volksgewühl des Burstahs hat ihn gleich fortgedrängt) (...). Die Geschichte wurde von infamen Schurken hinlänglich benutzt."*[12]

Der süße Duft des literarischen Erfolges hatte Heine endgültig davon überzeugt, die Juristerei an den Nagel zu hängen. An Varnhagen schrieb er: *„Meine äußeren Verhältnisse sind noch immer dieselben, es hat mir noch immer nicht gelingen wollen mich irgendwo einzunisteln, und dieses Talent, welches Insekten und einige hiesige Doctores juris in hohem Grade besitzen, fehlt mir ganz und gar. Mein Plan hier zu advoziren habe ich deßhalb aufgeben müssen – aber glauben Sie nur nicht daß ich sobald von hier weggehe; es gefällt mir ganz ausnehmend gut, es ist hier der klassische Boden meiner Liebe, alles sieht mich an wie verzaubert, viel eingeschlafenes Leben erwacht in meiner Brust; es frühlingt wieder in meinem Herzen, und wenn die alte Kopfkrankheit mich ganz verläßt, so dürfen Sie noch recht viel gute Bücher von mir erwarten."*[13]

Im Sommer erreichten die wechselnden Stimmungen ihren Tiefpunkt, und wieder gelang es ihm, seinen Onkel zu überzeugen, ihm einen Urlaub an einem der Badestrände an der Nordsee zu finanzieren.

Auch diesmal war das Ziel Norderney, eine der friesischen Inseln entlang der Westküste Deutschlands; aber wie sich herausstellte, hatte Heine es nicht eilig. *„In Cuxhaven"*, schrieb er an Moser, *„wo ich auf der Herreise 9 Tage verbrachte, wegen konträren Windes, habe ich viele schöne Stunden in der Gesellschaft von Jeannette Jacobson, verehelichte Goldschmidt, verbracht. Nein, ich will Dich nicht belügen, nicht der Westostwind, sondern die westöstliche Dame selbst hat mich 9 Tage in Cuxhaven festgehalten. O sie ist schön und liebenswürdig!"*[14]

Als er am 24. Juli auf die Insel kam, sah er sich dort völlig einsam, und seine Briefe enthielten keine romantischen Prahlereien. Den

Grund dafür kann man vielleicht in seinem Aufsatz *Die Nordsee. Dritte Abteilung* finden: „*Die Tugend der Insulanerinnen wird durch ihre Hässlichkeit, und gar besonders durch ihren Fischgeruch, der mir wenigstens unerträglich war, vor der Hand geschützt. (…) Jetzt schwimme ich wieder auf der Nordsee. Das Salzwasserelement sagt mir zu, es wird mir wohl und leicht zu Muth wenn mein Kahn von den Wellen wie ein Ball hin und her geworfen wird, das Ersaufen ist mir ein tröstender Gedanke (…). Wie tief begründet ist doch der Mythos des ewigen Juden! Im stillen Waldthal erzählt die Mutter ihren Kindern das schaurige Mährchen, die Kleinen drücken sich ängstlicher an den Herd, draußen ist Nacht – das Posthorn tönt – Schacherjuden fahren nach Leipzig zur Messe –. Wir die wir die Helden des Mährchens sind, wir wissen es selbst nicht. Den weißen Bart, dessen Saum die Zeit wieder verjüngend geschwärzt hat, kann kein Barbier abrasieren (…).*"[15]

Heine kehrte mit einem Bündel Manuskripte nach Hamburg zurück, wo er begann, am zweiten Band seiner *Reisebilder* zu arbeiten. Im neuen Zyklus der Gedichte der *Nordsee* gibt es keinen Ausdruck für seine Verzweiflung über sein Judentum, wie es sich in seinen Briefen spiegelt. In einigen zeigt sich zwar ein scharfer antichristlicher Ton, aber das deutet nicht unbedingt auf die Abstammung des Urhebers hin, da eine antichristliche Haltung innerhalb der jungen Intellektuellen in Deutschland verbreitet war. Im Gedicht *Die Götter Griechenlands* sieht er die Züge der Götter des Olymp in den Wolken, die durch das Christentum verjagt worden sind und die jetzt wie ungeheure Gespenster am mitternächtlichen Himmel umherirren. Ihren Platz haben neue Götter geerbt, traurig und schal. „*Die schadenfrohen im Schafspelz der Demuth*". Diese antichristliche Ketzerei macht ihren Verfasser nicht mehr zum Juden, als es Voltaire und Gibbon und die Enzyklopädisten ein Jahrhundert vorher gewesen waren, oder als Bruno Bauer, Feuerbach und die anderen jungen Hegelianer seines Jahrhunderts. Anders verhält es sich mit dem Gedicht „Seekrankheit". Das ist eine Fahrt auf einer stürmischen See, zwischen brechenden, böswilligen Wellen.

Vergebens späht mein Auge und sucht
Die deutsche Küste. Doch ach! nur Wasser
Und abermals Wasser, bewegtes Wasser!

Wie der Winterwandrer des Abends sich sehnt
Nach einer warmen, innigen Tasse Thee,
So sehnt sich jetzt mein Herz nach dir,
Mein deutsches Vaterland!
Mag immerhin dein süßer Boden bedeckt seyn
Mit Wahnsinn, Husaren, schlechten Versen
Und laulig dünnen Traktätchen;
Mögen immerhin deine Zebras
Mit Rosen sich mästen statt Disteln;
Mögen immerhin deine noblen Affen
In müßigem Putz sich vornehm spreizten
Und sich besser dünken als all das andre
Banausisch schwerhinwandelnde Hornvieh;
Mag immerhin deine Schneckenversammlung
Sich für unsterblich halten,
Weil sie so langsam dahinkriecht,
Und mag sie täglich Stimmen sammeln,
Ob den Maden des Käses der Käse gehört?
Und noch lange Zeit in Berathung ziehn,
Wie man die ägyptischen Schafe veredle,
Damit ihre Wolle sich bess're
Und der Hirt sie scheeren könne wie Andre,
Ohn' Unterschied —
Immerhin, mag Thorheit und Unrecht
Dich ganz bedecken, o Deutschland!
Ich sehne mich dennoch nach dir:
Denn wenigstens bist du noch festes Land.

Dieses Gedicht kann durchhaus vor dem Hintergrund der Tragödie der jüdischen Emanzipation interpretiert werden. Es drückt insbesondere die Enttäuschung der Getauften aus *(Doch ach! nur Wasser, und abermals Wasser, bewegtes Wasser!)*, deren Hoffnung, gleichberechtigte Bürger auf dem Boden der deutschen Heimat zu werden, begraben wurde. Hier fühlte Heine offensichtlich, dass er zu offenherzig war. Als er das Gedicht ein halbes Jahr später für das *Buch der Lieder* abschreiben soll, wird er es streichen. Dagegen wird er das Gedicht *Im Hafen* mit einem bedeutungsvollen Satz beginnen, als wäre es die direkte Fortsetzung des Gedichts *Seekrankheit*: *„Glücklich der Mann, der den Hafen erreicht hat / Und hinter sich ließ das Meer und die Stürme".* Er sitzt im Ratskeller zu Bremen und betrinkt sich. Als Spott gegen die Anmaßung des Christentums nennt er dieses Besäufnis *„Glauben der Liebe" („Ich trank auf das Wohl meiner bittersten Feinde, / Und allen schlechten Poeten vergab ich")*, und an den Pforten des Paradieses findet er zwölf heilige Fässer, das sind die Apostel, die *„schweigend pred'gen für alle Völker".* Und während er in *Seekrankheit* seine Sehnsucht nach festem heimatlichem Boden beschreibt, erreicht er in diesem Gedicht sozusagen das Vaterland, nur dass er in seiner Trunkenheit durcheinander kommt.

> *„Halleluja! Wie lieblich umwehen mich*
> *Die Palmen von Beth-El!*
> *Wie duften die Myrrhen von Hebron!*
> *Wie rauscht der Jordan und taumelt vor Freude!*
> *Auch meine unsterbliche Seele taumelt (…)."*

„Wir Deutschen…", dieser Satz taucht wiederholt bei Heine auf. In *Norderney* schreibt er: *„Wir Deutschen sind doch wahre Peter Schlemiehle!"* Die Juden erwähnt er nicht expressis verbis, dennoch fällt es ihm schwer, sich zurückzunehmen, und er sendet Zeichen aus seiner verschlossenen inneren Welt aus. *„Meine Ahnen gehörten aber nicht zu den Jagenden, viel eher zu den Gejagten"*, und Spinoza nennt er *„mein Kollege im Unglauben".*[16]

Im Februar erhält er Besuch von seinem Vetter Hermann Schiff. „Wie geht es dir, Heine?" fragte er. *„Allen Meschumodim* [abschätzig: Getaufte] *soll zumute sein wie mir"*, war seine Antwort.[17]

„Gott weiß, daß ich ein guter Christ bin und oft sogar im Begriff stehe, sein Haus zu besuchen, aber ich werde immer fatalerweise daran verhindert, es findet sich gewöhnlich ein Schwätzer, der mich auf dem Wege festhält, und gelange ich auch einmal bis an die Pforten des Tempels, so erfaßt mich unversehens eine spaßhafte Stimmung, und dann halte ich es für sündhaft, hineinzutreten. (…) Die Werke des Geistes sind ewig feststehend, aber die Kritik ist etwas wandel-

bares, sie geht hervor aus den Ansichten der Zeit, hat nur für diese ihre Bedeu-
tung, und wenn sie nicht selbst kunstwerthlicher Art ist, wie z.B. die Schlegel-
sche, so geht sie mit ihrer Zeit zu Grabe. Jedes Zeitalter, wenn es neue Ideen
bekömmt, bekömmt auch neue Augen, und sieht gar viel Neues in den alten
Geisteswerken."

„*Wer kann wissen, in welchem Schneider jetzt die Seele eines Platos und*
in welchem Schulmeister die Seele eines Cäsars wohnt! Wer weiß, ob die Seele
Gregors VII. nicht in dem Leibe des Großtürken sitzt, und sich unter tausend
hätschelnden Weiberhändchen behaglicher fühlt, als einst in ihrer purpurnen
Cölibatskutte. Hingegen wie viele Seelen treuer Moslemim aus Alys Zeiten
mögen sich jetzt in unseren anti-hellenischen Cabinettern befinden! Die See-
len der beiden Schächer, die zur Seite des Heilands gekreuzigt worden, sitzen
vielleicht jetzt in dicken Consistorialbäuchen und glühen für den orthodo-
xen Lehrbegriff. Die Seele Dschingischans wohnt vielleicht jetzt in einem Re-
zensenten, der täglich, ohne es zu wissen, die Seelen seiner treuesten Baschki-
ren und Kalmücken in einem kritischen Journale niedersäbelt. Wer weiß! wer
weiß! die Seele des Pythagoras ist vielleicht in einen armen Kandidaten gefah-
ren, der durch das Examen fällt, weil er den pythagoräischen Lehrsatz nicht
beweisen konnte (…)."

„*(…) als wären sie die Blumen der Welt, während wir Anderen bloß*
das Gras sind; dieselbe Thorheit: mit dem Verdienste der Ahnen den eigenen
Unwerth bedecken zu wollen (…)"[18]

An seinen Freund Merckel schreibt er: „*Du wirst sehen: le petit bon*
homme vit encore. Das Buch wird viel Lerm machen, nicht durch Privatskan-
dal sondern durch die großen Weltinteressen die es ausspricht. Napoleon und
die französische Revolution stehen darin in Lebensgröße. – Sag niemanden ein
Wort davon, kaum wag ich es, Campen mit dem Inhalt des Buches zu früh
bekannt zu machen."[19]

In *Reisebilder. Zweiter Teil* nahm Heine *Die Nordsee. Dritte Abteilung*
und *Ideen. Das Buch Le Grand* auf.

Das letztere ist ein Monolog an eine schöne Frau und enthält Kind-
heitserinnerungen, Traum und Philosophie. Es ist eine wunderbare
Darbietung eines Feuerwerkes, in dem er mit dem scharfen Schwert
der Satire auf die Kirche, den Adel, das Erziehungssystem, auf den
Absolutismus und all die anderen heiligen Kühe schlägt.

Schon im ersten Kapitel gibt er das Christentum dem Spott und Hohn preis. Er beschreibt die Hölle als eine große Küche, in der dumme Teufel christliche Sünder, Juden, die die Taufe verweigert haben, und Heiden braten. *„Ich hörte, wie einer derselben, dem ein vier-schrötiger Teufel neue Kohlen unterlegte, gar unwillig aus dem Topfe hervorrief: ‚Schone meiner, ich war Sokrates, der weiseste der Sterblichen, ich habe Wahrheit und Gerechtigkeit gelehrt und mein Leben geopfert für die Tugend.' Aber der vierschrötige, dumme Teufel ließ sich in seinem Geschäfte nicht stören und brummte: ‚Ey was! alle Heiden müssen brennen, und wegen eines einzigen Menschen dürfen wir keine Ausnahme machen.'"*[20]

Monsieur Le Grand, nach dem das Werk benannt war, war ein Trommler in der französischen Armee, den die Familie Heine während der französischen Besatzung beherbergen musste. Der kleine Heine folgte ihm überall hin, und da der Franzose nur gebrochenes Deutsch sprach, pflegte er sich durch Trommeln zu erklären. *„(…) z. B. wenn ich nicht wußte, was das Wort ‚liberté' bedeute, so trommelte er den Marseiller Marsch – und ich verstand ihn. Wußte ich nicht die Bedeutung des Wortes ‚égalité', so trommelte er den Marsch ‚ça ira, ça ira – – les aristocrates à la lanterne!'* [es wird gehen, es wird gehen – die Aristokraten an die Lanternen!] *– und ich verstand ihn."*

Den Zensoren, deren Taten nur die Neugier der Leser erweckt, und dadurch nur für die Verbreitung der Anti-Regierungs-Literatur sorgt, hat er ein ganzes Kapitel gewidmet, das so aussah: Kapitel XII

„Die deutschen Zensoren – – – – – – – – – – – – Dummköpfe – "

Über den Adel schreibt er:

„Aber denken Sie sich, Madame! unlängst sitze ich an der Tafel mit einer ganzen Menagerie von Grafen, Prinzen, Prinzessinnen, Kammerherren, Hofmarschallinnen, Hofschenken, Oberhofmeisterinnen, Hofsilberbewahrern, Hofjägermeisterinnen, und wie diese vornehmen Domestiquen noch außerdem heißen mögen, und ihre Unterdomestiquen liefen hinter ihren Stühlen und schoben ihnen die gefüllten Teller vors Maul – ich aber, der übergangen und übersehen wurde, saß müßig, ohne die mindeste Kinnbackenbeschäftigung, und ich knetete Brodkügelchen und trommelte vor Langerweile mit den Fingern, und zu meinem Entsetzen trommelte ich plötzlich den roten, längst vergessenen Guillotinen-

marsch. ‚Und was geschah?' Madame, diese Leute lassen sich im Essen nicht stören, und wissen nicht, daß andere Leute, wenn sie nichts zu essen haben, plötzlich anfangen zu trommeln, und zwar gar kuriose Märsche, die man längst vergessen glaubte."

Über die Vernunft:

„Und wie einst der jüdische König Salomon im Hohenliede die christliche Kirche besungen, und zwar unter dem Bilde eines schwarzen, liebeglühenden Mädchens, damit seine Juden nichts merkten; so habe ich in unzähligen Liedern just das Gegentheil, nämlich die Vernunft, besungen, und zwar unter dem Bilde einer weißen, kalten Jungfrau, die mich anzieht und abstößt, mir bald lächelt, bald zürnt und mir endlich gar den Rücken kehrt."

„(…) denn ich hatte immer eine große Vorliebe für die Juden, obgleich sie, bis auf diese Stunde, meinen guten Namen kreuzigen;" üblicherweise schrieb er über die Juden in der dritten Person Plural. Dennoch gibt es hier und da Hinweise über seine Verbundenheit mit dieser Volksgruppe. So in Kapitel sieben, dass er in seiner Kindheit Hebräisch gelernt hat, und in Kapitel dreizehn, dass die jüdischen Mahlzeiten ihm nicht völlig fremd waren. „Über das Essen der alten Hebräer könnt' ich weitläuftig mich aussprechen und bis auf die jüdische Küche der neuesten Zeit herabgehen – Ich zitiere bey dieser Gelegenheit den ganzen Steinweg – Ich könnte auch anführen, wie human sich viele berliner Gelehrte über das Essen der Juden geäußert, ich käme dann auf die anderen Vorzüglichkeiten und Vortrefflichkeiten der Juden, auf die Erfindungen, die man ihnen verdankt, z. B. die Wechsel, das Christentum – aber halt! letzteres wollen wir ihnen nicht allzu hoch anrechnen, da wir eigentlich noch wenig Gebrauch davon gemacht haben – ich glaube, die Juden selbst haben dabei weniger ihre Rechnung gefunden als bei der Erfindung der Wechsel."

Wer mit der Symbolsprache Heines vertraut ist, in der die Palmen in der Regel die Landschaft Palästinas und die Linden Deutschland symbolisieren, dem wird es nicht schwerfallen, den folgenden Hinweis auf seine gespaltene Identität in Kapitel vier zu verstehen: „Ein Baum wird meinen Grabstein beschatten. Ich hätte gern eine Palme, aber diese gedeiht nicht im Norden. Es wird wohl eine Linde seyn, und Sommerabends werden dort die Liebenden sitzen und kosen;" In Kapitel fünfzehn ist der Hinweis eindeutig: „Madame, c'est la guerre! Ich will Ihnen jetzt das ganze Rätsel *lösen: Ich selbst bin zwar keiner von den Vernünftigen, aber ich habe mich zu dieser Partei geschlagen, und seit 5588 Jahren führen wir Krieg mit den Narren."*

Die Zahl 5588 ist nicht anderes als das hebräische Jahr 5588, und das entsprach dem Jahr 1828 (das Buch ist erschienen 1827). Heine will hier eine verschlüsselte Nachricht senden, die nur für gebildete christliche Leser und Juden verständlich ist, er weist darauf hin, dass er trotz seiner Taufe immer noch ein Teil aus dem Fleische des jüdischen Volkes ist und er zieht sogar einen Vergleich zwischen dem jüdisch-christlichen Konflikt und der Auseinandersetzung zwischen Vernunft und Torheit.[21]

Es bedurfte beträchtlichen Mutes, um sich diesem Krieg zu stellen, einem Krieg, der schon sechstausend Jahre dauerte, zu einem Zeitpunkt, als der Reaktionismus Metternichs noch wie ein Fels in der Brandung erschien. Es bedurfte einer besonderen Frechheit, um einen Lobgesang auf Napoleon zu schreiben und dessen Einmarsch in Düsseldorf mit dem Einzug von Jesus in Jerusalem zu vergleichen. Schon aufgrund von weniger scharfen Worten waren Schriftsteller ins Gefängnis geworfen worden. Und Heine scheint mit einem guten Gespür seine zukünftige Flucht aus Deutschland vorauszusagen: *„Wenn wir die Geschichte durchgehen, Madame, so haben alle große Männer einmal in ihrem Leben davonlaufen müssen: – Lot, Tarquinius, Moses, Jupiter, Frau von Staël, Nebukadnezar, Benjowsky, Mahomet, die ganze preußische Armee, Gregor VII., Rabbi Jizchak Abarbanel, Rousseau – ich könnte noch sehr viele Namen anführen, z.B. die, welche an der Börse auf dem schwarzen Brette verzeichnet sind."*[22]

Als das Buch noch in der Druckerpresse war, fühlte Heine, auch gedrängt von Freunden, die um sein Wohlergehen besorgt waren, dass

---

* Diese Liste zeigt, unter anderem, wie weit Heines Blickfeld war. Es umfasst Figuren aus der klassischen Mythologie, dem antiken Rom, dem Islam, dem Christentum und der Neuzeit. Der Bezug auf biblische Charaktere wie Moses und Nebukadnezar war nicht notwendigerweise ein Hinweis darauf, dass der Autor Jude war, da die Heilige Schrift allgemeine Grundlage der europäischen Kultur war. Aber es scheint, dass man Jude gewesen sein musste, um Rabbi Isaak Abrabanel in diese internationale Gemeinschaft aufzunehmen.

es besser wäre, wenn er sich jetzt weit weg von Deutschland befände. Und so kam es. „*An dem Tage wo mein 2ter Theil der Reisebilder ausgegeben wurde*", schrieb er, „*saß ich auf dem englischen Dampfboth, und während man mich in Deutschland zerreißen wollte, saß ich zu London ruhig hinterm Ofen.*"[23]

Die Befürchtungen Heines und seiner Bekannten waren zu voreilig. Das Buch wurde nur in der Rheingegend verboten, doch die Regierung hätte das Buch gar nicht zu verbieten brauchen – es wäre trotzdem gelesen worden.

Heine finanzierte seinen Aufenthalt in London aus dem Honorar, das er für den zweiten Teil der *Reisebilder* erhalten hatte und aus einem Zuschuss seines Onkels Salomon. Aber das ist nicht die ganze Geschichte. Er überzeugte den Onkel, ihm einen Wechsel zu geben, der auf die Rothschild Bank in London ausgestellt war. Er versprach, diesen nicht einzulösen, sondern mit seiner Hilfe lediglich auf die Engländer Eindruck machen. Der Onkel war großzügiger Laune und erfüllte ihm seinen Wunsch, wobei er davon ausging, dass der Wechsel nicht zur Einlösung gedacht war, sondern nur zum Vorzeigen. Allein, Heine vergaß sein Versprechen. Er kam mit dem Wechsel zu Nathan Rotschild, löste mit dessen Hilfe vierhundert Pfund Sterling ein und erhielt noch eine Einladung zum Mittagessen. Als die Abrechnung in Hamburg eintraf, war Salomon sehr erzürnt.[24]

Der englische Frühling – Heine traf Mitte April in London ein – empfing ihn mit Schnee, Nebel und aufsteigendem Kohlenrauch. „*Ich friere und leide fürchterlich*", schrieb er, „*Fürchterlich kostspielig ist das hiesige Leben; (…) Bücher selbst sind hier rasend theuer.*"[25]

Er wohnte in einem Haus in der Craven Street 32, nicht weit vom Büro des „Strand", an dem heute eine Gedenktafel hängt. London hat einen wunderbaren und furchtbaren Eindruck auf ihn gemacht. Es war die größte Stadt der Welt und hatte etwa zwei Millionen Einwohner. Wann immer er auf die Straße trat, ging er fast verloren im ständigen Strom der Menschen; hier wurde er von jemandem angerempelt, der sich mit einem milden „God damn" entschuldigte, dort sah er einen Reiter einen Fußgänger niedertrampeln, ohne dass es irgendjemanden zu kümmern schien. „*(…) denn wenn London die rechte*

Hand der Welt ist", schrieb er in den *Englischen Fragmenten, „so ist jene Straße, die von der Börse nach Downingstreet führt, als die Pulsader der Welt zu betrachten."*[26]

Alles wälze sich brausend, schreiend, ächzend und knarrend dahin, als ob es um Leben und Tod ginge. *„Wie viel heiterer und wohnlicher ist es dagegen in unserem lieben Deutschland!"* schrieb er, während er voller Erstaunen die Schaufenster erwähnt, wo alles ein *„Luxusartikel [ist], jede Astrallampe und jeder Stiefel, jede Teekanne und jeder Weiberrock uns so finished und einladend entgegenglänzt (...)."* Heine absolvierte in London die übliche Touristenrunde: er besuchte den Tower *(„Ich kam (...) aus dem Tower und hatte mir dort die Axt womit Anna Boleyn geköpft worden, genau betrachtet, so wie auch die Diamanten der englischen Krone und die Löwen.")*[27]

Er war anwesend bei einer Parlamentsitzung *(„bei den ernsthaftesten Debatten, wo das Leben von Tausenden und das Heil ganzer Länder auf dem Spiel steht, (...) so gebärdet sich alsdann auch ihr Geist ganz zwanglos, Scherz, Selbstpersiflage, Sarkasmen, Gemüt und Weisheit (...) sprudeln hervor...")*.[28]

Er besuchte Poets' Corner in Westminster Abbey, wo jene, die er „meine Freunde" nannte, begraben lagen, und betrachtete mit einem gewissen Neid die Ehre, die England seinen Geistesgrößen erweist, indem es sie an der Seite der Großen der Nation beerdigt. Er zahlte eininhalb Schilling, um an einem Rundgang zwischen den Gräbern der englischen Könige, Prinzen und Bischöfe teilzunehmen. *(„Als ich Westminster verließ, sagte ich zu dem Aufseher: ‚Ich bin mit deiner Exhibition zufrieden, ich wollte dir aber gern das Doppelte zahlen, wenn die Sammlung vollständig wäre.")*[29]

Er ging oft ins Theater und sah Edmund Kean, den legendären Shakespeare-Darsteller, wie er Macbeth, Othello, Shylock und Richard III. in der „Drury Lane" spielte *(„wo Kean mir so gewaltig die Seele bewegte, wenn er verzweifelt über die Bühne rannte: ‚A horse, a horse, my kindgom for a horse!'")*[30]

Sehr kritisch betrachtete Heine die Grausamkeit der englischen Justiz. Im „Old Bailey" war er Zeuge eines Prozesses, in dem ein Mann wegen der Fälschung eines Dokumentes zum Tode verurteilt wurde.

Er sah auch einen Dieb, der wegen des Diebstahls eines Schafes gehenkt wurde. *„[Seitdem] (...) verlor ich alle Freude an Hammelbraten; das Fett erinnert mich immer an die weiße Mütze des armen Sünders. (...) Und dieses Volk spricht beständig von Christenthum, und versäumt des Sonntags keine Kirche, und überschwemmt die ganze Welt mit Bibeln.*"[31]

Auch das Essen hat ihm nicht sonderlich geschmeckt. In einer Gaststätte sah er einen Engländer, der ein wenig Zucker haben wollte für seinen Blumenkohl, und als er diese Bestellung vernahm, fiel der Kellner fast rückwärts zu Boden, *„indem gewiß seit der römischen Invasion der Blumenkohl in England nie anders als in Wasser abgekocht ohne süße Zutat verzehrt worden.*"[32]

Eine entschiedene Meinung hatte er auch über die angebliche Frigidität der englischen Frauen. *„Sie sind schön wie Sonnen"*, schrieb er, *„aber Sonnen von Eis; sie sind weiß wie Marmor, aber auch marmorkalt – auf ihren kalten Herzen erfrieren die armen Flöhe –* "[33]

Und die Männer? *„Es sind wunderliche Käuze, diese Engländer. Ich kann sie nicht leiden. Sie sind erstens langweilig, und dann sind sie ungesellig, eigensüchtig, sie quäken wie die Frösche, sie sind geborene Feinde aller guten Musik, sie gehen in die Kirche mit vergoldeten Gebetbüchern, und sie verachten uns Deutsche, weil wir Sauerkraut essen.*"[34]

„Schickt einen Philosophen nach London, bei Leibe keinen Poeten!"[35] In den Engländern sah er nichts als ein prosaisches, phantasieloses Volk, dessen Leben einzig vom Geist des Kommerzes bestimmt wurde. *„Welch ein widerwärtiges Volk, welch ein unerquickliches Land! Wie steifleinen, wie hausbacken, wie selbstsüchtig, wie eng, wie englisch! Ein Land, welches längst der Ozean verschluckt hätte, wenn er nicht befürchtete, daß es ihm Übelkeiten im Magen verursachen möchte.*"[36]

Um diesen harten und unfairen Satz über England und die Engländer zu verstehen, muss man seine sprachlichen Einschränkungen kennen. Es geht nicht darum, dass er die englische Sprache nicht beherrschte: Harry Heine (der nach Mr. Harry aus Liverpool benannt wurde und dadurch seit seiner Geburt mit England verbunden war) lernte schon in jungen Jahren die englische Sprache: Er las Shakespeare im Original und übersetzte sogar einige der Lieder von Lord Byron. Sein Drama *William Ratcliff,* das in Schottland spielt, ist vom

Lesen englischer Literatur beeinflusst. Als er im Alter von dreißig Jahren die englische Küste betrat, stellte er fest, dass seine sprachlichen Kenntnisse nicht ausreichten, um eine einfache Unterhaltung zu führen. *„Hol der Teufel das Volk mitsammt seiner Sprache! Da nehmen sie ein Dutzend einsilbiger Worte ins Maul, kauen sie, knatschen sie, spucken sie wieder aus, und das nennen sie Sprechen.“*[37]

Am 9. Juni berichtete er an Moser: *„Englische Literatur [ist] jetzt erbärmlich, erbärmlicher noch als die unsrige – das will viel sagen.“*[38] Diese seltsame Bemerkung in der Zeit von Wordsworth und Coleridge zeugt von einer vollkommenen Unkenntnis des kulturellen Lebens in England. Und in der Tat hatte er in den vier Monaten seines Aufenthaltes in England nicht versucht, Kontakt mit Intellektuellen aufzunehmen, und kein englischer Schriftsteller oder Verleger versuchte, mit ihm in Verbindung zu treten, obwohl der „Morning Herald" schon am 22. Mai 1827 über das Eintreffen von „Dr. H. Heine, der deutsche Dichter und Satiriker" berichtet hatte.[39]

Seine gesellschaftlichen Kontakte hatte er in der Regel mit deutschen Emigranten, und wie üblich mit dem weiblichen Geschlecht. In den *Englischen Fragmenten* schrieb er: *„Ich habe Weiber gesehen, auf deren Wangen das rothe Laster gemalt war und in ihrem Herzen wohnte himmlische Reinheit.“* Diese wie jene waren nicht in der Lage, ihm ein wirkliches Bild der englischen Realität zu geben. Heine bildete seine Meinungen aufgrund seiner eigenen Beobachtungen. England, als Vorreiter der industriellen Revolution, war in seinen Augen *„ein Schauplatz der Verwirrung und Widersprüche (…). Überreichthum und Misere, Orthodoxie und Unglauben, Freyheit und Knechtschaft, Grausamkeit und Milde, Ehrlichkeit und Gaunerei, diese Gegensätze in ihren tollsten Extremen (…).“* In den Prachtvillen sah er den Adel *„wie Wesen höherer Art, die das kleine England nur als ihr Absteigequartier, Italien als ihren Sommergarten, Paris als ihren Gesellschaftssaal, ja die ganze Welt als ihr Eigentum betrachteten.“* In den nahen Elendsvierteln sah er Armut, Kriminalität und Prostitution, und er beschreibt *„am Eingange eines dunklen Gässchens, (…) ein zerfetztes Weib mit ihrem Säugling an der abgehärmten Brust, und (…) mit den Augen [bettelnd].“*

Seitdem hatte sich Heine solidarisch mit den Benachteiligten erklärt. Vier Jahre vor seiner Reise nach England schrieb er: „*(…) und außerdem fühle ich mich ein bischen seltsam gestimmt wenn ich zufällig in der Zeitung lese daß auf den Straßen Londons einige Menschen erfroren und auf den Straßen Neapels einige Menschen verhungert sind. Obschon ich aber in England ein Radikaler und in Italien ein Carbonari bin (…).*"[40]

Jetzt, wo er Gelegenheit hatte den englischen Radikalismus aus der Nähe zu sehen, erwachten in seinem Kopf andere Gedanken. Die „*heftigen, fletschenden Revolutionäre (…), die nach Parlamentsreform schreien, um den Umsturz aller Formen, den Sieg der Habsucht und völlige Pöbelherrschaft herbeizuführen*", haben ihn eher erschreckt. Sein Friseur, Mr. White, war radikal: ein armer kleiner Mann in lumpigen schwarzen Kleidern, der „*so dünn war, daß die Façade seines Gesichtes nur ein Profil zu sein schien*"[41]. Dieser White hörte nicht auf, über das „*Unglück von Alt-England*" zu klagen. Sein Refrain war, dass Brot und Bier so teuer seien, „*und daß das arme Volk verhungern müsse, um dicke Lords, Jagdhunde und Pfaffen zu füttern, und daß es nur Eine Hülfe gäbe. Bei diesen Worten pflegte er auch das Messer zu schleifen, und während er über das Schleifleder hin und herzog, murmelte er ingrimmig langsam: ,Lords, Hunde, Pfaffen!'*"

Der Zorn von Mr. White brannte am heftigsten, wenn der Name des Herzogs von Wellington erwähnt wurde. Hier beglückt uns Heine mit einer seiner komischsten Schilderungen, und wenn ein gewisser Anachronismus erlaubt ist, der „Chaplinesquen". Er erzählt, wie der radikale Barbier ihn gehörig ängstigte, der murmelte, als er ihm gerade das Gesicht eingeseift hatte und das Rasiermesser nah an seine Kehle führte: „*hätte ich ihn [Wellington] nur so unterm Messer, ich würde ihm die Mühe ersparen sich selbst die Kehle abzuschneiden, wie sein Amtsbruder und Landsmann Londonderry, der sich die Kehle abgeschnitten zu Nordkay in der Grafschaft Kent – Gott verdamm ihn. (…) Ich fühlte schon, wie die Hand des Mannes zitterte, und aus Furcht, daß er in der Leidenschaft sich plötzlich einbilden könnte, ich sei der Duke of Wellington, suchte ich seine Heftigkeit herabzustimmen und ihn unter der Hand zu besänftigen. Ich nahm seinen Nationalstolz in Anspruch, ich stellte ihm vor, daß Wellington den Ruhm der Engländer befördert, daß er immer nur eine unschuldige Maschine in dritten Händen gewesen sey, daß er gern Beefsteaks esse und daß er endlich – Gott weiß! was ich noch mehr von Wellington rühmte, als mir das Messer an der Kehle stand.*"

Die lebendige Begegnung mit dem politischen Fanatismus erweckte in Heine den Geist des Widerspruchs, und es ging so weit, dass er den Menschen, den er in der Seele hasste, *„den dummen Teufel Wellington"*, verteidigte. Nur bei anderen Gelegenheiten, als kein Messer auf seiner Kehle lag, bemühte er sich, auch den *„kleinen Wellington"* zu beschimpfen und zu verhöhnen, der *„den großen Napoleon"* bezwang. In Waterloo, schrieb er, gab es *„den Sieg der Torheit über den Genius"*. *„Was mich am allermeisten ärgert"*, fügte er hinzu, *„ist der Gedanke, daß Arthur Wellington eben so unsterblich wird wie Napoleon Bonaparte. Ist doch, in ähnlicher Weise, der Name Pontius Pilatus eben so unvergesslich geblieben, wie der Name Christi.*"

Im September 1827, nach vier Monaten in England, kehrte Heine nach Hamburg zurück, wo sein Onkel Salomon schon auf ihn wartete. Er beschuldigte ihn, das Geld durch Betrug an sich genommen zu haben, ließ Drohungen über ihre zukünftige Beziehung vernehmen; der Neffe hörte sich seine Worte in völliger Ruhe und Gleichgültigkeit an. Als er an der Reihe war, sagte er: *„Weißt du Oheim, das Beste an Dir ist – daß du meinen Namen trägst"*, und verließ aufrechten Hauptes das Zimmer. Der Onkel hatte diese unverschämte Aussage niemals vergessen, und noch viele Jahre später erwähnte er sie. Im Jahre 1839 unterschrieb er einen Brief: „Salomon Heine, der Mann, der deinen Namen trägt", und fügte das Wort Spaß hinzu. Vier Jahre später unterschrieb er einen Brief an seinen Neffen mit „Onkel Salomon, dessen Namen auch Heine ist" – diesmal in guter Stimmung.[42]

Heine konnte es sich leisten, sich so zu benehmen, da er zu diesem Zeitpunkt nicht auf die Gnade seines Onkels angewiesen war. In seiner Tasche war eine Einladung nach München, dort sollte er die Stelle des Redakteurs bei einer politischen Zeitung bekommen. Es war das erste Mal seit er Kaufmann gewesen war, dass ihm eine geregelte Arbeit mit einer jährlichen Abfindung von zweitausend Talern angeboten wurde, mehr als er jemals in seinem Leben verdient hatte. Er freute sich auch über die Gelegenheit, die ihm, wie er glaubte, geboten wurde, um *„für die liberale Presse jene Organe zu schaffen, die späterhin so heilsamen Einfluß üben könnten; es galt die Zukunft zu säen (...)."*[43]

Bevor er abreisen sollte, wollte er all seine Gedichte aus dem letzten Jahrzehnt in einem Band vereinigen. Campe meinte, dass es ein Misserfolg werden würde, verlegte aber das Buch auf Heines Drängen hin. In diesem Fall hatten ihn seine kaufmännischen Instinkte getäuscht. Schlicht *Buch der Lieder* genannt war es nicht nur der Bestseller Heines, sondern auch des gesamten Verlags Hoffmann und Campe und der bekannteste unter den Gedichtbänden in Deutschland. Noch zu Lebzeiten Heines erschienen dreizehn Auflagen. Das war die Hauptsäule seines Ruhmes in Deutschland und in der Welt.[44]

Die Popularität des *Buchs der Lieder* war beispiellos. Männer und Frauen weinten und lachten, wenn sie darin blätterten. Liebende lasen es unter den Linden, Festredner vermischten ihre Reden mit Zitaten aus diesem Buch. Die Zensoren, die seine politischen Schriften vernichtet hatten, schmolzen unter dem Eindruck seiner Lyrik dahin. Metternich, der später Heines Schriften in ganz Deutschland boykottieren sollte, legte ein Exemplar neben sein Bett.

Ironischerweise traf Heine sich am Tag, nachdem das Buch erschienen war, mit seiner Cousine Amalie, die nach Meinung aller die Geliebte aus dem *Buch der Lieder* ist, und es lohnt sich zu lesen, wie er darüber Varnhagen berichtete: *„Ich bin im Begriff diesen Morgen eine dicke Frau zu besuchen, die ich in 11 Jahren nicht gesehen habe, und der man nachsagt ich sey einst verliebt in sie gewesen. Sie heißt Me Friedländer aus Königsberg, so zu sagen eine Cousine von mir. (...) Die Welt ist dumm und fade und unerquicklich und riecht nach vertrockneten Veilchen."*[45]

Nach dem Erscheinen des *Buchs der Lieder* erklärte Heine, dass er sich als lyrischer Dichter verausgabt habe. *„Die Prosa nimmt mich auf in ihre weiten Arme"*, schrieb er an den Dichter Wilhelm Müller, *„und Sie werden in den nächsten Bänden der Reisebilder viel prosaisch Tolles, Herbes, Verletzendes und Zürnendes lesen. Absonderlich Polemisches. Es ist eine gar zu schlechte Zeit, und wer die Kraft und den freien Muth besitzt, hat auch zugleich die Verpflichtung, ernsthaft in den Kampf zu gehen gegen das Schlechte, das sich so aufbläht, und gegen das Mittelmäßige, das sich so breit macht, so unerträglich breit."*[46]

Zu dieser Zeit verschlechterte sich sein gesundheitlicher Zustand. August Lewald, der am Städtischen Theater in Hamburg arbeitete, schrieb in seinen Erinnerungen: „Heine schlief mehrmals bei mir, und nicht nur die Uhr in seinem Schlafzimmer musste dann entfernt, sondern selbst die im Nebenzimmer gänzlich zum Schweigen gebracht werden. Dies Ticktack und Schlagen hätte ihn so stark angegriffen, dass er am anderen Morgen das stärkste Kopfweh gehabt haben würde."[47]

Am 27. Oktober 1827 bestieg Heine eine Postkutsche und machte sich auf den Weg nach München. Es war eine langsame Reise mit vielen Unterbrechungen, die fast einen ganzen Monat dauerte. Zunächst hielt er am Haus seiner Eltern in Lüneburg, wo er einige Tage verbrachte. Endlich konnte er seinen Eltern Freude bereiten. Er war nicht mehr irgendein Dichter, der auf Unterstützung angewiesen war, sondern der Herausgeber einer angesehenen Zeitung mit einem regelmäßigen, hohen Gehalt. Er ließ dort auch eine größere Summe Geld zurück, aus dem Vorschuss, der ihm von München geschickt worden war. Von Lüneburg aus fuhr er nach Göttingen, dort besuchte er Moser, seinen Herzensfreund, und Sartorius, den Geschichtsprofessor, mit dem er während seiner Studienzeit Freundschaft geschlossen hatte. Danach fuhr er weiter nach Kassel und besuchte dort die Brüder Jakob und Wilhelm Grimm. Der jüngere Bruder, Ludwig, porträtierte ihn mit einem Byronschen Profil, mit hoher Stirn, schönem Haarschopf und einem verächtlichen Blick auf die Welt, voller Bosheit und Torheit, und am Rand schrieb er: „Verdrossnen Sinn im kalten Herzen hegend / Schau ich verdrießlich in die kalte Welt." Während des ganzen Besuches hatten die Brüder das Gefühl, dass ihr Gast nicht wirklich Deutscher war, und sofort, nachdem er sich von ihnen verabschiedet hatte, schrieben sie an Ferdinand, den vierten Bruder, der in Berlin wohnte: „Stimmt es, dass er Jude ist oder Jude war?" Ferdinand Grimm antwortete: „Ja, Heine ist immer noch Jude, und er ist witzig und scharfsinnig wie ein Jude nur sein kann; aber er ist kein besonders angenehmer Mensch. Gleichwohl sind seine Werke wert gelesen zu werden. Im *Ratcliff* gibt es ausgezeichnete Stellen, und im *Almansor* spottet und verhöhnt er die christliche Religion in einer vorzüglichen Art und Weise."[48]

Der Höhepunkt seiner Reise war sein Besuch in Frankfurt, wo er der Gast von Ludwig Börne war, dem wichtigsten politischen Schriftsteller Deutschlands, dem schärfsten Kritiker der post-napoleonischen Reaktion. *„Ich hätte nie geglaubt daß Börne so viel von mir hielte"*, schrieb er an Varnhagen, *„wir waren inseparable bis zum Augenblick wo er mich zur Post brachte."* [49]

Und tatsächlich hatte sich Börne, der elf Jahre älter war als Heine, sehr auf ihn gefreut. Er sah in ihm einen Kollegen im Beruf und einen Freund im Kampf. Beide hatten vieles gemeinsam: beide waren sie getaufte Juden, beide waren sie linke Radikale, beide hatten sie Kampfgeist, beide waren sie scharfsinnige Schreiber – ohne Zweifel die zwei scharfsinnigsten Schriftsteller Deutschlands – und beide waren Ziele des Antisemitismus. Sie hatten auch Meinungsverschiedenheiten. So schrieb er bei der Beurteilung Napoleons: *„Er [Börne] hatte nemlich kurzvorher den zweiten Theil der Reisebilder gelesen, und er vermeinte, daß ich von Gott, welcher doch Himmel und Erde erschaffen und so weise die Welt regire, mit zu wenig Reverenz, hingegen von dem Napoleon, welcher doch nur ein sterblicher Despot gewesen, mit übertriebener Ehrfurcht gesprochen habe."* [50] Nach ihrer ersten Unterhaltung drängte Börne Heine, in der Stadt zu bleiben. *„Ja, mit drolliger Güte drang er mir das Versprechen ab, ihm drey Tage meines Lebens zu schenken (…)."* Und während dieser drei Tage blieb er ununterbrochen an seiner Seite. Er zeigte ihm alle Sehenswürdigkeiten Frankfurts, sie besuchten Freunde und Freundinnen, schlenderten durch die Straßen, unter anderem besuchten sie gemeinsam die Judengasse – das berüchtigte Ghetto von Frankfurt. Heute wird ein Platz in diesem Viertel „Börneplatz" genannt.

Heine beschrieb diesen Spaziergang ausführlich. Aus einem der von Ruß geschwärzten Ghettohäuser vernahm er die gebrochene Stimme eines alten Mannes, der voll Wehmut sang. *„,Was ist das für ein Lied?' frug ich meinen Begleiter. ,Es ist ein gutes Lied', antwortete dieser mit einem mürrischen Lachen, ,Sie kennen es vielleicht in der deutschen Uebersetzung: Wir saßen an den Flüssen Babels unsere Harfen hingen an den Trauerweiden usw. Ein Prachtgedicht! Und der alte Rabbi Chayim singt es sehr gut mit seiner zittrigen, abgemergelten Stimme (…) Denn der alte Mann haßt noch* *immer die Babylonier und weint noch täglich über den Untergang Jerusalems durch Nebukadnezar…'"*

Heine war von dem alten Juden sehr beeindruckt, der den Namen seines Großvaters trug. So armselig sein Leben auch war, so brauchte Rabbi Chayim seine Identität nicht hinter Masken zu verbergen wie jene Konvertiten, so wie er einer war. Auch das Lied auf seinen Lippen war sehr bedeutungsvoll. Die Erinnerung an die Zerstörung Jerusalems wiederholt sich viele Male in verschiedenen Zusammenhängen in Heines Werk und in seinen Briefen, und Psalm 137, der mit „An den Wassern Babels…" beginnt und zum Höhepunkt „wenn ich dein vergesse Jerusalem" führt, ist ihm ganz besonders lieb: *„Eine herrliche Melodie!"* Bei ihrem Spaziergang passierten sie auch das Haus Rothschilds; da entwickelte sich zwischen ihnen folgende Unterhaltung:

„,Auch haben diese Leute [die Rotschilds] das sicherste Mittel angewendet, um jenem Ridikül zu entgehen, dem so manche andere baronisierte Millionären-Familien des alten Testaments verfallen sind: sie enthalten sich des christlichen Weihwassers. Die Taufe ist jetzt bei den reichen Juden an der Tagesordnung, und das Evangelium, das den Armen Judäas vergebens gepredigt worden, ist jetzt in Floribus bei den Reichen. Aber da die Annahme desselben nur Selbstbetrug, wo nicht gar Lüge ist und das angeheuchelte Christenthum mit dem alten Adam bisweilen recht grell kontrastirt, so geben diese Leute dem Witze und dem Spotte die bedenklichsten Blößen. Oder glauben Sie, daß durch die Taufe die innere Natur ganz verändert worden? Glauben Sie, daß man Läuse in Flöhe verwandeln kann, wenn man sie mit Wasser begießt?' ,Ich glaube nicht.' ,Ich glaub's auch nicht, und ein eben so melancholischer wie lächerlicher Anblick ist es für mich, wenn die alten Läuse, die noch aus Egypten stammen, aus der Zeit der pharaonischen Plage, sich plötzlich einbilden, sie wären Flöhe, und christlich zu hüpfen beginnen. In Berlin habe ich auf der Straße alte Töchter Israels gesehen, die am Halse lange Kreuze trugen, Kreuze, die noch länger als ihre Nasen und bis an den Nabel reichten: in den Händen hielten sie ein evangelisches Gesangbuch, und sie sprachen von der prächtigen Predigt, die sie eben in der Dreyfaltigkeitskirche gehört. Die eine frug die andere: bei wem sie das heilige Abendmahl genommen? Und beide rochen dabei aus dem Halse. Widerwärtiger war mir noch der Anblick von schmutzigen Bartjuden, die aus ihren polnischen Kloaken kamen, von der Bekehrungs-

gesellschaft in Berlin für den Himmel angeworben wurden und in ihrem mund-
faulen Dialikte das Christentum predigten und so entsetzlich dabei stanken.
Es wäre jedenfalls wünschenswert, wenn man dergleichen polnisches Läusevolk
nicht mit gewöhnlichem Wasser, sondern mit Eau-de-Cologne taufen ließe.'
,Im Hause des Gehängten', unterbrach ich diese Rede, ,muß man nicht von
Stricken sprechen (...).'"

Am Samstag wurden sie ins Haus des Malers Moritz Oppenheim
eingeladen, wo es Schalet gab. Heine aß mit Begeisterung „das altjüdische Schaletessen. (...) und es ist schmerzlichst zu bedauern", bemerkte er,
„daß die christliche Kirche, die dem alten Judentume so viel Gutes entlehnte,
nicht auch den Schalet adoptiert hat." Börne betonte, dass „die Abtrünnigen, welche zum Neuen Bunde übergegangen, nur den Schalet zu riechen
brauchen, um ein gewisses Heimweh nach der Synagoge zu empfinden, daß der
Schalet so zu sagen der Kuhreigen der Juden sei."

Nach drei intensiven Tagen kam die Stunde, Frankfurt zu verlassen.
Bevor sie sich verabschiedeten warnte ihn Börne: „Hüten Sie sich, in
München mit den Pfaffen zu kollidiren". Das waren seine Abschiedsworte,
und Heine wird sich daran gut erinnern können. Er folgte nicht dem
kürzeren Weg, sondern fuhr über Heidelberg, um seinen Bruder Max
zu treffen, der dort Medizin studierte. Dieser Besuch war vom Pech
verfolgt; als nämlich die Württembergischen Behörden erfuhren, dass
der Verfasser der *Reisebilder* in ihrem Land war, befahlen sie der Polizei, ihn zu verhaften und auszuweisen. Es scheint auch, dass er während seiner Haft geschlagen worden war, bevor er ausgewiesen wurde,
und das waren die ersten Schläge, die er wegen seiner politischen
Ideen bekam.[51]

Die nächste Station war Stuttgart, dort traf er den Literaturkritiker
Wolfgang Menzel. Er kannte ihn noch aus seiner Studienzeit in Bonn,
und da Menzel ein Mann von liberaler Gesinnung war, fanden die
beiden eine gemeinsame Sprache. Heine konnte nicht ahnen, dass sein
Gesinnungsgenosse innerhalb weniger Jahre seine Haut wechseln und
sein bitterster Feind werden würde.

Ende November, nachdem er beinahe einen Monat unterwegs gewesen war, erreichte er München.

KAPITEL 6

Wer hat Angst vor Heinrich Heine?

*„Ich weiß wirklich nicht, ob ich es verdiene, daß man
mir einst mit einem Lorbeerkranze den Sarg verziere.
Die Poesie, wie sehr ich sie auch liebte, war mir immer
nur heiliges Spielzeug oder geweihtes Mittel für himmlische Zwecke. Ich habe nie großen Werth gelegt auf
Dichter-Ruhm, und ob man meine Lieder preiset oder
tadelt, es kümmert mich wenig. Aber ein Schwert sollt
ihr mir auf den Sarg legen; denn ich war ein braver Soldat im Befreyungskriege der Menschheit."*[1]
(Reise von München nach Genua)

Ludwig I., der bayrische König, war ein aufgeklärter und gebildeter Mann, der Gedichte schrieb (nach Heines Meinung fürchterliche) und den Ehrgeiz hatte, München in eine Metropole der
Wissenschaften, der Musik und der Kunst zu verwandeln. Als er 1825
den Thron bestieg, veränderte er unter anderem die höfische Etikette,
und er ließ Prachtbauten in neo-klassizistischem Stil errichten. Er zog
in seine Hauptstadt, die von seinen Anhängern, darunter Gelehrte,
Künstler und Medienfachleute „Das neue Athen" genannt wurde.
Einer von ihnen war Johann Friedrich Cotta, Verleger von Goethe
und Schiller und Inhaber der wichtigsten Zeitung in Süddeutschland
und Österreich. Cotta war ein liberaler Aristokrat, der Napoleon verehrte und die Emanzipation der Juden unterstützte. Mit verlockenden

Angeboten engagierte er die besten liberalen Journalisten, darunter auch Heine. „*Es sieht hier so aus wie ich es erwartete*", schrieb Heine an Varnhagen, „*nemlich herzlich schlecht. Die Leute sind besorgt daß es mir nicht gefalle, und wissen nicht daß ich eigentlich nur ein stilles Zimmer in dieser Welt suche. Ich will mich in mich selbst zurückziehn und viel schreiben.*"[2]

Heine kam Ende November 1827 nach München und beklagte sofort seine Lage. „*Das Clima hier tödtet mich*"[3] schrieb er. Die Kopfschmerzen kehrten wieder, er fürchtete um seine Gesundheit, und einmal hatte er sogar einen Bluterguss, der ihn sehr beängstigte. „*(...) ich wollte eigentlich sagen*", schrieb er an Campe, „*daß ich eben jetzt wo ich berühmt geworden, das Schicksal deutscher Schriftsteller befürchte, nemlich frühes Hinsterben. Im Ernst, theurer Campe, ich bin sehr krank.*"[4]

Unter solchen Bedingungen begann er seine Arbeit als Mitherausgeber der „Neue allgemeine Politische Annalen". Aber sehr bald langweilte ihn die tägliche Routine in der Redaktion und er überließ die meiste Arbeit seinem Kollegen Friedrich Lindner. Als Campe ihn drängte, Texte für einen weiteren Band der *Reisebilder* zu schicken, beruhigte ihn Heine: „*Seyn Sie ohne Sorge, Campe, der 3te Reise Bilder Band leidet nicht darunter, und ihm sollen meine besten Stunden gewidmet seyn.*"[5]

Auch an Romanzen und Liebeleien, über die er seinen Brieffreunden gerne berichtete, hatte er keine Freude. „*[Ich habe] wunderschöne Weiberverhältnisse*", schrieb er, „*indessen diese befördern weder meine Gesundheit noch meine Arbeitslust.*"[6] Über eine Sache schwieg er aber lange Zeit. Am 1. März 1828 heiratete seine Cousine Therese den Hamburger Börsenmakler Adolf Halle, aber es verging ein halbes Jahr, bis er seinem Onkel gratulierte: „*Bedingterweise habe ich mich über ihre Vermählung gefreut. Nächst mir selber hätte ich sie Keinem lieber gegönnt, wie dem Dr. Halle*".[7]

Das ist der einzige Hinweis, dass er die Absicht gehabt haben könnte, durch eine Heirat mit Therese Salomon Heines Schwiegersohn werden zu wollen.

In den sechs Monaten in der Redaktion war Heine nicht besonders erfolgreich; seine Aufsätze über England jedoch, die er dort in Fortsetzungen veröffentlichte, waren das Tagesgespräch in München. Sein Stil war eine erfrischende Neuerung in der deutschen Zeitungslandschaft. Er war engagiert, bildhaft, zynisch und amüsant; voller Humor und Weisheit, durchsetzt von Anekdoten und tiefen Gedanken. Auf den Teegesellschaften zitierte man wegen ihrer Scharfsinnigkeit mit Vergnügen aus seinen Essays, auch wegen ihrer anti-britischen Einstellung und ihrer Relevanz für die deutsche Wirklichkeit. Aus diesem Grunde beschwerten sich die Kirchenkreise und die feudale Aristokratie über den König, der einem „fremden" Verleger (Cotta war aus Stuttgart, der Hauptstadt Württembergs) erlaubt habe, in München ein „Nest von Jakobinern", und darin „einen Juden, der Ärger macht" zu etablieren.[8] Im August 1828 veröffentlichte die Zeitschrift „EOS" einen groben, antisemitischen und rassistischen Angriff gegen Heine. Die Warnung von Börne – *„Hüten Sie sich, in München mit den Pfaffen zu kollidiren"* – waren keine leeren Worte gewesen.

Was die Kräfte der Reaktion gegen ihn aufbrachte waren insbesondere seine Worte über das Recht auf Freiheit und Gleichheit. In seinem ersten Beitrag, „Gespräch auf der Themse", beschreibt er die Freude, die ihn überkam, als sein Schiff sich London näherte. *„Land der Freiheit"*, rief er, *„(…) Sei mir gegrüßt, Freiheit (…)!"*[9] Für aufmerksame Leser gab es keinen Zweifel, dass das eine Kampfansage gegen die umgekehrten Zustände war, die in seinem Land herrschten. Auch diejenigen Stellen, in denen er in religiösen Ausdrücken über die Freiheit sprach, beleidigten diejenigen, die das Monopol über die Religion für sich beanspruchten. *„(…) Die Freiheit ist vielleicht die Religion der neuen Zeit, und es ist wieder eine Religion, die nicht den Reichen gepredigt wurde, sondern den Armen, und sie hat ebenfalls ihre Evangelisten, ihre Martyrer und ihre Ischariots!"*

Indem er sich ausführlich über die Bedeutung der Freiheit für die Engländer ausließ, hoffte er, die Deutschen in ihrer politischen Gleichgültigkeit zu treffen. *„Was die Deutschen betrifft"*, schrieb er spottend, *„so bedürfen sie weder der Freiheit noch der Gleichheit. Sie sind ein spekulatives Volk, Ideologen, Vor- und Nachdenker, Träumer, die nur in der Vergangenheit und in der Zukunft leben, und keine Gegenwart haben. Engländer und Franzosen haben eine Gegenwart, bei ihnen hat jeder Tag seinen Kampf und Gegenkampf und seine Geschichte. Der Deutsche hat nichts, wofür er kämpfen sollte, und da er zu mutmaßen begann, daß es doch Dinge geben*

könne, deren Besitz wünschenswert wäre, so haben wohlweise seine Philoso-
phen ihn gelehrt, an der Existenz solcher Dinge zu zweifeln. Es läßt sich nicht
leugnen, daß auch die Deutschen die Freheit lieben. Aber anders wie andere
Völker. Der Engländer liebt die Freiheit wie sein rechtmäßiges Weib, er besitzt
sie, und wenn er sie auch nicht mit absonderlicher Zärtlichkeit behandelt, so
weiß er sie doch im Notfall wie ein Mann zu verteidigen, und wehe dem
rotgeröckten Burschen, der sich in ihr heiliges Schlafgemach drängt — sei es als
Gallant oder als Scherge. Der Franzose liebt die Freiheit wie seine erwählte
Braut. Er glüht für sie, er flammt, er wirft sich zu ihren Füßen mit den über-
spanntesten Beteuerungen, er schlägt sich für sie auf Tod und Leben, er begeht
für sie tausenderlei Torheiten. Der Deutsche liebt die Freiheit wie seine alte
Großmutter. (…) Der Deutsche wird aber seine alte Großmutter nie ganz vor
die Türe stoßen, er wird ihr immer ein Plätzchen am Herde gönnen, wo sie den
horchenden Kindern ihre Märchen erzählen kann — Wenn einst, was Gott ver-
hüte, in der ganzen Welt die Freiheit verschwunden ist, so wird ein deutscher
Träumer sie in seinen Träumen wieder entdecken."

Die *Englischen Fragmente* erschienen mitten in der Diskussion über
die Judenfrage in den Königreichen Bayern und Württemberg. Anstatt sich direkt in diese Debatte einzubringen, wandte Heine eine
subtilere Taktik an, die Strategie der indirekten Einmischung, indem
er sich in einem seiner Aufsätze für die Emanzipation der Katholiken
einsetzte. Er wusste, dass dieses Thema sehr viel Sympathie in Süddeutschland und Österreich genoss.

Die besagten Katholiken waren hauptsächlich die Iren, die, obwohl
damals ganz Irland zu Großbritannien gehörte, unter religiöser Diskriminierung litten. Heine gab vor, für die breite Masse der englischen
Bevölkerung Verständnis zu haben, die vom Parlament verlangte, den
Katholiken keine Bürgerrechte zu gewähren. *„Es liegt in der mensch-*
lichen Natur eine solche Unterdrückungssucht, und wenn wir auch, was jetzt
beständig geschieht, über bürgerliche Ungleichheit klagen, so sind alsdann un-
sere Augen nach oben gerichtet, wir sehen nur diejenigen, die über uns stehen
und deren Vorrechte uns beleidigen; abwärts sehen wir nie bei solchen Klagen,
es kommt uns nie in den Sinn, diejenigen, welche durch Gewohnheitsunrecht
noch unter uns gestellt sind, zu uns heraufzuziehen, ja uns verdrießt es sogar,
wenn diese ebenfalls in die Höhe streben, und wir schlagen ihnen auf die

Köpfe. Der Kreole verlangt die Rechte des Europäers, spreizt sich aber gegen den Mulatten und sprüht Zorn, wenn dieser sich ihm gleichstellen will. Eben-so handelt der Mulatte gegen den Mestizen und dieser wieder gegen den Neger." Und hier fügt er wie nebenbei hinzu: „*Der Frankfurter Spieß-bürger ärgert sich über Vorrechte des Adels; aber er ärgert sich noch mehr, wenn man ihm zumutet, seine Juden zu emanzipieren.*" Und sofort danach: „*Ich habe einen Freund in Polen, der für Freiheit und Gleichheit schwärmt, aber bis auf diese Stunde seine Bauern noch nicht aus ihrer Leibeigenschaft entlassen hat.*"

Wie nebenbei zählt Heine so die Juden zu all den anderen Gede-mütigten und Verfolgten auf dieser Erde hinzu.

In seinem Beitrag erwähnte er Lord King, der behauptet hat, dass die Lage der sechs Millionen Iren eine Schande für England sei. „*Die ganze Welt, sagte er (King), ist jetzt zu vernünftig, um Regierungen zu entschuldigen, welche ihre Unterthanen wegen Religionsdifferenzen bedrü-cken oder irgendeines Rechtes berauben.*" Da war es wieder: Heine schrieb über England, meinte aber Deutschland. Und während sein Artikel gedruckt wurde, der für den deutschen Leser gedacht war, schrieb er: „*Freilich hätten Europas Völker das heiligste Recht, sich für die Leiden Ir-lands, mit gewaffneter Hand, zu verwenden*", und in einem privaten Brief an Moser vom 14. April 1828 bekannte er ausdrücklich, dass sein Ar-tikel „Die Emanzipation" von dem Wunsch geleitet gewesen war, die Debatten des bayrischen Parlaments über die Judenfrage zu beeinflus-sen und Material für den mutigen Einsatz von Baron Cotta für die württembergischen Juden zu liefern.[10]

Und so finden wir in seinem Beitrag Einzelheiten über die Rede eines der britischen Parlamentsmitglieder, Thomas Spring-Rice, der in seinem Bemühen, die Angst der Protestanten vor der katholischen Machtergreifung zu beschwichtigen, seine Zuhörer an eine Diskus-sion erinnerte, die fünfundsiebzig Jahre zuvor über die Judenfrage stattgefunden hatte. „*Anno 1753 brachte man ins Parlament eine Bill für die Naturalisierung der Juden: eine Maßregel, wogegen heut zu Tage in diesem Lande nicht einmal irgend ein altes Weib etwas einwenden würde, die aber doch zu ihrer Zeit den heftigsten Widerspruch fand (…).*"

Unter den Gegnern, erwähnte der Redner, war eine Gruppe Londoner Bürger, die dem Parlament eine Petition eingereicht hatten, in der sie unter anderem behaupteten: *„Sollte die besagte Bill für die Juden gesetzliche Sankzion erhalten, so würde sie die christliche Religion erschrecklich gefährden, sie würde die Constituzion des Staates und unserer heiligen Kirche untergraben (man lacht), und würde den Interessen des Handels im Allgemeinen und der Stadt London insbesondere außerordentlich schaden (Gelächter)."* Indem er die Stellen markierte, an denen das Parlament mit *„Gelächter"* und mit *„Hört! Hört!"* reagierte, war es für Heine nicht nötig, das Absurde in den Argumenten der Gegner der Juden zu betonen. Er zitierte deshalb mit größter Befriedigung häufig Spring-Rice, der wiederum selbst aus alten Zeitungen zitierte. Eine dieser Zeitungen, „The Craftsman", warnte vor einer jüdischen Diktatur, die Großbritannien bedrohe. *„(…) sie haben 1700 Jahre der Züchtigung an uns abzurächen. Wenn diese Bill durchgeht, werden wir alle Sklaven der Juden (…). Erwacht daher, meine christlichen und protestantischen Brüder! (…) (lautes anhaltendes Gelächter)."*

Und noch während dieser Rede las Spring-Rice aus einer satirischen Zeitung, die während des Höhepunktes dieser Debatte erschienen war: *„Gestern hat der Sanhedrin [Oberstes Gericht der Juden im Altertum, Anm. d. Ü.] durch Stimmenmehrheit, die Naturalisierung der Christen verworfen. (…) Letzte Freytag wurde die Jahrfeyer der Kreuzigung im ganzen Königreiche sehr vergnüglich begangen. (…) Die Zeit wird kommen, wo man den Widerstand des Parlaments gegen jene Rechtseinräumungen nicht bloß mit Verwunderung, sondern auch mit Verachtung ansehen wird. (…) (Hört, Hört!)"*

Heine lobt vielfach den parlamentarischen Humor in England. Sogar in Debatten über Leben und Tod sind die Verhandlungen gezeichnet von „Scherz, Selbstpersiflage, Sarkasmen, Gemüt und Weisheit, Malice und Güte, Logik und Verse sprudeln hervor im blühendsten Farbenspiel." Es scheint, als ob er hier auch seine eigene Schreibweise charakterisieren, gleichzeitig aber auch die Art der politischen Diskussionen in Deutschland kritisieren wollte, *„deren Langweiligkeit auch der geduldigste Zeitungsleser nicht zu überwinden vermag (…)."*

Das war auch einer der Gründe, weshalb Heine die Lust an der Herausgabe der „Neuen allgemeinen Politischen Annalen" verlor.

„Ach, Menzel!" schrieb er an seinen Kollegen in Stuttgart, *„wie ennuyant ist – unsre Aufsätze abgerechnet – der ganze Inhalt der Annalen! Ich habe mich überzeugt, daß die Deutschen keinen Sinn für Politik haben – da gar keine guten politischen Federn aufzutreiben sind. (…) Hier sieht es schlecht aus. Ein Meer von kleinen Seelen und schlechtes Klima."*[11]

Seine Zeitungsartikel brachten ihm wie gewöhnlich sowohl Feinde als auch Liebhaber ein. *„Ich lebe als grand Seigneur"* schrieb er an Varnhagen, *„und die 5 1/2 Menschen hier die lesen können lassen mir auch merken daß sie mich hochschätzen."*[12]

Heine war ein gefragter Gast in den Häusern des lokalen Adels. Zuweilen speiste er am Tisch der Baronin Bothmer, dort freundete er sich mit einem Diplomaten von der Russischen Botschaft an, Fjodor Iwanowitsch Tjutschew, der ein wichtiger Lyriker in seinem Land war und Heines Gedichte ins Russische übersetzte. Laut Heine war dieses Haus eine Oase in der geistigen Wüste Münchens, das trotz aller ehrgeizigen Anstrengungen König Ludwigs nicht in der Lage war, das Niveau von Wien und Berlin, oder sogar des kleinen Weimar, zu erreichen. *„Daß man aber die ganze Stadt ein neues Athen nennt, ist, unter uns gesagt, etwas ridikül, und es kostet mich viele Mühe, wenn ich sie in solcher Qualität vertreten soll."*[13] Er spottete über die „Neuen Athener", ohne Unterschied von Rang und Namen. Einmal, erzählt man, sandte ihm eine Prinzessin eine Einladung, in ihrem Palais Kaffee zu trinken. Heine sagte dem Boten: *„Vermelden Sie Ihrer Königlichen Hoheit meinen tiefsten Respekt, und sagen Sie gefälligst Hochderselben: daß ich gewohnt bin, da meinen Kaffee zu genießen, wo ich auch zu Mittag gegessen habe."*[14]

Robert Schumann dagegen, damals ein achtzehnjähriger Student, erinnerte sich an Heine als einen angenehmen und netten Mann. „Er kam mir freundlich, wie ein menschlicher, griechischer Anakreon entgegen", schrieb er in seinen Erinnerungen, „er drückte mir freundschaftlich die Hand und führte mich einige Stunden in München herum – dies alles hatte ich mir nicht von einem Menschen eingebildet, der die *Reisebilder* geschrieben hatte; nur um seinen Mund lag ein bitteres, ironisches Lächeln, aber ein hohes Lächeln über die Kleinigkeiten des Lebens und ein Hohn über die kleinlichen Menschen."[15]

Im Sommer sollte der Vertrag zwischen Heine und Baron Cotta

ablaufen, und obwohl er sich in seiner Stellung als Redakteur nicht besonders auszeichnete, wünschte Cotta, die Verbindung mit ihm aufrechtzuerhalten. Es genügte ihm, wenn der Name Heine seine Zeitungen zierte. Zu diesem Zeitpunkt aber interessierte sich Heine für eine akademische Karriere. Er hoffte, dass die Position eines Professors in der neuen Universität von München ihm viel Freizeit lassen würde, die er seiner Schriftstellerei widmen könnte. Heine bat Cotta, sich für ihn beim König einzusetzen. Er sandte ihm seine drei Bücher, *„Bitte, vergessen Sie nicht sie mitzunehmen wenn Sie zum Könige gehen; es käme mir auch sehr zu Gute wenn Sie Ihm andeuten wollten: der Verfasser selbst sey viel milder, besser und vielleicht jetzt auch ganz anders als seine früheren Werke. Ich denke der König ist weise genug die Klinge nur nach ihrer Schärfe zu schätzen, und nicht nach dem etwa guten oder schlimmen Gebrauch, der schon davon gemacht worden."*[16]

Die Kritiker Heines bringen dieses Zitat immer wieder als Beweis für seinen niederträchtigen Charakter, als ob er sich als Hofschreiber für den König angeboten hätte. *„Man glaubt in München ich würde jetzt nicht mehr so sehr gegen den Adel losziehn"*, schrieb er an Moser, *„da ich im Foyer der Noblesse lebe und die liebenswürdigsten Aristokratinnen liebe – und von ihnen geliebt werde. Aber man irrt sich. Meine Liebe für Menschengleichheit, mein Haß gegen Clerus war nie stärker wie jetzt (…)"*[17]

Um seine Interessen zu fördern, schloss Heine Kontakte mit einem hohen politischen Beamten, Eduard von Schenk, der selbst auch ein Dichter war. Trotz seiner konservativen, und manche sagen reaktionären Einstellung verehrte Schenk Heines Lyrik, und dieser lobte schamlos die Gedichte und Dramen Schenks, obwohl er sie innerlich verachtete. Schenk, der dem Königshaus nahe stand (im September 1828 wurde er Innenminister) stellte den offiziellen Antrag an die Verwaltung der Universität, und Heine erzählte er, dass alle Papiere fertig und vollständig seien und nur noch die Unterschrift des Königs fehle.

Die Reaktion des Königs ließ auf sich warten. Möglicherweise war er über Heines Schriften, die ihm Cotta überreicht hatte, erschrocken. Allein schon aus dem *Buch Le Grand* hätte er erkennen können, dass das Problem nicht nur die scharfe Klinge der Worte war. Er las dort vom Köpfen *„des hochwohlgeborenen König, der hochwohlgeborenen Barone* und *Grafen;* " das Gedicht *Ça ira ("les aristocrates a la laterne")*[18] und vom „*roten Guillotinenmarsch"*, der mit seinen Fingern trommelte, als er nach Brot hungerte.

Während der König mit seiner Entscheidung auf sich warten ließ, packte Heine erneut die Reiselust. Anfang August 1828, noch bevor sich über München der Herbsthimmel zusammenzog, reiste er nach Italien, oder, wie er es nannte, *„der Boden, wo Dante, Machiavell, Leonardo da Vinci, Michel Angelo gewandelt."*[19] Er bat Schenk, bei der Sache zu bleiben und ihm postlagernd die Nachricht nach Florenz zu schicken, sobald eine positive Entscheidung des Königs vorliege.

Heine reiste nach Italien über Tirol und den Brennerpass, und von dort fuhr er weiter nach Trient und Verona. Das war die Route, die Goethe zweiundvierzig Jahre zuvor genommen hatte, und Heines Lippen summen auf dem ganzen Weg *„Kennst du das Land, wo die Zitronen blühen?"*[20] *„Ganz Italien ist darin geschildert"*, schrieb er über das Gedicht Goethes, *„aber mit den seufzenden Farben der Sehnsucht."* Und über Goethes Genius als Dichter der Natur bemerkt er: *„Goethe hält ihr den Spiegel vor, oder besser gesagt, er ist selbst der Spiegel der Natur. Die Natur wollte wissen, wie sie aussieht, und sie erschuf Goethe."*

Auch Heine genoss die Natur Italiens und ganz besonders das angenehme Klima. *„Ach, liebe Frau!"*, sagt er einer Obstverkäuferin in Trient, *„in unserem Lande ist es sehr frostig und feucht, unser Sommer ist nur ein grün-angestrichener Winter, sogar die Sonne muß bei uns eine Jacke von Flanell tragen, wenn sie sich nicht erkälten will (…)."* Aber die Natur steht nicht im Mittelpunkt seines Interesses. In den *Reisebildern* schreibt er fast nichts über herrliche Landschaften, über römische Altertümer und Renaissance-Paläste, dagegen erzählt er viel von dem eroberten und gedemütigten Land; von den österreichischen Soldaten, die auf jeder Piazza Marschübungen machen und die Luft mit deutschen Befehlen füllen. Er erzählt vom Bettler, der auf den Treppen eines prächtigen Palastes mit ausgestreckter Hand schläft; und ebenso von dem glatzköpfigen Mönch mit seinem roten Hals, der sich aus einem der Fenster beugt, während hinter ihm eine nackte Frau mit einem vollen Busen zu sehen ist. Heines Italien ist nicht das Land der Zitronen und Orangen. *„Vor jedem Zitronenbaum steht dort eine österreichische Schildwache"*[21], und beim Läuten der Kirchenglocken hat er keine heiligen Gedanken in seinem Kopf, sondern die Geschichten vom „Dekameron".

Für eine Weile verliebte er sich in ein Mädchen, das auf der Straße Harfe spielte, während er seine Augen auf die „Busenrose" richtet. Es scheint ihm, dass er das Geheimnis der italienischen Musik entdeckt hat. „*Dem armen geknechteten Italien ist ja das Sprechen verboten, und es darf nur durch Musik die Gefühle des Herzens kund geben. All sein Groll gegen fremde Herrschaft, seine Begeisterung für die Freiheit, sein Wahnsinn über das Gefühl der Ohnmacht, seine Wehmut bei der Erinnerung an vergangene Herrlichkeit, dabei sein leises Hoffen, sein Lauschen, sein Lechzen nach Hülfe, alles dieses verkappt sich in jene Melodien, die von grotesker Lebenstrunkenheit zu elegischer Weichheit herabgleiten (…).*"[22] In der komischen Oper „Der Barbier aus Sevilla" hört er „*staatsgefährliche Triller*" und „*revoluzionärrische Colloraturen*". Hinter den „*heiteren Liebesgeschichten*" verstecke der seine „*tödtlichsten Befreyungsgedanken*". Er bat deshalb Rossini um Verzeihung für die Geringschätzung, die die deutsche Kritik ihm gegenüber zeigte. „*Verzeih meinen armen Landsleuten, die dich lästern auf Schreibpapier und auf Löschpapier. Ich aber erfreue mich deiner goldenen Töne, deiner melodischen Lichter, deiner funkelnden Schmetterlingsträume, die mich so lieblich umgaukeln und mir das Herz küssen wie mit Lippen der Grazien! Divino Maestro, verzeih meinen armen Landsleuten, die deine Tiefe nicht sehen, weil du sie mit Rosen bedeckst, und denen du nicht gedankenschwer und gründlich genug bist, weil du so leicht flatterst, so gottbeflügelt! (…) Die Verächter italienischer Musik, die auch dieser Gattung den Stab brechen, werden einst in der Hölle ihrer wohlverdienten Strafe nicht entgehen und sind vielleicht verdammt, die lange Ewigkeit hindurch nichts anderes zu hören als Fugen von Sebastian Bach.*"

Heine fuhr nicht weiter nach Rom, wie Goethe und die meisten Touristen, sondern wandte sich von Verona westwärts über Mailand nach Genua. An einer der Stationen hielt die Postkutsche und der Kutscher verkündete: „*Wir sind auf dem Schlachtfelde von Marengo!*" Dieser historischen Stätte, wo Napoleon im Jahre 1800 die Österreicher geschlagen hatte, widmet Heine drei Kapitel. „*Hier tat der General Bonaparte einen so starken Zug aus dem Kelch des Ruhmes, daß er im Rausche Consul, Kaiser, Welteroberer wurde, und sich erst zu St. Helena ernüchtern konnte.*"

Hier ist zum ersten Mal eine Distanzierung zu Napoleon zu erkennen. Das ist eine neue Entwicklung des Verfassers des Gedichts *Die
Grenadiere*, der bis jetzt Napoleon wie einen Gott verehrt hatte. Jetzt
gibt er zum ersten Mal zu, offensichtlich unter Börnes Einfluss, dass
dieser Mann selber nichts anderes war als ein Diktator und Unter-
drücker von Völkern. *„Unbedingt liebe ich ihn nur bis zum achtzehnten
Brumaire – da verriet er die Freiheit."**

In Marengo schwörte Heine dem Ideal der Freiheit die Treue. Die
Emanzipation, sagte er, sei die große Aufgabe unserer Zeit: *„Nicht bloß
die der Irländer, Griechen, Frankfurter Juden, westindischen Schwarzen und
dergleichen gedrückten Volkes, sondern es ist die Emanzipation der ganzen
Welt".* Hier wendet er sich gegen diejenigen Philosophen, die das re-
aktionäre Regime mit ihren schwachen philosophischen Betrachtungen unterstützen, *„um uns zu beweisen, daß Millionen Menschen geschaffen sind als Lasttiere einiger tausend privilegirter Ritter".* Er drückt seinen
Glauben an die Zukunft aus, in der *„die Welthistorie nicht mehr eine Räu-
bergeschichte, sondern eine Geistergeschichte sein solle. (...) täglich verschwinden mehr und mehr die törigten Nazionalvorurtheile, alle schroffen Besonderheiten gehen unter in der Allgemeinheit der europäischen Zivilisazion (...). Es
wird ein schöner Tag werden, rief mein Reisegefährte aus dem Wagen mir zu.
Ja, es wird ein schöner Tag werden, wiederholte leise mein betendes Herz, und
zitterte vor Wehmuth und Freude. Ja, es wird ein schöner Tag werden, die Frei-
heitssonne wird die Erde glücklicher wärmen als die Aristokratie sämmtlicher
Sterne; emporblühen wird ein neues Geschlecht, das erzeugt worden in freier
Wahlumarmung, nicht im Zwangsbette und unter der Kontrolle geistlicher
Zöllner (...)."*

Hier führt Heine den Gedanken ein, dass die Emanzipation der
Menschheit auch die Befreiung von den kirchlichen Verboten gegen die Freude an der Sexualität mit einschließt. *„Mit der freien Geburt
werden auch in den Menschen freie Gedanken und Gefühle zur Welt kom-*

---

* Am 9. November 1799 (nach dem Kalender der Revolution am 18. Brumaire)
  vollzog Napoleon, der damals Militärgouverneur von Paris war, einen Staats-
  streich, löste das Direktorium auf und wurde als erster Konsul der Alleinherrscher Frankreichs.

men, wovon wir geborenen Knechte keine Ahnung haben – Oh! sie werden eben so wenig ahnen, wie entsetzlich die Nacht war, in deren Dunkel wir leben mußten, und wie grauenhaft wir zu kämpfen hatten, mit häßlichen Gespenstern, dumpfen Eulen und scheinheiligen Sündern! O wir armen Kämpfer! die wir unsre Lebenszeit in solchem Kampfe vergeuden mußten und müde und bleich sind, wenn der Siegestag hervorstrahlt!"

Und an dieser Stelle fügt er seine berühmte, oft zitierte Erklärung hinzu: *„Ich weiß wirklich nicht, ob ich es verdiene, daß man mir einst mit einem Lorbeerkranze den Sarg verziere. Die Poesie, wie sehr ich sie auch liebte, war mir immer nur heiliges Spielzeug oder geweihtes Mittel für himmlische Zwecke. Ich habe nie großen Wert gelegt auf Dichter-Ruhm, und ob man meine Lieder preiset oder tadelt, es kümmert mich wenig. Aber ein Schwert sollt ihr mir auf den Sarg legen; denn ich war ein braver Soldat im Befreiungskriege der Menschheit."*

Zu seinem Verdruss stellte er fest, dass die Italiener nicht zwischen Österreichern und Deutschen unterscheiden konnten. In ihren Augen waren alle Deutsche. So auch Signora Lätitia: *„‚Sie sind ein Deutscher?', frug sie mich. ‚Ich bin zu ehrlich, es zu leugnen, Signora!', entgegnete meine Wenigkeit. ‚Ach, ehrlich genug sind die Deutschen!', seufzte sie, ‚aber was hilft es, daß die Leute ehrlich sind, die uns berauben! sie richten Italien zugrunde. Meine besten Freunde sitzen eingekerkert in Milano; nur Sklaverei.'"*[23]

In der Regel schrieb Heine seine Prosatexte in der ersten Person. Obwohl sie den Eindruck von persönlichen Erinnerungen machen sollten, ist es unmöglich zu sagen, welche Ereignisse reine Erfindungen und welche tatsächlich geschehen sind. Die neuen Kommentatoren neigen dazu, sie mit Skepsis zu betrachten und als reine Fiktion zu beurteilen. Sammons, der die Reiseroute Heines nachverfolgt hat, zweifelt, ob dieser überhaupt in Marengo gewesen war.[24] Auch die Gespräche, die er mit den Landesbewohnern führte (hauptsächlich mit den Bewohnerinnen), scheinen der Fantasie zu entstammen. Heine sprach kein Italienisch, und in einem Brief an Schenk beklagte er sich sogar darüber. *„Der Mangel an Kenntnis der italiänischen Sprache quält mich noch sehr. Ich versteh' die Leute nicht und kann nicht mit ihnen sprechen. Ich sehe Italien, aber ich höre es nicht."*

Und ironisch fügt er hinzu: *„Hier sprechen die Steine und ich ver-*

stehe ihre stumme Sprache. Auch sie scheinen ebenfalls recht tief zu fühlen, was ich denke. So eine abgebrochene Säule aus der Römerzeit, so ein zerbröckelter Langobardenthurm, so ein verwittertes gothisches Pfeilerstück, dergleichen versteht mich recht gut. Bin ich doch selbst eine Ruine, die unter Ruinen wandelt."[25]

Eine Besserung seiner Laune tritt Anfang September ein, als er in Bagni di Lucca (Bäder von Lucca) eintrifft, wo er den ganzen Monat blieb und seine Zeit dort angenehm verbrachte: Er badete in den heilenden Quellen, „*...im Bade zu Lucca, wo ich die längste und göttlichste Zeit verweilte, habe ich schon zur Hälfte ein Buch geschrieben, eine Art sentimentaler Reise*"[26], er wanderte in der Natur und verbrachte seine Zeit (nach seinen Worten) im Schoß schöner Frauen. Das war die glücklichste Periode in seinem Leben, wie er später schreiben sollte.

In den Aufzeichnungen der Italienischen Reise bezeichnete er sich selbst als „*Johann Heinrich Heine, Doktor Juris, der jetzt in der juristischen Literatur Deutschlands berühmt sei*", oder kurz „Herr Doktor" oder „Dottore", der seine Tage und Nächte in der Begleitung einer englischen Touristin, Lady Mathilde, und einer italienischen Tänzerin, Signora Franscheska verbrachte. Nach seinen Worten hatte er Franscheska ohne Anstrengung erobert, aber mit viel Geduld, in einer Prozedur, die mit dem Küssen des linken Fußes begann.

„*‚Ich bin mit Ihnen zufrieden', sagte Signora Franscheska, nach verrichtetem Geschäfte, wobei ich mich nicht zu sehr übereilte, obgleich ich alle zehn Finger in Tätigkeit setzte –, ich bin mit Ihnen zufrieden, Sie sollen mir noch öfter die Strümpfe anziehen. Heute haben Sie den linken Fuß geküßt, morgen soll Ihnen der rechte zu Gebot stehen. Übermorgen dürfen Sie mir schon die linke Hand küssen und einen Tag nachher auch die rechte. Führen Sie sich gut auf, so reiche ich Ihnen späterhin den Mund usw. Sie sehen, ich will Sie gern avanziren lassen, und da Sie jung sind, können Sie es in der Welt noch weit bringen.' ‚Und ich habe es weit gebracht in dieser Welt! Deß seid mir Zeugen, toskanische Nächte, du hellblauer Himmel mit großen silbernen Sternen, ihr wilden Lorbeerbüsche und heimlichen Myrten und ihr, o Nymphen des Apennins, die ihr mit bräutlichen Tänzen uns umschwebtet (...).*"[27]

„Es besteht kein Zweifel", schreibt der Literaturhistoriker George Brandes, „dass nichts dem guten Ruf Heines mehr geschadet hat als die indiskrete Beschreibung sexueller Themen."[28] In jenen Tagen, den Tagen der Reaktion und des Heiligen Bundes, beschäftigte sich die Zensur nicht nur mit der Inneren Sicherheit des Landes, sondern auch mit der Keuschheit seiner Bürger. Beschreibungen wie diese, so naiv sie uns heute erscheinen mögen, galten damals, als eine Welle der Frömmigkeit und Scheinheiligkeit Europa überschwemmte, als unmoralisch und verwerflich – und waren nicht minder eine Gefahr für die öffentliche Ordnung als politische Umstürzler. Schriftsteller wurden damals wegen weit gemäßigterer Aussagen ins Gefängnis geworfen.

Heine rief nach der „Emanzipation des Fleisches" und der Befreiung der Sexualität vom Stigma der Sünde. So präsentierte er sich in seinen Gedichten, seiner Prosa und seinen Briefen als abenteuerlicher Don Juan. „*Hier sind die Weiber meine Plage*", schrieb er an Immermann, „*Ich glaube, wenn ich nach Nova-Zembla ginge, würde ich dort von Sängerinnen und Tänzerinnen gemartert werden. Von ersterer Sorte habe ich die Eine kaum abgefertigt, als mir die Andere schon über den Hals kommt.*"[29]

Es gibt keine Möglichkeit herauszufinden, wie weit Heines Angeberei auf Tatsachen beruht. Es ist nicht auszuschließen, dass er auf diesem Gebiet versucht hatte, seinem Vorbild Lord Byron (den er seinen „*Vetter*" nannte)[30] nachzueifern, obwohl er in Frauenangelegenheiten dem großen englischen Romantiker nicht das Wasser reichte. Byron wurde gezwungen, England zu verlassen, nachdem er beschuldigt worden war, mit seiner Halbschwester Inzest betrieben zu haben, und seine Briefe aus Italien sind voll mit Einzelheiten über romantische Eroberungen. In einem von ihnen behauptete er, dass er während zweieinhalb Jahren mit 200 venezianischen Frauen geschlafen habe, „und vielleicht auch mehr".[31]

Ein „gewagter" Abschnitt in den *Bädern von Lucca* ist die Beschreibung der nackten Lätitia, derselben, die ihre Gäste im Bett liegend empfing und darüber seufzte, wie die Deutschen das Land ausbeuteten. Heine beschreibt sie wie eine „*fünfzigjährige junge Rose*" und ihre Liebhaber als „*Anbeter einer längst ruinierten Schönheit*"[32]

Einer der Liebhaber, Christian Gumpel, ein älterer Bankier aus Hamburg, ein getaufter Jude mit einer großen Nase, breitete ein gelbes Seidentaschentuch auf dem Boden aus, kniete nieder und erklärte:

„Hier kniee ich und huldige Ihnen im Namen von ganz Deutschland. Chris-tophoro di Gumpelino! – seufzte Signora tiefgerührt und schmachtend – ste-hen Sie auf und umarmen Sie mich! Damit aber der holde Schäfer nicht die Frisur und die Schminke seiner Geliebten verdürbe, küßte sie ihn nicht auf die glühenden Lippen, sondern auf die holde Stirne, so daß sein Gesicht tiefer hin-abreichte und das Steuer desselben, die Nase, im roten Meere herumruderte. (…) ,Und wie alt halten Sie mich?' rief plötzlich Signora Lätitia, und ohne an ihr Evakostüm, das bis jetzt die Bettdecke verborgen hatte, zu denken, erhob sie sich bei dieser Frage so leidenschaftlich in die Höhe, daß nicht nur das rote Meer, sondern auch ganz Arabien, Syrien und Mesopotamien zum Vor-schein kam."

Heine verbrachte fünf Monate in Italien. *„Ach, Schenk"*, schrieb er, *„die Seele ist mir so voll, so überfließend, daß ich mir nicht anders zu helfen weiß, als indem ich einige enthusiastische Bücher schreibe."*[33] Ende Septem-ber verabschiedete sich Heine von seinen kurenden Bekannten in den Bädern von Lucca. Er ging nach Florenz, wo er ungeduldig zur Post eilte, aber der erwartete Brief von Eduard von Schenk, der mittler-weile zum Innenminister von Bayern ernannt worden war, war nicht angekommen. Er ging davon aus, dass Schenks Schweigen von der Faulheit des Dichters herrührte, daher schickte er ihm sofort einen Erinnerungsbrief, in dem er von seinen Erlebnissen in der Bäderstadt Lucca erzählte und von dem Buch, das er gerade schrieb. *„Ja, lieber Schenk, Sie werden wohl Ihren ehrlichen Namen zu diesem Buche hergeben müssen, ohne Pardon wird's Ihnen dedicirt. Doch sein Sie nicht in Angst, es wird Ihnen auch erst zum Lesen gegeben, und es wird viel Artiges und meist Sanftes enthalten. Ich muß Ihnen durchaus ein öffentliches Zeichen meiner Gesinnungen geben, Sie haben's um mich verdient, Sie gehören zu den We-nigen, die darauf bedacht waren, meine äußere Stellung zu sichern, und so wahr mir Gott helfe, ich hoffe, auch der König von Baiern wird es Ihnen einst danken."*[34]

Der Oktober verging, ohne dass der ersehnte Brief von Schenk eintraf. Heine hielt sich noch weitere drei Wochen in Florenz auf, aber vergeblich. Am 24. November beschloss er, seinen Aufenthalt in Ita-lien zu beenden. Er verzichtete auf seinen ursprünglichen Plan, nach Rom zu fahren, und fuhr statt dessen über Bologna, Ferrara und Padua nach Venedig. Bei seiner Ankunft wartete ein Brief auf ihn. Er war jedoch nicht von Schenk. Es war ein Brief von zu Hause, darin wurde ihm mitgeteilt, dass sein Vater einen Herzinfarkt erlitten habe und todkrank sei.

Die Nachricht traf ihn sehr und er reiste sofort nach Deutschland weiter. Als er Mitte Dezember in München ankam, wurde ihm klar, dass es seinen Freund nicht gelang (oder er sich nicht bemühte), den König zur Unterschrift der Ernennungsurkunde zum ordentlichen Professor zu bewegen. Im selben Monat erschienen erste Artikel seiner italienischen *Reisebilder* im *Morgenblatt* von Cotta. Die Kirchenkreise verschärften die Hetze gegen ihn. Das schwächte offensichtlich das Interesse des konservativen Schenk, ihn zu verteidigen, und der König hatte genug eigene Sorgen, als dass er zu ihnen noch eine weitere hinzufügen wollte. Heine konnte nicht länger in München bleiben. In der Hoffnung, dass in seiner Sache noch nicht das letzte Wort gesagt worden war, bestieg er eine Postkutsche und machte sich auf den Weg nach Hause. In Würzburg erhielt er die Nachricht vom Tod seines Vaters. Zwei Wochen später stand er an dessen Grab auf dem jüdischen Friedhof von Altona.

Samson Heine starb am 2. Dezember 1828. Er war vierundsechzig Jahre alt, ein durchaus hohes Alter für die damalige Zeit. Heine litt sehr unter diesem Tod. Er hörte nicht auf den Verstorbenen zu beweinen, erzählte jedem, der bereit war zuzuhören, wie sehr er ihn geliebt hatte und wie groß der Verlust sei, bis sogar Rahel Varnhagen anfing, ihn deswegen zu verspotten. Seine Bedrängnis rührte aus seinem Schuldgefühl her, dass er seinem Vater zu Lebzeiten nicht den Respekt hatte zuteil werden lassen, den dieser erfolglose und besiegte Mann verdient hatte. Mehr als er dessen Tod beklagte, schreibt Sammons, beklagte er dessen Leben. Es gab aber auch weitere Gründe für seine schlechte Laune. Erst jetzt zeigte ihm Campe die Komödie „Der romantische Ödipus", in welcher der Verfasser, August Graf von Platen, antisemitische Sticheleien gegen ihn erließ. Heine schwor, darüber nicht zu schweigen. Am schlimmsten war für ihn jedoch die Nachricht aus München, dass der König endgültig entschieden hatte, seine Professur nicht zu bestätigen.

Seine Hoffnungen, sich als Professor zu etablieren, zerplatzten. Wieder stand er auf unsicherem Boden, wie vor seiner Reise nach München. In den folgenden zweieinhalb Jahren reiste er von einem Ort zum anderen. Zunächst wohnte er bei seiner verwitweten Mutter, die nach dem Tod des Vaters nach Hamburg übergesiedelt war. Am 20. Februar 1829 ging er nach Berlin, wo er seine alten Freunde traf: Rahel Varnhagen, Bettina von Arnim, Chamisso sowie seine Freunde aus den Tagen des „Vereins für Kultur und Wissenschaft der Juden", Moser, Zunz und Gans.

Heine traf Zunz in armseligen Verhältnissen an, er lebte von seiner Arbeit als Direktor der Grundschule der Jüdischen Gemeinde, war aber vertieft in die Arbeit an seinem Buch „Die gottesdienstlichen Vorträge der Juden", die erste wissenschaftliche Untersuchung über die Entwicklung der Agada (mündlich überliefertes Gesetz). Zunz war der einzige, der die Arbeit des „Vereins" fortsetzte, und mit seinen wissenschaftlichen Forschungen bereitete er den Boden für die Wissenschaft des Judentums. *„Mann der Rede und der Tat",* lobte ihn Heine in *Ludwig Marcus. Eine Denkschrift, „hat er geschaffen und gewirkt, wo andere träumten und mutlos hinsanken."* Wer seine Ziele im Leben erreicht hatte, war Gans, der frühere Präsident des Vereins. Seine Taufe eröffnete ihm die Tore der Universität von Berlin, dort machte er eine glänzende Karriere als einer der bedeutendsten Rechtsphilosophen des 19. Jahrhunderts (einer seiner Studenten war Karl Marx). In irgendeiner Weise hatte auch Heine gehofft, sich im akademischen Leben Berlins einfügen zu können, aber trotz der Bemühungen Varnhagens gelang es ihm nicht einmal, die Stelle eines Privatdozenten zu bekommen. Seine Lage war ziemlich hoffnungslos. Vom Bücherschreiben konnte er sich nicht ernähren. Kein deutscher Dichter, mit Ausnahme Goethes, lebte zu jener Zeit ausschließlich vom Schreiben. Der Büchermarkt war beschränkt, ein Buch erschien in einer durchschnittlichen Auflage von sechshundert Exemplaren. Die Gesetze zum Schutze der Autoren, das Copyright, waren damals noch nicht erlassen, und „die Piraterie war", wie Sammons schildert, „eher die Regel als die Ausnahme."[35]

„Heine sehe ich fast nicht", schrieb Rahel Varnhagen ihrem Mann (der zu dieser Zeit außerhalb Berlins war), „er wälzt sich so in sich herum; sagt, er muss viel arbeiten; ist fast erstaunt, dass ihn so etwas Reelles, als des Vaters Tod, der Mutter Leid darüber, betraf."[36]

Rahel bemerkte einige Veränderungen an ihm. „Aussehen tut er gesünder; klagt beinah nicht wieder; aber es ist manche sonst vorüber-fliegende Miene festgestellt zwischen seinen Zügen, die ihnen nicht wohltut; so im Munde ein Zerren, wenn er spricht, was ich sonst – auch schon – fast als eine kleine Grazie bemerkte, obgleich es nie schön Zeugnis gab."

Heine fiel es schwer, mit Menschen umzugehen. Auch seine Be-ziehung zu Rahel erlitt einen vorübergehenden Bruch. Er glaubte einen Ton von Geringschätzung in ihren Worten zu vernehmen, war beleidigt und mied ihr Haus.[37] Auch in anderen Häusern wurde er nicht warm empfangen. „Heine ist hier", schrieb Fanny Mendels-sohn (die Schwester von Felix) einem Freund, „und gefällt mir gar nicht; er ziert sich. Wenn er sich gehen ließe, müsste er der liebens-würdigste ungezogene Mensch sein, der je über die Schnur hieb; wenn er sich im Ernst zusammennähme, würde ihm der Ernst auch wohl anstehen, denn er hat ihn, aber er ziert sich sentimental, er ziert sich geziert, spricht ewig von sich und sieht dabei die Menschen an, ob sie ihn ansehen."[38] (…) „Übrigens, hattest du Gelegenheit seine *Reisebilder* aus Italien zu lesen? Es gibt dort zauberhafte Stellen; und so sehr du den Menschen verachtest, kannst du nicht umhin zuzugeben, dass er Dichter ist, ein echter Dichter! Wie er die Worte beherrscht!"[39]

Am 17. April wechselte Heine nach Potsdam am Rande der Stadt. *„Ein ganz einsamer Robinson bin ich hier nicht mehr"*, schrieb er an Frie-derike Robert.[40] Und in der Novelle *Florentinische Nächte*, die er sie-ben Jahre später veröffentlichte, heißt es: *„(…) und ich befand mich in Potsdam, um in ungestörter Einsamkeit den schönen Sommer zu genießen. Ich kam dort mit keinem einzigen Menschen in Berührung, und mein gan-zer Umgang beschränkte sich auf die Statuen, die sich im Garten von Sans-Souci befinden. (…) Ich hütete mich noch sorgfältiger als vorher vor jeder Be-rührung mit der Außenwelt, und wenn irgend jemand auf der Straße etwas* *nahe an mir vorbeistreifte, empfand ich die mißbehaglichste Beklemmung. Ich hegte von allen Begegnissen eine tiefe Scheu (…).*"[41] Während all dieser Zeit bedrängte ihn seine Krankheit weiter, er litt an Kopfschmerzen, Krämpfen, Schlaflosigkeit. Auch seine ökonomische Lage wurde ernsthafter, und er war genötigt, Moser um ein Darlehen von vierzig Talern zu bitten. Dennoch küsste ihn in Potsdam die Muse, und aus seiner schlechten Laune heraus wurde eines seiner lustigsten Werke geboren. *„Ach, krank und elend wie ich bin"*, schrieb er an Friederike Robert, *„wie zur Selbstverspottung, beschreibe ich jetzt die glänzendste Zeit meines Lebens, eine Zeit, wo ich, berauscht vor Uebermuth und Liebesglück, auf den Höhen der Appeninen umherjauchzte, und große, wilde Thaten träumte, wodurch mein Ruhm sich über die ganze Erde verbreite, bis zur fernsten Insel (…).*"[42]

Die Bäder von Lucca, der zweite Teil der Italienischen Reise, ist eines seiner besten Prosawerke, und – wie wir später erkennen werden – auch eines der problematischsten. Wir haben schon verschiedene Passagen daraus zitiert. Wir erinnern wie Marchese di Gumpelino seine lange Nase ins Rote Meer gesteckt hatte, in den prächtigen, eingefallenen Busen der Signora Lätitia. Diese Nase allein diente schon als Ausgangspunkt für die Frage, die nicht einen Moment aufhörte ihn zu quälen, seit er getauft worden war, die Problematik des modernen Juden und seine Integration in der europäischen Gesellschaft. Gumpelino war eine Karikatur des Hamburger Bankiers Lazarus Gumpel, ein Konkurrent von Salomon Heine. Heine hatte ihn schon kurz in seiner *Harzreise* erwähnt und in *Ideen. Das Buch Le Grand* (*„…begegnete mir der wohlgeputzte Banquier Christian Gumpel, so dachte ich gleich an die Zerstörung Jerusalems…"*), aber jetzt, in *Die Bäder von Lucca*, zeigte er seine Person in ihrer vollen Lächerlichkeit: Ein *„Marchese"* mit einer *„jüdischen"* Nase, der auf Schritt und Tritt *„Oh, Jesus!"* ruft; ein Neureicher, der eine Uniform trug, die von Kreuzen, Sternen und auch einem Roter-Adler-Orden glänzte; ein Philister, ein Snob, dessen intellektuelle Ambitionen ihm den Verstand raubten, der unerträglich mit seiner Bildung angab, um zu beweisen, wie viel *„bedeutender"* er war als die anderen.

„Ja, Herr Doktor", sagt Gumpelino, *„wenn ich, was Gott verhüte, mein*

*Geld verliere, so bin ich doch noch immer ein großer Kunstkenner, ein Kenner
von Malerei, Musik und Poesie. Sie sollen mir die Augen zubinden und mich
in der Gallerie zu Florenz herumführen, und bei jedem Gemälde, vor welches Sie mich hinstellen, will ich Ihnen den Maler nennen, der es gemalt hat,
oder wenigstens die Schule, wozu dieser Maler gehört. Musik? Verstopfen Sie
mir die Ohren und ich höre doch jede falsche Note. Poesie? Ich kenne alle
Schauspielerinnen Deutschlands, und die Dichter weiß ich auswendig. Und gar
Natur! Ich bin zwei hundert Meilen gereist, Tag und Nacht durch, um in
Schottland einen einzigen Berg zu sehen."*[43]

Lady Mathilde, eine englische Touristin mit scharfer Zunge, warnt
den Erzähler, von seiner Nase nicht verwundet zu werden, und dieser
dankt ihr für die Warnung, *„und wenig fehlte, so hätte er mir wirklich ein
Auge damit ausgestochen."* Sie selbst sieht in Gumpelino *„einen Pair unseres Narrenreichs."* Der Erzähler entdeckt zu seiner Verwunderung, dass
alle anderen ihn sogar lobpreisen, seine Begeisterung für die Schönheit hervorheben, seine guten Manieren und seine Großzügigkeit.
*„Auch Signora Franscheka stimmte ein in diesen Lobgesang, doch gestand
sie, seine Nase sei etwas beängstigend und erinnere sie immer an den Turm von
Pisa."* Heine, der in seinen Schriften über die Stereotype der jüdischen
Nase spottet (*„die auserwählte Nase"*, wie er sie bei anderer Gelegenheit
nennt), entwickelt hier die Theorie, die später durch Moses Hess
übernommen wurde, dass wegen dieser rassischen Eigenschaft eine
vollkommene Assimilierung nicht möglich sei.[44]

*„Ich will nichts Schlimmes von dieser Nase sagen; im Gegenteil, sie war
von der edelsten Form, und sie eben berechtigte meinen Freund, sich wenigstens einen Markese-Titel beizulegen. Man konnte es ihm nemlich an der Nase
ansehen, daß er von gutem Adel war, daß er von einer uralten Welt-
familie abstammte, womit sich sogar einst der liebe Gott, ohne Furcht vor
Mesallianz, verschwägert hat. Seitdem ist diese Familie freylich etwas herun-
tergekommen, so daß sie seit Carl dem Großen, meistens durch den Handel
mit alten Hosen und hamburger Lotteriezetteln, ihre Subsistenz erwerben
mußte, ohne jedoch im mindesten von ihrem Ahnenstolze abzulassen oder
jemals die Hoffnung aufzugeben, einst wieder ihre alten Güter oder wenigstens hinreichende Emigranten-Entschädigung zu erhalten, wenn ihr alter -
legitimer Souverain sein Restaurazionsversprechen erfüllt, ein Versprechen,*

womit er sie schon zwei Jahrtausende an der Nase herumgeführt. Sind viel-
leicht ihre Nasen eben durch dieses lange an der Nase Herumgeführtwerden
so lang geworden? Oder sind diese langen Nasen eine Art Uniform, woran
der Gottkönig Jehovah seine alten Leibgardisten erkennt, selbst wenn sie
*desertiert sind?"** *

Jetzt erschien der Diener des Marchese, und selbst in ihm, nach den
Worten des Erzählers, *„erkannte ich jemanden den ich eher auf dem Berg*
Sinai als auf den Apenninen erwartet hätte (...)." Das war Hirsch, ein bekannter Hamburger Spekulant von Lotteriescheinen, der sich auch
auf Hühneraugen und Juwelen verstand. Er freute sich, seinen alten
Bekannten, den „Herrn Doktor" zu treffen, mit ihm „gutes Deutsch"
(eine Art Jiddisch) zu sprechen und gemeinsame Erinnerungen an das
wunderbare Hamburg auszutauschen (seine „Stiefheimat"). Hirsch
erinnert sich an den Hamburger Zoo und nennt seine Bewohner:
Löwen, Vögel, Papagoyim, Affen, und ausgezeichnete Menschen. Er
verwendet hier *„Papagoyim"* statt Papageien. Die Väter der Goyim
(Papa + goyim), die mit ihren Kindern den Zoo besuchen.

Hirsch, eine Art Mischung aus Figaro und Sancho Pansa, rühmte
sich seiner Bekanntschaft mit den Rothschilds. Er hatte Nathan Rothschilds Hühneraugen operiert (*„Nathan den Weisen, bei dem der Kaiser*
von Brasilien seine diamantene Krone versetzt hat.") und er hatte auch die

---

* Das ist eine sehr komplexe Passage. Heine (der übrigens auch eine „jüdische"
Nase hatte) nimmt dort alle jüdischen Fragen auf: ihre Auserwähltheit, ihr Exil,
ihre Erlösung, ihre Wanderungen, ihre Ehre und Niedertracht, ihre Assimilierung und ihre Konvertierung. Er verspottet die Christen wegen ihrer Abscheu
vor den Juden, obwohl doch auch der gute Gott eine von ihnen geheiratet hat
(er wählte eine jüdische Jungfrau als Mutter für seinen Sohn). Er mokiert sich
über die Juden, die an die göttliche Gerechtigkeit glaubten, obwohl Gott mit
der Erfüllung seines Versprechens, sein Volk zu erlösen, zögere. Er stellt vor
Moses Hess und Herzl die Behauptung auf, dass man dem Judentum nicht
entrinnen könne, weder durch Assimilation noch durch Konvertierung. Der
Hinweis auf die „jüdische Nase", der bei Heine immer wieder vorkommt, wie
die ironische Verwendung von antisemitischen Stereotypen, wird als Beweis für
seinen Selbsthass gebracht; aber Professor Prawer verweist in seinem Buch
„Heine's Jewish Comedy" auf dessen Strategie: Er spottete nicht über die
Juden, sondern über das jüdische Stereotyp der Antisemiten.

Ehre, den Baron Salomon Rothschild zu kennen, *„und er behandelte mich ganz wie seines Gleichen, ganz famillionär.“**

Jetzt wechselte er in die Dienste des Marchese Gumpel, eines Freundes der klassischen Bildung, der seinen Namen von Hirsch in Hyazinth änderte und seinem Hund den Namen Apollo gab.

„Hätte ich nur Rothschilds Geld“, sagt der Marchese, *„aber welchen Gebrauch macht er davon? Er hat keine Bildung, und versteht von Musik wie ein ungeborenes Kalb, in Malerei wie eine Katze und im Gesang wie Apollo – das ist der Name meines Hundes. Wenn diese Menschen ihr Geld verlieren hören sie auf zu existieren…“*[45]

Hirsch-Hyazinth lobt seinen Herrn, der jeden Abend nicht weniger als zwei Stunden auf seinen Knien vor der *„Prima Donna mit dem Jesuskind“*[46] kniet. *„Und Sie, Herr Hyazinth, warum knien Sie nicht hinter ihm? Oder sind Sie etwa kein Freund von der katholischen Religion?“ „‚Dabei muß ich Ihnen auch gestehen‘, antwortete Hyazinth, ‚daß mir die katholische Religion nicht einmal Vergnügen macht, und als ein vernünftiger Mensch müssen Sie mir Recht geben. (…) es ist eine Religion als wenn der liebe Gott, gottbewahre, eben gestorben wäre, und es riecht dabei nach Weihrauch, wie bei einem Leichenbegängniß, und dabei brummt eine so traurige Begräbnißmusik, daß man die Melancholik bekömmt – ich sage Ihnen, es ist keine Religion für einen Hamburger.‘ – ‚Aber, Herr Hyazinth, wie gefällt Ihnen denn die protestantische Religion?‘ ‚Die ist mir wieder zu vernünftig, Herr Doktor, und gäbe es in der protestantischen Kirche keine Orgel, so wäre sie gar keine Religion. Unter uns gesagt, diese Religion schadet nichts und ist so rein wie ein Glas Wasser, aber sie hilft auch nichts.‘ (…) – ‚Die altjüdische Religion scheint Ihnen gewiß viel zweckmäßiger, mein Lieber?‘ – ‚Herr Doktor, bleiben Sie mir weg mit der altjüdischen Religion, die wünsche ich nicht*

---

* Sigmund Freud verweist in seinem Buch „Der Witz und seine Beziehung zum Unbewussten“ (1905) auf die identischen Initialen von Heinrich Heine und Hirsch Hyazinth. Hyazinth ist das Alter Ego von Heinrich Heine und auch eine Selbstparodie. In der humoristischen Zusammensetzung von Familie und Millionär zu „famillionär“, in der Hirsch das Verhältnis von Salomon (Rothschild) zu ihm beschreibt, gibt uns Heine einen Hinweis auf seinen Onkel Salomon (Heine), der sich zu ihm auch famillionär verhalten hat, wie zu einem armen Verwandten.

meinem ärgsten Feind. Man hat nichts als Schimpf und Schande davon. Ich sage Ihnen, es ist gar keine Religion, sondern ein Unglück.' (…) – ,Mein lieber Herr Hyazinth! (…) Sie scheinen schon so viel für Ihre Bildung gethan zu haben, daß man in Ihnen den gebildeten Mann schon erkennt, ehe Sie den Mund aufßun, um zu sprechen.' – ,Sie haben recht, Herr Doktor, ich habe in der Bildung Fortschritte gemacht wie eine Riesinn. Ich weiß wirklich nicht, wenn ich nach Hamburg zurückkehre, mit wem ich dort umgehn soll; und was die Religion anbelangt, so weiß ich, was ich thue. Vor der Hand aber kann ich mich mit dem neuen israelitischen Tempel noch behelfen; ich meine den reinen Mosaikgottesdienst, mit orthographischen deutschen Gesängen und gerührten Predigten und einigen Schwärmereichen, die eine Religion durchaus nötig hat. So wahr mir Gott alles Guts gebe, für mich verlange ich jetzt keine bessere Religion, und sie verdient, daß man sie unterstützt. Ich will das Meinige tun, und bin ich wieder in Hamburg, so will ich alle Sonnabend', wenn kein Ziehungstag ist, in den neuen Religion-Tempel gehen. Es giebt leider Menschen, die diesem neuen israelitischen Gottesdienst einen schlechten Namen machen und behaupten, er gäbe, mit Respekt zu sagen, Gelegenheit zu einem Schisma – aber ich kann Ihnen versichern, es ist eine gute reinliche Religion, noch etwas zu gut für den gemeinen Mann, für den die altjüdische Religion vielleicht noch immer sehr nützlich ist. Der gemeine Mann muß eine Dummheit haben, worin er sich glücklich fühlt, und er fühlt sich glücklich in seiner Dummheit.'"

Heine verwies, wie zwei oder drei Generationen später die Zionisten, auf den hohen Preis der Aufklärung und Emanzipation. Das bekannte Paradox von Ahad Ha'Am (1891) „Sklaverei innerhalb der Freiheit" erschien zuerst bei Heine, in seinem Beitrag *Über Polen* (1823). Dort stellte er die innere Vollkommenheit der Ghettojuden den Identitätsproblemen der emanzipierten Juden gegenüber. Hier entwickelte er die Idee, dass die alte jüdische Religion zwar für Narren erträglich sei, dennoch bekennt Hirsch-Hyazinth: „*So ein alter Jude mit einem langen Bart und zerrissenem Rock, und der kein orthographisch Wort sprechen kann und sogar ein bischen grindig ist, fühlt sich vielleicht innerlich glücklicher als ich mit all meiner Bildung.*"

Wer ist der glückliche Jude nach den Worten von Hirsch-Hyazinth? Er heißt Moses Lump und wohnt in einer Dachstube in Hamburg.

„*(…) der läuft die ganze Woche herum, in Wind und Wetter, mit seinem*

Packen auf dem Rücken, um seine paar Mark zu verdienen; wenn der nun Freitags Abends nach Hause kömmt, findet er die Lampe mit sieben Lichtern angezündet, den Tisch weiß gedeckt, und er legt seinen Packen und seine Sorgen von sich, und setzt sich zu Tisch mit seiner schiefen Frau und noch schieferen Tochter, ißt mit ihnen Fische, die gekocht sind in angenehm weißer Knoblauchsauce, singt dabei die prächtigsten Lieder vom König David, freut sich von ganzem Herzen über den Auszug der Kinder Israel aus Egypten, freut sich auch, daß alle Bösewichter, die ihnen Böses gethan, am Ende gestorben sind, daß König Pharao, Nebukadnezar, Haman, Antiochus, Titus und all solche Leute tot sind, daß Lümpchen aber noch lebt und mit Frau und Kind Fisch ißt – Und ich sage Ihnen, Herr Doktor, die Fische sind delikat, und der Mann ist glücklich, er braucht sich mit keiner Bildung abzuquälen, er sitzt vergnügt in seiner Religion und seinem grünen Schlafrock, wie Diogenes in seiner Tonne, er betrachtet vergnügt seine Lichter, die er nicht einmahl selbst putzt – Und ich sage Ihnen, wenn die Lichter etwas matt brennen und die Schabbesfrau, die sie zu putzen hat, nicht bei der Hand ist, und Rothschild der Große käme jetzt herein, mit all seinen Maklern, Diskonteuren, Spediteuren und Chefs de Comptoir, womit er die Welt erobert, und er spräche: ‚Moses Lump, bitte dir eine Gnade aus, was du haben willst, soll geschehen‘ – Herr Doktor, ich bin überzeugt, Moses Lump würde ruhig antworten: ‚Putz mir die Lichter!‘, und Rothschild der Große würde mit Verwunderung sagen: ‚wär ich nicht Rothschild, so möchte ich so ein Lümpchen sein!‘“[47]

Der Vorteil Moses Lumps den liberalen Juden gegenüber liegt darin, dass dieser sich selbst nicht belügen muss. Er kann sich nach Herzenslust über den Auszug aus Ägypten freuen; er kann Pharao, Nebukadnezar, Haman, und alle anderen Feinde Israels hassen, ohne zu befürchten, dass man ihn wegen doppelter Loyalität anklagt. Heine verweist hier auf ein Paradox: Der Jude, der im Sklavenhaus lebt, ist befreiter als der freie Jude; und der ungebildete Jude ist glücklicher als der Gebildete, glücklicher selbst als Rothschild. Und in dieser Beschreibung bringt er auch die Sehnsucht des modernen, wurzellosen Juden nach ein wenig *Jiddischkeit* zum Ausdruck, eine Idee, die er zwanzig Jahre später, auf dem Totenbett liegend, in dem Gedicht *Die Prinzessin Sabbat* weiterentwickeln wird. Demnach ist in den *Bädern von Lucca* kein Rückzug vom Judentum erkennbar, sondern das

Gegenteil: In den Tagen des Kulturvereins (1822-1825), in denen alle den Höhepunkt seiner Identifikation mit dem Judentum sehen, hatte Heine seine Ursprünge verheimlicht. Er brachte dies in *Der Rabbi von Bacherach* zum Ausdruck, den er unter Verschluss hielt; in Gedichten, die nicht zum Druck freigegeben und in seinen privaten Briefen, die erst nach seinem Tod veröffentlicht wurden. In seinen Werken, die zu dieser Zeit erschienen, gibt es kaum einen Hinweis, dass er Jude war. In den *Bädern von Lucca* (1829), vier Jahre nach seiner Konvertierung, offenbart sich Heine zum ersten Mal in der Öffentlichkeit. Er verachtet die Getauften, verspottet die Reformierten und zeigt ein ambivalentes, pro-zionistisches Verhältnis gegenüber den Juden des alten Ghetto. Das sympathische Porträt von Moses Lump, mit der Nostalgie für die Freuden der geselligen Sabbath-Zusammenkünfte, widerlegt jede Behauptung, dass seine Aussage, das Judentum sei *„ein Unglück"*[48], ein Ausdruck von jüdischem Selbsthass sei. Diese Aussage ist, wenn sie nicht aus dem Zusammenhang herausgerissen wird, ein Ausdruck von Empathie, vom Schmerz der Identifikation, den Heine, in Anlehnung an Börne, *„den großen Judenschmerz"* nannte, im Gegensatz zum *Weltschmerz* der deutschen Romantiker.

Die Bäder von Lucca ist eines der Meisterwerke Heines. Die Figuren des Gumpelino und seines Dieners, eine Art Don Quichotte und Sancho Panza, sind eine seiner großen Errungenschaften in der Gestaltung komischer Figuren. Dennoch wurde das Buch nicht wegen seiner literarischen Qualitäten berühmt, sondern hauptsächlich wegen des Skandals, den das letzte Kapitel verursache, in dem sich Heine auf eine wilde, bittere und voreilige Attacke auf den Dichter Platen einließ.

August Graf von Platen-Hallermünde (1796-1835) war ein verarmter Adeliger und kein unbedeutender Dichter. Seine Gedichte, die er laut Heine im *„Schweiße seines Angesichts"*[49] verfasste, erscheinen bis heute in Anthologien deutscher Dichtung. Die Affäre begann mit dem zweiten Band der *Reisebilder* (1827), in dem Heine einige Briefe seines Freundes Immermann veröffentlicht hatte, die von Platens Dichtung verspotteten. Dieser entschloss sich zu einem Gegenschlag. Er schrieb ein satirisches Theaterstück, „Der romantische Ödipus", in dem er eine Reihe von zeitgenössischen Schriftstellern angriff, unter ihnen Heine und Immermann. Immermann nannte er in billigem Humor „Nimmermann", und Heine „Petrark des Lauberhüttenfests", „Pindar vom kleinen Stamme Benjamin" oder „Stolz der Synagoge".[50] Der besonders antisemitische Teil in diesem Stück ist, als „Nimmermann" gefragt wird: „Gewiß, es ist dein Busenfreund des sterblichen / Geschlechts der Menschen Allerunverschämtester", und er antwortet: „Sein Freund, ich bin's; doch möchte ich nicht sein Liebchen sein; denn seine Küsse sondern ab Knoblauchsgeruch."

Heine, der an seinem empfindlichsten Nerv getroffen wurde, seinem Judentum, beschloss, es Platen auf gleiche Weise zurückzuzahlen, indem er seine Homosexualität angriff. So bezeichnete er ihn im ersten Teil, der *Reise von München nach Genua, als After-Poet*. Er bemerkte, dass er „*die zarte griechische Knabenliebe besingt.*"[51] Und im zweiten Teil, in den *Bädern von Lucca,* nahm er einige Zeilen aus einem Gedicht von Platen als Motto „*Ich bin wie ein Weib dem Manne*"[52] und legte dem Marchese Gumpelino Lobworte auf den Dichter in den Mund, „*der nur auf Männer glüht".* Im Kapitel elf erledigt er seine Dichtung, er nennt ihn „*Troubadour des Jammers*" und seziert detailliert den homoerotischen Inhalt seiner Werke. Im selben Ton schlägt er Änderungen in der Handlung von „Der romantische Ödipus" vor: „*Statt daß er ihn den Vater Lajus tödten, und die Mutter Jokaste heyraten ließ, hätte er es im Gegenteil so einrichten sollen, daß Oedipus seine Mutter tötet und seinen Vater heyratet.*"

All diese Worte und noch mehr schleuderte Heine Platen wegen dieser drei Worte „der getaufte Heine" entgegen, die wie Feuer brannten. „*Ja, ja, du irrst dich nicht, lieber Leser, das bin Ich, den er meint, und im ‚König Oedipus' kannst du lesen, wie ich ein wahrer Jude bin, wie ich, wenn ich einige Stunden Liebeslieder geschrieben, gleich darauf mich niedersetze und Dukaten beschneide, wie ich am Sabbath mit langbärtigen Mauscheln zusammenhocke und den Talmud singe, wie ich in der Osternacht einen unmündigen Christen schlachte und aus Malize immer einen unglücklichen Schriftsteller dazu wähle.*" „Platen", schrieb Heine, „*hat in seinem König Oedipus das Liebste angegriffen – denn was könnte mir lieber sein als mein Christentum?*"

Heine war (irrtümlicherweise, wie sich herausstellte) davon überzeugt, dass Platen ein Instrument der feudal-klerikal-antisemitischen Koalition sei, die in München gegen ihn kämpfte. Seinen Freunden erklärte er, dass er in seinem Kampf gegen Platen gegen den *„Repräsentanten seiner Partey (…), den frechen Freudenjungen der Aristrokaten und Pfaffen"* kämpfe. An Varnhagen schrieb er: *„Als mich die Pfaffen in München zuerst angriffen und mir den Juden zuerst aufs Tapet brachten, lachte ich, ich hielts für bloße Dummheit. Als ich aber System roch, als ich sah wie das lächerliche Spukbild allmählig ein bedrohliches Vampier wurde, als ich die Absicht der Platenschen Satyre durchschaute, als ich durch Buchhändler von der Existenz ähnlicher Produkte hörte die mit demselben Gift getränkt manuskriptlich herumkrochen – da gürtete ich meine Lende, und schlug so scharf als möglich, so schnell als möglich."*[53]

Aber die Sticheleien auf Platen kamen wie ein Bumerang auf ihn zurück. Nicht nur seine Feinde nutzten diese Affäre, um seinen Namen zu verletzen, auch viele seiner Freunde distanzierten sich von ihm, ohne zu berücksichtigen, dass Platen mit den Beleidigungen begonnen hatte. Salomon Heine, der sich bei der Parodie über den jüdischen Gumpel aufs Äußerste amüsiert hatte, war abgestoßen von dem Angriff auf den aristokratischen Platen. „Aber, ohne Schmeichelei, Henry", sagte er, „der Platen hat dir gut getrefft".[54] Immermann, der die ganze Affäre ausgelöst hatte, schwieg, und sogar Moser, sein bester Freund, verurteilte ihn, und Heine brach aus Ärger die Beziehungen zu ihm ab. Der einzige, der ihn verteidigte, war Varnhagen. Er veröffentlichte (anonym) im „Gesellschafter" einen Beitrag, in dem er auf die satirische Überlegenheit Heines hinwies und betonte, dass das Urteil durch die treuen Hände eines Henkers vollstreckt worden sei.

Es liegt etwas Peinliches und Trauriges in diesem Streit zwischen zwei Parias, beide einer Minderheit zugehörig, verstoßen, schutzlos, Opfer der gesellschaftlichen Ungerechtigkeit: ein Jude und ein Homosexueller. Heine hatte das zu spät begriffen, und im letzten Teil der *Italienischen Reise* scheint es, als ob es ihm Leid tat. *„Das Leben ist eine Krankheit"* schrieb er, *„die ganze Welt ist ein Lazarett! Ach, man sollte eigentlich gegen niemanden in dieser Welt schreiben. Jeder ist selbst krank genug in diesem großen Lazarett, und manche polemische Lektüre erinnert mich* *unwillkürlich an ein widerwärtiges Gezänk in einem kleineren Lazarett zu Krakau, wobei ich mich als zufälliger Zuschauer befand und wo entsetzlich anzuhören war, wie die Kranken sich einander ihre Gebrechen spottend vorrechneten, wie ausgedörrte Schwindsüchtige den aufgeschwollenen Wassersüchtling verhöhnten, wie der eine lachte über den Nasenkrebs des andern und dieser wieder über Maulsperre und Augenverdrehung seiner Nachbarn, bis am Ende die Fiebertollen nackt aus den Betten sprangen und den andern Kranken die Decken und Laken von den wunden Leibern rissen und nichts als scheußliches Elend und Verstümmelung zu sehen war."*[55]

KAPITEL 7

„Klinge, kleines Frühlingslied"

„Lächle nicht, später Leser. Jede Zeit glaubt, ihr Kampf sei vor allen der wichtigste, dieses ist der eigentliche Glaube der Zeit, in diesem lebt sie und stirbt sie, und auch wir wollen leben und sterben in dieser Freiheitsreligion, die vielleicht mehr den Namen Religion verdient als das hohle, ausgestorbene Seelengespenst, das wir noch so zu benennen pflegen – unser heiliger Kampf dünkt uns der wichtigste, wofür jemals auf dieser Erde gekämpft worden, obgleich historische Ahnung uns sagt, daß einst unsre Enkel auf diesen Kampf herabsehen werden, vielleicht mit demselben Gleichgültigkeitsgefühl, womit wir herabsehen auf den Kampf der ersten Menschen, die gegen ebenso gierige Ungetüme, Lindwürmer und Rauhriesen, zu kämpfen hatten."[1]
(Reise von München nach Genua)

Geschlagen und gebeutelt verließ Heine Ende März 1830 Hamburg, um einige Monate der Einsamkeit im nahen Wandsbek zu verbringen. *„Seit 10 Tagen"*, schrieb er an Varnhagen, *„wohne ich ganz allein in Wandsbek, wo ich seitdem noch mit nie-*

manden gesprochen außer mit Thiers* und dem lieben Gott — ich lese nemlich
die Revoluzionsgeschichte des einen und die Bibel des anderen Verfassers…"[2]

Im Juni stieg die Hitze, die Kopfschmerzen kamen häufiger und er
ging zur Erholung nach Helgoland. Seine geistige Nahrung waren
Bücher, die mit den Tagesereignissen nichts gemein hatten: Homer,
Die Geschichte der Langobarden, einige Schriften über Zauberei —
und wieder die Bibel. *„Welch ein Buch"*, schrieb er, *„das ganze Drama*
der Menschheit, alles ist in diesem Buche … Es ist das Buch der Bücher, …"[3]

„Ich selber bin dieses Guerillakrieges müde und sehne mich nach Ruhe, we-
nigstens nach einem Zustand, wo ich mich meinen natürlichen Neigungen,
meiner träumerischen Art und Weise, meinem phantastischen Sinnen und
Grübeln ganz fessellos hingeben kann. Welche Ironie des Geschickes, daß ich,
der ich mich so gerne auf die Pfühle des stillen beschaulichen Gemütlebens
bette, daß eben ich dazu bestimmt war, meine armen Mitdeutschen aus ihrer
Behaglichkeit hervorzugeißeln und in die Bewegung hineinzuhetzen! Ich, der
ich mich am liebsten damit beschäftige, Wolkenzüge zu beobachten, metrische
Wortzauber zu erklügeln, die Geheimnisse der Elementargeister zu erlauschen
und mich in die Wunderwelt alter Märchen zu versenken … ich mußte poli-
tische Annalen herausgeben, Zeitinteressen vortragen, revolutionäre Wünsche
anzetteln, die Leidenschaften aufstacheln, den armen deutschen Michel bestän-
dig an der Nase zupfen, daß er aus seinem gesunden Riesenschlaf erwache …
Und riß ich auch heftig an seinem Kopfkissen, so rückte er es sich doch wieder
zurecht mit schlaftrunkener Hand… Einst wollte ich aus Verzweiflung seine
Nachtmütze in Brand stecken, aber sie war so feucht von Gedankenschweiß,
daß sie nur gelinde rauchte … und Michel lächelte im Schlummer…

Ich bin müde und lechze nach Ruhe. Ich werde mir ebenfalls eine deutsche
Nachtmütze anschaffen und über die Ohren ziehen. Wenn ich nur wüßte, wo
ich jetzt mein Haupt niederlegen kann. In Deutschland ist es unmöglich. Jeden
Augenblick würde ein Polizeidiener herankommen und mich rütteln, um zu
erproben, ob ich wirklich schlafe; schon diese Idee verdirbt mir alles Behagen.
Aber in der Tat, wo soll ich hin? Wieder nach Süden? Nach dem Lande, wo

---

* Louis-Adolphe Thiers (1797-1877), ein französischer Staatsmann und Historiker, war der Autor der zehnbändigen „Geschichte der Französischen Revolution" und einer der Anstifter der Juli-Revolution von 1830.

die Zitronen blühen und die Goldorangen? Ach! vor jedem Zitronenbaum steht dort eine östreichische Schildwache und donnert dir ein schreckliches ‚Werda!‘ entgegen. Wie die Zitronen, so sind auch die Goldorangen jetzt sehr sauer. Oder soll ich nach Norden? Etwa nach Nordosten? Ach, die Eisbären sind jetzt gefährlicher als je, seitdem sie sich zivilisieren und Glacéhandschuh' tragen. Oder soll ich wieder nach dem verteufelten England, … wo die Maschinen sich wie Menschen und die Menschen wie Maschinen gebärden. [Oder nach Frankreich?] Die dortigen Machthaber sind dieselben Toren, denen man bereits vor fünfzig Jahren die Köpfe abgeschlagen. (…) Oder soll ich nach Amerika, nach diesem ungeheuren Freiheitsgefängnis, wo die unsichtbaren Ketten mich noch schmerzlicher drücken würden als zu Hause die sichtbaren und wo der widerwärtigste aller Tyrannen, der Pöbel, seine rohe Herrschaft ausübt! (…) dort gibt es weder Fürsten noch Adel, alle Menschen sind dort gleich, gleiche Flegel… mit Ausnahme freilich einiger Millionen, die eine schwarze oder braune Haut haben und wie die Hunde behandelt werden! (…) Der weltliche Nutzen ist ihre eigentliche Religion, und das Geld ist ihr Gott, ihr einziger, allmächtiger Gott. (…) O Freiheit! du bist ein böser Traum!"[4]

Und so verging die Zeit bis zu jenem Tag, an dem die Zeitungen nach Helgoland kamen, mit den Nachrichten von der Juli-Revolution. Heine las gespannt von den Barrikaden in den Straßen von Paris, wie man mit der Trikolore und der Marseillaise auf den Lippen Karl X., den letzten der Bourbonen, vertrieben hatte.

„Von jenen wilden, in Druckpapier gewickelten Sonnenstrahlen" schrieb er hier, *„ist mir einer ins Hirn geflogen, und alle meine Gedanken brennen lichterloh."* Er berichtet, wie er wie toll im Haus herumlief, die *„dicke Wirtin"* und ihren Ehemann, den *„Seewolf",* küsste, und auch seine Nachbarn bei der Kur, einen preußischen Syndikus und einen holländischen Käsehändler, umarmte. *„Sogar die armen Helgolander jubeln vor Freude",* schrieb er, *„obgleich sie die Ereignisse nur instinktmäßig begreifen. Der Fischer, welcher mich gestern nach der kleinen Sandinsel, wo man badet, überfuhr, lachte mich an mit den Worten: ‚Die armen Leute haben gesiegt!'"*

Das Echo der Revolution von Juli 1830 verbreitete sich in allen Regionen Europas. In Polen und Italien brachen nationale Aufstände aus, die sehr schnell unterdrückt wurden. In Deutschland erklärten sich einige Fürsten bereit, ihren Untertaten eine Verfassung zu geben, zogen diese aber zurück, als der Sturm der Revolution vorüber war. Von den neununddreißig deutschen Staaten nutzte nur Braunschweig die Gelegenheit und setzte den Fürsten von seinem Thron ab. In Berlin drückte sich die Revolution darin aus, dass man gegen die Hundesteuer und gegen das Rauchverbot im Zoo demonstrierte. In Göttingen hatten einige Studenten sich einen Spaß erlaubt und auf einem der Türme die Trikolore befestigt. Heine beeilte sich, nach Hamburg zurückkehren, dort erfuhr er, wie die Demonstration der Solidarität mit der Juli-Revolution in einem Pogrom endete: Der Mob überfiel, die Marseillaise singend, Synagogen, und von dort aus jüdische Geschäfte und jüdische Wohnhäuser. *„Menschen, die tierisch wild rasten"*, schrieb er in seinem Notizblock. *„Ein Jude sagte zum andern: ‚Ich war zu schwach.'* *Dies Wort empfiehlt sich als Motto zu einer Geschichte des Judentums."*[5]

Eine tatsächliche Änderung gab es in den Niederlanden: Die Unruhen gegen die Herrschaft des Königs von Holland in Brüssel endeten mit der Ausrufung eines neuen Staates, der Belgien genannt wurde. Wenn aber die Juli-Revolution die alte Ordnung in Europa nicht umgestürzt hatte, war sie, nach den Worten Heines, *„ein politisches Erdbeben"*, das *„unsere Zeit gleichsam in zwei Hälften auseinandersprengte."*[6] Unter ihrem Einfluss erwachten die liberalen und nationalen Kräfte aus ihrem Schlaf, und die eingeschüchterten Regierungen verstärkten die Methoden der Unterdrückung und Verfolgung. In Europa begann die Zählung rückwärts, der Revolution von 1848 entgegen.

Im Gegensatz zur allgemein herrschenden Meinung verließ Heine Deutschland nicht unmittelbar nach der Juli-Revolution. Er blieb noch weitere neun Monate, mit verschiedenen literarischen Arbeiten beschäftigt. In dieser Zeit widmete er sich auch wieder dem Schreiben von Gedichten. Seit dem großen Erfolg der *Harzreise* und des *Buch Le Grand* fühlte er, dass seine Laufbahn als lyrischer Dichter beendet war. *„Die Prosa nimmt mich auf in ihre weiten Arme"*, schrieb er.[7] In dieser Zeit wandte sich der Komponist Albert Methfessel an ihn, der bei ihm neue Gedichte bestellte, um sie zu vertonen. Heine war sofort einverstanden, und zum ersten Mal in seinem Leben verfasste er Gedichte auf Bestellung.

„*Ein neuer Frühling wird kommen*", schrieb er, „*und damit ich ihn dann ganz genießen kann, ungestört, so mache ich jetzt die Frühlingslieder, die dazu passen.*"[8] „Heine hat letztens 60 Frühlingslieder veröffentlicht", schrieb Felix Mendelssohn an Immermann, „nur in wenigen von ihnen haucht ein echtes Gefühl und Leben, aber diese wenigen sind wunderbar."[9]

Mendelssohn komponierte die Melodie für *Leise zieht durch mein Gemüt* – nach allgemeiner Meinung die Krönung der Frühlingslieder:

> *Leise zieht durch mein Gemüt*
> *Liebliches Geläute.*
> *Klinge, kleines Frühlingslied.*
> *Kling hinaus ins Weite.*
>
> *Kling hinaus, bis an das Haus,*
> *Wo die Blumen sprießen.*
> *Wenn du eine Rose schaust,*
> *Sag, ich laß sie grüßen.*[10]

Das ist auf den ersten Blick ein harmloses Gedicht, fast ein Kinderreim (Heine hat niemals Kinderreime geschrieben), aber es ist nicht so harmlos, wie es scheint. Denn es ist kein Lied über den Frühling, sondern ein Lied über ein Frühlingslied. Und es versteckt sich in den Zeilen „*Klinge, kleines Frühlingslied, kling hinaus ins Weite*" in gewiser Weise eine zarte politische Botschaft. Nach seiner Aussage war der Zyklus dieser Frühlingsgedichte von der Freiheitshoffnung inspiriert worden, welche die Juli-Revolution erweckt hatte. „*Meine Lebensverhältnisse*" schrieb er, „*haben niemals zu meiner Entwicklung als Troubadour gepasst. Aux armes! Aux armes! klingt es jedes mal in meinem Kopf. Alea jacta est.*"[11] Mendelssohns Vertonung jedenfalls ist eine der schönsten unter den Tausenden von Melodien, die jemals zu den Gedichten Heines komponiert wurden.

Während dieser Tage bereitete er die *Reisebilder Band IV* für den Druck vor, in dem er die *Englische Fragmente* aufnehmen und *Die Stadt Lucca* veröffentlichen wollte – den dritten und letzten Teil der *Italieni-*

schen Reisebilder. Hier sind die politischen Botschaften klar und deutlich. In den *Englischen Fragmenten* attackierte er den deutschen Adel, *„der roheste der Welt",* der einen Bund mit der katholischen Kirche geschlossen habe, welcher *„ganz Europa weltlich und geistlich knechtete."* [12] In *Die Stadt Lucca* griff er die Religion auf breiter Front an. Die Wurzel des Bösen liegt nach Heine im Judentum, das der Welt eine positive Religion gab, mit Glauben und Zeremonien, Synagoge und Konvertierung zum Judentum. Vom Judentum erbte das Christentum den religiösen Fanatismus und den religiösen Zwang. *„Eben weil ich ein Freund des Staats und der Religion bin, hasse ich jene Mißgeburt, die man Staatsreligion nennt, jenes Spottgeschöpf, das aus der Buhlschaft der weltlichen und der geistlichen Macht entstanden."* [13]

In dieser Sache zog Heine keine Religion der anderen vor. *„Es ist eine bekannte Bemerkung, daß die Pfaffen in der ganzen Welt, Rabbinen, Muftis, Dominikaner, Konsistorialräte, Popen, Bonzen, kurz das ganze diplomatische Corps Gottes, im Gesichte eine gewisse Familienähnlichkeit haben, wie man sie immer findet bei Leuten, die ein und dasselbe Gewerbe treiben."* Heine bemühte sich, deutlich zu machen, dass er nicht ein Gegner der Religion, sondern des Klerus war. *„Ob der liebe Gott es noch lange dulden wird, daß die Pfaffen einen leidigen Popanz für ihn ausgeben und damit Geld verdienen, das weiß ich nicht; – wenigstens würde ich mich nicht wundern, wenn ich mal im ‚Hamb. Unpart. Korrespondenten' läse, daß der alte Jehova jedermann warne, keinem Menschen, es sei, wer es wolle, nicht einmal seinem Sohne, auf seinen Namen Glauben zu schenken."*

Trotz seiner Behauptung, seine Kritik sei nur gegen die Kirche gerichtet, handelt eines der eindrucksvollsten Kapitel in *Die Stadt Lucca* von der Religion selbst. Die große Sünde des Christentums sei seine überflüssige Geistigkeit, die den Trieb unterdrücke und die Liebeslust unterbunden habe. Hier zitiert er den Abschnitt aus der „Ilias" über den Umtrunk der Götter auf dem Olymp: Alle feiern und trinken Nektar, Apollo spielt auf der Geige, die Musen singen, und plötzlich: *„Da plötzlich keuchte heran ein bleicher, bluttriefender Jude, mit einer Dornenkrone auf dem Haupte und mit einem großen Holzkreuz auf der Schulter; und er warf das Kreuz auf den hohen Göttertisch! daß die goldnen Pokale zitterten und die Götter verstummten und erblichen und immer bleicher wurden,* *bis sie endlich ganz in Nebel zerrannen. Nun gab's eine traurige Zeit, und die Welt wurde grau und dunkel. Es gab keine glücklichen Götter mehr, der Olymp wurde ein Lazarett, wo geschundene, gebratene und gespießte Götter langweilig umherschlichen und ihre Wunden verbanden und triste Lieder sangen. Die Religion gewährte keine Freude mehr, sondern Trost; es war eine trübselige, blutrünstige Delinquentenreligion."*

In diesem Kapitel stellt Heine zum ersten Mal das Prinzip der heidnischen „Sensualität" gegen das Prinzip der christlich-jüdischen „Spiritualität". Diese Dichotomie, die er in seinen Schriften weiter ausbauen wird, wird Nietzsche zu seiner Kritik des Christentums und seinem Aufruf zur „Umwertung aller Werte" inspirieren. Heine beschreibt, wie er an einem Feiertag nach Lucca kam und seine Füße ihn in die Kirche trugen. Dort traf er während der Messe Mathilde, diese englisch-irische Touristin mit scharfem Blick und spitzer Zunge, die wir in den *Bädern von Lucca* kennengelernt haben.

„‚Sie schneiden ja ein verbissen gläubiges Gesicht, teurer Doktor', flüsterte Mylady, ‚ich habe Sie eben beobachtet, und verzeihen Sie mir, wenn ich Sie etwa beleidige, Sie sahen aus wie ein guter Christ.' ‚Unter uns gesagt, das bin ich; ja, Christus —' ‚Glauben Sie vielleicht ebenfalls, daß er ein Gott sei?' ‚Das versteht sich, meine gute Mathilde. Es ist der Gott, den ich am meisten liebe — nicht weil er so ein legitimer Gott ist, dessen Vater schon Gott war und seit undenklicher Zeit die Welt beherrschte, sondern weil er, obgleich ein geborener Dauphin des Himmels, dennoch, demokratisch gesinnt, keinen höfischen Zeremonialprunk liebt, weil er kein Gott einer Aristokratie von geschorenen Schriftgelehrten und galonierten Lanzenknechten und weil er ein bescheidener Gott des Volks ist, ein Bürgergott, un bon dieu citoyen. Wahrlich, wenn Christus noch kein Gott wäre, so würde ich ihn dazu wählen, und viel lieber als einem aufgezwungenen absoluten Gott würde ich ihm gehorchen, ihm, dem Wahlgotte, dem Gotte meiner Wahl.'"

Nach der Messe besteigt ein Mönch die Kanzel und hält eine Predigt über Himmel und Hölle. *„Ja, Doktor, für seine Hölle habe ich Respekt; aber zu seinem Himmel hab ich kein rechtes Vertrauen. Wie ich mich denn überhaupt in Ansehung des Himmels schon sehr früh in geheimen Zweifel verfing. Als ich noch klein war, in Dublin, lag ich oft auf dem Rücken im Gras und sah in den Himmel und dachte nach, ob wohl der Himmel wirklich* *so viele Herrlichkeiten enthalten mag, wie man davon rühmt. Aber, dacht ich, wie kommt's, daß von diesen Herrlichkeiten niemals etwas herunterfällt, etwa ein brillantener Ohrring oder eine Schnur Perlen oder wenigstens ein Stückchen Ananaskuchen, und daß immer nur Hagel oder Schnee oder gewöhnlicher Regen uns von oben herabbeschert wird? Das ist nicht ganz richtig, dacht ich –' ‚Warum sagen Sie das, Mylady? Warum diese Zweifel nicht lieber verschweigen? Ungläubige, die keinen Himmel glauben, sollten nicht Proselyten machen; minder tadelnswert, sogar lobenswert ist die Proselytenmacherei derjenigen Leute, die einen süperben Himmel haben und dessen Herrlichkeiten nicht selbstsüchtig allein genießen wollen und deshalb ihre Nebenmenschen einladen, dran teilzunehmen, und sich nicht eher zufriedengeben, bis diese ihre gütige Einladung angenommen.' ‚Ich habe mich aber immer gewundert, Doktor, daß manche reiche Leute dieser Gattung, die wir, als Präsidenten, Vizepräsidenten oder Sekretäre von Bekehrungsgesellschaften, eifrigst bemüht sehen, etwa einen alten verschimmelten Betteljuden himmelfähig zu machen und seine einstige Genossenschaft im Himmelreich zu erwerben, dennoch nie dran denken, ihn schon jetzt auf Erden an ihren Genüssen teilnehmen zu lassen, und ihn z.B. nie des Sommers auf ihre Landhäuser einladen, wo es gewiß Leckerbissen gibt, die dem armen Schelm ebensogut schmecken würden, als genösse er sie im Himmel selbst.' ‚Das ist erklärlich, Mylady, die himmlischen Genüsse kosten sie nichts.'"*

Und später: „*Am Ausgang des Doms tunkte sie den Zeigefinger dreimal ins Weihwasser, besprengte mich jedesmal und murmelte: ‚Dem Zefardeyim Kinnim'*, welches nach ihrer Behauptung die arabische Formel ist, womit die Zauberinnen einen Menschen in einen Esel verwandeln.*"[14]

Diese ganze Unterhaltung war ein Versuch, die Zensur zu täuschen. Heine legte die ketzerischen Worte seiner Gesprächspartnerin in den Mund, während er, der Erzähler, angeblich ihre Worte ausgleicht.

„‚*Mylady, ich liebe keine Religionsverächterinnen. Schöne Frauen, die*

---

* Die drei Wörter sind die etwas ungenauen biblisch-hebräischen Bezeichnungen von drei der zehn Plagen – Blut, Frösche und Läuse, die Gott wegen der Weigerung des Pharao, die Israeliten ziehen zu lassen, über Ägypten schickte (Ex. 7-12). Heine muss durch die Lektüre der Haggada an Pessach damit vertraut gewesen sein, da es üblich ist, einen Tropfen Wein bei der Erwähnung jeden Namens zu verspritzen.

*keine Religion haben, sind wie Blumen ohne Duft...' ,Und Sie, teure Blume,
welche von den vorhandenen Religionen haben Sie?' ,Ich, Mylady, ich habe sie
alle, der Duft meiner Seele steigt in den Himmel und betäubt selbst die ewigen
Götter!' ,Es fehlt mir durchaus nicht an Religion, ich bin keine Tulpe, beileibe
keine Tulpe, nur um des Himmels willen keine Tulpe, ich will lieber alles -
glauben! Ich glaube jetzt schon das Hauptsächlichste, was in der Bibel steht,
ich glaube, daß Abraham den Isaak und Isaak den Jakob und Jakob wieder den
Juda gezeugt hat, sowie auch, daß dieser wieder seine Schnur Tamar auf der
Landstraße erkannt hat. Ich glaube auch, daß Lot mit seinen Töchtern zuviel
getrunken. Ich glaube, daß die Frau des Potiphar den Rock des frommen Jo-
sephs in Händen behalten. Ich glaube, daß die beiden Alten, die Susannen im
Bade überraschten, sehr alt gewesen sind. Außerdem glaub ich noch, daß der
Erzvater Jakob erst seinen Bruder und dann seinen Schwiegervater betrogen,
daß König David dem Uria eine gute Anstellung bei der Armee gegeben, daß
Salomo sich tausend Weiber angeschafft und nachher gejammert, es sei alles
eitel...' ,Das Volk muß eine Religion haben!', rief sie. Eifrig höre ich diesen
Satz predigen von tausend dummen und aber tausend scheinheiligen Lippen —
Die Religion war eine liebe Tradition, heilige Geschichten, Erinnerungsfeier und
Mysterien, überliefert von den Vorfahren gleichsam Familiensakra des Volks,
und einem Griechen wäre es ein Greuel gewesen, wenn ein Fremder, der nicht
von seinem Geschlechte, eine Religionsgenossenschaft mit ihm verlangt hätte;
noch mehr würde er es für eine Unmenschlichkeit gehalten haben, irgend jemand, durch Zwang oder List, dahin zu bringen, seine angeborene Religion
aufzugeben und eine fremde dafür anzunehmen. Da kam aber ein Volk aus
Ägypten, dem Vaterland der Krokodile und des Priestertums, und außer den
Hautkrankheiten und den gestohlenen Gold- und Silbergeschirren brachte es
auch eine sogenannte positive Religion mit, eine sogenannte Kirche, ein Gerüs-
te von Dogmen, an die man glauben, und heiliger Zeremonien, die man feiern
mußte, ein Vorbild der späteren Staatsreligionen. Nun entstand ,die Men-
schenmäkelei', das Proselytenmachen, der Glaubenszwang und all jene heiligen Greuel, die dem Menschengeschlechte soviel Blut und Tränen gekostet.'
,Goddam! dieses Urübelvolk!'
,Oh, Mathilde, es ist längst verdammt und schleppt seine Verdammnis-
qualen durch die Jahrtausende. Oh, dieses Ägypten! seine Fabrikate trotzen
der Zeit, seine Pyramiden stehen noch immer unerschütterlich, seine Mumien*

sind noch so unzerstörbar wie sonst, und ebenso unverwüstlich ist jene Volk-
mumie, die über die Erde wandelt, eingewickelt in ihren uralten Buchstaben-
windeln, ein verhärtet Stück Weltgeschichte, ein Gespenst, das zu seinem
Unterhalte mit Wechseln und alten Hosen handelt — Sehen Sie, Mylady, dort
jenen alten Mann, mit dem weißen Barte, dessen Spitze sich wieder zu
schwärzen scheint, und mit den geisterhaften Augen —' ,Sind dort nicht die
Ruinen der alten Römergräber?' Ja, ebenda sitzt der alte Mann, und viel-
leicht, Mathilde, verrichtet er eben sein Gebet, ein schauriges Gebet, worin er
seine Leiden bejammert und Völker anklagt, die längst von der Erde ver-
schwunden sind und nur noch in Ammenmärchen leben — er aber, in seinem
Schmerze, bemerkt kaum, daß er auf den Gräbern derjenigen Feinde sitzt,
deren Untergang er vom Himmel erfleht.'"

Als Campe das Manuskript erhielt, erschrak er so sehr, dass er
Heine zwang, seine Ausdrucksweise zu mäßigen. Er traf außerdem
Maßnahmen, das Buch in Leipzig zu drucken, um die Spuren zu verwischen und es den Behörden zu erschweren. Campe nutzte die
Lücke im Gesetz, welches festlegte, dass nur solche Bücher der Zensur
vorgelegt werden mussten, die weniger als zwanzig Druckbogen (320
Seiten) haben. Die Regierungen im Zeitalter von Metternich gingen
davon aus, dass umfangreiche Bücher von der breiten Öffentlichkeit
nicht gelesen wurden, und die Gefahr hauptsächlich von Zeitungen,
Zeitschriften und dünnen Büchern herrührte. Um diese Kriterien zu
bestehen, wurden viele radikale Bücher mit großen Buchstaben und
nur zwanzig Zeilen pro Seite (statt wie üblich dreißig oder dreiunddreißig) gedruckt. Diese Bücher erkannte man auch an ihren breiten
Rändern und den vielen Leerseiten.[15]

Und tatsächlich, als Campe den vierten Band der *Reisebilder* an die
Druckerei schicken wollte, stellte er fest, dass einige Seiten zu den be-
nötigten 320 Seiten fehlten. Er bat Heine, die leeren Seiten noch zu
füllen. Und dieser setzte sich hin, um ein *Schlusswort* zu den *Englischen
Fragmenten* zu schreiben.

Statt den Inhalt zu mildern, wozu er aufgefordert worden war,
nutzte Heine die Gelegenheit, um noch mehr Öl ins Feuer zu gießen.
„Ach, die große Woche von Paris!", schrieb er und meine die Juli-Revolution.

„Der Freiheitsmut, der von dort herüberwehte nach Deutschland, hat frei-
lich hie und da die Nachtlichter umgeworfen, so daß die roten Gardinen an
einigen Thronen in Brand gerieten und die goldnen Kronen heiß wurden
unter den lodernden Schlafmützen; – aber die alten Häscher, denen die Reichs-
polizei anvertraut, schleppen schon die Löscheimer herbei und schnüffeln jetzt
um so wachsamer und schmieden um so fester die heimlichen Ketten, und ich
merke schon, unsichtbar wölbt sich eine noch dichtere Kerkermauer um das
deutsche Volk. Armes, gefangenes Volk! verzage nicht in deiner Not – Oh, daß
ich Katapulta sprechen könnte! Oh, daß ich Falarika hervorschießen könnte
aus meinem Herzen! Von meinem Herzen schmilzt die vornehme Eisrinde,
eine seltsame Wehmut beschleicht mich – ist es Liebe, und gar Liebe für das
deutsche Volk? Oder ist es Krankheit? – meine Seele bebt, und es brennt
mir im Auge (…). Es fehlen mir noch einige Oktavseiten, und ich will deshalb
noch eine Geschichte erzählen –."[16]

Hier erzählt er die Geschichte von Kunz von der Rosen, dem Hofnarren Karls V. (Hier irrte Heine: Der Kaiser war Maximilian, der im
Jahre 1482 in Bruges gefangen genommen worden war). Als der ge-
fangene Kaiser in ein Gefängnis in Tirol gesperrt wurde und alle seine
Ritter und Höflinge ihn verließen, da öffnete sich plötzlich die Ker-
kertür und es trat ein verhüllter Mann herein; als dieser den Mantel
zurückschlug, erkannte der Kaiser seinen treuen Kunz von der Rosen,
den Hofnarren. Dieser brachte ihm Trost und Rat.

„‚Oh, deutsches Vaterland! teures deutsches Volk! ich bin dein Kunz von
der Rosen. Der Mann, dessen eigentliches Amt die Kurzweil und der dich nur
belustigen sollte in guten Tagen, er dringt in deinen Kerker zur Zeit der Not;
hier unter dem Mantel bringe ich dir dein starkes Zepter und die schöne
Krone – erkennst du mich nicht, mein Kaiser? Wenn ich dich nicht befreien
kann, so will ich dich wenigstens trösten, und du sollst jemanden um dir
haben, der mit dir schwatzt über die bedränglichste Drangsal und dir Mut ein-
spricht und dich liebhat und dessen bester Spaß und bestes Blut zu deinen
Diensten steht. Denn du, mein Volk, bist der wahre Kaiser, der wahre Herr der
Lande – dein Wille ist souverän und viel legitimer als jenes purpurne tel est
notre plaisir, das sich auf ein göttliches Recht beruft, ohne alle andre Gewähr
als die Salbadereien geschorener Gaukler – dein Wille, mein Volk, ist die al-
leinig rechtmäßige Quelle aller Macht. Wenn du auch in Fesseln daniederliegst,

so siegt doch am Ende dein gutes Recht, es naht der Tag der Befreiung, eine neue Zeit beginnt — mein Kaiser, die Nacht ist vorüber, und draußen glüht das Morgenrot (…).'

,Bin ich denn wirklich Kaiser? Ach, es ist ja der Narr, der es mir sagt!'

,Oh, seufzt nicht, mein lieber Herr, die Kerkerluft macht Euch so verzagt; wenn Ihr erst wieder Eure Macht errungen, fühlt Ihr auch wieder das kühne Kaiserblut in Euren Adern, und Ihr seid stolz wie ein Kaiser und übermütig und genädig und ungerecht und lächelnd und undankbar, wie Fürsten sind.'

,Kunz von der Rosen, mein Narr, wenn ich wieder frei werde, was willst du dann anfangen?' ,Ich will mir dann neue Schellen an meine Mütze nähen.'

,Und wie soll ich deine Treue belohnen?' ,Ach! lieber Herr, laßt mich nicht umbringen.'"[17]

Der vierte Band der *Reisebilder* erschien im Januar 1831 und wurde in Preußen, dem wichtigsten Büchermarkt Deutschlands, sofort beschlagnahmt. Campe war dennoch zufrieden: Es gibt nicht besseres als Verbote und Beschlagnahmungen, um ein Buch und seinen Autor berühmt zu machen. Auch die Aufnahme des Buches in die Schwarze Liste der Öffentlichen Bibliotheken hatte den Verkauf nicht beeinträchtigt. Eine Sache konnte der Verleger Heine jedoch nicht gewähren, seine persönliche Sicherheit. Es war demnach eine Frage der Zeit, wie lange er noch als politischer und revolutionärer Dichter in Deutschland überleben konnte.

Seine Furcht vor der Verhaftung beschrieb Heine in vielen verschiedenen Erzählungen. *„Eines Nachts"*, erzählte er, *„träumte ich von einem häßlichen schwarzen Geier, der mir die Leber fraß, und ich ward sehr melancholisch."* (Der Adler ist das Symbol Preußens). Etwas lustiger war seine Geschichte über diesen alten Berliner Justizrat, der viele Jahre im Spandauer Gefängnis verbracht hatte, und ihm erzählte *„wie es unangenehm sei, wenn man im Winter die Eisen tragen müsse. Ich fand es in der Tat sehr unchristlich, daß man den Menschen die Eisen nicht ein bißchen wärme (…) Ich frug meinen Justizrat, ob er zu Spandau oft Austern zu essen bekommen. Er sagte nein, Spandau sei zu weit vom Meere entfernt. Auch das Fleisch, sagte er, sei dort rar, und es gebe dort kein anderes Geflügel als die Fliegen, die einem in die Suppe fielen."*[18]

Etwa zu gleicher Zeit lernte Heine einen französchen Weinhändler kennen, der nicht müde wurde, begeistert vom Pariser Leben zu schwärmen: *„Wie lustig man jetzt in Paris lebe, wie der Himmel dort voller Geigen hänge, wie man dort von morgens bis abends die Marseillaise (...) singe und Freiheit, Gleichheit und Brüderschaft an allen Straßenecken geschrieben stehe."* Im selben Atemzug lobte er auch den Wein und den Champagner seiner Weinhandlung und versprach, ihm ein Empfehlungsschreiben für die besten Restaurants in Paris mitzugeben. *„Da ich nun wirklich einer Aufheiterung bedurfte und Spandau zu weit vom Meere entfernt ist, um dort Austern zu essen, und mich die Spandauer Geflügelsuppen nicht sehr lockten und auch obendrein die preußischen Ketten im Winter sehr kalt sind und meiner Gesundheit nicht zuträglich sein konnten, so entschloß ich mich, nach Paris zu reisen."*

„Die Freiheit ist eine neue Religion", schrieb er, *„die Religion unserer Zeit. Wenn Christus auch nicht der Gott dieser Religion ist, so ist er doch ein hoher Priester derselben, und sein Name strahlt beseligend in die Herzen der Jünger. Die Franzosen sind aber das auserlesene Volk der neuen Religion, in ihrer Sprache sind die ersten Evangelien und Dogmen verzeichnet, Paris ist das neue Jerusalem, und der Rhein ist der Jordan, der das geweihte Land der Freiheit trennt von dem Lande der Philister."*[19]

Am 1. Mai 1831 überquerte er den Rhein auf dem Weg nach Paris. Er war damals dreiunddreißig Jahre alt und konnte sich nicht vorstellen, dass er für den Rest seines Lebens als politischer Flüchtling im französischen Exil leben würde, bis zu seinem Tod fünfundzwanzig Jahre später.

KAPITEL 8

Unser Korrespondent in Paris

„Dies gilt von allen Revolutionen, die das Volk gemacht. Die ‚Männer des anderen Morgens‘ kommen immer hintendrein und klauben Worte. Sie finden nur das tötende Wort, nicht den lebendig machenden Geist.“[1]
(Französische Zustände)

N apoleons Traum, Paris zur Hauptstadt Europas zu machen, fing an, nach der Juli-Revolution Gestalt anzunehmen, wenn auch mit anderen Mitteln. Paris, die größte Stadt des Kontinents (im Jahre 1830 lebten dort 850 000 Einwohner), war auch die reichste, schönste und glänzendste von allen. Es war eine Insel relativer Freiheit, des Fortschritts und der Pracht, es war die Sehnsucht der aufgeklärten Menschheit, auf einem Kontinent, wo sich alle Herrscher an die alte feudalistische Ordnung festkrallten. Französisch war die Kommunikationssprache schlechthin, wie es Latein im Mittelalter war und Englisch heute ist; es war die zweite Sprache der europäischen Könige, Fürsten, Politiker, Diplomaten, Schriftsteller, Wissenschaftler – und sie vereinigte die gebildeten Menschen von Lissabon bis nach St. Petersburg. Nach dem Fall der Bourbonen im Juli 1830 wurde Paris wieder zum dynamischen intellektuellen Mittelpunkt Europas, zur Werkstatt des Sozialismus, des Kommunismus, des Anarchismus und anderer gesellschaftliche Ideologien, die eines Tages die Welt erschüttern sollten; zur gleichen Zeit behielt Paris seinen Rang als Hauptstadt der Kunst und der Mode, der guten Küche und vornehmer Sitten bei.

Jeder, der etwas auf sich hielt und es sich leisten konnte, wandte sich den Lichtern von Paris zu. Heine, der am 19. Mai 1831 ankam, betrat die Stadt durch den Triumphbogen am Boulevard St. Denis, der seinerzeit zu Ehren Ludwigs XIV. gebaut wurde, *„jetzt aber"*, schrieb er, *„zur Verherrlichung meines Einzugs in Paris diente. Wahrhaft überraschte mich die Menge von geputzten Leuten, die sehr geschmackvoll gekleidet waren wie Bilder eines Modejournals. Dann imponierte mir, daß sie alle französisch sprachen, was bei uns ein Kennzeichen der vornehmen Welt; hier ist also das ganze Volk so vornehm wie bei uns der Adel. Die Männer waren alle so höflich und die schönen Frauen lächelnd. Gab mir jemand unversehens einen Stoß, ohne gleich um Verzeihung zu bitten, so konnte ich darauf wetten, daß es ein Landsmann war; und wenn irgendeine Schöne etwas allzu säuerlich aussah, so hatte sie entweder Sauerkraut gegessen, oder sie konnte Klopstock im Original lesen."*[2]

Paris empfing ihn mit offenen Armen. Die Zeitung „Le Globe" veröffentlichte eine Notiz über die Ankunft des *„le célèbre auteur allemand, docteur Heine"* (der berühmte deutsche Schriftsteller, Dr. Heine) und betonte, er sei „einer jener mutigen Denker, die für den Fortschritt kämpfen, ohne die Aristokraten und ihre Helfer zu fürchten."[3] Er wurde in den Salon der älteren Madame Récamier eingeladen, traf sich mit Lafayette, dem Helden der Revolution, und speiste im Hause der Rothschilds. Victor Hugo bereitete ihm zu Ehren einen Empfang, Balzac flanierte mit ihm die Boulevards entlang; „Der berühmte, mächtige Heine!", nannte er ihn. Berlioz lud ihn ein, sein Trauzeuge bei seiner Vermählung mit Harriet Smithson, der irischen Schauspielerin, zu sein; die Leiden seiner Liebe zu ihr verewigte Berlioz in seiner „Symphonie Fantastique".

„Ich werde von den außerordentlichen Ehrenbezeugungen fast erdrückt. Du hast keine Idee davon welche kolossale Reputazion hier auf mir lastet"[4], schrieb er seinem Bruder Max. Und tatsächlich wurde ihm im Exil die Hochachtung zuteil, die er in der Heimat nie bekam. In Deutschland, wo seine Leser lebten, war er eine *persona non grata*, in Paris dagegen,

das seine Werke noch nicht kannte, zählte er zu den internationalen Größen wie Cherubini, Rossini, Meyerbeer, Chopin, Liszt, Mickiewicz, Donizetti, Bellini und alle anderen, die sich hier aus ganz Europa versammelt hatten, ebenso wie die vorübergehenden Gäste wie Hans-Christian Andersen, Franz Grillparzer, Felix Mendelssohn-Bartholdy, Jenny Lind und viele andere, deren Ruhm inzwischen verblasst ist und deren Namen vergessen wurden. „Paris", schrieb Heine, „ist nicht bloß die Haupstadt von Frankreich, sondern der ganzen civilisirten Welt, und ist ein Sammelplatz ihrer geistigen Notabilitäten."[5]

Seine ersten Tage in Paris vergingen im Hochgefühl dessen, was er „Rausch der Freiheit" nannte.[6] Im Pantheon stand er vor dem Grabmahl Voltaires, im Louvre verneigte er sich vor der Venus von Milo und im Zoo ließ er sich die letzten Attraktionen nicht entgehen: das Känguru, die Giraffe und den dreifüßigen Ziegenbock. Eines seiner größten Vergnügen bestand darin, in den Straßen und Boulevards der Stadt zu spazieren, sich unter das Volk zu mischen und sich für junge Französinnen zu interessieren. „Wenn der liebe Gott sich im Himmel langweilt", pflegte er eine berühmte Redensart zu zitieren, „dann öffnet er das Fenster und betrachtet die Boulevards von Paris."[7] An anderer Stelle bemerkte er, „Ja, es gibt in Paris ein solches Rosenlicht (…)." Auch die Nächte von Paris waren voller neuer Erfahrungen und Gefühle. Seit 1829 war die Stadt durch Gasbeleuchtung erhellt, und in den dunklen Stunden, in denen sich die Menschen in den deutschen Städten aus Angst vor Geistern und Teufeln in ihren Wohnungen einschlossen, leuchtete die „schöne Lutezia", wie er die Stadt nannte[8], in atemberaubendem Licht, als ob sie tausend glitzernder Diamanten anlegte. Massen von Menschen füllten die Straßen: sie flanierten aus Vergnügen, andere strömten in Massen in die Spielhäuser, in die Oper und in die Theater, und andere füllten die Kaffeehäuser, schwatzten und lachten bis in die späten Stunden. „Hier kann man das Glück entbehren", zitierte er Madame de Staël[9], noch bevor er daran denken konnte, dass dies auch auf sein eigenes Schicksal zutreffen würde. Er würde genötigt sein, bis an sein Lebensende in dieser Lichter-Stadt zu bleiben.

Seine Konversation mit den Menschen führte er auf Französisch, was er in seiner Kindheit als zweite Sprache im Gymnasium in Düsseldorf gelernt hatte. Sainte-Beuve, der französische Literaturkritiker, bemerkte, dass sein Akzent „sehr deutsch und sehr unangenehm"[10] sei. Er seinerseits machte sich über seine Gesprächspartner lustig, die selbst seinen Namen kaum aussprechen konnten. Sie nannten ihn „Henri", aber auch den Namen „Henri Heine" konnten sie nicht richtig aussprechen, und viele nannten ihn „Mr. Enri Enn". Andere kürzten in „Enrienne" und es gab auch solche, die ihn „Mr. un rien" nannten (Herr Nichts). *„Das"*, schrieb er, *„schadet mir in mancherlei literärischer Beziehung, gewährt aber auch wieder einigen Vorteil. Zum Beispiel unter meinen edlen Landsleuten, welche nach Paris kommen, sind manche, die mich hier gern verlästern machten, aber da sie immer meinen Namen deutsch aussprechen, so kommt es den Franzosen nicht in den Sinn, daß der Bösewicht und Unschuldbrunnenvergifter, über den so schrecklich geschimpft ward, kein anderer als ihr Freund Monsieur Enrienne sei."*[11]

„Wenn die Deutschen Heine nicht wollen", sagte Alexandre Dumas, „würden ihn die Franzosen aus ganzem Herzen adoptieren…"[12] Und in der Tat erreichte er fast die Stellung eines Nationaldichters in seinem Adoptiv-Land. Die angesehene *Revue des Deux Mondes* veröffentlichte die *Harzreise*, das Werk, das ihm in Deutschland den literarischen Ruhm brachte, anschließend *Ideen. Das Buch Le Grand* und *Die Bäder von Lucca.* „Le Temps" veröffentlichte das Kapitel *Marengo* aus der *Reise von München nach Genua,* in dem er sich als *„braver Soldat im Befreiungskriege der Menschheit"*[13] bezeichnete. Auch seine Gedichte wurden ins Französische übersetzt, doch obwohl bei dieser Arbeit einige ausgezeichnete Dichter beteiligt waren, war er enttäuscht von den Resultaten. *„Lyrische Gedichte aus dem Deutschen ins Französische zu übersetzen"*, sagte er, *„ist so wie das Licht des Mondes in Flaschen zu füllen."*[14] Er selber schrieb kaum noch neue Gedichte. Da er glaubte, er sei vorgesehen, als Brücke der Verständigung zwischen Deutschen und Franzosen zu dienen, glaubte er, die Prosa würde erfolgreicher sein. *„Hier freylich ertrinke ich im Strudel der Begebenheiten"*, schrieb er an Varnhagen, *„der Tageswellen, der brausenden Revoluzion."*[15]

Sein erster Artikel, der in Cottas „Morgenblatt" in Fortsetzungen erschien, war über den „Salon", die jährliche Ausstellung der französischen Künstler, in der Delacroix sein Gemälde „Die Freiheit führt das

Volk auf die Barrikaden" ausgestellt hat. *„Eine Volksgruppe während den Julitagen ist dargestellt"*, erklärte er, *„und in der Mitte, beinahe wie eine allegorische Figur, ragt hervor ein jugendliches Weib mit einer roten phrygischen Mütze auf dem Haupte, eine Flinte in der einen Hand und in der anderen eine dreifarbige Fahne. Sie schreitet dahin über Leichen, zum Kampfe auffordernd, entblößt bis zur Hüfte, ein schöner, ungestümer Leib, das Gesicht ein kühnes Profil, frecher Schmerz in den Zügen, eine seltsame Mischung von Phryne, Poissarde und Freiheitsgöttin."*

Er bemerkte, dass es dieses Gemälde war, welches das meiste Interesse auf sich zog, und er berichtete über Besucherreaktionen. So beschwerte sich eine Dame, dass sie die polytechnischen Schüler nicht finden konnte, die, wie jeder wusste, an der Schlacht teilgenommen hatten. Ein Elsässer Korporal bemerkte auf Deutsch zu seinem Freund: *„Was für ein Kunstwerk! Was für eine Schilderung! Und die Toten, die auf der Erde liegen, mit welcher Natürlichkeit wurden sie gezeichnet! Sie sehen so lebendig aus!"* *„Papa!"* rief eine kleine Karlistin, *„wer ist die schmutzige Frau mit der roten Mütze?"* – *„Nun freilich"*, spöttelte der noble Papa mit einem süßlich zerquetschten Lächeln, *„nun freilich, liebes Kind, mit der Reinheit der Lilien hat sie nichts zu schaffen. Es ist die Freiheitsgöttin."* – *„Papa, sie hat auch nicht einmal ein Hemd an."* – *„Eine wahre Freiheitsgöttin, liebes Kind, hat gewöhnlich kein Hemd und ist daher sehr erbittert auf alle Leute, die weiße Wäsche tragen."*[16]

Heine wendete hier eine seiner bewährten Taktiken an, um die Zensur zu umgehen, indem er umstürzlerische Botschaften über die Beobachtung der Kunst einschmuggelte. Er lobte *„die heiligen Juli-Tage von Paris"*, gab Hinweise auf die Wunder der Freiheit und zeigte seinen Lesern jenseits des Rheins, dass es eine Alternative zur absoluten Herrschaft gab. Allein, diese französische Idylle währte nicht lange. Sehr bald erkannte er, dass die Parolen *Freiheit, Gleichheit, Brüderlichkeit*, die während der Revolution auf die Fassaden geschmiert worden waren, langsam verblassten; in einer dunklen Gasse sah er einen alten Soldaten mit amputiertem Bein, der einen Lobgesang auf Napoleon summte und dabei um Almosen bettelte, *„denn dieser Ruhm hatte ihm beide Beine gekostet."*[17] Sehr schnell entdeckte er die harte Wirklichkeit hinter der glänzenden Fassade von Paris.

Die Juli-Revolution hatte zwar die Bourbonen entfernt, die Hüter des alten feudalistischen Regimes, brachte aber einen Kompromiss-Kandidaten, akzeptiert von den Royalisten und den Republikanern, auf den Thron. Das war Louis-Philippe, der Herzog von Orléans, ein lächelnder dicker Mensch ohne jede Inspiration, der die Verwaltung des Landes aus der Hand der Adligen nahm und sie den Bankiers übergab. Man nannte ihn *„Bürger-König"* und er war dank seines Finanzberaters James de Rothschild erfolgreich in seinen Unternehmungen. Während der achtzehn Jahre der „Juli-Monarchie", wie die Herrschaft Louis-Philippes genannt wurde, änderte die industrielle Revolution das Gesicht Frankreichs. Die Börse florierte, der Handel breitete sich aus, ein Netz von Eisenbahnschienen bedeckte das Land, Dampfschiffe fuhren zu den neuen Kolonien. Das Land profitierte von einem Wirtschaftswachstum ohnegleichen, aber der gesellschaftliche Preis war hoch und voller Katastrophen: Bauern, die in Massen ihre Dörfer verließen, wurden Arbeiter; und zusammen mit Facharbeitern, deren Lebensunterhalt durch die Maschinen zerstört wurde, bildeten sie eine neue vierte Klasse der Gesellschaft, das Proletariat. Hinter dem Rauch, der aus den Schornsteinen der Fabriken ausgestoßen wurde, verbarg sich eine schreckliche Realität. Der Arbeitstag des Proletariers war lang, zuweilen sechzehn Stunden pro Tag; Kinder ab dem Alter von fünf Jahren und Frauen, die sich mit einem geringen Lohn begnügten, arbeiteten in den Gruben und Fabriken. In den Stadtzentren bildeten sich Elendsviertel, wo Menschen unter unerträglichen Bedingungen lebten, mit Schmutz, Gestank, Arbeitslosigkeit, Hunger, Krankheiten, Kriminalität und Prostitution. Der Fischer aus Helgoland hatte nicht Recht: In der Juli-Revolution siegten nicht die Armen, sondern die Reichen.

Gustav Kolb, der Herausgeber der „Augsburger Allgemeinen Zeitung", besuchte damals Paris. Er traf Heine, seinen Freund noch aus Münchner Tagen, und bestellte bei ihm Artikel über die Lage in Frankreich. So wurde ein neues Kapitel in Heines Karriere geöffnet: Auslands-Korrespondent. Es war ein kurzes, aber stürmisches Kapitel, da Heine schon längst vom *„Rausch der Freiheit"* ernüchtert war und zu seinem Ursprung zurückkehrte: ein scharfblickender, widersprüchlicher Beobachter. Schon in den ersten Zeilen seines ersten Artikels vom 28. Dezember 1831 zeigte er seine Begabung, die unterirdischen Ströme der Politik zu erkennen. In dieser Reportage warnte er vor einer Gegenrevolution, die an der Schwelle der Juli-Monarchie lauere. Er schrieb: „*Der Zustand des niedern Volks ist indessen, wie man sagt, so trostlos, daß bei dem geringsten Anlasse, der von außen her gegeben würde, eine mehr als sonst bedrohliche Emeute stattfinden kann.*"[18]

Heine war der erste Journalist, der dem deutschen Leser über ein gesellschaftliches Problem im reichen industrialisierten Westen berichtete (Karl Marx war damals dreizehn Jahre alt). Er machte auf das Wachsen des städtischen Proletariats aufmerksam, warnte vor dessen revolutionärem Potenzial und kritisierte die politischen Institutionen, die die Augen vor dem, was in ihrem Hinterhof passierte, schlossen. „*Armselige Blindheit*" bemerkte er; und als er den König beschrieb, wie er auf der Terrasse seines Palastes umhergeht, schrieb er: „*Und auf seinem breitem Gesicht spazierte eine Sorglosigkeit, worüber wir fast ein Grauen empfinden.*"

Louis-Philippe unternahm große Anstrengungen, um sich bei den Bürgern beliebt zu machen. Heine beschrieb ihn als jemanden, der die Krone aus Gold gegen eine Mütze aus Filz getauscht hatte, das Zepter gegen einen Regenschirm, und wie er oft auf der Terrasse gesehen wurde, die dreifarbige Fahne streichelnd und seine Hand zum Takt der *Marseillaise* bewegend, die die neugierigen Massen unten zu seinen Ehren sangen und schrien. Weiter erzählte er von seinen Spaziergängen in den Straßen der Stadt, als er in bürgerlichen Kleidern umherging, den ewigen Regenschirm auf seinen Arm, „*er drückte damals jedem Spezereihändler und Handwerker die Hand (…)*" Heine unterstellte ihm „*verschlagene Naivität*", da er den Verdacht hatte, dass es das geheime Streben des „Bürger-Königs" war, die absolute Herrschaft zu erneuern. „*Louis Philipe*", schrieb er, „*der dem Volke und den Pflastersteinen des Julius seine Krone verdankte, ist ein Undankbarer, dessen Abfall um so verdrießlicher, da man täglich mehr und mehr die Einsicht gewinnt, daß man sich gröblich täuschen lassen.*"

Solche Formulierungen riefen bei einigen Pariser Zeitungen scharfe Reaktionen hervor. „La Tribune", die einige Abschnitte der

Reportage ins Französische übersetzte, glaubte, dass diese Worte unter dem Einfluss der Österreichischen Regierung geschrieben worden seien. „Le Temps" beschwerte sich bei der deutschen Zensur, die nicht die geringste Kritik gegen absolutistische Herrscher erlaubte. Warum also erlaubte sie dies im Fall des „Bürgerkönigs"?

Heine sandte seinem Verleger, Baron Cotta, einen Entschuldigungsbrief, in dem er behauptete, dass sein Artikel *„verstümmelt"*, *„übertrieben"*, *„gefälscht"* übersetzt worden sei. Er beschuldigte die *„hiesigen deutschen Jakobiner"* der Untreue und versprach, dass er in Zukunft *„gemäßigter als jemals werde"*[19] Er war natürlich nicht in der Lage, sein Versprechen zu halten, und schon in seinem nächsten Beitrag griff er den König wieder an. *„Er ist gewiß als Mensch ganz ehrenfest und ein achtungswerter Familienvater; zärtlicher Gatte und guter Ökonom; aber es ist verdrießlich, daß er alle Freiheitsbäume abschlagen lässt und sie ihres hübschen Laubwerks entkleidet, um daraus Stützbalken zu zimmern für das wackelnde Haus Orleans."* Auch die Opposition verschonte er nicht. Er drückte seine Abscheu gegen die extremen Royalisten aus, die das alte, feudalistische Regime unterstützten, unter ihnen der romantische Dichter Chateaubriand *(„der Ritter von der traurigen Gestalt, der beste Schriftsteller und größte Narr von Frankreich")*, und zur gleichen Zeit ersparte er den Führern der extremen, neo-jakobinischen Linken, die eine revolutionäre Diktatur predigten und gleichzeitig über den Mangel an Freiheit klagten, nicht seine Peitsche. *„Komisch war es jedoch"*, schrieb er, *„daß diese Leute über Unterdrückung klagten, während man ihnen erlaubt, sich so offen gegen die Regierung zu verbinden und Dinge zu sagen, deren zehnter Teil hinlänglich wäre, um in Norddeutschland zu lebenslänglicher Untersuchung verurteilt zu werden."*

Heine goss kübelweise Kritik auf das Regime, konnte aber nicht umhin, die relative Freiheit, die im Land herrschte, zu loben. Schon in seinem ersten Beitrag erzählte er seinen Lesern von den Franzosen, die sich zu kleinen Gruppen in den Ecken der Straßen trafen, aus Zeitungen lasen und lauthals über Politik diskutierten. In seinem zweiten Beitrag vom Januar 1832 berichtete er vom Prozess der Führer der Partei *Les Amis du Peuple* (Freunde des Volkes), die beschuldigt wurden, eine Verschwörung gegen die Regierung geschmiedet zu haben.

„*Ja*", bekannten die Beschuldigten den Geschworenen, „*ja, wir wünschen den Umsturz dieser schwachen Regierung, wir wollen eine Republik!*" Sie wurden freigesprochen, nachdem sie bewiesen hatten, dass sie keine Verschwörung vorbereitet, sondern lediglich ihre Meinung geäußert hatten.[20]

Die Abschaffung der Zensur nach der Juli-Revolution ermöglichte es den Zeitungen, das Regime zu kritisieren, auch auf Kosten des Königs. Paris lachte lauthals über die Witze über Louis-Philippe, die jeden Morgen neu verbreitet wurden, und zu den vielen Karikaturen, die den König in Form einer Birne zeigten. Heine berichtete voller Genugtuung über den „*Unfug dieser Fratzenbilder*". Er erzählte, die Zeitungen „*mißhandeln den König mit einer Unverschämtheit, die um so widerwärtiger ist (…)*" und bemerkte, „*die Königin lese sie oft und weine darüber.*"

Louis-Philippe war der Anti-Held seiner Epoche. Heine verhielt sich zu ihm mit gemischten Gefühlen. Einerseits spottete er: „*Das Bürgerkönigtum und die ganze Regierungskunst bestehe darin, daß man jedem Lump die Hand drücke.*" Andererseits wusste er, was in unserer Zeit Historiker mit der Weisheit der Spätgeborenen wissen, dass er ein viel klügerer König war, als seine Zeitgenossen von ihm dachten. Er übernahm ein Land im Zustand einer gesellschaftlichen und wirtschaftlichen Katastrophe, die Jahre seiner Herrschaft vergingen im Zeichen von Aufständen und Unruhen, acht Mal gab es Versuche, ihn zu töten, aber er gab seinem gespaltenen und stürmischen Volk achtzehn Jahre wirtschaftlichen Aufschwungs, der Mäßigung und hauptsächlich des Friedens. „*Der Geschichtsschreiber wird ihm einst das Zeugnis geben, daß er diese (Rolle) gut ausgeführt hat*", schrieb Heine, „*dieses Bewusstsein kann ihn trösten über die Satiren und Karikaturen, die ihn zur Zielscheibe ihres Witzes gewählt. (…) Noch nie ist ein Fürst in seiner eignen Hauptstadt so sehr verhöhnet worden wie Ludwig Philipp. Aber er denkt, wer zuletzt lacht, lacht am besten; ihr werdet die Birne nicht fressen, die Birne frisst euch.*"[21]

Die Aufgabe, die er mit dem Schreiben seiner journalistischen Reportagen auf sich nahm, war, laut Heine, es so weit zu bringen, „*daß die große Menge die Gegenwart versteht.*"[22] Und wenn er „*Gegenwart*" sagte, meinte er die „*Zukunft*", da er darauf brannte, die Wurzeln der Dinge zu ergründen und ihre Geheimnisse zu entschlüsseln. „*Paris*", schrieb er, „*ist der Gipfel der Welt. Von hier kann der Mensch die Zukunft erforschen.*" Oft trafen seine Prophezeiungen zu. Manchmal scheiterte er. Immer aber war in ihnen ein Aufblitzen seines Genies.

So zum Beispiel in seiner Reportage vom 1. März 1832, als er in nie dagewesener Schärfe auf den Plan reagierte, eine anglo-französische Allianz zu gründen. Seit ehedem fühlte er eine unerklärliche Abneigung gegenüber dem Engländer. Er behauptete, dass „John Bull" (England) den „Gallischen Hahn" (Frankreich) in einen Krieg gegen die „Absoluten Adler" (deutsche Fürstentümer) verwickeln werde; und wenn dieser ausbrechen werde, werde der Engländer in seinem Egoismus bei Seite stehen. Hier zeichnete er eine Karikatur der Engländer, die von der anderen Seite des Kanals herüberblicken, applaudieren und Wetten über den Ausgang des Kampfes abschließen. „*Möge Frankreich sich niemals auf England verlassen wie Polen auf Frankreich!*", schrieb er; aber der erstaunlichere Abschnitt in diesem Beitrag ist seine Beschreibung: wie „*Frankreich, das Mutterland der Zivilisation und der Freiheit, ginge verloren durch Leichtsinn und Verrat und die potsdämische Junkersprache schnarrte wieder durch die Straßen von Paris die Heimat der Kultur und Freiheit, (…) und schmutzige Teutonenstiefel befleckten wieder den heiligen Boden der Boulevards.*"

Es fehlt nur noch die vom Eiffelturm wehende Hakenkreuzfahne, damit diese erstaunlich prophetische Aussage vollständig wird. Zu seiner Zeit, soll hier gesagt werden, nahmen auch die Verehrer des lyrischen Dichters Heine diese politischen Prophezeiungen nicht ernst, und es mussten drei furchtbare Kriege stattfinden, damit dieser Aspekt seiner Genialität gewürdigt wurde. Was die Herausgeber und Leser gefesselt hatte, war der besondere Stil, den er in die deutsche Presse brachte. Es war ein sehr personlicher Ton, verschnörkelt und geschmückt, poetisch und satirisch, streichelnd und beißend, amüsant und ärgerlich. Heine schämte sich nicht, in seinen Beiträgen pikante Anekdoten neben tiefe Gedanken zu stellen. Dies geschah, erklärte er, „*um das Bild der Zeit selbst in seinen kleinsten Nuancen zu lifern.*"[23]

Bewaffnet mit seiner Feder kämpfte Heine nicht nur gegen die Großmächte; er scheute sich auch nicht, diese Waffe für seine privaten

Kriege zu gebrauchen. In seiner Reportage vom 10. Februar 1832 berichtete er über den Parisaufenthalt eines deutschen Schriftstellers, *„der als Kunstkritiker und Übersetzer berühmt ist"*, der von *„Pontius zu Pilatus"* rannte, alle zu überzeugen versuchte, und nicht ruhte, bis er vom König die Medaille der Ehrenlegion erhielt.[24] Diese verspottete Person war niemand anders als August Wilhelm von Schlegel, der Gründungsvater der deutschen Romantik. Schlegel war Heines Lehrer an der Universität von Bonn gewesen und er war es, der ihn ermutigt hatte, seine ersten Gedichte zu veröffentlichen. Damals hatte ihm Heine ein Sonett gewidmet, das er ins *Buch der Lieder* aufgenommen hatte, aber mit der Zeit verschlechterten sich ihre Beziehungen. Von Varnhagen hörte er, dass sich Schlegel bei einem Festmahl beim Kronprinzen von diesem Sonett distanzierte und es sogar kritisierte. Heine, der nicht zu denen gehörte, die etwas schuldig blieben, wartete auf eine gute Gelegenheit, sich zu revanchieren. Wie es seine Art war, vermischte er sachliche Kritik mit persönlichen Beleidigungen. Er nannte Schlegel einen *„Impotenten Hahn"*[25], womit er seine leere Eitelkeit und seine Impotenz als Schriftsteller und als Mann meinte. Dieser Hohepriester der romantischen Literatur war bekannt für seine Sucht nach Auszeichnungen, Orden und Ehrenmedaillen. Heine war das komplette Gegenteil. Das Vorbild Heines war Gotthold Ephraim Lessing, der Bohemien, der jeden guten Kampf begrüßte, der sich bei den Machthabern nie anbiederte und dafür mit Armut und Not bezahlte. *„Ich kann nicht umhin, zu bemerken"*, schrieb er, *„daß er in der ganzen Literaturgeschichte derjenige Schriftsteller ist, den ich am meisten liebe."*[26] Den Gegensatz zwischen Schlegel und Lessing kann man mit Begriffen wie Priester und Prophet verdeutlichen: Schlegel diente der politischen Reaktion; Lessing wollte das deutsche Volk aufwecken und ihm die Ideale der Aufklärung ins Herz pflanzen – Freiheit, Gleichheit und Menschenwürde.*

---

* Lessing ist unter anderem auch der Begründer der philo-semitischen Tradition in Deutschland. Seine dramaturgische Karriere begann er mit einer Reihe von Einaktern, deren bekanntester „Die Juden" ist, und er endete mit dem Drama in fünf Akten, „Nathan der Weise", in dem er seinem von ihm verehrten Freund Moses Mendelssohn ein Denkmal setzte.

*„Er war die lebendige Kritik seiner Zeit, und sein ganzes Leben war Pole-
mik"*[27], schrieb Heine über Lessing, und meinte wahrscheinlich auch
sich selbst. *„Vor dem Lessingschen Schwerte zitterten alle"*, schrieb er, und
zweifellos sah er auch sich selbst mit dieser Klinge schwingen. Mit
einer wunderbaren psychologischen Beobachtungsgabe fügte er
hinzu: *„Lessing, wie er selbst eingestand, bedurfte eben des Kampfes zu der
eignen Geistesentwicklung."* *„Ja"*, fügte er hinzu, *„Polemik war die Lust
unseres Lessings (…)."* In seinem unnachahmlichen Stil beschrieb er die
mit einer Metapher aus dem Reich der Tiere: *„Sein Witz war kein kleines französisches Windhündchen, das seinem eigenen Schatten nachläuft; sein
Witz war vielmehr ein großer deutscher Kater, der mit der Maus spielt, ehe er
sie würgt."*

Mit seiner Art verursachte Heine den Redakteuren der „Allgemeinen Zeitung" keine geringen Kopfschmerzen, und sie waren genötigt,
seine Beiträge zu bearbeiten, da sie in einer derart scharfen Sprache
geschrieben waren, wie es sie in Deutschland noch nie gegeben hatte.
Die Änderungen bereiteten ihm Verdruss, und er flehte den Verleger
Cotta an: *„Ich bitte, Herr Baron, sorgen Sie, daß mir an meinen Artikeln
wenig verändert wird, sie kommen ja doch schon censirt aus meinem Kopfe."*[28]
Die Redakteure seiner Zeitung und die bayerische Zensur waren da
anderer Meinung. Wunderbare Beschreibungen wie *„Es war damals
eine dunkle Zeit in Deutschland, nichts als Eulen, Zensuredikte, Kerkerduft,
Entsagungsromane, Wachtparaden, Frömmelei und Blödsinn (…)"*[29] wurden
am Tisch der Redaktion gestrichen, noch bevor die Artikel der Zensur vorgelegt wurden. Auch die scharfe Kritik *„verräterische Junker, ver-
leumderische Pfaffen und sonstige Schurken (…)"*[30] wurde als nicht geeignet für den Druck befunden, und Heines Flehen und Versprechen,
dass er sich bemühen werde, seine Ausdrücke zu mäßigen, so fern es
die Wahrheit erlaube, halfen nicht.

Baron Johann Friedrich von Cotta war eine der vornehmsten Persönlichkeiten Deutschlands, er war der Verleger von Goethe und
Schiller und der Begründer einer erfolgreichen Zeitungskette in Süddeutschland. In seinen politischen Ansichten war er liberal, und in der
Tat: Er befreite die Bauern auf seinen Gütern, unterstützte die Emanzipation der Juden und liebte Heines Gedichte.[31]

Die „Augsburger Allgemeine Zeitung" war das Flaggschiff des Zeitungsimperiums Cotta. Es war die wichtigste deutsche Zeitung im Zeitalter der postnapoleonischen Reaktion, und die einzige, die international beachtet wurde.[32] Heine meinte, dass man sie „Allgemeine Zeitung von Europa" nennen müsse.[33] Es war eine absolut ungewöhnliche Zeitung, eine Ausnahme unter den Zeitungen Deutschlands, die sich zu jener Zeit durch magere Inhalte, trockenen Still und eingeschränkten Horizont auszeichneten. Die meisten berichteten über lokalen Klatsch und Tratsch, von Geschichten über Mord und Totschlag, von Unfällen, von Literatur und Theater, wobei sie Themen mieden, die kontrovers sein könnten. Die Nachrichten bearbeiteten sie, wenn überhaupt, treu nach den Meldungen der Behörden. Nur eine so angesehene Persönlichkeit wie Baron Cotta konnte diese schwierige, fast unmögliche Aufgabe vollbringen, eine Zeitung mit Nachrichten aus dem In- und Ausland, mit Reportagen und politischen Kommentaren herauszubringen. Cotta tat dies, weil er eine aufgeklärte Volksmeinung erzeugen wollte, und außerdem entdeckte er auch, dass dies sowohl seinem guten Ruf als auch der Verbreitung der Zeitung diente.

Um das hohe Niveau der „Augsburger Allgemeinen Zeitung" zu gewährleisten, gründete Cotta ein Netz von Nachrichtenbüros in allen deutschen Städten und im Ausland. Um zu überleben, war er gezwungen, auch besondere Beziehungen mit Metternich und seinen Gefolgsleuten zu unterhalten, und deshalb gab er sich offen für Druck von der rechten Seite und Kritik von der Linken. Campe, der Verleger von Heine, gab der „Allgemeinen Zeitung" den Titel „Allgemeine Hure".[34] In einem Kaffeehaus in Paris drohte ein radikaler Redner, alle Verräter an einem Baum zu hängen, insbesondere die Redakteure der „Allgemeinen Zeitung". „Ich wundere mich", schrieb Heine, „daß ich damals noch Mut hatte als Redakteur der ‚Allgemeinen Zeitung' tätig zu sein …"[35]

Es war keine leichte Sache im damaligen Deutschland, eine politische Zeitung zu unterhalten, und Cotta wandte alle möglichen Tricks an, um sensibles Material zu veröffentlichen. Zuweilen war Heine schockiert, als er seine Artikel neben Pro-Regierungs-Beiträgen und sogar reaktionären Beiträgen gedruckt fand. Da alle Beiträge der Zeitung namenlos veröffentlicht wurden, wurden einige von ihnen irrtümlich ihm zugeschrieben, und das zu seinem Ärgernis, da er sich damals mit den deutschen Radikalen, die in Paris saßen, im Streit befand. Er beschuldigte sie des Nationalismus und der Neigung zum Terror und zur Gewalt, und diese diffamierten ihn, dass er ein heimlicher Verbündeter der Aristokratie sei, ein Agent eines fremden Staates und ähnliches. Ein gewisser Kaufmann, der aus Wien geflohen war, weil er seine Schulden nicht zahlen konnte und in Paris als politischer Flüchtling und Freiheitskämpfer auftrat, fragte Heine, ob es wahr sei, dass die Österreicher ihn bezahlten. Heine antwortete, wie man erzählt: *„So wie Sie den Österreichern nicht bezahlen, so bezahlen die Österreicher auch mich nicht.“*[36]

Nicht nur, dass die Österreicher gar nicht versucht hatten, Heine zu kaufen, sie warteten auf eine Gelegenheit, ihn zum Schweigen zu bringen. Am 22. April 1832 sandte Gentz, Metternichs rechte Hand, einen persönlichen Brief an Cotta mit einem scharfen Protest wegen der Veröffentlichung der Artikel des „Abenteurers und Betrügers Heine“. Unter anderem behauptete er, dass er „die französische Regierung in den Staub beleidigt“. In seinem Brief vergaß er allerdings nicht zu betonen, wie sehr er ihn als Dichter schätze und sogar liebe. Gentz traf Heine im Salon von Rahel Varnhagen in Berlin. Er war einer dieser fortschrittlichen Intellektuellen, die nach der Niederlage Napoleons ihre Haut gewechselt hatten, und jetzt erfüllte er eine der wichtigsten Aufgaben im reaktionären Regime Metternichs. Das hinderte ihn nicht daran, weiterhin Kontakte mit dieser außergewöhnlichen Frau zu unterhalten. „Noch sättige ich meine Seele mit dem *Buch der Lieder*“, schrieb er ihr, „und während vieler Stunden badet meine Seele in dieser süßen Melancholie.“[37]

Cotta wehrte den Druck von Gentz und Metternich so gut er konnte ab. Heine war der Star-Autor der „Allgemeinen Zeitung“, und er hatte kein Interesse daran, die Mitarbeit dieses Menschen zu beenden, über den er mit Bewunderung sagte, dass er „weiß wie er mit seiner Feder auf einen Granitstein hauen soll, um aus ihm einen Funken zu gewinnen und ihn in eine Feuerbrunst zu verwandeln.“[38] Als der

Druck wuchs, versuchte Kolb, der Redakteur der Zeitung, Heine zur Mäßigung zu zwingen. „Schreiben Sie über das Leben in Frankreich", bedrängte er ihn, „nicht über seine Politik."[39]

Im April 1832 hatte Heine Gelegenheit, „das Leben in Frankreich" zu beschreiben – wenn das ein passender Ausdruck für die Beschreibung der Cholera ist, die Tausende von Opfern in der Stadt forderte. Sie brach mitten im Karneval im Frühling aus, als, nach seinen Worten, *die Bäume grün wurden und die Menschen blau.*" Innerhalb weniger Wochen starben fünfunddreißigtausend Menschen.

Die Beschreibung der Seuche ist eine literarische Perle.[40] Heine berichtet wie gewohnt nicht über die Ereignisse selbst, sondern sah ihre versteckte Bedeutung, die Symbolik und die Moral. Der Bericht ist bei ihm in einen Artikel eingearbeitet, in dem er wiederholt vor der Überheblichkeit der französischen Herrscher und ihrer Blindheit warnt. *„Die Gesellschaft der Gewalthaber",* schrieb er, *„glaubt wirklich an die ewige Dauer ihrer Macht, wenn auch die Annalen der Welthistorie und das feurige Menetekel der Tagesblätter und sogar die laute Volksstimme auf der Straße ihre Warnungen aussprechen."*

Die Seuche wurde symbolischerweise auf dem Höhepunkt eines Maskenballs entdeckt. Glückliche Franzosen schleckten Eis, tranken kalte Getränke, frohlockten und tanzten, bis plötzlich ein schwerer Schüttelfrost den *„lustigste[n] der Arlequine"* ergriff. Er nahm die Maske ab und alle erschraken beim Anblick seines blau-violetten Gesichtes. Das war kein Spaß. Mit einem Mal verstummten die Stimmen und das Gelächter, und da auch andere Gäste sich unwohl fühlten, eilten sie ins Krankenhaus, wo sie unter fürchterlichen Qualen starben. Aus lauter Panik wurden die Toten ins Grab geworfen während sie noch ihre *„buntgescheckten Narrenkleider"* angezogen hatten. *„(...) lustig, wie sie gelebt haben",* beschließt Heine diesen Abschnitt, *„liegen sie auch lustig im Grabe."*

Paris, die lustige Stadt, in der man sich amüsiert, wurde über Nacht eine Geisterstadt. Innerhalb kurzer Zeit leerten sich die Straßen und Boulevards, die Kaffeehäuser wurden geschlossen, und die Theater waren *„wie ausgestorben".* Nur wenige Menschen sah man auf den Straßen, in Eile aneinander vorbeigehend und sich die Münder mit Tüchern zudeckend. Die Stille in den Straßen wurde nur unterbrochen, wenn eine Beerdigungsprozession vorüberging. Innerhalb weniger Tage gingen die Särge aus, die Toten wurden in Säcke gelegt und im Dutzend zum Friedhof gebracht. Es waren schwer erträgliche Tage. Heine fiel es schwer, die Realität zu beschreiben und auf Papier zu bringen, unter anderem durch *„das grauenhafte Schreien meines Nachbars, welcher an der Cholera starb.“* Er beschrieb Frauen, die ihre toten Kinder an ihre Brust drückten, sie *„weinten bitterlich weinten und jammerten, daß die unschuldigen Würmchen in ihren Armen stürben“* und gleichzeitig verspottete er den Erzbischof wegen seiner Behauptung, dass Gott die Cholera als Strafe für das Volk sandte, das einen legitimen, christlichen König verjagte und die Sonderrechte der Katholischen Kirche aufgehoben hatte.

Er schrieb, dass *„in einem Tage, nämlich den 10. April, an die zweitausend Menschen gestorben sind.“* Eine alte Frau in Montmartre, erzählte er, saß die ganze Nacht neben ihrem Fenster, um die Leichen zu zählen, die vorbei gebracht wurden. *„Sie habe dreihundert Leinen gezählt, worauf sie selbst, als der Morgen an brach, von dem Froste und den Krämpfen der Cholera ergriffen ward und bald verschied.“* Heine, der das Leben der hohen Pariser Gesellschaft als Fest von Essen und Trinken zu beschreiben pflegte, legte in seine Worte auch einen sozialen Vorwurf, als er von den Wohlhabenden erzählte, die die Stadt verließen und damit ihr Leben retteten, während die Armen blieben und in Massen umkamen. *„Das Volk“*, schrieb er, *„murrte bitter, als es sah, wie die Reichen flohen und bepackt mit Ärzten und Apotheken sich nach gesünderen Gegenden retteten. Mit Unmut sah der Arme, daß das Geld auch ein Schutzmittel gegen den Tod geworden.“*

„Wenn ich in einen Salon trete“, fügte er hinzu, *„sind die Leute verwundert, mich noch in Paris zu sehen, da ich doch hier keine notwendigen Geschäfte habe.“* Er hatte verschiedene Erklärungen, warum er nicht mit dem Strom der Flüchtlinge die Stadt verließ. An Varnhagen schrieb er, dass er es aus Faulheit nicht tat. An Cotta schrieb er, dass er aus journalistischer Treue blieb, um über die Ereignisse zu berichten. Seinen Lesern schrieb er, dass auch er sich den Fliehenden angeschlossen hätte, *„aber mein bester Freund lag hier krank darnieder.“* Der liebe Freund

war kein anderer als sein Cousin Karl, der Sohn von Salomon Heine, der zu einem kurzen Besuch nach Paris gekommen war und von der Seuche getroffen wurde. Heine pflegte mit großer Hingabe den Kranken, den jüngeren Bruder von Amalie und Therese. Täglich gab es in der Stadt Zwischenfälle und Unruhen. Als die Behörden die Stadt vom angehäuften Unrat reinigen wollten, brach ein gewalttätiger Aufstand der Lumpensammler los, die behaupteten, dass man sie um ihren Broterwerb bringe. Diese, betonte Heine, erinnerten an den dörflichen Adel, an die Gilden der Künstler und an alle anderen, die behaupteten, dass die Beseitigung der alten Laster ihr Einkommen schädige, und die deshalb gegen jede Verbesserung seien, die vorsah *„den Kehrricht des Mittelalters"* zu beseitigen. Die Behörden unterdrückten den Aufstand der Lumpensammler mit Gewalt, woraufhin dann eine andere, noch schrecklichere *Affäre* ausbrach.

In der Stadt verbreitete sich das Gerücht, dass der Tod nicht durch die Cholera verursacht werde, sondern durch eine Vergiftung. Sofort begann eine wilde Jagd auf die Giftmischer, und an verschiedenen Orten griff der blutrünstige Pöbel jeden Passanten an, der verdächtig aussah. *„[Ich sah] einen dieser Unglücklichen"*, schrieb Heine, *„als er noch etwas röchelte und eben die alten Weiber ihre Holzschuhe von den Füßen zogen und ihn damit so lange auf den Kopf schlugen, bis er tot war. Er war ganz nackt und blutrünstig zerschlagen und zerquetscht; nicht bloß die Kleider, sondern auch die Haare, die Scham, die Lippen und die Nase waren ihm abgerissen, und ein wüster Mensch band dem Leichname einen Strick um die Füße und schleifte ihn damit durch die Straße, während er beständig schrie: Voilà le Choléra-morbus! Ein wunderschönes, wutblasses Weibsbild mit entblößten Brüsten und blutbedeckten Händen stand dabei und gab dem Leichname, als er ihr nahe kam, noch einen Tritt mit dem Fuße. Sie lachte und bat mich, ihrem zärtlichen Handwerke einige Francs zu zollen, damit sie sich dafür ein schwarzes Trauerkleid kaufe; denn ihre Mutter sei vor einigen Stunden gestorben, an Gift."*

Die Beschreibung endet mit einem Besuch bei einem Bekannten *„und [ich]"*, schrieb er, *„eben zur rechten Zeit kam, wo man seine Leiche auflud (…)"*. Er begleitete den Toten zum Friedhof Père Lachaise, wo er eine schreckliche Szene des Gedränges und der Verwirrung vorfand. Hunderte von Leichenwagen versuchten, durch das enge Tor zu fahren, Menschen verloren ihre Geduld, brachen in Geschrei und Beleidigungen aus, die Polizisten waren gezwungen, ihre Schwerter zu ziehen, um Ordnung zu schaffen, und mitten in diesem Durcheinander kippten Wagen um, Leichen fielen heraus, *„da glaubte ich die entsetzlichste aller Emeuten zu sehen, eine Totenemeute"*, schrieb er. Vor lauter Entsetzen floh er auf den Hügel, von dem aus man Paris in seiner ganzen Schönheit sehen konnte, *„und ich weinte bitterlich über die unglückliche Stadt, die Stadt der Freiheit, der Begeisterung und des Martyriums, die Heilandstadt, die für die weltliche Erlösung der Menschheit schon so viel gelitten!"*

Im Mai verschwand die Seuche. Das Leben in Paris ging wieder seinen gewohnten Gang. Die Reichen kehrten in ihre Häuser zurück, die Kaffeehäuser wurden geöffnet, die Boulevards füllten sich mit Spaziergängern, die politischen Parteien nahmen ihre Arbeit wieder auf – und auch Heine war wieder der Alte.

Das Tagesgespräch war der Tod des Ministerpräsidenten Casimir-Pierre Périer, der an der Seuche gestorben war; und die Entscheidung des Königs, der den Vorteil des dadurch entstandenen Vakuums nutzen wollte, indem er begann, selber die Regierungssitzungen zu leiten. Louis-Philippe wollte herrschen, nicht nur König sein, und dieser Schritt verursachte eine stürmische Debatte in den Zeitungen und den Salons. *„(...) so spielt er noch immer seinen roi-citoyen"*, schrieb Heine, *„und trägt noch immer das dazugehörige Bürgerkostüm; unter seinem bescheidenen Filzhüte trägt er jedoch, wie männiglich weiß, eine ganz unmaßgebliche Krone von gewöhnlichem Zuschnitte, und in seinem Regenschirme verbirgt er das absoluteste Zepter."* Die Frage war, wie weit der König die Situation im Griff hatte. *„Ludwig Philipp"*, witzelte Heine, *„ist noch immer der Meinung, daß er stark sei. ‚Seht, wie stark wir sind!' ist in den Tuilerien der Refrain jeder Rede. Wie ein Kranker immer von Gesundheit spricht und nicht genug zu rühmen weiß, daß er gut verdaue, daß er ohne Krämpfe auf den Beinen stehen könne, daß er ganz bequem Atem schöpfe usw."*

Am 16. Juni 1832 sandte er seinen neunten Artikel, in dem er wieder *„meine deutschen Republikaner"* angriff, die zur Einigung Deutschlands aufriefen. *„(...) so wäre das vereinte Deutschland"*, warnte er, *„die furchtbarste Macht der Welt!"*[41]

Die Redaktion weigerte sich, diesen Beitrag zu veröffentlichen. Noch bevor er davon erfuhr, hatte Heine Paris verlassen und war wie jeden Sommer auf dem Weg zu den Badestränden. Er schickte der Zeitung weiterhin Reportagen aus Rouen und Le Havre. Im August nahm er in Dieppe Salzbäder, und im September kehrte er mit neuen Kräften nach Paris zurück. *„Fragt Sie jemand wie ich mich hier befinde"*, schrieb er an Ferdinand Hiller, seinen musikalischen Freund, *„so sagen Sie: wie ein Fisch im Wasser. Oder vielmehr, sagen Sie den Leuten; daß, wenn im Meere ein Fisch den anderen nach seinem Befinden fragt, so antworte dieser: ich befinde mich wie Heine in Paris."*[42]

Aber die Wahrheit ist, dass sich hinter dieser Pariser Fröhlichkeit auch die Stimme der Angst vernehmen ließ. *„Ich bin (...) ein Anhänger von Ludwig Phillipp"*, schrieb er weiter, *„meine Backen sind roth, zwey Finger an der linken Hand sind gelähmt (...)."* Das war das erste Anzeichen seiner schrecklichen Krankheit. Als er erfahren hatte, dass die „Allgemeine Zeitung" aufgehört hatte seine Beiträge zu drucken, beschloss er, sie als Buch zu veröffentlichen. Er redigierte sie, fügte alle zensierten Stellen ein und schickte das Päckchen an Julius Campe in Hamburg. Der Verleger nahm die Sendung freudig an, da er glaubte, es sei ein Werk im Stil der *Reisebilder,* und war ziemlich enttäuscht, als er das Bündel öffnete und darin „alte Zeitungs-Beiträge" fand. Heine nannte das Buch *Französische Zustände* und gab ihm das Motto: *„Vive la France! quand même!"* (Es lebe Frankreich! Trotz allem!)[43]

Im Vorwort zu diesem Buch wollte er die Behauptungen seiner Gegner widerlegen, dass er angeblich vom Weg der Revolution abgekommen sei. Deshalb nahm er darin eine Anklage gegen den gesamtdeutschen Bundestag auf, dessen Vertreter am 28. Juni das Versprechen, das dem deutschen Volk nach dem Sieg über Napoleon gegeben worden war, zurücknahmen, nämlich dem deutschen Volk eine Verfassung zu geben. *„Ich (...) klage an des gemißbrauchten Volksvertrauens, ich klage sie an der beleidigten Volksmajestät, ich klage sie an des Hochverrats am deutschen Volke, ich klage sie an!"* Er richtete seine Pfeile ganz besonders gegen den König von Preußen: *„Ich traute nicht diesem Preußen, diesem langen frömmelnden Kamaschenheld mit dem weiten Magen und mit dem großen Maule und mit dem Korporalstock, den er erst in Weihwasser taucht, ehe* *er damit zuschlägt.*" Und ebenso gegen den Landadel: "*Eine Handvoll Junker, die nichts gelernt haben als ein bisschen Rosstäuscherei, Volteschlagen, Becherspiel oder sonstig plumpe Schelmenkünste, womit man höchstens nur Bauern auf Jahrmärkten übertölpeln kann: diese wähnen damit ein ganzes Volk betören zu können, und zwar ein Volk, welches das Pulver erfunden hat und die Buchdruckerei und die ‚Kritik der reinen Vernunft'.*"

Es scheint, als sei er erschrocken über die Komplimente, die er dem Deutschen Volk gemacht hatte, deshalb beschimpfte er am Ende der Vorrede die Deutschen wegen ihres blinden Gehorsams, ihrer freiwilligen Versklavung und ihrer Willenlosigkeit, ein freies Volk in ihrem Land zu sein: "*O! das ist ein sehr großer Narr! (…) Kommt ein guter Freund zu ihm, der teilnehmend über seine Schmerzen mit ihm reden will (…) dann wird er rein wütend und schlägt nach ihm mit der eisernen Pritsche. Er ist überhaupt wütend gegen jeden, der es gut mit ihm meint.*"

Heine ersparte seine Peitsche auch dem liberalen Lager nicht, besonders weil es vom Nationalismus vergiftet war und an der Einigung Deutschland festhielt. Es gab in dieser Generation keinen schärferen Gegner des deutschen Nationalismus als ihn. Er warnte die Welt vor der Einigung Deutschlands, und zur gleichen Zeit hatte er die Vision von der Einigung Europas, weil er darin die große Hoffnung für den Frieden sah. "*Wenn wir es dahin bringen, daß die große Menge die Gegenwart versteht, so lassen die Völker sich nicht mehr von den Lohnschreibern der Aristokratie zu Haß und Krieg verhetzen, das große Völkerbündnis, die Heilige Allianz der Nationen, kommt zustande, wir brauchen aus wechselseitigem Misstrauen keine stehenden Heere von vielen hunderttausend Mördern mehr zu füttern, wir benutzen zum Pflug ihre Schwerter und Rosse, und wir erlangen Frieden und Wohlstand und Freiheit. Dieser Wirksamkeit bleibt mein Leben gewidmet.*"

Campe meinte, die Vorrede sei zu scharf und bat um Heines Zustimmung, sie zu mäßigen. Heine stimmte zwangsläufig zu, aber als das Buch im Dezember 1832 erschien, wurde ihm schwarz vor Augen angesichts der Kürzungen Campes und der Zensur. Was eine Anklageschrift gegen den König von Preußen sein sollte, sah jetzt aus wie Schmeichelei und Servilität. Viele seiner Geistesblitze waren entschärft und ihr Sinn entfremdet. Er hatte zum Beispiel voller Spott über den Historiker Raumer geschrieben: *„von allen mittelmäßigen Schriftstellern ist er noch der beste"*, aber die Zensur strich das Wort *„mittelmäßigen"*, und Heine war *„schockiert vor lauter Kummer"*.

Wie üblich beschuldigte er den Verleger. Niemals berücksichtigte er die Lage dieses mutigen Mannes, Julius Campe, der täglich damit rechnen musste, dass sein Geschäft geschlossen und er verhaftet wurde. Heine war nicht beeindruckt von den Nachrichten über die Verschärfung der Zensur, über Gerichtsurteile und Haft, die in letzter Zeit verschiedene Verleger, Buchhändler und Drucker getroffen hatten. Campe selbst wurde zur Untersuchung vorgeladen und konnte sich mit Mühe herausreden. Heine missachtete die Tatsache, dass dieser selbst auf der Liste der preußischen Regierung stand, und dass er auch ein Zielobjekt für Agenten der Pariser Polizei war. In seinem Zorn veröffentlichte er in der „Allgemeinen Zeitung" eine Distanzierung von der *Vorrede,* und das war ein ungewöhnliches Ereignis in den Beziehungen zwischen Autor und Verleger, deren Streit nun in aller Öffentlichkeit ausgebreitet wurde. Campe jedenfalls hielt sich zurück und schlug einen seiner Tricks vor: Der volle Text der *Vorrede* solle in Paris gedruckt werden, als *Vorrede zur Vorrede,* und solle dem Buch als getrennter Bogen zugefügt werden. Hier griff er wieder die Herrscher Deutschlands an: *„Denn ihr spekuliert immer auf alles, was schlecht im deutschen Volke ist"*, schrieb er, *„auf Nationalhaß, religiösen und politischen Aberglauben und Dummheit überhaupt."* Wieder versuchte er, sich gegen seine Kritiker von Links zu verteidigen, die *„Demagogen, die mich in letzter Zeit beschuldigt haben anti-liberale Absichten zu haben und mich als Verräter an der Sache der Freiheit sahen…"*[44]

Heine war erschöpft. Im Dezember 1832 schrieb er an Immermann: *„Von der Politik stehe ich jetzt ferne. Ich werde von den Demagogen gehasst. Durch die Vorrede zu den Zuständen, die Sie wohl nächstens sehen, habe ich nur zeigen wollen, daß ich kein bezahlter Schuft bin. Halten Sie mich doch bey Leibe nicht für einen Vaterlandsverräter."*[45]

Seiner Mutter schrieb er: *„Die Demagogen sind wüthend über mich; sie sagen, ich werde bald öffentlich als Aristokrat auftreten. Ich glaube, sie irren sich. – Ich zieh mich aus der Politik zurück. Das Vaterland mag sich einen anderen Narren suchen."*[46] Aber Heine konnte sich aus der Politik nicht zurückziehen. „*Ich leide noch immer an einer paralisirten Hand (…)*", schrieb er an Varnhagen, „*Dennoch bleib ich thätig. Ich gebe das Schwert nicht aus Händen, bis ich hinsinke. Solange bleib ich auch.*"[47]

Heine erneuerte den Versand seiner journalistischen Reportagen an die „Allgemeine Zeitung" erst nach acht Jahren. Diese wurden in den zwei Bänden *Lutezia* gesammelt, die hauptsächlich die Jahre 1840-1843 umfassen. Er fügte noch einige Gelegenheitsreportagen hinzu, die mit der Revolution von Februar 1848 endeten, derjenigen, die Louis-Philippe von seinem Thron verjagt und für kurze Zeit die Zweite Republik in Frankreich errichtet hatte. Obwohl die *Französischen Zustände* und *Lutezia* nicht die ganze Periode abdecken, wird der Leser darin eine lebendige und spannende Beschreibung vom Aufstieg und Fall der Juli-Monarchie finden.

Heine war nicht der einzige Korrespondent der „Allgemeinen Zeitung" in Paris. Er war auch kein Nachrichten-Korrespondent im heute üblichen Sinne. Sein Stil war sehr persönlich, kunstvoll und pikant, voller Charme und Humor, streitlustig und mit der Tiefe des Gedankens versehen. In heutigen Begriffen könnte man ihn als Inhaber einer *Kolumne* beschreiben und seinen Stil als „New Journalism" kategorisieren. Seine Jahre in Paris waren die Glanzjahre des *Feuilleton* in der französischen Presse, dieses journalistischen Genres an der Grenze zur schöngeistigen Literatur: stilvoll, farbig, schwärmerisch. Heine spottete häufig über die Geduld der deutschen Zeitungsleser, die schwere und langweilige Kost verarbeiten müssten. „*(…) die Artikel sind in den französischen Blättern besser geschrieben und logischer abgefasst als in den deutschen*", schrieb er, „*wo der Verfasser seine politische Sprache erst schaffen und durch die Urwälder seiner Ideen sich mühsam durchkämpfen muß.*"[48] Heines Beiträge, in denen er die Eleganz Frankreichs in die deutsche Presse brachte, hatten wegen ihres Inhalts und ihres Stils einen gewaltigen Einfluss auf Generationen von Schriftstellern und Journalisten in Deutschland.

In den dreißiger Jahren des 19. Jahrhunderts waren es die Autoren des „Jungen Deutschland". In den vierziger Jahren und später finden wir unter seinen Nachahmern Richard Wagner und Karl Marx, die, zusätzlich zu dem was sie schon waren, bei verschiedenen Gelegenheiten auch als Journalisten arbeiteten. Heine (neben seinem älteren Kollegen Ludwig Börne) ist der Begründer des deutschen *Feuilletons*, das am Ende des 19. Jahrhunderts und Anfang des 20. Jahrhunderts sehr populär war.

Der entrüstete Wiener Satiriker Karl Kraus veröffentlichte 1910 einen Essay mit dem Titel „Heine und die Folgen". Mehr als er dort Heine anklagte, warnte er vor den „Folgen": vor seinen vielen Nachahmern, die die Reinheit der Sprache verletzten, sie mit inhaltslosen Klischees beschädigten und ihr eine verlogene Sentimentalität anhafteten. Kraus sah im geschriebenen Wort eine göttliche Inkarnation und in der Sprache die Seele der Kultur. Deshalb rief er zum Heiligen Krieg gegen die Wiener Massenzeitungen, die Journalisten, die Feuilletonisten und all diese Schreiberlinge, die die Sprache zerstörten und das Geistesleben verflachten. In Heine sah er den großen „Französierer" der deutschen Sprache und spuckte Gift und Galle über ihn. „Ohne Heine", schrieb Kraus, „kein Feuilleton. Das ist die Franzosenkrankheit …"[49] (Der Ausdruck „Franzosenkrankheit" ist doppeldeutig, damit könnte auch die Syphilis gemeint sein.) Das Hauptziel seiner Kritik war der Stolz der Wiener Zeitungslandschaft, die „Neue Freie Presse", und ihr Star-Feuilletonist Theodor Herzl. Amos Elon, der Biograph Herzls, schreibt: „Seine [Heines] Prosa zeichnete sich durch eine eigenartige dünne Ironie aus, die Herzl sein Lebenslang nachahmen wollte."[50] Ein anderer Biograph, Alex Bein, schreibt, dass Herzl, als man ihm die Stelle des Auslandskorrespondenten in Paris vorgeschlagen habe, von der Idee begeistert gewesen sei, weil er damit in die Fußstapfen Heines trat.[51]

Was man noch erwähnen sollte ist, dass Heine einer der ersten jüdischen Journalisten war, eigentlich der erste, der diesen Namen verdient. Seine Vorgänger waren lediglich Mordecai Manuel Noah (1785-1851), der Zeitungen in Charleston und New York herausgab, und Ludwig Börne (1786-1837), der seine publizistische Tätigkeit in Frankfurt begann und der Gründer der radikalen, polemischen Literatur in Deutschland war. Im Gegensatz zu diesen beschäftigte sich Heine auch mit der Übermittlung von Nachrichten und er sandte Reportagen über aktuelle Ereignisse. Seinem Buch *Lutezia* gab er den Untertitel: *Berichte über Politik, Kunst und Volksleben.* Auch ohne seine Bedeutung, seinen Ruhm und seinen Einfluss über Generationen zu erwähnen, genügt diese Tatsache alleine, in ihm den ersten modernen jüdischen Journalisten zu sehen.

KAPITEL 9

Die unvollendete französische Revolution

„Ich bin ein Sohn der Revolution"[1]
(Heine in seiner Börne-Denkschrift)

Heine machte sich mit der Begeisterung eines Wallfahrers, der in die Heilige Stadt pilgert, auf den Weg nach Paris. *„Die Freiheit ist eine neue Religion, die Religion unserer Zeit ... Paris ist das neue Jerusalem ..."*[2] schrieb er. In der Juli-Revolution sah er den Anfang eines neuen Zeitalters für die Menschheit; doch sehr schnell wurde er enttäuscht. *„Schon die ersten Tage meiner Ankunft in der Hauptstadt der Revolution merkte ich, daß die Dinge in der Wirklichkeit ganz andere Farben trugen, als ihnen die Lichteffekte meiner Begeisterung in der Ferne geliehen hatten."*[3]

Die Juli-Monarchie entstand als Kompromiss zwischen den Royalisten der Rechten und den Republikanern der Linken. Es war eine konstitutionelle Monarchie, parlamentarisch wie in England, wenn auch weit entfernt von einer modernen Demokratie. Nur 200 000 männliche Grundbesitzer (bei einer Bevölkerung von 30 Millionen) hatten das Wahlrecht. Die arbeitende Bevölkerung (Bauern, Handwerker, Arbeiter, Soldaten) sowie die Frauen aller Stände hatten keine Stimme. Die ersten zwei Ministerpräsidenten, Laffite und Casimir Périer, waren Bankiers, die ihre Entscheidungen je nach dem Zustand der Börse oder dem Preis des Kaffees fällten. Ein anderer Premierminister, der Historiker François Guizot, rief seinen Landsleuten zu: *„Werdet reich!"* Aber der Reichtum war nur sehr wenigen vorbehalten. Der Großteil der Bevölkerung, in Armut vegetierte, wurde nicht beachtet. Der Staat behandelte sie als reine Arbeitskräfte, es wurde im Rahmen der Gesetzgebung nichts für sie getan und man interessierte sich nach den Worten Michel Foucaults nicht einmal dafür, „ob diese Menschen lebten oder starben". Frankreich war ein bürgerliches Königreich, an seiner Spitze stand ein „Bürger-König". Seine Regierung wurde getragen von den Parteien der Mitte und seine Politik hieß „Juste Milieu" (Die goldene Mitte). Heine pflegte zu sagen, dass die Herrschaft des „Juste Milieu" eigentlich die Herrschaft der „Justes Millionaires" sei. Die Hauptstadt der Revolution verwandelte sich, nach seinen Worten, in eine *„Bude, worin man die edelsten Hoffnungen der Menschheit verschachert."*[4] *„Ich (…) sehe die Weltgeschichte mit eignen Augen an"*, schrieb er, *„verkehre amicalement mit ihren größten Helden."*[5]

In den Salons der höheren Gesellschaft konnte er noch sehen, wie *„alte Mousquetaires, die einst mit Maria Antoinette getanzt"* mit altgedienten Jakobinern zusammentrafen, *„ohne Barmherzigkeit und ohne Flecken"*, und sich gemeinsam mit hochgestellten Persönlichkeiten aus der Kaiserzeit, *„vor denen ganz Europa gezittert"*, trafen. *„Kurz"*, schrieb er, *„lauter abgefärbte, verstümmelte Gottheiten aus allen Zeitaltern, und woran niemand mehr glaubt."*[6]

Einer dieser Götter, der ihn enttäuschte, war der Marquis de Lafayette, in dem Heine noch aus seiner Jugendzeit eines der drei Symbole der Revolution gesehen hatte, zusammen mit der Marseillaise und der Trikolore. Lafayette wurde berühmt, als er, im Alter von zwanzig Jahren, im amerikanischen Unabhängigkeitskrieg an der Seite George Washingtons kämpfte; von dort brachte er die Erklärung der Menschenrechte (die *„zehn Gebote des neuen Weltglaubens, die ihm dort offenbart wurden unter Kanonendonner und Blitz"*)[7] nach Frankreich. Als er später die Pariser Nationalgarde in die Französische Revolution führte, verfasste er die „Erklärung der Rechte der Menschen und Bürger". Später, im Alter, in der Julirevolution von 1830, verhalf er dann Louis Philippe auf den Thron. Jetzt traf er diese verehrte Persönlichkeit von Angesicht zu Angesicht, dieses Überbleibsel der Französischen Revolution. Aber „*das Silberhaar, das ich um die Schulter Lafayettes, ... so majestätisch flattern sah, verwandelte sich bei näherer Betrachtung in eine braune Perücke, die einen engen Schädel kläglich bedeckte.*" Der 74-jährige Lafayette drückte ihm ein Blatt Papier in die Hand. Es war die Menschenrechtserklärung, die er seinerzeit formuliert hatte. „*Und er hatte dabei ganz die überzeugte Miene eines Wunderdoktors, der uns ein Universalelixier überreicht ... womit man die ganze Welt radikal kurieren könne.*"[8] Heine war nicht überzeugt. Er sah, dass die Freiheit nur wenigen Privilegierten vorbehalten war, nämlich den Mitgliedern der höheren Stände, und meinte, dass man die Ideale der Französischen Revolution von 1789 auch auf die „Unterschichten der Gesellschaft" anwenden müsse.

„*Der Zustand des niedern Volks von Paris ist indessen, wie man sagt, so trostlos, daß bei dem geringsten Anlasse, der von außen her gegeben würde, eine mehr als sonst bedrohliche Emeute stattfinden kann.*"[9] Mit dieser Bemerkung vom Dezember 1831 begann Heine seine Karriere als Auslandskorrespondent der „Augsburger Allgemeinen Zeitung". Bis zur Revolution 1848 berichtete er regelmäßig über die Unruhen in den Hinterhöfen von Paris, warnte vor dem Mangel an sozialer Sensibilität seitens des Königs, seiner Minister und aller anderen Juste-Milieu-Politiker und behauptete wiederholt, dass der Ausbruch einer neuen Revolution nur eine Frage der Zeit sei. Im März 1832 berichtete er über den Karneval (mardi gras). Er flanierte in den Straßen unter den feiernden Massen, in Begleitung eines Just-Millionärs. Auf dem Bürgersteig in der Nähe des Tores Saint-Martin sahen sie einen Menschen, an Hunger sterbend, liegen. Heines Begleiter versicherte ihm, dass dieser Mensch von der Opposition dafür bezahlt werde, jeden Tag in einer anderen Straße vor Hunger zu sterben. „*Dieses Handwerk muß jedoch schlecht bezahlt werden, da viele dabei wirklich vor Hunger sterben*", entgegnete Heine darauf. Sein Begleiter aber zeigte auf die festlichen Straßen und die fröhlichen Menschen und sagte: „*Sehen Sie, wie glücklich das Volk ist.*" Heine pflichtete ihm bei, merkte aber an, dass mehr Gendarmerie aufgestellt sei als es für ein harmloses Festtagsvergnügen nötig wäre. Seine Reportage beendete er mit einer typischen Spitzfindigkeit: „*Da dieser Winter der erste war, den ich in Paris zubrachte, so kann*

LORELEYFELSEN AM RHEIN

„Ich weiß nicht, was soll es bedeuten
Daß ich so traurig bin…"

WER WAR HEINE WIRKLICH?

c. 1822. Das erste bekannte Portrait

1825. Das Jahr seiner Taufe

1827. Nach einer Zeichnung von Ludwig Emil Grimm, einem der Brüder Grimm

1828. Herausgeber der *Neuen Politischen Annalen*

1828. Heine in München

1829. Heine in Berlin.
„Ach, krank und elend wie ich bin, wie zur Selbstverspottung, beschreibe ich jetzt die glänzendste Zeit meines Lebens."

1829. Heine in Berlin

1834. Ein Medaillon, gefertigt von David d'Angers in Paris

1831. Das bekannteste Portrait. Gemalt von Moritz Oppenheim, als er auf seinem Weg nach Paris durch Frankfurt kam.

1841. Heine in Paris.

DIE HEINE-FAMILIE

DIE MUTTER, BETTY HEINE
(geborene van Geldern)

„[Meine Mutter] war überhaupt nicht damit zufrieden, dass ich Verse machen lernte (…). Sie hatte nämlich damals die größte Angst, dass ich ein Dichter werden möchte."

DIE SCHWESTER SARAH CHARLOTTE EMBDEN

„Wir verstehen uns so gut, wir allein sind vernünftig und die ganze Welt ist meschugge."

DER BRUDER MEIR MAXIMILIAN, später Baron Maximilian van Heine-Geldern

DER BRUDER GOTTSCHALK GUSTAV, später Baron van Heine-Geldern

DER ONKEL
SALOMON HEINE
*„Der Löwe
in unserer
Menagerie…"*

DIE COUSINE THERESA HEINE
„Die neue Thorheit [ist] auf der alten gepfropft."

Amalie Heine-Friedländer im
Jahr 1825

DIE COUSINE AMALIE HEINE
*„Ein Jüngling liebt ein Mädchen,
Die hat einen andern erwählt…"*

DER VEREIN FÜR KULTUR
UND WISSENSCHAFT DER JUDEN

PRÄSIDENT, EDUARD GANS
„Und du bist zu Kreuz gekrochen…"

VIZE-PRÄSIDENT LEOPOLD ZUNZ,
Begründer der jüdischen Studien
Als *„Mann der Rede und der Tat, hat
er geschaffen und gewirkt, wo andere
träumten und mutlos hinsanken."*

SEKRETÄR MOSES MOSER
*„Das tätigste Mitglied des Vereins,
die eigentliche Seele desselben."*

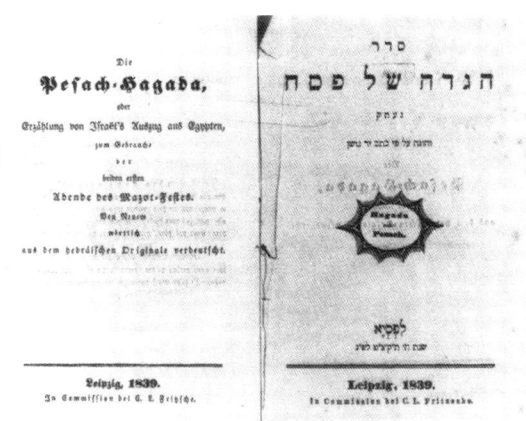

EINE PESSAH-HAGGADA aus Heines privater Sammlung

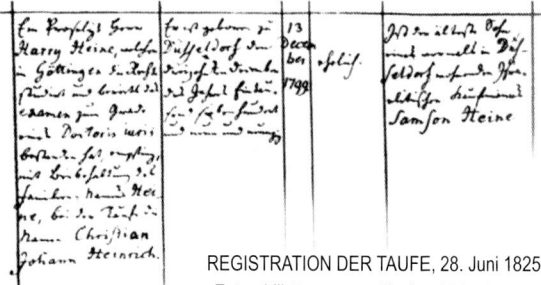

DER RABBI VON BACHERACH
UND SEINE FRAU (Holzschnitt
von Joseph Budko 1921)

*„Brich aus in lauten Klagen,
Du düstres Martyrerlied,
Das ich so lang getragen
Im flammenstillen Gemüt!*

*Es dringt in alle Ohren,
Und durch die Ohren ins Herz;
Ich habe gewaltig beschworen
Den tausendjährigen Schmerz..."*

REGISTRATION DER TAUFE, 28. Juni 1825
„Entreebillett zur europäischen Kultur"

DAS BUCH DER LIEDER 1827
*„Ihr Lieder! Ihr meine guten Lieder!
Auf, auf! Und wappnet euch!..."*

DER VERLEGER JULIUS CAMPE.
Sein Listenreichtum, sein Einfallsreichtum und sein
Mut sind legendär in den Annalen der freien Presse.

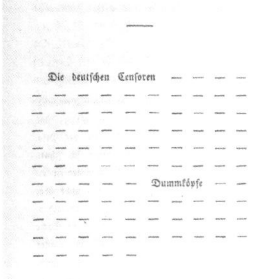

**DIE DEUTSCHEN
ZENSOREN - - - -
DUMMKÖPFE - - - -**
Ideen. Das Buch Le Grand,
Kapitel 12

GOETHE
„Vater der Götter... der große Jupiter."

DAS HOFFMANN UND CAMPE VERLAGSHAUS IN HAMBURG

GEGNER

August von Platen: *„Heines Küsse riechen nach Knoblauch."*

Ludwig Börne: *„[Heine ist ein] Knabe, der auf dem Schlachtfelde nach Schmetterlingen jagt."*

Wolfgang Menzel: *„Was Junges Deutschland genannt wird, sollte besser Junges Palästina heißen..."*

Gabriel Riesser: *„Was hat Judentum mit Heine zu tun."*

Franz Liszt (auf die Frage hin, ob Heine seinen rechtmäßigen Platz im Pantheon der Unsterblichen einnimmt): *„Absolut, neben den Fäkalien und dem Mist."*

Richard Wagner: *„Er [Heine] war das Gewissen des Judentums, wie das Judentum das üble Gewissen unserer modernen Zivilisation ist."*

ich nicht entscheiden, ob der Karneval dieses Jahr so brillant gewesen, wie die Regierung prahlt, oder ob er so trist aussah, wie die Opposition klagt."

Der wahre Karneval, behauptete er, finde im Palais Bourbon (Parlament) statt, im Palais Luxemburg (Oberhaus) und in den Tuilerien (Königspalast), denn dort *„spielt man jetzt eine heillose Komödie, die vielleicht tragisch enden wird."* Zwischen den Jahren 1831-1839 gab es in Frankreich Streiks, Aufstände und blutige Unruhen. Alle wurden mit Gewalt unterdrückt; aber in den Kaffeehäusern von Paris, in den Volksversammlungen, an den Straßenecken und in den Salons hörten die Menschen nicht auf, zu diskutieren, wie sie die Gesellschaft humaner machen sollten.

Bis zum Auftauchen von Karl Marx waren fast alle Pioniere des Sozialismus, des Kommunismus und des Anarchismus Franzosen (eine Ausnahme bildete der Engländer Robert Owen; und auch Karl Marx würde sich erst 1844 als Kommunist erklären, als er nach Paris umgezogen war). Heine befreundete sich mit den Anhängern von Saint-Simon (*„der erste Sozialist"*), berichtete über Blanqui (*„Die Diktatur des Proletariats"*), stritt mit Louis Blanc (*„von jedem nach seiner Möglichkeit, zu jedem nach seinen Bedürfnissen"*) und traf sich mit Proudhon (*„Eigentum ist Diebstahl!"*). Er schaffte es noch, den alten Fourier zu sehen, den Propheten des Sozialismus (den Marx *„Utopischer Sozialismus"* nannte), der vorgeschlagen hatte, die Gesellschaft neu in *„Phalansterien"* zu organisieren, eine Art große Kolchosen, die auf gemeinsamen Besitz, Arbeit und Erziehung gegründet sein sollten. Oft sah er ihn entlang der Säulen des Palais Royal spazieren gehen, und aus der Tasche seines grauen, abgetragenen Mantels lugte der Hals einer Weinflasche, und aus seiner anderen Manteltasche ein langes Baguette.

„Wie kommt es", wunderte sich Heine *„daß solche Männer, solche Wohltäter des Menschengeschlechts, in Frankreich darben müssen?"* – *„Freilich"*, erwiderte sein Gesprächspartner sarkastisch, *„das macht dem gepriesenen Lande der Intelligenz keine sonderliche Ehre, und das würde gewiß nicht bei uns in Deutschland passieren: die Regierung würde bei uns die Leute von solchen Grundsätzen gleich unter ihre besondere Obhut nehmen und ihnen lebenslänglich freie Kost und Wohnung geben."*[10]

Fourier glaubte nicht an eine Revolution oder an den Klassenkampf. Im Gegenteil: seine sozialistische Utopie wollte er mit Hilfe des Bürgertums verwirklichen. Er verkündete, dass er täglich am Nachmittag zu Hause auf einen Millionär warten werde, der bereit sei, seine Pläne zu verwirklichen. Er war weltfremd und merkwürdig, ein alter Junggeselle, der in gemieteten Räumen lebte, Katzen und Papageien pflegte, Juden hasste und viele Jahre vergeblich auf einen spendablen Millionär wartete. Aber es wuchs in Paris eine neue Generation heran, die seine Überzeugung von den guten Absichten des Bürgertums nicht teilte. Nach der Juli-Revolution traten Parteien auf, die zum Klassenkampf aufriefen. Die bekannteste war die neo-jakobinische Partei, „Société des Amis du Peuple" (Verein der Freunde des Volkes) eine der Vorläuferinnen des Kommunismus. Am 10. Februar 1832 berichtete Heine über ihre Versammlung, auf der der „Bürger Blanqui" sprach. Es war eine lange Rede, voll Spott auf das Bürgertum und Verachtung für die „Boutiquiers, die einen Louis Philippe, la boutique incarnée, zum Könige gewählt … Es war", schrieb er, „eine Rede voll Geist, Redlichkeit und Grimm…"[11]

Louis Auguste Blanqui, der damals 27 Jahre alt war, sollte sich als einer der Märtyrer in der Geschichte des revolutionären Sozialismus einen Namen machen (eine Tatsache, die Heine und seine Leser noch nicht gewusst haben konnten). Als Prediger für Terror und Gewalt hatte er seine Hände bei Demonstrationen und Aufständen im Spiel, stand vor Gericht und wurde zu Haftstrafen verurteilt. Er verbrachte tatsächlich die Hälfte seines Lebens (37 nicht zusammenhängende Jahre) hinter Schloss und Riegel, zweimal in der Todeszelle. Als er in seinem ersten Prozess (1832) nach seinem Beruf gefragt wurde, antwortete er, dass er „Proletarier" sei. Von ihm sollte Karl Marx später den Begriff „Diktatur des Proletariats" ableiten.

Heine konnte natürlich von alledem nichts wissen, aber in seinem Artikel, der die Versammlung der „Société des Amis du Peuple" beschreibt, vermerkte er, „Robespierres letzte Rede vom achten Thermidor ist ihr Evangelium." Die Versammelten sahen alle „ehrlich und uneigennützig" aus, grausame Gerechte wie ihr Lehrer und Meister. „Sie werden, wenn sie zur Macht gelangen, ihre Hände mit Blut beflecken, aber nicht mit Geld."

Am 5. Juni 1832 fand in Paris die Beerdigung von General Le-marque statt, einer der berühmten Persönlichkeiten der Opposition. Die Beerdigung, an der mehr als hunderttausend Menschen teil-nahmen, wurde zu einer mächtigen Demonstration. Es wurden rote Fahnen geschwenkt und *Vive la Liberté!* gerufen. Soldaten der Natio-nalgarde schossen auf die Demonstranten, konnten sie aber nicht ver-treiben. In der Rue Saint-Martin brachen blutige Unruhen aus. Wie Heine berichtet, *„stieg ein Schüler der École d'Alfort mit der Fahne aufs Dach, rief sein ‚Vive la République!' und stürzte nieder, von Kugeln durch-bohrt."* Dieser Aufstand, den Victor Hugo in seinem Roman „Les Misérables" (Die Elenden) beschrieb, tobte zwei Tage lang in der Stadt, bis die Armee, die ohne Unterschied die Demonstranten niedermetzelte, dem ganzen ein Ende machte.

Heine erzählte, wie er in das Totenhaus ging, um die „Helden von Saint-Martin" zu betrachten. *„Ein junges Mädchen fand dort ihren toten Geliebten und fiel schreiend in Ohnmacht. Da ich sie kannte hatte ich das traurige Geschäft, die Trostlose nach Hause zu führen. Sie gehörte zu einem Putzladen in meiner Nachbarschaft, wo acht junge Damen arbeiten, welche sämtlich Republikanerinnen sind. Ihre Liebhaber sind lauter junge Republika-ner. Ich bin in diesem Hause immer der einzige Royalist."*

„Ich bin, bei Gott! kein Republikaner", schrieb er, *„ich weiß, wenn die Republikaner siegen, so schneiden sie mir die Kehle ab, und zwar, weil ich nicht auch alles bewundere, was sie bewundern; – aber dennoch, die nackten Tränen traten mir heute in die Augen, als ich die Orte betrat, die noch von ihrem Blute gerötet sind. Es wäre mir lieber gewesen, ich und alle meine Mit-gemäßigten wären, statt jener Republikaner, gestorben."*[12]

Heine erklärte nicht, warum ihm persönlich Gefahr vom Terror der Revolution drohte, aber es kann sein, dass sich die Erklärung dafür in dem privaten Brief befindet, den er zehn Jahre vorher seinem Schwa-ger Moritz Embden geschrieben hatte und in dem er behauptete, *„daß bey einem Siege dieser letztern einige tausend jüdische Hälse, und just die besten, abgeschnitten werden."*[13]

In seinen ersten Jahren in Paris versuchte er zwar, sein Judentum nicht hervorzuheben, und in seinen Berichten über die Entstehung der linken Bewegungen warnte er auch vor ihrer Neigung zur Gewalt, aber erwähnte niemals ihren Hass gegen die Juden. Fourier, den Heine einen „*Wohltäter der Menschheit*" nannte, ist der Urvater des linken Antisemitismus. Die Juden, alle Juden, waren in seiner Sprache „*eine bösartige Plage*", „*eine Nation von Geldverleihern und Wucherern*", die sich durch keinerlei Emanzipation bessern könne. Ein Schüler von Fourier, Alfonse Toussenel, schrieb den Bestseller „Die Juden, die Könige der Epoche", in dem er behauptete, dass „Europa unter Israels Herrschaft" sei und „Israel das Volk des Teufels." Pierre Leroux, der Mann, der das Wort „Sozialismus" prägte, behauptete, dass der „Jüdische Geist", nichts anderes sei als „der Geist der Habgier und Begehrlichkeit". Heine traf sich mit ihm im Salon von George Sand. Der berühmte Anarchist Proudhon, der für sein Buch „Eigentum ist Diebstahl" bekannt wurde, schrieb auch, „der Jude ist der Feind der menschlichen Rasse" und behauptete ferner, dass „H. Heine, A. Weil und andere nichts anderes sind, als Geheim-Agenten. Rothschild, Crémieux, Marx, Fould sind schädliche Individuen, erregbar, eifersüchtig, stachelig usw., die uns hassen. Es ist daher notwendig, dass der Jude im Feuer verschwindet, oder in einer Explosion oder durch Vertreibung."[14]

Heine reagierte nicht direkt auf den Antisemitismus der Linken, aber aus bestimmten Hinweisen können wir folgern, dass er den ewig andauernden Glauben der jüdischen Revolutionäre, dass die Erlösung der Juden ein Nebenprodukt der Erlösung der gesamten Menschheit sein würde, nicht teilte. Seine zwiespältige Beziehung zu den linken Parteien verunsicherte die örtlichen deutschen Radikalen. Ganz besonders waren sie von seinen Behauptungen schockiert, dass er „*Royalist*" sei.[15] Anfangs hofften sie, dass der berühmte Dichter, der ohne Furcht gegen die 36 deutschen Tyrannen kämpfte, seinen natürlichen Platz in ihren Reihen finden werde. Jetzt wurde ihre Hoffnung enttäuscht. „*Denn ich stehe jetzt ebenso einsam in der Welt wie damals*" schrieb Heine an Varnhagen, „*nur daß ich jetzt mehr Feinde habe, welches zwar immer ein Trost, aber doch kein genügender ist.*"[16]

Er lehnte mit Abscheu die Vorwürfe ab, er habe die Ideale der Revolution verraten, und behauptete, dass sein Bevorzugen des royalistischen Prinzips in keinem Gegensatz zu seiner Ablehnung der Tyrannei stehe. In einem Brief an Heinrich Laube, einem der führenden Schriftsteller des „Jungen Deutschland", schrieb er: „*Sie* [Laube] *stehen höher als alle die Anderen, die nur das Aeußerliche der Revoluzion, und nicht die tieferen Fragen derselben verstehen. Diese Fragen betreffen weder Formen noch Personen, weder die Einführung einer Republik, noch die Beschränkung einer Monarchie: sondern sie betreffen das materielle Wohlseyn des Volkes.*"[17]

Die Monarchie, die er verteidigte, war natürlich nicht die absolutistische Monarchie wie in Preußen und Österreich, in der der König uneingeschränkte Macht hatte, sondern eine konstitutionelle Monarchie wie in England und Frankreich, in der der König nur eine symbolische Bedeutung hat, oder, wie es der Historiker der Revolution, Thiers formulierte: „Der König regiert, aber er herrscht nicht." Hier hielt sich Heine an das Beispiel einer imposanten Figur, des Comte de Mirabeau, der eine führende Rolle in der ersten Phase der Revolution gespielt hatte. Er war ein Adliger, wurde aber vom dritten Stand zur Generalversammlung der Stände entsandt. Am 20. Juni 1789 stand er an der Spitze der im *jeu de paume* (die Tennisplätze) in Versailles Versammelten, als diese sich selbst als „Nationalversammlung" deklarierten und schworen, sich nicht aufzulösen, ehe sie Frankreich eine Verfassung gegeben hatten. In allen Geschichtsbüchern wird dieser dramatische Augenblick beschrieben, als Soldaten eintraten, um die Versammlung zu zerstreuen, und Mirabeau sein dickes, von Pocken gezeichnetes Gesicht dem Gesandten des König zuwendet und mit seiner mächtigen Stimme ruft: „*Geh und sag dem König, daß wir den Willen des Volkes ausdrücken, und wir werden unsere Plätze nicht verlassen, es sei denn man zwingt uns mit Bajonetten!*" „*Mit diesen Worten*", schreibt Heine, „*beginnt die Französische Revolution…*"[18]

„*Mit diesen Worten…*" Und nicht mit dem Sturm auf die Bastille, der dreieinhalb Wochen später, am 14. Juli, stattfand. In den ersten zwei Jahren der Revolution, bis zum Tod von Mirabeau, hatte die Nationalversammlung nicht die Absicht, den König abzusetzen, sondern lediglich seine Macht mit Hilfe einer liberalen Verfassung zu beschränken. Mirabeau, der, wie es Heine sagte, „*als Herold des neuen Weltfrühlings auftrat.*"

Er war ein Mann nach seinem Herzen. Voller Widersprüche, gefräßig und trunksüchtig, Ehebrecher und Wüstling – und bei alledem ein mutiger Kämpfer für die Ideale der Freiheit, der Gleichheit und der Menschenrechte.*

Ganz besonders gefielen ihm seine widersprüchliche Person und sein mit Skandalen angefülltes Leben. Mirabeau hatte unzählige Liebesaffären, verschwendete sein Geld beim Kartenspiel, wurde ins Gefängnis geworfen wegen nicht bezahlter Schulden, dort schrieb er die *„schlüpfrigsten Romane"*, aber auch die *„edelsten Befreiungsbücher"*. Heine betrachtete ihn als das *„größte politische Genie unserer Zeit."* In den Pariser Theatern, berichtete Heine, wird Mirabeau *„in all seinen Gestalten"* gezeigt: Ariel-Caliban**, Glanz aus Genialität und Hässlichkeit, Liebe und Hass, Lachen und Zähneknirschen; ein glänzender Rhetoriker, vor dessen Zorn kein Mensch bestehen konnte; eine widerspenstige Gottheit, leichtsinnig, voller Schulden; als er müde wurde von der Last der Moral, ruhte er sich aus im Schoß der Sünde. Er starb mit 42 Jahren nach dem Verzehr einer Trüffel-Pastete, in der Gesellschaft von zwei Tänzerinnen, Mademoiselle Helisberg und Mademoiselle Colomb. *„Eben durch die moralischen Widersprüche seines Charakters und Lebens ist Mirabeau der eigentliche Repräsentant seiner Zeit, die ebenfalls so liederlich und erhaben, so verschuldet und reich war."*

Es ist leicht zu vermuten, dass Heines Porträt von Mirabeau in mancherlei Hinsicht ein Potät seiner selbst darstellt, so wie er von den kommenden Generationen in Erinnerung behalten werden möchte. Betrachten wir zum Beispiel folgenden Satz: *„…daß Mirabeau seine*

---

* Heine schreibt nicht darüber, aber Mirabeau war einer der mutigsten Kämpfer für die Emanzipation der Juden. Zwei Jahre vor der Revolution schrieb er die Broschur über Moses Mendelssohn und die politische Reformation der Juden. In den Tagen der Nationalversammlung, als man darüber beriet, die „Erklärung der Rechte der Menschen und Bürger" auf die Juden anzuwenden, fragte ein alter Jude den Führer der Revolutionäre, was er gedenke zu tun. Mirabeau, wie man erzählt, antwortete: „Dich wie jedermann zu machen."

** Ariel-Caliban: die zwei widersprüchlichen Gestalten im „Sturm" von Shakespeare: Ariel – Symbol der Poesie und des Edlen, Kaliban – Symbol der Hässlichkeit und des Wertlosen.

Zeit am tiefsten begriffen hat, daß er sowohl niederzureißen als auch aufzu-
bauen wußte"[19]

Es kann kaum einen Zweifel darüber geben, dass der Satz: *„nicht nur*
niederreißen, sondern auch aufbauen" Heines Versuch darstellte, sich
gegen die Vorwürfe seiner Gegner zu verteidigen, er wisse nur zu kritisieren und zu verdammen. Wagner sollte ihn später einen „unerbittlichen Dämon des Verneinens" nennen, und an seine Fersen würde
sich eine ganze Reihe deutscher und jüdischer Kritiker heften, die ihn
der „gestörten Moral", des „Nihilismus" und aller anderen Übel be-
schuldigen sollte. Es stimmt, dass er in seiner Seele ein Oppositioneller war, der allem Herkömmlichen trotzte, Götzen zerschmetterte (so
verehrte er beispielsweise Napoleon, war aber froh, als dieser starb,
„denn lebte er noch, so müßte ich ihn ja bekämpfen helfen"). Aber ganz sicher war er kein Nihilist, hatte er doch schon seit seiner frühen Jugend
für die fortschrittlichsten Werte der Menschheit gekämpft. Das Problem war (wie er über Mirabeau schrieb), dass *„seine revolutionären, ne-*
gierenden Gedanken (…) leichtes Verständnis und schnelle Wirkung gefunden
[haben]. Seine ebenso gewaltigen positiven, konstituierenden Gedanken sind
weniger verstanden und wirksam geworden."

Die Zeitgenossen Mirabeaus, so erklärte Heine, verstanden seine
Neigung zur Monarchie nicht. Sein ganzer Wille bestand darin, ihre
absolute Macht zu zerschlagen. Die Revolutionäre, die ihn nicht verstanden, sahen darin einen Verrat und dachten, dass er die Revolution
„verkauft" habe. Die Aristokraten hassten ihn, *weil* sie ihn verstanden.
Sie wussten, dass Mirabeau mit der Beseitigung ihrer feudalen Rechte
die Monarchie auf ihre Kosten retten wollte. *„Wie ihn aber die Misere*
der Privilegierten anwiderte, so mußte ihm auch die Roheit der meisten De-
magogen fatal sein, um so mehr, da sie, in jener wahnwitzig debordierenden
Weise, die wir wohl kennen, schon die Republik predigten." Diese Worte
schrieb Heine unter dem Eindruck, den die republikanischen, neo-
jakobinischen Parteien auf ihn gemacht haben. *„Aber ich möchte den-*
noch nicht unter dem Regimente solcher Erhabenen leben, ich würde es nicht
aushalten können, alle Tage guillotiniert zu werden."

Bei all seiner Sympathie für die Ausgebeuteten und Benachteiligten war er zu sehr Skeptiker um zu glauben, dass der republikanische

Wechsel tatsächlich Heilung bringen könne. Die revolutionären linken Redner weckten in ihm Alpträume von Blut, Tränen und abgeschlagenen Köpfen. Im besten Fall versprachen sie die Gleichheit der Armen, *„wo für uns alle dieselbe spartanische schwarze Suppe gekocht werden soll.“*[20] Aber auch eine Republik wie in den Vereinigten Staaten von Amerika sprach sein Herz nicht an. Sie war für seinen Geschmack zu prosaisch und heuchlerisch, ein Land, in dem *„der widerwärtigste aller Tyrannen, der Pöbel, seine rohe Herrschaft ausübt!“*[21]

Die (konstitutionelle) Monarchie fand aus ästhetischen Gründen seine Zustimmung. Als romantischer Dichter wünschte er, das Schöne und Nette an der Institution der Monarchie zu erhalten, den Fortgang der Tradition, die ritterlichen Sitten, den Glanz der Zeremonien und die Pracht des Königtums. Als liberaler Denker behauptete er, dass dasjenige, was die Freiheit sichern, die Verfassung sein werde, und was die Gerechtigkeit sichern, die Aufhebung der Sonderrechte des parasitären Adels *(„Die alten Hofkatzen“)* und die Zerstörung der Macht der korrupten Priester *(„die im Namen Gottes lügen“)* sein werde. *„Keine Konstitution“*, warnte er, *„auch die beste unter ihnen, wird uns nicht retten, bis der Adel bis auf die Wurzel ausgerissen wird…“* Hier schuf er einen widersprüchlichen Begriff – *„Die Emanzipation der Könige“* – womit er eine Monarchie ohne Adel, eine demokratische Monarchie meinte, von der Gnade des Volkes. *„Einst“*, schrieb er, *„gehörten wir den Königen, jetzt gehören die Könige uns.“*[22]

Die konstitutionelle Juli-Monarchie sollte als ein Schritt nach vorne bewertet werden, wäre nicht das ökonomische Regime, das da herrschte: das freie Unternehmertum, ohne Kontrolle, ohne die schändliche Ausbeutung und die erschütternde Kluft zwischen Armen und Reichen. Den Platz des blaublütigen Adels im alten Regime nahm jetzt ein neuer Adel ein, der Geldadel. Heine hat diesen auch heftig angegriffen. In einer seiner besonders eindrucksvollen Schilderungen erzählt er von seinem Besuch an der Börse von Paris, *„(…) wo der Staatspapierenschacher, mit allen seinen grellen Gestalten und Mißtönen, wogend und brausend sich bewegt, wie ein Meer des Eigennutzes, wo aus den wüsten Menschenwellen die großen Bankiers gleich Haifischen hervorschnappen, wo ein Ungetüm das andere verschlingt und wo oben auf der*

Galerie, gleich lauernden Raubvögeln auf einer Meerklippe, sogar spekulie-rende Damen bemerkbar sind." Andererseits spottete er über den *„sauren Republikanimus"* seiner radikalen Kollegen und Gegner, über ihren Puritanismus und die spartanische Armut, die sie der Nation versprachen. Die Revolution wollte er in der Gestalt der Freiheitsgöttin von Delacroix sehen, jene, die barbusig auf die Barrikaden steigt, in der einen Hand ein Gewehr haltend und in der anderen Hand die Trikolore. In seinen *Geständnissen* nannte er Paris *„Vaterland des Champagners und der Marseillaise."*[23] So sah er in seinem geistigen Auge die Welt von morgen, eine Welt, in der es keinen Widerspruch zwischen Gerechtigkeit (Marseillaise) und einem schönen Leben (Champagner) gibt, und diese wunderbare Formel fand er eine Zeit lang bei der Bewegung der Saint-Simonisten.

Im Gegensatz zu den anderen sozialistischen Philosophen, die sich keine Gedanken um die Vergrößerung des Kuchens machten, sondern nur um seine gerechte Verteilung, behauptete der Gründer der Bewegung, der Comte de Saint-Simon[24], dass das Hauptproblem der Menschheit, der *Bedarf,* durch Wissenschaft, Industrie, Banken und die richtige Führung gelöst werden könnte. Die zwei großen Hindernisse, die einer modernen Wohlstandsgesellschaft im Weg stünden, seien der Feudalismus und das Christentum. Saint-Simon rief deshalb dazu auf, die Macht aus den Händen der anachronistischen, parasitären Müßiggänger, nämlich des Adels (zu dem er selbst gehörte) und der Priester zu nehmen, und sie auf die neuen Klassen zu übertragen: nämlich auf Unternehmer, Industrielle, Fabrikanten und Verwalter. Er forderte, die Gesellschaft zugunsten der Armen neu zu organisieren. Er rief auch dazu auf, eine neue Religion zu schaffen, eine weltliche, in der Intellektuelle, Dichter und Künstler mit den Priestern die Plätze tauschen sollten. Obwohl er nicht vorhatte, das kapitalistische System zu beseitigen, sondern es lediglich zu zähmen, brachte ihm sein Programm den Titel des „Ersten Sozialisten" ein. Karl Marx, der viele seiner Ideen übernommen hat, nannte ihn später einen „utopischen Sozialismus", und zwar um zwischen Saint-Simons und seiner eigenen Lehre, die er „Wissenschaftlichen Sozialismus" nannte, zu unterscheiden. Im Nachhinein scheint es, dass Saint-Simon, besser als jeder andere Denker des 19. Jahrhunderts, die Entwicklung der Gesellschaft genauestens vorausgesehen hat. Marx prophezeite die Herrschaft des Proletariats – Saint-Simon hatte die Vorstellung der Herrschaft der Begabten, einer Leistungsgesellschaft.

Saint-Simon war ein Aristokrat, der während der Revolution sein Vermögen verloren hatte. Er aß trockenes Brot und trank Wasser, und seine Aufsätze schrieb er in einem ungeheizten Raum. Zuweilen war er genötigt, seine Kleider zu verkaufen, damit er die Abschriften seiner Schriften bezahlen konnte. Erst im hohen Alter zog er die Aufmerksamkeit einiger junger Leute aus gutem Hause auf sich, die ihn vor dem Hungertod retteten. Bevor er 1825 starb, waren seine letzten Worte: „Mein ganzes Leben kann man mit einem einzigen Satz beschreiben: Ermöglicht den Menschen eine freiere Entwicklung all ihrer Begabungen."

Nach seinem Tod versammelten sich seine Anhänger im Haus von Olinde Rodrigues, einem begabten Mathematiker, dem Sohn einer Marranen-Familie, und gründeten die Bewegung des Saint-Simonismus. In dieser Gruppe waren Geschäftsleute, Bankiers, Fabrikanten, Ingenieure, Ärzte, Rechtsanwälte, Schriftsteller und Musiker – ein hervorragender Querschnitt der technokratischen Elite, für die Saint-Simon in der Zukunft die Herrschaft vorgesehen hatte. Es waren darunter übrigens viele Juden: Die Brüder Olinde und Eugene Rodrigues, die Finanziers waren; Jacob-Emile und Isaac Péreire, die berühmten Bankiers; der Musiker Félicien David, der Dichter Léon HaLevy, ein Bruder des Komponisten Jacques HaLevy und viele andere. Das waren die ersten „jüdischen Sozialisten".

Saint-Simon hatte behauptet, dass die Religion nicht verschwinden, sondern nur eine andere Form annehmen könne. Seine Anhänger organisierten sich demnach als religiöse Kirche, die in ihren Augen höher einzustufen war als das Judentum und das Christentum. Die Religion entwickelte sich ihrer Meinung nach in drei Stufen: Moses hatte das Alte Testament geschaffen, Jesus das Neue Testament, und Saint-Simon das Dritte Testament. Sich selbst sahen sie als Apotel der neuen Religion, und sie wählten den Ingenieur Bathélmy Prosper Enfantin zum Hohen Priester.

Heine hatte die Ideen der Saint-Simonisten noch in Deutschland kennengelernt. Als er nach Paris kam, beeilte er sich, mit ihnen Kontakt aufzunehmen, beteiligte sich an ihren Versammlungen und sandte begeisterte Berichte über sie an seine Freunde. *„Seit aber, durch die Fortschritte der Industrie und der Oeconomie, es möglich geworden die Menschen aus ihrem materiellen Elende herauszuziehen und auf Erden zu beseligen, seitdem – Sie verstehen mich. Und die Leute werden uns schon verstehen, wenn wir ihnen sagen, daß sie in der Folge alle Tage Rindfleisch statt Kartoffel essen sollen, und weniger arbeiten und mehr tanzen werden. – Verlassen Sie sich darauf, die Menschen sind keine Esel."*[25]

Heines Schaffen in seinen ersten Jahren in Paris war durchtränkt vom Geiste des Saint-Simonismus. Insbesondere kommt dieser Geist in seinen zwei wichtigen Essays zum Ausdruck: *Die Romantische Schule* und *Religion und Philosophie in Deutschland*. *„Wir haben die Lande gemessen, die Naturkräfte gewogen, die Mittel der Industrie berechnet, und siehe, wir haben ausgefunden: daß diese Erde groß genug ist; daß sie jedem hinlänglich Raum bietet, die Hütte seines Glückes darauf zu bauen; daß diese Erde uns alle anständig ernähren kann, wenn wir alle arbeiten und nicht einer auf Kosten des anderen leben will; und daß wir nicht nötig haben die größere und ärmere Klasse an den Himmel zu verweisen."*

In diesem Abschnitt richtet Heine seine Kritik sowohl gegen das Christentum wie auch gegen die extreme Linke; gegen das Christentum, welches die Leidenden in dieser Welt mit der falschen Behauptung vertröstete, dass sie ihren Lohn in einer anderen Welt erhalten würden. Nie und niemals, sagte er. *„Schon hier auf Erden möchte ich, durch die Segnungen freier politischer und industrieller Institutionen, jene Seligkeit etablieren, die, nach der Meinung der Frommen, erst am Jüngsten Tage, im Himmel, stattfinden soll."*[26] Und gegen die revolutionäre Linke, die ihre Ideale mit Gewalt verwirklichen wollte, ohne dass sie mehr versprechen könne als die gerechte Verteilung der Armut, schreibt er: *„Ihr verlangt einfache Trachten, enthaltsame Sitten und ungewürzte Genüsse; wir hingegen verlangen Nektar und Ambrosia, Purpurmäntel, kostbare Wohlgerüche, Wollust und Pracht, lachenden Nymphentanz, Musik und Komödien."*

Das meinte Heine, als er Paris die *„Heimat des Champagner und der*

Marseillaise" nannte. Ein Sozialismus der Mäßigung hat ihn nicht gereizt, und die Befreiung des Menschen war für ihn nicht nur eine Frage des Lebensstandards, sondern auch der Lebensqualität. *„Unsere Nachkommen"*, schrieb er *„werden schöner und glücklicher sein als wir. Denn ich glaube an den Fortschritt, ich glaube, die Menschheit ist zur Glückseligkeit bestimmt."*[*27]

Die Saint-Simonisten haben die Entwicklung der Wohlstands-Gesellschaft unserer Zeit vorausgesehen, die den Stachel aus dem wilden und ausbeuterischen Kapitalismus des 19. Jahrhunderts und auch aus der Diktatur des Proletariats à la Blanqui, Marx, Lenin und Stalin herausnehmen würde. Sie wollten die Vision der Einigung der Menschheit dadurch verwirklichen, dass sie Straßen bauen, Eisenbahnschienen legen und internationale Wasserstraßen ausheben wollten. Aus ihnen Reihen kamen die Pioniere des Eisenbahn-Zeitalters und die Planer des Suez- und des Panama-Kanals. *„Der Messias wird nicht auf einem Esel, sondern auf einem Dampfwagen den segensreichen Einzug halten"*[28], schrieb Heine. (Eine andere Version: *„Der weltliche Heiland kommt auf einer Eisenbahn."*)[29]

---

* Auffällig ist, dass man über die saint-simonistische Verbindung von Heine sagen kann, dass man diese Ideen schon in seiner früheren Dichtung findet, noch bevor er von dieser sonderbaren Form des Sozialismus gehört hat. In der *Harzreise* aus dem Jahre 1826 verfasste er ein Gedicht *Bergidylle*, in dem das Gespräch mit einem armen Mädchen geschildert wird, deren Augen wie blaue Sterne und deren Mund purpurrot ist. Sie fragt ihn, ob er an Gott glaubt, und er antwortet ihr im Geiste der saint-simonistischen Dreifaltigkeit: *„Ach, mein Kindchen, schon als Knabe / Als ich saß auf Mutters Schoß / Glaubte ich an Gott den Vater, / Der da waltet gut und groß; / / Der die schöne Erd' erschaffen / Und die schönen Menschen drauf / Der den Sonnen, Monden, Sternen / Vorgezeichnet ihren Lauf. / / Als ich größer wurde, Kindchen, / Noch viel mehr begriff ich schon, / Ich begriff, und ward vernünftig, / Und ich glaubt' auch an den Sohn; / An den lieben Sohn, der liebend / Uns die Liebe offenbart, / Und zum Lohne, wie gebräuchlich, / Von dem Volk gekreuzigt ward. / / Jetzo, da ich ausgewachsen, / Viel gelesen, viel gereist, / Schwillt mein Herz, und ganz von Herzen / Glaub ich an den Heil'gen Geist. / Dieser tat die größten Wunder, / Und viel größre tut er noch; / Er zerbrach die Zwingherrnburgen, / Und zerbrach des Knechtes Joch. / Alte Todeswunden heilt er, / Und erneut das alte Recht: / Alle Menschen, gleichgeboren, / Sind ein adliges Geschlecht."* (Buch der Lieder, Werke Bd. 1, S. 169)

Heine fühlte sich von den Saint-Simonisten nicht nur wegen ihrer wirtschaftlich-gesellschaftlichen Vision, sondern auch wegen ihrer religiösen Botschaft angezogen: ihr Angriff gegen das Christentum und gegen seine asketischen Ideale. Den „Saint-Simonismus" nannte er *„die neueste Religion."* [30]

Sie verkündeten eine völlige Umwertung der moralischen Werte: die totale Vernichtung der Alleinherrschaft des Geistes und die Wiedereinsetzung der Rechte der Sinne und des Fleisches. Im Gegensatz zum Christentum, das im Vergnügen an der Sexualität einen Gegenstand der Abscheu und eine Tat des Teufels sah, heiligten die Saint-Simonisten die Vergnügungen des Fleisches. Die Befreiung der Menschheit, behaupteten sie, sei auch die Befreiung von der sexuellen Unterdrückung. Sie propagierten demnach die freie Liebe, die von Scham und Angst, von Schuldgefühlen und Gewissensbissen befreit ist. Ihr Motto, „Rehabilitation der Materie" oder „Emanzipation des Fleisches", verkündete den Durchbruch zum Zeitalter der Befreiung der Frau und der sexuellen Revolution.

Im Verlauf des 19. Jahrhunderts war das Tabu bei sexuellen Themen auch in den fortschrittlichsten Ländern ein Erbe der bürgerlichen Gesellschaft. Frankreich stellte den bekannten Schriftsteller Gustav Flaubert wegen seines Romans „Madame Bovary" vor Gericht. Alexandre Dumas gab einer Prostituierten und Mätresse den Namen „Kameliendame". Im viktorianischen England wurde sogar Shakespeare zensiert.

Heine, ein Junggeselle in den Dreißigern, pflegte in diesen Tagen viel mit *Grisettes* zu flirten, so nannte man die Arbeiterinnen, Schneiderinnen, Hutmacherinnen etc., mit denen die Künstler und Studenten Liebesbeziehungen pflegten. In jenen Tagen schrieb er viele Liebesgedichte an Seraphine, Angélique, Diana und andere Gelegenheitsliebschaften, von denen nichts bekannt ist. Das berühmteste ist Gedicht Nr. 7 im Zyklus *Seraphine*. Es ist eine Art antichristlicher Saint-Simon-Hymnus, der zur moralischen Revolution aufruft, welche die göttlichen Rechte des Eros wieder einsetzt:

Auf diesem Felsen bauen wir
Die Kirche von dem dritten,
Dem dritten neuen Testament;
Das Leid ist ausgelitten.

Vernichtet ist das Zweierlei,
Das uns so lang betöret;
Die dumme Leiberquälerei
Hat endlich aufgehöret.

Hörst du den Gott im finstern Meer?
Mit tausend Stimmen spricht er.
Und siehst du über unserm Haupt
Die tausend Gotteslichter?

Der heil'ge Gott, der ist im Licht
Wie in den Finsternissen;
Und Gott ist alles, was da ist;
Er ist in unsern Küssen.[31]

Der Saint-Simonismus, der als eine gesellschaftliche Lehre begonnen hatte, die zur Verbesserung der Welt aufrief, und der mit einer religiösen Botschaft kam, die die überflüssige Geistigkeit des Christentums angriff, sank sehr bald zu einem seltsamen Kult herab. Diese Menschen hatten Lieder und Zeremonien sowie Disziplin – besondere Zeremonien für die Feiertage, für Hochzeiten und für Begräbnisse. Sie nähten die Knöpfe ihrer Mäntel auf den Rücken, damit sie sich nicht selbst anziehen konnten, und damit wollten sie das Prinzip der gegenseitigen Hilfe betonen. Enfantin, der einen Bart wachsen ließ, um so auszusehen wie Jesus, stickte auf seine Kleidung den Titel „Père" (Vater) und machte sich auf die Suche nach einer „Mère" (Mutter), der weiblichen Erlöserin, mit der er der Welt die neue Religion verkünden wollte.

Heine, bei dem weniger lächerliche Dinge Spott erregten, schrieb nicht ein einziges kritisches Wort über diesen Aspekt des Saint-Simonismus. Im Gegenteil, er widmete sein Buch *De L'Allemagne* (1835; die französische Ausgabe seiner zwei Bücher: *Die romantische Schule* und *Religion und Philosophie in Deutschland*) Enfantin. Der „Père" war in doppelter Mission in Ägypten: er war auf der Suche nach der „Mère", von der prophezeit war, dass sie eine Jüdin aus Jerusalem sein würde, aus Konstantinopel oder gar aus Ägypten, und zur gleichen Zeit prüfte er die technischen Möglichkeiten für den Bau des Suez-Kanals, der die Vision der Vereinigung von Orient und Okzident erfüllen sollte.

Enfantin dankte Heine in einem langen und blumenreichen Brief, der fremd und eigenartig war, und in dem er ihn zum „ersten Vater der Kirche in Deutschland" ernannte. Damit war offensichtlich das Maß voll, und Heine entschloss sich, sich von den Saint-Simonisten zu trennen. Als er davor stand, die nächste Auflage von „De l'Allemagne" herauszubringen, überlegte er es sich und strich die Widmung an Enfantin. In sein Notizbuch schrieb er: *„Wieviel hat Gott schon getan, um das Weltübel zu heilen! Zu Mosis Zeit tat er Wunder über Wunder, später in der Gestalt Christi ließ er sich sogar geißeln und kreuzigen, endlich in der Gestalt Enfantins tat er das Ungeheurste, um die Welt zu retten: er machte sich lächerlich – aber vergebens. Am Ende erfaßt ihn vielleicht der Wahnsinn der Verzweiflung, und er zerschellt sein Haupt an der Welt, und er und die Welt zertrümmern."*[32]

KAPITEL 10

Heine über Börne

„Heine ist nicht fähig heuchlerisch zu sein,
selbst für fünf Minuten, selbst für zwanzig
Zeilen; er ist nicht in der Lage zu lügen
auch nur einen Tag, auch nur eine halbe
Seite. Er kann nicht aufhören zu lächeln,
spotten und Witze machen."
(Börne über Heine)

Nach der Juli-Revolution strömten Revolutionäre, Verschwörer und Freiheitskämpfer aus allen Ecken Europas nach Paris. Hier entwickelte sich eine große Kolonie von deutschen Immigranten. Viele von ihnen waren Schneider, Schuster und andere Handwerker, die gekommen waren, um sich hier ihren Lebensunterhalt zu verdienen. Einige von ihnen wurden politische Aktivisten, wobei sie die Revolution in Deutschland predigten, die Befreiung und Einigung ihres Vaterlandes. Heine suchte nicht unbedingt ihre Nähe. Es vergingen vier Monate seit seinem Eintreffen in Paris, bis er sich entschloß, Ludwig Börne zu besuchen. Heute ist Börne ein fast vergessener Name, aber in den Tagen des Erwachens nach der Juli-Revolution nannten die Menschen die Namen Börne und Heine in einem Atemzug; und wenn sie sie aussprachen, sagten sie „Börne und Heine" und nicht umgekehrt. Graetz, der ihnen ein ganzes Kapitel in seinem letzten Band der „Volkstümlichen Geschichte der Juden" widmet, sieht sie „trotz der Meinungsverschiedenheiten als Zwillingsbrüder, so wie Goethe und Schiller."

Auch Graetz stellt Börne vor Heine. Erstens, weil dieser elf Jahre älter war; und zweitens, weil er als der Gründer der polemisch-radikalen Literatur in Deutschland angesehen wird. Aussagen wie „wir haben nichts zu fürchten, außer die Furcht selbst" oder: „Weil ihr Sklaven seid, deshalb wollt ihr andere versklaven!" lehrten die großen liberalen, sozialistischen und sogar kommunistischen Schriftsteller, wie man mit der Peitsche der Sprache die reaktionären, tyrannischen Regime schlägt und vor allem, wie man Schlagworte formuliert und die öffentliche Meinung beeinflusst. Sogar Heine, auch wenn er das nie zugab, wurde von Börnes Schriften beeinflusst.

Ludwig Börne (1786 – 1837) hieß ursprünglich Judah-Leib Baruch und wurde im Ghetto von Frankfurt geboren. Sein Vater, der Bankier Jakob Baruch, ermöglichte ihm eine jüdische Erziehung, die Fünf Bücher Mose mit den Kommentaren von Rashi, ein wenig Talmudstudium, was aber nicht genügte, die starke Anziehungskraft der Aufklärung zu bremsen. Er begann mit dem Studium der Medizin, endete mit Juristerei, und wie viele andere junge Juden seiner Generation strebte er danach, Deutscher zu sein. Im Jahre 1806 ging er in die Hauptwache, die Polizeistation Frankfurts, um einen Reisepass zu bekommen, und stellte fest, dass darin „Jud' von Frankfurt" vermerkt war. „Mein Blut stand still", schrieb er, „aber ich konnte nichts sagen oder tun, da mein Vater anwesend war. In dieser Stunde schwor ich in meinem Herzen: Wartet nur, ich schreibe euch auch einmal einen Paß, euch allen!"[1]

Im Jahre 1811 wurde das Ghetto aufgehoben, die Juden Frankfurts erhielten Bürgerrechte (gegen eine hohe Zahlung), und Börne vergaß seinen Schwur. Er erhielt eine Stelle als Beamter in der Polizeistation der Stadt, nämlich in selbiger Hauptwache. In seiner Freizeit begann er Artikel im Geiste des Nationalen Deutschland zu schreiben. Diese Periode währte aber sehr kurz. Nach der Niederlage Napoleons wurde die Emanzipation der Juden widerrufen und Börne von der Polizei entlassen. Damals begann seine Karriere als radikaler Schriftsteller. Er gab Zeitschriften heraus, die eine nach der anderen wegen

Verstoß gegen die Zensur verboten wurden. Zu dieser Zeit wurde sein Name auch als Theaterkritiker berühmt, der im Schutze angeblich harmloser Beiträge seine Pfeile gegen die Herrscher des Landes richtete. Als der Druck auf die Juden wuchs, konvertierte Börne zum Christentum. Dass er das „Taufgeld bereute"[2], sagte er voller Verachtung, aber er erklärte es damit, dass man nicht sagen solle, dass er in seinem Kampf um die Freiheit persönliche Vorteile suche.

Börne kämpfte unter anderem für die Rechte der Juden, obwohl er das Judentum nicht wirklich liebte. Er nannte es „Ägyptische Mumie, die nur lebendig aussieht, weil ihre Leiche weigert sich aufzulösen." Aber im Gegensatz zu anderen Konvertiten war er zu ehrlich, seine Herkunft zu verleugnen. „Ich bin froh, dass ich Jude bin", schrieb er, „das macht mich zum Weltbürger, und ich muss mich nicht schämen, dass ich Deutscher bin." Und mehr noch: „Ich liebe Juden und Christen, nicht weil sie Juden und Christen sind; ich liebe sie, weil sie Menschen sind, und für die Freiheit geboren."[3]

Seitdem er seinen Standpunkt kannte, schätzte Heine Börne sehr und übernahm sogar eine Passage von ihm („Nichts ist dauernd als der Wechsel; nichts beständig als der Tod.") als Motto für die *Harzreise*. Börne war in seinen Augen ein Beispiel für scharfsinniges und witziges Schreiben. *„Witz in seiner Isolierung ist gar nichts werth"* schrieb er, *„Nur dann ist mir der Witz erträglich wenn er auf einem ernsten Grunde ruht. Darum trifft so gewaltig der Witz Börnes, Jean Pauls und des Narren im Lear."*[4]

Die Wertschätzung war gegenseitig. Auf seiner Reise von Hamburg nach München im November 1827 machte Heine Halt in Frankfurt, dort empfing ihn Börne voller Freude und überredete ihn, drei Tage bei ihm zu bleiben, in denen er nicht von seiner Seite wich, bis Heine die Kutsche bestieg, um die Stadt zu verlassen (vgl. Kap. 5).

Gegen Ende der zwanziger Jahre waren Börne und Heine die bekanntesten oppositionellen Schriftsteller in Deutschland, und der Höhepunkt ihrer Bekanntheit als Paar war nach der Juli-Revolution 1830, als einer nach dem anderen nach Frankreich gezogen war, um von dort aus den Kampf gegen die Tyrannei in Deutschland zu führen. „Heine und Börne waren unsere Propheten", schrieb Wilhelm Marr (der später der „Patriarch" der antisemitischen Bewegung sein würde, der Mann, der den Begriff „Antisemitismus" erfand, der aber als radikaler Linker begann, ähnlich wie Richard Wagner). In seinen Erinnerungen beschrieb Marr geheime Versammlungen junger Radikaler in Wien. „Wir pflegten in den Schriften von Heine und Börne im Geheimen zu lesen, und waren davon begeistert. Als die Türen und Fenster ordentlich zu waren, sangen wir die Marseilliese, denn es waren die Tage der Herrschaft von Metternich und Radetzky in Österreich." Und mehr: „Es ist die Wahrheit und man kann es nicht leugnen, dass diese zwei Juden die Vorkämpfer für die Ideen der Freiheit waren, in einer Zeit, in der eine heuchlerische, törichte Reaktion herrschte."[5]

Genau aus diesem Grund griffen die Sprecher der Reaktion Börne und Heine an und beschuldigten sie des Mangels an Patriotismus; und obwohl sie formal konvertiert waren, wurde ihr scharfsinniger, giftiger Stil ihrem Judentum zugeschrieben. „Börne ist Jude wie Heine – getauft oder nicht getauft...das ist doch dasselbe. Er (der Jude) vertritt nicht nur eine Religion, sondern eine ganze Nation." Diese Worte schrieb 1831 Dr. Eduard Meyer, ein Gymnasiallehrer aus Hamburg, in einem Büchlein mit dem Titel: „Gegen L. Börne, den Wahrheit-Recht- und Ehrvergessenen Schriftsteller aus Paris". „Wir hassen nicht den Glauben der Juden, wie sie behaupten", erklärte dieser Verfasser, „sondern die hässlichen Zeichen der Absonderung dieser Asiaten, die man nicht loswerden kann durch die Taufe; der Mangel an Schamgefühl und die Unverschämtheit, die sich bei ihnen wiederholen, das Fehlen von Anständigkeit und die Leichtsinnigkeit, ihr lautes Benehmen und Grobheit."

Und so begann, auf dem Höhepunkt der Angriffe auf die Rothschilds als die Symbole der jüdischen Kontrolle über die Wirtschaft, auch der Angriff auf Börne und Heine als Symbole der jüdischen Kontrolle über das geistige Leben und die Kunst. Dr. Meyer war ein Vorläufer von Richard Wagner.

Börne und Heine verleumdeten laut Meyer nicht nur das deutsche Volk, während sie gleichzeitig behaupten, zu ihm zu gehören, sondern zeigten auch Verachtung gegenüber ihren jüdischen Brüdern. Sie seien sowohl von den Deutschen als auch von den Juden entfremdet, und dadurch „wandeln sie sich in unglückliche Zwischenkreaturen … sie gehören keinem Volk, keinem Land … sie drehen sich in der Welt wie Abenteurer."[6]

Tatsächlich wurden zur selben Zeit Börne und Heine auch vom jüdischen Establishment angegriffen. Gabriel Riesser, der berühmte Anwalt aus Hamburg, Vorkämpfer für die Emanzipation der Juden, distanzierte sich von Heines Witzen, „die besser nicht gesagt worden wären"; und in Bezug auf das Buch von Meier stellte er die Frage: „Was hat die Allgemeinheit zu tun mit der Sünde des Einzelnen? Wenn euch der Stil von Heine nicht gefällt, dann schreibt gegen ihn, so gut ihr könnt – aber was tut hier das Judentum? Und gab es nicht solche Schriftsteller, die von Geburt Deutsche waren? Und wer wird für den Gestank das ganze deutsche Volk verantwortlich machen? Schrieben denn Heine und Börne im Namen des Judentums?"[7]

Riesser war ein deutscher Patriot, ein stolzer Jude und ein glänzender Polemiker. Er glaubte an den Grundsatz, dass die Juden eine religiöse Gemeinschaft seien, wie die Protestanten oder Katholiken; und indem er die antisemitische Behauptung ablehnte, die Juden seien eine Nation, verlangte er, dass sie als einer der deutschen Stämme anerkannt würden, wie zum Beispiel die Sachsen oder Bayern. „Wo ist das andere Land, dem wir Treue schworen?" fragte er, „Wo ist das andere Vaterland, das uns ruft es zu verteidigen? Wir sind nicht nach Deutschland emigriert, sondern hier geboren, und deshalb sind wir entweder Deutsche oder Heimatlose."[8] Nicht nur Heines radikale Meinungen und seine scharfe Zunge waren ihm ein Dorn im Auge, sondern auch sein nationales Verständnis vom Judentum. Er sah in Heine eine Plage und ein Hindernis für das Streben der Juden nach Einbürgerung.

Als Börne von Heines Ankunft in Paris erfuhr, dachte er an eine literarische Zusammenarbeit zwischen ihnen. Er schlug Julius Campe, dem gemeinsamen Verleger, vor, dass sie beide eine literarisch-politische Zeitschrift herausgeben sollten, oder eine Vierteljahresschrift in der Art eines Briefwechsels zwischen ihnen beiden. „Man kann sich leicht vorstellen, was für eine Vorführung von Witz und welch ein rhethorisches Feuerwerk aus den Federn der beiden begabten und außergewöhnlichen Polemiker hätte herauskommen können", schrieb Jeffrey Sammons, „obwohl die Chance gleich Null war, denn welche deutsche Regierung hätte die Einfuhr solchen Dynamits in ihr schlummerndes Königreich erlaubt."[9] Börne war kein praktischer Mensch und solche Überlegungen bewegten ihn wenig. Was ihm mehr Kummer bereitete war die Schwierigkeit, mit Heine eine gemeinsame Sprache zu finden.

Ihr erstes Treffen fand im September 1831 im Hôtel de Castille statt. Börne empfing seinen Gast in einem farbigen, seidenen Morgenmantel, reichte eine dürre Hand zum Händedruck, und rief: *„Willkommen in Paris! Das ist brav! Ich bin überzeugt, die Guten, die es am besten meinen werden alle bald hier sein. Hier ist der Konvent der Patrioten von ganz Europa (…)."*[10] Börne war damals fünfundvierzig Jahre alt, aber seit ihrer Bekanntschaft in Frankfurt vier Jahre zuvor hatte sich sein Zustand verschlechtert: er magerte ab, wurde schwerhörig, seine Stimme zitterte, und auf seinen Wangen sah man die ersten rötlichen Zeichen der Schwindsucht. Nur sein Redeschwall nahm nicht ab und er begann mit einem langen Vortrag über die heranrückende Revolution in Deutschland. *„Revolutionen sind eine schreckliche Sache"*, sagte er, *„aber sie sind notwendig, wie die Amputationen, wenn irgendein Glied in Fäulnis geraten."* Heine fühlte sich, wie er sagte, unwohl wegen des radikalen Geredes seines Gastgebers, und wegen der *„bedenklichen Funken"*, die aus seinen Augen leuchteten, als er anfing, die Anzahl der Köpfe zu nennen, die rollen müssten, damit die Revolution gelänge. Börnes Humor, welches einst lustig gewesen war, wurde, so Heine, *„mitunter gallenbitter, blutdürstig und sehr trocken"*.

Die Enttäuschung von der erneuten Begegnung war übrigens gegenseitig; denn so schilderte Börne das Treffen: „Gestern Vormittag kam ein junger Mann zu mir, stürzt freudig herein, lacht, reicht mir beide Hände – ich kenne ihn nicht. Es war Heine, den ich den ganzen Tag im Sinn hatte! Er sollte schon vor acht Tagen von Boulogne zurück sein, aber ,*ich war dort krank geworden, hatte mich in eine Engländerin verliebt*' usw. (…) Heine gefällt mir nicht (…), er hat keine Seele (…), es ist ihm nichts heilig."[11]

Trotz dieses verpatzten Treffens trafen sich beide noch einige Male, um sich zu unterhalten und auch gemeinsam zu speisen. Eines Tages gingen sie in das Restaurant in der Rue Lepelletier, wo sich Flüchtlinge aus Italien, Spanien, Portugal und Polen versammelten. *„Börne, welcher sie alle kannte"*, schrieb Heine, *„bemerkte mit freudigem Händereiben: wir beide seien von der ganzen Gesellschaft die einzigen, die nicht von ihrer respektiven Regierung zum Tode verurteilt worden. ‚Aber ich habe'*, setzte er hinzu, *‚noch nicht alle Hoffnung aufgegeben, es ebensoweit zu bringen. Wir werden am Ende alle gehenkt, und Sie ebensogut wie ich.'"*

„Ich äußerte bei dieser Gelegenheit", schrieb Heine, *„daß es in der Tat für die Sache der deutschen Revolution sehr fördersam wäre, wenn unsere Regierungen etwas rascher verführen und einige Revolutionäre wirklich aufhingen, damit die übrigen sähen, daß die Sache gar kein Spaß und alles an alles gesetzt werden müsse… ‚Sie wollen gewiss', fiel mir Börne in die Rede, ‚daß wir nach dem Alphabet gehenkt werden, und da wäre ich einer der ersten und käme schon im Buchstab B, man mag mich nun als Börne oder als Baruch hängen; und es hätte dann noch gute Weile, bis man an Sie käme, tief ins H.'"*

Wie viele Flüchtlinge, die aus ihrer Heimat vertrieben wurden, entwickelten beide Empfindlichkeiten und Komplexe. *„Ich bin umgeben von Preußischen Spionen"*[12], schrieb Heine an Varnhagen, ohne zu wissen, wie berechtigt seine Paranoia war. In dem Buch „Literarische Geheimberichte aus dem Vormärz" (erschienen 1912) wurde von einem Treffen von Geheimagenten mit Heine in der Buchhandlung „Heideloff und Campe" oder in Lesesälen, wohin er oft kam, um deutsche Zeitungen zu lesen, berichtet. Diese verwickelten ihn in Gespräche, und Heine, der seine Zunge nicht halten konnte, lieferte ihnen Material gegen sich selbst.

„Da geht beständig ein Kerl hinter mir her", legte Heine die Worte in Börnes Mund, *„der mich auf allen Straßen verfolgt, vor allen Häusern stehenbleibt, wo ich hineingehe, und gewiß von irgendeiner Regierung teuer dafür bezahlt wird. Wüßte ich nur, welche Regierung, ich würde ihr schreiben, daß ich das Geld selbst verdienen möchte, daß ich selber ihr täglich einen gewissenhaften Rapport abstatten wolle, wie ich den ganzen Tag zugebracht, mit wem ich gesprochen, wohin ich gegangen: ja, ich bin erbötig, diesen Rapport zu weit wohlfeilerem Preise, ja für die Hälfte des Geldes zu liefern, das dieser Kerl, der beständig hinter mir einhergeht, sich zahlen läßt; denn ich muß ja alle diese*

Gänge ohnedies machen. Ich könnte vielleicht davon leben, daß ich mein eigner Spion werde."[13]

Börne war ein unermüdlicher Redner, und Heine wurde seiner langsam müde, ganz besonders seiner langweiligen politischen Tiraden. *„Bei Tische"*, schrieb er, *„wo ich so gern alle Misere der Welt vergesse, verdarb er mir die besten Gerichte, durch seine patriotische Galle, die er gleichsam wie eine bittere Sauce darüber hinschwatzte. (…) meine harmloseste Lieblingsspeise, er verleidete sie mir durch Hiobsbotschaften aus der Heimat (…)"* Und weiter erzählte er, *„aber nicht bloß beim Essen, sondern sogar in meiner Nachtsruhe inkommodierte mich Börne mit seiner patriotischen Exaltation. Er kam einmal um Mitternacht zu mir heraufgestiegen in meine Wohnung, weckte mich aus dem süßesten Schlaf, setzte sich vor mein Bett und jammerte eine ganze Stunde über die Leiden des deutschen Volks und über die Schändlichkeiten der deutschen Regierungen, und wie die Russen für Deutschland so gefährlich seien und wie er sich vorgenommen habe, zur Rettung Deutschlands gegen den Kaiser Nikolaus zu schreiben und gegen die Fürsten, die das Volk so mißhandelten, und gegen den Bundestag."*

Von Treffen zu Treffen steigerte sich die Spannung zwischen beiden. Börne konnte den reizbaren Humor und die zynischen Bemerkungen Heines kaum noch ertragen. „Seine Selbstliebe kennt keine Grenzen", beklagte er sich.

So geschah es, dass, während ihre persönlichen Beziehungen sich immer weiter verschlechterten, sich ihr Ruf als literarisches Zwillingspaar und als Waffenbrüder verbreitete. Gemeinsam säten sie den Samen, aus dem das „Junge Deutschland" entstehen sollte. Zwischen den Jahren 1832 und 1834 veröffentlichte Börne seine „Briefe aus Paris", in denen er Deutschland als ein Riesengefängnis beschrieb, wo die Menschenrechte mit Füßen getreten und dreißig Millionen Menschen von dreißig Tyrannen gequält wurden. „Weil ich als Sklave geboren", provozierte er seine Leser, „liebe ich die Freiheit mehr als ihr!"[14]

Zur selben Zeit schickte Heine seine Artikel an die „Augsburger Allgemeine Zeitung" und veröffentlichte sie später unter dem Titel *Französische Zustände* (1832). Das war eine beispiellos scharfe Anklageschrift gegen die Reaktion und den Absolutismus. *„Ich klage sie an des gemißbrauchten Volksvertrauens"*, schrieb er dort über Deutschlands

Herrscher, „*ich klage sie an der beleidigten Volksmajestät, ich klage sie an des Hochverrats am deutschen Volke, ich klage an!*"[15]

Nicht politische Meinungsverschiedenheiten trennten die beiden, sondern hauptsächlich die Gegensätze in Charakter und Geschmack. Heine war ein Genießer, ein Bohemien, ein Satiriker. Börne war Puritaner, Asket, politischer Fanatiker. Während Heine in den angesagten Salons von Paris ein- und ausging, zu Premieren ins Theater und die Oper eingeladen wurde, am Tisch der Honoratioren der Stadt speiste oder in den Boulevards flanierte und sich mit Hutmacherinnen oder Blumenverkäuferinnen anfreundete, blieb Börne verborgen in seiner Wohnung, über Zeitungen gebeugt oder in geheimen Sitzungen mit revolutionären Flüchtlingen. Diese Kameradschaft verführte Heine dazu, eine seiner lustigsten literarischen Karikaturen zu verfassen. Börnes Wohnung wurde von ihm wie folgt beschrieben: „*(…) eine Menagerie von Menschen, wie man sie kaum im Jardin des Plantes finden möchte. Im Hintergrunde kauerten einige deutsche Eisbären, welche Tabak rauchten, fast immer schwiegen und nur dann und wann einige, vaterländische Donnerworte im tiefsten Brummbass hervorfluchten. Neben ihnen hockt auch ein polnischer Wolf, welcher eine rote Mütze trug und manchmal die süßlich-fadesten Bemerkungen mit heiserer Kehle heulte … Dann fand ich dort einen französischen Affen, der zu einen heißesten gehörte, die ich jemals gesehen; er schnitt beständig Gesichter (…).*"[16]

Die meisten der Aktivitäten Börnes waren den deutschen politischen Flüchtlingen gewidmet, die nach der Juli-Revolution nach Paris strömten oder „*in wilden Schwärmen nach Paris kamen*", wie es Heine formulierte, „*und sich schon gleich um Börne sammelten.*" Der berühmte Schriftsteller, der seine meiste Zeit isoliert in seiner Heimatstadt verbracht hatte. – (Heine erzählt, wie er ihn 1827 in Frankfurt besucht hatte, „*aber nicht ohne vieles Umherfragen und Fehlsuchen; überall, wo ich mich nach ihm erkundigte, sah man mich ganz befremdlich an, und man schien in seinem Wohnorte ihn entweder wenig zu kennen oder sich noch weniger um ihn zu bekümmern.*") – er wurde im Pariser Exil ein Volkstribun. Deutsche Zeitungen berichteten spöttisch, wie „er den Montmartre mit sechshundert Schneider-Gesellen bestieg, um vor ihnen die Bergpredigt zu halten"; und Heine bemerkte die „*ultra-radikale Stimme*", die er sich in diesem Abschnitt seines Lebens angeeignet hatte, seinen *„Sauerkraut-Patriotismus"*, und ganz besonders Börnes Vorliebe, sich *„vergnüglich im plebejischen Kot zu wälzen."* Einmal begleitete Heine ihn zu einer Versammlung in einem großen Saal in der Passage Saumon und ekelte sich vor den ungewaschenen Menschen und dem Gestank des billigen Tabaks, der den Saal füllte. Als er sah, dass die Redner auch die Hände der Zuhörer zu drücken pflegten *(„recht derb die Hand drücken")* bemerkte er, *„wenn mir das Volk die Hand gedrückt hätte, [ich] sie nachher waschen werde."* Als ein Schustergeselle aufstand, ein Invalide mit krummen Beinen, und behauptete, *„alle Menschen seien gleich"*, reagierte er darauf mit bitterem Spott. *„Ich ärgerte mich nicht wenig über diese Impertinenz"*, schrieb er und stellte fest, dass es das erste und das letzte Mal war, dass er zu einer Volksversammlung ging.

Das war Heine. So sehr er von den Idealen der Revolution begeistert war, so kritisch war er in seinem Verhältnis zu den Revolutionären. Er glaubte an die Befreiung des Volkes von der Tyrannei, und zu gleicher Zeit warnte er vor der Herrschaft des Volkes. *„Der widerwärtigste aller Tyrannen [ist] der Pöbel"*, schrieb er. Er verachtete die *„Demagogen"* (so nannte er die Führer der vor-sozialistischen radikalen Linken), die sich dem Volk anbiederten, mehr als die Höflinge von Byzanz und Versailles, und die ohne Scham riefen: *„„Wie schön ist das Volk! wie gut ist das Volk! wie intelligent ist das Volk!" – Nein, ihr lügt. Das arme Volk ist nicht schön; im Gegenteil, es ist sehr hässlich. Aber diese Hässlichkeit entstand durch den Schmutz und wird mit demselben schwinden, sobald wir öffentliche Bäder erbauen, wo Seine Majestät das Volk sich unentgeltlich baden kann. Ein Stückchen Seife könnte dabei nicht schaden, und wir werden dann ein Volk sehen, das hübsch propre ist, ein Volk, das sich gewaschen hat. Das Volk, dessen Güte so sehr gepriesen wird, ist gar nicht gut; es ist manchmal so böse wie einige andere Protestanten. Aber seine Bosheit kommt vom Hunger, wir müssen sorgen, daß das souveräne Volk immer zu essen habe; sobald allerhöchst daßelbe gehörig gefüttert und gesättigt sein mag, wird es euch auch huldvoll und gnädig anlächeln, ganz wie die andern."*[17]

Heine erkannte die Souveränität des Volkes an, was ihn nicht daran hinderte, es mit *„souveräne[r] Rattenkönig"*, *„Armer König in Lumpen"* und ähnlichen Namen zu betiteln.

Die Beziehungen zwischen Börne und Heine sind typisch für viele historische Paare, deren Namen man in einem Atemzug ausspricht, obwohl zwischen ihnen niemals Harmonie herrschte. In einem seiner Aufsätze deutete Heine seine Beziehungen zu Börne, indem er die *„Strenge Rousseaus"* der *„Leichtigkeit Voltaires"* gegenüber stellte. Im selben Aufsatz erinnerte er auch an Robespierre *(„schmuck, unbestechbar")*[18], der Danton hasste *(„sinnlich, geldbefleckt")* und an Saint-Just (Robespierres rechte Hand), der den lustigen, scharfsinnigen Redner Desmoulins hasste (Kommandant der Bestürmung der Bastille, wurde zusammen mit Danton enthauptet). Bei einer anderen Gelegenheit brachte er ein Beispiel von Shakespeare, der die Menschen in zwei Arten unterteilte: die Dicken und die Dünnen. Die Dünnen seien die gefährliche Art, behauptete er, indem er als Beispiel die Worte Julius Cäsars über Cassius brachte: *„(…) ich wollte, er wäre fetter."*[19] Aber die schärfste Beobachtung, die einen großen Eindruck in der Geschichte der Philosophie hinterließ, besonders weil es einer der Grundsteine von Nietzsches Philosophie war, war die Dichotomie zwischen Judentum-Christentum (Nazarener) und Griechentum-Hellenismus. Heine erwähnte diesen Gedanken zum ersten Mal in seinem Essay *Elementargeister* (1837), als er die Frage stellte, *„ob der trübsinnige, magere, sinnenfeindliche, übergeistige Judäismus der Nazarener oder ob hellenistische Heiterkeit, Schönheitsliebe und blühende Lebenslust in der Welt herrschen solle."*[20] In seinem Buch *Ludwig Börne. Eine Denkschrift* (1840) führte er den Gedanken fort. *„Alle Menschen sind entweder Juden oder Hellenen (…)",* schrieb er hier, und betonte, dass diese Aufteilung nicht dazu da sei, einen Glauben zu bestimmen, sondern eine Eigenschaft. Ein Mensch kann als Jude geboren werden und Hellene sein. So sah er sich selbst durch und durch als Hellene, während Börne ein jüdischer Nazarener sei. *„(…) seine spätere politische Exaltation war begründet in jenem schroffen Asketismus, jenem Durst nach Märtyrertum, der überhaupt bei den Republikanern gefunden wird, den sie republikanische Tugend nennen und der von der Passionssucht der frühen Christen sowenig verschieden ist."*

Die Ausdrücke *„Republikaner"* und *„Demokraten",* die Heine in dieser Zeit oft benutzte, haben nicht genau dieselbe Bedeutung, die sie heute haben, so wie wir über die Britische Demokratie oder die

Fünfte Republik in Frankreich sprechen. Demokratie ist bei Heine oft ein Synonym für die Herrschaft der Mittelmäßigkeit und Republik erinnert ihn ununterbrochen an den Jakobinischen Terror von 1793. Die Meinungsverschiedenheit zwischen Heine und Börne brach im Jahre 1832 aus, zur selben Zeit, als der revolutionäre Sozialismus in Frankreich zum Vorschein kam. Der zügellose Kapitalismus, der während der Juli-Monarchie herrschte, die schändliche Ausbeutung, die Not und der Hunger verursachten die ersten Zusammenkünfte der Arbeiterklasse. In diesem Jahrzehnt, den dreißiger Jahren des 19. Jahrhunderts, entstanden die Worte „Sozialismus" und „Kommunismus", und der römische Begriff „Proletariat" wurde wiederbelebt. Heine verwendete immer noch die alten Begriffe *„Republikaner", „Jakobiner"* und *„Demagogen"*. Im Februar 1832 berichtete er seiner Zeitung über eine republikanische, neo-jakobinische Versammlung der „Societé des Amis du Peuple", einer dieser Geheimbünde, die den Kommunismus ankündigten. Er sah auch die Mitglieder in Straßendemonstrationen rote Fahnen schwingen und in Lebensgefahr gegen die Polizei kämpfen. *„Ich bin nicht tugendhaft genug, um jemals dieser Partei mich anschließen zu können"*, schrieb er, *„ich hasse aber zu sehr das Laster, als das ich sie jemals bekämpfen würde."*[21] Die Jakobiner, behauptete er, seien reine Menschen und ihr Weg sei gepflastert mit guten Absichten, aber die Heiligkeit der Idee, nicht die Heiligkeit von Menschenleben sei ihr Hauptgedanke. Schon damals, als die revolutionäre Bewegung noch in den Kinderschuhen steckte, sah Heine *„die Vereinigung der beiden Fanatismen, des religiösen und des politischen."*[22] Er weckte den Zorn seiner radikalen Kollegen, als er Ähnlichkeit zwischen den Jesuiten und den Jakobinern entdeckte. Diese und jene ließen es zu, mit der Waffe der Lüge für erhabene Ziele zu kämpfen, mit dem Unterschied: *„jene stritten für die Sache Gottes, diese für die Sache der Menschheit…"*

Diese und andere ketzerischen Worte brachten eine ganze Reihe von Kritikern, angefangen mit Börne und bis zu Kritikern unserer Tage dazu, an Heines revolutionärer Gesinnung zu zweifeln. Börne war der erste, der ihm Widersprüche, die er in seinem Werk fand, aufzeigte. *„Sie irren sich, Liebster"*, antwortete ihm Heine, *„dergleichen findet sich nie in meinen Büchern, denn jedes Mal, ehe ich schreibe, pflege ich vorher* *meine politischen Grundsätze in meinen frühen Schriften wieder nachzulesen, damit ich mir nicht widerspreche und man mir keinen Abfall von meinen liberalen Prinzipien vorwerfen könne.*"

Im Mai 1832 fuhr Börne nach Deutschland, um an der großen republikanischen Versammlung auf der Burg von Hambach in der Nähe von Speyer teilzunehmen. Etwa dreißigtausend Deutsche nahmen an dieser merkwürdigen politischen Demonstration teil. Sie zündeten Feuer an, schwenkten schwarz-rot-goldene Fahnen, und ihre Rufe nach Freiheit und Einigkeit wurden auf der Hochebene gehört. Das war eine ungewöhnliche oppositionelle Demonstration im verschlafenen Deutschland.

Als er nach Paris zurückkam, verabredete sich Börne mit Heine, und als sie in den Tuilerien spazieren gingen, erzählte er ihm begeistert von seinen Eindrücken vom Treffen in Hambach. Er war dort als Ehrengast empfangen worden und ein schönes Fräulein, eine seiner Leserinnen, hatte ihn sogar auf den Mund geküßt. *„Wir Deutschen sind ein ganz prächtiges Volk und gar nicht mehr so unpraktisch wie sonst"*, sagte Börne. Heine schüttelte seinen Kopf vor Spott. Er glaubte nicht an die Freiheitsliebe der Deutschen. Aber Börne brachte als Beweis für seine Behauptung die Geschichte von seiner gestohlenen Uhr. *„Aber das freut mich ebenfalls, das ist gut, das gibt mir Hoffnung. Auch wir, und das ist gut, auch wir haben Spitzbuben unter uns und werden daher desto leichter reüssieren."* Er fürchtete, dass die Partei aus lauter ehrlichen Leuten bestehe, und deshalb würde die Fähigkeit zur Ausführung fehlen. Deshalb war er so fröhlich. *„Es ist nämlich die erste Uhr, welche die deutsche Freiheit gestohlen hat"*, rief er. *„Ja, auch wir, Germaniens Söhne, wir erwachen aus unserer schläfrigen Ehrlichkeit … Tyrannen zittert, wir stehlen auch!"* Und nachdem er noch über dies und jenes sprach, sagte er: *„Ich hätte gerne den Patrioten entdeckt, der mir zu Hambach meine Uhr gemaust; ich würde ihm, wenn wir zur Regierung kommen, sogleich die Polizei übertragen und die Diplomatie."*

„Es war", schrieb Heine, *„als ob er ahnte, daß er zum letztenmal in Deutschland gewesen, zum letztenmal deutsche Luft geatmet, deutsche Dummheiten eingesogen (…)."* Es war auch das letzte Mal, dass die beiden sich trafen.

Sechs Monate später, im November 1832, erschien das Buch *Französische Zustände*. Heine erwähnte Börnes Namen nicht, aber jeder Leser, der ein wenig Verstand besaß, konnte ahnen, wen Heine mit seinen Sticheleien über seine *„Freunde (…), an ihrer Torheit nahm ich keinen Teil, aber ich werde immer teilnehmen an ihrem Unglück "*[23] meinte; und wer die „Demagogen" waren, die die Republik *„in jener wahnwitzig debordierenden Weise"* predigten. Ohne das Treffen von Hambach namentlich zu nennen, griff Heine hier seine Teilnehmer an, *„meine deutschen Republikaner"*, und verkündete: *„Ich glaube nicht so bald an eine deutsche Revolution und noch viel weniger an eine deutsche Republik."* Ganz besonders traf er den Augapfel Börnes und seiner Fraktion, als er die Vision eines vereinten Deutschland ablehnte. *„So wäre das vereinigte Deutschland"*, warnte er, *„die furchtbarste Macht der Welt."* Börne fühlte sich auch vom Abschnitt über die *enragés* persönlich getroffen, die nach den Worten Heines *„in letzter Zeit meinen Ruf schädigten in dem sie sagten: Ich sei ein Verbündeter der Aristokratie."* Deshalb beschloss er, in den offenen Kampf zu treten. Im sechsten und letzten Band seiner „Briefe aus Paris" (herausgegeben bei Hoffmann und Campe im Januar 1833) sowie in zwei Artikeln, die er im französischen „Réformateur" veröffentlichte, verspottete er Heine, der vorgebe, ein politischer Schriftsteller zu sein und behauptete, es sei nichts Wahres an seinem Radikalismus.

„Heine ist ein Künstler, ein Dichter (…)", schrieb er. „Weil er oft noch etwas anderes sein will als ein Dichter, verliert er sich oft. (…) Darum rührt er auch nicht, wenn er weint; denn man weiß, dass er mit den Tränen nur seine Nelkenbeete begießt. Darum überzeugt er nicht wenn er auch die Wahrheit spricht; denn man weiß, dass er an der Wahrheit nur das Schöne liebt. Aber die Wahrheit ist nicht immer schön, sie bleibt es nicht immer. Es dauert lange, bis sie in Blüte kömmt, und sie muss verblühen, ehe sie Früchte trägt."[24] Börne beschrieb Heine als einen „Knaben, der auf dem Schlachtfelde nach Schmetterlingen jagt", oder „wenn an einem Tage der höchsten Not, wo wir heiß zu Gott beten, ein junger Geck uns zur Seite in der Kirche nichts sieht als die schönen Mädchen und mit ihnen liebäugelt und flüstert."

Ferner behauptete Börne, Heine sei ein charakterloser Dichter, heuchlerisch und wankelmütig. Er sei in der Lage, Welten zum Einsturz zu bringen, gegen die Aristokraten zu schreiben und ebenso „schöne Verse auf Marie Antoinettens schöne Augen (…) Uns andern miserablen Menschen", fügte er hinzu, „hat die Natur zum Glücke nur einen Rücken gegeben, so dass wir die Schläge des Schicksals nur von einer Seite fürchten; der arme Heine aber hat zwei Rücken, er fürchtet die Schläge der Demokraten, und um beiden auszuweichen, muss er zugleich vorwärts und rückwärts gehen."[25]

Heine reagierte auf Börnes Angriffe mit frostigem Schweigen. Er meinte, er habe sie mit völliger Gleichgültigkeit gelesen, *„als wäre es nicht gegen mich gerichtet, sondern etwa gegen Nebukodonosor, König von Babylon, oder gegen den Kalifen Harun al Rashid oder gegen Friedrich den Großen (…)."* Börnes Einstellung zu ihm bezeichnete er als Neid, den der kleine Trommler gegenüber dem großen Trommler verspürte. *„Er beneidete mich (…) ob der Liebesblicke, die mir die jungen Dirnen zuwerfen und die ich vielleicht mit ein wenig Koketterie erwidre!"* Überhaupt, schrieb Heine, sei Börnes Eifersucht tief in seinem Charakter verwurzelt, und sie sei die Ursache, dass er auf alle Phänomene, sowohl im Leben als auch in der Politik, durch die *„gelbe Lupe des Mißtrauens"* schaute.

Schlimmer als die Eifersucht war der Hass, der sich zwischen beiden entzündete. Dieser war so stark, wie nur Bruderhass es sein kann. Dies ist bekanntermaßen nicht ungewöhnlich in ideologischen Bewegungen, deren Helden ihre Hassenergie nicht auf Feinde verschwenden, sondern — zur Freude ihrer Gegner — vielmehr auf ihre Verbündeten. „Alle Deutschen in Paris", berichtete einer von Metternichs Spionen, „selbst die meisten Refugierten und Literatoren, die anscheinend zusammenhalten, zerreißen sich hinter dem Rücken und leben wie Hunde und Katzen."[26] In dieser Auseinandersetzung mit Heine unterstützte der größte Teil der Öffentlichkeit den populären Börne, der mit den Menschen gut stand und der eine Verleumdungskampagne gegen den überheblichen Heine startete. *„Germania, die alte Bärin"*, beschwerte dieser sich in einem Brief an Meyerbeer, *„hat alle ihre Flöhe auf Paris ausgeschüttet und ich Ärmster werde davon am unaufhörlichsten zernagt."*[27]

Börne starb im Februar 1837. Tausende begleiteten seinen Sarg zu seiner Ruhestätte auf dem Friedhof Père Lachaise. Heine fiel durch seine Abwesenheit auf, und die deutschen Zeitungen vermerkten das mit Genugtuung, indem sie zu dieser Tatsache alle möglichen bösartigen Interpretationen abgaben. *„Die Toren"*, bemerkte Heine verächtlich, *„sie wissen nicht, daß es kein angenehmeres Geschäft gibt, als dem Leichenbegängnisse eines Feindes zu folgen!"* [28] Was ihn am meisten beunruhigte, war das Gerücht, dass Karl Gutzkow eine Biographie über Börne veröffentlichen wollte. Unter den Schriftstellern des „Jungen Deutschland" hegte vor allem Gutzkow eine Abneigung gegen Heine. Er verurteilte sein Benehmen und kritisierte seine Dichtung. Heines Gedichte, sagte er, seien künstliche Blumen, über die er Parfüm gieße. Heine hatte also alle Gründe, sich vor diesem Buch zu fürchten, und um sich vor dem Angriff zu schützen, begann er im Frühling 1839 seine eigene Biographie über Ludwig Börne zu schreiben.

Heine versicherte, dass er weder für Börne schreiben würde noch gegen ihn. *„Ich beschreibe nur sein Porträt"*, schrieb er. Was schließlich seiner Feder entsprang war das Portrait eines Theaterkritikers, der sich zu einem radikalen Schriftsteller wandelte und am Ende ein Volkstribun wurde. Börne, meinte Heine, sei eine tragikomische Figur, ein scharfsinniger aber sehr pathetischer Mensch; ein Mensch, der es gewohnt war, teure Seidenkleider zu tragen, aber unter den gegebenen Umständen begonnen habe, *„in die banalen Manieren eines Demagogen der untersten Stufe"* zu verfallen; ein Mensch mit Inspiration und guten Absichten, dessen politischer Fanatismus ihn um den Verstand gebracht habe und der gegen Ende seines Lebens Spaß daran gefunden habe, die Zahl der Köpfe auszurechnen, die rollen müssten, um die Welt zu verbessern. Heine behauptete immer wieder, dass er ein ausgewogenes Bild zeichne. Hier lobte er Börnes Ehrlichkeit und Unbestechlichkeit, seinen Hass gegen die Aristokraten und seine mutige Polemik gegen die bezahlten Schreiberlinge der Reaktion – und dort verspottete er sein Misstrauen, seine Weinerlichkeit und seinen *„politischen Wahnsinn"*.

„Er war ja weder ein Genie noch ein Heros", schrieb er, *„er war kein Gott des Olymps. Er war ein Mensch, ein Bürger der Erde, er war ein guter Schrift-*

steller und ein großer Patriot." Hier begann er, spöttische Pfeile auf jene Deutschen abzuschießen, die Börne (und ihn) des Mangels an Patriotismus beschuldigten. *„Wenn Deutschland allerlei Verkehrtheiten beging, die böse Folgen haben konnten, wenn es den Mut nicht hatte, eine heilsame Medizin einzunehmen, sich den Star stechen zu lassen oder sonst eine kleine Operation auszuhalten, dann tobte und schimpfte Ludwig Börne und stampfte und wetterte; – wenn aber das vorausgesehene Unglück wirklich eintrat, wenn man Deutschland mit Füßen trat oder so lange peitschte, bis Blut floß, dann schmollte Börne nicht länger, und er fing an zu flennen, der arme Narr, der er war, und schluchzend behauptete er alsdann, Deutschland sei das beste Land der Welt und das schönste Land, und die Deutschen seien das schönste und edelste Volk, eine wahre Perle von Volk, und nirgends sei man klüger als in Deutschland, und sogar die Narren seien dort gescheut (…).*" Heine schilderte eine Diskussion, in der ein Fremder behauptete, dass man, um die Stellung Frankreichs gegenüber dem restlichen feudalen Europa zu stärken, Frankreich die Rheingegend zurückgeben müsse. Börne regte sich auf und schrie: *„Auch keinen deutschen Nachttopf würde ich an Frankreich abtreten! (…) Ja, dieser Börne war ein großer Patriot, vielleicht der größte, der aus Germanias stiefmütterlichen Brüsten das glühendste Leben und den bittersten Tod gesogen! In der Seele dieses Mannes jauchzte und blutete eine rührende Vaterlandsliebe die, ihrer Natur nach verschämt, wie jede Liebe, sich gern unter knurrenden Scheltworten und nergelndem Murrsinn versteckte, aber in unbewachter Stunde desto gewaltsamer hervorbrach.*" Heine verspottete *„seinen Stil, seine Leidenschaft und seine Blindheit*" des Verfassers der „Briefe aus Paris", jedoch in einer Beziehung identifizierte er sich mit ihm ohne Einschränkung: in seiner scharfen Polemik gegen die Judenhasser. Das war eines der Themen, bei denen er auf das Vergnügen, Börne zu kritisieren, verzichtete.

Karl Ernst Jarcke, ein Schreiber im Dienste Metternichs, schrieb einen Artikel mit dem Titel „Deutschland und die Revolution", worin er andeutete, dass hinter dem Plan, in Deutschland eine Republik zu etablieren, die Juden stünden. Er hatte die Juden nicht expressis verbis erwähnt, er deutete nur an, dass die Antriebfeder dieser revolutionären Hetze die sei, „in einem großen welthistorischen Akte Rache zu nehmen für den Druck und die Schmach, den das Volk, dem sie ihrem

Ursprung nach angehören, jahrhundertlang von dem unsrigen erduldet." *„Oh, Herr Jarcke"* schrieb Heine, *„das ist zu arg! (…) Daß Sie uns die Ruchlosigkeit vorwerfen, wir wollten das deutsche Volk unglücklich machen, weil es uns selbst unglücklich gemacht – (…) Wenn wir das deutsche Volk haßten, würden wir mit aller unserer Kraft dafür streiten, es von der schmachvollsten Erniedrigung, in der es versunken, es von der bleiernen Tyrannei, die auf ihm lastet, es von dem Übermute seiner Aristokraten, dem Hochmute seiner Fürsten, von dem Spotte aller Hofnarren, den Verleumdungen aller gedungenen Schriftsteller befreien zu helfen, um es den kleinen, bald vorübergehenden und so ehrenvollen Gefahren der Freiheit preiszugeben? Haßten wir die Deutschen, dann schrieben wir wie Sie, Herr Jarcke."*

Heine lobte den *„Respekt und die Inspiration"*, mit denen Börne die Beschuldigung abgewehrt hatte, dass er wegen seiner jüdischen Abstammung kein deutscher Patriot sein könne. *„Die Verdächtigung seines Patriotismus erregte bei Börne, in der angeführten Stelle, eine Mißlaune, die der bloße Vorwurf jüdischer Abstammung niemals in ihm hervorzurufen vermochte"*, bemerkte Heine. Seine Gegner konnten *„bei der Fleckenlosigkeit seines Wandels"* nichts finden, die *„ihm nichts Schlimmeres nachzusagen wußten, als daß er der Sprößling eines Stammes, der einst die Welt mit seinem Ruhm erfüllte und trotz aller Herabwürdigung noch immer die uralt heilige Weihe nicht ganz eingebüßt hat. Er [Börne]"*, bemerkt Heine und meint offensichtlich auch sich selbst, *„rühmte sich sogar oft dieses Ursprungs, freilich in seiner humoristischen Weise, und den Mirabeau parodierend, sagte er einst zu einem Franzosen: Jésus-Christ – qui en parenthèse était mon cousin – a prêché l'égalité' (Der Christ Jesus, der übrigens mit mir verwandt ist, predigte Gleichheit) usw."* Hier ließ sich Heine vom Thema mitreißen und erklärte voller Erregung: *„In der Tat, die Juden sind aus jenem Teige, woraus man Götter knetet; tritt man sie heute mit Füßen, fällt man morgen vor ihnen auf die Knie; während die einen sich im schäbigsten Kote des Schachers herumwühlen, ersteigen die anderen den höchsten Gipfel der Menschheit (…)"*

Es gibt in diesem Buch eine vernichtende Folge von Lob und Kritik, Streicheleien und Sticheleien, wer aber zwischen den Zeilen lesen kann, wird erkennen, dass Heine nicht nur eine bestimmte Person beschreibt, die Ludwig Börne heißt, sondern dass er mit ihrer Hilfe versucht, das Geheimnis der revolutionären Bewegung für alle Zeiten zu lüften. Hier lobt er seinen „revolutionären Zorn" und dort spottet er über seinen „politischen Wahnsinn"; hier preist er seinen „scharfen Verstand" und seine „Originalität" und „Wahrheitsliebe", und hier schreibt er ihm „argwöhnischen Kleingeist" und „Beschränktheit und Selbsttäuschung" zu; hier lobt er seine Ehrlichkeit und Unbestechlichkeit, und dort seine „gewisse infame Tugend, die für die heilige Sache sogar die Lüge nicht verschmäht, kurz, Beschränktheit und Selbsttäuschung (…)." In seinem Buch Französische Zustände (1832) deutete er die Ähnlichkeit zwischen Börne und Robespierre nur an, aber jetzt (1840) verglich er beide ausdrücklich: „(…) im Herzen eine blutrünstige Sentimentalität, im Kopfe nüchterne Begriffe…" Auch seine Anhänger charakterisierte er wundervoll: sie sind zunächst „Regimente – wilde Regimente", und später „ein Hofstaat von beschränkten und erhitzten Köpfen, die ihm mit blinder Verehrung huldigten."

Die skandalösesten Abschnitte waren jedoch diejenigen, die Börnes Beziehung zu Jeanette Wohl aus Frankfurt berührten. Heine, der sie spöttisch „die bekannte Freiheitsgöttin, an welche späterhin die ‚Briefe aus Paris' adressiert wurden" nennt, beschreibt sie als eine äußerst hässliche Frau: „eine magere Person, deren gelblichweißes, pockennarbiges Gesicht einem alten Matzekuchen glich." Der Vergleich mit dem „Matzekuchen" diente offensichtlich dazu, die ethnischen Wurzeln der Muse aufzuzeigen.

Es ist schwer zu erklären, was genau Heine dazu veranlasst hatte, Madame Wohl in diese Affäre hineinzuziehen, da es ja von ihrer Seite keine Provokation gegeben hatte. Im Gegenteil, sie war eine große Verehrerin seiner Gedichte, und bei ihrer einzigen Begegnung in Frankfurt im Jahre 1827 hörte er von ihr nur Lob. „Trotz ihrem Äußern, und obgleich ihre Stimme kreischend war, wie eine Türe, die sich auf rostigen Angeln bewegt, so gefiel mir doch alles, was die Person sagte; sie sprach nämlich mit großem Enthusiasmus von meinen Werken." Heine schenkte ihr bei diesem Besuch sein Buch der Lieder und schrieb darin eine herzliche Widmung.

Später sollte er andeuten, dass er dies als Antwort auf die Verunglimpfung geschrieben habe, die Börne angeblich über Mathilde, seine Geliebte, geäußert hatte, als er sagte, dass jeder ihre Dienste gegen einige wenige Francs erhalten könne. Die meisten Forscher lehnen diese Erklärung ab;[29] und wenn es auch eine Provokation seitens Börnes gegeben haben mag – wodurch hat die Frau es verdient, *„die sogenannte Madame Wohl"*, die Heine in der Börnedenkschrift auch *„zweideutige Dame"* nannte und darüber rätselte, welcher Art die Beziehungen zwischen ihr und Börne waren: War es eine sexuelle Beziehung, oder Gott bewahre, eine rein platonische, wie bösen Zungen flüsterten? Freunde behaupteten, dass sie im Geheimen geheiratet hätten, und dass sie eines Morgens als „Frau Doctorin Börne" erscheinen werde; aber diese widerlegte alle Gerüchte, als sie einen jungen Frankfurter Kaufmann namens Salomon Strauß heiratete. Die Überraschung war doppelt so groß, als das frisch verheiratete Paar nach Paris kam, um mit Börne in einer Wohnung zu wohnen. Heine stellte alle möglichen bösartigen Überlegungen hinsichtlich dieser *ménage à trois* an. *„Aber Madame Wohl"*, schrieb er, *„tat sich mit Börne zusammen unter dem Deckmantel der Ehe mit einem lächerlichen Dritten, dessen bitteres Fleisch ihr manchmal mundete, während ihr Geist sich weidete am süßen Geiste Börnes..."*

Diese Ausführungen sind ein wenig seltsam, um es freundlich auszudrücken. Auch wenn es wahr wäre, als er Salomon Strauß einen *„gehörnten Esel"* nannte, gibt es keine Erklärung dafür, warum Heine, der selbsternannte Hellene, der in seinen Gedichten die freie Liebe predigte, argumentieren sollte wie ein Juden-Nazarener, dessen Haushalt auf *„Immoralität"* beruhte, was bei ihm *„Ekel"* erregte.[30] Auch Heines Verehrer aus allen Zeiten taten sich schwer herauszufinden, was unmoralisch an einem jungen Paar sein sollte, das einen älteren, kranken Junggesellen in seine Wohnung aufnahm, der darüber hinaus noch ein berühmter Schriftsteller war.

Heine zeigte Abschnitte aus dem Manuskript seinem jungen Freund Heinrich Laube, einem Mitglied des „Jungen Deutschland", und dieser sagte ihm unumwunden seine Meinung über dieses Buch, das unanständig und kontraproduktiv für den Kampf des liberalen Lagers sei. *„Aber ist's nicht schön ausgedrückt?"* (vgl. Thomas Mann am Ende des Kapitels), rief Heine. Er schickte das Manuskript an seinen Verleger Campe mit der Bemerkung: *„(...) ich glaube, mein Börne wird als das beste Werk, das ich geschrieben, anerkannt werden."*[31]

Campe traf alle notwenigen Vorbereitungen zur Veröffentlichung des Buches, er bestach die Zensur und schmuggelte vorab Kopien nach Berlin, Frankfurt und Leipzig, um dem möglichen Verbot durch die Behörden zuvorzukommen. Diesmal, fürchtete er, werde die Aktion im Gefängnis enden. Er irrte sich. Es waren diesmal nicht die Behörden, die ihr Missfallen ausdrückten, sondern die Leserschaft. Keines von Heines Werken hatte jemals einen solchen Sturm entfacht. Keines hatte seinem guten Namen derart geschadet wie dieses Buch, das im August 1840 erschien. Börne wurde nicht nur in den radikalen Kreisen verehrt, sondern auch innerhalb der aufgeklärten deutschen Gesellschaft. Er war ein Vorbild für Ehrlichkeit und Moralität, und seine Diffamierung grenzte fast an Gotteslästerung. Heine wollte schließlich nur seinen eigenen Ruf als Revolutionär und Freiheitskämpfer verteidigen und sich ein wenig für die „Briefe aus Paris" rächen. Aber wie viele Rachefeldzüge er in seinem Leben auch führte, so fiel auch dieser wie ein Bumerang auf ihn zurück. Gegner und Verehrer missbilligten seinen Angriff auf den toten Ludwig Börne und die lebende Jeanette Wohl.

Gutzkow schrieb im „Telegraf" (veröffentlicht im Hoffmann und Campe Verlag): „Heine bildet sich ein ein Dichter zu sein, aber er schreibt wie ein Rowdy." Andere Zeitungen folgten: „Bosheit", „Unverschämtheit", „Feigheit", „Beleidigung", „Lüge", „Niedertracht", „stinkende Scharfzüngigkeit", „obszönes Reden und Frechheit", „Prahlerei und Wahnsinn" und „Pfui".[32]

Heine tat so, als sei er von der Kritik ungerührt. *„Fürchten Sie nur nicht, daß dergl mich bedeutend betrüben möge; an dem goldnen Harnisch den ich trage prallen alle diese Pfeile ab"*, schrieb er an Campe.[33]

Einige dieser Pfeile waren eingetaucht in antisemitisches Gift. „Heine", schrieb das „Literaturblatt", „deckt alle hässlichen Eigenschaften einer fremden Rasse auf, die wir hier nicht mit Namen nennen wollen: Betrug, Unverschämtheit, Feigheit, und Schamlosigkeit." Eine andere Zeitung schrieb, Börne sei, wie der Erlöser, durch Judas verraten worden.[34] Nur wenige standen an Heines Seite. Einer von ihnen war Varnhagen, der treue Freund, der sich zwar von einigen persönlichen Stellen distanzierte, jedoch (anonym) schrieb, dass es „ein gutes Buch sei, ein ehrliches Buch."[35] Noch ein Verteidiger fand sich in der Gestalt des jungen Richard Wagner, der in seinem Beitrag für die „Dresdner Abendzeitung" das Buch lobte und die Deutschen wegen der Vertreibung einer Begabung kritisierte, „mit denen Deutschland nicht gesegnet war, außer mit Wenigen wie ihm."[36]

Campe, der Verleger, war zunächst nicht begeistert von diesem Werk. Er ignorierte den Titel, den Heine dem Buch gab („*Ludwig Börne. Eine Denkschrift*"), und beschloss, es „*Heinrich Heine über Ludwig Börne*" zu nennen. Das Wort „über" war doppeldeutig: sowohl „über sein Leben" als auch „über ihn erhaben". Wenn der Verleger aber einen Medientrick anwenden wollte, um den Verkauf zu fördern, dann stellte sich bald heraus, dass er sich geirrt hatte: Das Buch war, trotz des Skandals, ein wirtschaftliches Fiasko, und Campe nannte die ganze *Affäre* „Heines russischen Feldzug".[37]

Die Kontroverse entbrannte aufs Neue, als Madame Wohl-Strauss das Buch „Ludwig Börnes Meinung über Heinrich Heine" heraus-brachte und darin eine Auswahl an Diffamierungen, die sie aus den Briefen des Toten sammelte. Das war ein weiterer Versuch, Heine mit Schlamm zu bewerfen, aber es ist zweifelhaft, ob sie damit Börnes An-denken gut tat. Der berühmte Tribun, der dafür bekannt war, ehrlich und rechtschaffen zu sein, fast schon heilig, erscheint in seinen Briefen als eine kleinliche und unzufriedene Kreatur, die wie im Heißhunger Material gegen seinen jüngeren Rivalen sammelt, und die auch vor Gerüchten und Klatsch nicht halt machte.

In seinen Briefen beschreibt Börne Heine als leichtfertig und un-zuverlässig, der mit List sich in das liberale Lager eingeschlichen habe. Er zitiert Heine, der angeblich gesagt habe, dass Metternich ihn nur durch einen Preis kaufen könne: wenn er ihm alle „Mädchen" von Paris geben würde. „Ich sage ‚Mädchen'", bemerkt Börne in einem Anfall von Bigotterie, „aber Heine gebrauchte den gemeinsten Aus-druck dafür. (…) Heine aber läuft den gemeinsten Straßendirnen bei Tag und Nacht nach und spricht in einem fort von dieser hässlichen Gemeinheit, in welcher er ein ästhetisches Vergnügen findet. Neulich kamen wir abends vom Essen. Er sagte mir, er ging in den Passage des

Panoramas. – Was er dort zu tun habe? Ich will sehen, ob keines von den Mädchen, die ich kenne, ein neues Kleid anhat.“[38]

Heine, wie gesagt, erklärte den Gegensatz zwischen ihm und Börne in den Begriff der „Nazarener“-Natur des letzteren, das heißt, dem Puritanismus Börnes, der seiner hedonistischen, hellenistischen Eigenschaft entgegengesetzt sei. In seinen Erinnerungen brachte er das Beispiel seines Besuchs im Jahr 1827 in Frankfurt, als die zwei Junggesellen am „Sabbat“ in der Kutsche nach Bornheim fuhren, um Kaffee zu trinken und die *„Töchter Israels“* zu betrachten. *„Es waren schöne Mädchen und rochen nach Schalet, allerliebst“*, schrieb Heine, und erzählte wie Börne bei ihrem Anblick mit dem Auge zwinkerte. *„In diesem geheimnisvollen Zwinkern“*, schrieb er, *„in diesem unsicher lüsternen Zwinkern, das sich vor der innern Stimme fürchtet, lag die ganze Verschiedenheit unserer Gefühlsweise. Börne nämlich war, wenn auch nicht in seinen Gedanken, doch desto mehr in seinen Gefühlen, ein Sklave der nazarenischen Abstinenz; und wie es allen Leuten seinesgleichen geht, die zwar die sinnliche Enthaltsamkeit als höchste Tugend anerkennen, aber nicht vollständig ausüben können, so wagte er es nur im verborgenen, zitternd und errötend, wie ein genäschiger Knabe, von Evas verbotenen Äpfeln zu kosten.“* Im nächsten Gedanken fragte Heine, wer sich besser amüsiere; die Puritaner oder die Genießer, *„Ich weiß nicht“*, schreibt er, *„ob bei diesen Leuten der Genuß intensiver ist als bei uns, die wir dabei den Reiz des geheimen Unterschleifs, der moralischen Konterbande, entbehren; behauptet man doch, daß Mahomet seinen Türken den Wein verboten hat, damit er ihnen desto süßer schmecke.“*[39]

Börne, wenn er gefragt worden wäre, hätte zweifellos gesagt, dass Heine der Jude von ihnen beiden sei. „Heine ist ein vollkommener Bacher (Jiddisch für Bursche)!“ schrieb er an Madame Wohl, „Er hat ganz die jüdische Art zu witzeln (…).“[40]

Heine reagierte nicht öffentlich auf das Buch von Jeanette Wohl, nur in persönlichen Briefen fuhr er fort, sie mit allen möglichen Namen zu betiteln, wie *„das abgefeimte Luder von Wohl, die ExMaitresse von Börne, mit ihrem gehörnten Esel (…).“*[41] Was Salomon Strauß anging, so wollte dieser die Auseinandersetzung regeln, wie es damals üblich war. Er übermittelte den Deutschen Zeitungen eine Nachricht (offensichtlich gegen Bezahlung), dass er Heine in der Rue de Richelieu

nahe der Nationalbibliothek aufs Ohr geschlagen habe, in der Hoffnung, dass er dafür von Heine zum Duell aufgefordert werde. Heine
leugnete die Geschichte mit Abscheu, indem er Strauß einen Lügner,
Feigling und Versager nannte, aber es gelang ihm nicht, den Schaden
zu verhindern. Gabriel Riesser, der Hamburger Anwalt, gab seine Absicht bekannt, nach Paris zu fahren und Heine zu einem Duell aufzufordern, für die Ehre der verletzen Parteien. Riesser, die zentrale Figur
im Kampf der deutschen Juden um ihre Emanzipation, sah den
Humor in Heines witzigen Bemerkungen über Juden und Deutsche
nicht. Seiner Meinung nach war er ein Konvertit und ein Judenhasser,
der in seinen Worten und Taten jeden Juden befleckte. Wahrscheinlich
stand nicht nur die Ehre der Familie Strauß vor seinen Augen, sondern
der gute Ruf des gesamten Judentums. Heine wies ihn verächtlich ab,
indem er sagte, dass er ein ausgemachter Narr sei, der seine Nase in Sachen stecke, die ihn nichts angingen.[42]

Das Duell wurde ausgefochten, aber nicht mit Riesser, sondern mit
dem beleidigten Ehemann. Salomon Strauß lud ihn in einer beleidigenden Sprache zum Duell, und dieser Herausforderung musste
Heine sich stellen. Strauß verlangte ein Duell mit Degen. Heine war
nur mit Pistolen einverstanden. Sie trafen sich am 7. September 1841.
Heine schoss in die Luft. Strauß zielte auf ihn, und seine Kugel streifte
seinen Oberschenkel.

Das war vermutlich das zehnte, und wahrscheinlich auch das letzte
Duell in Heines Leben.* Es hat beinahe sein Leben gekostet, aber es
beendete die Angriffe gegen seinen guten Namen nicht. Die Kontro-

---

* Es ist schwer, die genaue Zahl der Duelle zu bestimmen, an denen Heine tatsächlich teilnahm, wie auch unsicher ist, ob er sich überhaupt jemals duelliert
hat. Einige sind nur aus Gerüchten bekannt, andere fanden nicht statt. Sammons
schätzt, dass es zehn tatsächliche Kämpfe gab. Drei Jahre nach dem Zwischen-
fall mit Strauß, als er sechsundvierzig Jahre alt war, verwickelte er sich fast wieder in ein Duell. Später war er aus gesundheitlichen Gründen zu derartigen
Abenteuern nicht mehr in der Lage.

verse dauert eigentlich bis zum heutigen Tag an. Die antisemitischen Nationalisten benutzten und benutzen Heines Buch über Börne als Beweis ihrer Behauptung, dass Heine ein bösartiger und charakterloser Jude sei (und viele tun das weiterhin). Viele Juden, orthodoxe und assimilierte, schlossen sich dieser Meinung an. Im linken Lager schieden sich die Geister. Das war zum Beispiel eine der wenigen Fragen, bei der die Meinung von Marx und Engels auseinanderging. Im Jahre 1842, noch bevor er Marx kennenlernte, bezeichnete Engels das Buch als einen „vollkommenen Skandal", „niederträchtige Diffamierung", „das primitivste, was je in deutscher Sprache geschrieben wurde"; Marx dagegen, ein kritikloser Verehrer von Heine, verteidigte das Buch energisch, und in all den kritischen Worten gegen ihn sah er ein weiteres Beispiel für die Dummheit der „christlichen, deutschen Esel".[43]

Lange Zeit weigerte sich Heine zuzugeben, dass er etwas getan hatte, was nicht hätte getan werden sollen. Er konnte nicht begreifen, warum Angelegenheiten, über die anständige Menschen untereinander und in Salongesprächen oder in privaten Briefen debattieren, einen solchen Skandal verursachen mussten, wenn sie gedruckt erschienen. Er glaubte, dass hinter dem allgemeinen Angriff auf ihn Gutzkow steckte und erwog, ihn zum Duell aufzufordern. Später tat ihm der Angriff auf Madame Wohl leid, und er versprach, die verletzenden Passagen in der nächsten Auflage zu streichen; nur dass keine weitere Auflage zu seinen Lebzeiten erschien.[44]

Und so bleibt das Buch über Börne eines der eindrucksvollsten Zeugnisse seiner widersprüchlichen Persönlichkeit – er war das große Kind, das „enfant terrible" der deutschen Literatur. Im Jahre 1910 schrieb der irische Dichter und Essayist Edward Dowden, dass Heine „ein mutiger, aber ungehorsamer Soldat war, der bereit war innerhalb einer Minute sein Magazin auf einen Kameraden aus der selben Reihe zu leeren, und deshalb ungeeignet für ein ordentliches Heer. Höchstens ein brillanter Guerilla-Kommandant, der den Feind belästigt und manchmal im Lager seiner Freunde durchdreht."[45] Auch in unseren Tagen findet man unter den Verehrern Heines schwerlich jemanden, der dieses Buch verteidigt. „Das war kein Verbrechen, das im Sturm

der Gefühle geschah", schrieb Louis Untermeyer, „sondern kaltblüti-
ger Mord; oder, mehr als das, es war kein Mord, sondern Misshandlung
einer Leiche."[46]

Max Brod, der in Heine einen der Giganten des jüdischen Volks
sah, schrieb, dass es eine „hässliche Insinuation" war, völlig grundlos,
und „trägt zur Charakteristik Börnes gar nichts bei."[47] Jeffrey Sammons meint, das Dreiecksverhältnis Börne-Wohl-Strauß sei „schänd-
lich" („reprehensible") und verurteilt Heines „fehlerhafte Beurteilung
der Gefühle der anderen, und seine Gleichgültigkeit gegenüber den
Gesprächsgeflogenheiten von kultivierten Menschen."[48]

Der Skandal, den Heine durch diese wenigen Zeilen über die Familie Wohl-Strauß brachte, hatte die Aufmerksamkeit von der wesent-
lichen Intention des Buches abgelenkt. Prof. Jacob Fleishman, früher
Dozent für Philosophie an der Hebräischen Universität in Jerusalem,
sah in diesem Buch das wichtigste Zeugnis, das Heine zum Phänomen der Revolution hinterließ. „Kein Zweifel", schrieb er, „dass dieses Buch gegen eine ganze politische Mentalität gerichtet ist – und
nicht nur gegen die Persönlichkeit und das Privatleben eines politischen Gegners, wie seine späteren Gegner uns glauben machen wollen … Niemals", fügte er hinzu, „wurde der Charakter und Lebenswandel eines Revolutionärs so gut getroffen, eines Mannes, der Respekt abfordert für seine Konsequenz und Treue zu einem bestimmten
Ideal – aber gleichzeitig nicht klug genug ist zu sehen, dass sein Ideal
gefährlich und in seinem Prinzip widerlegt ist." Aus seiner Sicht als
Philosoph sah Fleishman bei Heine den Einfluss von Hegel, der die
unterschiedlichen Jakobiner kritisiert hatte, dass sie sehr gut zerstören
könnten, aber keine Ahnung hätten, wie man eine humane Gesellschaft aufbaue. Und er zitiert in dieser Sache Heine: „*Börne hatte früher
etwas Medizin studiert und wußte von dieser Wissenschaft grade soviel, als
man eben braucht, um zu töten. In der Politik, womit er sich später abgab,
waren seine Kenntnisse wahrlich nicht viel bedeutender.*"[49]

Der Medienskandal, der sich um das besagte Buch abspielte, kann
uns von einer unumstößlichen Tatsache nicht ablenken: Von Jahr zu
Jahr verblasste die Gestalt Ludwig Börnes als Mensch, und Ludwig
Börne der Schriftsteller wurde bekannter. Nachdem alle beteiligten

Seelen, die Beleidiger und Beleidigten, gestorben waren und man über diese Affäre in Ruhe debattieren konnte, wurde das Buch „Heinrich Heine über Ludwig Börne" als ein Meisterwerk der deutschen Literatur entdeckt, als Quelle für tiefe Einsichten und Gedanken, die die europäische Gedankenwelt besonders bereichert haben. Es genügt nicht, die zwei großen Denker zu erwähnen, die die historische Entwicklung der Neuzeit stärker beeinflusst haben als jeder andere – Karl Marx und Friedrich Nietzsche – die beide Ideen aus diesem Buch entlehnten. Marx nahm hieraus seinen berühmten Spruch „Die Religion Opium des Volkes"[50], und Nietzsche übernahm die Dichotomie Nazarener-Hellenen als Ausgangspunkt für seine Angriffe gegen das Christentum.[51]

Thomas Mann schrieb: „Von seinen Werken liebe ich längst das Buch über Börne am meisten. (…) Seine Psychologie des Nazarener-Typs antizipiert Nietzsche. (…) Nebenbei enthält dieses Buch die genialste deutsche Prosa bis Nietzsche. Nebenbei? Ach, nur wer das selig-zerstreute Lächeln versteht, mit dem er den Freunden, die ihm warnend die menschliche, persönliche, politische Anstößigkeit des Buches vorenthielten, zur Antwort gab: ‚Aber ist's nicht schön ausgedrückt?' – nur der begreift, welch eine denkmalswürdige Erscheinung dieser Künstlerjude unter den deutschen gewesen!"[52]

KAPITEL 11

Die Geburt des Nazismus
aus dem Geiste der Romantik

„Die Muse der deutschen Geschichte ist in Verzweiflung."[1]
(Die Romantische Schule)

Im Januar 1833 fragte Preußens König Friedrich Wilhelm III. seine Minister, was in der Angelegenheit von Heine und Börne geschehe. Eine Zeitschrift, die auf Veranlassung des Außenministers in Berlin veröffentlicht wurde, beschuldigte Heine des Hochverrats und rief dazu auf, ihn zu verhaften oder zum Tode zu verurteilen. In den Zeitungen war zu lesen, dass der preußische Gesandte in Paris, Baron von Werther, Druck auf die französische Regierung ausübe, ihn aus Frankreich zu vertreiben. Einige deutsche Offiziere, die sich vom Vorwort zu den *„Französischen Zuständen"* getroffen fühlten, drohten Heine mit einem Duell.[2] Und das ist nur eine kleine Auswahl an Nachrichten, aus denen man leicht ersehen kann, dass er auch in Paris nicht zur Ruhe kam. *„Hier nicht einmahl ist man sicher. Vorigen Samstag sind hier mehre Deutschen arretirt und auch ich fürchte jeden Augenblick arretirt zu werden. Vielleicht ist mein nächster Brief aus London datirt. (…) Ich schreibe diese Zeilen im Bette meiner schönhüftigen Freundinn, die mich diese Nacht nicht fortließ, aus Furcht daß ich zu Hause arretirt würde."*[3] Der größte Schlag kam im Dezember 1835, als die gesamtdeutsche Bundesversammlung einen Bann über die Autoren des „Jungen Deutschland" verhängte. Obwohl er selber nicht zu dieser Gruppe gehörte, fand er seinen Namen am Kopf der Liste. Was sein Schicksal besiegelte war sein Essay *Zur Geschichte der Religion und Philosophie in Deutschland*, an dessen Ende er die Welt mit apokalyptischen Begriffen, beispiellos in ihrer Schärfe, vor der deutschen Gefahr warnte.[4] Mit dieser Passage, die heute als prophetische Vision vom Aufstieg des Nazismus gesehen wird, brach Heine die letzte Brücke zur Heimat ab.

Als er im Mai 1831 nach Paris kam, genoss er bereits einen Ruf als romantischer Dichter und politischer Journalist. Die Franzosen bereiteten ihm einen begeisterten Empfang, begannen, seine Werke zu übersetzen und gaben sogar neue Arbeiten bei ihm in Auftrag. Einer von denen, die sich an ihn wandten, war Victor Bohain, der Herausgeber von „L'Europe Littéraire", ein freundlicher, intelligenter Mensch, der nach den Worten Heines geholfen hat, *„die Stirne des deutschen Träumers zu entwölken und sein vergrämtes Herz in die Heiterkeit des französischen Lebens einzuweihen."* Bohain fragte, ob er einige Beiträge im Genre der Madame de Staël schreiben könnte, deren Buch „De l'Allemagne" (Über Deutschland, 1810) für die Franzosen die wichtigste Informationsquelle über Deutschland war und das Deutschland den Ruf eingebracht hatte, das „Land der Dichter und Denker" zu sein. Heine *„versprach die Artikel zu liefern, jedoch ausdrücklich bemerkend, daß ich sie in einem ganz entgegengesetzten Genre schreiben würde. ‚Das ist mir gleich' — war die lachende Antwort —, ‚außer dem genre ennuyeux gestatte ich wie Voltaire jedes Genre.'"*[5] Was Heine schließlich verfasste war natürlich ein vernichtendes Urteil, und zudem nicht ganz frei von persönlichen Beleidigungen.

„Die gute Dame sah bei uns nur, was sie sehen wollte: ein nebelhaftes Geisterland, wo die Menschen ohne Leiber, ganz Tugend, über Schneegefilde wandeln und sich nur von Moral und Metaphysik unterhalten! Sie sah bei uns überall nur, was sie sehen wollte, und hörte nur, was sie hören und wiedererzählen wollte — und dabei hörte sie doch nur wenig, und nie das Wahre, einesteils, weil sie immer selber sprach, und dann, weil sie mit ihren barschen Fragen unsre bescheidenen Gelehrten verwirrte und verblüffte, wenn sie mit ihnen

*diskurierte. – ‚Was ist Geist?‘ sagte sie zu dem blöden Professor Bouterwek,
indem sie ihr dickfleischiges Bein auf seine dünnen, zitternden Lenden legte.
‚Ach‘, schrieb sie dann, ‚wie interessant ist dieser Bouterwek! Wie der Mann
die Augen niederschlägt! Das ist mir nie passiert mit meinen Herren zu Paris,
in der Rue du Bac!‘ Sie sieht überall deutschen Spiritualismus, sie preist unsre
Ehrlichkeit, unsre Tugend, unsre Geistesbildung – sie sieht nicht unsre Zucht-
häuser, unsre Bordelle, unsre Kasernen."*[6]

Heine nannte sein Buch ebenfalls *De l'Allemagne* (Über Deutschland), eine offene Kampfansage an Madame de Staël. In seiner deutschen Fassung wurde der Artikel in zwei separate Essays aufgeteilt:
Die Romantische Schule und *Zur Geschichte der Religion und Philosophie
in Deutschland*, die in den Jahren 1833-1834 als Serie veröffentlicht
wurden und bis heute relevant geblieben sind, unter anderem weil
sie Heines Antwort auf die Frage enthalten, wie es möglich sein
kann, dass eine gebildete und aufgeklärte Nation, die der Menschheit die wunderschönste Musik, die erhabenste Dichtung und die
tiefgehendste Philosophie gegeben hat, in der Lage war, die schrecklichsten Verbrechen gegen die Menschlichkeit zu vollbringen. Trotz
einiger recht scharfer Stellen kann weder *Die Romantische Schule*
noch *Zur Geschichte der Religion und Philosophie in Deutschland* als
anti-deutsches Werk betrachtet werden. Im Gegenteil: Im Großen
und Ganzen sind sie ein Lobgesang auf die deutsche Kultur,
insbesondere auf ihre Geistesgrößen, Träumer und Kämpfer für die
Freiheit des Menschen, zu denen er selbst sich stolz zählte. Heine
rühmte Lessing, den leidenschaftlichen Kämpfer für Vernunft, Toleranz und Menschlichkeit *(„[der] in der ganzen Literaturgeschichte derjenige Schriftsteller [ist], den ich am meisten liebe")*; und Schiller, dessen
Ruf „Alle Menschen werden Brüder" den Höhepunkt von Beetho-
vens 9. Symphonie darstellt *(„er baute an dem Tempel der Freiheit, und
zwar an jenem ganz großen Tempel, der alle Nationen, gleich einer einzigen
Brüdergemeinde, umschließen soll")*.[7] Sogar Herder, der Verkünder der
Romantik und des Nationalismus, zählte zu Heines Helden, da er
den nationalen Gedanken auf die Basis des universalen Humanismus
gestellt hatte. *„Herder betrachtete die ganze Menschheit als eine große
Harfe in der Hand des großen Meisters, jedes Volk dünkte ihm eine be-*

sonders gestimmte Saite dieser Riesenharfe, und er begriff die Universalharmonie ihrer verschiedenen Klänge."

Es stellt sich natürlich die Frage, warum es all diesen hervorragenden Persönlichkeiten nicht gelungen war, der deutschen Geschichte ihren Stempel aufzudrücken. Warum konnten Millionen von aufgeklärten, freundlichen und gottesfürchtigen Deutschen diese Vision von Lessing, Herder, Schiller und Heine nicht in politische Macht umsetzen? Warum haben sie die Politik in den Händen gewissensloser Politiker gelassen und ihnen erlaubt, ihr Volk und die ganze Welt ins Unglück zu stürzen?

Nach Heines Auffassung gab es vier Wurzeln für dieses Unglück, nämlich: 1) Das Fehlen einer politischen Kultur, 2) den Geist des Gehorsams, 3) die Romantische Schule und 4) die deutsche Philosophie. Diese Ursachen sollen im Folgenden genauer erklärt werden.

1) Die Schuld am Fehlen einer politischen Kultur im geistigen Leben Deutschlands gab Heine der *„Kunstperiode"*, wie er Goethes Wirken nannte. Diese, so behauptete er, hätten einen *„nachteiligen Einfluss auf die politische Entwickelung des deutschen Volkes"*[8] Die Hauptschuld gibt er jedoch der „Romantischen Schule" der Brüder Schlegel, die den Problemen der Gegenwart den Rücken kehrte und sich stattdessen in die Geisterwelt des Mittelalters zurückzog. Dadurch hatte sie sich selbst mit der Katholischen Kirche verbündet, diente der politischen Reaktion und wandte sich ab von der humanistischen Tradition des Westens.

Von seinem Standort in Paris aus war Heine in der Lage, einen Vergleich zu ziehen zwischen der deutschen Romantik, die *„alle[r] Greul und Narretei der Vergangenheit"* übernommen hatten, und ihrem französischen Pendant, dessen Vertreter sich größtenteils für Fortschritt und die Reformation aussprachen. Nach Théophile Gautier wurde das Wesen der französischen Romantik durch drei Persönlichkeiten verkörpert: den Dichter Victor Hugo, den Maler Eugene Delacroix und den Komponisten Hector Berlioz. Hugo, der erklärte, dass die Romantik der Liberalismus in der Literatur sei, hatte Probleme, seine Theaterstücke auf die Bühne zu bringen, selbst in den Tagen der semiliberalen Juli-Monarchie. Im Jahre 1832 nutzte die Regierung die Notstandsgesetze, um das Stück „Le Roi s'amuse" (auf dem Verdis Oper „Rigoletto" basiert) zu verbieten, mit der Begründung, es missachte die Monarchie. Delacroix verursachte eine Sensation mit seinem riesigen Bild „La Liberté guidant le peuple" („Die Freiheit führt das Volk auf die Barrikaden"), das im „Salon von 1831" ausgestellt wurde. Der König beeilte sich jedoch, das Bild zu kaufen, um es im Keller seines Palastes zu verstecken, aus Furcht, dass es womöglich schädliche Ideen in die Köpfe der Franzosen einpflanzen könnte.

Berlioz, der ultimative Romantiker, setzte mit seiner Symphonie „Harold en Italie" (1834) ein musikalisches Denkmal für Lord Byron, das Idol seiner Generation. Alfred de Musset, einer von George Sands Liebhabern, war unter den Dichtern, die ihre Stimme für das kämpfende Griechenland erhoben, wo Byron seinen Tod fand. „Musset", schrieb George Brandes, „war der französische Byron, schwächer, zarter und anmutiger als dieser, so wie Heine der deutsche Byron war, kleiner, willkürlicher und scharfsinniger als dieser ..." Es kam so weit, dass Sainte-Beuve, Literaturkritiker bei „Le Globe", sich veranlasst sah, gegen den Missbrauch der Worte „Byron" und „Freiheit" zu protestieren[9], doch nichts konnte die Flut aufhalten. In Paris wimmelte es damals von Flüchtlingen aus Spanien, Portugal, Italien und Polen. Einige von ihnen waren in ihren Ländern zum Tode verurteilt worden. Im Palast der Prinzessin Cristina di Belgiojoso traf sich Heine mit italienischen Freiheitskämpfern; und im Salon von George Sand trat er dem Protest gegen die Unterdrückung des polnischen Widerstands bei, begleitet von Chopins Revolutionsetüde in C-Moll, gespielt vom Komponisten selbst, der Musset auf dem Lager der Gastgeberin abgelöst hatte.

Die Winde des Widerstandes, die in ganz Europa wehten, drangen fast überhaupt nicht nach Deutschland. Trotz der Unterdrückung durch Metternich, die nach der Juli-Revolution verstärkt wurde, trotz des Würgegriffs der Zensur bei Veröffentlichungen und der Kontrolle der Universitäten hatte der deutsche Adel keinen Grund, einen Aufstand seiner Untergebenen zu befürchten. Die Intellektuellen waren weltfremd und von der Wirklichkeit weit entfernt, und die Nation im Großen und Ganzen war vertieft in das, was Heine *„bleiern deutscheste*

Schlafsucht"[10] nannte. Aus ihrem Exil in Paris versuchten er und Börne nahezu vergeblich, die Schlafenden zu wecken. Unter ihrem Einfluss entstand zwar das „Junge Deutschland", das jedoch mehr eine Parole denn eine echte Bewegung war und kaum aus einer Handvoll Schreibern bestand. Nur vier von ihnen waren der Polizei bekannt, und auch diese waren nicht in der Lage, *„eine Katze zu töten"*, um es in Heines Worten zu sagen.

2) Die Deutsche Nation, von der Spitze der geistigen Elite bis zum letzten „*Philister"*, wollte eigentlich mit Politik nichts zu tun haben. *„Sie glauben noch an Personen"*, erklärte Heine, *„sie glauben an Autoritäten, an eine hohe Obrigkeit, an die Polizei (...), am meisten aber an Pergament."*[11] In seinen Beiträgen griff er den Absolutismus an, der die Freiheit unterdrückte, aber mehr noch beschimpfte er das Volk, das keine Freiheit wollte. *„Sklaverei der Deutschen. Der Sklave, der dem Herrn gehorcht ohne Fessel, ohne Peitsche, durch das bloße Wort, ja durch einen Blick – die Knechtschaft ist in ihm selbst, in seiner Seele – schlimmer als die materielle Sklaverei die spiritualisierte – Man muß sie von innen befreien, von außen hilft nichts"*[12], schrieb er, in seiner Verspottung des Gehorsams gegenüber der Herrschaft und der unterwürfigen Liebe zu den Tyrannen★, und überhaupt über *„eine brutale Ruhe [die] in ganz Germanien herrschte"*[13]

Heine machte sich über den von den Nationalisten gepflegten Mythos lustig, wonach Napoleon durch den Volksaufstand der Deutschen besiegt worden sei. Er spottete über den Begriff „Völkerschlacht", den man der Schlacht in Leipzig gegeben hatte, und über die Verwendung

---

★ „Ach! wenn ich die ganze deutsche Geschichte durchgehe, bemerke ich, dass die Deutschen für bürgerliche Freiheit wenig Talent besitzen, hingegen die Knechtschaft, sowohl theoretisch als praktisch, immer leicht erlernten und diese Disziplin nicht bloß zu Hause, sondern auch im Auslande mit Erfolg dozierten. Die Deutschen waren immer die ludi magistri der Sklaverei, und wo der blinde Gehorsam in die Leiber oder in die Geister eingeprügelt werden sollte, nahm man einen deutschen Exerziermeister. Auch haben wir die Sklaverei über ganz Europa verbreitet, und als Denkmäler dieser Sündflut sitzen deutsche Fürstengeschlechter auf allen Thronen Europas ..." (Ludwig Börne. Eine Denkschrift, VI, S. 150-151).

des Ausdrucks „Befreiungskrieg", wenn die Schlacht in Waterloo gemeint war. *„Man befahl uns den Patriotismus, und wir wurden Patrioten; denn wir tun alles, was uns unsere Fürsten befehlen."*[14] Schonungslos eröffnete er seinen Lesern die bittere Wahrheit, dass das „befreite" Deutschland weniger Freiheit genoss als das Deutschland unter französischer Besatzung. Napoleon mag zwar ein Tyrann gewesen sein, seine Gewaltherrschaft beabsichtigte die Ideale der Revolution zu fördern; während die Deutschen, die gegen ihn in den Krieg zogen, nicht für die Freiheit kämpften, sondern darum, die eine Gewaltherrschaft durch eine andere zu ersetzen. *„Napoleon"*, schrieb er, *„der große Klassiker, der so klassisch wie Alexander und Cäsar, stürzte zu Boden, und die Herren August Wilhelm und Friedrich Schlegel, die kleinen Romantiker, die ebenso romantisch wie das ‚Däumchen' und der ‚Gestiefelte Kater', erhoben sich als Sieger."*

3) Heines Beziehung zur Romantik, wie zu allen Idealen, denen er im Laufe seines Lebens folgte, war zwiespältig. Obwohl er im Herzen Romantiker gewesen ist, war er von seinem Intellekt her eher Rationalist und Skeptiker. Als träumender Romantiker schloss er sich auch dem Protest gegen den Neoklassizismus an, der das 18. Jahrhundert beherrschte und über den er sagte: *„Es war freilich nur ein künstlicher Frühling, ein Werk des Gärtners und nicht der Sonne."* Wie andere Romantiker suchte auch er Inspiration in der Poesie des Mittelalters, von der, wie die *„Herren Schlegel"* lehrten, *„sprudelt uns entgegen der Trank der Verjüngung".* Bereits viele Jahre vor Wagner lobte Heine das Nibelungenlied, das Epos von den Walküren und Siegfrieds Abenteuern. Er nannte *„Tristan und Isolde"* das *„schönste Lied des Mittelalters";* und über *„Titurel", „Parzival"* und *„Lohengrin"* (*„die drei grandiosesten Gedichte des Mittelalters")* schrieb er: *„Hier stehen wir der romantischen Poesie gleichsam persönlich gegenüber, wir schauen ihr tief hinein in die großen leidenden Augen."* Eine besondere Zuneigung zeigte er gegenüber der Anthologie *Des Knaben Wunderhorn* von Achim von Arnim und Clemens Brentano, und er empfahl: *„Wer das deutsche Volk von einer liebenswürdigen Seite kennenlernen will, der lese diese Volkslieder."*

Was ihn aber daran hinderte, sich der Romantik mit dem ganzen Herzen zu widmen war dasselbe, das ihn auch daran hinderte, längerfristig jeder anderen Doktrin anzuhängen: sein dialektischer Verstand und seine ruhelose Art. *„Ich träume mit aufgemachten Augen"*[15], sagte er einmal. Er war durchaus dazu fähig, die *„Wiedererweckung der Poesie des Mittelalters"*[16] zu loben und beinahe im gleichen Atemzug vor der *„grassierende[n] Vorliebe für das Mittelalter"* zu warnen.

Ein zentraler Gedanke der Romantik war, dass die Nation ein organisches Lebewesen sei, mit einer eigenen Seele. Die Seele der Nation, dachte man, spiegelt sich im kollektiven Gedächtnis wider, bewahrt in den Volksliedern, Märchen und Aphorismen. Die Brüder Grimm, die die mündlich überlieferten Märchen aufzeichneten, waren Sprach- und Literaturwissenschaftler. Obwohl die Brüder durch die Herausgabe ihrer „Kinder- und Hausmärchen" nahezu weltberühmt wurden, waren diese eher Nebenprodukte ihrer wissenschaftlichen Forschungen.

Der in Frankreich bekannteste deutsche Schriftsteller nach Goethe war E.T.A. Hoffmann, den Heine aus den wilden Nächten im Weinkeller von Lutter & Wegener in Berlin kannte. *„Seine Werke"*, schrieb Heine, *„sind nichts anders als ein entsetzlicher Angstschrei in zwanzig Bänden."* Dennoch erschienen ihm Hoffmanns Erzählungen, verglichen mit den Geschichten Achim von Arnims, als Kinderkram. *„Wenn Hoffmann seine Toten beschwört und sie aus den Gräbern hervorsteigen und ihn umtanzen, dann zittert er selber vor Entsetzen und tanzt selbst in ihrer Mitte und schneidet dabei die tollsten Affengrimassen. Wenn aber Arnim seine Toten beschwört, so ist es, als ob ein General Heerschau halte, und er sitzt so ruhig auf seinem hohen Geisterschimmel und läßt die entsetzlichen Scharen vor sich vorbeidefilieren, und sie sehen ängstlich nach ihm hinauf und scheinen sich vor ihm zu fürchten. Er nickt ihnen aber freundlich zu."* „Er war kein Dichter des Lebens, sondern des Todes", schrieb Heine über Achim von Arnim und betonte, wie schwer verdaulich seine Werke seien, *„wäre nicht die Arnimsche Grazie, die über jede dieser Dichtungen verbreitet ist, wie das Lächeln eines Kindes, aber eines toten Kindes."* Arnim gelang es nach Heines Ansicht, *„schöne Leiber"* zu beschreiben, *„wogende Busen"* und *„feingebaute Hüften"*, nur dass all das in *„ein kaltes, feuchtes Leichengewand"* gehüllt war. Auch wenn es ihm manchmal gelang, den Leser zum Lachen zu bringen, *„aber es ist doch, als wenn der Tod uns kitzle mit seiner Sense."*

In ihrer Begierde nach dem Fantastischen und Wundersamen brachten die romantischen Schriftsteller das Genre der Geistergeschichten zu neuen Höhepunkten. In einer Kritik über einige dieser Werke bemerkte Heine: *„Aber alle diese Geschichten illustrieren den Glauben und den Charakter des deutschen Volks."*[17]

So zum Beispiel „Die Geschichte vom braven Kasperl und dem schönen Nannerl" von Clemens Brentano: *„Als das schöne Nannerl noch ein Kind war und mit ihrer Großmutter in die Scharfrichterei ging, um dort, wie das gemeine Volk in Deutschland zu tun pflegt, einige heilsame Arzneien zu kaufen, da bewegte sich plötzlich etwas in dem großen Schranke, vor welchem des schöne Nannerl eben stand, und das Kind rief mit Entsetzen: ‚Eine Maus! eine Maus!' Aber der Scharfrichter erschrak noch weit mehr und wurde ernsthaft wie der Tod und sagte zu der Großmutter: ‚Liebe Frau, in diesem Schranke hängt mein Richtschwert, und das bewegt sich jedesmal von selbst, wenn ihm jemand nahet, der einst damit geköpft werden soll. Mein Schwert lechzt nach dem Blute dieses Kindes. Erlaubt mir, daß ich die Kleine nur ein wenig damit am Hälschen ritze. Das Schwert ist dann zufriedengestellt mit einem Tröpfchen Blut und trägt kein fürderes Verlangen.' Die Großmutter gab jedoch diesem vernünftigen Rate kein Gehör und mochte es späterhin genugsam bereuen, als das schöne Nannerl wirklich geköpft wurde mit demselben Schwerte."*[18]

Das Motiv des Scharfrichterschwertes mit einem eigenem Verstand taucht wieder auf in Heines (posthum veröffentlichten) *Memoiren*, in denen er die Geschichte über seine frühe Liebe zum roten Sefchen erzählt. Es war Sefchen, Kind einer Familie von Scharfrichtern und Hexen, die in ihm die Liebe zur Poesie entfachte, indem sie ihn mit den alten deutschen Volksliedern bekannt machte. Bei einer Gelegenheit zeigte sie ihm das Schwert ihres Großvaters, des Scharfrichters, schwenkte damit kräftig herum, während sie schelmisch eine Zeile aus einem der Lieder sang: *„Willst du küssen das blanke Schwert"* und der junge Heine antwortete: *„Ich will nicht küssen das blanke Schwert — ich will das rote Sefchen küssen!"*[19]

Es kann kaum einen Zweifel darüber geben, dass das rothaarige Sefchen eine reine Erfindung Heines war, eine Allegorie der Verbindung von Eros und Tod, die das Herzstück deutscher Romantik bildete. Sie war der blonden Loreley, die den Tod über ihre Liebhaber brachte, nicht ganz unähnlich.*

Niemand, der mit Heines Schriften und seiner Neigung vertraut ist, den Einzelfall als Analogie für ein größeres Ganzes zu verwenden, wird sich schwer damit tun, seine Beschreibung vom Sefchen als Heines Sichtweise des nationalen deutschen Charakters und des Nationalismus im allgemeinen zu betrachten. *„Durch die Unehrlichkeit ihrer Geburt führte Sefchen von ihrer Kindheit bis ins Jungfrauenalter ein vereinsamtes Leben, und gar auf dem Freihof ihres Großvaters war sie von allem gesellschaftlichen Umgang abgeschieden. Daher ihre Menschenscheu, ihr sensitives Zusammenzucken vor jeder fremden Berührung, ihr geheimnisvolles Hinträumen, verbunden mit dem störrigsten Trutz, mit der patzigsten Halsstarrigkeit und Wildheit."* [20]

Heine kritisierte den deutschen Nationalismus ohne Erbarmen, *„jener beschränkte Teutomanismus, der viel von Liebe und Glaube greinte, dessen Liebe aber nichts anders war als Hass des Fremden und dessen Glaube nur in der Unvernunft bestand und der in seiner Unwissenheit nichts Besseres zu erfinden wußte, als Bücher zu verbrennen!"* [21] Er schlug den Deutschen

---

* Der Dualismus, der in den Gestalten Sefchen und Loreley symbolisiert wird, erinnert an die These von Kitsch und Tod – zwei Elemente, die Saul Friedländer in der Nazi-Ästhetik gefunden hat. Im Wesen jeder Ästhetik, behauptet er, liegen zwei entgegengesetzte Fundamente. Die Anziehung zum Tod bekommt in der Kunst des Dritten Reiches eine ästhetische und fast sogar erotische Komponente. Die Angst ist eine Massenpsychose: Götterdämmerung und Endzeitvisionen auf der einen Seite – und die blonden Mädchen mit Blumenkränzen, vor dem Hintergrund der verschneiten bayrischen Alpen auf der anderen Seite. In seinem Essay „Kitsch und Tod" verweist Friedländer auf die „ständige Identifizierung des Nazismus mit dem Tod. Kein wirklicher Tod mit all seinem tagtäglichen Schrecken und banalen Tragik, sondern der zeremonielle Tod, der stilvoll und ästhetisch ist". Unter den Beispielen, die er bringt, ist der Film von Rainer Werner Fassbinder, „Lili Marleen", in dem der Produzent die Judenvernichtung auf das geheimnisvolle Herumreichen von Fotos von Hand zu Hand reduziert, die für einen Augenblick ihr Versteck zwischen den Brüsten der schönen Willi finden. Angesichts dieser Bilder fällt es schwer, keine direkte Linie zu ziehen, die von Sefchen und der Loreley zu Lili Marleen führt, diesem banalen Lied von Liebe und Sehnsucht, dem die Soldaten auf beiden Seiten der Front, unter Salven von Granaten und dem Donner der Kanonen zuhörten.

vor, sich ein Beispiel am französischen Patriotismus zu nehmen, denn *„der Patriotismus des Franzosen besteht darin, daß sein Herz erwärmt wird, durch diese Wärme sich ausdehnt, sich erweitert, daß es nicht mehr bloß die nächsten Angehörigen, sondern ganz Frankreich, das ganze Land der Zivilisation, mit seiner Liebe umfaßt; der Patriotismus des Deutschen hingegen besteht darin, daß sein Herz enger wird, daß es sich zusammenzieht wie Leder in der Kälte, daß er das Fremdländische haßt, daß er nicht mehr Weltbürger, nicht mehr Europäer, sondern nur ein enger Deutscher sein will."*[22]

Hier sollte erwähnt werden, dass Heine trotz all seiner Kritik an den Deutschen keine kollektive Beschuldigung aussprach. Für ihn waren sie in zwei Lager gespalten, und er vergaß nie, der *„bessern und schönern Hälfte des deutschen Volks"* Anerkennung zu zollen. Doch leider war *„es doch eben diejenige Hälfte, die keine Waffen trägt"*[23]

Diese Hälfte, die nach den Werten der westlichen Zivilisation strebte und sich die Einbindung Deutschlands in die Familie der aufgeklärten Völker wünschte, hatte sich noch nicht sehr standfest im nationalen Bewusstsein etabliert. Ihr gegenüber standen überlegene Kräfte, die die Fahne des christlich-deutschen Staates hochhielten und ihre Inspiration aus der Romantik und deren Beziehung zum Mittelalter schöpften. Heine zufolge hatten zwar auch die französischen Romantiker die Grabkammern des Mittelalters geöffnet, aber sie hatten es lediglich getan aus Neugier, Interesse an der Kunst und um Lust und Freude zu schaffen. *„Die meisten"*, wie er schrieb, *„schauten in die Gräber der Vergangenheit nur in der Absicht, um sich ein interessantes Kostüm für den Karneval auszusuchen."* Jedoch *„das deutsche Mittelalter liegt nicht vermodert im Grabe, es wird vielmehr manchmal von einem bösen Gespenste belebt und tritt am hellen, lichten Tage in unsere Mitte und saugt uns das rote Leben aus der Brust ..."*[24]

„Wie hellfarbig und besonders wie reinlich sind sie in Vergleichung mit unserer grauen und sehr oft unflätigen Geisterkanaille"[25], versicherte Heine seinen französischen Lesern. Die teutonischen Dämonen waren nach seinen Worten grässlich, grausig und gemein. Über die deutschen Volkssagen sagte er weiter: *„Mißgeburten, die aus Blut und Nebel bestehen und uns so grau und grausam angrinsen. (...) Indessen, wie die Deutschen nun einmal sind, sie suchen oft im Granen selbst ihren besten Spaß."*

Jedenfalls bemerkt er an anderer Stelle: „*Ihr Franzosen solltet doch endlich einsehen, daß das Grauenhafte nicht euer Fach und daß Frankreich kein geeigneter Boden für Gespenster jener Art.*" „*Wie könnte ein Franzose ein Gespenst sein, oder gar, wie könnten in Paris Gespenster existieren! In Paris, im Foyer der europäischen Gesellschaft! Zwischen zwölf und ein Uhr, der Stunde, die nun einmal von jeher den Gespenstern zum Spuken angewiesen ist, rauscht noch das lebendigste Leben in den Gassen von Paris, in der Oper klingt eben dann das brausendste Finale, aus den Variétés und dem Gymnase strömen die heitersten Gruppen, und das wimmelt und tänzelt und lacht und schäkert auf den Boulevards, und man geht in die Soiree. Wie müßte sich ein armes spukendes Gespenst unglücklich fühlen in dieser heiteren Menschenbewegung! Und wie könnte ein Franzose, selbst wenn er tot ist, den zum Spuken nötigen Ernst beibehalten, wenn ihn von allen Seiten die bunteste Volkslust umjauchzt! Ich selbst, obgleich ein Deutscher, im Fall ich tot wäre und hier in Paris des Nachts spuken sollte, ich könnte meine Gespensterwürde gewiß nicht behaupten, wenn mir etwa an einer Straßenecke irgendeine jener Göttinnen des Leichtsinns entgegenrennte, die einem dann so köstlich ins Gesicht zu lachen wissen. Gäbe es wirklich in Paris Gespenster, so bin ich überzeugt, gesellig wie die Franzosen sind, sie würden sich sogar als Gespenster einander anschließen, sie würden bald Gespensterreunions bilden, sie würden ein Totenkaffeehaus stiften, eine Totenzeitung herausgeben, eine Pariser Totenrevue, und es gäbe bald Totensoirees, où l'on fera de la musique. Ich bin überzeugt, die Gespenster würden sich hier in Paris weit mehr amüsieren als bei uns die Lebenden. (…) O ihr armen französischen Schriftsteller (…) Laßt ab vom Schauerlichen und Gespenstischen. Laßt uns Deutschen alle Schrecknisse des Wahnsinns, des Fiebertraums und der Geisterwelt. Deutschland ist ein gedeihlicheres Land für alte Hexen, tote Bärenhäuter, Golems jedes Geschlechts (…) Nur jenseits des Rheins können solche Gespenster gedeihen; nimmermehr in Frankreich. Als ich hierher reiste, begleiteten mich meine Gespenster bis an die französische Grenze. Da nahmen sie betrübt von mir Abschied. Denn der Anblick der dreifarbigen Fahne verscheucht die Gespenster jeder Art.*"[26]

Heine war ein fleißiger Schüler des deutschen Volksguts, welchem er Poesie, Essays und sogar Ballettszenen widmete. „*Ein junger dänischer Dichter*", erzählte er, „*Herr Andersen, den ich das Vergnügen hatte diesen*

Sommer hier in Paris zu sehen, hat mir ganz bestimmt versichert, die Nissen, wie man in Dänemark die Kobolde nennt, äßen am liebsten ‚Brei' mit Butter."[27] Jener *„dänische Dichter"* war kein anderer als Hans Christian Andersen, der im Juli 1833 Paris besuchte und einige Zeit in Heines Gesellschaft verbrachte, in welcher die beiden Männer Informationen über Dämonen und Geister austauschen. Einige Ideen Heines fanden ihren Weg in Andersens Märchen.[28] Überhaupt führten ihn seine Forschungen auf diesem Gebiet zu einer ganzen Reihe faszinierender Schlussfolgerungen, wovon eine war, dass die Flucht der Romantiker aus der Gegenwart in die Vergangenheit nicht ins Zeitalter der Unschuld, in die Morgendämmerung des Christentums zurückführte. Stattdessen verberge sich unter der dünnen, zerbrechlichen Schale mittelalterlichen Christentums, so behauptete er, die Anbetung der Natur, uralter primitiver und heidnischer Pantheismus.

Das Christentum hat den Pantheismus nicht besiegt, sondern lediglich in den Untergrund gezwungen. Wer in den Eichenwäldern Westfalens wandelte, könnte noch die Stimmen der Vorzeit hören. So geschah es ihm zumindest selbst, wie er in seinem Essay *Elementargeister* erzählt. Als er an der alten Siegburg vorüber kam, teilte ihm sein Führer mit einem Seufzer mit, dass hier einst König Wittekind gelebt habe. Wittekind, Herzog von Sachsen, war der letzte Heide, der zur christlichen Taufe gezwungen wurde, nachdem er 785 von Karl dem Großen besiegt worden war. Heines Wegweiser *„war ein schlichter Holzhauer, und er trug ein großes Beil. Ich bin überzeugt, dieser Mann, wenn es drauf ankömmt, schlägt sich noch heute für König Wittekind; und wehe dem Schädel, worauf sein Beil fällt!"*[29]

Demnach hatte das Christentum die alte germanische Naturreligion nicht vollständig beseitigt, genauso wenig wie es den klassischen Pantheismus aus der Welt schaffen konnte. Alles was hatte erreicht werden können war, die Götter, die freundlichen Gestalten der griechischen Mythologie, in böse Geister und Dämonen zu verwandeln. Wie Tannhäuser sagt: *„Oh, Venus, schöne Fraue mein / Ihr seid eine Teufelinne!"*[30] Der Ballade vom *Tannhäuser* liegt der Glaube zu Grunde, dass Venus, die Göttin der Liebe, in ein teuflisches Wesen verwandelt worden war, die ihren Charme dazu einsetzte, Männer zu verführen, um deren Strafe in der Hölle sicher zu stellen. *„So daß [als Resultat des christlichen Triumphs] die alten Götter als lauter häßliche Teufel und ihre keuschen Priesterinnen als lauter ruchlose Hexen betrachtet wurden."* Zehntausende harmloser alter Frauen wurden auf den Scheiterhaufen verbrannt, weil sie nicht beweisen konnten, dass sie keine Hexen waren. *„Diese Beweisführung bestand"*, so Heine, *„meistens darin: Man band ihnen Hände und Füße zusammen und warf sie ins Wasser. Gingen sie unter und ersoffen, so waren sie unschuldig, blieben sie aber schwimmend über dem Wasser, so erkannte man sie für schuldig, und sie wurden verbrannt. Das war die Logik jener Zeit".*

Der Glaube an die bösen Kräfte des Satans war nicht nur bei den ungebildeten Massen verbreitet. Selbst Martin Luther, der die Deutschen vom Aberglauben der Katholischen Kirche befreit hatte, konnte sich selbst nicht vom Volksglauben, dem Erbe seiner Vorfahren, lösen, und seine *„Tischreden"*, so Heine, *„sind voll kurioser Geschichtchen von Satanskünsten, Kobolden und Hexen"*. Seit Luther plagte die Deutschen ein Geist, der es ihnen unmöglich machte, zwischen Theologie und Dämonologie zu unterscheiden, so dass es nicht weiter überraschte, dass *„Faust"* das populärste Werk Goethes wurde. Dieses Drama, dessen Held von Heine als *„Erzzauberer"* bezeichnet wurde, welcher ein *„Bündnis mit dem Teufel schloß"*[31], wurde *„die weltliche Bibel der Deutschen"*.

Die Sehnsucht der deutschen Romantiker nach dem Mittelalter war somit Sehnsucht nach dem Barbarischen. Sie offenbarte und erweckte vielleicht sogar die Zurückgezogenheit, die Aggressivität und das kriegerische Vermächtnis der teutonischen Urväter. Sie förderte ungeschminkten Nationalismus, Geringschätzung von Menschenleben, Fremdenhass und Verachtung westlicher Zivilisation. Heine beschuldigte die Romantiker, sie gefährdeten *„die Freiheit und das Glück meines Vaterlandes."*

4) Den erwähnten Faktoren (Trennung zwischen Politik und Kultur, nationaler Gehorsam und Wiederbelebung der kriegerischen teutonischen Tradition) fügt Heine noch eine vierte Komponente hinzu: die deutsche Philosophie.

Im Gegensatz zum französischen Materialismus und englischen Empirismus war die deutsche Philosophie bekannt für ihre reine Vernunft, ihren Idealismus sowie ihre ausgeklügelte Spiritualität. Heine begann nun, ihr die Maske vom Gesicht zu reißen und ihr gefährliches revolutionäres Potenzial aufzudecken. Warum, fragt er einige Male, wagten nur wenige deutsche Gelehrte in einem *„klaren und anziehenden Stile"* zu schreiben? Warum schrieben sie *„ein verworrenes, trockenes Deutsch, welches nach Talglichtern und Tabak roch?"*[32]

„Ich glaube", schrieb Heine, *„es ist nicht Talentlosigkeit, was die meisten deutschen Gelehrten davon abhält, über Religion und Philosophie sich populär auszusprechen. Ich glaube, es ist Scheu vor den Resultaten ihres eigenen Denkens, die sie nicht wagen, dem Volke mitzuteilen."*[33] Nach Heines Ansicht wurde das Geheimnis des Deutschtums erstmals durch die *„Kritik der reinen Vernunft"* (1781) enthüllt, in der Immanuel Kant die Unmöglichkeit bewies, die Existenz Gottes zu beweisen. *„Dieses Buch ist das Schwert, womit der Deismus hingerichtet worden in Deutschland"*, erklärte Heine und betrachtete dies als ein Ereignis von nicht weniger zentraler Bedeutung als die des Sturms auf die Bastille (1789). Weil die politische Revolution in Frankreich die feudalistische Ordnung der alten Zeit zerstörte, während die philosophische Revolution in Deutschland das Fundament der Religion im neuen Zeitalter erschütterte. Kant, schrieb Heine, ist der Robespierre des Denkens, ja sogar gefährlicher noch: der eine tötete einen König, doch der andere tötete Gott. *„Der Oberherr der Welt schwimmt unbewiesen in seinem Blute, es gibt jetzt keine Allbarmherzigkeit mehr, keine Vatergüte, keine jenseitige Belohnung für diesseitige Enthaltsamkeit, die Unsterblichkeit der Seele liegt in den letzten Zügen"*.

Obwohl die Idee „Gott ist tot" mit dem Namen Nietzsches verbunden wird („Die fröhliche Wissenschaft", 1882), tauchte diese Idee, wie auch andere Ideen Nietzsches, schon vorher in den Schriften Heines auf. So beschrieb er fünfzig Jahre vor Nietzsche den Tod Gottes durch die Hand Immanuel Kants: *„Ein eigentümliches Grauen, eine geheimnisvolle Pietät erlaubt uns heute nicht, weiterzuschreiben. Unsere Brust ist voll von entsetzlichem Mitleid – es ist der alte Jehova selber, der sich zum Tode bereitet. Wir haben ihn so gut gekannt, von seiner Wiege an, in Ägypten, als er unter göttlichen Kälbern, Krokodilen, heiligen Zwiebeln, Ibissen und Katzen erzogen wurde – Wir haben ihn gesehen, wie er diesen Gespielen seiner Kind-*

heit und den Obelisken und Sphinxen seines heimatlichen Niltals ade sagte und in Palästina, bei einem armen Hirtenvölkchen, ein kleiner Gottkönig wurde und in einem eigenen Tempelpalast wohnte. – Wir sahen ihn späterhin, wie er mit der assyrisch-babylonischen Zivilisation in Berührung kam und seine allzu menschlichen Leidenschaften ablegte, nicht mehr lauter Zorn und Rache spie, wenigstens nicht mehr wegen jeder Lumperei gleich donnerte – Wir sahen ihn auswandern nach Rom, der Hauptstadt, wo er aller Nationalvorurteile entsagte und die himmlische Gleichheit aller Völker proklamierte und mit solchen schönen Phrasen gegen den alten Jupiter Opposition bildete und so lange intrigierte, bis er zur Herrschaft gelangte und vom Kapitole herab die Stadt und die Welt, urbem et orbem, regierte – Wir sahen, wie er sich noch mehr vergeistigte, wie er sanftselig wimmerte, wie er ein liebevoller Vater wurde, ein allgemeiner Menschenfreund, ein Weltbeglücker, ein Philanthrop – es konnte ihm alles nichts helfen – Hört ihr das Glöckchen klingeln? Kniet nieder – Man bringt die Sakramente einem sterbenden Gotte."[34]

Infolge der „Kritik der reinen Vernunft" entstand eine ganze Schule von Kantianern und Neokantianern. Einer ihrer Vertreter war Johann Gottlieb Fichte, der wegen Atheismus von seinem Posten an der Universität von Jena entlassen wurde. Er entwickelte eine idealistische Philosophie, in der die Moral eher auf persönlichem Gewissen beruht als auf dem Gehorsam zur Obrigkeit. Was aber die Intellektuellen in Deutschland erregte, war die pantheistische Kontroverse und die daraus resultierende Rehabilitation Spinozas. Die größten Philosophen und Dichter, an der Spitze Herder und Goethe, adaptierten nun die Anschauung, dass Gott nicht, wie die Deisten sagten, Schöpfer der Welt, sondern vielmehr die Welt an sich sei, wie die Pantheisten ihn sahen. Spinoza wurde zum Helden der Romantiker. Novalis, der der romantischen Schule ihr Symbol, die blaue Blume, gab, sagte über den als Atheist verdammten Philosophen, er sei „berauscht von Gott". Hegel, der wichtigste Philosoph des frühen 19. Jahrhunderts, erklärte, wer philosophieren wolle, müsse zuerst Spinozist sein. Und als Heine die neue Revolution abschließend zusammenfassen wollte, schrieb er den wunderbaren Satz: „*Alle unsere heutigen Philosophen, vielleicht oft ohne es zu wissen, sehen [die Welt] durch die Brillen, die Baruch Spinoza geschliffen hat.*"[35]

„Bei der Lektüre des Spinoza", schrieb Heine, *„ergreift uns ein Gefühl wie beim Anblick der großen Natur in ihrer lebendigsten Ruhe. Ein Wald von himmelhohen Gedanken, deren blühende Wipfel in wogender Bewegung sind, während die unerschütterlichen Baumstämme in der ewigen Erde wurzeln. Es ist ein gewisser Hauch in den Schriften des Spinoza, der unerklärlich. Man wird angeweht wie von den Lüften der Zukunft. Der Geist der hebräischen Propheten ruhte vielleicht noch auf ihrem späten Enkel."*[36]

Aber Heine – wie es seine Natur war – sah auch die andere, die gefährliche Seite der pantheistischen Medaille. Was für Spinoza ein abstraktes, metaphysisches Prinzip gewesen war, wurde von den Romantikern auf die Praxis bezogen, indem sie damit begannen, Gott in Pflanzen, Tieren und jedoch *„am herrlichsten (…) in dem Menschen"* manifestiert zu sehen. *„Novalis"*, schrieb Heine, *„belauschte das Gespräch der Pflanzen, er wußte das Geheimnis jeder jungen Rose, er identifizierte sich endlich mit der ganzen Natur, und als es Herbst wurde und die Blätter abfielen, da starb er."*[37]

Heine vertrat die Ansicht: *„(…) Deutschland ist der gedeihlichste Boden des Pantheismus; dieser ist die Religion unserer größten Denker, unserer besten Künstler, und der Deismus, wie ich späterhin erzählen werde, ist dort längst in der Theorie gestürzt. (…) Der Pantheismus ist die verborgene Religion Deutschlands."*[38] Von hier an sah man den Pantheismus nicht mehr im Sinne der anmutigen Theorie Spinozas, sondern verband ihn mit dem rohen teutonischen Glauben. Tatsächlich beschrieb Heine die deutsche Philosophie gar als tickende Bombe: *„In der Tat, unsere ersten Romantiker handelten aus einem pantheistischen Instinkt, den sie selbst nicht begriffen. Das Gefühl, das sie für Heimweh nach der katholischen Mutterkirche hielten, war tieferen Ursprungs, als sie selbst ahnten, und ihre Verehrung und Vorliebe für die Überlieferungen des Mittelalters, für dessen Volksglauben, Teufeltum, Zauberwesen, Hexerei… alles das war eine bei ihnen plötzlich erwachte, aber unbegriffene Zurückneigung nach dem Pantheismus der alten Germanen…"*

Dies war die Stunde, in der sich Joseph Schelling einen Namen machte, indem er *„jene große Naturphilosophie [restaurierte], […], aus der alten, pantheistischen Religion der Deutschen heimlich emporkeimend …"*

Die Lehre, die Heine den Franzosen erteilen wollte, war, die Macht der Gedanken nicht zu unterschätzen. *„Die deutsche Revolution",* schrieb er, *„wird darum nicht milder und sanfter ausfallen, weil ihr die Kantsche Kritik, der Fichtesche Transzendentalidealismus und gar die Naturphilosophie vorausging."* Im Gegenteil: *„Durch diese Doktrinen haben sich revolutionäre Kräfte entwickelt, die nur des Tages harren, wo sie hervorbrechen und die Welt mit Entsetzen und Bewunderung erfüllen können. Es werden Kantianer zum Vorschein kommen, die auch in der Erscheinungswelt von keiner Pietät etwas wissen wollen und erbarmungslos, mit Schwert und Beil, den Boden unseres europäischen Lebens durchwühlen, um auch die letzten Wurzeln der Vergangenheit auszurotten. Es werden bewaffnete Fichteaner auf den Schauplatz treten, die in ihrem Willensfanatismus weder durch Furcht noch durch Eigennutz zu bändigen sind; denn sie leben im Geist, sie trotzen der Materie, gleich den ersten Christen (…) so wird der Naturphilosoph dadurch furchtbar sein, daß er mit den ursprünglichen Gewalten der Natur in Verbindung tritt, daß er die dämonischen Kräfte des altgermanischen Pantheismus beschwören kann und daß in ihm jene Kampflust erwacht, die wir bei den alten Deutschen finden und die nicht kämpft, um zu zerstören noch um zu siegen, sondern bloß, um zu kämpfen."* Das ist die harte Voraussage, die Apokalypse nach Heine, über das Ende des Christentums und das Aufwachen der deutschen Götzendienerei:

„Das Christentum — und das ist sein schönstes Verdienst — hat jene brutale germanische Kampflust einigermaßen besänftigt, konnte sie jedoch nicht zerstören, und wenn einst der zähmende Talisman, das Kreuz, zerbricht, dann rasselt wieder empor die Wildheit der alten Kämpfer, die unsinnige Berserkerwut, wovon die nordischen Dichter soviel singen und sagen. Jener Talisman ist morsch, und kommen wird der Tag, wo er kläglich zusammenbricht. Die alten steinernen Götter erheben sich dann aus dem verschollenen Schutt und reiben sich den tausendjährigen Staub aus den Augen, und Thor mit dem Riesenhammer springt endlich empor und zerschlägt die gotischen Dome."*

„Lächelt nicht über meinen Rat" warnte Heine seine französischen Leser, *„den Rat eines Träumers, der euch vor Kantianern, Fichteanern und Naturphilosophen warnt. Lächelt nicht über den Phantasten, der im Reiche der Erscheinungen dieselbe Revolution erwartet, die im Gebiete des Geistes stattgefunden. Der Gedanke geht der Tat voraus, wie der Blitz dem Donner. Der deutsche Donner ist freilich auch ein Deutscher und ist nicht sehr gelenkig*

und kommt etwas langsam herangerollt; aber kommen wird er, und wenn ihr es einst krachen hört, wie es noch niemals in der Weltgeschichte gekracht hat, so wißt: der deutsche Donner hat endlich sein Ziel erreicht. Bei diesem Geräusche werden die Adler aus der Luft tot niederfallen, und die Löwen in der fernsten Wüste Afrikas werden die Schwänze einkneifen und sich in ihren königlichen Höhlen verkriechen. Es wird ein Stück aufgeführt werden in Deutschland, wogegen die französische Revolution nur wie eine harmlose Idylle erscheinen möchte. (…)

Und die Stunde wird kommen. Wie auf den Stufen eines Amphitheaters werden die Völker sich um Deutschland herumgruppieren, um die großen Kampfspiele zu betrachten. Ich rate euch, ihr Franzosen, verhaltet euch alsdann sehr stille, und beileibe! hütet euch zu applaudieren. (…) Ihr wißt ja selber, was man in einem solchen Zustande vermag, und Ihr seid nicht mehr in einem solchen Zustande – nehmt Euch in Acht! Ich meine es gut mit Euch, und deshalb sage ich euch die bittere Wahrheit. Ihr habt von dem befreiten Deutschland mehr zu befürchten als von der ganzen Heiligen Allianz mitsamt allen Kroaten und Kosaken."

---

* Im Jahre 1933, hundert Jahre nach diesen Worten, saß Hitler im Beisein von Goebbels, seinem Propagandaminister, Julius Streicher, dem Herausgeber des Stürmer, und noch einigen hohe Nazis mit ihren Ehefrauen beisammen. Sie tranken Tee und aßen Kuchen, und sprachen unter anderem über Fälle des Widerstandes zum Naziregime seitens der Bayerischen Kirche. Hitler sprach mit Verachtung über „diese liberalen Priester, die keinen Glauben haben, sondern nur ein Amt", und betonte seine Überzeugung, dass man leicht „deren Kreuz umtauschen wird mit unserem Hakenkreuz. Anstelle des Blutkultes ihres Erlösers, wird das reine Blut unseres Volkes zu ihrem Kult. Und dann, Streicher, werden sich die Kirchen wieder füllen…" Hermann Rauschning, ein Nazi-Parteiführer aus Danzig, der bei diesem Treffen anwesend war, bemerkte, dass die Unterhaltung gespickt war mit Beschimpfungen und banalen Reden, und nur einmal, als Hitler von den deutschen Bauern sprach, erhitzte sich die Unterhaltung und wurde interessant. „Er behauptete, dass im Geheimen, unter der christlichen Schale, bei ihnen die echte Götzendienerei latent vorhanden ist, und sie sich von Zeit zu Zeit den Durchbruch verschafft…wir", sagte Hitler, „werden die christliche Lackschicht ausradieren, und werden zu unserem echten Glauben gelangen…mit Hilfe der Bauern werden wir das Christentum tatsächlich vernichten können…" (Rauschning, Hitler's Speaks, London 1939, S. 58, 62, 63)

„*De L'Allemagne*" wurde in Paris schlagartig zum Tagesgespräch. Die Zeitungen veröffentlichten begeisterte Reaktionen. Künstler wurden entsandt, um Porträts des Autoren nach Hause zu bringen. Die „Revue des Deux Mondes", die erst vor kurzem eine französische Übersetzung der *Harzreise* gebracht hatte, bat um ein Interview. Ihr Berichterstatter Philarète Chasles bombardierte Heine mit Fragen, bis es der Autor nicht mehr ertragen konnte „*Nur nicht so stürmisch! Man setzt doch niemandem die Ruhmespistole auf die Brust.*"[39]

Noch während er sich in diesem Ruhme sonnte, wurde er von einem fürchterlichen Schlag getroffen: Deutschland erklärte das Verbot seiner Bücher. Am 10. Dezember 1835 erteilte die Bundesversammlung des Deutschen Bundes ein Verbot der „Werke der literarischen Schule, die als ‚Junges Deutschland' oder die ‚Junge Literatur' bekannt ist, zu denen ganz besonders Heinrich Heine, Karl Gutzkow, Heinrich Laube, Ludolf Wienbarg und Theodor Mundt gehören."[40]

Das „Junge Deutschland" war nicht wirklich eine literarische Schule und Heine gehörte keinesfalls dazu. Sein Name war der Liste auf besonderen Wunsch Metternichs hinzugefügt worden. Die anderen vier betroffenen Schriftsteller waren allesamt junge Männer, die nach der Julirevolution angefangen hatten, Demokratie, religiöse Toleranz und Frauenrechte zu predigen. Heine hatte ihnen in seinem Buch *Die Romantische Schule* Beifall ausgesprochen, weil sie „*keinen Unterschied machen wollen zwischen Leben und Schreiben, die nimmermehr die Politik trennen von Wissenschaft, Kunst und Religion und die zu gleicher Zeit Künstler, Tribune und Apostel sind.*"[41]

Der Begriff „Junges Deutschland" erschien zum ersten Mal im Roman „Das junge Europa" (1833) von Heinrich Laube, in dem dieser die Unzufriedenheit der jungen Generation über die bestehende politische Situation zum Ausdruck brachte. Das Buch brachte ihm neun Monate im Gefängnis ein, auf die noch einmal 18 Monate Hausarrest folgten. Der Begriff an sich wurde durch Ludolf Wienbarg bekannt, der die Sammlung seiner Vorträge über Ästhetik (Hoffmann & Campe 1834) dem „Jungen, nicht dem alten Deutschland" gewidmet hatte, und Heines Prosa als Model aktivistischer und militanter Schreibweise hervorhob. Die Reaktion darauf war die Kündigung seiner Stelle als Dozent an der Universität von Kiel. Theodor Mundt, dessen Roman „Madonna" die Rechte der Frau eingefordert hatte, war von der Universität Berlin als Dozent für Literaturgeschichte eingestellt worden, jedoch am Tag, als er dort eintraf, um seinen ersten Vortrag zu halten, wurde ihm die Tür vor der Nase zugeschlagen. Es dauerte sieben Jahre, bis er seine Stellung wieder aufnehmen durfte.

Karl Gutzkow, Sohn eines Pferdepflegers in den Stallungen des Königs, war die Hauptfigur in der Gruppe, vielleicht der Begabteste von allen. Obwohl er die „unvermeidliche Politisierung unserer Literatur" predigte, war es nicht diese Provokation der Machthaber, die den Brand entfachte. Stattdessen war es ein Roman, den er geschrieben hatte.

In diesem Buch mit dem Titel „Wally, die Zweiflerin" (herausgegeben von Hoffmann & Campe 1835) gibt es eine erotische Szene, in der sich die Heldin Wally vor einem ihrer Freunde just an dem Tag entblößt, an dem sie einen anderen heiraten soll. Alles in allem war es kaum ein empfehlenswertes Buch, nicht einmal in den Augen der Mitglieder des „Jungen Deutschland". Mundt nannte es eine plumpe und seichte Imitation Heines. Ein gewisser Polizeiagent berichtete schadenfroh, das Buch sei ganz besonders erfolgreich bei Lesern über Achtzig. Nichtsdestotrotz bot es den Behörden, die nur einen Beweis dafür gesucht hatten, dass die Literatur des Jungen Deutschland unzüchtig und gotteslästerlich war, eine hervorragende Gelegenheit.[42]

Die Behörden wurden unterstützt von Wolfgang Menzel, dem Herausgeber des Stuttgarter „Literaturblatt". In den Tagen der Julirevolution war er pro Frankreich, vertrat liberale Ansichten, setzte sich für die Rechte der Juden ein und unterhielt gute Beziehungen mit Heine (*„Damals war er gefährlich, damals, ich gestehe es, zitterte ich vor Wolfgang Menzeln!"*).[43] Einige Zeit später durchlief er denselben Transformationsprozess wie viele Liberale vor ihm: Er änderte seine Ansichten, verriet seine ehemaligen Kollegen, und aus seiner neuen patriotischen Position heraus denunzierte er sie sogar. Heine schrieb, dass er in seinem Blatt *„täglich ein halb Dutzend Franzosen abschlachtete und mit Haut und Haar auffraß; wenn er seine sechs Franzosen verzehrt hatte, pflegte er manchmal noch obendrein einen Juden zu fressen, um im Munde einen guten Geschmack zu behalten."*[44]

Im Herbst 1835 startete Menzel mit einer Serie von Artikeln, in denen er die Schriftsteller des „Jungen Deutschland" der Verbreitung schädlicher Ideen sowie der Entfachung eines moralischen Aufstands und einer politischen Revolution beschuldigte. Und obgleich kein einziger Jude unter ihnen war, behauptete er: „Was das Junge Deutschland genannt wird, sollte besser das Junge Palästina genannt werden."[45]

Heine war sich nicht sogleich der Gefahr bewusst, die ihm selbst durch diesen Artikel Menzels drohte, gehörte er doch dieser Gruppe gar nicht an. Erst als das Verbot des Bundestages veröffentlicht wurde, stellte er erstaunt fest, dass er nicht nur dieser Gruppe zugezählt, sondern auch noch als „Dirigent des Chors, der das Junge Deutschland genannt wird" gekrönt worden war. Erst jetzt spürte er die Macht des Schlages, insbesondere weil das Verbot nicht nur seine bereits erschienenen Werke betraf, sondern auch alles, was er in Zukunft noch schreiben sollte. „*…mein Gehirn wurde konfisziert*", schrieb er, „*und meinem armen unschuldigen Magen sollten durch dieses Interdikt alle Lebensmittel abgeschnitten werden.*"[46]

Das Dekret der Bundesversammlung betraf nicht nur die Autoren selbst, sondern auch Verleger, Drucker und sogar Buchhändler. Diejenigen, die gegen das Gesetz verstießen, riskierten den Entzug ihrer Betriebslizenz. Campe, der nicht nur Heine, sondern auch Börne und andere Schriftsteller des „Jungen Deutschland" publizierte, hatte eine Vorladung ins Polizeihauptquartier in Hamburg erhalten, um sich eine spezielle Verwarnung abzuholen. Aber er war nicht der Mann, der sich vor einem Fetzen Papier fürchtete. Deutschland, das in mehr als drei Dutzend Staaten gespalten war, konnte diese Verbote nur schwer und äußerst unwirksam durchführen, und der trickreiche Campe fuhr fort jede Bresche zu nutzen, die sich ihm bot, um seine verbotenen Bücher zu verbreiten, nur dass es diesmal schwieriger war, da die Drucker zum Beispiel Angst hatten, irgendetwas anzufassen, das aus der Feder von Heine stammte. Am 28. Januar 1836 schrieb Heine einen offenen Brief an die Bundesversammlung, in dem er sich darüber beschwerte, dass er in Abwesenheit verurteilt worden sei, und bat um eine Gelegenheit sich zu verteidigen und zu beweisen, dass er politisch gemäßigt sei und gar royalistische Grundsätze habe.

Er schrieb an Campe, dass die Versammlung beim Lesen seines Briefs in Tränen zerfließen werde, aber weder dieser Brief noch ein ähnlicher an Metternich wurde beantwortet.[47] Im Gegenteil, Preußen begnügte sich nicht mit dem einfachen Verbot, sondern schickte sogar einen Sonderbeauftragten nach Paris, der der dortigen Presse damit drohte, ihre Vertriebsrechte in Deutschland zu verlieren, sobald sie irgendetwas von Heines abdrucken würde. Das Verbot des „Jungen Deutschland" dauerte bis 1842, und selbst dann wurde es nur aufgehoben, nachdem die Schriftsteller Treue geschworen hatten, und auch nur für die in Deutschland ansässigen Autoren – was ein ausdrücklich gegen Heine gerichteter Schritt war. In diesem Jahr beschloss Preußen, alle Bücher des Verlages Hoffmann & Campe zu verbieten. Heine reagierte darauf mit Zorn. *„Ich rathe zu einem offenen Krieg mit Preußen auf Tod und Leben"*, schrieb er an seinem Verleger, *„In der Güte ist hier nichts zu erlangen. Ich habe, wie Sie wissen, die Mäßigung bis zum bedenklichsten Grad getrieben ..."*[48]

Aber nach einiger Zeit hob Preußen den Boykott des Verlags auf, ließ aber den Heines bestehen. Mit großen Schwierigkeiten gelang es Campe, die erste Auflage der *Neuen Gedichte* zu drucken, in die er auch eine gemäßigte Fassung von *Deutschland – ein Wintermärchen* aufnahm. Jetzt begann eine neue Stufe in der Verfolgung Heines. Im September 1844 veröffentlichte die preußische Regierung einen Haftbefehl gegen Heine, Karl Marx und noch einige radikale Autoren, die im Exil in Paris saßen. Im Dezember erhielten alle deutsche Grenzstationen Haftbefehle, diesmal nur auf den Namen Heine, und diese wurden erneuert, wie er schrieb, *„jedes Jahr, um die heilige Weihnachtzeit, wenn an den Christbäumen die gemütlichen Lämpchen funkeln..."*[49]

Deutschland hat Heine seine Prophezeiungen nicht verziehen, obwohl es sie mit einer erschreckenden Genauigkeit verwirklicht hat. Dreimal überfiel es Frankreich: Zum ersten Mal, im Krieg 1870, waren die Franzosen überrascht zu entdecken, dass ihre Nachbarn, die Frau de Staël als Vorbild der Tugend und Unschuld gelobt hatte, wie wilde Tiere wüteten. Im Jahre 1914 überfielen die Deutschland Frankreich wieder, und obwohl sie bei der Schlacht an der Marne gebremst wurden, befanden sich die Schlachtfelder der Westfront während der ganzen vier Jahre des Ersten Weltkrieges auf französischem Boden. Der Anfang dieses Krieges zeichnete sich aus durch eine Freude am Töten, die beide Seiten betraf. Einer, der im Krieg gefallen war, der deutsche Schriftsteller Hermann Löns, konnte noch schreiben, dass Zivilisation und Kultur nur eine dünne Schale sind, hinter der die Natur sich versteckt und auf eine Gelegenheit wartet auszubrechen.[50] Im Juni 1940 sah die Welt erneut und mit Schrecken Frankreich unter den Stiefeln Deutschlands zusammenbrechen. Am Tag der Kapitulation, am 22. Juni, zitierte der „New Statesman and Nation" die Abschlusssätze aus „Religion und Philosophie in Deutschland". In diesen Tagen, während ohne Unterlass deutsche Bomben auf britische Städte hagelten, offerierte die Londoner Zeitung die Passage über die *„Adler, die aus der Luft tot niederfallen"* und erklärte ihren Lesern, dass diese Sätze in Deutschland zensiert worden und ihrem Verfasser bedingungsloses Schreibverbot auferlegt worden war.[51]

Obwohl in Heines Essay *Zur Geschichte der Religion und Philosophie in Deutschland* kein Bezug zwischen der zukünftigen Deutschen Revolution und den Juden zu finden ist, beschäftigte ihn deren Schicksal seit frühester Jugend. Bereits 1823 hatte er prophezeit, dass sie zu Tausenden abgeschlachtet würden, wenn die *„Demagogen"* erst gesiegt hätten. In seinem Notizbuch, das nach seinem Tod entdeckt wurde, gibt es eine Stelle, die die deutsche Romantik ausdrücklich mit dem Antisemitismus in Verbindung bringt. *„Der Judenhaß"*, schrieb er, *„beginnt erst mit der romantischen Schule (Freude am Mittelalter, Katholizismus, Adel, gesteigert durch die Teutomanen – Rühs –)"*[52] Die Romantik, wollen wir wiederholt betonen, war die kulturelle Revolution, die gegen die humanistische Tradition kämpfte, an die die Juden ihre Hoffnung auf Freiheit und Gleichheit geknüpft haben. Sie war eine Gegenrevolution, die über alles die Nation stellte (die Deutsche) und die Religion (die Christlich-Katholische), und dadurch schloss sie die Juden doppelt aus der Gemeinschaft aus: Der Deutsche Nationalismus gab die Legitimation, die Juden als Fremde abzulehnen, und das Christentum erschuf das negative Stereotyp des Juden als Mörder Gottes. Das romantische Anlehnen an das Mittelalter war ein Unglück. In der Welt der Mönche und Ritter gab es keinen Platz für die Juden, und erst recht nicht in der Welt der alten Germanen, der Barbaren. Nach einer kurzen Periode der Emanzipation und der Illusion von Gleichheit wurden sie wieder einmal zu Fremden, Pariahs, den Ewigen Juden. In *Zur Geschichte der Religion und Philosophie in Deutschland* sah Heine voraus, was wir heute „Die Geburt des Nazismus aus dem Geist der Romantik" nennen. Er wartete noch einige Jahre auf den passenden Augenblick, um dann in *Shakespeares Mädchen und Frauen* seine große Angst vor der die Welt erschütternde Katastrophe zum Ausdruck zu bringen, die eines Tages genauso stattfinden würde, wie er sie voraus-gesagt hatte: *„Aber siegt einst Satan, der sündhafte Pantheismus, vor welchem uns sowohl alle Heiligen des Alten und des Neuen Testaments als auch des Korans bewahren mögen, so zieht sich über die Häupter der armen Juden ein Verfolgungsgewitter, das ihre früheren Erduldungen noch weit überbieten wird … (…) Ich schaudre bei diesem Gedanken, und ein unendliches Mitleid rieselt mir durchs Herz."*[53]

Diese Worte schrieb Heine 1838, exakt einhundert Jahre vor der Kristallnacht, und dürfte damit wohl der Erste gewesen sein, der den Holocaust vorhergesehen hat.

KAPITEL 12

Eine Liebesgeschichte

Der Stern erstrahlte so munter,
Da fiel er vom Himmel herunter.
Du fragst mich, Kind, was Liebe ist?
Ein Stern in einem Haufen Mist.[1]
(Neue Gedichte)

S eine Berühmtheit und der unsterbliche Ruhm Heines wurden auf *„Flügeln des Gesanges"* getragen – ein Ausdruck, den er selbst in einem seiner berühmten Gedichte geprägt hat. „Den höchsten Begriff vom Lyriker hat mir *Heinrich Heine* gegeben", schrieb Nietzsche. „Ich suche umsonst in allen Reichen der Jahrtausende nach einer gleichen süßen und leidenschaftlichen Musik."[2] Das *Buch der Lieder* ist der bekannteste, meist verkaufte und meist vertonte Gedichtband in deutscher Sprache. Es handelt meist vom Kummer der Liebe. Bei der Werbung deutschsprachiger Liebender ist dies ein gängiger Artikel, wie etwa eine Pralinenschachtel oder ein Strauß Blumen. Wenn man aber Heines Porträt als junger Liebhaber untersucht, stößt man auf alle möglichen unbekannten Tatsachen. Den ersten Kuss wechselte er, wenn man ihn beim Wort nimmt, mit einem deutschen Mädchen namens Josepha, der Tochter einer Henker- und Hexen-Familie. Auch über seine Liebe zu seiner Cousine Amalie, eine der berühmtesten Liebesgeschichten in der Literaturgeschichte, gab es zuletzt Unstimmigkeiten und ebenso über seine mögliche Liebe zu ihrer Schwester Theresa. Viele Male beschrieb er sich in seinen Gedichten als ein unermüdlicher Don Juan. In seinem Werk *Ideen. Das Buch Le Grand*, einer unbekannten „Evelina" gewidmet, schrieb er: „*Und mein Herz wird immer lieben, solange es Frauen gibt, erkaltet es für die eine, so erglüht es gleich für die andere.*"[3]

Die Wahrheit ist jedoch, dass Heine nicht nur Schwierigkeiten hatte, enge Beziehungen mit Frauen einzugehen, sondern mit Menschen überhaupt. Während seiner Zeit als Student hatte er niemals einen Zimmernachbarn. Die Reise in den Harz unternahm er allein. Kein Mensch hatte sich ihm bei seinen diversen Reisen zu den Badestränden der Nordsee angeschlossen. Allein fuhr er nach England. Nach Italien fuhr er mit seinem Bruder Max, der ihn in Innsbruck verließ, von wo aus er allein Richtung Süden reiste. Die Beschreibungen seiner Italienreise sind üppig ausgeschmückt mit Prahlereien über erotische Eroberungen, aber man weiß nicht, was daran wahr ist. In seiner gesamten deutschen Periode gab es bei ihm nur eine Frau, die er wirklich verehrte, und das war Rahel Levin-Varnhagen, die so alt wie seine Mutter und verheiratet war. In einer weniger leidenschaftlichen Form verehrte er die Schönheit ihrer Schwägerin Friederike Robert und widmete ihr einige Sonette; nach einer Theorie ist sie die „*Madame*", an welche die Monologe in *Ideen. Das Buch Le Grand* gerichtet sind. In diesem Buch erzählt er von drei Schwestern, die „bis zum Tollwerden" in ihn verliebt waren. Eine von ihnen war Gertrud, bei der er, als sie ihm um den Hals fiel, das Gefühl hatte, sie würde „*verbrennen (...) in meinen Armen*"; es gab auch die schöne Katharina mit ihren blauen Augen; und Hedwig mit dem schwarzen Haar, deren „*glänzende[n] Augen wie Sterne aus dunkelem Himmel hervorleuchteten. (...) Ich hätte mich gewiß in das schöne Mädchen verliebt, wenn sie gleichgültig gegen mich gewesen wäre; und ich war gleichgültig gegen sie, weil ich wußte, daß sie mich liebte – Madame, wenn man von mir geliebt sein will, muß man mich en canaille behandeln.*"[4]

Im Verlauf seines Lebens äußerte er noch mehr derart verwirrende Sentenzen über sein Verhältnis zu Frauen.

Als er 1831 nach Paris kam, standen ihm die Türen der meisten bekannten Salons offen. Er beehrte Madame Récamier mit seinem Besuch, in deren Salon sich alle Berühmtheiten von Paris versammelten. Mit seinem bissigen Humor bemerkte er, dass sie „die berühmteste Schönheit zur Zeit der Merowinger"[5] sei, womit er offensichtlich andeuten wollte, dass die Dame, die zu der Zeit vierundfünfzig Jahre alt war, nicht mehr so aussah wie in ihrer Jugend, als sie im Alter von dreiundzwanzig Jahren barfüßig von Jacques-Louis David verewigt worden war, in einem Portrait aus dem Jahr 1800. Dieses Bild ist heute noch eine der Attraktionen im Louvre.

Heine freundete sich in Paris mit einigen Damen aus der Gesellschaft an, aber alle Versuche herauszufinden, welche von ihnen seine große Liebe war, blieben erfolglos. Eine der Kandidatinnen war George Sand, in deren intimen Briefen an ihn ein gewisser verführerischer, aufreizender Ton herrscht, und er pflegte seine Briefe an sie mit „mein Herz küsst dein Herz"[6] zu beenden. Ihr Name war Aurore Dupin, und einige nannten sie „Lélia", nach ihrem gleichnamigen Roman. Sie zog es aber vor, sich einen männlichen Namen zu geben, Hosen zu tragen und ihre Gäste mit einer Zigarette im Mund, mit der sie Rauchsäulen aufsteigen ließ, zu empfangen (ein unverzeihliches Benehmen für eine junge Frau in jenen Tagen, wie der Literaturhistoriker Brandes bemerkt). Franz Liszt, der zu ihren Hausgästen zählte, widmete sein „Rondo Fantastique" dem „Monsieur George Sand". Liszt war derjenige, der Heine auf ihren Wunsch einführte. „Wir haben uns einst sehr geliebt und lieben uns noch", sagte Heine über diese Frau, zu deren nachweislichen Liebhabern Alfred de Musset und Frederic Chopin zählten.[7] In einem seiner Artikel für die „Augsburger Allgemeine Zeitung" beschrieb er in allen Einzelheiten ihre Weiblichkeit: ihre Stirn, Augen, Nase, Lachen, Kinn, Schultern, Arme und Beine. Die Beschreibung endete mit dem Satz: „Die Reize des Busens mögen andere Zeitgenossen beschreiben; ich gestehe meine Inkompetenz."[8] In diesem Fall neigen auch die Skeptiker unter den Heine-Forschern dazu, seinen Worten zu glauben, und damit wollen wir die Frage, ob es eine Liebesbeziehung mit ihr gab, beschließen.

Eine sehr enge Beziehung hatte er mit der Prinzessin Cristina Belgiojoso, einer der schillerndsten Gestalten des gesellschaftlichen Lebens von Paris. Sie trafen sich zum ersten Mal im Haus von Lafayette, und seitdem blieben sie für den Rest ihres Lebens in Verbindung. Sie war eine gebildete Frau, die schrieb und auch im Bemalen von Fächern bewandert war. Der Revolutionär Heine verehrte die Aristokratin, die getrennt von ihrem Ehemann lebte und ihr Leben dem italienischen Befreiungskampf widmete. Der Romantiker Heine war sehr beeindruckt von dem Stil ihrer Bewirtung, von ihrer melodramatischen Erscheinung in einem schwarzen Baumwolltalar, der die Blässe ihres Gesichtes betonte, von ihrem Salon mit den schweren, dunklen Möbeln, den schwarzen Gardinen, auf denen silberne Sterne funkelten und die Gäste in eine geheimnisvolle Atmosphäre einhüllten.[9]

Heine hatte auch die Ehre, zu den intimen Freunden gezählt zu werden, die die Prinzessin in ihrem Schlafzimmer empfing. Die Wände dieses Raumes waren mit weißer, glänzender Seide bespannt, und in den Ecken, auf hellen Möbelstücken, blitzten silberne Gefäße auf. Hier empfing sie ihre Gäste, auf einem weißen Seidenbett ruhend, in einem weißen Musselinkleid, in der Position einer Hohenpriesterin in einem griechisch-römischen Tempel. Heine sah in ihr eine Gestalt, die direkt aus dem Zeitalter der Renaissance entsprungen war, aber diejenigen, die hier seine große Pariser Liebesgeschichte suchen, werden bitter enttäuscht werden. In einem Brief an Heinrich Laube beschrieb er seine Gefühle für sie mit folgenden Worten: Sie ist das *„schönste[n] und edelste[n] und geistreichste[n] Weib[es]...in welches ich aber nicht verliebt bin.“*[10]

In der Erzählung *Florentinische Nächte* gibt es möglicherweise einen Hinweis auf seine Beziehung zu der Prinzessin Cristina. Der Ich-Erzähler, Maximilian (im Entwurf wird er Signore Enrico genannt, so wie die Prinzessin ihn zu rufen pflegte) besucht das Schlafzimmer der Signora Maria, einer schönen Frau, an der Schwindsucht leidend, die mit einem weißen Musselinkleid auf einem grünen Seidensofa liegt, was ihn an die Marmorstatue erinnert, die auf dem grünen Gras im Schloss seiner Mutter lag. Dieser Anblick von weiß auf grün bringt ihn dazu, ihr zu beichten, dass er sich in Marmorbüsten verliebe. Er erzählt von besagter Büste einer griechischen Göttin, und als er sie ansieht: *„eine schauerliche Beängstigung stieß mich von ihr ab, eine knabenhafte Lüsternheit zog mich wieder zu ihr hin, mein Herz pochte, als wollte ich eine*

Mordtat begehen, und endlich küßte ich die schöne Göttin mit einer Inbrunst, mit einer Zärtlichkeit, mit einer Verzweiflung, wie ich nie mehr geküßt habe in diesem Leben."[11]
Maria erwidert seine Beichte mit heißen Küssen. *„Bitte, bitte, erzählen Sie mir noch mehr von Ihren Liebschaften."* Da erzählt er ihr von der „Nacht" von Michelangelo, einer Statue, die er in der Begräbniskapelle der Familie Medici in Florenz gesehen habe. *„Oh"*, sagt er, *„wie gerne möchte ich schlafen des ewigen Schlafes in den Armen dieser Nacht..."* Er erzählt auch von seiner Liebe zu einem Gemälde, einem Bild einer Madonna in einer Kirche zu Köln; und als Maria fragt, ob er nur gemeißelte oder gemalte Frauen liebe, antwortet er: *„Nein, ich habe auch tote Frauen geliebt"*, und erzählt von der kleinen Veronika, in die er sich sieben Jahre nach ihrem Tod verliebt habe. Als er dazu kam, über lebende Frauen zu sprechen, verblieben nicht mehr viele gute Worte in seinem Mund.

„,(...) wie haben sie mich gequält, zärtlich gequält, mit ihrem Schmollen, Eifersüchteln und beständigem In-Atem-Halten! Auf wie vielen Bällen mußte ich mit ihnen herumtraben, in wie viele Klatschereien mußte ich mich mischen! Welche rastlose Eitelkeit, welche Freude an der Lüge, welche küssende Verräterei, welche giftige Blumen! Jene Damen wußten mir alle Lust und Liebe zu verleiden, und ich wurde auf einige Zeit ein Weiberfeind, der das ganze Geschlecht verdammte. Es erging mir fast wie dem französischen Offiziere, der im russischen Feldzuge sich nur mit Mühe aus den Eisgruben der Beresina gerettet hatte, aber seitdem gegen alles Gefrorene eine solche Antipathie bekommen, daß er jetzt sogar die süßesten und angenehmsten Eissorten von Tortoni mit Abscheu von sich wies. Ja, die Erinnerung an die Beresina der Liebe, die ich damals passierte, verleidete mir einige Zeit sogar die köstlichsten Damen, Frauen wie Engel, Mädchen wie Vanillensorbett.' ,Ich bitte Sie', rief Maria, ,schmähen Sie nicht die Weiber. Das sind abgedroschene Redensarten der Männer. Am Ende, um glücklich zu sein, bedürft ihr dennoch der Weiber.' ,Oh', seufzte Maximilian, ,das ist freilich wahr. Aber die Weiber haben leider nur eine einzige Art, wie sie uns glücklich machen können, während sie uns auf dreißigtausend Arten unglücklich zu machen wissen.'"
Als Heine mit der Arbeit an seinem *Faust* begann, entschied er, dass der Teufel weiblichen Geschlechts sein werde. Und so steigt im ersten

Akt, als Faust versucht, den Teufel durch Zauber herbeizurufen, eine Balletttänzerin aus dem Boden, Mephistophela, und sie lässt ihn mit seinem Blut den Vertrag unterschreiben, in dem er auf seinen Anteil im Jenseits verzichtet, zugunsten der Vergnügungen in dieser Welt. Heine nennt sie „Die Satansbraut", und an einer anderen Stelle „in die Weiblichkeit übergegangene Teufelei".[12]

„Was für eine schreckliche Krankheit ist die Frauenliebe!"[13] schrieb er, und nach der ihm üblichen Art verband er das Problem der Frauen mit der Judenfrage. „Die Juden in ihren Gebeten", schrieb er, „danken täglich dem lieben Gott, daß er sie nicht als Frauenzimmer zur Welt kommen ließ. Naives Gebet von Menschen, die eben durch Geburt nicht glücklich sind, aber ein weibliches Geschöpf zu sein für das schrecklichste Unglück halten! Sie haben recht, selbst in Frankreich, wo das weibliche Elend mit so vielen Rosen bedeckt wird."[14]

Alfred Meissner, ein junger Dichter aus Prag, der in seinen späteren Jahren bei ihm ein- und ausging, schrieb, dass Heine sich vor intellektuellen, gelehrten und wissenden Frauen fürchtete.[15] So entzückt er von den Damen der Pariser Gesellschaft war, so wenig war er in der Lage, auch nur mit einer von ihnen intime Beziehungen zu knüpfen. Viel freier war er in seinen Beziehungen zu den Frauen aus den niederen Ständen.

Er liebte das Flanieren in den Boulevards, elegant gekleidet, seine Hände tief in den Taschen, und seine kurzsichtigen Augen prüften ununterbrochen die „Grisetten", dieselben Arbeiterinnen, Näherinnen und Hutmacherinnen etc., mit denen die Künstler und die Studenten Liebesbeziehungen pflegten. In den Geständnissen erzählte er, dass er nach seiner Ankunft in Paris sein Französisch aus dem Düsseldorfer Gymnasium bei den Gesprächen mit den Blumenverkäuferinnen in der Passage de l'Opéra aufbesserte. In den Florentinischen Nächten erklärte er, dass ihm die einfachen Menschen von Paris wie Aristokraten vorkamen. „,Denn wie Sie wissen', sagte er zu Maria, ,bei uns im Norden gehört die französische Sprache zu den Attributen des hohen Adels, mit Französischsprechen hatte ich von Kindheit an die Idee der Vornehmheit verbunden. Und so eine Pariser Dame de la halle sprach besser französisch als eine deutsche Stiftsdame von vierundsechzig Ahnen.[16]

Es ist nicht bekannt, welchen Umfang seine erotischen Aktivitäten in Paris hatten. Er pflegte zu sagen, dass man eine Französin innerhalb von fünf Minuten verführen könne.[17] Und als eine deutsche Zeitung ihn zitierte, dass er behauptet habe, *„es lief keine Phryne* über die Pariser Boulevards, deren Reize mir unbekannt geblieben"*, gab er dies weder zu noch dementierte er es, sondern bemerkte lediglich zufrieden, *„daß ich, selbst in meiner tollsten Jugendzeit, nie ein Weib erkannt habe, wenn ich nicht dazu begeistert ward durch ihre Schönheit, die körperliche Offenbarung Gottes (…)."*[18]

Die ersten Jahre in Paris waren Heines schönste. Die Kopfschmerzen vergingen, seine Nervosität legte sich, und die Lähmung der zwei Finger seiner linken Hand — das erste Anzeichen dafür, was ihn erwartete — war verschwunden. Viele erwähnten lobend sein gutes Aussehen in jener Zeit. Franz Grillparzer, der Wiener Dramatiker, beschrieb ihn als die Verkörperung von Tatkraft, Lebensfreude und Vitalität. Musset sagte, dass er „schön wie ein Gott" sei. Er selber schrieb, *„mir ist des Mittags zumute, als könnte ich alle Elefanten Hindostans aufessen und mir mit dem Straßburger Münster die Zähne stochern."*[19] In dieser Zeitspanne, als er nach seinen Worten *„frisch und gesund und unsterblicher als je"*[20] war, glaubte er an die Lehre des Saint-Simonismus, die neben ihrer gesellschaftlichen Botschaft auch zu einer sexuellen Revolution aufrief, oder, mit den Worten ihrer Verkünder, zu einer „Emanzipation des Fleisches". Heine propagierte, die christliche Dreifaltigkeit mit einer sinnlichen Dreifaltigkeit aus *„Vater, Mutter und Heiligem Fleisch"* zu tauschen. *„Ich küsse, also leb' ich!"* schrieb er frei nach Descartes in seinem Gedicht *Atta Troll. „Gott ist alles, was da ist; / Er ist in unsern Küssen"*, schrieb er frei nach Spinoza in einem Gedicht an eine unbekannte *„Seraphine"*.[21]

In seinen Gedichten aus den Jahren 1833-1834 erscheinen außer *„Seraphine"* die Namen *„Angélique"*, *„Diana"*, *„Clarisse"*, *„Yolante"*, *„Marie"* und *„Emma"* — über die nichts bekannt ist. Das sind reine Lustlieder, ohne Schmetterlinge und Blumen — und nur manchmal erfährt man in ihnen irgendeine Not.

---

* Eine griechische Kurtisane aus dem 4. Jh. v. Chr., die das Modell für die Venusstatue des Praxiteles war.

Wenn ich, beseligt von schönen Küssen,
In deinen Armen mich wohl befinde,
Dann mußt du mir nie von Deutschland reden; –
Ich kann's nicht vertragen – es hat seine Gründe.

Ich bitte dich, laß mich mit Deutschland in Frieden!
Du mußt mich nicht plagen mit ewigen Fragen
Nach Heimat, Sippschaft und Lebensverhältnis; –
Es hat seine Gründe – ich kann's nicht vertragen.

Die Eichen sind grün, und blau sind die Augen
Der deutschen Frauen, sie schmachten gelinde
Und seufzen von Liebe, Hoffnung und Glauben; –
Ich kann's nicht vertragen – es hat seine Gründe.

Dieses berühmte Gedicht, in dem er der Geliebten verbietet, ihm Fragen über Deutschland zu stellen, über seine Familie und seine Gedanken, kann man vielseitig interpretieren. Man kann darin irgendeine Version von „macht Liebe, keine Politik!" sehen. Man kann aber auch das Gegenteil davon behaupten – dass es das erste politische Gedicht ist, das in einem Liebesgedicht versteckt ist. In beiden Fällen ist seine Sehnsucht nach der Heimat offensichtlich.

Diese Gedichte enthüllen viel Unbehagen, Enttäuschung und auch Missachtung der Frau. Hier und dort bricht ein Notruf durch. Im fünften Gedicht des Zyklus, *Hortense*, erinnert er an die Worte König Salomos, *„das Weib ist bitter [als der Tod]"*.[22]

Diese Dichtung brachte nicht nur konservative Kreise gegen Heine auf; Heines Beschreibungen intimster Beziehungen, die auf die Leser unserer Tage einen recht naiven Eindruck hinterlassen mögen, waren zu jener Zeit äußerst gewagt, und brachten auch die Wangen fortschrittlicher Leser zum Erröten. Im Jahre 1838 wollte er alle Gedichte, die sich seit der Veröffentlichung des *Buchs der Lieder* in seiner Schublade angesammelt hatten, mit jenem in einem neuen Buch zusammenfassen. Campe zeigte das Material Karl Gutzkow, einem der vier Mitglieder der Gruppe des „Jungen Deutschland", und dieser hielt es für notwendig, Heine vor der Schädigung seines guten Rufs zu warnen. Die Leserschaft, schrieb er, werde Gedichte, deren Moral fragwürdig sei, nicht akzeptieren. Das war derselbe Gutzkow, der drei Jahre zuvor ins Gefängnis geworfen worden war wegen seines Werkes „Wally, die Zweiflerin", einem erotischen Roman, der erst kurz zuvor den deutschen Regierungen den Grund geliefert hatte, alle Autoren des „Jungen Deutschland" zu boykottieren, Heine ganz besonders.

Heine erwiderte Gutzkow in einem Brief, der außergewöhnlich höflich und zurückhaltend war: *„Ein eigentliches Urtheil können nur wenige Deutsche über diese Gedichte aussprechen, da ihnen der Stoff selbst, die abnormen Amouren in einem Welttollhaus, wie Paris ist, unbekannt sind."* Er war damit einverstanden, die Gedichte zurückzuziehen, sagte aber, dass er sie bei passender Gelegenheit veröffentlichen werde.[23]

Heine, der in *Die Romantische Schule* „Herr Karl Gutzkow, dessen Seele voller Poesie [ist]", gelobt hatte, schrieb jetzt in sein Notizbuch: *„Die Natur war sehr bescheiden, als sie ihn schuf."*[24] Aber der wirkliche Grund dafür, dass er von seiner Absicht, die Gedichte zu veröffentlichen, Abstand nahm, war hauptsächlich die Zensur. Als er erfahren hatte, welchen Frevel sie mit ihnen begehen wollte, schwand sein Wunsch, sie gedruckt zu sehen. Die meisten ruhten noch sechs Jahre auf seinem Schreibtisch, bis sie in den Band *Neue Gedichte* (1844) aufgenommen wurden. In der Zwischenzeit spazierte ihr Autor weiterhin in den Straßen von Paris, gürtete seine Lenden wie ein Mann und stellte seiner Beute nach.

Eines Tages (wir kehren ins Jahr 1834 zurück) hat sich Heine doch einfangen lassen: In einer Schuhboutique sah er „Mathilde", und von dem Augenblick an, an dem sie sich im Bett trafen, konnte er sich nicht mehr von ihr trennen. Ihr Name war Crescense Eugénie Mirat, aber er nannte sie „Mathilde", mit der Begründung, dass *„Crescence"* oder *„Creszenzia" „immer in der Kehle wehe tat"*. Sie war eine gewöhnliche „Grisette": auf dem Land geboren, der Vater unbekannt, ohne Bildung, leichtsinnig und eine frohe Natur. Lange Zeit genoss er ihre Verbindung, bis er in einem bestimmten Stadium über die enger werdende Beziehung zwischen ihnen erschrak. Er ärgerte sich über sich selbst, da er nicht in der Lage war, sie fortzuschicken, wie es bei Seraphine, Angélique und all den anderen geschehen war.

Er floh in das Schloss der Prinzessin Cristina, in der Nähe des Viertels Saint-Germain. Dort, in der Gesellschaft von Menschen seines eigenen Standes – Liszt, Rossini, Alexandre Dumas und anderen – hoffte er die plumpe Verkäuferin zu vergessen. Danach fuhr er nach Boulogne am Ärmelkanal und blieb, bis er glaubte, geheilt zu sein. Er kehrte nach Paris zurück, um sich jedoch bald wieder in den Armen Mathildes zu finden. *„Ich bin verdammt",* schrieb er an Laube, *„nur das niedrigste und thörichste zu lieben…"*[25]

Nach einem Jahr zog sie in Heines Appartement in der 3 Cité Bergère, und von da ab lebten sie zusammen, bis der Tod sie trennen sollte. Mathilde brachte noch einen Papagei mit, der Cocotte hieß. Heine konnte ihn nicht leiden, fand sich aber mit der Tatsache ab. Mathilde ihrerseits musste sich, zumindest in der ersten Zeit, damit abfinden, dass Heine seine früheren Gewohnheiten nicht aufgegeben hatte. Grillparzer, der Heines Wohnung im Jahre 1836 besucht hatte, behauptete, dass er dort zwei *Grisetten* sah, die sich um die Betten und Matratzen kümmerten. Heine stellte eine von ihnen als seine *„petite"* (Geliebte) vor.[26]

„(…) Was Liebe ist?" fragt er in einem seiner Gedichte, und antwortet:

> *Der Stern erstrahlte so munter,*
> *Da fiel er vom Himmel herunter.*
> *Du fragst mich, Kind, was Liebe ist?*
> *Ein Stern in einem Haufen Mist.*[27]

Zum Glück konnte Mathilde seine Gedichte nicht lesen. Sie liebte es, in der Stadt zu bummeln, in die Geschäfte zu gehen und Geld für neue Kleider auszugeben. Gleichwohl, so behaupteten seine Freunde, gelang es ihr niemals, wie eine Dame auszusehen. Auch als Hausfrau war sie keine Perle: sie war faul, nachlässig, kochte nicht gerne und übertrieb auch die Sauberhaltung der Wohnung nicht. Sie liebte das Theater, Cafés und Tanzsäle.

„Das war", schreibt Untermeyer, „von allen Gesichtspunkten betrachtet, eine absurde Verbindung: er war der scharfsinnigste Mann Europas und sie das allerdümmste Mädchen."[28] Viele wunderten sich, manchmal sogar Heine selbst, was er an ihr fand. Er war sechsunddreißig Jahre alt, sie neunzehn. Es hieß, dass sie nicht schreiben und lesen konnte – was nicht ganz richtig war; aber sie war sehr einfach, hatte einen schlechten Geschmack, verstand seinen Humor nicht und war nicht in der Lage, seine Gedichte zu lesen, auch nicht in französischer Übersetzung. *„Sie hat einen schwaches Hirn, aber ein ausgezeichnetes Herz"*, tröstete sich Heine. Und was pflegte sie zu sagen? – „Henri ist ein guter Mensch, ein sehr guter Mensch, aber was seinen Verstand betrifft, so ist er damit nicht sehr gesegnet."[29] Mathilde wurde in vielen Anekdoten verewigt. Eines Tages fragte sie Heinrich Laube, ob es wahr sei, was man erzählte, dass Heine ein berühmter Dichter sei. Laube erzählte es Heine und dieser reagierte freudig darauf: „Und gerade das fand Heine reizend, denn sie liebte ihn also nur um seiner Person willen, nicht um seiner Talente, seines Ruhmes halber."[30]

Aus der Photographie, die erhalten blieb, ist schwer zu erkennen, ob sie diese außerordentliche Schönheit war, als die einige Biographen sie beschrieben haben. Heine selbst beschrieb sie einmal als *„rundlich, ein wenig mollig, lustig, anständig und treu."*[31] Er erwähnte nicht ihre Schönheit, aber in seinen Briefen lesen wir vom Vergnügen und dem Verlangen, das sie in ihm weckte und von dem Glück, das er in ihren Armen fand. *„Haben Sie das Hohe Lied des König Salomo gelesen?"* schrieb er an August Lewald, *„Nun, so lesen Sie es nochmals und Sie finden darin Alles, was ich Ihnen heute sagen könnte."*[32] „Mathilde", behauptet Marcuse, „war wie jene französische Kamine, über die Heine sagte, dass sie zwar weniger wärmen als die deutschen Öfen – ‚aber daß man hier das Feuer lodern sieht (…).'"[33]

Möglicherweise wuchs Heine dieses süße Leben über den Kopf. Er entdeckte, dass auch die „Emanzipation des Fleisches", welche die Saint-Simonisten predigten, Sklaverei sein kann. Er lernte das am eigenen Leibe. *„Wie beneide ich Ihre Einsamkeit"*, schrieb er an Laube.[34] Im Essay *Die Romantische Schule* schrieb er, dass es eine Liebe gebe, die weit mehr Schmerzen bereitet als eine enttäuschte Liebe oder eine

Liebe, der der Tod ein Ende setzt. *„In der Tat, schmerzlicher ist es, wenn der geliebte Gegenstand Tag und Nacht in unseren Armen liegt, aber durch beständigen Widerspruch und blödsinnige Kapricen uns Tag und Nacht verleidet, dergestalt, daß wir das, was unser Herz am meisten liebt, von unserem Herzen fortstoßen und wir selber das verflucht geliebte Weib nach dem Postwagen bringen und fortschicken müssen: ‚Ade, du Königstöchterlein!'"*[35]

In seinem bekanntesten Gedicht aus dieser Zeit, *Tannhäuser*[36], kann man das Dilemma erkennen, in welches seine Liebe ihn brachte. Der historische Tannhäuser war ein Minnesänger, der im 13. Jahrhundert lebte und in seinen Liedern den Konflikt zwischen der Gottesfurcht und dem Streben nach weltlichen Vergnügungen ausdrückt. Der Tannhäuser aus dem Märchen ist der Held einer Ballade aus dem sechzehnten Jahrhundert, die über seine Erlebnisse im Venusberg berichtet, wo er gute sieben Jahre im Liebesspiel mit der mythologischen Liebesgöttin verbringt. Zu einem bestimmten Zeitpunkt überfällt ihn ein christliches Reuegefühl, das heißt eine schreckliche Angst, dass er als Strafe dafür in der Hölle leiden muss. Mit großen Anstrengungen befreit er sich aus den Armen von Venus und eilt nach Rom, um für seine Sünden um Vergebung zu bitten. Papst Urban, ungerührt von seinen reuigen Worten, erklärt, dass seine Sünden erst dann vergeben werden, wenn an seinem Holzstock Blumen blühen – was bedeutet: niemals. Tannhäuser verlässt verzweifelt den Ort. Und siehe da, drei Tage später geschieht ein Wunder: Blumen sprießen auf dem Holzstock des Papstes. Es werden Boten ausgesandt, um Tannhäuser zurückzubringen, jedoch vergeblich: Dieser ist schon zu seinem Zufluchtsort auf dem Venusberg zurückgekehrt, um dort in den Armen der Göttin-Teufelin auf den Tag des Jüngsten Gerichts zu warten. Am Ende der Ballade gibt es auch eine Moral der Geschichte: Kein Priester sollte einem wahrhaft reuigen Sünder die Absolution verweigern.

Dieses Epos basiert auf dem Volksglauben, dass die alten griechischen Götter nach dem Sieg des Christentums nicht vernichtet wurden, sondern sich in Geister verwandelt haben. Venus und ihre Jungfrauen sind nach dem deutschen Märchen in die Höhle eines Berges, des Mons Veneris, geflüchtet, und dort führen sie ein Leben voller Ausschweifung und Sittenverderbnis. Tannhäuser, der einer ihrer vielen Liebhaber ist, bezeugt es: „Oh Venus, edle Jungfrau zart, Ihr seid eine Teufelinne."[37]

Heine lobte das Tannhäuser-Epos. „Nächst dem Hohenliede des großen Königs (ich spreche von König Salomo) kenne ich keinen flammenderen Gesang der Zärtlichkeit als das Zwiegespräch zwischen Frau Venus und dem Tannhäuser. Dieses Lied ist wie eine Schlacht der Liebe, und es fließt darin das roteste Herzblut."[38]

Im Jahre 1836 verfasste Heine seine Version des Tannhäuser. „Ihr guten Christen, laßt Euch nicht / Von Satans List umgarnen!" So eröffnet er, gibt aber zu verstehen, dass die Hölle, von der er spricht, nicht diejenige ist, die den „guten Christen" vertraut ist, nämlich der Ort der Bestrafung im Jenseits. Es ist vielmehr die Hölle der Gegenwart, die private Hölle, die jeder von uns in seiner Seele trägt; unser Gewissen, wenn man so will. Die Sünde Heines/Tannhäusers war das Übermaß an sexuellen Vergnügungen, an Essen und an Trinken; seine Strafe war: dass sie ihm kein Vergnügen mehr bereiteten. Er muss also den Venusberg fluchtartig verlassen, und vergeblich versucht die schöne Göttin, ihn zum Bleiben zu verführen. Als sie fragt, was ihm noch fehlt, was er noch begehrt, gibt ihr Tannhäuser eine wunderbare Antwort: „Ich schmachte nach Bitternissen." Er macht sich auf den Weg nach Rom und trägt sein Flehen vor den Papst, damit Seine Heiligkeit ihn von Venus' erotischer Hölle befreit. Mit einer Ausdruckskraft, die ihresgleichen sucht, beschreibt er ihre Schönheit, die einzigartig ist („Schaun dich die großen Augen an, / Wird dir der Atem stocken."); und die enormen Anstrengungen, die notwendig waren, um sich vom Vergnügungsberg zu trennen („Ich hab mich gerettet aus dem Berg, / Doch stets verfolgen die Blicke / Der schönen Frau mich überall, / Sie winken: komm zurücke!") In der Folge beschreibt er, wie sie in seinen Träumen neben ihm sitzt und lacht, und ihr fröhliches Lachen ihn zum Weinen bringt.

> Ich liebe sie mit Allgewalt,
> Mit Flammen, die mich verzehren,
> Ist das der Hölle Feuer schon,
> Die Gluten, die ewig währen?

O heiliger Vater, Papst Urban,
Du kannst ja binden und lösen!
Errette mich von der Höllenqual
Und von der Macht des Bösen.

Der Papst ist nach Heines Version nicht so hochmütig und herzlos wie in der ursprünglichen Ballade. Er beteiligt sich an Tannhäusers Kummer; er hebt die Hände empor, fängt an zu jammern und erklärt Tannhäuser, dass man nichts machen könne, da der Teufel, den man Venus nennt, der Schlimmste von allen sei; und selbst ein Papst kann die Seele eines Mannes nicht aus den schönen Krallen erretten. Als Tannhäuser hört, dass er in jedem Fall zur ewigen Höllenqual verdammt ist, kehrt er zum sündhaften Leben mit Venus zurück. An dieser Stelle ändert das Gedicht plötzlich die Richtung und gleitet von den höchsten romantischen Höhen in die Tiefen der Realität und mehr noch – in eine politische Satire. In seiner unnachahmlichen Art zeigt Heine hier, wie kurz der Weg vom Erhabenen zum Lächerlichen ist. Venus, die Göttin-Teufelin, ist jetzt eine Hausfrau, und als ihr „Ritter" nach Hause kommt, weint sie nicht nur vor lauter Rührung, sondern blutet: *„Aus ihrer Nase rann das Blut, / Den Augen die Tränen entflossen"*; und als er müde und erschöpft das Bett besteigt, was macht da die Göttin? Sie eilt in die Küche und kocht ihm eine Suppe. Wegen solcher und ähnlicher Nebeneinanderstellungen nannte ihn ein französischer Dichter einen „romantique défroqué" (einen Romantiker ohne Zwang). Frau Venus gibt dem Ritter Suppe und Brot, wäscht seine wunden Füße und bittet ihn, seine Geschichte zu erzählen. Wieder gibt es eine Änderung in der Ballade, die ab hier zu einer Satire wird, in der er Deutschland und die Deutschen unbarmherzig kritisiert, und bei dieser Gelegenheit einige offene literarische Rechnungen schließt, und auch einige Bemerkungen über die Lage der Juden von sich gibt – etwas, worauf zu verzichten ihm schwerfällt –.

Heine/Tannhäuser erzählt Mathilde/Venus von seinen Aufenthalt in Italien, das er listig mit *„Ich hatte Geschäfte in Rom"* beschrieb, oh ja, er hatte den Papst gesehen (*„Auch hab ich in Rom den Papst gesehn, / der*

Papst er läßt dich grüßen"), das ist alles. Dagegen ist er sofort bereit, in allen Einzelheiten über seine Reise durch Deutschland zu berichten.

> *Und als ich auf dem Sankt Gotthard stand,*
> *Da hört ich Deutschland schnarchen;*
> *Es schlief da unten in sanfter Hut*
> *Von sechsunddreißig Monarchen.*

Das ist sein Hauptvorwurf gegen die Deutschen – ihre politische Apathie, ihr blinder Gehorsam und ihre freiwillige Kapitulation vor jedem grausamen und gewissenlosen Herrscher.

Tannhäuser reist durch verschiedene deutsche Städte, peitscht hier und da Heines Feinde aus, wie zum Beispiel Ludwig Tieck und die Dichter der Schwäbischen Schule; als er nach Weimar kommt, der Stadt von Schiller und Goethe, schließt er seine offene Rechnung mit Johann Peter Eckermann, der in diesem Jahr (1836) seine „Gespräche mit Goethe" veröffentlicht hatte und dieses verletzende Wort in die Welt setzte, dass Heine in allem begabt sei, außer in der Liebe. Heine blieb seinen Schmähern niemals etwas schuldig:

> *Zu Weimar, dem Musenwitwensitz,*
> *Da hört ich viel Klagen erheben,*
> *Man weinte und jammerte: Goethe sei tot,*
> *Und Eckermann sei noch am Leben!*

Frankfurt erweckt bei Tannhäuser eine wunderliche Nostalgie.

> *Zu Frankfurt kam ich am Schabbes an,*
> *Und aß dort Schalet und Klöße;*
> *Ihr habt die beste Religion,*
> *Auch lieb ich das Gänsegekröse.*

Es ist das erste Mal, dass Heine Schalet erwähnt, und von jetzt an wird es ein immer wiederkehrendes Motiv in seinem Werk sein, als ob er auf den sinnlich-kulinarischen Aspekt seiner Beziehung zum Juden-

tum hinweisen wollte. Seine Meinung über die Universität, die ihm
den Doktortitel verliehen hatte, drückt sich so aus:

> *Zu Göttingen blüht die Wissenschaft,*
> *Doch bringt sie keine Früchte.*
> *Ich kam dort durch in stockfinstrer Nacht,*
> *Sah nirgendswo ein Lichte.*

Im Gegensatz zur konservativen Universität in Göttingen blieb die
Berliner Universität in guter Erinnerung bei ihm, da sie ihm neue
Horizonte eröffnet hatte. Sein Freund Eduard Gans wurde dort (nach
seiner Konvertierung) ein berühmter Professor. Seine Vorträge über
moderne Geschichte, in denen er die Französische Revolution lobte,
hatten eine derart große Resonanz, dass die besorgten preußischen
Behörden sich beeilten, sie zu verbieten. Heine verknüpfte dieses Ereignis mit einer Anspielung an die laute und schreiende Stimme seines alten Freundes:

> *Zu Potsdam vernahm ich ein lautes Geschrei –*
> *,Was gibt es?' rief ich verwundert.*
> *,Das ist der Gans in Berlin, der liest*
> *Dort über das letzte Jahrhundert.'*

„Lieber Heine", schrieb Gans am 7. Juni 1838, „wir haben seitdem Du
mich an dem großen Geschrei in Potsdam erkanntest nichts von einander vernommen (…) Laß, alter Freund etwas weiteres von Dir vernehmen, und wenn die Sprachröhren einer Vervollkommnung ent-
gegenzusehen haben, dürfte ich bald in Paris hörbar seyn."[39]
Seine Oppositionshaltung zur Einigung Deutschland drückte
Heine in folgendem Vers aus:

> *Zu Celle im Zuchthaus sah ich nur*
> *Hannoveraner – O Deutsche!*
> *Uns fehlt ein Nationalzuchthaus*
> *Und eine gemeinsame Peitsche!*[40]

Die Ballade endet mit dem Besuch Tannhäusers in Hamburg. Er beschreibt den Gestank der Stadt, wofür, nach seinen Worten, Christen und Juden verantwortlich sind, erwähnt die Börse und die dort tätigen Schurken:

> *Deshalb wird keines Menschen Auge mich noch sehen,*
> *In Hamburg der gefälligen Stadt!*
> *Ab jetzt werde ich im Berg bei Venus leben,*
> *in der Gegenwart meiner niedlichen Frau.*[41]

Tannhäuser/Heine verzichtete also auf die deutschen „*Bitternisse*" und kehrte zum süßen Leben in seinem Pariser Venusberg zurück. Seine Wohnung in der 3 Cité Bergère war ein recht armseliges Liebesnest: zwei kleine Zimmer, nackte Wände, Fußboden ohne Teppiche, Fenster ohne Vorhänge, ein altes Sofa, ein Tisch, einige Stühle und gebrauchte Möbel. Das war die Wohnung eines Dichters, der sich seiner Verehrung der Schönheit und der Lebensfreude rühmte. Sein Arbeitszimmer war fast vollkommen leer, ein einfacher Tisch und darauf ein geliehenes Buch. Das war seine gesamte Bibliothek.[42] Heine war tief verbunden mit Mathilde, und langsam entdeckte er auch eine Empfindung in seiner Seele, über die man sagt, sie sei ebenso grausam wie der Tod. Wenn sie die Wohnung verließ, und manchmal verschwand sie für lange Stunden, war sein Herz unruhig. Wenn sie sich in Tanzsälen amüsieren wollte, bemühte sich Heine, sie zu begleiten, obwohl er selber nicht tanzte. In seinem Essay über die Romantische Schule gibt es ein Bekenntnis, in dem er den Schmerz beschreibt, den die Liebe verursacht: „*Wenn sie durchaus auf einen Ball gehen will, wohin kein ordentlicher Mensch sie begleiten kann, und wenn sie dann, ganz aberwitzig bunt geputzt und trotzig frisiert, dem ersten besten Lump den Arm reicht und uns den Rücken kehrt …*"[43]

Einmal, im Jahre 1837, aß das Paar mit einigen Freunden in einem Restaurant in der Nähe des Palais Royal. Am Nebentisch saßen einige Studenten, ein wenig betrunken, die Mathilde Blicke zuwarfen, und diese lächelte zurück. Plötzlich hob einer der Studenten sein Glas und machte irgendeine Bemerkung in ihre Richtung, die Heine nicht gefiel. Er fiel über den Burschen her und schlug ihn ins Gesicht. Es brach eine Schlägerei aus, die mit einer Ladung zum Duell endete. Es wurde schon ein Termin im Bois de Boulogne vereinbart, und nur mit größter Mühe gelang es Heines engen Freunden, den Kampf zu verhindern, von dem man nicht weiß, wie er ausgegangen wäre.[44] Damals verloren viele ausgezeichnete Menschen ihr Leben an diese Spielart der Verrücktheit. In diesem Jahr, 1837, starb der russische Nationaldichter Puschkin in St. Petersburg bei einem Duell. Er war zu dem Zeitpunkt achtunddreißig Jahre alt, nur zwei Jahre jünger als Heine.

Irgendwann störte sich Heine an der mangelnden Bildung seiner Geliebten und schickte sie auf eine private Mädchenschule. Anfangs saß sie gerne auf der Schulbank zusammen mit jungen Mädchen, sie lernte sogar etwas Schreiben und Lesen, aber sehr bald wurde sie es leid und erfand Ausreden, um nicht zur Schule zu gehen. Heine verzieh ihr. Wie er ihr auch – wenn auch zähneknirschend – ihre ungebremste Verschwendungssucht und die häuslichen Szenen verzieh, die sie ihm von Fall zu Fall machte. Mathilde, schrieb Alexandre Weill, war nicht bösartig, aber sie legte ein stürmisches Temperament und extreme Stimmungswechsel an den Tag. Sie war in der Lage zu schreien wie ein kleines Mädchen, sich selbst mit den Fäusten zu schlagen, sich auf dem Boden wälzen, bitterlich zu weinen und zwei Minuten später wie ein kleines Mädchen zu lachen. Sie beweinte den Tod ihrer Mutter genauso sehr wie den Tod ihres Papageis. Der einzige Satz, den Heine ihr auf Deutsch beibringen konnte war: „Ich bin eine wilde Katze."[45] Cocotte, ihr Lieblingspapagei, war ein Problem für sich, und er nahm auch einen wichtigen Platz im Leben Heines ein. Er hatte die Angewohnheit, immer dann zu kreischen, wenn sich der Dichter bei seiner Arbeit konzentrieren musste. Mathilde hatte Heines Lärmempfindlichkeit niemals berücksichtigt. Einmal sah sie den Papagei zappeln und sie stürmte erschrocken ins Zimmer. „Henri," schrie sie, „Cocotte stirbt!" Heine tat so als ob er an ihrem Leid Anteil nähme und sagte auf Deutsch: *Gott sei gedankt!* Aber seine Freude war zu früh, denn bald erholte sich der Vogel, und er musste sich mit seiner leidigen Existenz noch eine Weile abfinden.[46] Seiner zukünftigen Schwägerin, der Verlobten Gustavs, schrieb er: „*Ich (…) lebe ziemlich zufrieden im Kreise meiner kleinen Familie, das heißt meiner Frau und meines Papageys.*[47] Und seiner Mutter berichtete er „*wie froh bin ich meine beiden Vögel wieder zu haben*", ohne die sein Leben nicht mehr lebenswert sei.[48] Heine war sehr an Mathilde gebunden, sorgte für sie und liebte sie. Einmal fuhr er mit ihr aufs Land, um ihre Mutter zu besuchen, und als die alte Frau aus der Kleidertruhe das Schürzchen Mathildes herausnahm, das sie als Kind getragen hatte, war er zu Tränen gerührt. Dieser zynische Mensch, vor dem sich europäische Mächte fürchteten, kehrte mit dem Lappen nach Paris zurück, und legte ihn liebevoll auf seinen Arbeitstisch.[49]

Sie lebten ohne Trauschein zusammen, wie viele andere Künstler, aber Freunde sahen in ihnen in jeder Hinsicht ein Ehepaar. Mathilde war der Grund, warum viele Türen dem Dichter plötzlich verschlossen waren. Im November 1837 besuchte er das Haus des Grafen Anton Alexander von Auersberg. In einem Brief an einen Freund berichtete er, wie sehr er seine Gesellschaft genoss, aber er fügte auch hinzu: „Seine dunkle und glücklose Seite ist sein Gefolge: eine schreckliche Mischung von politischen Flüchtlingen, Schreiberlingen, Versemachern, Nomaden, Abenteurern, Müßiggängern und Arbeitslosen jeder Kategorie. Die meisten sind Juden, und wenn ich den einen fragen wollte, ob der andere Jude sei, kam ich immer in Verlegenheit, da man davon ausgehen konnte, dass der Mann an den ich mich wandte selber Jude war …"[50]

Eines Tages sagte Heine zu Mathilde, dass einige seiner besten Freunde Juden seien. Sie reagierte ungläubig und fragte Meissner, was er damit meinte. Meissner bestätigte seine Worte und nannte auch einige Namen.

„‚Was?' rief Frau Mathilde ganz frappiert. ‚Juden waren sie?' – ‚Juden – ja, allerdings, Alexander Weill ist ein Jude, er hat mir selbst gestanden, dass er Rabbiner hat werden wollen.' – ‚Aber die übrigen, alle die übrigen – da ist zum Beispiel Jeiteles [Name wurde von Meißner verändert] – Jeiteles – der Name klingt doch so urdeutsch, so echt deutsch…' – ‚Sagen Sie vielmehr griechisch, altgriechisch', erwiderte ich, ‚dennoch glaube ich behaupten zu können, dass unser Freund Jeiteles ebenso wenig altgriechischem wie altgermanischem Blute entsprossen ist.' ‚Nun gut. Aber Abeles – Bamberg…' – ‚Sind in gleichem Falle.' – ‚O nein, Sie irren sich, das sind alles keine Juden!' rief Frau Mathilde. ‚Das machen Sie mir nimmermehr weis. Sie werden vielleicht gar behaupten wollen, dass Kohn (Cohen) ein Jude sei? Aber Kohn ist verwandt mit Henri, und Henri ist ja Protestant…'"[51]

Sie hatten keine Kinder, vielleicht weil die Krankheit, die sich in seinem Körper ausgebreitet hatte, seine Zeugungsfähigkeit beeinträchtigte. „Ich (…) wusste, daß Kinderzeugen nicht meine Spezialität ist (…)."[52], sagte er. Die Lähmung der Finger seiner linken Hand, worunter er 1832 gelitten hatte, kehrte zurück und verbreitete sich über die ganze Hand. Im Juli 1837 schrieb er: „meine linke Hand magert täglich mehr und mehr ab und stirbt zusehens."[53] Zur selben Zeit entwickelte sich bei ihm eine schwere Augenkrankheit und er fürchtete, er würde blind werden. Nachdem er sich erholt hatte, stellte sich heraus, dass das linke Augenlid gelähmt war. „Wenn ich mich manchmal im Spiegel betrachte", schrieb er an seinen Bruder Max, „erschrecke ich; ich sehe jetzt ganz aus wie mein seliger Vater aussah, nemlich zur Zeit als er aufhörte hübsch zu seyn."[54]

Erst nach sechs Jahren des Zusammenlebens beschloss Heine, Mathilde zu heiraten. Die Entscheidung hatte mit einem Duell zu tun, das zwischen ihm und Salomon Strauß, dem Frankfurter Kaufmann, den er zusammen mit seiner Frau in seinem Buch über Börne beleidigt hatte, stattfinden sollte. Heine fürchtete, aus dieser Auseinandersetzung nicht lebend herauszukommen, und aus Sorge um ihren guten Ruf und ihre Zukunft wollte er Mathilde zu seiner rechtmäßigen Frau und zur Erbin seiner Urheberrechte machen. Sie heirateten am 31. August 1841, zunächst in einer geheimen bürgerlichen Zeremonie, und anschließend, auf ausdrücklichen Wunsch der Braut, in der Kirche St-Sulpice. Mathilde war eine fromme Katholikin. „Und ich", schrieb er, „wollte um keinen Preis bei diesem teuren Wesen in den Anschauungen der angebornen Religion eine Beunruhigung oder Störnis verursachen."[55]

Am 13. September schrieb er an seine Schwester: „Erst heute bin ich im Stande Dir offiziell meine Vermählung anzuzeigen. Den 31 August heirathete ich Mathilde Creszentia Mirat, eine hübsche junge Person mit der ich *mich schon länger als sechs Jahr tagtäglich zanke."*[56] An August Lewald schrieb er: *„Dieses eheliche Duell, welches nicht eher aufhören wird, bis einer von uns beiden getödtet, ist gewiß gefährlicher als der kurze Holmgang mit Salomon Strauß aus der Frankfurter Judengasse."*[57] Und zu Caroline Jober sagte er: *„Auch wisse er, daß mit der Pistole auf der Brust mein Glück sich entschieden hat."*[58] Seine Eheschließung rief jedenfalls großes Erstaunen hervor. Es ließ die Pariser unberührt, wenn ein Künstler mit einer einfachen Verkäuferin zusammenlebte, aber dass sie offiziell heirateten — das war in der Tat ein Skandal.

In der Woche zwischen dem Duell und der Hochzeit kümmerte Heine sich um sein Testament. Er vererbte ihr sein Vermögen und seine Urheberrechte. *„Aber"*, erzählte er Alexander Weil, *„ — wohlgemerkt — unter einer Bedingung: daß sie sich sofort nach meinem Tode wieder verheiratet. Ein Mensch auf der Welt soll mich auf jeden Fall betrauern..."*[59]

KAPITEL 13

Die jüdische Verbindung, nicht desto trotz

„Aber siegt einst Satan (…)
so zieht sich über die Häupter der armen Juden
ein Verfolgungsgewitter,
das ihre früheren Erduldungen noch weit über-
bieten wird…"[1]
(Shakespeares Mädchen und Frauen)

Als Heine nach Paris übersiedelte, hoffte er, dort als Vertreter der deutschen Kultur empfangen zu werden. Tatsächlich verwendete er in seinen Schriften wiederholt den Ausdruck „Wir Deutschen" *(„Wir Deutschen sind das stärkste und das klügste Volk"*[2], *„Ihr Deutschen seid ein großes Volk", „Wir armen Deutschen, die wir leider keinen Spaß verstehen…"*[3]).
Nirgends heißt es jedoch „Wir Juden". Vielmehr ließ er in den ersten Übersetzungen seiner Schriften ins Französische sogar viele der die Juden oder das Judentum betreffenden Stellen aus. Nie in seinem Leben hatte er sich so sehr als Deutscher gefühlt wie in seinen ersten Jahren in Paris, und dennoch gelang es ihm nicht, seine besten Freunde davon zu überzeugen. Balzac zählt ihn in seinem Roman „Verlorene Illusionen" zu den Juden, zusammen mit Rothschild, Meyerbeer und der Schauspielerin Rahel. Théophile Gautier, der romantische Dichter, der ihn gar als einen „Deutschen Apollo" be-

schrieb, versäumte es nicht, die „hebräische Krümmung" seiner Nase zu berücksichtigen. Hans Christian Andersen, der während seines Besuchs in Paris 1833 viele Stunden in Heines Gesellschaft verbrachte, sah in ihm einen „kleinen Mann mit jüdischem Aussehen". Und es gab auch solche, die ihre Verwunderung darüber ausdrückten, dass er ganz und gar nicht jüdisch aussah. Ludwig Börne, selbst ein getaufter Jude, kannte diese Problematik aus eigener Erfahrung. „Die einen werfen mir vor, dass ich ein Jude sei; die anderen verzeihen mir es; der dritte lobt mich gar dafür; aber alle denken daran, schrieb er in seinen „Briefen aus Paris".[4]

Heine pflegte sich in der Regel zurückzuhalten, wenn man erwähnte, dass er Jude wa. Als er aber einmal als „israélite" klassifiziert wurde, beeilte er sich zu protestieren: „Je n'appartiens pas à la religion israélite". In allem, was die Religion betraf, pflegte er zu sagen, gehörte er kraft seiner Taufe zur Evangelischen Kirche.[5]

Heine betrachtete den Ausdruck „israélite" als ein Zeichen der Selbsttäuschung jener emanzipierten Juden, die daran glauben wollten, dass ihnen dieser „Namenswechsel" die Akzeptanz als gleichberechtigte Bürger in ihren Ländern erleichtern würde.

Von dem Tag an, als er diese Meinung vertrat, verspottete er die Reformer, die er „die jüdischen Protestanten" nannte, und alle diejenigen, die sich „Deutsche mosaischen Glaubens" oder „Französische Israeliten" nannten. Und in der Hitze der Polemik sagte er, dass er die frommen Juden, die Orthodoxen, vorziehe. Er sagte das nicht aus inhaltlicher Identifizierung mit den Ideen dieser „Langbärte", wie er sie zu nennen pflegte und die in seinen Augen anachronistische Gestalten waren, sondern aus zwei Gründen: Einmal bewunderte er die Kraft, mit der sie sich gegen das Christentum, das er hasste, stellten, und zum zweiten hatte er tiefen Respekt vor ihren Wurzeln und ihrer ungespaltenen Identität. Die aufgeklärten Reformer, die Gruppe aus der er stammte, trennten zwischen Religion und Nation. Sie wollten in ihren Ländern als Juden kraft der Religion eingebürgert werden, und Deutsche (oder Franzosen, Amerikaner etc.) kraft ihrer nationalen Zugehörigkeit sein. Auch Heine glaubte an eine Trennung, aber umgekehrt. Er sah im Judentum eine geschichtliche Qualität, mit der er sich gefühlsmäßig verbunden fühlte, gleichwohl fühlte er sich frei von den Grundsätzen und Geboten des Glaubens. Auch nachdem er zum Christentum konvertiert war („*wenn die Gesetze das Stehlen silberner Löffel erlaubt hätten, so würde ich mich nicht getauft haben*") erklärte er, dass er damit das Judentum nicht verlassen habe. Und in einem Brief an seinen Freund Moses Moser erfand er die widersprüchliche Formel: „*Von Herzen ein Jude, der sich aber aus Luxusübermuth taufen lässt …*"[6]

Seine privaten Briefe sind voll von Ausdrücken der Scham, des Bedauerns und des Zorns über seine Konvertierung; er goss seine Wut über die „*meschumodim*", die Abtrünnigen, und sah in ihnen Verräter und Fahnenflüchtige; aber in seinen gedruckten Werken war er „*ein deutscher Dichter*", wie er in einem seiner berühmten Gedichte verkündete. Wenn er die Juden erwähnte, dann schrieb er in der dritten Person Plural über sie. Wenn er über das Judentum schrieb, drückte er sich oft in einem humoristischen oder kritischen Ton aus, weswegen man bei ihm Distanz, Verleugnung und sogar Selbsthass diagnostizierte. Eine seiner meist zitierten Aussagen „*es [das Judentum] ist gar keine Religion, sondern ein Unglück*"[7] wurde als Beweis hierfür angeführt. Weniger bekannt, aber viel schärfer, war seine Behauptung, dass das Judentum, die Mutter-Religion des Christentums, der Welt den religiösen Fanatismus und religiösen Zwang vererbt habe und „*all jene heiligen Greuel, die dem Menschengeschlechte soviel Blut und Tränen gekostet*"[8]. In seinem Sarkasmus verglich er Rabbiner und Priester mit allen anderen Mitgliedern einer Gruppe, die er „*kurz, das ganze diplomatische Korps Gottes*"[9] nannte, und lobte den sinnlichen Götzendienst gegenüber dem geistigen Judentum-Christentum.

Die Stadt Lucca, seine schärfste antireligiöse Publikation, aus der diese Zitate entnommen sind, wurde genau zu der Zeit, als er die Bibel von neuem „entdeckte", geschrieben. „*Welch ein Buch!*" schrieb er, „*das ganze Drama der Menschheit, alles ist in diesem Buche … Es ist das Buch der Bücher*"[10]. Das war im Sommer 1830. Heine nahm ein Paket Bücher mit und machte Badeurlaub auf der Insel Helgoland. „*Mein Stubennachbar*", schrieb er, „*ein Justizrat aus Königsberg, der hier badet, hält mich für einen Pietisten, da er immer, wenn er mir seinen Besuch abstat-*

tet, die Bibel in meinen Händen findet.[11] Der Nachbar, ein gebildeter Mann und ein Skeptiker, verwickelte Heine in Dispute über den Glauben, die Dreieinigkeit und vieles mehr; und Heine, wie es seine Art war, antwortete mit Schärfe und Humor. Die Bibel hatte ihn verzaubert, aber nicht unbedingt im religiösen Sinne.

„*Trotzdem daß ich ein heimlicher Hellene bin, hat mich das Buch nicht bloß gut unterhalten, sondern auch weidlich erbaut.* (…) *Die Juden sollten sich leicht trösten, daß sie Jerusalem und den Tempel und die Bundeslade und die goldenen Geräte und Kleinodien Salomonis eingebüßt haben … solcher Verlust ist doch nur geringfügig in Vergleichung mit der Bibel, dem unzerstörbaren Schatze, den sie gerettet. Wenn ich nicht irre, war es Mahomet, welcher die Juden ‚das Volk des Buches' nannte, ein Name, der ihnen bis heutigen Tag im Oriente verblieben und tiefsinnig bezeichnend ist. Ein Buch ist ihr Vaterland, ihr Besitz, ihr Herrscher, ihr Glück und ihr Unglück. Sie leben in den umfriedeten Marken dieses Buches, hier üben sie ihr unveräußerliches Bürgerrecht, hier kann man sie nicht verjagen, nicht verachten, hier sind sie stark und bewundrungswürdig.*"[12]

Obwohl Heine in der dritten Person über „sie", die Juden, schrieb, ist kaum zu übersehen, mit welcher Sympathie er über ihr Schicksal schreibt, und sogar mit Stolz, der hier zwischen den Zeilen versteckt ist (*„hier sind sie stark und bewundrungswürdig"*). Die Bibel ist nicht nur das *„Vaterland"* der Juden, sondern, nach seiner Beschreibung, auch das Geheimnis ihrer Existenz. *„Versenkt in der Lektüre dieses Buches merkten sie wenig von den Veränderungen, die um sie her in der wirklichen Welt vorfielen; Völker erhuben sich und schwanden, Staaten blühten empor und erloschen, Revolutionen stürmten über den Erdboden … sie aber, die Juden, lagen gebeugt über ihrem Buche und merkten nichts von der Wilden Jagd der Zeit, die über ihre Häupter dahinzog!*"[13]

In Helgoland, wo er diese Sätze schrieb, erreichte ihn die Nachricht von der Julirevolution, und er emigrierte von Deutschland nach Paris. Seine ersten Jahre in Paris waren auf den ersten Blick Jahre des Niedergangs seines Interesses am Judentum. Er erfreute sich einer relativ guten Gesundheit, lief jungen französischen Schönheiten hinterher und schrieb seine gewagtesten erotischen Gedichte. In dieser Zeit interessierte er sich auch für die Lehre Saint-Simons, die die freie

Liebe propagierte, und er begann wieder die moralische Keuschheit des Judentums und Christentums zu kritisieren. In den Tagen der Verfolgung des „Jungen Deutschland" schrieb er, dass er als Mensch, der an einen personalen Gott nicht glaubte, keine Zuneigung für die „Synagoge" empfinden könne. *„Wie kann man von dem verblassten Zauber der Mutter angezogen werden"*, erklärte er, *„wo doch schon die altgewordene Tochter einem nicht gefällt..."*[14] Ein anderes Mal behauptete er, dass er niemals in seinem Leben eine Synagoge betreten habe (was nicht wahr ist, und außerdem unwesentlich für die Frage seiner jüdischen Identität.)

Frankreich war die Wiege des europäischen Säkularismus, *„das Land, wo Voltaire gelacht und Rousseau geweint [hat]"*, wie er sagte. Während der Französischen Revolution (1794) wurde der Kult der Vernunft in der Kathedrale von Notre Dame gefeiert, und in der Juli Revolution wurde Louis Philippe im Abgeordnetenhaus gekrönt, nicht in der Kathedrale von Reims. *„Es gibt hier keine Atheisten; man hat für den lieben Gott nicht einmal so viel Achtung übrig, daß man sich die Mühe gäbe, ihn zu leugnen."*[15]

Obwohl er in seinen ersten Reportagen aus Paris kein jüdisches Thema für wichtig genug hielt, um darüber zu berichten, konnte er die Gewohnheit nicht ablegen, in seinen Berichten Juden nebenbei zu erwähnen oder seine Worte mit Bildern aus der Bibel zu illustrieren. So zum Beispiel am 19. Januar 1832, als er den Kult um die Person Napoleons beschrieb (der schon zehn Jahre tot war): *„Wie die Juden den Namen ihres Gottes nicht eitel aussprachen, so wird hier Napoleon selten bei seinem Namen genannt, und er heißt immer ‚der Mann, l'homme'."*[16] Als er seine Beiträge in den *Französischen Zuständen* zusammenfasste, schrieb er im Vorwort: *„Jeder von euch ist ein Salomo, und es ist schade, daß die Königin von Saba, die schöne Frau, nicht mehr lebt; ihr hattet sie bis aufs Hemd enträtselt."*[17]

Im Dezember 1833 erschien der erste Band aus der Reihe *Der Salon* (diesen Titel gab Heine seiner Sammlung von Gedichten, Essays und Geschichten, die in den Jahren 1833-1840 erschienen). Diese literarische Delikatesse, die wunderbar vielfältig ist, enthält einige jüdische Themen. Schon im Vorwort zitiert er den Propheten Amos,

Luther und Robespierre. Die beiden ersten symbolisieren seine deutsch-jüdische Schizophrenie, und der Dritte repräsentiert seine Vision einer universellen Revolution, die in der Tat französisch ist. Er beginnt mit den Worten des Propheten Amos zum „König Amazia" (er irrte sich: Amos wandte sich an den „Priester" Amazia in Beit-El. Und vielleicht irrte er sich doch nicht, sondern wollte nur den preußischen König provozieren): *„Es war ein wehmütiges Geständnis, wenn Amos sprach zu König Amazia: ‚Ich bin kein Prophet noch keines Propheten Sohn, sondern ich bin ein Kuhhirt, der Maulbeeren ablieset; aber der Herr nahm mich von der Schafherde und sprach zu mir: Gehe hin und weissage.'"* (Amos 7:14-15).[18] Die letzten Worte des Verses, „meinem Volk Israel", ließ Heine aus.

Dieselbe Sammlung enthält auch seine erotischen Gedichte, u.a. an *„Seraphine", „Angélique", „Hortense"*; ebenso eine nicht vollendete Kurznovelle mit dem Titel *Aus den Memoiren des Herren von Schnabelewopski*. Obwohl es bereits Heines zweite Novelle war (die erste war *Der Rabbi von Bacherach)*, war es die erste, die veröffentlicht wurde. Aufgebaut wie ein pikaresker Roman, enthüllt er seine vielseitigen Talente als Dichter, Philosoph und Satiriker. Der Ich-Erzähler ist angeblich ein polnischer Student aus der Stadt Schnabelewops und von adeliger Herkunft. Damit gar nicht erst jemand auf die Idee kommen konnte, dass er über sich selbst schrieb, ließ Heine ihn erklären: *„Wurde ich geboren den ersten April."*[19] Dennoch zeigt sich in seinen *Memoiren* ein deutlich autobiographischer Aspekt: Das Bild des Vaters, Herr von Schnabelewopski, ist liebevoll nach dem Vorbild Samson Heines gezeichnet; und der Mutter, Frau von Schnabelewopska, wird nachgesagt, sie habe während ihrer Schwangerschaft die Schriften des Plutarch gelesen, und ihr Sohn habe daher seinen Gerechtigkeitssinn und seine Sehnsucht nach Freiheit und Gleichheit. *„Hätte meine Mutter damals das Leben des Cartouche* [ein berühmter Bandit] *gelesen, so wäre ich vielleicht ein großer Bankier geworden"*[20], erklärt Schnabelewopski, was zweifellos als Spott über Salomon Heine, den Millionärsonkel des Autoren, gedacht war.

Ungeachtet der Tatsache, dass der Ich-Erzähler ein polnischer Aristokrat ist und die Geschichte in den lustigen Tagen von Paris geschrieben wurde, als Heine ein ausgesprochener Kosmopolit war, ist offensichtlich, wie schwer es ihm fiel, seine jüdischen Gefühle zu unterdrücken. Die Kapitel drei und vier sind eine Satire auf die Handelsstadt Hamburg („*Hier herrscht nicht der schändliche Macbeth, sondern hier herrscht Banko*"[21]), und unter anderem erachtet er es als richtig, der Welt von der Spaltung der Hamburger Juden in zwei Gemeinden zu berichten: „*Mag es unter den Juden dort eine Partei* [die Reformer] *geben, die das Tischgebet auf deutsch spricht, während eine andere* [die Orthodoxen] *es auf hebräisch absingt*". Die Hauptsache ist jedenfalls: „*beide Parteien essen und essen gut und wissen das Essen gleich richtig zu beurteilen*"[22] Diese Kapitel enthalten eine beträchtliche Anzahl biblischer Symbolik. So erwähnt er zum Beispiel im Lobgesang auf seine weiblichen Bekanntschaften die Hamburger Huren wie Minka, die in guten Tagen „*wohltätig über alle Begriffe*"[23] gewesen war, aber mit den Jahren „*da sah sie aus wie der Tempel Salomonis, als ihn Nebukadnezar zerstört hatte, und roch nach assyrischem Knaster…*"[24]

(„*Wenn ich dich in sogenannte schlechte Gesellschaft gebracht, lieber Leser, so tröste dich damit, daß sie dir wenigstens nicht soviel gekostet wie mir*"[25], merkt Heine hierzu an und weist damit auf seine Krankheit hin.) Hamburg, geht es weiter, sei zur selben Zeit gegründet worden, als Sodom und Gomorrha zugrunde gingen. Als Beweis hierfür dienen ihm „*einige alte Münzen* (…), *die noch unter der Regierung von Bera XVI. und Birsa X.* [Anm.: Bera und Birsha, hebr. für übel und böse] *geschlagen worden.*" (Heine bezieht sich hier auf König Ludwig XVI. und König Karl X. aus dem Hause Bourbon.) Er schließt mit einer letzten Spitze auf Kosten seines Onkel Salomon Heine: „*Nach meiner Meinung ist Hamburg das alte Tharsis, woher Salomo ganze Schiffsladungen voll Gold, Silber, Elfenbein, Pfauen und Affen erhalten hat. Salomo, nämlich der König von Juda und Israel, hatte immer eine besondere Liebhaberei für Gold und Affen.*"[26]

Der Gebrauch biblischer Motive ist nicht zwangsläufig ein Beweis für die jüdische Herkunft des Autors. Die Heilige Schrift war ein Pfeiler der europäischen Kultur und diente als unerschöpfliche Quelle der Inspiration für viele Schriftsteller, Dramatiker, Maler und Musiker. Auch Heine schöpfte mit vollen Händen aus dieser Quelle, doch in seinem Fall hatte das Alte Testament besondere Anziehungskraft.[27] Allein schon die Tatsache, dass die Zerstörung Jerusalems in seinen Werken immer wieder erwähnt wird, zeigt den Unterschied zwischen ihm und denjenigen Dichtern, die als Christen zur Welt gekommen sind.

Um die komplexe Fragestellung von Heines Identität zu erforschen, können wir uns natürlich nicht mit der Prüfung der biblischen Assoziationen, die sich durch seine Schriften ziehen, begnügen, ebensowenig wie mit seinen satirischen Darstellungen jüdischen Lebens. Sogar die scheinbar arglose Beschreibung über die Schwäne im Hamburger Alsterbecken bietet uns Einblick in seine verborgenen Gedanken. Der Erzähler berichtet anfangs, wie sehr er es liebte, die Sommerstunden im Pavilloncafé am Jungfernstieg zu vertrödeln und zuzuschauen, wie die Mädchen die Promenade entlang spazierten und die Schwäne sich auf dem Wasser wiegten.

Gegen Ende der Passage kehrt er zu den Schwänen zurück, doch hat er seinen spöttisch-humorvollen Ton, der sonst alle Hamburgkapitel beherrscht, nun völlig verloren. Er zeichnet ein grausiges Winterbild: Die Alster ist zugefroren, und ein entsetzliches Kreischen entweicht den Kehlen der Wasservögel.

„Ach! die schönen weißen Schwäne, man hatte ihnen die Flügel gebrochen, damit sie im Herbst nicht auswandern konnten nach dem warmen Süden, und jetzt hielt der Norden sie festgebannt in seinen dunkeln Eisgruben – und der Markeur des Pavillons meinte, sie befänden sich wohl darin und die Kälte sei ihnen gesund. Das ist aber nicht wahr, es ist einem nicht wohl, wenn man ohnmächtig in einem kalten Pfuhl eingekerkert ist, fast eingefroren, und einem die Flügel gebrochen sind und man nicht fortfliegen kann nach dem schönen Süden, wo die schönen Blumen, wo die goldnen Sonnenlichter, wo die blauen Bergseen – Ach! auch mir erging es einst nicht viel besser, und ich verstand die Qual dieser armen Schwäne…" [28]

Es ist schwer sich vorzustellen, dass diese Zeilen der Feder eines deutschen Schriftstellers entspringen, der in der sicheren Geborgenheit seiner Heimat lebt. Noch sind sie kaum eine zutreffende Beschreibung der Widerwärtigkeiten der polnischen Aristokratie. Die Schwäne mit den gebrochenen Flügeln, die nichts anderes als in den Süden fliegen wollen, sind eine Analogie, wie die nordische Kiefer, die sich in einem von Heines Gedichten nach einer Palme im Morgenland sehnt. Dem Leser bleibt es selbst überlassen, herauszufinden, worauf Heine sich hier bezieht. Wer hat ihre Flügel gebrochen? Wo ist diese schöne südliche sonnenhelle Welt, von der sie träumen? Und was genau sind die blauen Bergseen?

Auch die Geschichte *Der fliegende Holländer* (Kapitel sieben), nach der Wagner später die gleichnamige Oper schreiben wird, enthüllt zu einem kleinen Teil die inneren Geheimnisse des Autors. Es ist eine alte Geschichte über einen Kapitän, den der Teufel verurteilt hat, bis zum Jüngsten Tag auf den Meeren herumzuirren; aber Heine fügte dem Mythos den Gedanken hinzu, dass nur ein treues Weib ihn von seinem ewigen Fluch erlösen könnte. *„Der Teufel"*, erklärt er, *„dumm wie er ist, glaubt nicht an Weibertreue"*[29], deshalb erlaubt er dem Fliegenden Holländer, alle sieben Jahre einmal an Land zu gehen, um eine Frau zu heiraten; und nachdem diese wie erwartet die Prüfung nicht besteht, wird der Unglückliche gezwungen, auf sein verzaubertes Schiff zurückzukehren, *„worauf er herumschwimmt, sein Schiff … ohne Anker und sein Herz ohne Hoffnung"*. Er ist verurteilt, *„in der unermeßlichen Wasserwüste die unerhörtesten Leiden zu erdulden"*, und er fühlt, *„wie das Leben ihn von sich stößt und auch der Tod ihn abweist."*[30]

Das Versagen Heines bei den Frauen in seinem gesamten Leben kommt in dieser Geschichte zum Ausdruck, wie auch seine Unfähigkeit, irgendwo Wurzeln zu schlagen. Aber er verleiht, wie immer, seiner persönlichen Tragödie eine große Symbolkraft, indem er den Fliegenden Holländer *„den Ewigen Juden des Ozeans"*[31] nennt.

Schnabelewopski sah das Stück angeblich in einem Amsterdamer Theater. Der Vorhang wird nach sieben Jahren gehoben. Der Holländer geht an Land, aber diesmal findet er zur großen Überraschung die richtige Frau. Als er fragt: *„Willst du mir treu sein?"*, antwortet sie, *„Treu bis in den Tod."* Da ihre Antwort Heines eigenen „sinnlichen" Ansichten zu widersprechen schien, in einer Zeit, in der er sich für die freie Liebe aussprach, fügt er der Geschichte noch eine weitere Geschichte hinzu: In dem Augenblick, als die zukünftige Braut des Fliegenden Holländers die Treue bis in den Tod verspricht, ertönt Gelächter von der Galerie. Schnabelewopski schaut hinauf und sieht *„eine wunder-*

schöne Eva, die mich mit ihren großen blauen Augen verführerisch ansah."[32]
So verschwinden die beiden mitten in der Vorstellung zu einem
schnellen Abenteuer in eines der nahen Gasthäuser. Es gelingt ihm, ins
Theater zurückzukehren, noch bevor der Vorhang fällt. Rechtzeitig
genug, um noch zu sehen, wie die Braut ihre Treue beweist, indem sie
vom Felsen ins Wasser springt und dadurch den Fliegenden Holländer
erlöst, der mit seinem Gespensterschiff in den Tiefen des Meeres ver-
sinkt.

Von Amsterdam wechselte Schnabelewopski in die Universitäts-
stadt Leiden. Hier verliebte sich eine holländische Gastwirtin in ihn,
eine auffallend korpulente Frau, die ihm Nahrung und Gefälligkeiten
schenkte. Die Nahrung teilte er mit seinen Kommilitonen, sechs Studenten, und wenn das Essen schlecht war, so erzählt er, haben sie über
die Existenz Gottes disputiert. Einer war ein Pantheist, einer ein Fichteaner, drei waren Atheisten, und diesen allen gegenüber stand der
kleine Simson, der in seinem Fanatismus für Gott tobte, wenn er die
ketzerischen Worte der anderen hörte. *„Ich glaube, er hätte den dicken
Fichteaner geprügelt, zur Ehre Gottes, wenn er nicht gar zu dünne Ärmchen
hatte.*"[33] *"O Gott! O Gott!"* wimmerte er, als wollte er von seinem
Gott Rettung erbitten. *„Aber der half ihm nie, obgleich er dessen eigene
Sache verfocht*"[34]

Dieses Kapitel trägt der ironischen Einstellung Heines gegenüber
den beiden Strömungen des etablierten Judentums Rechnung. Es beschreibt den Kampf des kleinen Simon, der im Frankfurter Ghetto geboren wurde, für die Sache eines Gottes, der ihm nicht zu Hilfe kommen kann, und bemerkt: *„Trotz dieser göttlichen Indifferenz, trotz diesem
fast menschlichen Undank Gottes, blieb der kleine Simson doch der beständige
Champion des Deismus, und ich glaube, aus angeborener Neigung. Denn seine
Väter gehörten zu dem auserwählten Volke Gottes, einem Volke, das Gott einst
mit seiner besonderen Liebe protegiert und das daher bis auf diese Stunde eine
gewisse Anhänglichkeit für den lieben Gott bewahrt hat.*"[35]

Heine ergriff auch die Gelegenheit, mit den aufgeklärten Reformjuden abzurechnen, die sich bemühten, das Judentum von seinen nationalen Inhalten loszulösen. *„Jehova, des alten Fetischs, der doch von ihrer
ganzen Sippschaft nichts mehr wissen will und sich zu einem gottreinen Geist*

umtaufen lassen", und „Ich glaube, dieser gottreine Geist, dieser Parvenü des Himmels, der jetzt so moralisch, so kosmopolitisch und universell gebildet ist, hegt ein geheimes Mißwollen gegen die armen Juden, die ihn noch in seiner ersten rohen Gestalt gekannt haben und ihn täglich in ihren Synagogen an seine ehemaligen obskuren Nationalverhältnisse erinnern. Vielleicht will es der alte Herr gar nicht mehr wissen, daß er palästinischen Ursprungs und einst der Gott Abrahams, Isaaks und Jakobs gewesen und damals Jehova geheißen hat."[36]

Eines Tages schickte ihnen die Wirtin eine besonders schlechte Mahlzeit, und diese erweckte aufs Neue den Disput am Esstisch. „‚Und nun, kleiner Simson‘, rief der dicke Driksen, ‚glaubst du noch an Gott? Ist das Gerechtigkeit‘ (…) ‚O Gott! Gott!‘ seufzte der Kleine, gar verdrießlich wegen solcher atheistischer Ausbrüche und vielleicht auch wegen des schlechten Essens. (…) ‚Ich habe einmal zu Frankfurt‘, sagte der kleine Simson, ‚eine Uhr gesehen, die an keinen Uhrmacher glaubte; sie war vom Tombak und ging sehr schlecht –‘ ‚Ich will dir wenigstens zeigen, daß so eine Uhr wenigstens gut schlagen kann‘, versetzte Driksen (…)“, er hob seine Hand und der Streit erreichte eine Stufe, auf der es keinen anderen Weg gab, als ihn in einem Duell zu entscheiden. Hier kehrt Heine wieder zu seinem zentralen Motiv zurück: Simson „schlug sich ja für die Existenz Gottes, des alten Jehova, des Königs der Könige. Dieser aber gewährte seinem Champion nicht die mindeste Unterstützung, und im sechsten Gang bekam der Kleine einen Stich in die Lunge. ‚O Gott!‘ seufzte er und stürzte zu Boden."[37]

Schnabelewopski eilte zur Wohnung des kleinen Simson und fand ihn in sehr schlechter Verfassung. Van Moeulen, einer der Studenten, saß an seinem Bett und las ihm aus der Bibel. vor. „‚Schnabelewopski‘, seufzte der Kleine, ‚es ist gut, daß du kommst. Kannst zuhören, und es wird dir wohltun. Das ist ein liebes Buch. Meine Vorfahren haben es in der ganzen Welt mit sich herumgetragen und gar viel Kummer und Unglück und Schimpf und Haß dafür erduldet oder sich gar dafür totschlagen lassen. Jedes Blatt darin hat Tränen und Blut gekostet, es ist das aufgeschriebene Vaterland der Kinder Gottes, es ist das heilige Erbe Jehovas –‘

‚Rede nicht zuviel‘, rief van Moeulen, ‚es bekömmt dir schlecht.‘ ‚Und gar‘, setzte ich hinzu, ‚rede nicht von Jehova, dem undankbarsten der Götter, für dessen Existenz du dich heute geschlagen –‘

‚O Gott!' seufzte der Kleine, und Tränen fielen aus seinen Augen – ‚O Gott, du hilfst unseren Feinden!' ‚Rede nicht soviel', wiederholte van Moeulen.

‚Und du, Schnabelewopski', flüsterte er mir zu, ‚entschuldige, wenn ich dich langweile; der Kleine wollte durchaus, daß ich ihm die Geschichte seines Namensvetters, des Simson, vorlese – wir sind am vierzehnten Kapitel, hör zu: ‚Simson ging hinab gegen Thimnath und sahe ein Weib zu Thimnath unter den Töchtern der Philister –' ‚Nein', rief der Kleine mit geschlossenen Augen, ‚wir sind schon am sechzehnten Kapitel. Ist mir doch, als lebte ich das alles mit, was du da vorliest, als hörte ich die Schafe blöken, die am Jordan weiden, als hätte ich selber den Füchsen die Schwänze angezündet und sie in die Felder der Philister gejagt, als hätte ich mit einem Eselskinnbacken tausend Philister erschlagen – Oh, die Philister! sie hatten uns unterjocht und verspottet und ließen uns wie Schweine Zoll bezahlen und haben mich zum Tanzsaal hinausgeschmissen, auf dem Roß, und zu Bockenheim mit Füßen getreten – hinausgeschmissen, mit Füßen getreten, auf dem Roß, o Gott, das ist nicht erlaubt!'

‚Er liegt im Wundfieber und phantasiert', bemerkte leise van Moeulen und begann das sechzehnte Kapitel: ‚Simson ging hin gen Gaza und sahe daselbst eine Hure und lag bei ihr. Da ward den Gazitern gesagt: Simson ist hereinkommen. Und sie umgaben ihn und ließen auf ihn lauern die ganze Nacht in der Stadt Tor und waren die ganze Nacht stille und sprachen: Harre, morgen, wenn es Licht wird, wollen wir ihn erwürgen. Simson aber lag bis zu Mitternacht. Da stund er auf zu Mitternacht und ergriff beide Türen an der Stadt Tor samt den beiden Pfosten und hub sie aus mit den Riegeln und legte sie auf seine Schultern und trug sie hinauf auf die Höhe des Berges von Hebron. Darnach gewann er ein Weib lieb am Bach Sorek, die hieß Delila. Zu der kamen der Philister Fürsten hinauf und sprachen zu ihr: Überrede ihn und besiehe, worin er so große Kraft hat und womit wir ihn übermögen, daß wir ihn binden und zwingen, so wollen wir dir geben…'

‚O dumme Philister!' rief jetzt der Kleine und lächelte vergnügt, ‚wollten mich auch auf die Konstablerwacht setzen –'

[Van Moeulen fährt mit dem Vorlesen fort und gelangt bis zu zum letzten Abschnitt.]

Bei dieser Stelle öffnete der kleine Simson seine Augen geisterhaft weit, hob sich krampfhaft in die Höhe, ergriff mit seinen dünnen Ärmchen die beiden Säulen, die zu Füßen seines Bettes, rüttelte daran, während er zornig stam-

melte: ‚Es sterbe meine Seele mit den Philistern.'Aber die starken Bettsäulen blieben unbeweglich, ermattet und wehmütig lächelnd fiel der Kleine zurück auf seine Kissen, und aus seiner Wunde, deren Verband sich verschoben, quoll ein roter Blutstrom."[38]

In seinem Tagebuch aus seiner Jugendzeit erzählt der Historiker Heinrich Graetz, wie er zusammen mit Rabbiner Samson Raphael Hirsch, dem Begründer der neo-orthodoxen Richtung in Deutschland, den *Salon* von Heine gelesen hat. Es ist möglich, dass er an die Geschichte des kleinen Simson dachte, als er schrieb: „In diesem Aufsatz, der voll ist von Beschimpfungen (…), gibt es auch eine Verfluchung des Shem ha-Meforasch (Bez. f. Gott). Der Rabbiner fragte mich, ob man die Lesung nicht unterbrechen sollte, und sagte, dass er den Salon von Heine verbrennen möchte und der Bibliothek dafür Entschädigung zahlen will …"[39]

Weniger strenge Kommentatoren sehen in der Geschichte ein Beispiel für Heines ambivalentes (einige nennen es wankelmütiges) Verhältnis zum Judentum. Einerseits ist es tatsächlich ein Widerstand gegen den Gott Israels und eine ironische Verspottung der Juden, die an die göttliche Vorsehung glauben und auf Gottes Hilfe hoffen. Andererseits wird der kleine Simson, der diese naiven Juden repräsentiert, mit einer großen Zuneigung porträtiert. Es gibt hier wunderbare Zeilen über die Bibel *(„das aufgeschriebene Vaterland")*, ein Kompliment *(„das auserwählte Volk")*, eine Kritik an den Nichtjuden *(Oh, die Philister! sie hatten uns unterjocht und verspottet…")*. Nur was Gott betrifft, wird eine Distanzierung deutlich. Der Verfasser ist zwar bereit, seine Existenz im philosophischen Sinne zu akzeptieren *(„Ich habe einmal zu Frankfurt eine Uhr gesehen, die an keinen Uhrmacher glaubte")*, aber er glaubt nicht an seine Fähigkeit zur Erlösung *(„O Gott, du hilfst unseren Feinden!")*

Die Ansicht, dass dieses Kapitel die vermeintliche Inkonsequenz in Heines Haltung zum Judentum widerspiegelt, stammt aus der Vorstellung, die im Zeitalter der Aufklärung vorherrschte (und immer noch in den westlichen Ländern, besonders den USA, verbreitet ist), wonach das Judentum in Grunde nur eine Religion ist. Wichtige Gelehrte, Juden wie Nichtjuden, sahen in der Verehrung der Bibel durch

Heine und in seiner Kritik an der Religion zwei Widersprüche. Jeffrey Sammons behauptet, dass Heines Hass auf die Religion ihn daran hinderte, seine jüdische Identität zu finden. „In seiner offenen Anstrengung, eine jüdisch-kulturelle Identität zu beschreiben, indem man sie von der religiösen Komponente trennt, gibt es einen Widerspruch, und sie ist ebenso unnatürlich wie in seinen Augen die Reform war."[40] Es erscheint merkwürdig, eine solche Meinung 120 Jahre nach dem Ausbruch der nationalen Revolution des jüdischen Volkes zu lesen und fünfzig Jahre nach der Gründung des Staates Israel.

Sammons konstatiert, dass Heine sich tatsächlich bemüht habe, „die jüdisch-kulturelle Identität von ihrer religiösen Komponente zu trennen." Seine Behauptung, dass diese Trennung widersprüchlich sei, ist jedenfalls längst von der Geschichte widerlegt worden. Obwohl Heine in seiner Zeit einzigartig war, ein einzelnes Individuum, das gegen den Strom schwamm, kann man aus historischer Sicht wohl sagen, dass seine Ideen, einst als Antithesen zur üblichen Weisheit betrachtet, tatsächlich die Vorzeichen einer neuen Synthese des Judentums waren.

Es war nicht Heine, der Schwierigkeiten mit der Definition seiner jüdischen Identität hatte, sondern die Forscher und Biographen. Seine Beziehung zum Judentum war eine gefühlsmäßige, existenzielle Angelegenheit, und seine Identität bedurfte keiner Definition und Rechtfertigung. Die Forscher waren mit allen Aspekten der westlichen Kultur vertraut, kannten aber weder die Philosophie Achad Ha'Ams noch die Gedichte Bialiks und Tschernichowskys, vielleicht weil die neue hebräische Literatur für sie ein osteuropäisches Phänomen war, kleinbürgerlich, spießig und nebensächlich. Hätten sie sie gekannt, hätten sie möglicherweise den Weg gefunden, um das Geheimnis Heines zu lösen.

Einer der Beweggründe für die nationale Erneuerung der Juden ist das Streben nach natürlichem, normalen Leben; ein freies Volk zu sein nicht nur als Staat, sondern auch in geistiger, seelischer Hinsicht. Sammons Behauptung – dass die Trennung der Religion von der jüdischen Identität „unnatürlich" sei – entspricht nicht den historischen Ereignissen und dem Streben, das im zionistischen Volksmund „Normalisation" genannt wurde. In der historischen Sicht gibt es also nichts fremdes und seltsames an einem Juden, der sich von den Pflichten der Religion befreit hat, aber in der Bibel weiter sein Buch der Bücher sieht. Die biblische Renaissance beginnt in der Zeit von Moses Mendelssohn und dem säkularistischen Zeitalter der Aufklärung (18. Jahrhundert), und erreicht ihren Höhepunkt mit der nationalen Revolution (19. Jahrhundert), der Massenrückkehr nach Zion und der Errichtung des Staates Israel im 20. Jahrhundert.

Heines scheinbar blasphemische Vorbehalte gegenüber göttlicher Gnade und Gerechtigkeit waren dem Judentum keinesfalls fremd. Er war lediglich der Erste in der Neuzeit, der diese umfassende Frage behandelte, die schon seit der Zeit Abrahams, Jeremias' und Hiobs, den Disputen des Mittelalters, dem Plädoyer des Rabbi Levi Isaak aus Berdichev mit der Allmacht seines berühmten „Kaddisch", seit der Lyrik Bialiks bis zum heutigen Tag, aufgeworfen wurde. Es ist eine alte und anhaltende Problematik.

Niemand würde heute mehr das Jüdische an denjenigen Juden bezweifeln, die fragen, wo der Gott Israels gewesen ist, als Millionen seines Volkes, darunter viele fromme Gläubige, in den Öfen von Treblinka und Auschwitz verbrannt wurden.

Und als Heine, hundert Jahre bevor die Deutschen Hitler zur Macht verhalfen, den Ausdruck *„undankbarsten der Götter"* zu verwenden wagte, tat er nichts anderes als den Disput zu verkünden, der in der letzten Hälfte des 20. Jahrhunderts das Judentum beschäftigen wird – die Suche nach einer religiösen Bedeutung des Holocaust.

Das Werk *Aus den Memoiren des Herren von Schnabelewopski* wurde in der „sinnlichen" Phase Heines geschrieben, als er (wie viele ungläubige Juden unserer Zeit) versuchte, das Körperliche zu rehabilitieren und ein Gleichgewicht zwischen den Sinnen und dem Geist zu finden. Heine zeigt, dass man dieses Ziel mit Hilfe der Bibel erreichen kann und tritt damit in die Fußstapfen von Samuel ha-Nagid, Jehuda Halevy, Moses und Abraham Ibn-Esra, Judah Alharisi, Immanuel dem Römer und vieler anderer hebräischer Dichter des Mittelalters, von denen einige, wie Heine, tragikomische Züge aufwiesen. Es ist nicht bekannt, wie gut er mit den Werken seiner Vorgänger vertraut war, aber wie diese bereitete auch er biblische Themen mit Virtuosität auf und adaptierte sie oft mit parodistischen, komischen oder gar erotischen Absichten.

So erzählt Schnabelewopski in den Kapiteln elf und zwölf von seiner Hauswirtin, einer mageren Holländerin, ganz Haut und Knochen, ziemlich hässlich noch dazu.

„Sie hatte ein Maul, worin einige falsche Zähne klapperten, eine kurze Stirn, fast gar kein Kinn und eine desto längere Nase… [Ihr Ehemann], *ein Mann um die Fünfzig, seines Gewerbes ein Bruchbandmacher, hatte sehr dünne Beine und grüne kleine Äuglein, womit er ständig blinzelte. (…) Er las sehr fleißig in der Bibel. Diese Lektüre schlich sich in seine nächtliche Träume, und mit blinzelnden Äuglein erzählte er seiner Frau des Morgens beim Kaffee, wie er wieder hochbegnadigt worden, wie die heiligsten Personen ihn ihres Gespräches gewürdigt, wie er sogar mit der allerhöchst heiligen Majestät Jehovas verkehrt und wie alle Frauen des Alten Testamentes ihn mit der freundlichsten und zärtlichsten Aufmerksamkeit behandelt. Letzterer Umstand war meiner Hauswirtin gar nicht lieb, und nicht selten bezeugte sie die eifersüchtigste Mißlaune über ihres Mannes nächtlichen Umgang mit den Weibern des Alten Testamentes. Wäre es noch, sagte sie, die keusche Mutter Maria oder die alte Marthe oder auch meinethalb die Magdalene, die sich ja gebessert hat – aber ein nächtliches Verhältnis mit den Sauftöchtern des alten Lot, mit der sauberen Madam Judith, mit der verlaufenen Königin von Saba und dergleichen zweideutigen Weibsbildern darf nicht geduldet werden. Nichts glich aber ihrer Wut, als eines Morgens ihr Mann im Übergeschwätze seiner Seligkeit eine begeisterte Schilderung der schönen Esther entwarf, welche ihn gebeten, ihr bei ihrer Toilette behülflich zu sein, indem sie, durch die Macht ihrer Reize, den König Ahasverus für die gute Sache gewinnen wollte. (…) Die erboste Frau schlug den armen Mann mit seinen eignen Bruchbändern, goß ihm den heißen Kaffee ins Gesicht, und sie hätte ihn gewiß umgebracht, wenn er nicht aufs heiligste versprach, allen Umgang mit den alttestamentarischen Weibern aufzugeben und künftig nur mit Erzvätern und männlichen Propheten zu verkehren.*

Die Folge dieser Mißhandlung war, daß Mynheer von nun an sein nächtliches Glück gar ängstlich verschwieg; er wurde jetzt erst ganz ein heiliger Roue; wie er mir gestand, hatte er den Mut, sogar der nackten Susanna die unsittlichsten Anträge zu machen; ja, er war am Ende frech genug, sich in den

Harem des König Salomon hineinzuträumen und mit dessen tausend Weibern Tee zu trinken. [Des Weiteren, eines Nachts] hörte ich plötzlich die keifende Stimme *meiner Hauswirtin und erwachte aus meinem Traum. Sie stand vor meinem Bette mit der Blendlaterne in der Hand und bot mich, schnell aufzustehn und sie zu begleiten. Nie hatte ich sie so häßlich gesehn. Sie war im Hemde, und ihre verwitterten Brüste vergoldete der Mondschein, der eben durchs Fenster fiel; sie sahen aus wie zwei getrocknete Zitronen. Ohne zu wissen, was sie begehrte, fast noch schlummertrunken, folgte ich ihr nach dem Schlafgemach ihres Gatten, und da lag der arme Mann, die Nachtmütze über die Augen gezogen, und schien heftig zu träumen. Manchmal zuckte sichtbar sein Leib unter der Bettdecke, seine Lippen lächelten vor überschwenglichster Wonne, spitzten sich manchmal krampfhaft, wie zu einem Kusse, und er röchelte und stammelte: ‚Vasthi! Königin Vasthi! Majestät! Fürchte keinen Ahasveros! Geliebte Vasthi!‘ Mit zornglühenden Augen beugte sich nun das Weib über den schlafenden Gatten, legte ihr Ohr an sein Haupt, als ob sie seine Gedanken erlauschen könnte, und flüsterte mir zu: ‚Haben Sie sich nun überzeugt, Mynheer Schnabelewopski? Er hat jetzt eine Buhlschaft mit der Königin Vasthi! Der schändliche Ehebrecher! Ich habe dieses unzüchtige Verhältnis schon gestern nacht entdeckt. Sogar eine Heidin hat er mir vorgezogen! Aber ich bin Weib und Christin, und Sie sollen sehen, wie ich mich räche.‘*

Bei diesen Worten riß sie erst die Bettdecke von ihm, alsdann ergriff sie ein hirschledernes Bruchband und schlug damit gottlästerlich los auf die dünnen Gliedmaßen des armen Sünders. Dieser, also unangenehm geweckt aus seinem biblischen Traum, schrie so laut, als ob die Hauptstadt Susa in Feuer und Holland in Wasser stünde, und brachte mit seinem Geschrei die Nachbarschaft in Aufruhr.

Den andern Tag hieß es in ganz Leiden, mein Hauswirt habe solch großes Geschrei erhoben, weil er mich des Nachts in der Gesellschaft seiner Gattin gesehen. Man hatte letztere halbnackt am Fenster erblickt; und unsere Hausmagd, die mir gram war und von der Wirtin zur Roten Kuh über dieses Ereignis befragt worden, erzählte, daß sie selber gesehen, wie Myfrau mir in meinem Schlafzimmer einen nächtlichen Besuch abgestattet.“[41]

Der Salon Band zwei (Januar 1835) enthält Heines Essay *Zur Geschichte der Religion und Philosophie in Deutschland.* Hier verurteilt Heine das jüdisch-christliche Ideal der Enthaltsamkeit, das die Menschheit so unglücklich gemacht hatte, während er den Juden sein Lob für die Aufbewahrung des Originals, der hebräischen Version der Bibel ausspricht.

„Wie ein Gespenst, das einen Schatz bewacht, der ihm einst im Leben anvertraut worden, so saß dieses gemordete Volk, dieses Volk-Gespenst, in seinen dunklen Gettos und bewahrte dort die hebräische Bibel; und in diese verrufenen Schlupfwinkel sah man die deutschen Gelehrten heimlich hinabsteigen, um den Schatz zu heben, um die Kenntnis der hebräischen Sprache zu erwerben."[42]

„Es ist klar", schreibt S. S. Prawer, „dass es bei Heine trotz all seiner vielen, verschiedenen Versuche, sich von den Juden abzusondern, die er mit Begeisterung verspottete, Seiten in seiner Persönlichkeit gab, die selbst nach dem 28. Juni 1825 jüdisch geblieben sind, dem Tag, an dem Harry Heine, Chajim ben Samson, kraft seiner Taufe Christian Johan Heinrich Heine wurde..."[43]

Einer der Aspekte seiner Persönlichkeit war sein Verhältnis zur Bibel. Doch ganz anders als christlich geborene Schriftsteller, für die die Bibel ganz ähnlich ein Quell der Inspiration war, machte Heine hier nicht Halt, sondern folgte dem Pfad der jüdischen Geschichte weiter. Dem dritten Band von *Der Salon* (1837) fügte er seinen Essay *Elementargeister* bei, worin zahlreiche Erklärungen über das Verschwinden der Nachtzwerge angeboten werden. Eine davon ist, dass sie ins Exil vertrieben wurden, ihr Vermögen entweder beschlagnahmt wurde oder sie Lösegeld dafür zahlen mussten. Und *„soll vorher der Zwergenkönig selber, in seinem roten Mäntelchen, zu den Landeseinwohnern gekommen sein, um sie zu bitten, ihn und sein Volk nicht fortzujagen. Flehentlich erhob er seine Ärmchen gen Himmel und weinte die rührendsten Tränen, wie einst Don Isaak Abarbanel vor Ferdinand von Aragonien."*[44]

So wie er in seinem Werk oft die Zerstörung Jerusalem erwähnte, so erinnerte er auch an die Vertreibung der Juden aus Spanien, indem er wahrscheinlich die Parallelen zwischen seinem Schicksal als Konvertit und der Tragödie der spanischen Marranen zog. In *Shakespeares Frauen und Mädchen* widmete er einen kurzen Abschnitt der Königin Katharina von Aragon, der verhassten Frau Heinrichs VIII. Ihr gegenüber, gab er zu, hatte er ein Vorurteil: *„Sie war die Tochter der Isabella von Kastilien und die Mutter der blutigen Maria."*[45]

Dieses Buch wurde auf Bestellung des französischen Verlegers Henry-Louis Delloye geschrieben, der sich im Frühjahr 1838 an ihn wandte und ihm vorschlug, einen Text zu einer Serie von Kupferstichen der Frauen und Mädchen aus den Stücken von Shakespeare zu verfassen. Heine litt zu jener Zeit an Augenschmerzen und war von dem Vorschlag nicht begeistert. Aber angesichts der hohen Summe von 4000 Franken, die man ihm angeboten hatte, nahm er den Auftrag an, führte ihn aber nur teilweise aus. Er schrieb nur über die Heldinnen der Tragödien: Ophelia, Desdemona, Julia, Cleopatra, Lady Macbeth und ähnliche. Bei den Heldinnen der Komödien, wie der widerspenstigen Katharina, Titania, Königin der Feen, den lustigen Weibern von Windsor und allen anderen – entledigte er sich seiner Pflicht, indem er Zitate aus den Stücken ablieferte. Nur eine Ausnahme machte er: Obwohl „Der Kaufmann von Venedig" zu den Komödien zählte, fügte er die Porträts von Jessica, der Tochter Shylocks, und Porzia zu den Frauen der Tragödien hinzu.

Was hatten die Komödien inmitten der Tragödien zu suchen? Heine beantwortet diese Frage in dem Bericht über seinen Besuch in London zehn Jahre früher, wo er den legendären Shakespearedarsteller Edmund Kean in der Rolle des Shylock sah.

„Als ich dieses Stück in Drurylane aufführen sah, stand hinter mir, in der Loge, eine schöne blasse Britin, welche am Ende des vierten Aktes heftig weinte und mehrmals ausrief: ‚The poor man is wronged!' (Dem armen Mann geschieht Unrecht!) Es war ein Gesicht vom edelsten griechischen Schnitt, und die Augen waren groß und schwarz. Ich habe sie nie vergessen können, diese großen und schwarzen Augen, welche um Shylock geweint haben!

Wenn ich aber an jene Tränen denke, so muß ich den ‚Kaufmann von Venedig' zu den Tragödien rechnen…"[46]

„Shakespeare hegte vielleicht die Absicht, zur Ergötzung des großen Haufens einen gedrillten Werwolf darzustellen", erklärt Heine, *„ein verhaßtes Fabelgeschöpf, das nach Blut lechzt und dabei seine Tochter und seine Dukaten einbüßt und obendrein verspottet wird. Aber der Genius des Dichters, der Weltgeist, der in ihm waltet, steht immer höher als sein Privatwille, und so geschah es, daß er in Shylock, trotz der grellen Fratzenhaftigkeit, die Justifikation einer unglücklichen Sekte aussprach, welche von der Vorsehung, aus geheimnis-*

vollen Gründen, mit dem Haß des niedern und vornehmen Pöbels belastet worden und diesen Haß nicht immer mit Liebe vergelten wollte."[47]

Scheinbar zählte Heine den „Kaufmann von Venedig", Shakespeares berüchtigtes antisemitisches Stück, nicht nur deshalb zu den Tragödien, weil er es aus jüdischem Blickwinkel sah, sondern auch weil das Stück es ihm erlaubte, sich ausführlich mit dem Thema zu befassen, das ihn schon immer beschäftigte: der Judenfrage. Er widmete Jessica, der Tochter Shylocks, neun Seiten, mehr als allen anderen weiblichen Figuren in dem Album, aber sicherlich nicht wegen ihrer besonderen Bedeutung. Jessica spielt nur eine zweitrangige Rolle in dem Stück; sie ist bei weitem nicht so bedeutend wie Ophelia, Desdemona, Cleopatra, Julia oder gar Lady Macbeth. Und in der Tat schrieb Heine hier weniger über das Mädchen als vielmehr über ihren Vater und kam mittels seiner brillanten Analyse zu dem unkonventionellen Schluss: *„Wahrlich, mit Ausnahme Porzias ist Shylock die respektabelste Person im ganzen Stück."*[48]

Heine präsentierte eine glänzende Verteidigung Shylocks, jener fiktiven Gestalt, die mehr als jede lebende Person zum Symbol in der Geschichte des Antisemitismus wurde. Er bewies darin, wer hier in Wirklichkeit der Schurke und wer das Opfer war. Shylock war das Opfer. Als Antonio, der Kaufmann aus Venedig, zu ihm kommt und nach einem Darlehen von 3000 Dukaten zu jedem beliebigen Zinssatz fragt, antwortet der Jude:

„Signor Antonio, viel und oftermals
Habt Ihr auf dem Rialto mich geschmäht
Um meine Gelder und um meine Zinsen;
Stets trug ich's mit geduld'gem Achselzucken,
Denn Dulden ist das Erbteil unsers Stamms,
Ihr scheltet mich abtrünnig, einen Bluthund,
Und speit auf meinen jüdischen Rockelor,
Und alles, weil ich nutz, was mir gehört.
Gut denn, nun zeigt sich's. Ihr braucht meine Hülfe:
Ei freilich ja. Ihr kommt zu mir. Ihr sprecht:
,Shylock, wir wünschten Gelder.' So sprecht Ihr,
Der mir den Auswurf auf den Bart geleert

Und mich getreten, wie Ihr von der Schwelle
Den fremden Hund stoßt; Geld ist Eu'r Begehren.
Wie sollt ich sprechen nun? Sollt ich nicht sprechen:
‚Hat ein Hund Geld? Ist's möglich, daß ein Spitz
Dreitausend Dukaten leihn kann?' Oder soll ich
Mich bücken und in eines Schuldners Ton,
Demütig wispernd, mit verhaltnem Odem,
So sprechen: ‚Schöner Herr, am letzten Mittwoch
Spiet Ihr mich an, Ihr tratet mich den Tag;
Ein andermal hießt Ihr mich einen Hund:
Für diese Höflichkeiten will ich Euch
Die und die Gelder leihn.'

Da antwortet Antonio:

‚Ich könnte leichtlich wieder dich so nennen,
Dich wieder anspein, ja mit Füßen treten. –'

Wo steckt da die christliche Liebe!" [49]

Fragt Heine und fährt fort aufzuzeigen, dass sich hier nicht Shylock der Habgier schuldig gemacht hat, sondern vielmehr seine Feinde, die noblen Venezianer, die Shakespeare in all ihrer Falschheit und Schurkenhaftigkeit darstellt.

„Der bankrotte Antonio ist ein weichliches Gemüt (…) Die abgeborgten dreitausend Dukaten stattet er übrigens dem geprellten Juden keineswegs zurück. Auch Bassanio gibt ihm das Geld nicht wieder. (…) Was gar den Lorenzo betrifft, so ist er der Mitschuldige eines der infamsten Hausdiebstahle, und nach dem preußischen Landrecht würde er zu fünfzehn Jahre Zuchthaus verurteilt und gebrandmarkt und an den Pranger gestellt werden (…) Was die andern edlen Venezianer betrifft, die wir als Gefährten des Antonio auftreten sehen, so scheinen sie ebenfalls das Geld nicht sehr zu hassen, und für ihren armen Freund, wenn er ins Unglück geraten, haben sie nichts als Worte, gemünzte Luft. (…) Es würde jenen guten Freunden, deren der königliche Kaufmann ja ganze Scharen um sich zu haben scheint, doch wohl ziemlich leicht geworden

sein, die Summe von dreitausend Dukaten zusammenzubringen, um ein Menschenleben – und welch eines! – zu retten. (…) und so tun die lieben guten Freunde (…) nichts und wieder nichts und gar nichts. (…) Wahrlich, mit Ausnahme Porzias ist Shylock die respektabelste Person im ganzen Stück. Er liebt das Geld, er verschweigt nicht diese Liebe, er schreit sie aus, auf öffentlichem Markte … Aber es gibt etwas, was er dennoch höher schätzt als Geld, nämlich die Genugtuung für sein beleidigtes Herz, die gerechte Wiedervergeltung unsäglicher Schmähungen; und obgleich man ihm die erborgte Summe zehnfach anbietet, er schlägt sie aus, und die dreitausend, die zehnmal dreitausend Dukaten gereuen ihn nicht, wenn er ein Pfund Herzfleisch seines Feindes damit erkaufen kann. ‚Was willst du mit diesem Fleische?‘ fragt ihn Salario. Und er antwortet: Fisch’ mit zu angeln. Sättigt es sonst niemanden, so sättigt es doch meine Rache. Er hat mich beschimpft, mir eine halbe Million gehindert, meinen Verlust belacht, meinen Gewinn bespottet, mein Volk geschmäht, meinen Handel gekreuzt, meine Freunde verleitet, meine Feinde gehetzt. Und was hat er für Grund? Ich bin ein Jude. Hat nicht ein Jude Augen? Hat nicht ein Jude Hände, Gliedmaßen, Werkzeuge, Sinne, Neigungen, Leidenschaften? Mit derselben Speise genährt, mit denselben Waffen verletzt, denselben Krankheiten unterworfen, mit denselben Mitteln geheilt, gewärmt und gekältet von ebendem Winter und Sommer, als ein Christ? Wenn ihr uns stecht, bluten wir nicht? Wenn ihr uns kitzelt, lachen wir nicht? Wenn ihr uns vergiftet, sterben wir nicht? Und wenn ihr uns beleidigt, sollen wir uns nicht rächen?"[50]

Die Motive Shylocks, behauptet Heine, sind nicht Geld, sondern Ehre. Was er sucht ist Rache! Er liebt zwar das Geld, aber es gibt Dinge, die er weit mehr liebt, zum Beispiel seine Tochter. Das ist seine Tragödie. Seine geliebte Tochter, *„Jessica, mein Kind“*, hat ihn und ihre Herkunft verraten und ist in das christliche Lager übergewechselt.

Jessica in Shakespeares „Kaufmann von Venedig" ist ein klassisches Beispiel für jüdischen Selbsthass. Hier sagt sie: „Dass ich des Vaters Kind zu sein mich schäme. Doch bin ich seines Blutes Tochter schon, bin ich's nicht seines Herzens." Sie verlässt ihn, beraubt ihn, verübt an ihm Verrat, verbündet sich mit seinen Feinden *„und wenn diese zu Belmont allerlei Mißreden über ihn führen, schlägt Jessica nicht die Augen nieder, erbleichen nicht die Lippen Jessicas, sondern Jessica spricht von ihrem Vater das Schlimmste … Entsetzlicher Frevel!"*[51]

Shylock verflucht sie, wünscht sie tot zu seinen Füßen liegend zu sehen, die Juwelen in den Ohren, mit den Dukaten im Sarg, und dennoch liebt er sie mehr als alle Dukaten und Juwelen zusammen. *„Aus dem öffentlichen Leben, aus der christlichen Sozietät zurückgedrängt in die enge Umfriedung häuslichen Glückes, blieben ja dem armen Juden nur die Familiengefühle, und diese treten bei ihm hervor mit der rührendsten Innigkeit. Den Türkis, den Ring, den ihm einst seine Gattin, seine Lea, geschenkt, er hätte ihn nicht ‚für einen Wald von Affen' hingegeben."*[52]

Im Kapitel über Porzia setzt Heine seinen Diskurs über Shylock fort, eigentlich ist es aber eine Abhandlung über das Schicksal der Juden. Er beschreibt einen Besuch in der Synagoge von Venedig am Versöhnungstag. Die Juden hüllten sich in ihre weißen Gebetschals, und wie sie da standen, im Gebet und im Fasten, sahen sie aus wie Geister aus der Unterwelt. Und während er sie noch mit einem kritischen Auge beobachtet, unter ihnen den alten Shylock sucht, entdeckt er in ihren staunenden und irrenden Blicken ein besonderes Aufblitzen, das von einer „idée fixe" bezeugt, die sie seit tausenden von Jahren vereint; *„Die selbe Idee, die Moses den Juden aufgebürdet, ihnen mit heiligen Riemen angeschnallt."* Und da überkommt ihn plötzlich die Empfindung einer katastrophalen Prophezeiung. *„Welches Martyrium haben sie schon um dieser Idee willen erduldet! welches größere Martyrtum steht ihnen noch bevor! Ich schaudre bei diesem Gedanken, und ein unendliches Mitleid rieselt mir durchs Herz."*[53]

Vier Jahre zuvor hatte Heine in seinem Essay *Zur Geschichte der Philosophie und Religion in Deutschland* vor der Romantischen Schule und dem Aufleben des alten teutonischen Pantheismus gewarnt. Er prophezeite die Geburt des Nazismus aus dem Geiste der Romantik und rief die Franzosen dazu auf, sich zu bewaffnen. Er erwähnte jedoch nicht, was die Juden an ihrem Schicksalstag erwartete. Jetzt, in einem Buch über Shakespeare, holt er dies nach: *„Aber siegt einst Satan, der sündhafte Pantheismus, vor welchem uns sowohl alle Heiligen des Alten und des Neuen Testaments als auch des Korans bewahren mögen, so zieht sich über die Häupter der armen Juden ein Verfolgungsgewitter, das ihre früheren Erduldungen noch weit überbieten wird…"*[54]

Heine schrieb diese Zeilen im Jahre 1838, sechzig Jahre vor Theodor Herzl und hundert Jahre vor der Reichskristallnacht. Doch werden wir diese unfassbare Prophezeiung nur dann ganz begreifen können, wenn wir sie vor dem Hintergrund ihrer Zeit betrachten. Es war das Zeitalter des Optimismus. Die Menschen glaubten, dass die Geschichte zu Freiheit, Gleichheit und allgemeiner Versöhnung voranschreiten würde. Heine war der Einzige in seiner Generation, der vor der Rückkehr in den Barbarismus gewarnt hat. Und er war der Erste, der den Holocaust voraussah.

Ähnlich wie die Erzählung des „kleinen Simson" endet auch dieses Kapitel mit einem Protest in der Art Hiobs gegen den Gott Israels: „*Trotzdem daß ich in der Synagoge von Venedig nach allen Seiten umherspähete, konnte ich das Antlitz des Shylocks nirgends erblicken. Und doch war es mir, als halte er sich dort verborgen, unter irgendeinem jener weißen Talare, inbrünstiger betend als seine übrigen Glaubensgenossen, mit stürmischer Wildheit, ja mit Raserei hinaufbetend zum Throne Jehovas, des harten Gottkönigs! Ich sah ihn nicht. Aber gegen Abend, wo, nach dem Glauben der Juden, die Pforten des Himmels geschlossen werden und kein Gebet mehr Einlaß erhält, hörte ich eine Stimme, worin Tränen rieselten, wie sie nie mit den Augen geweint werden… Es war ein Schluchzen, das einen Stein in Mitleid zu rühren vermochte… Es waren Schmerzlaute, wie sie nur aus einer Brust kommen konnten, die all das Martyrium, welches ein ganzes gequältes Volk seit achtzehn Jahrhunderten ertragen hat, in sich verschlossen hielt… Es war das Röcheln einer Seele, welche todmüde niedersinkt vor den Himmelspforten… Und diese Stimme schien mir wohlbekannt, und mir war, als hätte ich sie einst gehört, wie sie ebenso verzweiflungsvoll jammerte: Jessica, mein Kind!*"[55]

Diese Worte, „Jessica, mein Kind!" erinnern an den Schrei des Königs David, „Oh Absalom, mein Sohn!"

KAPITEL 14

Athen und Jerusalem

„Alle Menschen sind entweder Juden oder Hellenen."[1]
(Heine: Ludwig Börne. Eine Denkschrift)

egen Ende des Jahres 1838 behauptete der bekannte Orientalist Salomon Munk, dass Heine sich wieder dem Judentum nähere, während alle anderen erst zehn Jahre später, nämlich 1848 das Jahr der „Rückkehr" sahen. Im Mai 1848 streckte die Krankheit Heine nieder. Er brach zusammen und war ans Bett gefesselt. Von da an und bis zu seinem Tode würden acht Jahre schrecklichen Leidens und dennoch wunderbaren Schaffens vergehen, die uns unter anderem die *„Hebräischen Melodien"* gaben, diese erhabene Dichtung voller Humor und Liebe zu seinem Volk, und die *Geständnisse*, in denen er mit Stolz an seine Herkunft aus einem Volk erinnert, das der Menschheit *„Gott und Moral"* gegeben hat. Da „Identität", insbesondere „Jüdische Identität" keine feste Konstante, sondern zu jeder Zeit Veränderungen unterworfen ist, tun wir gut daran, Heines Verhältnis zum Judentum wie eine Sinuskurve darzustellen. Ebenso werden wir dreimal eine „Rückkehr" feststellen: die erste fand im Jahre 1822 statt, als er Student an der Berliner Universität war, unerwartet Mitglied im „Verein für Kultur und Wissenschaft der Juden" wurde und mit der Arbeit seines *Rabbi von Bacherach* begann; die zweite beginnt tatsächlich, wie es Munk sagte, im Jahre 1838, als er die brillante Verteidigung Shylocks beschrieb, worin er die aufkommende Katastrophe der Juden prophezeite. Die apologetische Sprache seiner Vision brachte viele dazu, sie als Prophezeiung des Holocaust zu betrachten. Die dritte, die berühmteste (1848-1856), werden wir im letzten Kapitel dieses Buches ausführlich behandeln und werden hier nur erwähnen, dass es Heine selbst ablehnte, von einer „Rückkehr zum Judentum" zu sprechen. Als man ihm erzählte, dass die Menschen über seine Rückkehr zum Judentum sprachen, sagte er: *„Ich mache kein Hehl aus meinem Judentume, zu dem ich nicht zurückgekehrt bin, da ich es niemals verlassen hatte."*[2]

Die Forscher akzeptieren diese Worte nicht. Sie verweisen auf Dinge, die er geäußert und nicht geäußert hat und die auf Perioden des Niederganges in seiner Beziehung zum Judentum weisen. An erster Stelle bemerken sie seine Konvertierung zum Christentum im Jahre 1825; danach zählen sie alle wenig schmeichelhaften Aussagen über die jüdische Religion auf, ebenso die verbalen Karikaturen, die nicht frei von antisemitischen Stereotypen sind. In seinen ersten Jahren in Paris näherte er sich dem Saint-Simonismus an, der dazu aufrief, die Menschheit nicht nur von der politischen Versklavung und dem gesellschaftlichem Unrecht zu befreien, sondern auch von der religiösen Unterdrückung. Unter ihrem Motto „Emanzipation des Fleisches" griff Heine die jüdisch-christliche Ethik der Keuschheit an, die dem Menschen vorschrieb, seinen Trieb zu bezwingen und die die Vergnügungen der Liebe missbilligte. *„Unsere Nachkommen"*, schrieb er, *„werden schaudern, wenn sie einst lesen, welch ein gespenstisches Dasein wir geführt."*[3] Heine vertrat das Prinzip des „Sensualismus" gegenüber dem „Spiritualismus" des Judentums und Christentums. *„Den Namen Spiritualismus überlassen wir daher jener frevelhaften Anmaßung des Geistes, der, nach alleiniger Verherrlichung strebend, die Materie zu zertreten, wenigstens zu fletrieren sucht; und den Namen Sensualismus überlassen wir jener Opposition, die, dagegen eifernd, ein Rehabilitieren der Materie bezweckt und den Sinnen ihre Rechte vindiziert, ohne die Rechte des Geistes, ja nicht einmal ohne die Suprematie des Geistes zu leugnen."*[4]

In diesem Geist schrieb er seinen Essay *Die Romantische Schule* und

Zur Geschichte der Religion und Philosophie in Deutschland. „Die Juden achteten daher den Leib als etwas Geringes, als eine armselige Hülle des Ruach hakodasch, des heiligen Hauchs, des Geistes, und nur diesem widmeten sie ihre Sorgfalt, ihre Ehrfurcht, ihren Kultus. Sie wurden daher ganz eigentlich das Volk des Geistes, keusch, genügsam, ernst, abstrakt, halsstarrig, geeignet zum Martyrtum (…)."[5]

Bei aller Kritik am Judentum kann man nicht umhin, in seinen Worten auch einen gewissen Respekt davor zu empfinden. In all seinen geistigen Transformationen verehrte Heine die Keuschheit, den Ernst und die Hartnäckigkeit der Juden. Einen besonderen Respekt hegte er für das Märtyrertum. Gegenüber dem Christentum war er ganz und gar nicht versöhnlich. *„[Der] bis zur blödsinnigen Abtötung ausgeartete[n] christliche[n] Spiritualismus"*[6], schrieb er. Mehr als das, das Judentum verachtete den Körper lediglich, das Christentum sah darin ein teuflisches Wesen. Heine führte das auf den Einfluss des gnostisch-manichäischen Dualismus zurück, wonach der Kosmos ein Schlachtfeld ist, auf dem der gute Gott gegen den bösen Gott kämpft. Dieser Kampf der Giganten findet auch im menschlichen Mikrokosmos statt, zwischen der Seele, die Gott gehört und dem Körper, der dem Teufel gehört. Deshalb erhält der Mensch eine kosmische Bedeutung. All seine körperlichen Genüsse sind ein Verbrechen gegen Gott, da sie die bösen Kräfte des Satans stärken. Daraus resultiert die große Bedeutung, die das Christentum dem Mönchtum zuschreibt, der Enthaltsamkeit und Askese, wobei jeder, der seinen Körper quält, gut daran tut, da er damit nicht nur der Seele zu ihrer Befreiung aus dem Körper verhilft, sondern auch den guten Gott in seinem Kampf gegen den bösen Satan unterstützt.

„Im Mai 1433, zur Zeit des Konzils, ging eine Gesellschaft Geistlicher in einem Gehölze bei Basel spazieren, Prälaten und Doktoren, Mönche von allen Farben, und sie disputierten über theologische Streitigkeiten und distinguierten und argumentierten oder stritten über Annaten, Exspektativen und Reservationen oder untersuchten, ob Thomas von Aquino ein größerer Philosoph sei als Bonaventura, was weiß ich! Aber plötzlich, mitten in ihren dogmatischen und abstrakten Diskussionen, hielten sie inne und blieben wie angewurzelt stehen vor einem blühenden Lindenbaum, worauf eine Nachtigall saß, die in den

weichsten und zärtlichsten Melodien jauchzte und schluchzte. Es ward den gelehrten Herren dabei so wunderselig zumute, die warmen Frühlingstöne drangen ihnen in die scholastisch verklausulierten Herzen, ihre Gefühle erwachten aus dem dumpfen Winterschlaf, sie sahen sich an mit staunendem Entzücken; – als endlich einer von ihnen die scharfsinnige Bemerkung machte, daß solches nicht mit rechten Dingen zugehe, daß diese Nachtigall wohl ein Teufel sein könne, daß dieser Teufel sie mit seinen holdseligen Lauten von ihren christlichen Gesprächen abziehen und zu Wollust und sonstig süßen Sünden verlocken wolle, und er hub an zu exorzieren, wahrscheinlich mit der damals üblichen Formel: adjuro te per eum, qui venturus est, judicare vivos et mortuos etc. etc. Bei dieser Beschwörung, sagt man, habe der Vogel geantwortet: ,Ja, ich bin ein böser Geist!' und sei lachend davongeflogen; diejenigen aber, die seinen Gesang gehört, sollen noch selbigen Tages erkrankt und bald darauf gestorben sein."

Diese Geschichte, schloss Heine, braucht keine Erklärung: „*Sie trägt ganz das grauenhafte Gepräge einer Zeit, die alles, was süß und lieblich war, als Teufelei verschrie.*"[7] „*Unsere Zeit*", schrieb er, „*und sie beginnt am Kreuze Christi – wird als eine große Krankheitsperiode der Menschheit betrachtet werden.*"[8]

Das Christentum ist nach seinem Geschmack eine Religion, die nicht halt macht bei der „*Verdammnis alles Fleisches*"[9], sondern viel schlimmer: Es verherrliche die Lust an der Qual. Wie typisch ist für diese Religion die innere Architektur der Kirchen, die in der Form eines hohlen Kreuzes gebaut sind, „*und wir wandeln da im Werkzeuge des Martyriums selbst.*" Das Christentum ist eine Religion, die die Künstler genötigt hat, das Unmögliche sichtbar zu machen: Die Darstellung des Sieges des Geistes über die Materie, „*daher in Skulptur und Malerei jene abscheulichen Themata: Martyrbilder, Kreuzigungen, sterbende Heilige, Zerstörung des Fleisches.*" Sie zwang die Maler, „*mit den widerwärtigsten Leidensgestalten die seufzende Leinwand [zu] belasten. Wahrlich, wenn man manche Gemäldesammlung betrachtet und nichts als Blutszenen, Stäupen und Hinrichtung dargestellt sieht, so sollte man glauben, die alten Meister hätten diese Bilder für die Galerie eines Scharfrichters gemalt.*"[10]

Ausnahmen waren nach Heine die Maler der Renaissance. Diesen gelang es, erhabene, himmlische, ideale Schönheit zu schaffen, was besonders in den Darstellungen der Jungfrau Maria zum Ausdruck kam. *„Die katholische Klerisei hat überhaupt, wenn es die Madonna galt, dem Sensualismus immer einige Zugeständnisse gemacht. Dieses Bild einer unbefleckten Schönheit, die noch dabei von Mutterliebe und Schmerz verklärt ist, hatte das Vorrecht, durch Dichter und Maler gefeiert und mit allen sinnlichen Reizen geschmückt zu werden. Denn dieses Bild war ein Magnet, welcher die große Menge in den Schoß des Christentums ziehen konnte. Madonna Maria war gleichsam die schöne dame du comptoir der katholischen Kirche, die deren Kunden, besonders die Barbaren des Nordens, mit ihrem himmlischen Lächeln anzog und festhielt."*[11]

Heine fuhr fort zu zeigen, wie der christliche Spiritualismus die Sünde und die Heuchelei auf die Welt brachte. Da das Verbot der Sexualität ein Gesetz war, das die Öffentlichkeit nicht befolgen könne, waren die Menschen gezwungen zu sündigen, *„indem eben durch die Verdammnis des Fleisches die unschuldigsten Sinnenfreuden eine Sünde geworden und durch die Unmöglichkeit, ganz Geist zu sein, die Hypokrisie sich ausbilden musste."*[12]

Es war aber keine unverzeihliche Sünde, da die römisch-katholische Kirche ihre Sünder gegen Ablasszahlung freisprach. *„Du darfst (…) ein schönes Mädchen umarmen, aber du mußt eingestehen, daß es eine schändliche Sünde war (…)."* Wenn du das getan hast, wird dir die Kirche all deine Sünden vergeben, mit einem Tadel, und gegen Zahlung einer Geldstrafe. Als Luther gegen diesen Ablasshandel aufstand, hat ihn der bekannte Papst, aus dem Hause Medici, der selber *„an einer Krankheit litt, die keineswegs durch christliche Abstinenz entsteht."*[13]

Die Reformation Martin Luthers hat nicht nur den Forderungen der Triebe Vergebung verschafft, sondern hat sie auch per Gesetz zugelassen. *„Die Klosterpforten öffneten sich überall, und Nonnen und Mönchlein stürzten sich in die Arme und schnäbelten sich."*[14]

Luther war einer von Heines Haupthelden: Ein gottesfürchtiger Mann, versunken in reiner Geistigkeit, und dennoch den Vergnügungen des Körpers gegenüber nicht abgeneigt. Heine zitiert ihn, als hätte er gesagt: *„Wer nicht liebt Wein, Weiber und Gesang, der bleibt ein Narr sein Leben lang."* Mit Bewunderung rühmt er *„die göttliche Brutalität des Bruder Martin"*, der *„ein gottberauschter Prophet"* war, der aber *„wie ein Fisch-*

weib schimpfen konnte". Zu den wichtigen Errungenschaften Luthers zählte die Befreiung der Priester von ihrem Eid, denn *„mit dem Zöli-bat verschwanden auch fromme Unzüchten und Mönchslaster."*

Zwar kehrte nach einiger Zeit der Spiritualismus zurück und unterdrückte in Deutschland den „sinnlichen Aufstand", aber das Gewesene konnte man nicht mehr leugnen: *„(...) wird die Religion wieder eine Wahrheit. Der Priester wird Mensch und nimmt ein Weib und zeugt Kinder, wie Gott es verlangt. Dagegen Gott selbst wird wieder ein himmlischer Hagestolz ohne Familie."*[15]

In der Zeit, als er dies schrieb, herrschte die Hegelianische Weltanschauung vor, nach der das Christentum eine dialektische Entwicklungsstufe des Judentums ist. Selbst bei Heine kann man den Gedanken finden, dass Jesus eine weiterentwickelte Version von Moses sei. *„Moses liebt sein Volk mit einer rührenden Innigkeit; wie eine Mutter sorgt er für die Zukunft dieses Volks. Christus liebt die Menschheit (...)."*[16] Solche Aussagen werden als Beweis für Heines Distanzierung von den Juden gebracht. Das Gegenteil davon ist wahr. Er verehrte Jesus nicht als Sohn Gottes, sondern als einen Juden, der die Welt verbessern wollte. Ebenso wie er selbst. In seinen Augen war Jesus der *„ältere[n] Bergprediger[s], der gegen die Aristokratie von Jerusalem gesprochen (...)."*[17]

Trotz seines ausdrücklichen Kosmopolitismus nutzte Heine jede Gelegenheit, seine christlichen Leser daran zu erinnern, dass Gott, als er der Menschheit einen Erlöser schicken wollte, für diesen Zweck einen Juden gewählt hatte. *„Jesus von Jerusalem"*, nannte er ihn, *„der arme Rabbi von Nazareth"*, und sogar *„mein armer Vetter"*.[18] Sein Buch *Shakespeares Mädchen und Frauen* beginnt mit folgenden Worten: *„Ich kenne einen guten Hamburger Christen, der sich nie darüber zufrieden geben konnte, daß unser Herr und Heiland von Geburt ein Jude war. Ein tiefer Unmut ergriff ihn jedes Mal, wenn er sich eingestehen musste, daß der Mann, der, ein Muster der Vollkommenheit, die höchste Verehrung verdient, dennoch zur Sippschaft jener ungeschneuzten Langnasen gehört, die er auf der Straße als Trödler herumhausieren sieht, die er so gründlich verachtet und die ihm noch fataler sind, wenn sie gar, wie er selber, sich dem Großhandel mit Gewürzen und Farbstoffen zuwenden und seine eigenen Interessen beeinträchtigen."*[19] Dieser Abschnitt ist ein typisches Beispiel für Heines Humor, der nicht frei ist von antisemitischen Stereotypen (die jüdische Nase, die Trödler); und dennoch zeigt sich auch hier, wenn man so will, mehr Stolz, als auf den ersten Blick scheinen mag – sogar Nationalstolz. In diesem Sinne finden wir in einem seiner Briefe die Bemerkung: *„ich kann es Gott Vater gar nicht verdenken daß er der bethlehemitischen Maria die Cour und ein Kind gemacht."*[20]

Auch in seiner Kritik gegen den jüdischen Spiritualismus konnte er den Stolz auf seine jüdische Abstammung nicht verbergen. *„(...) und ihre sublimste Blüte ist Jesus Christus. Dieser ist im wahren Sinne des Wortes der inkarnierte Geist, und tiefsinnig bedeutungsvoll ist die schöne Legende, daß ihn eine leiblich unberührte, immakulierte Jungfrau, nur durch geistige Empfängnis, zur Welt gebracht habe."*[21]

Sein Verhältnis zu Jesus war, wie auch seine Beziehung zur Bibel, ganz und gar nicht religiös. Er verspottete die Priester, die den größten der Menschen zum kleinsten der Götter gemacht haben, und behauptete, die zum Christentum getauften Juden würden sich selbst belügen, denn ein Jude könne niemals an die Gottheit eines anderen Juden glauben.[22] Der Glaube an die Dreifaltigkeit war in seinen Augen Götzendienerei. Im Altertum, behauptete er, habe es hunderte von Göttern gegeben, und das Christentum habe ihre Zahl dezimiert, so dass es jetzt nur noch *„die letzten drei Götter, die noch im Himmel übriggeblieben, den Vater, den Sohn und den Heiligen Geist"* gebe.[23] In privaten Unterhaltungen unter Juden war er schärfer. Das Christentum sei die lügnerischste, unwissendste und abergläubischste Religion auf Erden; ein Glauben der Liebe, das aber nichts kenne als Hass; ein Glauben der Freiheit, der aber nichts kenne als Gewaltherrschaft; ein Glaube der Menschenliebe, das immer grausamen barbarisch gewesen sei, wie es die Menschheit nicht kannte. Die Christen fingen ein wenig an Menschen zu werden, erst als sie aufhorten, an ihre Religion zu glauben, das heißt seit der Renaissance.[24]

Die Leiden Jesu symbolisierten in seinen Augen das Schicksal der Juden. Ein Jahr nach seiner Taufe schrieb er in einem Brief an Moser über das Judentum: *„Dein als Weltheiland gekreuzigtes Judentum."*[25] Zur gleichen Zeit begann er, die Leiden Jesu mit seinem eigenen Schicksal zu identifizieren. Schon in *Ideen. Das Buch Le Grand* (1826) beschrieb er, wie er in seiner Kindheit vor einem Kruzifix (seinen Worten nach „*ein wüstes Bild*“) in der Schule des Franziskanerklosters stand, und zu ihm gesagt habe: „*O du armer, ebenfalls gequälter Gott (…).*“[26] In Kapitel 24 von *Deutschland. Ein Wintermärchen* (1844) schreibt er über seine Sehnsucht nach Deutschland:

> *Ich sehnte mich nach den Plätzen sogar,*
> *Nach jenen Leidensstationen,*
> *Wo ich geschleppt das Jugendkreuz*
> *Und meine Dornenkronen.*[27]

Als er einmal auf eine Kritik reagierte, tröstete er sich: „*Wenn jemand gut und ehrlich gekreuzigt wird, dann kann er auch eine anständige Auferstehung erwarten.*“[28]

Heine war ein Ungläubiger – ebenso wie Baruch-Benedictus Spinoza, „sein Genosse im Unglauben.“*[29]

Aber aus seinen persönlichen Erfahrungen wußte er, dass das Judentum auch denjenigen, der es verließ, nicht verlassen würde. Spinoza wurde oft als der erste weltliche Jude betrachtet, da er sich weigerte zu konvertieren, nachdem die jüdische Gemeinde von Amsterdam ihn ausgestoßen hatte. „*Er wurde feierlich ausgestoßen aus der Gemeinschaft Israels und unwürdig erklärt, hinfüro den Namen Jude zu tragen. Seine christlichen Feinde waren großmütig genug, ihm diesen Namen zu lassen.*“[30]

Spinoza, der große Herätiker, blieb in den Augen Heines, wie in den Augen der ganzen Welt, ein Jude. „*Konstatiert ist es*“, schrieb er, „*daß der Lebenswandel des Spinoza frei von allem Tadel war und rein und makellos wie das Leben seines göttlichen Vetters, Jesu Christi. Auch wie dieser*

---

* Sigmund Freud, der diesen Begriff aufgegriffen hatte, nannte Heine „einen unserer Unglaubensgenossen“. In seinem Buch „Der Witz und seine Beziehung zum Unbewussten“ (1905) brachte er dieses Wortspiel als Beispiel für die Scharfsinnigkeit Heines. Im Jahr 1938, als Freud wegen seines Judentums aus Wien fliehen musste (die Gestapo hatte keinen Unterschied zwischen gläubigen und ungläubigen Juden gemacht), gab es in der Welt bereits Millionen von weltlichen Juden, von „Unglaubensgenossen“. Die Mehrheit der Juden in Palästina vor der Staatsgründung waren keine orthodoxen Juden.

litt er für seine Lehre, wie dieser trug er die Dornenkrone. Überall, wo ein großer Geist seinen Gedanken ausspricht, ist Golgatha."[31]

Es fällt schwer, in diesen Zeilen nicht einen Anflug von Identifizierung zu verspüren. Heine selbst scheint sich als eine Art Inkarnation von Jesus gesehen zu haben, als einen Funken aus der Seele Spinozas.

Der Pantheismus Spinozas verneint nicht unbedingt den Monotheismus; er führt diesen Gedanken lediglich bis zu seiner extremen logischen Konsequenz. Wenn Gott einzigartig ist, ewig und endlos, das heißt eine vollkommene, omnipräsente, allumfassende Wesenheit, dann kann nichts außerhalb dieses Wesens existieren. Das bedeutet, dass die Schöpfungsgeschichte – „Gott schuf Himmel und Erde" usw. – im Widerspruch zur Idee der Universalität Gottes steht. Gott kann nicht der Herrscher der Welt sein, da er und die Welt ein und dasselbe sind. Der zentrale Satz bei Spinoza lautet: „Alles was ist, ist in Gott, und nichts kann ohne Gott sein noch begriffen werden."[32] Spinoza wurde dennoch, obwohl seine ganze Philosophie um den Begriff Gottes kreist, des Atheismus beschuldigt. Nachdem die Juden Amsterdams ihn wegen seiner „schrecklichen Ketzereien" exkommuniziert hatten, lebte er einsam, schrieb Bücher und ernährte sich durch das Schleifen von Linsen. Seine Bücher, die auf Latein geschrieben waren, brachten ihm auch in den Kreisen der christlichen Gelehrten einen zweifelhaften Ruf ein. Jeder hielt Abstand zu seiner Lehre des Pantheismus wie vor einem lodernden Feuer, aus Angst, auch er würde zum Ketzer und Gotteslästerer erklärt werden. Auch aufgeklärte Deisten wie Voltaire und die Enzyklopädisten sahen in ihm einen anmaßenden Atheisten. „Benedictus maledictus", der verfluchte Gepriesene, nannten sie ihn.

Diese Haltung änderte sich erst nach hundert Jahren Ächtung und Dämonisierung. Nach dem „Pantheismusstreit" in Deutschland, an dem Moses Mendelssohn beteiligt war, wurde schließlich der Linsenschleifer aus Amsterdam als einer der größten Philosophen aller Zeiten anerkannt. Die berühmtesten Vertreter der Literatur wie Lessing, Goethe und die romantischen Dichter zählten ebenso zu seinen Verehrern wie auch Philosophen, angefangen von Mendelsohn, Hegel, Schelling bis Nietzsche und Freud und Einstein. Spinoza beeinflusste auch Gesellschaftsreformer wie Saint-Simon, Moses Hess und Karl Marx. Heine umschrieb seinen Triumph mit dem wunderbaren Satz: *„All unsere Philosophen in dieser Zeit, vielleicht auch ohne es zu wissen, blicken durch die Brillengläser, die Baruch Spinoza geschliffen hat."* (Heine schreibt „Baruch Spinoza" – und nicht Benedictus, der Name, mit dem er in der Welt bekannt wurde.)[33]

Die Verbindung zwischen dem Saint-Simonismus und dem Pantheismus kam in dem Prinzip zum Ausdruck, dass „Gott Geist wie auch Materie ist". Nicht nur der Geist sei göttlich, behauptete der Saint-Simonist Heine, sondern auch die Materie, und *„wer die heilige Materie beleidigt, ist ebenso sündhaft wie der, welcher sündigt gegen den Heiligen Geist."*[34] Da aber die Materie nach Spinoza eines der Attribute ist, durch die sich Gott den Menschen offenbart, fügte Heine seine persönliche Meinung hinzu, in dem er sagte, eine schöne und begehrenswerte Frau sei *„die körperliche Offenbarung Gottes"*.[35]

„Der Saint-Simonismus", schrieb Heine, *„[ist] die neueste Religion."*[36] Ihre Botschaft nannte er *„Das dritte neue Testament; / Das Leid ist ausgelitten. / Vernichtet ist das Zweierlei, / Das uns so lang betöret; / Die dumme Leiberquälerei / Hat endlich aufgehöret."*[37] Die Wurzel dieser Revolution war die Philosophie Spinozas, nach dessen Auffassung es kein Jenseits gibt, keine Belohnung im Paradies und keine Bestrafung in der Hölle. Die Behauptung, dass der Pantheismus nichts anderes sei als eine andere Form des Atheismus, war offensichtlich doch nicht ganz haltlos. Dieses Thema war damals sehr sensibel, und achtbare Menschen hüteten sich davor, als Atheisten betrachtet zu werden. Fichte wurde aus seiner Stellung an der Universität von Jena entlassen, da er des Atheismus verdächtigt wurde. Heine behauptete, dass die deutschen Philosophen sich hinter einem unleserlichen vernebelten Stil versteckten, um ihre Ketzerei nicht preiszugeben. Das war, wie er schrieb, *„ein Geheimnis, das jeder wusste, das man aber nicht laut auf dem Markte ausschreien sollte."*[38] Die weltliche Revolution schrieb er Immanuel Kant zu, der in seiner „Kritik der Reinen Vernunft" bewies, dass man die Existenz Gottes nicht nachweisen könne.[39]

Heine spürte das Erstarken des Säkularismus, als er nach Frankreich kam. In einem seiner Artikel für die „Allgemeine Zeitung" verkündete er: „*Die alte Religion ist gründlich tot, sie ist bereits in Verwesung über-gegangen.*"[40] In einem anderen Artikel bemerkte er: „*'Der liebe Gott hat heute viel Besuch', sagte ich vorigen Sonntag zu einem Freunde, als ich den Zudrang nach den Kirchen bemerkte. 'Es sind Abschiedsvisiten' – erwiderte der Ungläubige.*"[41]

In seinem Essay *Elementargeister* (1837) entwickelte Heine die spiritualistisch-sensualistische Dichotomie, als er über den Unterschied zwischen dem Judentum-Nazarenentum und dem Griechentum-Hellenentum schrieb und fragte: „*Die Frage war, ob der trübsinnige, magere, sinnenfeindliche, übergeistige Judäismus der Nazarener oder ob hellenische Heiterkeit, Schönheitsliebe und blühende Lebenslust in der Welt herrschen solle.*"[42]

Ein Jahr später erklärte er, dass eine ewige Feindschaft zwischen diesen zwei Weltanschauungen herrsche, dass eine dem „*dürren Boden Judäas*" entsprungen sei und die andere „*dem blühenden Griechenland*". „*Ja*", schrieb er, „*schon seit achtzehn Jahrhunderten dauert der Groll zwischen Jerusalem und Athen, zwischen dem Heiligen Grab und der Wiege der Kunst (…).*" Um zu zeigen, wie diese zwei Weltanschauungen an einem Ort miteinander ringen konnten, beschrieb er, wie das „*merry England*" der Zeit Elisabeths und Shakespeares ersetzt wurde durch die Herrschaft der Puritaner: „*Blume nach Blume, gelang es den Puritanern, die Religion der Vergangenheit gründlich zu entwurzeln und über das ganze Land, wie eine graue Nebeldecke, jenen öden Trübsinn auszubreiten (…).*"[43] Seine Worte über den „*dürren Boden Judäas*" schrieb er im selben Buch, in dem erste Zeichen der Stärkung seiner jüdischen Identität auftauchen. Dasselbe Paradox findet sich in seinem Buch über Börne (das er im Frühjahr 1839 begann und das im August 1840 erschien), in welchem neben feierlichen Erklärungen über sein Hellenentum auch viele jüdische Inhalte zu finden sind, jüdische Gefühle und jüdische Weisheit. „*Alle Menschen sind entweder Juden oder Hellenen*"[44], schrieb er dort, indem er betonte, dass diese Teilung keine Religion meinte, sondern eine Eigenschaft. Ein Beispiel war, dass er, Heine, „*Hellene*" sei, so wie Goethe, „*der große Heide*"; und sein erbitterter Feind dagegen, Wolfgang Menzel, der von Geburt Deutscher war und noch dazu ein Antisemit, ist nichts anderes als ein „*Jude*".

Menzel war der literarische Kritiker, der im Jahre 1835 behauptet hatte, dass das „Junge Deutschland" es verdiene, wegen seiner Liberalität das „Junge Palästina" genannt zu werden. Als Folge dieses Beitrages verhängten alle deutschen Länder einen Bann über die Gruppe und setzten Heine (der wie bereits erwähnt nicht einmal zu ihnen gehörte) an den Anfang der Liste. Jetzt vergalt es Heine Menzel mit Beschimpfungen und Beleidigungen, er beschrieb ihn als einen unzufriedenen Schriftsteller, der *„wieder gegen die Franzosen eiferte und auf Juden schimpfte und wieder für Gott und Vaterland, für das Christentum und deutsche Eichen, in die Schranken trat und erschrecklich bramarbasierte!"* Er nannte ihn *„Menzel der Jude"*, und brachte als Beispiel *„die listigen Worte, womit Menzel sein Deutschtum wie ein Hausierjude seinen Plunder anpreist."* [45]

Das Buch *Ludwig Börne. Eine Denkschrift* ist reich an Stellungnahmen über Juden und das Judentum. Trotz seiner Prahlerei mit seinem Hellenentum und der scheinbar antisemitischen Sticheleien kommt man nicht umhin zu bemerken, dass er in den versteckten Tiefen seines Herzens Sympathie und sogar Bewunderung für den besonderen Weg des Judentums fühlte. *„Welche entsetzliche Opposition bildeten sie deshalb gegen das buntgefärbte, hieroglyphenwimmelnde Ägypten, gegen Phönizien, den großen Freudetempel der Astarte, oder gar gegen die schöne Sünderin, das holde, süßduftige Babylon, und endlich gar gegen Griechenland, die blühende Heimat der Kunst!"* [46]

Im zweiten Kapitel lieferte er ein Bündel Briefe, die er nach seinen Worten im Jahre 1830 auf Helgoland geschrieben hatte. Sie enthalten einige der schönsten Sätze, die je in irgendeiner Sprache über die Bibel geschrieben wurden: *„Trotzdem daß ich ein heimlicher Hellene bin, hat mich das Buch nicht bloß gut unterhalten, sondern auch weidlich erbaut. Welch ein Buch! groß und weit wie die Welt, wurzelnd in die Abgründe der Schöpfung und hinaufragend in die blauen Geheimnisse des Himmels … Sonnenaufgang und Sonnenuntergang, Verheißung und Erfüllung, Geburt und Tod, das ganze Drama der Menschheit, alles ist in diesem Buche … Es ist das Buch der Bücher, Biblia. (…) Ein Buch ist ihr Vaterland, ihr Besitz, ihr Herrscher, ihr Glück und ihr Unglück (…) hier kann man sie nicht verjagen."* [47]

Der glanzvollste und erstaunlichste ist der dritte Brief aus Helgoland, weil er in vollkommenem Widerspruch zum „Sensualismus" oder „Hellenentum" steht, mit denen er in jenen Tagen so prahlte. *„Im Alten Testamente habe ich das erste Buch Mosis ganz durchgelesen. Wie lange Karawanenzüge zog die heilige Vorwelt durch meinen Geist. Die Kamele ragen hervor. Auf ihrem hohen Rücken sitzen die verschleierten Rosen von Kanaan. Fromme Viehhirten, Ochsen und Kühe vor sich hin treibend. Das zieht über kahle Berge, heiße Sandflächen, wo nur hie und da eine Palmengruppe zum Vorschein kommt und Kühlung fächelt. Die Knechte graben Brunnen. Süßes, stilles, hellsonniges Morgenland! Wie lieblich ruht es sich unter deinen Zelten! O Laban, könnte ich deine Herden weiden! Ich würde dir gerne sieben Jahre dienen um Rahel und noch andere sieben Jahre für die Lea, die du mir in den Kauf gibst!"*[48]

Das Lob, das Heine auf einen Mann ausschüttet, der sieben Jahre auf die geliebte Frau wartete, schließlich sogar doppelt so lang, scheint in Widerspruch zu dem Prinzip des Sensualismus und Hedonismus zu stehen. Der ganze Brief, in dem er die jüdische Ethik der Keuschheit lobt, würde den Zuspruch eines jeden orthodoxen Rabbiners finden und könnte in jeder rabbinischen Schule gelehrt werden. Auch sein Angriff auf die Beziehungen zwischen Börne und Madame Wohl stehen nicht im Einklang mit seiner liberalen Haltung.

Die Bibel ist nicht nur das beliebteste Buch für Heine, sondern auch eine der Hauptquellen für seine dichterische Inspiration. In seinen ersten Jahren in Paris schwört er dem heidnischen Hellenentum der Sinne die Treue, und trotzdem ist sein Werk (besonders die Börne-Denkschrift) bestückt mit biblischen Motiven, Metaphern und Symbolen. Als er während einer Schiffsreise seekrank wurde, verglich er sich mit einem Wal, der in seinem Inneren den Propheten Jonas trug, und dieser wütete und murrte in seinem Bauch und schrie ununterbrochen: *„O, Ninve! O Ninve! Du wirst untergehen!"*[49] Die amerikanische Erklärung der Menschenrechte nennt er die *„zehn Gebote des neuen Weltglaubens".*[50] Sein Leben in Paris vergleicht er mit dem babylonischen Exil: *„Wenn ich auch am Tage wohlbeleibt und lachend dahinwandle durch die funkelnden Gassen Babylons, glaubt mir's! sobald der Abend herabsinkt, erklingen die melancholischen Harfen in meinem Herzen (...)."*[51]

Heine fügte hebräische Worte auch in Stellen ein, wo es nicht notwendig war. So zum Beispiel in dem Abschnitt, in dem er über das Aufstellen des Obelisken von Luxor auf der Place de la Concorde in Paris berichtete und feststellte, dass er aus *„Mizraim"* (hebr. für „Ägypten")[52] gebracht worden sei. In seinem Werk erwähnte er auch sehr häufig die Zerstörung Jerusalems. In *Ludwig Börne. Eine Denkschrift* wird dieses Ereignis fünf Mal erwähnt. Zu Beginn erzählt er, wie er mit Börne im Ghetto von Frankfurt spazieren ging. Aus einem der Häuser tönte eine Stimme, und Börne erklärte, dass es der alte Rabbi Chayim (Chayim ist auch der hebräische Namen Heines) sei, der „Wir saßen an den Flüssen Babels" sang. *„Ein Prachtgedicht"*, schreibt er, *„denn der alte Mann haßt noch immer die Babylonier und weint noch täglich über den Untergang Jerusalems durch Nebukadnezar ... Dieses Unglück kann er gar nicht vergessen, obgleich soviel Neues seitdem passiert ist und noch jüngst der zweite Tempel durch Titus, den Bösewicht, zerstört worden."*[53]*

Der Spaziergang fand nach Heines Worten am Chanukka-Fest statt, und Börne verbarg seinen Stolz nicht *„an den Sieg, den die Makkabäer über den König von Syrien so heldenmütig erfochten haben."*[54] Als sie ihren Weg fortsetzten, entwickelten sie einen der schärfsten und bösesten Angriffe gegen die konvertierten Juden (*„Selbstbetrug, wo nicht gar Lüge"*). Heine schreckte in seinem Spott nicht vor antisemitischen Begriffen zurück: *„Widerwärtiger war mir noch der Anblick von schmutzigen Bartjuden, die aus ihren polnischen Kloaken kamen, von der Bekehrungsgesellschaft in Berlin für den Himmel angeworben wurden und in ihrem mundfaulen Dialekte das Christentum predigten und so entsetzlich dabei stanken."*[55]

Gleichzeitig rühmte er die jüdische Küche und ihren Höhepunkt – den Sabbat-Schalet.

---

* Heine, der fast immer in der ersten Person schreibt, identifiziert sich jedoch in diesem Buch nicht als Jude, aber indem er Titus als „Bösewicht" bezeichnet, folgt er der jüdischen Tradition und nicht den römischen Historikern, die ihn als einen guten und beliebten Mann bezeichneten. In diesem Buch nennt er ihn „Bösewicht", aber unter seinen Freunden nannte er ihn „Rosche" (hebräisch für Bösewicht). So schreibt er zum Beispiel in einem Brief an Meyerbeer (6. April 1835): *„Ich spreche von dem Titus, wie ihn die Römer schildern und wie ihn Mozart componirt, der wirkliche Titus, wie wir sehr gut wissen, war ein Rosche."*

Einer der charakteristischen Züge von Heines Stil ist die zeit-
gleiche Beschreibung beider Seiten, das Spiel der Gegensätze, die sich
ergänzen. Als er die Juden in ihren Niederungen und ihren Höhen
beschrieb, erinnerte er an den berühmten talmudischen Lehrsatz:
„Dieses Volk gleicht dem Staub und den Sternen; wenn sie unten sind,
sind sie wie Staub, wenn sie aufsteigen, steigen sie bis zu den Sternen".
Wir wissen nicht, ob Heine diesen Lehrsatz kannte (er hätte ihn
durchaus von Moser oder Zunz, seinen Freunden vom Kulturverein,
hören können), aber den Kern, der in ihm steckt, beschreibt er wie
folgt: *„Die Juden sind das Volk des Geistes, und jedesmal, wenn sie zu ihrem*
Prinzipe zurückkehren, sind sie groß und herrlich und beschämen und über-
winden ihre plumpen Dränger. (…) Während unter diesen Menschen alle
möglichen Fratzenbilder der Gemeinheit gefunden werden, findet man unter
ihnen auch die Ideale des reinsten Menschentums, und wie sie einst die Welt in
neue Bahnen des Fortschrittes geleitet, so hat die Welt vielleicht noch weitere
Initiationen von ihnen zu erwarten … "[56]
Heine erzählt von Hegel, seinem Mentor, der einmal sein Befrem-
den über die Natur ausdrückte, welche dieselben Mittel für erhabenste und niedrigste Ziele gebraucht. *„,Die Natur', sagte mir einst Hegel, ,ist*
sehr wunderlich; dieselben Werkzeuge, die sie zu den erhabensten Zwecken ge-
braucht, benutzt sie auch zu den niedrigsten Verrichtungen, z.B. jenes Glied,
welchem die höchste Mission, die Fortpflanzung der Menschheit, anvertraut
ist, dient auch zum … '"
In der Folge erwähnt Heine, dass auch jene, die über die Schwierigkeiten klagten, Hegel zu verstehen, ihn hier verstehen würden:
„und wenn er auch obige Worte nicht eben in Beziehung auf Israel aussprach,
so lassen sie sich doch darauf anwenden." Im Gegensatz zu Hegel, der das
Ende des Judentums voraussah, sagt Heine: *„Wie dem auch sei, es ist*
leicht möglich, daß die Sendung dieses Stammes noch nicht ganz erfüllt
[ist]."[57]
Hier kommt sein doppeltes Erbe zum Ausdruck, oder vielmehr die
„Dreifaltigkeit" dieses Juden-Deutschen-Europäers. Sein Buch *Lud-*
wig Börne. Eine Denkschrift ist eine Auswahl seiner Gedanken über die
Befreiung Deutschlands und die Erlösung der Menschheit. Heine
fragt sich: Wer wird Deutschland befreien? Wird es wirklich Friedrich

Barbarossa sein, der nach dem deutschen Volksglauben nicht gestorben, sondern im Kyffhäuser in einen tiefen Schlaf gesunken ist, während die Deutschen auf sein Erwachen warten? *„Nein"*, bestimmt er, *„es ist nicht der Kaiser Rotbart, welcher Deutschland befreien wird, wie das Volk glaubt, das deutsche Volk, das schlummersüchtige, träumende Volk, welches sich auch seinen Messias nur in der Gestalt eines alten Schläfers denken kann! Da machen doch die Juden sich eine weit bessere Vorstellung von ihrem Messias (…)."*

Die Stelle ist so außergewöhnlich, dass sie es verdient, ungekürzt zitiert zu werden:

„Vor vielen Jahren, als ich in Polen war und mit dem großen Rabbi Manasse ben Naphtali zu Krakau verkehrte, horchte ich immer mit freudig offenem Herzen, wenn er von dem Messias sprach… Ich weiß nicht mehr, in welchem Buche des Talmuds die Details zu lesen sind, die mir der große Rabbi ganz treu mitteilte, und überhaupt nur in den Grundzügen schwebt mir seine Beschreibung des Messias noch im Gedächtnisse. Der Messias, sagte er mir, sei an dem Tage geboren, wo Jerusalem durch den Bösewicht, Titus Vespasian, zerstört worden, und seitdem wohne er im schönsten Palaste des Himmels, umgeben von Glanz und Freude, auch eine Krone auf dem Haupte tragend, ganz wie ein König … aber seine Hände seien gefesselt mit goldenen Ketten! ‚Was‘, frug ich verwundert, ‚was bedeuten diese goldenen Ketten?‘ ‚Die sind notwendig‘ − erwiderte der große Rabbi, mit einem schlauen Blick und einem tiefen Seufzer −, ‚ohne diese Fessel würde der Messias, wenn er manchmal die Geduld verliert, plötzlich herabeilen und zu frühe, zur unrechten Stunde, das Erlösungswerk unternehmen. Er ist eben keine ruhige Schlafmütze. Er ist ein schöner, sehr schlanker, aber doch ungeheuer kräftiger Mann; blühend wie die Jugend. Das Leben, das er führt, ist übrigens sehr einförmig. Den größten Teil des Morgens verbringt er mit den üblichen Gebeten oder lacht und scherzt mit seinen Dienern, welche verkleidete Engel sind und hübsch singen und die Flöte blasen. Dann läßt er sein langes Haupthaar kämmen, und man salbt ihn mit Narden und bekleidet ihn mit seinem fürstlichen Purpurgewande. Den ganzen Nachmittag studiert er die Kabbala. Gegen Abend läßt er seinen alten Kanzler kommen, der ein verkleideter Engel ist, ebenso wie die vier starken Staatsräte, die ihn begleiten, verkleidete Engel sind. Aus einem großen Buche muß alsdann der Kanzler seinem Herrn vorlesen, was jeden Tag passierte … Da

kommen allerlei Geschichten vor, worüber der Messias vergnügt lächelt oder auch mißmütig den Kopf schüttelt... Wenn er aber hört, wie man unten sein Volk mißhandelt, dann gerät er in den furchtbarsten Zorn und heult, daß die Himmel erzittern... Die vier starken Staatsräte müssen dann den Ergrimmten zurückhalten, daß er nicht herabeile auf die Erde, und sie würden ihn wahrlich nicht bewältigen, wären seine Hände nicht gefesselt mit den goldenen Ketten ... Man beschwichtigt ihn auch mit sanften Reden, daß jetzt die Zeit noch nicht gekommen sei, die rechte Rettungsstunde, und er sinkt am Ende aufs Lager und verhüllt sein Antlitz und weint....' So ungefähr berichtete mir Manasse ben Naphtali zu Krakau, seine Glaubwürdigkeit mit Hinweisung auf den Talmud verbürgend. Ich habe oft an seine Erzählungen denken müssen, besonders in den jüngsten Zeiten, nach der Juliusrevolution. Ja, in schlimmen Tagen glaubt ich manchmal mit eignen Ohren ein Gerassel zu hören, wie von goldenen Ketten, und dann ein verzweifelndes Schluchzen ...O verzage nicht, schöner Messias, der du nicht bloß Israel erlösen willst, wie die abergläubischen Juden sich einbilden, sondern die ganze leidende Menschheit! Oh, zerreißt nicht, ihr goldenen Ketten! Oh, haltet ihn noch einige Zeit gefesselt, daß er nicht zu frühe komme, der rettende König der Welt!"[58]

Diese Denkschrift mit diesem erstaunlichen Abschnitt über den Messias erschien im August 1840. Dieses Jahr sollte in den Augen vieler Gläubiger das Jahr der Ankunft des Messias werden. Juden und Christen reisten nach Palästina, um bei diesem Ereignis dabei zu sein. Aber der Messias kam nicht. Was aber geschah war die Ritualmordanklage in Damaskus, die die gesamte jüdische Welt entsetzte. Heine selbst kämpfte in diesem Jahr leidenschaftlich um Gerechtigkeit für die Juden von Damaskus.

KAPITEL 15

Einsatz für die verfolgten Juden von Damaskus

> *„Ich habe Ihnen doch schon den Wahn benommen*
> *dass ich ein Enthousiast für die jüdische Religion*
> *sey. Daß ich für die Rechte der Juden und ihre bür-*
> *gerliche Gleichstellung enthousiastisch sein werde*
> *das gestehe ich, und in schlimmen Zeiten, die un-*
> *ausbleiblich sind, wird der germanische Pöbel meine*
> *Stimme hören dass es in deutschen Bierstuben und*
> *Palästen wiederschallt.“*[1]

Im Jahre 1840 fand sich Heine in eine Affäre verwickelt, die nicht nur die jüdische Welt erschütterte, sondern in ganz Europa und noch weit darüber hinaus widerhallte. Mitten in den Emanzipationskampf, in dem die Juden Westeuropas nach den Bürgerrechten ihrer neuen Heimatländer strebten, fiel die Ritualmordklage von Damaskus und stellte sie vor eine ernsthafte Prüfung ihrer Identität und Loyalität. „Entsetzen ergriff sämtliche Juden Europas bei diesem Gedanken, dass sie am hellen Tage des neunzehnten Jahrhunderts noch gegen das finstere Gespenst der Blutanklage ankämpfen mussten.“[2] Tatsächlich waren es nicht viele Juden, die es wagten, sich offen zu Gunsten der Juden von Damaskus auszusprechen und den guten Ruf des jüdischen Volkes zu verteidigen. Heine war einer der wenigen, die es taten.

Alles begann am 5. Februar 1840, als in Damaskus der Kapuziner-mönch Thomas verschwand, und mit ihm sein moslemischer Die-ner.[3] Es ging das Gerücht um, dass die beiden zuletzt im jüdischen Viertel gesehen worden seien. Das wiederum verursachte einen Auf-schrei der christlichen Bevölkerung, die behauptete, die beiden seien geschlachtet worden, um ihr Blut zum Backen von ungesäuertem Brot für das Passahfest zu verwenden. Wenn auch nicht die einzige Ritualmordklage jener Zeit, so fand diese jedoch weltweit Resonanz durch die skandalöse Intervention des französischen Konsuls. Dieser Mann, Graf Ratti-Menton, stellte sich hinter die Verleumder und for-derte den türkischen Statthalter, Sharif Pascha, dazu auf, die Schuldi-gen zu finden und zu bestrafen. Da er sich nicht auf die örtlichen korrupten Behörden verlassen wollte, spielte er selbst eine aktive, ein-zigartig brutale Rolle bei der Untersuchung des Falles. Um seinen „Zeugen" Geständnisse abzupressen, schlug er Männer wie Frauen und warf sogar Kinder ins Gefängnis. Der erste, den er befragte, war ein Friseur namens Salomon Halek, neben dessen Geschäft der Mönch und sein Diener gesehen worden waren. Zunächst brachte man ihn ins französische Konsulat, doch da er jegliches Wissen über das Schicksal der beiden Männer leugnete, wurde er zur weiteren Untersuchung in das Gebäude des Statthalters überführt, dort „ver-riet" er nach schrecklicher Folter, dass sie von sieben der vornehms-ten Juden der Gemeinde geschlachtet worden seien. Die Beschul-digten wurden sofort verhaftet. Zwei der älteren Herren, Joseph Leniado und Joseph Harari, wurden zu Tode gefoltert. Ein anderer, Hakham [Rabbi] Moses Salonicly, hielt selbst dem allerhärtesten Druck stand und weigerte sich, irgendeine Schuld „zuzugeben". Drei Brüder, David, Isaac und Aaron Harari „gaben zu", wonach auch immer sie gefragt wurden. Außer Schlägen bestand die Verhörtechnik darin, die Verdächtigen dazu zu zwingen, drei Tage lang aufrecht zu stehen und sie mit Bajonetten zu stechen, wann immer sie auf dem Boden zusammenbrachen, Dornen unter ihre Finger- und Zehen-nägel zu stoßen, ihre Bärte in Brand zu setzen und ihnen brennende Kerzen unter die Nase zu halten, so dass die Flammen in ihre Nasen-löcher stiegen, sowie aus unzähligen anderen teuflischen Tricks, die

die Bereitschaft der Leute, alles nur Erdenkliche zu gestehen, erschöpfend erklären.

Der extremste Fall war der des Hakham Moses Abu el-Afieh, der „enthüllte", dass in seinem Haus eine Flasche mit dem Blut des Mönchs versteckt sei. Der französische Konsul und der Polizeihauptmann eilten sofort in sein Haus und forderten seine Frau auf, die belastende Flasche herauszugeben. Als sie protestierte, sie wisse überhaupt nicht, wovon sie redeten, schlug sie der Konsul auf den Kopf, damit sie wie ihr Mann ein Geständnis ablegte. Danach wurde die Frau ins Gefängnis geschleppt, um dort mit anzusehen, wie ihrem Ehemann zweihundert Peitschenschläge verabreicht wurden. Der Unglückliche flüsterte, er habe die Flasche Hakham Jacob Antebi, dem Oberrabinner von Damaskus gegeben, und mit letzter Kraft bat er zum Islam konvertieren zu dürfen, um sich vor weiterer Folter zu schützen.

Hakham Antebi wurde inhaftiert. Seine Peiniger schlugen ihn bis zur Bewusstlosigkeit, warfen ihn in ein Becken mit eiskaltem Wasser, zogen ihn mit einem an seinen Penis gebundenen Strick umher und quetschten seine Hoden. Nachdem er sich noch immer weigerte zu gestehen, folgte die Inszenierung seiner Exekution. Erst in letzter Minute, als er schon den Soldaten mit ihren erhobenen Schwertern sowie dem Koch Sharif Paschas, der ein Metzgermesser schwang, um ihm damit den Kopf abzuschneiden, gegenüberstand, wurde der Befehl erteilt, die Vorführung zu stoppen. David Harari (dessen Vater bereits totgeschlagen worden war), bezeugte, dass Hakham Antebi die Ermordung des Mönchs in Auftrag gegeben habe. „Wir brauchen das Blut eines vornehmen Mannes für das ungesäuerte Brot." Und er habe befohlen: „Ihr Sieben, die ich ausgewählt habe, werdet einen oder zwei Unbeschnittene töten und mir das Blut in einer Flasche überbringen". Der Hauptzeuge, Moses Abu el-Afieh, seit seiner Konvertierung als Mehmed Effendi bekannt, lieferte den nötigen „Beweis" aus dem Talmud.

Ein weiterer Fortschritt im Verlauf der „Untersuchung" ergab sich durch die Entdeckung von Knochen in einem Abwasserkanal im jüdischen Viertel. Obwohl die Bewohner erklärten, dass es sich dabei um Viehknochen handelte, attestierten sowohl christliche als auch moslemische Ärzte auf Drängen des französischen Konsuls, dass es menschliche Überreste waren. Die christliche Gemeinde von Damaskus zelebrierte eine feierliche Bestattung auf dem Friedhof des Kapuzinerklosters. In den Grabstein gravierte sie in italienischen und arabischen Lettern: „Hier ruhen die Überreste von Pater Thomas aus Sardinien, apostolischer Kapuzinermissionar, ermordet von den Juden am 5. Februar 1840".

Das Ereignis führte zu einer neuen Welle von Verhaftungen. Diesmal wurden auch 63 Kinder ins Gefängnis geworfen, gefesselt und ausgehungert, damit man von ihren Müttern Geständnisse erpressen konnte, wo das Blut versteckt sei. Angst und Schrecken überfiel die jüdische Gemeinde von Damaskus.

Die ersten Nachrichten über die Vorkommnisse in Syrien erreichten Europa durch diplomatische Kanäle. Alle, nicht nur der französische Konsul, sondern auch die Vertreter Österreichs, Großbritanniens sowie anderer Länder, berichteten über die Schuld der Juden als eine unbestrittene Tatsache. In einer langen Depesche an den Außenminister, schrieb der amerikanische Vizekonsul in Beirut, Jasper Chasseaud, unter anderem: „Ein höchst barbarisches Geheimnis, das seit langer Zeit von den Juden unterdrückt wurde … kam in Damaskus schließlich zum Vorschein. Es ist die Tatsache, dass sie an ihrem Osterfest christliches Blut für ihr ungesäuertes Brot benutzen … An dem Platz wurden die Reste des Dieners [Pater Thomas] gefunden, ein Haufen menschlicher Knochen … was den Beweis geliefert hat, dass sie im Haus für einen solchen Ritualmord benutzt wurden."

Keinem von ihnen kam die Möglichkeit in den Sinn, dass der Mönch, der selbst eine zweifelhafte Gestalt war, von seinem Diener ermordet worden sein könnte und dieser daraufhin floh und untertauchte. Die antisemitische Presse in Europa stürzte sich schadenfroh auf die Geschichte über den Ritualmord, und auch seriösere liberale Zeitungen waren geneigt, dem Bericht zu glauben, stützte der sich doch auf die Aussage des französischen Konsuls. Die Londoner „Times", das einflussreichste Blatt Großbritanniens und möglicherweise der ganzen Welt, berichtete über die Ritualmordklage als eine ungeklärte Frage und widmete neuen Meldungen und Briefen an die Herausgeber, und zwar sowohl solchen, die die Verleumdung unterstützten als auch jenen, die sie ablehnten, die gleiche Anzahl von Spalten. Die Augsburger „Allgemeine Zeitung", die renommierteste deutschsprachige Zeitung, war den Juden gegenüber weitgehend feindlich eingestellt und behandelte den Vorwurf des Ritualmordes quasi als gerechtfertigt. Paradoxerweise war es ausgerechnet die Zeitung, in der Heine seinen couragierten Feldzug zur Verteidigung der verfolgten Juden von Damaskus führen sollte.

Sehr wahrscheinlich wäre Baron Ratti-Mentons Intrige aufgegangen, hätte er nicht eine winzige Kleinigkeit übersehen: Einer der Inhaftierten, Isaac Piccioto, war ein Staatsbürger Österreichs. Das Gesuch seiner Familie an den österreichischen Konsul, zu seinen Gunsten zu intervenieren, setzte eine Kette von Ereignissen in Gang, die letztlich zur Rettung der Juden von Damaskus führte. Obwohl Konsul Caspar Giovanni Merlato, wie alle anderen hochrangigen Europäer, die in Damaskus Dienst taten, zunächst selbst an die Ritualmordgeschichte geglaubt hatte, befreite er Piccioto aus dem Gefängnis und schrieb nieder, was der Augenzeuge hinter den Mauern erlebt hatte. Diesen detaillierten Bericht schickte er an seinen Vorgesetzten, Anton von Laurin, Generalkonsul von Österreich in Alexandria. Dieser wiederum wandte sich unverzüglich an Mehmed Ali Pascha, Herrscher von Ägypten und Syrien, und forderte ihn auf, die Folterungen einzustellen sowie den Beschuldigten einen fairen Prozess zu gewähren.

Mehmed Ali Pascha hatte keinerlei Zweifel an der Schuld der Juden: Sharif Pascha, der die Untersuchung leitete, war sein Adoptivsohn. Gleichwohl, aus Sorge um seinen guten Ruf, befahl er die Folter einzustellen. Seine Anweisung erreichte Damaskus am 25. April, erst nachdem vier der betroffenen Juden bereits tot waren.

Der österreichische Konsul begnügte sich nicht mit dem bloßen Gesuch an Mehmed Ali, sondern versuchte außerdem auch seinen Kollegen, den Generalkonsul von Frankreich in Alexandria zu überzeugen, seinen Untergebenen, Ratti-Menton, aufzurütteln. Als ihm dies nicht gelang, entschloss er sich zu einem gewagten Schritt, der ihn seine Stellung hätte kosten können. Statt den Bericht an seine Regierung nach Wien zu senden, wo das Dokument, wie er befürchtete, im bürokratischen Räderwerk stecken bleiben würde, schickte er ihn seinem Amtskollegen, dem österreichischen Konsul in Paris, und bat diesen, seinen Einfluss zu nutzen, um direkt an die französische Regierung heranzutreten.

Der österreichische Konsul in Paris war kein anderer als Baron James de Rothschild. Als Finanzberater von König Louis Philippe besaß er ausgezeichnete Kontakte zur Regierung. Er arrangierte sofort ein Treffen mit Thiers, Ministerpräsident und Außenminister, der ein sehr gebildeter und aufgeklärter Gentleman war. Doch zu seiner Überraschung und großen Enttäuschung gelang es Rothschild nicht, Thiers zu überzeugen, den Schandtaten seines konsularischen Vertreters in Damaskus ein Ende zu setzen. In diesem Jahr, 1840, verschärfte sich die Orientfrage. Die Beziehungen zwischen Frankreich und den anderen europäischen Mächten standen am Rande einer Krise, und Paris war nicht bereit, irgendwelche Schritte zu unternehmen, die Österreich diplomatische Vorteile im Nahen Osten verschafft hätten.

James berichtete seinem Bruder Salomon in Wien vom Scheitern seiner Intervention: „Unter diesen Umständen", schrieb er ihm, „haben wir nur noch das allmächtige Mittel übrig: die Presse für unsere Sache zu mobilisieren!"[4] Und nach kurzer Beratung mit seinem Anwalt, Isaac-Adolphe Crémieux, sorgte er dafür, dass der Inhalt des Kommuniqués des österreichischen Konsuls zu den Pariser Zeitungen durchsickern konnte. Er bat seinen Bruder, auch eine Kopie an die „Allgemeine Zeitung" nach Augsburg zu übermitteln. Dies war de facto ein bedeutender Schritt in der Geschichte des jüdischen Überlebenskampfes: Zum allerersten Mal wurde die Presse dazu benutzt, die öffentliche Meinung für eine jüdische Angelegenheit zu mobilisieren.[5]

Einer der Journalisten, die sich dieser Front voller Enthusiasmus anschlossen, war Heine. Am 7. Mai 1840, just an dem Tag, als der Bericht des Konsuls veröffentlicht wurde, schickte er der „Allgemeinen Zeitung" seinen ersten Artikel über die Ritualmordaffäre:

„Die heutigen Pariser Blätter bringen einen Bericht des k. k. österreichischen Konsuls zu Damaskus an den k. k. österreichischen Generalkonsul in

Alexandria, in bezug der Damaszener Juden, deren Martyrtum an die dunkelsten Zeiten des Mittelalters erinnert. Während wir in Europa die Märchen desselben als poetischen Stoff bearbeiten und uns an jenen schauerlich naiven Sagen ergötzen, womit unsere Vorfahren sich nicht wenig ängstigten; während bei uns nur noch in Gedichten und Romanen von jenen Hexen, Werwölfen und Juden die Rede ist, die zu ihrem Satansdienst das Blut frommer Christenkinder nötig haben; während wir lachen und vergessen, fängt man an, im Morgenlande sich sehr betrübsam des alten Aberglaubens zu erinnern und gar ernsthafte Gesichter zu schneiden, Gesichter des düstersten Grimms und der verzweifelnden Todesqual! Unterdessen foltert der Henker, und auf der Marterbank gesteht der Jude, dass er bei dem herannahenden Paschafeste etwas Christenblut brauchte zum Eintunken für seine trockenen Osterbröte und daß er zu diesem Behufe einen alten Kapuziner abgeschlachtet habe!"[6]

Am Ende des Artikels geht er auf den gescheiterten Versuch des Barons Rothschild ein, den französischen Premierminister umzustimmen. *„Herr Thiers, der sich jüngst nicht bloß als Mann der Humanität, sondern sogar als Sohn der Revolution geltend zu machen suchte, offenbart bei Gelegenheit der Damaszener Vorgänge eine befremdliche Lauheit."*[7]

Etwa zur selben Zeit traf sich Salomon Rothschild mit dem österreichischen Kanzler Fürst von Metternich und bat um dessen Intervention zugunsten der Juden von Damaskus. Daraufhin drängte Metternich seinen Konsul in Ägypten, die Bemühungen um einen baldigen Abschluss dieser Angelegenheit voranzutreiben, und tadelte ihn gleichzeitig dafür, dass er die Nachricht nicht unverzüglich durch die üblichen diplomatischen Kanäle übermittelt hatte.

Diese Aktivitäten, mit der die Brüder Rothschild eine Ausnahme von der bis dahin üblichen „Rothschildschen" Vorsicht machten, markierten einen Wendepunkt in der jüdischen Geschichte. Auf dem Höhepunkt der Emanzipationsbemühungen, als die Juden der westlichen Welt beinahe alles taten, um ihre Identifikation mit ihren Gastländern zu beweisen, konnte jeder Ausdruck jüdischer Solidarität leicht den Verdacht einer gespaltenen Loyalität erregen. Dieses Eintreten für die Verteidigung von Juden in einem fernen Land (oder, wie James es in seinem Brief an Salomon formulierte: „in Verteidigung einer gerechten Sache"[8]), kann als historischer Meilenstein betrachtet werden.

Auch die Rothschilds in England beteiligten sich an dieser Auseinandersetzung, wenn auch auf andere Art und Weise. Der erste Hilferuf aus Damaskus erreichte die Oberhäupter der jüdischen Gemeinde in Konstantinopel am 12. Februar, und nur sechs Wochen später (am 27. März) war die Information zu den Brüdern Rothschild nach London durchgedrungen. Sie überließen die Angelegenheit ihrem Onkel Moses Montefiore (Schwager des verstorbenen Nathan Rothschild), der eine Versammlung der jüdischen Honoratioren, darunter Lionel Rothschild, in seinem Haus in Grosvenor Gate in der Park Lane einberief. Dort wurde beschlossen, die britische Regierung um Intervention zu bitten. Eine Delegation traf sich am 30. April mit dem Außenminister Lord Palmerston. Dieser reagierte mit Wohlwollen auf das Gesuch und sandte eine Eildepesche an den britischen Konsul in Alexandria, Oberst John Lloyd Hodges, mit der Anweisung Mehmed Ali zu unterrichten, welch schlechten Eindruck die Nachrichten über die Verbrechen von Damaskus in Europa hinterließen. Er sollte einen fairen Prozess für die Beschuldigten, Entschädigung für die Opfer sowie die Entlassung der in die Affäre involvierten Verantwortlichen verlangen. Das Kommuniqué wurde am 5. Mai in London abgesandt, zwei Tage, bevor die Pariser Presse den Bericht des österreichischen Konsuls veröffentlichte und Heine die „Allgemeine Zeitung" ständig mit Darstellungen über dessen Auswirkungen in Frankreich informierte.

Heine führte eine außergewöhnliche journalistische Kampagne, in die er all seine Begeisterung, seinen ganzen Mut und seine polemische Begabung steckte. Kein anderer zeitgenössischer Journalist kämpfte so erbittert für die verfolgten syrischen Juden wie er.

In seinem zweiten Artikel, datiert vom 14. Mai, verschärfte Heine noch seine Kritik über die Hilfe, die die französische Regierung ihrem Konsul leistete, „dem in der Tragödie zu Damaskus die schändlichste Rolle zugeschrieben wird"[9]. „Graf Ratti-Menton (...) war früher französischer Konsul in Sizilien, wo er zweimal bankerott machte und fortgeschafft ward. Später war er Konsul in Tiflis, wo er ebenfalls das Feld räumen mußte, und zwar wegen Dingen, die nicht sonderlich ehrender Art sind; nur soviel will ich bemerken, daß damals der russische Botschafter in Paris, Graf Pahlen, dem hiesigen Minister der auswärtigen Angelegenheiten, Grafen Molé, die be-

stimmte Anzeige machte: im Fall man den Herrn Ratti-Menton nicht von Tiflis abberufe, werde die kaiserlich russische Regierung denselben schimpflich zu entfernen wissen" [10]

Mehemed Ali befand sich in einer Zwickmühle: Auf der einen Seite forderten ihn Russland, Österreich, Preußen und Großbritannien massiv auf, den Verfolgungen ein Ende zu setzen, auf der anderen Seite übte Frankreich als sein Verbündeter Druck in die entgegen gesetzte Richtung aus. Die ganze Affäre erschien dem scharfsinnigen Herrscher plötzlich wie ein Sparringkampf zwischen den europäischen Mächten, die um den Einfluss im Nahen Osten wetteiferten.

Die Orientfrage – die allgemein anerkannte Beschönigung für die imperialistische Politik der Westmächte, die sich unter Vorwegnahme eines möglichen Verfalls des Osmanischen Reiches zu positionieren suchten – hatte während der vergangenen zehn Jahre die internationalen Beziehungen strapaziert. 1829 gewann Griechenland seine Unabhängigkeit von der Türkei, Serbien wurde Autonomie gewährt. Die Befreiung der Donaufürstentümer (das heutige Rumänien) war nur noch eine Frage der Zeit. Während die Türkei sich verzweifelt bemühte, ihre europäischen Territorien zu halten, fand sie sich nun von Süden her bedroht: Frankreich besetzte Algerien (1830). Mehmed Ali, der albanische Pascha von Ägypten, befreite sich vom Joch des Sultans (1831). Seine große, von französischen Offizieren ausgebildete Armee überrannte unter dem Kommando seines Sohnes Ibrahim Palästina und Syrien und wäre auch in die Türkei eingefallen, hätte sie nicht in letzter Minute das Bündnis zwischen Britannien, Österreich und Russland zurück gehalten. Er zog seine Truppen zurück und befestigte seine Herrschaft in Syrien und Palästina. Sein einziger Verbündeter war Frankreich, das seit Jahren die Entwicklung Ägyptens förderte, indem es Lehrer, Ärzte und Ingenieure schickte. Ein Symbol dieser freundschaftlichen Allianz ist der Obelisk, ein Geschenk Mehmed Alis an Louis Philippe, der noch heute auf der Place de la Concorde in Paris steht.

Die europäischen Großmächte waren ganz erpicht darauf, sich die türkischen Territorien anzueignen und sowohl Einfluss als auch Verbündete im Nahen Osten zu gewinnen. Die Franzosen übernahmen die Verteidigung der römisch-katholischen Interessen; die Russen nahmen die Griechisch-Orthodoxen unter ihre Fittiche. Den Briten, die mit ihrer Teilnahme am Rennen ein bisschen spät dran waren, blieb nur der konsularische Schutz des von keinem anderen beanspruchten Mündels, nämlich der Juden. Das Eindringen der europäischen Mächte drückte sich auch aus in der Errichtung von Kirchen, Schulen, Krankenhäusern, Pilgerherbergen und allem, was sonst noch dazu geeignet war, die Stellung des jeweiligen Staates in einer Zeit, als Politik und Religion untrennbar miteinander verflochten waren, zu festigen.

Im Jahr 1839, nach Jahren relativer Ruhe, versuchten die Türken die ägyptische Arme zu verdrängen, es gelang ihnen jedoch nur, eine neue Weltkrise heraufbeschworen. Großbritannien verbündete sich mit Österreich, Preußen und Russland, um den Expansionsgelüsten Mehmed Alis ein Ende zu setzen; Frankreich fuhr fort ihn zu unterstützen; und die Lage der Häftlinge von Damaskus war alles andere als gut. Ratti-Menton war überzeugt, dass, indem er sich auf die Seite der katholischen Christen stellte, er damit die Stellung Frankreichs festigte. Die Regierung in Paris unterstützte ihn aus rein zynischen Erwägungen.

Heine begnügte sich nicht mit der Kritik an den moralischen Beweggründen Frankreichs, sondern stellte auch ihre politische Vernunft in Frage. Er behauptete, dass Thiers sich bei der Beurteilung der Kräfteverhältnisse in der Region irrte. Wer nach dem erwarteten Zusammenbruch des Osmanischen Reiches den entscheidenden Einfluss haben würde, waren nicht die Katholiken, sondern, seiner Meinung nach, die Orthodoxen. *„Das Oberhaupt dieser griechischen Christen"*, schrieb er, *„ist nicht der arme Schelm, der den Titel Patriarch von Konstantinopel führt und dessen Vorgänger dort schmachvoll zwischen zwei Hunden aufgehängt worden – nein, ihr Oberhaupt ist der allmächtige Zar von Rußland, (...) er ist ihr geharnischter Messias (...) der einst sein Siegesbanner aufpflanzen werde auf die Türme der großen Moschee von Byzanz"*[11]

Heine hatte übertrieben, was die Macht der griechisch-orthodoxen Bevölkerung betraf, hatte aber wundervoll die imperialistischen Bestrebungen Russland beschrieben: *„Sie träumen eine russisch-griechisch-*

orthodoxe Weltherrschaft, die von dem Bosporus aus über Europa, Asien und Afrika ihre Arme ausbreiten werde."[12]

Diese Worte schrieb er, als der Kampf um den politischen Einfluss in der Welt entbrannt war, zwischen Frankreich, England, Preußen und Österreich. Russland, trotz seiner Größe, war ein armes und schwaches Land; aber Heine, im Gegensatz zu den politischen Beobachtern, sah in ihr einen *„furchtbaren Riesen, der jetzt noch schläft und im Schlafe wächst, die Füße weitausstreckend in die duftigen Blumengärten des Morgenlands, mit dem Haupte anstoßend an den Nordpol, träumend ein neues Weltreich …"*[13] Damals hat man seine politischen Prophezeiungen nicht ernst genommen, und es werden hundert Jahre schrecklichen Leides und der Umwälzungen vergehen, damit unsere Generation seine Prophezeiung bewerten kann – wie zum Beispiel folgende: *„Die Worte Napoleons auf Sankt Helena, daß in baldiger Zukunft die Welt eine amerikanische Republik oder eine russische Universalmonarchie sein werde, sind eine sehr entmutigende Prophezeiung."*[14]

In seinen gedruckten Schriften hat sich Heine niemals als Jude zu erkennen gegeben. In seinen politischen Beiträgen war er sowieso anonym. Die „Allgemeine Zeitung" pflegte die Beiträge ihrer Autoren anonym zu veröffentlichen, obwohl sie ihnen in manchen Fällen besondere Zeichen anheftete. Heines Beiträge wurden mit einem Davidstern gekennzeichnet. Gershon Sholem behauptete, dass diese Tatsache „ein Hinweis für seine Identifizierung mit dem Judentum ist, trotz seiner Konvertierung."[15] Aber nirgends wurde ein Beweis für diese Auslegung gefunden. Heine, in seiner typischen Verschlagenheit, erklärte hierzu lediglich: *„Die Redaktion der Augsburger Zeitung pflegte meine Artikel ebenso wie die der anderen anonymen Mitarbeiter mit einer Chiffre zu bezeichnen, um administrativen Bedürfnissen zu begegnen."*[16] Gleichgültig ob das Zeichen von ihm bestimmt wurde oder von der Redaktion, ob es zufällig gemacht wurde oder absichtlich – zum Inhalt der Beiträge kann es keine Zweifel geben. Hier erscheint Heine auf einem der Höhepunkte seiner Identifizierung mit dem jüdischen Volk.

Mehr als das, Heine begnügte sich nicht mit dem Kampf über die Seiten der Zeitung begnügt. Am 21. Juli sandte er an Julius Campe seine Geschichte *Der Rabbi von Bacherach*, die er seit fünfzehn Jahren aufbewahrt hatte. Das erste Kapitel beschreibt eine Ritualmordklage *(„das war das läppische, in Chroniken und Legenden bis zum Ekel oft wiederholte Märchen")*[17], und Heine, der den Eindruck hatte, dass diese mittelalterliche Geschichte wegen der letzten Ereignisse aktuell geworden war, wollte es im vierten Band seiner „Salons" aufnehmen.

Nur sehr wenige deutsche Juden wagten es, offen ihre Solidarität mit den verfolgten Juden in irgendwelchen fremden Ländern zum Ausdruck zu bringen. Viele deutsche Juden erschraken zwar angesichts der Verstärkung des Antisemitismus infolge der Ritualmordklage, und dennoch – im Gegensatz zu den meisten Gesandten der jüdischen Gemeinden in England und einzelnen in Frankreich – drückte sich ihre Reaktion in einer zaghaften, leisen Stimme aus. Abraham Geiger, der berühmte Rabbiner der jüdischen Gemeinde von Breslau, schrieb, dass es für ihn wichtiger sei, ob man einem Juden die Erlaubnis gebe, in Preußen eine Apotheke zu eröffnen, als die Rettung aller orientalischen Juden, „an deren Leid ich als Mensch teilnehme".[18] In seinem Buch „Rom und Jerusalem" (das zwanzig Jahre später geschrieben wurde) bemerkte Moses Hess, dass er in den Tagen der Damaskus-Affäre ein großes, bitteres Geschrei von sich geben wollte, „allein dieses Geschrei wurde immer wieder in meiner Kehle durch den noch größeren Schmerz erstickt, den das europäische Proletariat in mir weckte"[19] Auch die Juden Frankreichs engagierten sich in dieser Zeit nicht besonders.

„Das Interesse, welches die hiesigen Juden an der Tragödie von Damaskus nahmen, reduziert sich auf sehr geringfügige Manifestationen. Das israelitische Konsistorium, in der lauen Weise aller Körperschaften, versammelte sich und deliberierte; das einzige Resultat dieser Deliberationen war die Meinung, daß man die Aktenstücke des Prozesses zur öffentlichen Kunde bringen müsse. Herr Crémieux, der berühmte Advokat, welcher nicht bloß den Juden, sondern den Unterdrückten aller Konfessionen und aller Doktrinen zu jeder Zeit seine großmütige Beredsamkeit gewidmet, unterzog sich der obenerwähnten Publikation, und mit Ausnahme einer schönen Frau [Heine spielt hier höchstwahrscheinlich auf Betty, die Gattin des Barons James de Rothschild an] *und einiger jungen Gelehrten ist wohl Herr Crémieux der einzige in*

Paris, der sich der Sache Israels tätig annahm."[20] Crémieux, der Anwalt des Barons Rothschild, veröffentlichte in zwei liberalen Zeitungen seine Meinung über die Damaskus-Affäre, und damit erweckte er antisemitische Reaktionen von katholischen Zeitungen. Diese behaupteten, dass er seine Meinung gegen Bezahlung veröffentlicht habe und dass jüdisches Geld hinter der Verteidigung der Juden von Damaskus stehe. Darüber äußerte sich Heine mit bitterem Spott: *„Die Geldkräfte der Juden sind in der Tat groß, aber die Erfahrung lehrt, daß ihr Geiz noch weit größer ist.*"[21]

„Die Juden in Frankreich sind schon zu lange emanzipiert, als daß die Stammesbande nicht sehr gelockert wären, sie sind fast ganz untergegangen oder, besser gesagt, aufgegangen in der französischen Nationalität; sie sind gerade ebensolche Franzosen wie die andern (…) Viele unter ihnen üben noch den jüdischen Zeremonialdienst, den äußerlichen Kultus, mechanisch, ohne zu wissen warum, aus alter Gewohnheit; von innerm Glauben keine Spur, denn in der Synagoge ebenso wie in der christlichen Kirche hat die witzige Säure der Voltaireschen Kritik zerstörend gewirkt. Bei den französischen Juden, wie bei den übrigen Franzosen, ist das Gold der Gott des Tages, und die Industrie ist die herrschende Religion."[22]

„Ich bin überzeugt, nie hat Israel Geld gegeben, wenn man ihm nicht gewaltsam die Zähne ausriß."[23] Danach erwähnt Heine einige Namen, darunter auch den des Präsidenten des Israelischen Konsistoriums: *„Herr W. de Romilly, gäbe vielleicht keine hundert Francs, wenn man zu ihm käme mit einer Kollekte für die Rettung seines ganzen Stammes!*"[24]

Auch den Baron Ferdinand Moritz Delmar (vormals Salomon Moses Levy) griff Heine scharf an, der mehr als anderthalb Millionen Francs für eine Schule für verarmte Aristokratenkinder gespendet hatte, aber nichts zur Rettung seiner Brüder getan hat. *„Hat dieser Edelmann aus dem Stamme David auch nur einen Pfennig beigesteuert bei einer Kollekte für die Interessen der Juden?*"[25] fragte Heine in *Lutezia*. Bereits im Absatz davor hatte er den Ursprung von Delmars Namens erklärt, dessen Geburtsname Moses war, der „aus dem Wasser gezogen" bedeutet, was wiederum auf Italienisch „del mare" heißt. Nun zielte Heine jedoch auch mit einem Giftpfeil auf Baron Ferdinand von Eckstein, mit den Worten: *„ein anderer aus dem Wasser gezogener Baron*" (und in diesem Fall meint Heine das Taufbecken). Jener sei *„ein deutscher Baron, welcher, von den Schlegeln besonders rekommandiert, die germanische Wissenschaft in Paris repräsentieren sollte. Er war gebürtig aus Altona, wo er einer der angesehensten israelitischen Familien angehörte. Sein Stammbaum, welcher bis zu Abraham, dem Sohne Thaers und Ahnherrn Davids, des Königs über Juda und Israel, hinaufreichte, berechtigte ihn hinlänglich, sich einen Edelmann zu nennen".*[26] Nun, wie auch immer, während der Damaskus-Affäre: *„Ich möchte mich dafür verbürgen, daß ein anderer aus dem Wasser gezogener Baron, der im edlen Faubourg den gentilhomme catholique und großen Schriftsteller spielt, weder mit seinem Gelde noch mit seiner Feder für die Stammesgenossen tätig war."*[27]

Heine beendete den Abschnitt mit einer außergewöhnlich scharfsinnigen Diagnose über das psychologische Syndrom, das eines Tages „jüdischer Selbsthass" genannt werden sollte:

„Hier muß ich eine Bemerkung aussprechen, die vielleicht die bitterste. Unter den getauften Juden sind viele, die aus feiger Hypokrisie über Israel noch ärgere Mißreden führen als dessen geborne Feinde. In derselben Weise pflegen gewisse Schriftsteller, um nicht an ihren Ursprung zu erinnern, sich über die Juden sehr schlecht oder gar nicht auszusprechen. Das ist eine bekannte, betrübsam lächerliche Erscheinung."[28]

Diese Worte schrieb Heine etwa vier Jahre, bevor er Karl Marx kennen lernte – einer der härtesten Fälle in der Geschichte jüdischen Selbsthasses. Während der Damaskus-Affäre kämpfte Heine an mehreren Fronten: Gegen die französische Regierung, gegen die katholische Geistlichkeit, gegen die Selbstleugnung der Juden und gegen die antisemitische Presse. Eines Tages berichtete die Presse über eine aufgehetzte Menge, die das Haus des österreichischen Konsuls in Damaskus belagert und ihn gnadenlos dafür angeprangert hatte, sich zu Gunsten der Juden eingemischt zu haben. Einige europäische Zeitungen betonten hierbei, dass der Konsul offensichtlich Jude sein müsse. Wie *„zu lesen war"*, reagierte Heine, *„als flösse alles, was zugunsten der Damaszener Juden geschrieben worden, aus jüdischen Quellen, als sei der österreichische Konsul zu Damaskus ein Jude, als seien die übrigen Konsuln dort, mit Ausnahme des französischen, lauter Juden. Wir kennen diese Taktik, wir erlebten sie bereits bei Gelegenheit des Jungen Deutschlands. Nein, sämtliche Konsuln* *von Damaskus sind Christen, und daß der österreichische Konsul dort nicht einmal jüdischen Ursprungs ist, dafür bürgt uns Eben die rücksichtslose, offene Weise, womit er die Juden gegen den französischen Konsul in Schutz nahm; — was der letztere ist, wird die Zeit lehren."*[29] Eine Woche später, am 3. Juni, attackierte Heine erneut den französischen Premierminister. Diesmal in Zusammenhang mit der Anfrage von Benoît Fould, des jüdischen Bankiers und Parlamentsabgeordneten, der eine Erklärung für das Verhalten des Barons Ratti-Menton verlangte (der *„Elende"*, so Heine, *„der als französischer Konsul dort den Namen Frankreichs schändet"*[30]). *„Die Antwort des Herrn Thiers war ein Meisterstück von Perfidie (…) Hörte man ihn reden, so konnte man am Ende wirklich glauben, das Leibgericht der Juden sei Kapuzinerfleisch."*[31] Im selben Abschnitt beschrieb Heine, wie der Premierminister während seiner Morgenaudienzen die Medien manipulierte, indem er den Journalisten glaubwürdig erklärte, *„daß die Juden Christenblut am Paschafeste söffen, chacun à son goût, alle Zeugenaussagen hätten bestätigt, daß der Rabbiner von Damaskus den Pater Thomas abgeschlachtet und sein Blut getrunken — das Fleisch sei wahrscheinlich von geringern Synagogen beamten verschmaust worden"*[32] (Das war kein Scherz. Zwei Jahre später schrieben die „Archives Israélites": „Passierte es nicht während dieser traurigen Damaskus Affäre, dass einer eurer Freunde euch in einem Seelen verletzenden Spaß sagte: ,Ich möchte nicht bei Dir speisen, da Du mir möglicherweise ein Kotelett aus dem Fleisch des Paters Thomas anbieten könntest?'")[33]

Thiers Einflussnahme auf die öffentliche Meinung hatte Erfolg. Die französische Presse, die noch wenige Monate zuvor lauthals die Juden von Damaskus verteidigt hatte, begann Andeutungen darüber zu machen, dass es durchaus möglich sei, dass dieselben Juden tatsächlich Christenblut trinken, da es schließlich ohne Feuer keinen Rauch gäbe. Heine schrieb über diese Entwicklung in einem Artikel vom 11. Juni 1840, den die „Allgemeine Zeitung" jedoch nicht veröffentlichte.[34]

Heines Angriff auf Thiers war nicht völlig unbegründet. Obwohl der Premierminister vor der Öffentlichkeit bekannte, es wäre anmaßend von ihm, seine Meinung darüber zum Ausdruck zu bringen, was er einen „Mordfall" nannte, gab er in privaten Gesprächen mit Baron de Rothschild zu, dass er im Grunde an die Schuld der Juden in Damaskus glaubte.

Thiers war ein gemäßigter Konservativer und nicht unbedingt ein Antisemit; aber imperialistische Überlegungen zwangen ihn zu einer unmoralischen Politik. Er war von zwergenhafter Gestalt, kokett, ehrgeizig, und diente Balzac als Vorlage für die Figur seines Helden Rastignac. Er war auch ein bekannter Historiker und Verfasser der Geschichte der Französischen Revolution in zehn Bänden sowie der Geschichte des Kaiserreiches in zwanzig Bänden.* Heine erwähnte ihn schon, als er noch in Deutschland lebte, bevor die Julirevolution ausbrach („Seit 10 Tagen wohne ich ganz allein in Wandsbek, wo ich seitdem noch mit niemanden gesprochen außer mit Thiers und dem lieben Gott – ich lese nemlich die Revoluzionsgeschichte des einen und die Bibel des anderen Verfassers ..."[35])

Thiers war auch der Herausgeber des oppositionellen Blattes „National", dessen Ansinnen es war, die Bourbonen zu stürzen. Als einer der Väter der Julirevolution setzte er sich ein für die Krönung Louis Philippes als „Bürgerkönig" in einer konstitutionellen Monarchie, ähnlich der in Großbritannien. Heine traf ihn zu gesellschaftlichen Ereignissen, meist bei ihrer gemeinsamen Freundin, Prinzessin Cristina di Belgiojoso. Es war bekannt, dass er sie, wenn er zu Besuch kam, beim Bemalen von Fächern antraf, während Thiers in der Küche Omelettes briet. All das wurde, natürlich, nach Wien und Berlin berichtet. „Das schlimmste", informierte einer der Spione seinen Vorgesetzten, „ist, dass Heine besonders intime Beziehung zu Thiers unterhält."[36] Während der ersten Zeit in Paris hatte Heine eine hohe Meinung von Thiers. Einmal nannte er ihn „Goethe der Politik", ein anderes Mal war er „der große Historiograph der Revolution."[37] Ihre Wertschätzung beruhte allerdings auf Gegenseitigkeit, denn Thiers nannte ihn einmal, „den größten Franzosen nach Voltaire"[38] Als sich Heines wirt-

---

* Louis-Adolphe Thiers (1797-1877), ein französischer Staatsmann und Historiker, war der Autor der zehnbändigen Geschichte der Französischen Revolution und einer der Anstifter der Juli-Revolution von 1830.

schaftliche Situation 1836 als Folge des Verbots seiner Bücher in Deutschland ganz akut verschlechterte, besorgte ihm Thiers eine Pension aus einem geheimen staatlichen Fonds.

Es begannen Gerüchte über diese Zuwendungen zu kursieren, und Heine wurde als ein Agent von Thiers bezeichnet; wer jedoch Heines Schriften aus dem Jahre 1840 überprüft, wird es schwer haben, dafür Beweise zu finden. Im Februar des gleichen Jahres, als der König Thiers zum Premierminister und Außenminister ernennen wollte, schrieb Heine in seiner Zeitung: *„Herr Thiers, bei seiner Behendigkeit und Geschmeidigkeit, zeigt immer ein großes Talent, wenn es gilt, den mât de cocagne der Herrschaft zu erklettern, hinaufzurutschen; aber er bekundet ein noch größeres Talent des Wiederheruntergleitens."*[39] Im weiteren Verlauf des Jahres sparte er nicht mit Kritik am Premierminister bezüglich seiner Außenpolitik und zynischen Unterstützung der Ritualmordaffäre, und er würzte seine Kommentare mit geistreichen Späßen auf dessen Kosten: *„Er ist der klügste Kopf Frankreichs, obgleich er, wie man behauptet, es selbst gesteht."* Er berichtete auch von einer angeblichen Unterhaltung, die Thiers mit dem König hatte, und bei dieser Gelegenheit lässt er diesen sagen: *„‚Ew. Majestät glauben, Sie seien der klügste Mann in diesem Lande, aber ich kenne hier jemand, der noch weit klüger ist, und das bin ich!' Der schlaue Philipp soll hierauf geantwortet haben: ‚Sie irren sich, Herr Thiers; wenn Sie es wären, würden Sie es nicht sagen.'"*[40]

Im journalistischen Kampf gegen die französische Regierung war Heine der einzige, der etwas zu verlieren hatte. Er gefährdete nicht nur seine monatliche Rente, sondern auch das politische Asyl, das dieses Land ihm gewährte. Doch derartige Betrachtungen konnten einen Menschen wie ihn nicht aus der Fassung bringen. *„Aber nein, großer Geschichtschreiber und sehr kleiner Theolog"*, schrieb er über den Premierminister und fuhr fort: *„im Morgenland ebensowenig wie im Abendland erlaubt das Alte Testament seinen Bekennern solche schmutzige Atzung, der Abscheu der Juden vor jedem Blutgenuß ist ihnen ganz eigentümlich, er spricht sich aus in den ersten Dogmen ihrer Religion, in allen ihren Sanitätsgesetzen, in ihren Reinigungszeremonien, in ihrer Grundanschauung vom Reinen und Unreinen."*[41] Und nach dieser kurzen Lektion in Grundsätzen des Judentums fügte er hinzu: *„Nein, die Nachkömmlinge Israels, des reinen, aus-*

erlesenen Priestervolks, sie essen kein Schweinefleisch, auch keine alte Franziskaner, sie trinken kein Blut, ebensowenig wie sie ihren eigenen Urin trinken, gleich der heiligen Elisabeth, Urmuhme des Grafen Montalembert."[42] (Der Graf von Montalembert war Herausgeber des katholischen Blattes „L'Univers" und hatte am lautstärksten den absurden Gedanken an einen Ritualmord verbreitet. Er rühmte sich gerne mit seiner entfernten Verwandten, der heiligen Elizabeth, einer ungarischen Prinzessin, die „*mit ihrer frommen Zunge den räudigsten Bettlern die Schwären und den Grind leckte, ja daß sie vor lauter Frömmigkeit sogar ihren eignen Urin soff"*).[43]

Heine entdeckte 1840, was Herzl später in der Dreyfusaffäre (1894–1895) erkennen und die aufgeklärte Welt in der Vichy-Ära (1940–1944) zu sehen bekommen würde − das andere, dunkle Gesicht Frankreichs. Der Mann, dem die deutschen Nationalisten Feindesliebe vorgeworfen hatten, musste jetzt zugeben, dass Paris die „*Werkstätte aller progressiven, aber auch aller retrograden Verbrüderungen*"[44] war. Er entdeckte auch, dass man sich in der Stunde der Not nicht auf das liberale Lager und die aufgeklärte Öffentlichkeit verlassen konnte. „*Verwundert fragen wir uns: Ist das Frankreich, die Heimat der Aufklärung, das Land, wo Voltaire gelacht und Rousseau geweint hat?*"[45]

Paradoxerweise wurden die Juden von Damaskus von reaktionären Staaten, wie Österreich unter Metternich und Russland unter Zar Nikolaus I., verteidigt, während das am meisten aufgeklärte Land überhaupt, nämlich Frankreich, die schäbige Verleumdung über den Ritualmord unterstützte. In einem Artikel lobt Heine erneut den glänzenden Juristen Isaac Adolphe Crémieux, er sei „*der einzige in Paris, der sich der Sache Israels tätig annahm.*"[46] Obgleich Crémieux ein wahrer Patriot Frankreichs war, beschloss er angesichts der Unnachgiebigkeit der französischen Regierung (und mit Billigung von Baron James de Rothschild), nach London zu gehen, um mit den Führern der jüdischen Gemeinschaft Englands zur Rettung der Juden von Damaskus zu kollaborieren.

„Frankreich ist gegen uns!" verkündete er, als er in London eintraf.[47] Am 15. Juni nahm er an einem Treffen der Gemeindevorsteher teil, bei dem der Beschluss gefasst wurde, eine Delegation nach Alexandria und Damaskus zu senden, angeführt von ihm selbst und Moses Montefiore. Es war eine beispiellose Entscheidung. Erstmals in der neueren Geschichte vereinten sich Juden verschiedener Nationen zur Förderung eines allgemeinen jüdischen Belanges. Die deutschen Juden nahmen nicht teil. Sie waren zu sehr mit ihren eigenen Problemen beschäftigt, als dass es ihnen auch nur in den Sinn gekommen wäre, einen Repräsentanten zu schicken, um sich der Delegation anzuschließen. Als einzige Gemeinde zeigte Hamburg-Altona Interesse und schickte eine Geldspende an die Kommission nach London.

Die Aktivitäten der Londoner Kommission genossen allerorts öffentliche Anerkennung. Wie in Paris, so operierten auch hier die Rothschilds hinter den Kulissen. Montefiore, 56 Jahre alt, war verheiratet mit Judith Barent Cohen, der Schwester von Hannah, der Gattin Nathan Rothschilds, des Oberhauptes des britischen Zweigs der Familie. Crémieux, 46 Jahre alt, war Anwalt und Vertrauter von James, des Oberhauptes des französischen Zweigs, welcher der Kampagne seine Büros in der Rue Laffitte zur Verfügung stellte.[48] Am 24. Juni begleitete Lionel Rothschild, (James' Neffe, erstgeborener Sohn des verstorbenen Nathan Rothschild, der Mann, der später erstes jüdisches Parlamentsmitglied werden sollte) Crémieux zu einem Treffen mit dem Außenminister Lord Palmerston, der sie beide herzlich empfing und sie über seine Anweisung an den britischen Konsul in Alexandria unterrichtete, der Delegation jede erdenkliche Hilfe zu geben. Am 3. Juli versammelten sich Parlamentsmitglieder, Kirchenmänner, Bankiers und Kaufleute in Mansion House, dem offiziellen Amtssitz des Bürgermeisters von London, um ihre Anteilnahme am Schicksal der Juden von Damaskus auszudrücken. Daniel O'Connell, der Führer der irischen Katholiken, rief die Anwesenden auf, „ihre Stimme als Engländer gegen diese schändliche Unterdrückung zu erheben. Möge ihre Stimme sich erheben von einem Ende der Britischen Inseln bis zum anderen Ende (hört! hört!), und wenn das Geschrei eines irischen Menschen fehlen sollte (tosenden Beifall, Gelächter), dann bin ich deshalb hier."[49] Protestversammlungen gab es auch in Philadelphia und New York. Der amerikanische Staatssekretär John Forsyth sandte im Namen des Präsidenten Martin Van Buren die Anweisung an den amerikanischen Konsul in Alexandria und den Gesandten in Konstantinopel, alles zu tun, was in ihrer Macht stand, um die Schrecken zu beenden, die „die zivilisierte Welt so zum Zittern" gebracht hat.[50]

Die Präsenz Crémieux' in London war einigermaßen gewagt, da England just zu der Zeit dabei war, eine Konferenz mit Österreich, Preußen und Russland abzuhalten, ohne jedoch Frankreich hierzu eingeladen zu haben. Die vier Mächte unterschrieben ein Abkommen, das „Frieden in der Levante" erzielen sollte, und bevollmächtigten Lord Palmerston, Mehmed Ali ein Ultimatum zu stellen, das seinen sofortigen Rückzug aus Syrien verlangte.[51]

Frankreich war ausgeschlossen und betrachtete die Nicht-Einladung zur Konferenz als grobe Beleidigung. Thiers veranlasste die Armee, Kriegsvorbereitungen zu treffen und begann gleichzeitig die patriotischen Instinkte in der Zivilbevölkerung zu aktivieren. Gerade erst war der Bau des Arc de Triomphe fertig gestellt worden, und die Vorbereitungen zur Rückführung der sterblichen Überreste Napoleons aus St. Helena und endgültigen Beisetzung im Hôtel des Invalides waren in vollem Gange. Die Öffentlichkeit war zu jedem Opfer bereit, um Ruhm und Ehre des Vaterlandes zu schützen.

Am 27. Juli berichtete Heine über die Kriegshetzerei in Frankreich gegen den *„perfiden Albion"* und verhöhnte Thiers, den Geschichtsschreiber, der selber Geschichte machen wollte, als *„kecken Konseilpräsidenten, der das Leben Napoleons bereits bis zum Ende des Konsulats beschrieben hat und mit südlich glühender Einbildungskraft seinem Helden auf so vielen Siegesfahrten und Schlachtfeldern folgte. Es ist vielleicht ein Unglück, daß er nicht auch den russischen Feldzug und die große Retirade im Geiste mitmachte. Wäre Herr Thiers in seinem Buche bis zu Waterloo gelangt, so hätte sich vielleicht sein Kriegsmut etwas abgekühlt."*[52]

In dieser angespannten Situation, als die Beziehung zwischen ihren Ländern auf dem Tiefpunkt lag, brach also diese gemeinsame Delegation englischer und französischer Juden zu ihrer Mission auf. „Als wir in Paris weilten", schrieb Montefiore in seinem Tagebuch, „hatten wir einige Treffen mit Mitgliedern der Familie Rothschild, die ein großes Interesse an unserer Mission hatten. Das Treffen der französischen Gemeinden fand im Haus des Baron Anselm de Rothschild [James'

Neffe] statt, wo ich mit Dr. Loewe [sein Sekretär, Eliezer Halevy] anwesend war. Monsieur Crémieux wandte sich mit einer erregten Rede an die Anwesenden, und die Ergebnisse waren zu seiner vollen Zufriedenheit…"[53] Heine, der über die Fahrt nach Ägypten berichtete, bemühte sich, ihre universale Bedeutung zu betonen: *„Dieser Anwalt der Juden"*, schrieb er über Crémieux, *„plädiert zugleich die Sache der ganzen Menschheit".*[54] Er äußerte die aufrichtige Hoffnung, dass die Ritualmordklage von Damaskus eine wichtige Lektion für die Völker des Ostens sein möge und sie zum Guten ändern würde. Sie sollten die Art und Weise der europäischen Gerichtsbarkeit kennen lernen, die Rechte des Einzelnen reformieren, und ihren Namen nie mehr dadurch in Verruf bringen, dass sie grausame Untersuchungen durchführen und Aussagen mit Folter erpressen. *„(…) in dieser Beziehung dürfte die Reise des Herrn Crémieux nach Alexandria als eine wichtige Begebenheit eingezeichnet werden in die Annalen der Humanität."* [55]

Die Delegation traf am 4. August in Alexandria ein und das Treffen mit Mehmed Ali wurde für den nächsten Tag vereinbart, als Montefiore sich dann aber völlig überrascht alleine auf dem Weg in den Palast wiederfand. Crémieux und sein Dolmetscher, der Orientalist Salomon Munk, waren vom französischen Konsul Monsieur Cochelet aufgehalten worden, „aus Gründen", wie Montefiore in sein Tagebuch schrieb, „die nur ihm gut bekannt waren."[56]

Colonel Hodges, der Generalkonsul von Großbritannien, stellte Montefiore dem Pascha als Gesandten der Regierung ihrer Majestät, der Königin Victoria vor. Montefiore, der anlässlich des Ereignisses seine Galauniform trug, verlas eine umfangreiche Ansprache in englischer Sprache und bat im Anschluss daran den Dolmetscher, sie ins Türkische zu übersetzen. Mehmed Ali stellte ungeduldig fest, dass dies nicht nötig sei, und er persönlich für eine Übersetzung sorgen würde. Im Übrigen wisse er, worum es ging und würde sich der Angelegenheit demnächst widmen. Ganz nebenbei, frage er sich, wie es denn käme, dass ein französischer Anwalt zur Delegation gehörte? Darauf erwiderte Colonel Hodges, dass Crémieux als betroffener Jude, nicht als Franzose gekommen sei und einzig aus humanitären Gründen.

Die Delegation der Juden war zu einer denkbar ungünstigen Zeit nach Ägypten gekommen. Mehmed Ali war mit dem Ultimatum der vier Mächte sowie mit dem Erscheinen der britischen Flotte vor der Küste Beiruts beschäftigt. Hodges erklärte seinen Gästen, der Pascha könne sich angesichts der internationalen Krise nicht mit einem Problem befassen, das in seinen Augen unbedeutend war. Tatsächlich vertröstete er Montefiore und Crémieux immer wieder. Doch diese waren nicht untätig, sondern organisierten eine von neun Konsuln unterschriebene Petition (ausgenommen dem französischen, der es ablehnte zu unterschreiben) und übten jeden erdenklichen Druck auf den Pascha aus, bis dieser endlich die Begnadigung der in Damaskus gefangenen Juden ausstellte.

Am 6. September wurden die Gefangenen, zumindest diejenigen, die noch am Leben waren, freigelassen. Am 11. September eröffnete die Britische Flotte das Kanonenfeuer auf Beirut. Am 3. Oktober schrieb Heine: *„Der Kanonendonner von Beirut findet sein Echo in der Brust aller Franzosen. Ich selber bin wie betäubt: schreckliche Befürchtungen dringen in mein Gemüt. Der Krieg ist noch das geringste der Übel, die ich fürchte. In Paris können Auftritte stattfinden, wogegen alle Szenen der vorigen Revolution wie heitere Sommernachtsträume erscheinen möchten!"* [57]

An demselben Tag kapitulierte Beirut. Vier Tage später, am 7. Oktober, berichtete er über *„kriegerische Deklamationen"*, die die Spalten der Pariser Zeitungen füllten, über Menschentrauben, die sich an den Straßenecken versammelten, um den Nachrichten aus den Zeitungen lauschen, und von begeisterten jungen Menschen, die die Rekrutierungsbüros belagerten. Die Nachricht vom Fall Beiruts hatte Europa noch nicht erreicht, doch es genügte die konsularische Meldung, dass die Engländer die Trikolore auf dem französischen Konsulat in Beirut beschossen hatten, um die Atmosphäre in Paris zu entzünden. Heine beschrieb die Ereignisse so: *„Vorgestern abend verlangte das Parterre in der Großen Oper, daß das Orchester die Marseillaise anstimme; da ein Polizeikommissär diesem Verlangen widersprach, sang man ohne Begleitung, aber mit so schnaubendem Zorn, daß die Worte in den Kehlen stockten und ganz unverständlich hervorgebrüllt wurden. Oder haben die Franzosen die Worte jenes schrecklichen Lieds vergessen und erinnern sich nur noch der alten Melodie?*

Der Polizeikommissar, welcher auf die Szene stieg, um dem Publikum eine Gegenvorstellung zu machen, stotterte unter vielen Verbeugungen: das Orchester könne die Marseillaise nicht aufspielen, denn dieses Musikstück stünde nicht auf dem Anschlagzettel. Eine Stimme im Parterre erwiderte: ,Mein Herr, das ist kein Grund, denn Sie selbst stehen ja auch nicht auf dem Anschlagzettel.' Für heute hat der Polizeipräfekt allen Theatern die Erlaubnis erteilt, die Marseiller Hymne zu spielen…"[58]

Heine bemerkte die Ironie, dass unter allen Ministern ausgerechnet der Erziehungsminister am kampflustigsten war, während der Kriegs- und der Marineminister am friedfertigsten waren. Das Zünglein an der Waage sei, natürlich, der Premierminister. *„Thiers"*, schrieb Heine, *„hat imperialistische Gelüste, und wie ich Ihnen schon Ende Julius schrieb, der Krieg ist die Freude seines Herzens. Jetzt ist der Fußboden seines Arbeitzimmers ganz mit Landkarten bedeckt, und da liegt er auf dem Bauche und steckt schwarze und grüne Nadeln ins Papier, ganz wie Napoleon."*[59] Seinen Beitrag beendete Heine in Redewendungen, die seinen deutschen Lesern wohl vertraut waren, mit der Warnung: *„Das Gewitter zieht immer näher. In den Lüften vernimmt man schon den Flügelschlag der Walküren."*[60]

Heine fürchtete sich sehr vor einem Krieg; insbesondere vor einem Krieg zwischen Frankreich und Preußen, seiner Heimat. Der Aufruf einiger französischer Zeitungen, dass die Stunde gekommen sei, die Grenzen Frankreichs bis zum Rhein auszudehnen, hatte ihn alarmiert, und trotz seiner ausgesprochenen frankophilien Neigung fühlte er deutsche patriotische Gefühle in sich erwachen. In dieser Zeit schrieb er sein Gedicht *Deutschland!*, das mit folgenden Worten beginnt:

> *Deutschland ist noch ein kleines Kind,*
> *Doch die Sonne ist seine Amme;*
> *Sie säugt es nicht mit stiller Milch,*
> *Sie säugt es mit wilder Flamme.*[61]

In der Fortsetzung des Gedichtes vergleicht er Deutschland mit einem *„täppischen Rieselein"*, das Eichen mit seinen Händen ausreißt, oder mit *„Siegfried, (…) dem edlen Fant"*, und warnte die *„Nachbarskinder"*, sich nicht mit ihm in einem Streit einzulassen. Später schrieb er: *„Ich bin* *ein Deutscher und ärgerte mich sehr über den Mann (Thiers), der meine Heimat mit Krieg bedrohte, was ein Unglück ist ...*"[62]

Auch der König zeigte sich tief bestürzt von der Kriegshetzerei und dem Säbelrasseln. „Herr Thiers spekuliert mit dem Schicksal Frankreichs"[63], murrte er. Am 20. Oktober war er mit seiner Geduld am Ende und zwang Thiers abzudanken. Dieser wurde ersetzt durch eine Regierung, die sich für Frieden in Europa engagierte, und sei es um den Preis der Rücknahme der Unterstützung von Mehmed Ali. „Die Syrische Frage", sagte der König, „ist kein Grund für einen Krieg".[64]

„*Vorderhand aber haben wir Frieden,* frohlockte Heine, „*und dem König Ludwig Philipp gebührt das Lob, daß er zur Erhaltung des Friedens ebensoviel Mut aufgewendet, als Napoleon dessen im Kriege bekundete. Ja, lacht nicht, er ist der Napoleon des Friedens!*"[65]

Nun gab es nichts mehr, was Großbritannien mehr ernstlich im Wege gestanden hätte. Die von Ibraim Pascha, dem Sohn Mehmed Alis, angeführten Truppen zogen sich ins Landesinnere zurück, und die britische Marine wurde entlang der syrischen Küste stationiert. Im November 1840 fiel Akkon erobert, und innerhalb kürzester Zeit kontrollierten die Briten die Küstenlinie von Tripolis bis Haifa. Der Kommandant der britischen Streitkräfte, Commodore Charles Napier, setzte nun die Segel nach Alexandria, wo er Mehmed Ali einen Handel anbot: Er würde Syrien und Palästina dem türkischen Sultan zurückgeben, und im Gegenzug sollten er und seine Nachkommen die Anerkennung als legitime Herrscher Ägyptens erhalten.[66] Als er begriff, dass er von Frankreich, seinem Freund und Verbündeten, fallen gelassen worden war, hatte der ägyptische Pascha keine andere Wahl, als diese Bedingungen zu akzeptieren.

Nach beinahe drei Monaten in Ägypten nahm die jüdische Delegation Abschied. Montefiore, der sich mit der Begnadigung der Gefangenen von Damaskus nicht begnügte, machte sich mit seinem Sekretär Dr. Loewe auf den Weg in die Türkei, um den Sultan zu überzeugen, ein „Firman" (königliches Dekret) auszustellen, das die Juden von jedweden Ritualmordbeschuldigungen befreite, und den Juden in der Türkei Religionsfreiheit und Schutz vor Verfolgungen gewährte. Crémieux blieb noch eine Weile in Ägypten und gründete dort zwei

Schulen in Kairo und Alexandria: die Samen, aus denen später das ausgedehnte Netzwerk von Schulen der Alliance Israélite Universelle erwachsen sollte. Am 4. November segelte er dann nach Frankreich zurück.

Cremieux's Rückreise war ein einziger Siegeszug. In Korfu, Triest, Venedig, Wien, Nürnberg, Frankfurt, Mainz – überall bereiteten ihm die Juden feierliche Empfänge. Die Gemeinden der Städte, in denen er nicht Halt machte, schickten Gesandte zu ihm. Nur in Paris, wo die jüdische Gemeinde befürchtete, dass man an ihrem Patriotismus zweifeln könnte, wurde er kühl und abweisend begrüßt. Was Montefiore betrifft, so begnügte sich dieser wiederum nicht mit dem königlichen türkischen Firman, sondern segelte nach Rom, um den Papst dazu zu bewegen, die Grabinschrift enfernen zu lassen, die die Juden des Mordes an dem Mönch beschuldigte. Der Papst weigerte sich, ihn zu empfangen, und auch die Kontakte zu den Beamten im Vatikan waren für ihn eine große Enttäuschung. „Der Papst und all seine Nächsten", schrieb Montefiore, „sind überzeugt, dass die Juden Pater Thomas ermordet haben, und sie werden diese Überzeugung nicht ändern, auch wenn man vor ihnen alle Zeugen der Welt vorbringen würde, die das Gegenteil sagen."*

---

* Die Ritualmord-Affäre von Damaskus ist eine unendliche und unvollendete Geschichte. Viele Jahre später erzählte man noch in Damaskus von dem Mönch, der von den Juden als Ritualopfer ermordet wurde, und darüber, dass die Mörder durch die Machenschaften einflussreicher Juden aus dem Ausland vor der Todesstrafe gerettet wurden. Im Mai 1934 hat das Nazi-Organ „Der Stürmer" eine Sonderausgabe über jüdische „Ritualmorde" herausgebracht und hat ausführlich über den Fall des Pater Thomas berichtet. – Die Geschichte des Mönches, der von den Juden gequält und malträtiert worden war und dessen Mörder schließlich wegen einflussreicher ausländischer Juden ungestraft davon kamen. Im Jahre 1983 veröffentlichte Mustafa Talas, der syrische Verteidigungsminister, sein Buch „Die Matze von Zion", in dem er sich mit der Ritualmord-Affäre als einer wahren Begebenheit beschäftigt. Talas, der seinen Doktortitel an der Sorbonne erhielt, warnt in seinem Buch, dass der „jüdische Rassismus" eine „Fortsetzung der Weisungen des Talmuds sei" (Robert Wistrich, *Antisemitism: The Longest Hatred*, London 1991, S. 207). Ein Jahr später, im Dezember 1984, erinnerte Dr. Maarouff al-Dawalibi, Saudi-Arabiens Vertreter bei der UN, an die Damaskus-Affäre. Das war in einem Seminar der

Trotz der entmutigenden Niederlage in Rom kehrte Montefiore als Sieger nach London zurück. In der Synagoge von London wurde ihm zu Ehren ein großes Fest veranstaltet, mit eigens für diese Gelegenheit verfassten Gebeten und der Deklaration dieses Tages zu einem Feiertag.** Königin Viktoria lud ihn in den Palast, um ihm ihre Gratulation zur Rettung seiner Brüder auszusprechen.[67]

Major Charles Henry Churchill, einer der Offiziere, die dem Expeditionskorps zur Beendigung der Herrschaft Mehmed Alis in Syrien und Palästina angehört hatten, war nun in Damaskus stationiert. Er war es, dem Montifiori das türkische „Firman" schickte, mit der Bitte dessen Inhalt den Juden von Damaskus zur Kenntnis zu bringen. Bei dem prachtvollen Empfang, den der Vorsitzende der jüdischen Gemeinde, Raphael Pharhi, zu Ehren der britischen und österreichischen Offiziere gab, und an dem auch die befreiten Ritualmordangeklagten teilnahmen, verlas Churchill den „Firman".

Die meisten Historiker sehen hier den Beginn eines modernen jüdischen Nationalbewusstseins. Heinrich Graetz beschrieb die Freude über die Rettung der Juden von Damaskus als ein „jüdisch-patriotisches Hochgefühl".[68] Simon Dubnow, der Verfasser der „Geschichte der Juden", schrieb: „Die Damaskus-Affäre hat einen großen Einfluss gehabt auf das Selbstbewusstsein der Juden. Just zu der Zeit, als die westeuropäischen Juden dem Zauber der Assimilation verfallen waren und sich spalteten in Franzosen, Engländer und Deutsche mosaischen Glaubens, fand dieses Ereignis statt, das alle Juden der Welt in einem Gefühl einigte und bewiesen hat, dass das zerstreute und getrennte Volk aus einer moralischen Einheit besteht."[69] Und ein bekannter

---

UNO über „Freiheit und Toleranz". Der Sprecher gab eine detaillierte Beschreibung der Ereignisse und behauptete, dass die Schuld der Juden eindeutig war, und dass alle Beschuldigungen, die man gegen sie erhob, richtig waren. Er verlas auch einen Satz, den er dem Talmud zuordnete: „Wenn ein Jude nicht einmal im Jahr aus dem Blut eines Nicht-Juden trinken wird, dann bleibt er für ewig verdammt." (Bernard Lewis, *Semites and Antisemites*, New York and London 1986, S. 194).

** „Klein-Purim". Purim ist das Fest zum Gedenken an die Rettung der Juden im alten Persien.

zeitgenössischer Historiker, Professor Shmuel Ettinger von der Hebräischen Universität in Jerusalem, schrieb: „Die ersten Knospen eines modernen nationalen Bewusstseins tauchten nach der Affäre der Ritualmordklage von Damaskus auf."[70]

Eine dieser „Knospen" war *Der Rabbi von Bacherach*, den Heine 1825 schrieb, und das erst 15 Jahre später, im Oktober 1840, veröffentlicht wurde. Es ist eine der Arbeiten, die einige Gelehrte dazu veranlassten, Heine als einen jüdisch-nationalen Autor zu bezeichnen, während andere sich vehement gegen eine solche Klassifizierung wehren.[71] Tatsache ist, dass Heines kreativer Genius derart reich und umfassend ist, dass jeder Versuch, ihm irgendein Etikett zu verpassen, zwangsläufig fehlschlagen muss. Er schrieb oft „*Wir Deutsche ...*", kämpfte aber unermüdlich gegen die Einigung Deutschlands. Er stellte sich dar als Kosmopolit, der jede Art von Nationalismus ablehnt, rühmte sich jedoch damit, „*daß seine Ahnen dem edlen Hause Israel angehörten, daß er ein Abkömmling jener Märtyrer [sei], die der Welt einen Gott und eine Moral gegeben und auf allen Schlachtfeldern des Gedankens gekämpft und gelitten haben.*"[72]

Der Rabbi von Bacherach, den er in seiner Jugend schrieb, wie die *Hebräischen Melodien* und die *Geständnisse*, die auf seinem Sterbebett entstanden, bringend wunderbar das jüdische Herz zum Ausdruck, das sein ganzes Doppelleben hindurch pochte. Das ist eine neue Art von Judentum, frei, weltlich orientiert, eine vollkommene Antithese zu allen Geistesrichtungen des Judentums seiner Zeit. Aber es war ein Judentum, das in seiner Pracht und Problematik einige Generationen später auf der Weltbühne erscheinen sollte, in der Zeit der nationalen Erneuerung des Volkes Israel.

KAPITEL 16

Der erste Neo-Kanaaniter

Denn ich liebe dich am meisten!
Mehr als jene Griechengöttin,
Mehr als jene Fee des Nordens,
Lieb ich dich, du tote Jüdin![1]
(Atta Troll)

Auf dem Höhepunkt seines journalistischen Kampfes zur Rettung der Juden von Damaskus erinnerte sich Heine an seine fragmentarische Novelle *Der Rabbi von Bacherach*, die er vor fünfzehn Jahren geschrieben hatte. Es ist eine Erzählung, die mit einer Ritualmordanklage beginnt, mit einer kritischen Beschreibung des Lebens im Frankfurter Ghetto fortfährt, und mit einem Disput zwischen Abraham, dem Rabbi von Bacherach, und einem konvertierten Juden, der nicht anders heißt als Don Isaac Abarbanel, endet. Es ist viel geschrieben worden, um die angeblichen Widersprüche, die in dieser kurzen Geschichte verborgen sind, zu erklären. Die Menschen konnten nicht verstehen, wie Heine im ersten Kapitel die Thora verherrlichen konnte, *„jenes Buch [...], das Gott mit heilig eigner Hand geschrieben und für dessen Erhaltung die Juden soviel erduldet, soviel Elend und Haß, Schmach und Tod, ein tausendjähriges Martyrtum."*[2] Dagegen stellt er im dritten Kapitel dem Rabbi von Bacherach einen getauften Juden gegenüber, der verkündet, dass die Religion Israels für seinen Geschmack nicht lustig genug sei und er daher den Götzendienst der Astarte vorziehe. „Die Novelle war ein Misserfolg", behauptet Jeffrey Sammons, „und sie spiegelt Heines Misserfolg als Student in Berlin wider, sich selbst eine ganzheitliche jüdische Identität zu definieren."[3]

In Wirklichkeit aber ist nicht Heine die Definition seiner Identität missglückt, sondern diesen Gelehrten, die versucht haben, ihn nach den Begriffen der jüdischen Aufklärung zu charakterisieren. Heine war eine Ausnahmeerscheinung unter den Juden seiner Generation. Er war zu modern, um ins Ghetto zurückzukehren, und zu romantisch, als dass er seine ethnischen Wurzeln herausreißen wollte. Aus diesem Dilemma sollte sich zwei, drei Generationen später eine neue jüdische Geistesrichtung entwickeln.

Im dritten Kapitel dieses Buches ist beschrieben, wie Heine — einige Jahrzehnte vor dem hebräischen Nationaldichter Chaim Nahman Bialik — den Gedanken der Selbstverteidigung in seiner Novelle *Der Rabbi von Bacherach* aufgenommen hatte (*„wie schlecht geschützt ist Israel! Falsche Freunde hüten seine Tore von außen, und drinnen sind seine Hüter Narrheit und Furcht!"*)[4] und wie er Jahrzehnte vor Tschernichowsky dazu aufgerufen hatte, an den Feinden Israels Rache zu nehmen (*„Ja, schöne Frau einst kommt der Tag, wo der Engel des Todes den Schlächter schlachten wird, und all unser Blut kommt über Edom; denn Gott ist ein rächender Gott")*.[5] Ein solcher Text war den Hütern der Emanzipation ein Dorn im Auge, die eine Verteidigungshaltung einnahmen und die Illusion einer deutsch-jüdischen Versöhnung hatten. Es würde eine nationale Revolution stattfinden müssen, damit die Juden Selbstsicherheit gewinnen und in einer solch deutlichen Sprache sprechen könnten. Kein Mensch, nicht einmal Heine, konnte sich vorstellen, dass eines Tages eine ganze Generation seine regelwidrigen Ansichten vertreten würde, die Generation, die in den achtziger Jahren des 19. Jahrhunderts auf die Weltbühne treten wird. Heine verdient es, der unbekannte Vorreiter dieser Generation genannt zu werden, auch wegen seiner besonderen Einstellung zur Bibel, die nicht auf einer religiösen Beziehung beruht, sondern auf ethnischen Gefühlen — man kann sogar sagen Nationalstolz.

So ist er in der Lage, in einem Kapitel des *Rabbi von Bacherach* eine nostalgische Beschreibung des Passah-Abends vorzulesen: *„Gegenwärtigen Jahres feiern wir hier das Fest, aber zum kommenden Jahre im Lande Israels! Gegenwärtigen Jahres feiern wir es noch als Knechte, aber zum kommenden Jahre als Söhne der Freiheit!"*[6], und in einem anderen Kapitel den konvertierten „Abarbanel" (in dem er sich selbst porträtiert) sagen zu lassen: *„Selbst in euren besten Zeiten, selbst unter der Regierung meines Ahnherrn Davids, welcher König war über Juda und Israel, hätte ich es nicht unter euch aushalten können, und ich wäre gewiß eines frühen Morgens aus der Burg Zion entsprungen und nach Phönizien emigriert oder nach Babylon, wo die Lebenslust schäumte im Tempel der Götter..."*[7]

Westliche Forscher, die die neue, weltliche hebräische Literatur nicht kannten, sahen hier Widersprüche und Paradoxien und schrieben sie seinem ungestümen Wesen zu oder den angeblichen Veränderungen in seinem Verhältnis zum Judentum, die nach seiner Taufe stattgefunden haben sollen. In Wirklichkeit aber kündigt Heine, Jahrzehnte vor Berdyczewski, Tchernichowsky, Shneour und den „Neo-Kanaanitern", die Revolte der jungen zionistischen Generation gegen die übertriebene Geistigkeit des Judentums an. Heine war, unter anderem, auch der erste „Neo-Kanaaniter".*

Als er seinem Verleger den *Rabbi von Bacherach* anbot, erzählte er, dass die vollständige Handschrift bei einem Feuer im Haus seiner Mutter vernichtet worden sei – *„vielleicht zu meinem Besten. Denn im Verfolg traten die ketzerischsten Ansichten hervor, die sowohl bey Juden wie Christen viel Zetergeschrey hervorgerufen hätten..."*[8]

Heine fühlte, dass *Der Rabbi von Bacherach* eine Geschichte voller Dynamit war, aber möglicherweise war ihm die Bedeutung nicht wirklich bewusst. Einige Forscher haben sich mit der Tatsache beschäftigt, dass er trotz seines Lebens in Paris, der Hauptstadt der Gourmets, niemals aufgehört hatte, von der jüdischen Küche zu träumen. So lasst er den Konvertiten Abarbanel über die Düfte und Gerüche, die aus der Küche der Juden aufsteigen, sagen: *„da erfaßte mich jene Sehnsucht, die unsere Väter empfanden, als sie zurückdachten an die Fleischtöpfe Ägyptens; wohlschmeckende Jugenderinnerungen stiegen in mir auf; ich sah wieder im*

---

* siehe Vorrede Seite 27

Geiste die Karpfen mit brauner Rosinensauce, die meine Tante für den Freitag-
abend so erbaulich zu bereiten wusste; ich sah wieder das gedämpfte Hammel-
fleisch mit Knoblauch und Mairettich, womit man die Toten erwecken kann,
und die Suppe mit schwärmerisch schwimmenden Klößchen ... und meine
Seele schmolz, wie die Töne einer verliebten Nachtigall ..."[9]

In seiner Aussage über *„unsre Liebe Frau von Sidon, die heilige*
Astarte ..." sowie in seinen Lobgesängen über die jüdische Küche
drückt Heine seine Begeisterung für die sinnlichen und bodenstän-
digen Aspekte des Judentums aus.

Heine gab dieser Begeisterung wieder einen Namen, als er ein Jahr
später seinen Gedichtzyklus *Atta Troll* schrieb. Im Entwurf befindet
sich die Beschreibung der Liebe zwischen König Salomon und der
Königin von Saba. Sie pflegten mit Hilfe eines Wiedehopfs Rätsel auszutauschen, so lange, bis die afrikanische Königin dessen überdrüssig
wurde und beschloss, nach Jerusalem zu fahren (Heine verwendet die
hebräische/jiddische Form Jeruscholajim), um den weisen König persönlich kennen zu lernen. Als sie ankam, fiel sie völlig errötend in
seine Arme. Er drückte sie an sein Herz und flüsterte: *„Das größte*
Rätsel von allem, mein süßes Mädchen, ist die Liebe; aber laß uns ihr keine
Lösung suchen ..."

Heine schrieb *Atta Troll. Ein Sommernachtstraum*, nachdem er aus
den Pyrenäen zurückgekehrt war. Sechs Wochen hatte er dort in der
Hoffnung verbracht, dass sich sein Gesundheitszustand verbessern
möge, aber vergeblich. In Paris begann er die Arbeit an diesem großen
Werk mit 27 Kapiteln — eine Mischung aus romantischen Beschrei-
bungen und aktueller Satire. Er widmete es Varnhagen von Ense *„denn*
Sie sind immer mein wahlverwandtester Waffenbruder gewesen, in Spiel, und
Ernst; Sie haben gleich mir die alte Zeit begraben helfen und bey der neuen
Hebammendienst geleistet..."[10]

Atta Troll ist ein tanzender Bär, der mit seiner Frau Mumma auf den
Marktplätzen der Pyrenäen-Dörfer auftritt. Eines Tages entflieht er
seiner Gefangenschaft, flieht in die Berge und trifft seine Familie. Dort
brummt er ihnen von einem gerechten Königreich, das sich im Tier-
reich etablieren werde. Vertraue den Menschen nicht, sagt er seinem
Sohn, besonders nicht den Deutschen. Einst hätten sie ihre Mitmen-

schen den alten Göttern geopfert, heute opferten sie sie dem Gott des Goldes. Sie sprächen von der Heiligkeit des Eigentums, aber damit wollten sie nur ihr Vorrecht auf den Diebstahl garantieren. Die Bären würden der Welt Freiheit und Gleichheit bringen. *„Strenge Gleichheit!"*, verkündet er, *„Jeder Esel / Sei befugt zum höchsten Staatsamt, / Und der Löwe soll dagegen / Mit dem Sack zur Mühle traben."*

Dann rechnet Heine mit den deutschen Liberalen ab:

> *Ja, sogar die Juden sollen*
> *Volles Bürgerrecht genießen*
> *Und gesetzlich gleichgestellt sein*
> *Allen andern Säugetieren.*

> *Nur das Tanzen auf den Märkten*
> *Sei den Juden nicht gestattet;*
> *Dies Amendement, ich mach es*
> *Im Intresse meiner Kunst.*

> *Denn der Sinn für Stil, für strenge*
> *Plastik der Bewegung, fehlt*
> *Jener Rasse, sie verdürben*
> *Den Geschmack des Publikums.*[11]

Die Idee kam ihm, so erzählte er, als er von einem Apotheker mit liberaler, fortschrittlicher Weltanschauung hörte, der behauptete, dass er sich für die vollen Bürgerrechte der Juden einsetzen wolle – unter der Bedingung, dass sie keine Lizenzen für die Eröffnung von Apotheken bekämen.[12]

Das Ende dieses radikalen Bären war, dass er von seinen Verfolgern gefangen und erschossen wurde. Sein Fell zierte nun das Schlafzimmer von Juliette, der kleinen Freundin des Dichters. Mumma, seine Frau, beendete ihr Leben im Zoo von Paris, wo kein anderer als der sibirische Eisbär ihr nachstellte.

Atta Troll ist eine seltene Mischung aus Naturbeschreibungen, philosophischen Betrachtungen (*„ich küsse, also leb ich!"*)[13] und Satiren in Hülle und Fülle. Heine nannte Atta Troll *„das letzte Freie Waldlied der Romantik"*.[14] Viele Zitate der Bibel sind von der Art, die Nietzsche „dionysisch" nannte: Debora, die mit der Trommel tanzt, David, der sich vor der Bundeslade dreht und hüpft, und Herodias, die für den Tanz ihrer Tochter den Kopf Johannes des Täufers verlangt.

Der Abschnitt über Herodias ist einer der schönsten, vielleicht der schönste in diesem Zyklus und sicherlich der poetische Höhepunkt von *Atta Troll*.[15] Heine liefert hier seine Version von dem, was im deutschen Volkstum „Wilde Jagd" genannt wird. Eine Geisterarmee reitet vor seinen Augen vorbei: Karl X., der letzte Bourbonenkönig, galoppiert auf einem Schimmel neben Nimrod, dem König Assyriens, dem gewaltigen Jäger. Dahinter folgen König Artus und Ogier, der Däne (einer der Beschützer Karls des Großen) und natürlich Wolfgang (Goethe) und William (Shakespeare), die auf schwarzen Schlachtrössern galoppieren, im Gefolge ihre Kommentatoren, die auf Eseln hinter ihnen reiten.

Die zentralen Gestalten in dieser wilden Jagd sind jedoch drei Frauen. An der Spitze reitet Diana, die klassische Jagdgöttin, die das Christentum in einen Dämon verwandelt hat. Sie schwebt nächtlich im Mondschein mit ihren Nymphen über den Wald, begleitet von Abunde, der keltisch-deutschen Fee, und der jüdischen Königin Herodias.

Diese drei „femmes fatales" symbolisieren die drei großen Traditionen, aus denen der Dichter seine Inspiration schöpft: Die griechische Mythologie, das deutsche Volksgut und das jüdische Erbe. Die Göttin Diana ist schön, weiß und kalt wie eine Marmorstatue. Das Lächeln der Fee Abunde ist süß, ihr Lachen grausam und ihre Küsse bedeuten den Tod. Zu welcher der Musen fühlt er sich hingezogen? Heine, der Meister der Doppeldeutigkeit, äußert sich diesmal ganz eindeutig: *„Denn ich liebe dich am meisten! / Mehr als jene Griechengöttin, / Mehr als jene Fee des Nordens, / Lieb ich dich, du tote Jüdin!"*[16]

Jüdin? Herodias war die Enkelin von Herodes dem Großen und der Hasmonäerin Miramme; sie war die Schwester Agrippas I., des letzten jüdischen König von Jerusalem, und der Frau des Herodes Antipas (ihr Stiefonkel, der Herodes des Neuen Testaments). Nach Markus 6 überredete Herodias ihre Tochter Salome, vor dem König zu tanzen und als

Belohung den Kopf von Johannes dem Täufer zu verlangen. Deswegen
habe das Christentum sie dazu verurteilt, ein Dämon zu werden und
bis ans Ende der Zeit mit der Geisterhorde der Diana zu reiten.

Als sie mir vorüberritt,
Schaute sie mich an und nickte
So kokett zugleich und schmachtend,
Daß mein tiefstes Herz erbebte.

Dreimal auf und nieder wogend
Fuhr der Zug vorbei, und dreimal
Im Vorüberreiten grüßte
Mich das liebliche Gespenst. (…)

Und ich sann: Was mag bedeuten
Das geheimnisvolle Nicken?
Warum hast du mich so zärtlich
Angesehn, Herodias?[17]

Herodias ist, wie Heine, eine „Grenzjüdin". Obwohl in ihren Adern
das Blut der Makkabäer fließt, wird ihrer in der jüdischen Tradition
nicht wohlwollend gedacht. Um bei der Wahrheit zu bleiben, taucht
sie dort überhaupt nicht auf. Nur über Josephus Flavius und durch das
Neue Testament erfahren wir von ihr. Heine, der ihr wegen ihrer Gegnerschaft zum Christentum wohlgesonnen ist, liefert eine kuriose Beschreibung, wie sie mit der Schüssel spielt, in welcher der abgeschla-
gene Kopf von Johannes dem Täufer liegt; aber er fühlt sich hauptsächlich deswegen zu ihr hingezogen, weil sie ein sinnliches, erotisches
Judentum repräsentiert; ein Judentum, das alle Anzeichen trug, schon
lange tot zu sein.

Aber du, Herodias,
Sag, wo bist du? – Ach, ich weiß es,
Du bist tot und liegst begraben
Bei der Stadt Jeruscholayim!

Starren Leichenschlaf am Tage
Schläfst du in dem Marmorsarge!
Doch um Mitternacht erweckt dich
Peitschenknall, Hallo und Hussa!

Und du folgst dem wilden Heerzug
Mit Dianen und Abunden,
Mit den heitern Jagdgenossen,
Denen Kreuz und Qual verhaßt ist!

Welche köstliche Gesellschaft!
Könnt ich nächtlich mit euch jagen
Durch die Wälder! Dir zur Seite
Ritt' ich stets, Herodias!

Denn ich liebe dich am meisten!
Mehr als jene Griechengöttin,
Mehr als jene Fee des Nordens,
Lieb ich dich, du tote Jüdin!

Ja, ich liebe dich! Ich merk es
An dem Zittern meiner Seele.
Liebe mich und sei mein Liebchen,
Schönes Weib, Herodias! (…)

Jede Nacht, an deiner Seite,
Reit ich mit dem wilden Heere,
Und wir kosen und wir lachen
Über meine tollen Reden.

Werde dir die Zeit verkürzen
In der Nacht – Jedoch am Tage
Schwindet jede Lust, und weinend
Sitz ich dann auf deinem Grabe.

Ja, am Tage sitz ich weinend
Auf dem Schutt der Königsgrüfte,
Auf dem Grabe der Geliebten,
Bei der Stadt Jeruscholayim.

Alte Juden, die vorbeigehn,
Glauben dann gewiß, ich traure
Oh dem Untergang des Tempels
Und der Stadt Jeruscholayim.[18] *

Es war zunächst seine Konvertierung und später sein Bekenntnis, er sei ein Hellene (oder ein Kanaaniter), was einige seiner Biographen zu dem Schluss brachte, dass Heine sich in seinen ersten Jahren in Paris vom Judentum distanziert habe. Er verglich damals das *„blühende Griechenland"* mit dem *„dürren Boden Judäas"*. Diese Interpretation basiert hauptsächlich auf der Vorstellung der Aufklärung, nach der das Judentum lediglich eine Religion sei, genau wie der Katholizismus oder Protestantismus. Dieser Vorstellung wurde mit dem Ausbruch der nationalen Revolution in den achtziger Jahren, mit dem Aufkommen des Zionismus und der Gründung des Staates Israel ein Ende bereitet. Auch die Wissenschaft des Judentums, bei deren Geburt Heine in Berlin Zeuge gewesen war, zeigte, dass das Judentum ein viel reicheres und komplexeres Phänomen war, als dass es in den Synagogen oder den Seiten des Shulchan Aruh [Kodex des jüdischen Gesetzes] enthalten sein könnte.

Heute ist allgemein bekannt, dass es schon in der Antike, in den

---

* Im Heine Archiv in Düsseldorf ist ein Textentwurf dieses Gedichtes erhalten geblieben, mit einem Abschnitt, in dem der Dichter das Blitzen der Augen Herodias' beschreibt und darüber nachdenkt: *„Ihre Flammenblicke trafen / Mich wie Blitze der Erinnrung: / Sind das nicht dieselben Augen / Die vor achtzehnhundert Jahren. / In mein junges Herz geleuchtet / Als ich Mundschenk war am Hofe / Unsers großen Viertelsfürsten / In der Stadt Jeruscholajim? // Heilge Stadt Jeruscholajim! / Wenn ich deiner je vergesse / So verwelke meine Rechte / So vertrockne meine Zunge!"* (wieder einmal Psalm 137, der Archetyp aller Zion-Gedichte und ein Thema, das in Heines Werk immer wiederkehrt; vgl. Prawer, Jewish Comedy, S. 448).

Zeiten der Bibel und sogar zur Zeit des Zweiten Tempels innerhalb des Judentums legitime sensualistische Strömungen gab. Das Hohe Lied Salomons ist ein deutlicher Beweis dafür. Zwar haben die jüdischen Gelehrten nach der Zerstörung des Tempels in Jerusalem den Sensualismus unterdrückt („Seit der Zerstörung des Tempels wurde sexuelles Vergnügen verboten und den Sündern gegeben", Talmud, Sanhedrin 75a), aber in ihrer großen Schläue retteten sie dieses wunderbare Liebes-Epos, indem sie es allegorisch als ein Lied über die spirituelle Liebe zwischen Gott und dem Volk Israel deuteten. Ihrem Beispiel folgend interpretierten die Christen es als Ausdruck der Liebe zwischen Jesus und der Kirche (darüber bemerkte Heine in typisch scharfem Spott, dass *„König Salomon im Hohenliede die christliche Kirche besungen, und zwar unter dem Bilde eines schwarzen, liebeglühenden Mädchens, damit seine Juden nichts merkten (…).*"[19]

Der Geist des Hellenismus drang nicht nur in den Tagen Salomons oder zur Zeit Philos von Alexandria ins Judentum, sondern auch im mittelalterlichen Spanien, als die aristotelische Philosophie sich mit der jüdischen Weisheit verband und gelehrte Rabbiner-Poeten Gedichte über die Natur, über den Wein und sogar über die erotische Liebe schrieben.

Die Wissenschaft des Judentums selbst entwickelte sich im 19. Jahrhundert als eine wissenschaftliche Disziplin, kritisch und säkular, das heißt − griechisch.[20] Das Heraustreten der Juden aus den Ghettos und ihr Zustrom zur Wissenschaft und den Künsten, und die Hoffnung vieler von ihnen, sich in die westliche Kultur zu integrieren und gleichzeitig ihre jüdische Identität zu bewahren − dies alles gehört zu dem, was Heine „Hellenismus" nennt. Diese Juden waren keine Orthodoxen und keine Reformer. Es waren zum ersten Mal in der modernen Geschichte freie Juden, Freidenker, Skeptiker, weltliche nationale Juden der dritten Kategorie. Aus ihnen entwickelten sich die Gründer der zionistischen Bewegung und des Staates Israel, die Pioniere, die das Tal Jezreel besiedelten, die Kämpfer der Untergrundbewegung (vor der Gründung des Staates Israel) bis zu den Professoren an der Hebräischen Universität in Jerusalem und den Initiatoren der High-Tech-Industrie Israels. Wäre Heine aus seinem Grab auferstan-

den und den Spuren seines Idols Jehuda Halevi nach Jerusalem gefolgt, hätte er in den Straßen Anat, Daphna und Iris getroffen, wie sie
in der Sprache Jeremias und des Hohen Liedes Salomons plauderten,
und in seinem Rundgang wäre er an der ultra-orthodoxen Schule
„Rückkehr der Söhne" vorbeigegangen, auf seinem Weg zur Ciné-
mathèque, die über das Tal, von Hinnom („gehenna" oder „Hölle")
blickt. Mit Sicherheit hätte er die Bedeutung dieser symbolischen Ironie erfasst. Am Sabbatabend hätte er sich mit seinen sephardischen
Brüdern zusammengesetzt, „Lecha Dodi" singend, die Hymne zum
Lobpreis des Sabbat, die er so sehr liebte, und am nächsten Tag, nach
dem Genuss des Schalet, wäre er mit ihnen zum Fußballstadion gefahren (ein aus dem Griechischen entlehntes Wort), um das Spiel von
Maccabi gegen Beitar zu beobachten. Am Sonntag wäre er auf den
Skopusberg gefahren, um zu entdecken, dass die Hebräische Universität, wie die meisten Schulen in Israel, eher der Akademie Platons
ähnelt als den Judenschulen der Ostjuden. Am Montag schließlich
hätte er die Knesset besucht, um die israelische Demokratie (ein weiterer Begriff aus dem Griechischen) in Aktion zu erleben. Und dort,
im Plenarsaal der Knesset, hätte er weitaus schärfere Verurteilungen
der Rabbiner hören können als die, mit denen das Gedicht *Disputation*
schließt.

KAPITEL 17

La vie parisienne

„Wenn der liebe Gott sich im Himmel
langweilt, dann öffnet er das Fenster und
betrachtet die Boulevards von Paris.“[1]
(Französische Zustände)

An einem Septembertag im Jahre 1838 machte ein junger französischer Schriftsteller namens Philibert Audebrand mit Dr. Heller, einem Mitglied der Akademie der Medizin, einen Spaziergang. Als sie am Restaurant Frascatti vorübergingen, blieb letzterer stehen und flüsterte: „Einen Augenblick. Ich will ihnen den geistreichsten Mann Europas zeigen“, und zeigte mit seinem Finger auf Heine.[2]

„Auf seinen Lippen lag ein liebenswürdiger Ausdruck“, schrieb Théophile Gautier, „wenn er aber sprach, flogen pfeifend scharfe Pfeile aus ihrem roten Bogen, die im lebendigen Fleisch stecken blieben, sarkastische Sticheleien, die niemals ihr Ziel verfehlt haben, denn kein Mensch hat sich grausamer gegen Torheit verhalten als er.“[3]

Ganz Europa liebte es, seine Geistesblitze zu zitieren. Weniger amüsiert waren diejenigen, die persönlich getroffen waren, und die Zahl der Opfer stieg von Jahr zu Jahr. Heine nahm keine Rücksicht, wenn er sprach oder schrieb; die Unsitte, Menschen hinter ihrem Rücken zu verleumden, war nicht seine Art. Er spottete in der Öffentlichkeit, machte hierbei keinen Unterschied zwischen Freunden und Feinden und wunderte sich noch, wenn er wegen eines guten Witzes mit dem dauerhaften Verlust einer Freundschaft bezahlen musste.

Franz Grillparzer, der Wiener Dramatiker, schrieb in seinen Erinnerungen: „So sehr mir Heine im Gespräch unter vier Augen gefiel, ebenso sehr missfiel er mir, als wir ein paar Tage später bei Rothschild zu Mittage waren. Man sah wohl, dass die Hauswirte Heinen fürchteten, und diese Furcht missbrauchte er, um sich bei jeder Gelegenheit verdeckt über sie lustig zu machen."[4]

„‚Herr Doktor‘, fragte einst Baron James Rothschild am Tisch, ‚Sie sind doch ein Gelehrter, sagen Sie mir, warum dieser Wein Lacrymae Christi heißt.‘ – ‚Übersetzen Sie nur!‘ antwortete Heine; ‚Christus weint, wenn reiche Juden solchen Wein trinken, während so viel arme Menschen Hunger und Durst leiden.‘"[5]

Einmal wurde über die Verschmutzung des Seine-Wassers gesprochen, und James erzählte von einer Reise zu den Quellen des Flusses, wo er reines und sauberes Wasser fand. „Ihr Herr Vater", unterbrach ihn Heine, „soll auch ein so rechtschaffener Mann gewesen sein, Herr Baron (…)."[6]

In den Kreisen der deutschen Immigranten wurde Heines Verbindung zu den Mitgliedern der Pariser Aristokratie kritisiert. Seine radikalen Gegner sahen einen Widerspruch zwischen seinem selbsterklärten Revolutionärstum und der Verbindung mit der Person, die mehr als alles den Kapitalismus symbolisierte. Heine blieb nichts schuldig. Er behauptete, dass der Hass *„unsere[r] deutschen Freiheitsprediger"* auf das Haus Rothschild *„ebenso ungerecht wie töricht"* sei. Er unterrichtete sie auch im dialektischen Denken, indem er auf die Aufgabe des Geldadels bei der Vernichtung des ancien régime hinwies. *„Es gibt keine stärkere Beförderer der Revolution als eben die Rothschilde …"*

„Einst, vor mehren Jahren, als er in guter Laune war und wir Arm in Arm, ganz famillionär, wie Hirsch Hyazinth sagen würde, in den Straßen von Paris umherflanierten, setzte mir Baron James ziemlich klar auseinander, wie eben er selber, durch sein Staatspapierensystem, für den gesellschaftlichen Fortschritt in Europa überall die ersten Bedingnisse erfüllt, gleichsam Bahn gebrochen habe."

Heine war mit diesen Worten nicht nur vollkommen einverstan-

den, sondern setzte auch an den Gedanken fortzusetzen, als er Rothschild zu den *„drei terroristische[n] Namen"* zählte, die, nach seinen Worten, der Demokratie den Weg geebnet haben. *„Richelieu, Robespierre
und Rothschild"*, schrieb er, *„sind die drei furchtbarsten Nivelleurs Europas"*: Richelieu beschnitt die Macht der alten feudalen Aristokratie, als
er dem Adel nur eine Wahl ließ: die Höflinge des Königs zu sein −
oder sich in ihren ländlichen Gutshäusern zu langweilen; Robespierre
schlug dieser *„unterwürfigen und faulen"* Aristokratie die Köpfe ab, aber
es gelang ihm nicht, die Verbundenheit der politischen Elite mit dem
Land zu beenden. Diese Aufgabe erledigte laut Heine Rothschild,
indem er das System der Kredite und Aktien einführte. Damit ver-
schob er die Macht, den Einfluss und die Privilegien von den Guts-
herren hin zu den Aktienbesitzern. *„Er stiftete freilich dadurch eine neue
Aristokratie"*, schrieb er, *„aber diese, beruhend auf dem unzuverlässigsten
Elemente, auf dem Gelde, kann nimmermehr so nachhaltig mißwirken wie die
ehemalige Aristokratie, die im Boden, in der Erde selber, wurzelte. Geld ist
flüssiger als Wasser, windiger als Luft, und dem jetzigen Geldadel verzeiht
man gern seine Impertinenzen, wenn man seine Vergänglichkeit bedenkt … er
zerrinnt und verdunstet, ehe man sich dessen versieht."*[7]

Im Kampf zwischen Armen und Reichen stand Heine auf der Seite
der Armen, aber anders als einige linke Ideologen verfiel er nie dem
Dogmatismus. Er war zu klug und zu menschlich, um die Wahrheit
der Ideologie zu opfern. Wenn er eine gute Geschichte hatte, zögerte
er nicht, diese zu erzählen, auch wenn sie sich mit der großen Idee
nicht vertrug. So kann man zum Beispiel unter seinen Aufsätzen die
Geschichte vom Kommunisten finden, der mit der Aufforderung zu
Rothschild kam, dass dieser seine 300 Millionen unter allen Menschen gerecht verteilen solle. Der Baron schrieb rasch eine Kalkula-
tion auf einen Zettel Papier und gab ihm seinen Anteil: Neun Sous.[8]

Einige seiner Zeitgenossen warfen Heine vor, unbeständig und
leichtsinnig zu sein. Erst im Laufe der Jahre wurde er als ernsthafter
und genauer Beobachter anerkannt. Seine verbalen Porträts, Karikaturen, humorvollen Anekdoten, spitzfindigen Witze, scharfsinnigen Paradoxa, feinen Unterscheidungen, Spottverse und prophetischen Aussagen − alles das fügt sich zusammen zu einem verständlichen Bild sei-

ner Zeit. James Rothschild war eine der Hauptfiguren in dieser menschlichen Komödie und als solche wird er oft in Heines Gedichten, Essays und Zeitungsartikeln erwähnt. Ein typischer Abschnitt aus einer Reportage, die der „Allgemeinen Zeitung" am 5. Mai 1843 zugeschickt wurde: *„‚Wie geht es Ihnen?' frug einst ein deutscher Dichter den Herrn Baron. ‚Ich bin verrückt', erwiderte dieser. ‚Ehe Sie nicht Geld zum Fenster hinauswerfen', sagte der Dichter, ‚glaube ich es nicht.' Der Baron fiel ihm aber seufzend in die Rede: ‚Das ist eben meine Verrücktheit, daß ich nicht manchmal das Geld zum Fenster hinauswerfe.' Wie unglücklich sind doch die Reichen in diesem Leben – und nach dem Tode kommen sie nicht einmal in den Himmel!"*[9]

Es ist natürlich nicht nötig, den Namen dieses Dichters zu verraten. Heine erzählte oft, wie er bei vielen Gelegenheiten im Büro *„bei dem Manne, der unter dem scheinlosen Namen Baron James bekannt ist (…)"*, ein und aus ging. Diese Treffen ermöglichten es ihm, sich unkonventionell über den Charakter des *„Nero der Finanz"* zu unterrichten, *„der sich in der Rue Laffitte seinen goldenen Palast erbauet hat und von dort aus als unumschränkter Imperator die Börsen beherrscht (…)."*[10] Hier ist zu erkennen, dass er ihn nicht mit übertriebener Heuchelei verwöhnte. In seinem Buch *Shakespeares Mädchen und Frauen* machte er ihm das zweifelhafte Kompliment *„Herr von Shylock zu Paris"*. Er erwähnte noch, dass jener *„der mächtigste Baron der Christenheit geworden und von Ihrer Katholischen Majestät jenen Isabellenorden erhalten hat, welcher einst gestiftet ward, um die Vertreibung der Juden und Mauren aus Spanien zu verherrlichen."*[11] Mehrere Male wiederholte er mit beißendem Spott den Ausdruck Ritter des *„Isabellenordens"*. Die Tatsache, dass alle Könige Europas Kunden des Hauses Rothschild waren, war in seinen Augen eine große historische Ironie, und ihren Höhepunkt sah er in dem Darlehen, das James dem Vatikan gegeben hatte:

„Der arme Rabbi von Nazareth, über dessen sterbendes Haupt der heidnische Römer die hämischen Worte schrieb: ‚König der Juden' – ebendieser dornengekrönte, mit dem ironischen Purpur behängte Spottkönig der Juden wurde am Ende der Gott der Römer, und sie mußten vor ihm niederknien! Wie das heidnische Rom wurde auch das christliche Rom besiegt, und dieses wurde sogar tributär. Wenn du, teurer Leser, dich in den ersten Tagen des Trimesters

*nach der Straße Laffitte verfügen willst, und zwar nach dem Hotel Numero
fünfzehn, so siehst du dort vor einem hohen Portal eine schwerfällige Kutsche,
aus welcher ein dicker Mann hervorsteigt. Dieser begibt sich die Treppe hinauf
nach einem kleinen Zimmer, wo ein blonder junger Mensch sitzt, der dennoch
älter ist, als er wohl aussieht, und in dessen vornehmer grandseigneurlicher
Nonchalance dennoch etwas so Solides liegt, etwas so Positives, etwas so Abso-
lutes, als habe er alles Geld dieser Welt in seiner Tasche. Und wirklich, er hat
alles Geld dieser Welt in seiner Tasche, und er heißt Monsieur James de Rothschild, und der dicke Mann ist Monsignor Grimbaldi, Abgesandter Seiner Heiligkeit des Papstes, und er bringt in dessen Namen die Zinsen der römischen
Anleihe, den Tribut von Rom.*"[12]

Dieser Abschnitt findet sich im selben Artikel, in dem Heine zum
ersten Mal die Idee „Gott ist tot" aufwarf. In seinen anderen Beiträgen zeigte er, wie das Geld den leeren Raum füllte, der durch den Tod
Gottes entstanden war. Er schrieb über die *„Gottwerdung des Geldes",*
dichtete über die Anbetung des *„Goldnen Kalbes",* und manche Beschreibungen der Geschehnisse in der Welt des Barons schilderte er in
religiösen Begriffen.

*„Ich besuche ihn am liebsten in den Bureaux seines Comptoirs, wo ich als
Philosoph beobachten kann, wie sich das Volk, und nicht bloß das Volk Gottes,
sondern auch alle andern Völker, vor ihm beugen und bücken. Das ist ein
Krümmen und Winden des Rückgrats, wie es selbst dem besten Akrobaten
schwerfiele. (…) Schon vor der Tür seines Kabinetts ergreift viele ein Schauer
der Ehrfurcht, wie ihn einst Moses auf dem Horeb empfunden, als er merkte,
daß er auf dem heiligen Boden stand. (…) wir sehen hier, wie klein der Mensch
und wie groß Gott ist! Denn das Geld ist der Gott unserer Zeit, und Rothschild ist sein Prophet."*[13]

Damit die Ironie nicht verloren ging (was bei den Lesern Heines
oft passieren konnte) fügte er hinzu, wie er mit eigenen Augen den
Diener in prachtvoller Livree im Treppenhaus vorbeigehen sah, in seinen Händen den Nachttopf des Barons. *„Ein Börsenspekulant, der in
demselben Augenblick vorbeiging, zog ehrfurchtsvoll seinen Hut ab vor dem
mächtigen Topfe. (…) Ich merkte mir den Namen jenes devoten Mannes, und
ich bin überzeugt, daß er mit der Zeit ein Millionär sein wird."*[14]

Heine pflegte zu sagen, dass man am Gemütszustand des Barons den Gemütszustand der Welt ablesen könne. *„Herr von Rothschild"*, schrieb er, *„ist in der Tat der beste politische Thermometer"*. Ferner behauptete er, dass dieser Mensch, der *„alle Börsen der Welt beherrscht"*, sich der enormen Verantwortung, die auf ihn lastete, bewusst war, da jeder unverantwortliche Schritt seinerseits einen europäischen Krieg entzünden könnte, *„welcher der Welt viel Blut und Tränen und ihm selber eine Menge Geld kosten würde."*[15]

Heine hat nie darüber nachgedacht, dass seine feine Ironie manchen Leuten zu subtil sein könnte. Und so half er unabsichtlich mit, den Mythos zu verbreiten, dass die Juden mit Hilfe des Hauses Rothschild die Welt beherrschen wollten.

Heine hat diesen Mythos nicht geschaffen. Schon Voltaire hatte vor dem Bestreben der Juden gewarnt, die Herrscher der Welt zu werden. Aber Heine hat zweifellos — wenn auch unbeabsichtigt — den Judenhetzern bei der Verbreitung dieses boshaften Unsinns geholfen. Die Menschen lasen seine Worte über Rothschild, *„Rothschild der Große (…) mit all seinen Maklern, Diskonteuren, Spediteuren und Chefs de Comptoir, womit er die Welt erobert (…)"*[16] oder die Beschreibung von Gudel, der greisen Mutter der Rothschilds, die nicht bereit war, ihre enge Behausung im Ghetto aufzugeben *„trotz der Weltherrschaft ihrer königlichen Söhne"*[17], und verstanden sie so, wie sie geschrieben waren. Diese Ironie war auch den jüdischen Lesern zu fein, die solche Äußerungen als antisemitisch betrachteten. Hatten sie Recht? In seinem Buch „Die jüdische Komödie bei Heine" zeigt Professor S. S. Prawer, dass es bei Heine zur Methode gehörte, antisemitische Klischees humorvoll zu überzeichnen, um zu zeigen, wie absurd sie waren. Heine wusste offenkundig, dass diese „Herrscher der Welt" manchmal sogar im eigenen Haus nichts zu sagen hatten. Salomon Rothschild, der Bankier Metternichs, durfte das Wiener Haus, in dem er zur Miete wohnte, nicht kaufen. James, der Bankier Louis Philippes, war nicht in der Lage, die französische Regierung zu überzeugen, gerecht mit den des Ritualmords von Damaskus angeklagten Juden umzugehen. Die Rothschilds krönten keine Könige und lösten keine Revolutionen aus. Ihr Schicksal hing allein von ihren guten Beziehungen zu den Staatshäuptern ab, und in Zeiten der Revolution waren sie völlig hilflos. Heine selbst schrieb: „*diese Rothschilde, die Bankiers der Könige, diese fürstlichen Säckelmeister, deren Existenz durch einen Umsturz des europäischen Staatensystems in die ernsthaftesten Gefahren geraten dürfte (…).*"[18] Aber diese Worte machten keinen so großen Eindruck wie andere Aussagen, die in den Händen der Judenfeinde zu Munition wurden und seine treuen Verteidiger in Verlegenheit brachten, als sie erkannten, wie eine jüdische Seele wie er zur Verbreitung des Mythos von der Weltherrschaft der Rothschilds mithalf. Wenn es in dieser Geschichte eine echte Ironie gibt, dann ist es die Tatsache, dass Heine selbst als Symbol der jüdischen Machtergreifung über das kulturelle Leben angeprangert wurde.

Ein Mitglied der Familie Rothschild fand seine uneingeschränkte Verehrung. Es war Betty, die Ehefrau von Baron James (die auch seine Nichte war, die Tochter seines Bruders Salomon), ein „*Engel (…) [in Gestalt] einer schönen Frau*"[19], nannte er sie. Niemals äußerte er sich gegen sie, weder direkt noch hinter ihrem Rücken. Sie war eine ergebene Anhängerin seiner Dichtung, und dem Biografen der Rothschilds, Graf Corti, zufolge war sie nicht beleidigt, als Heine sie fragte, warum eine so teure Seele wie sie eine Rechenmaschine geheiratet habe.[20] Im Juni 1840 schickte er ihr Korrekturbögen seines Buches über Börne zusammen mit einer Entschuldigung über scharfe Stellen über das Haus Rothschild. Er bat, dass sie ihm das mit einem „fröhlichen Lächeln" verzeihen möge und fügte noch den Abschnitt über den Seder-Abend aus dem *Rabbi von Bacherach* hinzu.[21] Die Rothschilds ertrugen seine Sticheleien mit stoischer Ruhe, und James unterstützte ihn sogar (wie er auch andere Künstler unterstützte), indem er ihm Aktien der Eisenbahngesellschaft und Staatsanleihen schenkte.

Eines Tages gingen sie „familionär" durch die Straßen von Paris, als der Baron sagte: „Wenn ich wollte, könnte ich alle Schriftsteller von Paris kaufen." Heine entgegnete, dass er nichts kaufen werde, da Rothschild nichts kaufe, was er nicht später mit Gewinn verkaufen könne."

Die Schriftsteller von Paris standen damals nicht zum Verkauf. „Das war", schreibt Brandes, „eine Periode von ungewöhnlichen literarischen Schöpfungen. Victor Hugo, Balzac und Alexandre Dumas schrieben ununterbrochen und häuften ein Werk auf das andere. Dumas schaffte es im Laufe der Jahre zu einer regelrechten Buchindustrie, indem er vier der fünf Romane gleichzeitig veröffentlichte. Mit Hilfe zahlreicher Assistenten füllte er Jahr für Jahr eine Reihe von Büchern, die sich sehen lassen konnte. Auch die Produktivität George Sands war beachtlich. Die Gesamtzahl ihrer literarischen Produktion beläuft sich auf mehr als 110 eng beschriebene Bände."[22]

Außer den erwähnten Schriftstellern leuchtete zu jener Zeit auch der literarische Stern von Stendhal, Lamartine, Sainte-Beuve, Alfred de Musset, Prosper Mérimée, Théophile Gautier, Alfred de Vigny und Gérard de Nerval. In der Zeit, als Heine in Paris lebte, erlebte die französische Literatur eine Blüte wie nie zuvor. *„Betrachtet man den Verein von berühmten oder ausgezeichneten Männern, die hier zusammentreffen, so hält man Paris für ein Pantheon der Lebenden."*[23]

Heine selbst war ein Teil dieses Pantheons. Seine Werke wurden gleich nach ihrem Erscheinen übersetzt; bis heute gibt es Menschen, die ihn als einen Franzosen betrachten, der deutsch schreibt. Heine erwiderte diese Verehrung der Franzosen nicht. So sehr er Frankreich verehrte, so sehr achtete er seine Dichtung gering. Er nannte sie *„gereimtes lauwarmes Wasser"*. Er pflegte zu sagen, dass er dank der lyrischen Dichtung der Franzosen in der Lage war, den Glanz der deutschen Dichtung zu erkennen. In seinen Erinnerungen, die er am Ende seines Lebens schrieb, taten ihm diese Worte leid: *„Am ungerechtesten blieb ich gegen die französische Poesie, die mir von Jugend an fatal war."* Aber nach kurzer Zeit kehrte er zu seiner alten Gewohnheit zurück: *„Ich hätte für Frankreich sterben können, aber französische Verse machen – nimmermehr!"*[24]

Die vernichtendste Kritik übte er an Victor Hugo. *„Er ist durch und durch kalt"*, schrieb er über den vermeintlich größten französischen Dichter der Romantik, *„wie nach Aussagen der Hexen der Teufel ist, eiskalt sogar in seinen leidenschaftlichsten Ergüssen; (…) er liebt nur sich; er ist ein Egoist, und damit ich noch Schlimmeres sage, er ist ein Hugoist."* Seine Texte seien künstlich und verlogen, schrieb er, *„und oft im selben Verse sucht die eine Hälfte die andere zu belügen."*[25]

Heine behauptete, *„George Sand in Prosa und Alfred de Musset in Versen überragen in der Tat den so gepriesenen Victor Hugo, der mit seiner grauenhaft hartnäckigen, fast blödsinnigen Beharrlichkeit den Franzosen und endlich sich selber weismachte, daß er der größte Dichter Frankreichs sei.*"[26] Alfred de Musset, der Konkurrent Victor Hugos für den Titel des größten französischen Dichters, war 23 Jahre alt, als er die 30jährige George Sand kennenlernte. Sie nannte ihn „Alfred, mein Lausbub" und er nannte sie „Tochter Andalusiens mit der sonnengebrannten Brust", oder auch „goldbrüstige Jungfrau". Musset war ein Dandy wie Byron, extravagant gekleidet, trank ungeheuer viel, rauchte Opium und hatte eine Vorliebe für Prostituierte. George Sand, eigentlich Aurore Dupin, verheiratete Dudevant, trug Hosen, rauchte Zigarren und gab sich einen männlichen Namen. Sie schrieb ständig, und verschloss ihre Tür vor Musset, bis sie nicht die tägliche Quote Seiten fertiggestellt hatte. Nach zwei Jahren wurde er dieses Lebens leid. Er klagte, sie sei die „Langeweile in Gestalt eines Menschen, eine Tagträumerin, eine Kuh, eine Nonne."[27]

Heine gehörte zu den ständigen Besuchern des Salons von George Sand, und Klatschmäuler munkelten, dass er auch ihr Schlafzimmer besuchte. Diese Behauptung basiert auf einigen zweideutigen Zeilen in ihrer Briefkorrespondenz, aber die letzten Forschungen haben dafür keinen Anhalt gefunden. In diesem Salon traf er auch Franz Liszt (*„Attila, die Geißel Gottes aller Érardschen Pianos, die schon bei der Nachricht seines Kommens erzitterten und die nun wieder unter seiner Hand zuckten, bluteten und wimmerten"*) und Frederic Chopin (*„Raffael des Fortepiano"*), der nach der Trennung von Musset ihr Liebhaber war. Chopin war es vergönnt, einer der wenigen Musiker zu sein, über die Heine niemals ein schlechtes Wort geschrieben hatte (*„Chopin ist der große geniale Tondichter, den man eigentlich nur in Gesellschaft von Mozart oder Beethoven oder Rossini nennen sollte"*).[28]

Was George Sand angeht, so war alles was er zu ihrem Lob zu sagen hatte, dass sie eine gute Zuhörerin war, und dieses Talent verführte ihn zu der bösartigen Bemerkung, *„daß George Sand aus Geiz im Gespräche nichts zu geben und immer etwas zu nehmen versteht, ist ein Zug, worauf mich Alfred de Musset einst aufmerksam machte. ‚Sie hat dadurch einen gro-*

ßen Vorteil vor uns andern.'" Ihr Schweigen, behauptete er, rührt aus Geiz. *„Nie sagt George Sand etwas Witziges, wie sie überhaupt eine der unwitzigsten Französinnen ist, die ich kenne. Mit einem liebenswürdigen, oft sonderbaren Lächeln hört sie zu, wenn andere reden, und die fremden Gedanken, die sie in sich aufgenommen und verarbeitet hat, gehen aus dem Alambik ihres Geistes weit kostbarer hervor."*

Heine, der ein seltenes Talent hatte, Freunde in Feinde zu verwandeln, sorgte dafür, dass George Sand die Beziehung zu ihm abbrechen sollte, unter anderem wohl auch wegen dieses langen Beitrags, den er in der „Allgemeinen Zeitung" veröffentlichte, und worin er ihre zweifelhafte Abstammung beschrieb. Über ihre Großmutter schrieb er dort, sie sei *„die berühmte, aber jetzt vergessene Tänzerin Dupin gewesen. Diese Dupin soll eine natürliche Tochter des Marschalls Moritz von Sachsen gewesen sein, welcher selber zu den vielen hundert Hurenkindern gehörte, die der Kurfürst August der Starke hinterließ."*[29] Später, als er in seiner Matratzengruft lag, wunderte er sich noch, dass sie ihn nicht besuchte. *„George Sand, das Luder hat sich seit meiner Krankheit nicht um mich bekümmert"*[30], beschwerte er sich in einem Brief an Laube.

Im Jahre 1838 war die Theater-Schauspielerin Mademoiselle Rachel in aller Munde. Während ganz Paris sie mit Ruhm überhäufte, klagte Heine über die Langeweile, die von der klassischen französischen Tragödie verbreitet werde. Er erzählte von jener Hausfrau aus den Tagen Louis XV, die ihren Kindern sagte: *„Beneidet nicht den Adel und verzeiht ihm seinen Hochmut, er muß ja doch als Strafe des Himmels jeden Abend im Théâtre Français sich zu Tode langweilen."* Auch nach dem Sturz des *ancien Régime*, fügte er hinzu, und nachdem die Macht vom Adel auf das Bürgertum übergegangen war, seien die Götter noch zornig, *„denn nicht bloß, daß ihnen Mademoiselle Rachel die moderige Hefe des antiken Schlaftrunks jeden Abend kredenzt, müssen sie jetzt sogar den Abhub unserer romantischen Küche, versifiziertes Sauerkraut, ‚Die Burggrafen' von Victor Hugo, verschlucken!"*[31]

Eine enge und dauerhafte Beziehung hatte er mit der Prinzessin Cristina di Belgiojoso, auch wenn er zuweilen ihre Gäste mit seiner scharfen Zunge verwirrte. So zum Beispiel als er Bellini in ihrem Haus traf und zu ihm sagte: *„‚leben Sie rasch, mein lieber Freund: Ihr großes Ta-*

lent verdammt Sie dazu, jung, sehr jung zu sterben, wie Raffael, Mozart, Jesus ...' *(...)* ‚Sprechen Sie nicht vom Tode‘", rief der italienische Komponist der Oper „Norma" erschreckt und bekreuzigte sich eilig. Als Heine fortfuhr ihn zu provozieren, flehte er die Gastgeberin an, dem ein Ende zu setzen. „er nannte mich seinen Jettatore und machte immer das Jettatorezeichen... Er wollte so gern leben bleiben, er hatte eine fast leidenschaftliche Abneigung gegen den Tod, er wollte nichts vom Sterben hören, er fürchtete sich davor wie ein Kind, das sich fürchtet, im Dunkeln zu schlafen ... Zwei Wochen später starb Bellini im Alter von 34 Jahren. Die Prinzessin sagte, „dass Heine den lieben, süßen Bellini umgebracht." [32]

Von allen Musikern in Paris war ihm Rossini der liebste. Er traf ihn oft bei Abendgesellschaften der Rothschilds. Zu dieser Zeit war die schöpferische Quelle Rossinis schon versiegt, doch seine Opern waren immer noch sehr beliebt. Heine, der ihn „divino Maestro" (der göttliche Maestro) nannte, behauptete, dass man seinen Namen nur in einem Atemzug mit Mozart und Beethoven nennen dürfe.[33]

Gioacchino Rossini war einer der fruchtbarsten Komponisten in der Musikgeschichte. Er schrieb 39 Opern. „Der Barbier von Sevilla", eine Oper, die er 1816 innerhalb von drei Wochen verfasste (in 13 Tagen, wie er behauptete), wird bis heute in allen Opernhäusern der Welt gespielt. Im Jahre 1824 lud ihn Karl X., Frankreichs letzter Bourbonen-König, ein, die Italienische Oper von Paris zu leiten, und verlieh ihm außerdem den Titel des Königlichen Komponisten, zusammen mit einer festen jährlichen Apanage bis an sein Lebensende. Die französische Regierung hatte jedoch ein schlechtes Geschäft gemacht, denn vier Jahre später wandte sich Rossini unerwartet und für immer von Opernkompositionen ab. Heine meinte, dass die Bezeichnung „Der Schwan von Pesaro" (wie er nach seiner Geburtsstadt Pesaro genannt wurde), überhaupt nicht passend sei. *„Die Schwäne singen am Ende ihres Lebens",* sagte er, *„Rossini aber hat in der Mitte des Lebens zu singen aufgehört."*[34]

Die Premiere seiner letzten Oper „Wilhelm Tell" war im Jahre 1829. Rossini war damals 37 Jahre alt und es verblieben ihm noch weitere 39 Jahre, in denen er von der Staatskasse ohne Gegenleistung Gehalt bezog. Stattdessen widmete er sich seinen Liebhabereien, dem Essen und dem Wein, und er wurde als einer der großen Gourmets des 19. Jahrhunderts bekannt. Mit der Zeit entwickelte sich bei ihm ein Magenleiden, und auch darüber schrieb der Pariser Korrespondent der „Allgemeinen Zeitung". In seinem Beitrag über die Musikalische Saison 1844 erfahren die Leser, dass Rossini in dem Restaurant von Paolo Broggi gesehen wurde, sein früherer Koch. „nachdem er dort gespeist, blieb er vor der Türe lange Zeit stehen, in tiefem Nachdenken das Große-Opern-Gebäude betrachtend. Eine Träne trat in sein Auge, und als jemand ihn frug, weshalb er so wehmütig bewegt erscheine, gab der große Maestro zur Antwort: Paolo habe ihm sein Leibgericht, Ravioli mit Parmesankäse, zubereitet wie ehemals, aber er sei nicht imstande gewesen, die Hälfte der Portion zu verzehren, und auch diese drücke ihn jetzt; er, der ehemals den Magen eines Straußes besessen, könne heutzutage kaum soviel vertragen wie eine verliebte Turteltaube." [35]

Von allen Pariser Musik-Giganten war Hector Berlioz der einzige gebürtige Franzose. Heine beschrieb ihn als *„eine kolossale Nachtigall, ein Sprosser von Adlergröße".*[36] Die Premiere seines wichtigsten Werkes, der *Symphonie Fantastique*, fand am 5. Dezember 1830 statt.

Die *Symphonie Fantastique* entstand aus seiner unglücklichen Liebe zu der irischen Schauspielerin Harriet Smithson, die mit dem Theaterensemble des Covent Garden nach Paris gekommen war und in ihrer Rolle als Ophelia die Herzen des Pariser Publikums eroberte. Berlioz verliebte sich hoffnungslos in sie und ergänzte die Partitur um folgende Worte: „Ich nehme als Thema einen jungen Musiker mit außerordentlicher Empfindsamkeit und einer blühenden Phantasie … der eine Frau trifft, die zum ersten Mal die Sehnsucht seines Herzens entzündet. Er verliebt sich in sie. Seltsamerweise ist das Bild seiner Geliebten untrennbar mit einer musikalischen Idee verbunden, welche ihren holden und noblen Charakter widerspiegelt. Diese Idée fixe verfolgt ihn durch die Symphonie."

Der Erfolg der *Symphonie Fantastique* war so groß, dass er sogar das Herz Harriet Smithsons etwas erweichte. Heine erwähnte das in seinem Bericht über das Konzert, das im Dezember 1832 im Konservatorium von Paris stattfand. *„Das Beste darin ist ein Hexensabbat, wo der Teufel Messe liest und die katholische Kirchenmusik mit der schauerlichsten, blutigsten Possenhaftigkeit parodiert wird. Es ist eine Farce, wobei alle geheimen Schlangen, die wir im Herzen tragen, freudig emporzischen. Mein Logennachbar, ein redseliger junger Mann, zeigte mir den Komponisten, welcher sich, am äußersten Ende des Saales, in einem Winkel des Orchesters befand und die Pauke schlug. Denn die Pauke ist sein Instrument. ‚Sehen Sie in der Avant-scène‘, sagte mein Nachbar, ‚jene dicke Engländerin? Das ist Miß Smithson; in diese Dame ist Herr Berlioz seit drei Jahren sterbens verliebt, und dieser Leidenschaft verdanken wir die wilde Symphonie, die Sie heute hören.‘ In der Tat, in der Avant-scène-Loge saß die berühmte Schauspielerin von Coventgarden; Berlioz sah immer unverwandt nach ihr hin, und jedesmal, wenn sein Blick dem ihrigen begegnete, schlug er los auf seine Pauke, wie wütend.“*

Einige Monate nach diesem Konzert war Heine Trauzeuge bei der Hochzeit von Berlioz mit seiner Herzensliebe. *„Miß Smithson ist seitdem Madame Berlioz geworden, und ihr Gatte hat sich seitdem auch die Haare abschneiden lassen. Als ich diesen Winter im Conservatoire wieder seine Symphonie hörte, saß er wieder als Paukenschläger im Hintergründe des Orchesters, die dicke Engländerin saß wieder in der Avant-scène, ihre Blicke begegneten sich wieder ... aber er schlug nicht mehr so wütend auf die Pauke.“*[37]

Berlioz galt damals als avantgardistischer Komponist, und Liszt, der ihn unterstützen wollte, bearbeitete die Symphonie Fantastique für Soloklavier, damit man es in jedem Haus spielen konnte. Seine Bearbeitung wird bis heute als klassisches Werk in dieser Gattung angesehen.

In der Novelle *Florentinische Nächte* beschreibt Heine einen großen Ball, auf dem die feine Gesellschaft von Paris Eis schleckte und Zuckerwasser trank: *„Franz Liszt hatte sich ans Fortepiano drängen lassen, strich seine Haare aufwärts über die geniale Stirne und lieferte eine seiner brillantesten Schlachten. Die Tasten schienen zu bluten ... Nachher spielte er den ‚Gang nach der Hinrichtung‘, ‚La marche au supplice‘, von Berlioz, das treffliche Stück, welches dieser junge Musiker, wenn ich nicht irre, am Morgen seines Hochzeitstages komponiert hat. Im ganzen Saale erblassende Gesichter, wogende Busen, leises Atmen während den Pausen, endlich tobender Beifall.“*[38]

Die Behauptung, dass der „Gang nach der Hinrichtung“, der fünfte Satz der Symphonie, am Morgen von Berlioz' Hochzeitstag verfasst worden sei, ist chronologisch unmöglich, aber es ist nicht das einzige Mal, in dem Heine die trockenen Fakten zu Gunsten der poetischen Wahrheit geopfert hatte. Es ist möglich, dass er seine Meinung über die Vergänglichkeit der Liebe und die Enttäuschung über die Lüge ihrer Unsterblichkeit ausdrücken wollte, um all jenen enttäuschten Liebenden Mut zu machen, damit die Welt nicht wegen einer Frau über ihnen zusammenbrach.

Es könnte scheinen, dass eine Liebe nur dann ewig währt, wenn die Helden entweder weit voneinander entfernt sind wie Petrarca und Laura, mit Gewalt getrennt wie Abélard und Heloîse, oder tot sind wie Romeo und Julia. Das war bei Berlioz nicht der Fall. Als Heine sein Kapitel über den „Gang nach der Hinrichtung" am Hochzeitstag verfasste, wusste schon ganz Paris, dass der Komponist und seine ewige Geliebte, seine „Idée fixe", schon nicht mehr glücklich miteinander lebten. Heine drückte damit die große ironische Wahrheit aus, die beiden, der *Symphonie Fantastique* und dem *Buch der Lieder* zugrunde liegt − zwei unsterbliche Schöpfungen über das Leid der Liebe. Im Jahre 1840 trennten sich Hector und Harriet für immer. Was von dieser vorübergehenden Liebe von Berlioz (und Heine) übrig blieb sind die Kunstwerke, die weiterhin die Liebenden aller Generationen verzaubert.

Zu dieser Zeit war Heines Name schon in der ganzen Welt berühmt. Im Dezember 1842 wurde in der angesehen Londoner Zeitung Fraser's Magazine ein Bericht veröffentlicht: „Schaut euch den kleinen Mann wenn er entlang der Boulevards von Paris spazieren geht … seht wie er mit sich selbst spricht, lächelt, als ob er sich amüsieren würde über irgend einen Witz, der erst jetzt in seinem Kopf entstand, oder war es ein neuer Gedanke, den er seiner Zeitung in Augsburg schicken könnte. Ach, was für ein wunderschönes Gesicht! Wie ist es doch voll von Leben, Seele und Verstand! Wie, wenn er dich ansieht, er so aussieht, als ob er all deine Gedanken lesen kann, und schon überlegt, ob er sie annehmen oder ablehnen soll."[39]

In seinen Berichten aus Paris erhielten die Leser der Augsburger Zeitung auch Informationen über den Aufstieg und Fall von Donizetti. Auf dem Höhepunkt seines Ruhmes, nach dem großen Erfolg von Lucia di Lammermoor, verließ er seinen Posten als musikalischer

Direktor der Oper San-Carlo in Neapel und eilte nach Paris, um dort sein Glück zu machen. Er war bekannt dafür, dass er schnell komponierte, und er hatte in seinem Leben bereits siebzig Opern geschrieben. Auf eine Sinfonie, die er in seiner Jugend verfasst hatte, war vermerkt: „Wurde in einer Stunde und fünfzehn Minuten geschrieben". Im März 1843 berichtete Heine über „Don Pasquale", *„ein neues Opus von Signor Donizetti. Auch diesem Italiener fehlt es nicht an Erfolg, sein Talent ist groß, aber noch größer ist seine Fruchtbarkeit, worin er nur den Kaninchen nachsteht."*

„Don Pasquale", den er innerhalb elf Tagen komponierte, war seine letzte Arbeit. Im Sommer 1847 schrieb Heine: *„Über Donizettis Zustand werden die Berichte täglich trauriger. Während seine Melodien freudegaukelnd die Welt erheitern, während man ihn überall singt und trillert, sitzt er selbst, ein entsetzliches Bild des Blödsinns, in einem Krankenhause bei Paris."*[40]

Heine berichtete nicht nur aus dem Pariser Musikleben, er nahm auch aktiv daran teil. Das klassische Ballett „Giselle", das bis heute getanzt wird, basiert auf der Legende der Willis, die er in *Elementargeister* und in der Novelle *Florentinische Nächte* beschrieben hatte. Es wurde von dem Dichter Théophile Gautier und dem Komponisten Adolphe Adam für die Bühne bearbeitet. Die „Willis" sind die jungen Bräute, die vor ihrer Hochzeit sterben und in ihrem Grab nicht ruhen können, da in ihren toten Beinen, so erklärt Heine, die Lust zum Tanzen steckt, die in ihrem Leben nicht befriedigt wurde. Er schreibt, dass sie *„(…) sich scharenweise an den Landstraßen versammeln und sich dort, während der Mitternachtsstunde, den wildesten Tänzen überlassen. Geschmückt mit ihren Hochzeitkleidern, Blumenkränze auf den Häuptern, funkelnde Ringe an den bleichen Händen, schauerlich lachend, unwiderstehlich schön, tanzen die Willis im Mondschein, und sie tanzen immer um so tobsüchtiger und ungestümer, je mehr sie fühlen, dass die vergönnte Tanzstunde zu Ende rinnt und sie wieder hinabsteigen müssen in die Eiskälte des Grabes."*[41]

Am 7. Februar 1842 veröffentlichte die „Augsburger Allgemeine Zeitung" einen enthusiastischen Bericht über das Stück. „Nächst dem glücklichen Stoff, der den Schriften eines deutschen Autors entlehnt, war es zumeist die Carlotta Grisi, die dem Ballett: ‚Die Willis' seinen unerwarteten Ruhm verschaffte." Die Nachricht wurde, natürlich, von dem „deutschen Autor" gesandt (anonym, obwohl erfahrene Leser längst wussten, wer sich hinter den Pariser Nachrichten, die oft mit Y gezeichnet waren, verbarg), der mit Begeisterung vermerkte, dass die italienische Ballerina Grisi unter den Tänzerinnen von Paris „*Wie eine Apfelsine unter Kartoffeln*" sei.[42]

Eine der Fragen, die die Heine Forscher beschäftigt hat, ist das Ausmaß seiner Kenntnisse in der Musik, da er die Aufführungen nicht nur beschrieb, sondern vielfach auch kritisierte. Einerseits sind, so bemerken die Forscher, Musik und Tanz Komponenten sowohl seiner Prosa als auch seiner Dichtung. Andererseits hatte er keine musikalische Ausbildung genossen, er spielte kein Instrument und haßte das Tanzen. Außerdem war Heine so lärmempfindlich, dass das Geräusch einer Wanduhr ihn aus der Fassung bringen konnte; amateurhaftes Geigenspiel machte ihn nervös; und über das Klavier schrieb er einst, es sei „*das Marterinstrument, womit die jetzige vornehme Gesellschaft noch ganz besonders torquiert und gezüchtigt wird.*"[43]

Michael Mann nennt ihn in seinem Buch „Heinrich Heines Musikkritiken" einen „musikalischen Nihilisten". In ihrem Beitrag „Heine's Amusical Muse" drückt Jocelyn Kolb von der Viktoria Universität ihre Meinung über seine musikalischen Fachkenntnisse aus.[44] Der Komponist Ferdinand Hiller, ein Freund Heines, behauptete, dass Heine überhaupt kein musikalisches Verständnis hatte, weder theoretisch noch praktisch.[45] Und in der Tat gibt es und gab es viele Menschen wie Hiller, die weit mehr von Musik verstanden als Heine, und sicherlich auch von Politik, Geschichte, Philosophie, Judentum, oder jedes andere Gebiet, über das er schrieb. Heine aber war ein kluger und schlauer Geist mit einer beinahe unfehlbaren Intuition. Egal, welchem Thema er seine Aufmerksamkeit widmete, seine Feder brachte scharfsinnige Aussagen, tiefgründige Gedanken, und sogar prophetische Worte hervor. Die Musik, seiner Meinung nach die romantischste der Künste, war ein wesentlicher Bestandteil seiner literarischen Inspiration.

Heine beschrieb die Musik als eine Art visuelles Medium, das geschaffen wurde, um die Phantasie zu reizen. In der Novelle *Florentini-*

sche Nächte gibt es einen Abschnitt, in dem Maximilian (das Alter Ego von Heine) Maria von seinem Opernerlebnis erzählt, und sie behauptet: *„Sie gehen dorthin, mehr um zu sehen als um zu hören."*[46]

Hier erfindet Maximilian eine Geschichte über Lyser, den Maler und Autor aus Hamburg, der taub war und dennoch musikalische Kritiken geschrieben hatte. *„Dieser Maler war immer ein wunderlicher Kauz; trotz seiner Taubheit liebte er enthusiastisch die Musik, und er soll es verstanden haben, wenn er sich nahe genug am Orchester befand, den Musikern die Musik auf dem Gesichte zu lesen und an ihren Fingerbewegungen die mehr oder minder gelungene Exekution zu beurteilen; auch schrieb er die Opernkritiken in einem schätzbaren Journale zu Hamburg."* Und als er erzählt, dass dieser musikalische Taube die Töne sehen konnte und die unsichtbaren Signaturen für ihn Farben und Gestalten seien, ruft Maria: *„Ein solcher Mensch sind Sie!"*[47]

Maximilians Gespräch mit Lyser fand an dem Tag statt, an dem Paganini sein erstes Konzert in Hamburg gab. Heine legt ihm die Geschichte in den Mund, dass Paganini, um der beste Violinist zu werden, einen Pakt mit dem Teufel geschlossen habe. Diese Geschichte war natürlich ein Reklame-Kunststück, vielleicht eines der gelungensten in der Geschichte der Werbung; jedoch Heine, der Romantiker, der alles Wunderbare und Außergewöhnliche näher zu prüfen liebte, akzeptierte dieses Märchen mit ganzem Herzen und fügte seinerseits noch seine Würze hinzu. Er schildert Paganinis Erscheinung folgendermaßen: *„Sie würde Ihnen vielleicht von Paganinis Äußerem einen Begriff verleihen. Nur"*, sagt Maximilian, *„in grell schwarzen, flüchtigen Strichen konnten jene fabelhaften Züge erfasst werden, die mehr dem schwefelichten Schattenreich als der sonnigen Lebenswelt zu gehören scheinen."* Er beschreibt den Konzertsaal, in dem sich Hamburgs Bankiers, Kaufleute *„nebst deren dicken Ehegöttinnen"* versammelt hatten und zwei Taler für die Karte zahlten; ihnen gegenüber Paganini, und als er auf die Bühne ging, *„kam eine dunkle Gestalt zum Vorschein, die der Unterwelt entstiegen zu sein schien. Das war Paganini in seiner schwarzen Gala. Der schwarze Frack und die schwarze Weste von einem entsetzlichen Zuschnitt, wie er vielleicht am Hofe Proserpinens von der höllischen Etikette vorgeschrieben ist. Die schwarzen Hosen ängstlich schlotternd um die dünnen Beine"*, und *„das* *lange schwarze Haar fiel in verzerrten Locken auf seine Schulter herab und bildete wie einen dunklen Rahmen um das blasse, leichenartige Gesicht, worauf Kummer, Genie und Hölle ihre unverwüstlichen Zeichen eingegraben hatten."*

Immer wieder schmückt sich Maximilian-Heine mit seinem *„musikalischen zweiten Gesicht"*, das heißt, *„bei jedem Tone, den ich erklingen höre, auch die adäquate Klangfigur zu sehen."* Und in der Tat, kaum hatte das Konzert begonnen, verwandelte sich die Figur des teuflischen Violinisten in die Gestalt eines lieblichen Knaben, der ganz jung und rosig blühte und von süßer Zärtlichkeit erglänzte, der mit den Bewegungen seines Bogens die Gestalt einer wunderschönen Jungfrau heraufbeschwor. *„Das waren Töne, die sich küssten, dann schmollend einander flohen und endlich wieder lachend sich umschlangen und eins wurden und in trunkener Einheit dahinstarben (…) Anbetend kniet er nieder vor seiner Amata … Aber ach! indem er sich beugt, um ihre Füße zu küssen, erblickt er unter dem Bette einen kleinen Abate! Ich weiß nicht, was er gegen den armen Menschen haben mochte, aber der Genueser wurde blass wie der Tod, er erfasst den Kleinen mit wütenden Händen, gibt ihm diverse Ohrfeigen, sowie auch eine beträchtliche Anzahl Fußtritte, schmeißt ihn gar zur Tür hinaus, zieht alsdann ein langes Stilett aus der Tasche und stößt es in die Brust der jungen Schönen … In diesem Augenblick aber erscholl von allen Seiten: ‚Bravo! Bravo!‘ (…) ‚Göttlich!‘, rief mein Nachbar, der Pelzmakler, indem er sich in den Ohren kratzte, ‚dieses Stück war allein schon zwei Taler wert.‘"* Und der Violinist verbeugte sich in seltsamen Verbeugungen, *„in seinen Augen starrte eine grauenhafte Ängstlichkeit, wie die eines armen Sünders."*

Im zweiten Teil des Konzerts verwandelte sich die Gestalt des Künstlers wieder. Jetzt war er angezogen wie ein Clown, sonderbar war sein Anzug, rötlich-gelb wie das Höllenfeuer. Neben ihm stand der Teufel höchstpersönlich. Und als er anfing zu spielen, *„drangen [aus der Violine] alsdann Angstlaute und ein entsetzliches Seufzen und ein Schluchzen, wie man es noch nie gehört auf Erden und wie man es vielleicht nie wieder auf Erden hören wird, es sei denn im Tale Josaphat, wenn die kolossalen Posaunen des Gerichts erklingen und die nackten Leichen aus ihren Gräbern hervorkriechen und ihres Schicksals harren … Aber der gequälte Violinist tat plötzlich einen Strich, einen so wahnsinnig verzweifelten Strich, dass seine Ketten rasselnd entzweisprangen und sein unheimlicher Gehülfe,* *mitsamt den verhöhnenden Unholden, verschwanden. In diesem Augenblick sagte mein Nachbar, der Pelzmakler: ‚Schade, schade, eine Saite ist ihm gesprungen, das kommt von dem beständigen Pizzikati!‘ "*

Wie die Geschichte über den Verkauf seiner Seele an den Teufel, so war auch die Idee, eine Violine zu spielen, deren Saiten eine nach der anderen reißen, im Kopf dieses genialen Selbstdarstellers entstanden, und begründete seinen Ruhm als einen der größten Violinisten aller Zeiten.

„War wirklich die Saite auf der Violine gesprungen?" fragt Maximilian, *„Ich weiß nicht. Ich bemerkte nur die Transfiguration der Töne, und da schien mir Paganini und seine Umgebung plötzlich wieder ganz verändert. Jenen konnte ich kaum wiedererkennen in der braunen Mönchstracht, die ihn mehr versteckte als bekleidete. Das verwilderte Antlitz halb verhüllt von der Kapuze, einen Strick um die Hüfte, barfüßig, eine einsam trotzige Gestalt, stand Paganini auf einem felsigen Vorsprung am Meere und spielte Violine. Es war, wie mich dünkte, die Zeit der Dämmerung, das Abendrot überfloss die weiten Meeresfluten, die immer röter sich färbten und immer feierlicher rauschten im geheimnisvollsten Einklang mit den Tönen der Violine. Je röter aber das Meer wurde, desto fahler erbleichte der Himmel, und als endlich die wogenden Wasser wie lauter scharlachgrelles Blut aussahen, da ward droben der Himmel ganz gespenstischhell, ganz leichenweiß, und groß und drohend traten daraus hervor die Sterne ... und diese Sterne waren schwarz, schwarz wie glänzende Steinkohlen. Aber die Töne der Violine wurden immer stürmischer und kecker, in den Augen des entsetzlichen Spielmanns funkelte eine so spöttische Zerstörungslust, und seine dünnen Lippen bewegten sich so grauenhaft hastig, dass es aussah, als murmelte er uralt verruchte Zaubersprüche, womit man den Sturm beschwört und jene bösen Geister entfesselt, die in den Abgründen des Meeres gefangenliegen. Manchmal, wenn er, den nackten Arm aus dem weiten Mönchsärmel lang mager hervorstreckend, mit dem Fiedelbogen in den Lüften fegte, dann erschien er erst recht wie ein Hexenmeister, der mit dem Zauberstab den Elementen gebietet, und es heulte dann wie wahnsinnig in der Meerestiefe, und die entsetzten Blutwellen sprangen dann so gewaltig in die Höhe, dass sie fast die bleiche Himmelsdecke und die schwarzen Sterne dort mit ihrem roten Schaume bespritzten. Das heulte, das kreischte, das krachte, als ob die Welt in Trümmer zusammenbrechen wollte, und der Mönch strich immer hartnäckiger*

seine Violine. Er wollte durch die Gewalt seines rasenden Willens die sieben Siegel brechen, womit Salomon die eisernen Töpfe versiegelt, nachdem er darin die überwundenen Dämonen verschlossen. Jene Töpfe hat der weise König ins Meer versenkt, und eben die Stimmen der darin verschlossenen Geister glaubte ich zu vernehmen, während Paganinis Violine ihre zornigsten Baßtöne grollte. Aber endlich glaubte ich gar wie Jubel der Befreiung zu vernehmen, und aus den roten Blutwellen sah ich hervortauchen die Häupter der entfesselten Dämonen: Ungetüme von fabelhafter Hässlichkeit, Krokodile mit Fledermausflügeln, Schlangen mit Hirschgeweihen, Affen, bemützt mit Trichtermuscheln, Seehunde mit patriarchalisch langen Bärten, Weibergesichter mit Brüsten an Stelle der Wangen, grüne Kamelsköpfe, Zwittergeschöpfe von unbegreiflicher Zusammensetzung, alle mit kaltklugen Augen hinglotzend und mit langen Floßtatzen hingreifend nach dem fiedelnden Mönche … Diesem aber, in dem rasenden Beschwörungseifer, fiel die Kapuze zurück, und die lockigen Haare, im Winde dahinflatternd, umringelten sein Haupt wie schwarze Schlangen.

Diese Erscheinung war so sinnesverwirrend, dass ich, um nicht wahnsinnig zu werden, die Ohren mir zuhielt und die Augen schloss. Da war nun der Spuk verschwunden, und als ich wieder aufblickte, sah ich den armen Genueser in seiner gewöhnlichen Gestalt seine gewöhnlichen Komplimente schneiden, während das Publikum aufs entzückteste applaudierte. ‚Das ist also das berühmte Spiel auf der G-Saite‘, bemerkte mein Nachbar"

Im vierten und letzten Teil der Vorführung erscheint Paganini in den Augen des Erzählers als ein „*erhabenes Götterbild*" von kosmischer Dimension und seine Musik „*wie die eines Orgelchorals in einem Dome*" war in seinen Ohren wie „*Sphärengesang*". Er war der Künstler, um den sich das Weltall bewegte (Paganini? Heine? Oder vielleicht nur die Vorstellung von dem Künstler?), „*da war es, als ob die ganze Schöpfung seinen Tönen gehorchte*", und seine Musik schuf jene Harmonie im Universum.[48]

Was Paganini für die Violine war, war Liszt für das Klavier. Auch ihn beschrieb Heine als einen dämonischen Virtuosen: „*Wenn er z.B. damals auf dem Pianoforte ein Gewitter spielte, sahen wir die Blitze über sein eigenes Gesicht dahinzucken, wie von Sturmwind schlotterten seine Glieder, und seine langen Haarzöpfe träuften gleichsam vom dargestellten Platzregen.*"[49]

Heine hörte ihn im Salon der Gräfin Marie d'Agoult, wo ihre gemeinsame Tochter Cosima herum lief, diejenige, die später Richard Wagners Frau werden sollte und es noch schaffte, Hitler in ihrem Haus in Bayreuth zu empfangen.

Marie d'Agoult war eine bekannte Schriftstellerin, die Romane und Essays unter dem literarischen Namen „Daniel Stern" schrieb. In der Ausgabe Dezember 1844 der Revue des Deux Mondes veröffentlichte sie einen kritischen Essay über Heine. „Er spottete in Prosa und Reime über Gott und alles was heilig war", schrieb sie, „kein Glaube, kein Gefühl, kein Gedanke hat ihn begeistert; er hat sich über sein Vaterland lustig gemacht, über die Liebe, die Kunst, die Natur, seine Freunde, seine Familie und über sich selbst."[50] Diese Aussage leidet offensichtlich an Einseitigkeit und völligem Unverständnis für die komplizierte Persönlichkeit Heines und sein Werk. Eine treffendere Vorstellung hatte Théophile Gautier als er sagte: „Heine ist boshaft wie ein Teufel, aber gutmütig. Aristophanes und Eulenspiegel in einer Person."[51]

In der Zeit, die zwischen dem Schweigen Rossinis und dem Auftreten Verdis verging, war Giacomo Meyerbeer der uneingeschränkte König der großen Oper in Paris. Heutzutage gibt es fast keine Nachfrage mehr nach seinen Werken, aber um eine Ahnung zu bekommen, welche Bedeutung er im 19ten Jahrhundert hatte, genügt es, das Pariser Opernhaus zu betrachten. Die Front dieses prächtigen Bauwerks, das zwischen 1862 und 1875 im neobarocken Stil gebaut wurde, wird durch die Statuen von sieben Komponisten geschmückt: Mozart, Beethoven, Spontini, Auber, Rossini, Meyerbeer und Halévy.

Sein Geburtsname war Jakob Liebmann Beer. Er war der Sohn des Berliner Bankiers und Zuckerfabrikanten Jakob Hertz Beer. Seine Mutter Amalie, geborene Wulff, war eine attraktive, kultivierte Frau, die in ihrem Salon Politiker und Intellektuelle empfing, dabei aber versuchte, ihrem jüdischen Glauben treu zu bleiben. In dieser Zeit, als die meisten der reichen jüdischen Frauen zum Christentum überwechselten, bemühte sich Amalie, ihren Kindern eine jüdische Erziehung zu gewähren; sie beschäftigte jüdische Lehrer, und zusammen mit ihrem Ehemann errichtete sie in ihrem Haus eine kleine reformierte Betstube mit einem Chor und einer Orgel. Jakob, der älteste Sohn, der musikalisch sehr begabt war, verfasste anlässlich dieses Ereignisses das Stück „Halleluja", aber wie alle anderen aus seiner Generation, strebte er nach Ruhm in der großen Welt. Er änderte seinen Name zweimal: Zum ersten Mal, als sein Großvater mütterlicherseits, Liebmann Meyer Wulff, ihm sein ganzes Vermögen vererbte, unter der Bedingung, dass er seinem Namen den Namen Meyer hinzufügte. So wurde Jakob-Liebmann Beer zu Jakob-Meyer Beer. Das zweite Mal änderte er seinen Namen Jakob in Giacomo, nach dem Beispiel der Großen aus der Welt der Oper, die sich Namen wie Luigi (Cherubini), Gioacchino (Rossini), Gasparo (Spontini), Vincenzo (Bellini), Gaetano (Donizetti) und ähnliche Namen gaben. Das war, soweit bekannt ist, das erste Beispiel für sein Talent für Öffentlichkeitsarbeit. Mit einem Namen wie Giacomo (Meyerbeer) glaubte er, seine Karriere als Opernkomponist fördern zu können. Und in der Tat war Meyerbeer der erste jüdische Komponist, der zu internationalem Ruhm gelangte.

Seine erste Bühnenerfahrung, eine biblische Oper, „Jephtas Gelübde", die in München aufgeführt wurde, war ein Misserfolg. Eine zweite Oper, von der er glaubte, sie werde in Wien erfolgreich sein, kam noch weniger an. Auf Empfehlung des Hofkomponisten Antonio Salieri fuhr er nach Italien, wo er mehr Glück hatte, doch er fuhr weiter nach Paris. Im Jahre 1831 hob sich der Vorhang über „Robert der Teufel" (Libretto: Eugène Scribe, ein Objekt des Spotts von Heine). Es war ein sensationeller Erfolg: Ein prächtiges musikalisches Drama, ein entzückendes Bühnenbild, theatralische Effekte, atemberaubende spannende Szenen, eine farbenfrohe mitreißende Orchestrierung und großartige Ballettdarbietungen. „Robert der Teufel" eröffnete das Zeitalter der „Grand Opera", die zu jenen Zeiten auf das Publikum und auf Komponisten wie Wagner einen faszinierenden Einfluss haben sollte.

Im gleichen Jahr kam Heine nach Paris, und Meyerbeer empfing ihn mit offenen Armen. So sehr er seine Gedichte liebte, so sehr fürchtete er seine Prosa. Er bemühte sich daher, seine Gunst zu gewinnen, indem er ihn zu Abendmahlzeiten einlud, durch Freikarten für die Oper, und sogar durch das Versprechen (das er nie einlöste), seine Gedichte zu vertonen. Die beiden Männer führten ihre Unterhaltungen in einem Deutsch, vermischt mit Jiddisch. Im März 1836 berichtete Heine den Lesern der „Allgemeinen Zeitung" von der Uraufführung der neuen Oper Meyerbeers „Die Hugenotten". Es war das große gesellschaftliche Ereignis von Paris. Die Rothschilds gaben nach der Aufführung einen prachtvollen Empfang in ihrem neuen Palast, den Heine als Versailles der absoluten Herrschaft des Geldes bezeichnete. Und über den Ehrengast schrieb er: *„Erst durch dieses Werk [„Hugenotten"] gewann Meyerbeer sein unsterbliches Bürgerrecht in der ewigen Geisterstadt, im himmlischen Jerusalem der Kunst."*[52]

In diesem Stadium pflegte er Meyerbeer noch nicht öffentlich zu verspotten. Für den klassischen Witz sorgte ein anderer Zyniker, Moritz Saphir, der berichtete, wie er vor Meyerbeer alle Opern gelobt und hinzugefügt habe, dass die „Hugenotten" die erfreulichste von allen sei. Da wunderte sich der Komponist: „Sie finden diese Oper erfreulich?" „Oh ja", erwiderte Saphir, „hier ermorden die Katholiken die Protestanten, und ein Jude schreibt die Musik dazu."[53]

Zu jener Zeit wurde auch Jacques Halévy bekannt, der Sohn des Kantors der Großen Synagoge von Paris. Der Vater, Elie Halfon-Halévy, in Fürth bei Nürnberg geboren, war ein hebräischer Dichter aus den ersten Tagen der jüdischen Aufklärung. Seine Bekanntheit verdankte er hauptsächlich seinem Gedicht „Ha-Shalom" (Frieden), das zu Ehren Napoleons in der Synagoge vorgelesen wurde. Seine Söhne entfernten sich jedoch vom Judentum. Jacques wurde ein berühmter Komponist und Léon ein französischer Autor und Dramatiker. Heine hielt von beiden nicht viel. Über Léon Halévy, der zu den Saint-Simonisten zählte, sagte er: *„Léon Halévy ist so langweilig, als ob sein Bruder ihn komponiert hätte."*[54] Und über Jacques, der zwanzig Open schrieb (die berühmteste ist „La Juive" (Die Jüdin) von 1835), machte er sich lustig, indem er schrieb, Meyerbeer bestäche ihn mit Geld, damit er noch mehr Opern schrieb, denn je mehr Opern von ihm aufgeführt würden, würden die Menschen feststellen wie wertlos sie sind. In einem seiner Berichte zitiert er Spontinis Aussage, dass Meyerbeer das Gehalt Halévys bezahlte – *„daß er nur existiere, als ungefährlicher Scheinrival."*[55]

Gasparo Spontini ist einer der sieben Komponisten, deren Büsten die Front des Pariser Opernhauses schmücken. Heute kennen nur sehr wenige Fachleute noch seinen Namen, aber zu seiner Zeit war er einer der berühmtesten Musiker in Europa. Er begann seine Karriere als Hofkomponist König Ferdinands von Neapel. Im Jahre 1803 wechselte er nach Paris, dort wurde er zum Direktor des Théâtre-Italien ernannt. Napoleon hielt ihn für den größten Musiker der Welt. Im Jahre 1820 erhielt er die Einladung Friedrich Wilhelms III., die königliche Oper von Berlin zu leiten. Zwanzig Jahre lang war er dort die wichtigste Persönlichkeit, auch wenn seine Karriere durch Auseinandersetzungen mit lokalen Größen getrübt wurde. In den *Briefen aus Berlin*, die Heine Anfang der Zwanziger Jahre veröffentlichte, beschreibt Heine den Konflikt zwischen dem altgedienten neoklassischen Spontini und dem jungen romantischen Carl Maria von Weber, dessen „Freischütz" in Berlin mit großem Erfolg aufgeführt wurde. In den dreißiger Jahren bedrohten zwei Berliner die Stellung Spontinis: Meyerbeer und Mendelssohn, und im Jahre 1841 wurde er aus seiner Stellung entlassen. Er kehrte nach Paris zurück, und obwohl er schon im fortgeschrittenen Alter von 57 Jahren war, hoffte er, den Ruhm seiner früheren Jahre zu erneuern.

Heine berichtete seinen Lesern wie Spontini, einer Spukgestalt gleich, von Eifersucht zerfressen in der Stadt umherwandelte. „*Er kann sich nicht darüber trösten, daß er längst tot ist und sein Herrscherstab übergegangen in die Hände Meyerbeers.*"

In seinem Bericht über die musikalische Saison 1844 erzählte er, wie Spontini in einem der Säle des Louvre vor einer großen Mumie stehen blieb, „*der kein Geringerer sein soll als jener Amenophes, unter dessen Regierung die Kinder Israel das Land Ägypten verlassen haben. Aber Spontini brach am Ende sein Schweigen und sprach folgendermaßen zu seiner erlauchten Mitmumie:* »*Unseliger Pharao! du bist an meinem Unglück schuld. Ließest du die Kinder Israel nicht aus dem Lande Ägypten fortziehen oder hättest du sie sämtlich im Nil ersäufen lassen, so wäre ich nicht durch Meyerbeer und Mendelssohn aus Berlin verdrängt worden, und ich dirigierte dort noch immer die Große Oper und die Hofkonzerte. Unseliger Pharao, schwacher Krokodilenkönig, durch deine halben Maßregeln geschah es, daß ich jetzt ein zugrunde gerichteter Mann bin — und Moses und Halévy und Mendelssohn und Meyerbeer haben gesiegt!« Solche Reden hält der unglückliche Mann, und wir können ihm unser Mitleid nicht versagen.«*[56]

„*Das Alpha und Omega aller Spontinischen Beklagnisse ist Meyerbeer*", fügte Heine hinzu. Er behauptete, dass Meyerbeer seine berühmten Opern nicht selber geschrieben hatte, sondern ein Postbeamter namens Alexandre Gouin; dass er Halevy Gehalt zahlte, diesem „*Mitglied seiner Bruderschaft*", damit er als angeblicher Konkurrent existierte, der aber Meyerbeer nicht gefährlich werden konnte; und sogar dass Spontini das Schweigen Rossinis auf Meyerbeers Machenschaften zurückführte. Heine, der diese Beleidigungen mit größtem Vergnügen veröffentlichte, lehnte schließlich den Verdacht gegen den „*großen, hochgefeierten Meister (...), welcher der Stolz Deutschlands [ist]*", ab. Es gibt keinen Zweifel, stellte er fest, dass Meyerbeer der echte Urheber von „Robert der Teufel" und „Hugenotten" sei. Als Beweis für seine Urheberschaft brachte Heine eine seltsame Geschichte: Meyerbeer, der die Befürchtung hatte, dass seine Werke kein langes Leben nach seinem Tod haben würden, opferte in seinem Testament erhebliche Summen „*zugunsten seiner musikalischen Geisteskinder (...).*"

Sogar für die Oper „Der Prophet", die er noch schreiben sollte, investierte Meyerbeer eine Summe von 150 Tausend Silbertalern. „*Wahrlich, noch nie ist ein Prophet mit einem so großen Vermögen zur Welt gekommen; der Zimmermannssohn von Bethlehem und der Kameltreiber von Mekka waren nicht so begütert.*"[57]

Die Beziehungen zwischen Heine und Meyerbeer verschlechterten sich aus ungeklärten Gründen. Heine, der im April 1840 noch in einem Atemzug von „*Mozart, Meyerbeer und Beethoven*", sprach, nannte ihn im April 1844 „*Der große Giacomo Machiavelli*".[58]

Was genau passiert ist, wissen wir nicht. Heine hatte jede Menge kleinliche Beschwerden gegenüber Meyerbeer, wie zum Beispiel, dass er sein Versprechen, seine Gedichte zu vertonen, nicht eingehalten hatte. Einige sind der Meinung, dass er sich über den Komponisten ärgerte, weil dieser das Angebot des Königs von Preußen angenommen hatte, nach Berlin zu kommen und die königliche Oper zu leiten. Und vielleicht bereute er, in der Vergangenheit mit dem Lob Meyerbeers übertrieben zu haben und beschloss daher, jetzt mit seiner Schmähung zu übertreiben, um das Konto auszugleichen. Das sind alles nur Vermutungen, was man aber mit absoluter Sicherheit sagen kann ist, dass es nicht das erste Mal war, dass eine Beziehung Heines gut angefangen und schlecht geendet hatte.

Der große Erfolg Meyerbeers hatte naturgemäß auch viele Neider hervorgebracht. Böse Zungen schrieben seinen Erfolg seinem außerordentlichen Reichtum und seiner Begabung, sich zu vermarkten. Sie behaupteten, dass er Claqueure anheuerte, dass er dafür sorgte, dass jeder Satz mit Applaus und Hurra-Rufen beendet wurde. Man behauptete, dass er den guten Willen der Journalisten mit Geld kaufte, damit sie über seine Erfolge berichteten, ebenso die Musikkritiker, damit sie seine Ergüsse lobten. Man behauptete sogar, dass Heine zu denen gehörte, die von ihm profitierten. „Die moderne Forschung", fasst Sammons zusammen, „verneint die Auffassung, dass Meyerbeer das Theater korrumpiert hat oder Heine als Organisierer von Applaus gegen Bezahlung beschäftigt hat."[59]

Im Jahre 1841 schrieb Heine über den „*Großen Giacomo … der selbst der Kapellenmeister des Meyerbeerschen Ruhmes ist, nur er kann das ungeheure Orchester dieses Ruhmes dirigieren.*"

Zu jener Zeit hat er noch die unverschämten Medien-Manipulationen Meyerbeers gerechtfertigt, mit der Behauptung, dass die besten Opern von Mozart und Rossini in der Uraufführung durchgefallen seien, während Meyerbeers Werke schon bei der Uraufführung Applaus und Lob ernteten, und schon am nächsten Tag lieferten alle Zeitungen die Lobeshymnen, die sie verdienten. Mit einem ironischen Unterton beschreibt er: „*Von allen Seiten fliegen ihm die Lorbeerkränze zu, er trägt auf dem Haupte einen ganzen Wald von Lorbeeren, er weiß sie kaum mehr zu lassen und keucht unter dieser grünen Last.*"

Im selben Artikel verrät Heine seinen Lesern das Geheimnis der Magen- und Darm-Krankheit Meyerbeers. „*Der Geisteshonig, der aus seinen musikalischen Meisterwerken träufelt und uns erquickt, kostet dem Meister selbst die furchtbarsten Leibesschmerzen*", schreibt er, und fügt dem ein tatarisches Märchen hinzu über einen Töpfer, der durch den Verkauf von 6000 Nachttöpfen an den Gott der Diarrhöe reich geworden sei.[60]

Nachdem er seine Leser mit pikanten Geschichten über die sich verschlechternde Gesundheit Meyerbeers unterhalten hatte, berichtete Heine von seinem erlöschenden Ruhm.[61] Viele Freunde kehren dem Komponisten den Rücken zu, und merkwürdige Dinge über seinen Egoismus kursierten. Man erzählte sich, dass er sich für Menschen in dem Maße interessierte, wie weit sie ihm nützlich sein konnten. Wenn er einen Menschen traf, dann sei seine erste und letzte Frage: „Wie kann ich dich ausnutzen um meinen Ruhm zu vergrößern?" Und was diesen Ruhm betrifft, stellte er fest: „All dieser künstliche und teure Mechanismus wirkte nicht mehr so effizient wie er mal war."[62]

Einer der Gründe für die schwindende Beliebtheit Meyerbeers war der Aufstieg von Verdi. In dem Beitrag „Verdi und Meyerbeer", der am 1. Februar 1847 gedruckt wurde, schrieb Heine: *„Verdi ist der Star in der heutigen Welt der Musik, jetzt, da Bellini tot ist und Rossini und Donizetti für die Kunst gestorben sind, abgesehen davon, daß ihr Körper noch Lebenszeichen zeigt … Meyerbeer wird auch, vom Standpunkt des Pariser Publikums aus, als tot betrachtet, auch wenn er das gerne versteckt hätte."*[63]

Sogar in diesem Traktat der Misshandlung eines untergehenden Künstlers bringt Heine das Motiv des Unterganges Jerusalems, das ihm so lieb ist. Er erzählt seinen Lesern vom Denkmal des *„göttlichen Rossini"*, das in der königlichen Musikakademie aufgestellt war, und von *„unserem großen Maestro Meyerbeer"*, der, wenn er abends in die Oper ging, bewusst dieser Marmorstatue auswich, und sie anzublicken vermied. *In derselben Weise"*, schreibt Heine, *„pflegen die Juden zu Rom, selbst auf ihren eiligsten Geschäftsgängen, immer einen großen Umweg zu machen, um nicht jenem fatalen Triumphbogen des Titus vorbeizukommen, der zum Gedächtnis des Untergangs von Jerusalem errichtet worden."*[64]

Hinter diesen boshaften Berichten steckt eine beträchtliche Menge an Naivität. Heine konnte sich nicht vorstellen, wie verletzend seine Witzen sein konnten. Während des Streites um die Erbschaft seines Onkels Salomon in den Jahren 1845-1846 wandte er sich mit der Bitte an Meyerbeer, dieser möge sich bei seinem Cousin für ihn verwenden. Er bat ihn außerdem weiterhin um Freikarten für die Oper. Als er im Jahre 1849 (schon auf seinem Todeslager) nach zwei Karten für Ma-

thilde fragte, rächte sich Meyerbeer an ihm, und ließ durch seinen Sekretär Gouin (der „Postbeamte") Karten für die Loge der Damen von
zweifelhaftem Ruf bringen.[65]

Eine besondere Geschichte sind die Beziehungen Heines zu Felix
Mendelssohn-Bartholdy, der einige der schönsten und berühmtesten
Melodien zu seinen Gedichten komponierte. Mendelssohn gehörte
nicht zu den Sternen im Pariser Musikleben, aber er erschien immer
wieder zu Gastspielen. Heine versäumte keine Gelegenheit, um den
getauften Enkel Moses Mendelssohns zu verletzen und berichtete
konstant boshaft, dass der Wunderknabe aus Berlin und der Dandy des
europäischen Musiklebens in Paris keinen Erfolg erntete. Heine sah in
der Konvertierung Mendelssohns und seiner Gleichgültigkeit gegenüber jüdischen Themen einen Verrat am Andenken seines Großvaters.
In *Atta Troll. Ein Sommernachtstraum* legte er dem Bären folgende Zeilen in den Mund:

> *„Hört es, hört, ich bin ein Bär,*
> *Nimmer schäm ich mich des Ursprungs,*
> *Und bin stolz darauf, als stammt' ich*
> *Ab von Moses Mendelssohn!"*[66]

Als Ferdinand Lassalle Heine aufforderte, Mendelssohn nicht mehr zu
verspotten, erhielt er folgende Antwort: *„Jedenfalls melde ich Ihnen, dass
alles, was Sie wünschen geschehen soll. In Bezug Mendelssohns – wie Sie auf
diese unbedeutende Sache Werth legen können, begreife ich nicht – in Bezug
Felix Mendelssohns füge ich mich gern Ihrem Wunsch, und es soll keine böse
Sylbe mehr gegen ihn gedruckt werden – Ich habe Malice auf ihn wegen seines
Christelns, ich kann diesem durch Vermögensumstände unabhängigen Menschen nicht verzeihen, den Pietisten mit seinem großen, ungeheuren Talente zu
dienen – Je mehr ich von der Bedeutung des letzteren durchdrungen, desto er-
boster wird ich ob des schnöden Missbrauchs. Wenn ich das Glück hätte, ein
Enkel von Moses Mendelssohn zu seyn, so würde ich wahrlich mein Talent
nicht dazu hergeben, die Pisse des Lämmleins in Musik zu setzen."*[67]

Im Gegensatz zu den meisten Konvertiten, die sich aus Gründen
des persönlichen Vorteils hatten taufen lassen, nahm Felix Mendels-

sohn seine neue christliche Religion sehr ernst. Er schrieb viel liturgische Musik: Hymnen, Choräle, Kantaten und Oratorien. Einer seiner größten Erfolge war das Oratorium „Paulus". Heine veranstaltete einen Vergleich zwischen dem *„Oratorium von Felix Mendelssohn-Bartholdy, das von den Gegnern Rossinis als ein Muster der Christentümlichkeit gerühmt wird"* und „Stabat Mater", der neuen Messe von Rossini, deren Aufführung im Italienischen Theater ihmzufolge das wichtigste Ereignis in der Pariser Musiksaison 1842 war. Rossini komponierte dieses liturgische Werk nach dreizehn Jahren des Schweigens, aber die deutschen Musikkritiker behaupteten, dieses Werk über die Kreuzigung Jesu sei zu sinnlich, zu leicht und zu unterhaltsam, und betrachteten den „Paulus" von Mendelssohn als ein Vorbild für die christliche Musik. Heine griff die deutschen Musikkritiker an (die *„schweren, langweiligen Kritikaster"*, so nannte er sie) und behauptete, das „Stabat Mater" sei christlicher als der „Paulus".

„Der Himmel bewahre mich, gegen einen so verdienstvollen Meister wie der Verfasser des ‚Paulus' hierdurch einen Tadel aussprechen zu wollen, und am allerwenigsten wird es dem Schreiber dieser Blätter in den Sinn kommen, an der Christlichkeit des erwähnten Oratoriums zu mäkeln, weil Felix Mendelssohn-Bartholdy von Geburt ein Jude ist. Aber ich kann doch nicht unterlassen, darauf hinzudeuten, daß in dem Alter, wo Herr Mendelssohn in Berlin das Christentum anfing (er wurde nämlich erst in seinem dreizehnten Jahr getauft*), Rossini es bereits verlassen und sich ganz in die Weltlichkeit der Opernmusik gestürzt hatte."[68]

Nach der Erwähnung jener unreligiöser Opern, die Rossini in seinem Leben verfasst hatte, behauptete Heine nun, dass Rossini jetzt, wenn er sich entschied, eine religiöse Musik zu verfassen, lediglich zu den Erinnerungen seiner Jugend zurückzukehren brauchte, zu den Tagen, als er Chorknabe in der Kathedrale von Pesaro gewesen war, oder Messdiener, um sich an die alten Klänge der Orgel zu erinnern.

---

* Felix Mendelssohn (1809-1847) wurde im Alter von neun Jahren getauft. Dies könnte eine typische Heinesche Verdrehung der Tatsachen sein, ein Weg, um anzudeuten, dass er das Judentum im Jahr seiner Bar-Mizwa [Fest am 13. Geburtstag, an dem Kinder religionsmündig werden] verlassen habe.

Um eine heilige Musik zu schreiben, brauchte Rossini nicht (wie Mendelssohn) *„Händel oder Sebastian Bach sklavisch zu kopieren; er brauchte nur die frühesten Kindheitsklänge wieder aus seinem Gemüt hervorzurufen."*

Den deutschen Musikkritikern, die von Felix Mendelssohns Christentum begeistert waren, erklärte er: *„Nicht die äußere Dürre und Blässe ist ein Kennzeichen des wahrhaft Christlichen in der Kunst, sondern eine gewisse innere Überschwenglichkeit, die weder angetauft noch anstudiert werden kann (…)."*

Hier verglich er Mendelssohn mit Rachel, der vielgelobten Schauspielerin des Théâtre Français: *„Eigentümlich ist beiden ein großer, strenger, sehr ernsthafter Ernst, ein entschiedenes, beinahe zudringliches Anlehnen an klassische Muster, die feinste, geistreichste Berechnung, Verstandesschärfe und endlich der gänzliche Mangel an Naivetät. Gibt es aber in der Kunst eine geniale Ursprünglichkeit ohne Naivetät? Bis jetzt ist dieser Fall noch nicht vorgekommen."*[69]

S.S. Prawer behauptet, dass Heines Kritik über Mendelssohns Mangel an Naivität wie ein Bumerang auf ihn zurückgekommen war. Antisemiten würden eines Tages dieselben Argumente gegen ihn vorbringen, wenn sie behaupteten, dass er trotz seines Besuches einer deutschen Schule und seiner Konvertierung zum Christentum, ein entwurzelter Jude geblieben sei.[70] Der erste, der diese Argumente benutzen sollte, fast mit denselben Begriffen von fehlender „Naivität", würde Richard Wagner sein. Wie wir im nächsten Kapitel sehen werden, sind einige der zentralen Gedanken Wagners in seinem berühmtberüchtigten Essay „Das Judentum in der Musik" vom Inhalt und dem Stil Heines in seiner Polemik gegen Felix Mendelssohn beeinflusst.

KAPITEL 18

Der Fall Wagner

„Er war das Gewissen des Judentums,
wie das Judentum das üble Gewissen
unserer modernen Zivilisation ist."[1]
(Wagner über Heine)

Im Oktober 1839 erzählte Laube Heine von einem jungen Komponisten, der erst kürzlich aus Deutschland angekommen sei, um sein Glück auf den Opernbühnen von Paris zu versuchen. Laube, der den jungen Mann, Richard Wagner, als einen begeisterten Linken kannte, der an die Ideale des „Jungen Deutschland" glaubte, organisierte ein Treffen im Café Brocci gegenüber der Oper, das ein populärer Treffpunkt der deutschen Emigranten war. Wagner und Laube kamen mit ihren Ehefrauen, und Heine brachte Mathilde mit, die er als seine Ehefrau vorzustellen pflegte. Wagner war 26 Jahre alt, hatte kurze Beine und einen großen Kopf. Sein Gesicht hatte einen kühnen Ausdruck, seine Augen einen stechenden Blick, seine Rede und die Bewegung seiner Hände zeugten von einem stürmischen Temperament, von Reizbarkeit und Arroganz. Heine war wie gewöhnlich scharfsinnig, zynisch und amüsant, und an allen benachbarten Tischen lauschten die Menschen dem Gespräch, das, wie der damals anwesende Maler Friedrich Pecht beschrieb „eines der glänzendsten war, die ich je gehört".[2] Pecht erzählt leider keine Details, aber es ist anzunehmen, dass Wagner von seinen ersten Schritten in Paris berichtete und von seinen Plänen, von hier aus die Opernwelt zu erobern. Heine, der älter und erfahrener war, versuchte wahrscheinlich, den Träumer zurück auf den Boden der Tatsachen zu bringen.

Richard Wagner wurde 1813 in Leipzig geboren.[3] Unter den Forschern entbrannte die Diskussion, ob er der Sohn von Karl Wagners, des Ehemanns seiner Mutter war, oder ihres Liebhabers Ludwig Geyer. Über Geyer, der nach dem Tod Karl Wagners (als Richard gerade 15 Monate alt war) die Witwe heiratete, gab es Gerüchte, dass er jüdischer Abstammung war. Wer diese verbreitet hatte, war kein geringerer als Friedrich Nietzsche, der in seinem Essay „Der Fall Wagner" darüber Andeutungen machte.[4]

Noch zu seinen Lebzeiten stichelten ihn Spötter aus Wien: „Der Oberrabinner von Bayreuth". Heutzutage ist man allgemein der Meinung, dass Geyer zwar Richard Wagners Vater gewesen war, es aber für seine jüdische Herkunft keinen Beweis gibt. Wenn sich trotzdem herausstellen sollte, dass Nietzsche Recht hatte, dann könnten die Juden in ihrem Buch der Tränen noch einen Judenhasser verzeichnen, der aus ihrer Mitte stammt.

Wagners Weg zum Ruhm war langsam, sich schlängelnd, durchsetzt mit Mühe und Enttäuschungen. All seine musikalischen Werke, darunter zwei Opern, die er noch vor seinem 29. Lebensjahr schrieb, verschafften ihm einen eher kläglichen Ruhm. Es gibt in der Musikwelt keinen anderen Komponisten, dessen Genie so spät erkannt wurde. Sein Vorbild war Felix Mendelssohn, der fast in seinem Alter war (nur vier Jahre älter); aber seit seiner Entdeckung als Wunderknabe in Berlin stieg sein Stern unaufhörlich. Mendelssohn, der mit neun Jahren getauft wurde, gab Konzerte in ganz Europa, war Gast in Königspalästen und erhielt zahlreiche Auszeichnungen. „Der von allen verehrte Tonsetzer", nannte ihn Wagner. Im Jahre 1835 wurde Mendelssohn, nunmehr 26 Jahre alt, zum Musikdirektor des Gewandhausorchesters in Leipzig ernannt, und unter seiner Leitung war die Stadt Bachs zur Musikhauptstadt Deutschlands geworden. Wagner dagegen, obwohl er in Leipzig geboren war, war damals gezwungen, seine Füße in die Städte der Umgebung zu bemühen, wo er sich vom Dirigieren drittklassiger Orchester ernährte, in der Hoffnung, wie er einem Freund schrieb: „Vielleicht wird es mir gelingen etwas zu schaffen wie Mendelssohn." Aus Magdeburg, wo er ohne Erfolg versuchte, eine seiner Opern aufzuführen, sandte er Mendelssohn eine Symphonie, doch diese ging unter ungeklärten Umständen verloren. Von Magdeburg fuhr er nach Königsberg und von dort weiter nach Riga, wo er eine neue Oper zu komponieren begann, „Rienzi", die auf einem historischen Roman des Engländers Bulwer-Lytton beruhte (dem Verfasser von „Die Letzten Tage von Pompeji"), aber nachdem er sich tief verschuldete, verließ er die Stadt, und fuhr zusammen mit seiner Frau Minna (der Schauspielerin Wilhelmina Planer) nach London und von dort aus weiter nach Paris. Er war 26 Jahre alt, ohne Geld, ohne Freunde, ohne Kenntnisse der französischen Sprache, ohne einen berühmten Namen – aber mit hochfliegenden Träumen von Größe und dem leidenschaftlichen Verlangen, die Welt der Oper in ihrem Revier zu erobern. Auf der Reise nach Paris lernte er zwei jüdische Damen kennen Mrs. Manson und ihre Tochter, die ihm ein Empfehlungsschreiben an Meyerbeer mitgab. Dieser, der König der „Grand Opera", empfing ihn mit aller Höflichkeit, und war sogar bereit Teile des unvollendeten Librettos zu „Rienzi" anzuhören. „Er bestätigte die Gerüchte, die ich über seine Großzügigkeit gehört hatte", schrieb Wagner in seiner Autobiographie, „und machte in jeder Hinsicht einen ausgezeichneten Eindruck auf mich." Und tatsächlich ermutigte Meyerbeer ihn mit freundlichen Worten, gab ihm weitere Empfehlungsschreiben, und steckte ihm sogar etwas Geld zu.

Die Empfehlungsschreiben öffneten Wagner viele Türen, nur nicht die Tür der Oper, die er so begehrte. Paris zeigte kein Interesse am „Rienzi". Moritz Schlesinger, der führende Musikverleger, kam ihm zu Hilfe, als er ihm den Auftrag gab, die neue erfolgreiche Oper „La Favorita" von Donizetti für Soloklavier, Klavier und Gesang, zwei Klaviere, zwei Violinen und Kornett zu bearbeiten. Ferner hat Wagner auch die Oper von Jacques Halévy, „La Reine de Chypre" (Die Königin von Cypern), für Klavier bearbeitet. Es war nicht nur eine

schwierige und demütigende Arbeit, sie wurde außerdem sehr
schlecht bezahlt.

Während der drei Monate, die sie in Paris verbrachten, lebten
Minna und Richard Wagner von der Hand in den Mund. Sie aßen in
billigen Restaurants, wenn überhaupt; als er eines Tages einen Gast
zum Frühstück einlud, erinnerte Minna ihn daran, dass das Brot kaum
für zwei reichen werde. Oft vermieteten sie Zimmer, und Minna
musste jeden Morgen die Schuhe der Untermieter putzen. Nur sein
unbändiger Optimismus hielt Wagner aufrecht. Er war ein Mensch,
der unbekümmert lebte, Geld borgte, ohne Absicht, es zurückzuzahlen, die Großzügigkeit seiner Freunde und Bekannten ausnutzte, und
einmal wurde er beinahe verhaftet, weil er einen Wechsel nicht bezahlt hatte. Als ihr Geld ausging, mussten sie ihre silbernen Hochzeits-
geschenke verpfänden. In einigen Fällen verpfändeten sie die Kleider
von Minna, und manchmal waren sie auch genötigt, die Pfandscheine
zu verkaufen – was Wagner jedoch nicht daran hinderte, sich äußerst
elegant anzuziehen und Luxusartikel zu erwerben. Seine Bekannten
überfiel er mit Geldforderungen in einer Mischung von Arroganz und
Selbsterniedrigung, wie in diesem Schreiben an Schlesinger: „Hundert Franken, teurer Herr Schlesinger, müssen Sie mir nochmals als
Vorschuss geben, da ich sonst nicht weiß, wie Sie eines Tages vor dem
Richterstuhl der kommenden Generationen stehen werden, wenn gesagt werden wird: ‚Moritz Schlesinger, derselbe Moritz Schlesinger,
der so barmherzig und geschäftstüchtig ist, weigerte sich, Richard
Wagner, dessen Ruhm ihm auf jeden Fall sicher war, Geld zu zahlen.‘"
An Meyerbeer schrieb er: „Ich muss Ihr Diener werden, im Geist und
Körper, denn ich gebe zu und beichte: Das Herz eines Sklaven wohnt
in meinem Inneren." Beide retteten ihn vor dem Verhungern, und
vielleicht ist das der Grund, warum er ihnen niemals verziehen hatte.
In einem Brief an Robert Schumann (Ende 1840) nannte er Meyerbeer „Ein verschlagener, bösartiger Betrüger", aber er nahm es sofort
zurück: „Aber sagen Sie nichts zu seinem Ungunsten! Er ist mein Patron – und im vollen Ernst – ein freundlicher Mensch." In Paris
pflegte man über Meyerbeer zu sagen, dass seine Großzügigkeit be-
rechnend sei und seine Freundlichkeit kontrolliert. „Seine Motto

war", schrieb Ernst Newman, der Biograph Wagners, „mache dir niemals einen Feind, wenn du das mit schönen Worten und gutem Benehmen vermeiden kannst."[5] Meyerbeer half Wagner finanziell, aber falls er geglaubt hatte, dass dieser ihm deshalb dankbar sein würde, hatte er sich gründlich geirrt.

Aber kehren wir zu dem Treffen zwischen Wagner und Heine im Café Brocci zurück. Pecht überlieferte zwar keine Einzelheiten über den Inhalt ihrer Unterhaltung, aber wir lägen sicherlich nicht falsch mit der Vermutung, dass die Unterhaltung sich um die dunklen Seiten des Lebens in Paris drehte, die Stadt, die Wagner „die Mätresse der Welt" nannte,[6] die Heine *„das welsche Babel"* oder *„das moderne Sodom"*[7] bezeichnete. Ein Hauptthema war möglicherweise „der große Giacomo Machiavelli", wie Heine im Spott Meyerbeer nannte, ein anderes Thema war Moritz Schlesinger. „Er ist ein Bastard", sagte Wagner über den Musikverleger, der ihn vor dem Hungertod bewahrt hatte. Bei dieser Gelegenheit mag Heine die Anwesenden mit seiner Anekdote über Schlesinger amüsiert haben, wie dieser dem Wiener Komponisten Joseph Dessauer eine Golduhr als Anzahlung für seine Werke gab. Nach einiger Zeit kam Dessauer zu ihm zurück und beschwerte sich, dass die Uhr nicht ging. *„Gehen?"* fragte Schlesinger, *„Habe ich gesagt, daß sie gehen wird? Gehen Ihre Kompositionen?"* Heine war nicht gut zu sprechen auf Dessauer, einen getauften Juden, über den er schrieb, er sei *„einer der miserabelsten Liederkompositeurs vom mundfaulsten Dialekte, ein namenloses, kriechendes Insekt, [der] sich rühmt, mit George Sand in intimem Umgange gestanden zu haben."*[8]

Heine beehrte ihn sogar mit dem Gedicht *Der Wanzerich*. So erklärte er dem jungen Gast, der erst unlängst in die Stadt gekommen war, die Umstände des Lebens. Er bemerkte, dass sogar Felix Mendelssohn, von dessen Ruhm die Welt voll ist, in Paris keinen Erfolg erntet. Kann sein, dass er bei dieser Gelegenheit den Vorwurf wiederholte, dass die Kirchenmusik Mendelssohns einen *„Mangel an Naivetät"* aufweise. Wie dem auch sei, aller Wahrscheinlichkeit nach führten sie bei dem Essen eine lebhafte Diskussion über Wahrheit und Lüge in der Kunst.[9] Heine konnte natürlich nicht ahnen, welche katastrophale Saat er ins Herz seines Gesprächspartners einpflanzte.

Wie hätte sich Heine vorstellen können, dass sein junger Gesprächspartner mit entschieden liberalen Ansichten, ein Verfechter des „Jungen Deutschland", sich eines Tages zu einem Erz-Antisemiten entwickeln würde und seine eigene Kritik an Mendelssohn und Meyerbeer dazu benutzen würde, um die unsinnige Behauptung zu verbreiten, dass die jüdische „Rasse" keine wahren Künstler hervorbringen könne. In seiner gegenwärtigen Inkarnation, der liberalen, schienen die beiden eine gemeinsame Sprache zu sprechen.

Wagners Leben kann in zwei Perioden unterteilt werden. Bis zum Misserfolg der Revolutionen von 1848-1849 gehörte er dem radikalliberalen Lager an. Weder in seinen Schriften noch in seinem Handeln kann der leiseste Hauch von Antisemitismus gefunden werden. Wenn er Meyerbeer schlecht machte oder Mendelssohn missbilligte oder Schlesinger verurteilte, so hat er das nie ihrem Judentum zugeschrieben. Einige seiner Pariser Freunde waren Juden, über Jacques Halévy, für den er Partituren kopierte, hatte er eine besonders gute Meinung. „Er ist ein ehrlicher und offenherziger Mensch", sagte er über ihn, „nicht verschlagen und gerissen wie Meyerbeer."[10] Wagner besuchte die Opern Halévys noch in Deutschland. Er war besonders von „La Juive" (Die Jüdin) beeindruckt, die im Juni 1837 in Dresden aufgeführt wurde, und ihr Einfluss macht sich im „Rienzi" bemerkbar. Die Liste der Juden, der getauften oder nicht getauften, mit denen Wagner in Verbindung stand, ist überraschend lang. Einer von ihnen war Heine, dessen Gedichte er verehrte, mit dessen politischen Ansichten er sich identifizierte und dessen unnachahmlichen Stil nachzuahmen er sich bemühte.

Wagner verdiente sein Geld teilweise durch das Verfassen von Artikel über das Pariser Musikleben in Schlesingers „Gazette Musical" und im „Europa" von August Lewald. Lewald, ein alter Freund von Heine, war ein Jude, der zuerst zum Protestantismus konvertierte und danach zum Katholizismus. Als Wagner an ihn herantrat und um Arbeit bat, drückte er die Hoffnung aus, dass seine Einwilligung beweisen werde, „was ein Deutscher für einen Deutschen tun kann."[11]

In seinen Erinnerungen vermerkte Wagner voller Stolz, dass Heine ihm Komplimente über seine Erzählung „Un musicien étranger à

Paris" (Ein fremder Musiker in Paris) gemacht hatte, mit der Bemerkung: *„So etwas hätte Hoffmann nicht schreiben können"* [12] In diesen Tagen brach der Sturm um Heines Buch über Ludwig Börne aus. Wagner gehörte zu den wenigen, die ihn verteidigten. In einem Beitrag für die „Dresdner Abendzeitung" kritisierte er die Deutschen, weil sie ein solches Talent, „von denen Deutschland nur wenige aufweisen kann …" vertrieben, und der „mit mehr Glück einer der größten Namen unserer Literatur hätte werden können".[13] Die Bewunderung war nicht gegenseitig. Aus den wenigen Unterhaltungen in Kaffeehäusern konnte Heine das musikalische Talent Wagners nicht erkennen. Einst sagte er zu einem Freund: *„Weißt du, warum ich an seinem Talent zweifle? Wegen der Tatsache, dass er von Meyerbeer empfohlen wurde."* [14]

Im August 1841 begann Wagner mit der Arbeit seines Libretto für eine neue Oper, die in seinem Geist Gestalt angenommen hatte, „Der fliegende Holländer". Die Handlung nahm er aus Heines Novelle *Aus den Memoiren des Herren von Schnabelewopski*. Wagner bot das Libretto dem Direktor des Pariser Opernhauses, Léon Pillet, an. Dieser war bereit, das Manuskript zu kaufen und einen namhaften Komponisten zu beauftragen, die Musik dazu zu schreiben. Wagner war bitter gekränkt, als ihm Herr Pillet erklärte, dass er mit aller Achtung vor dem Empfehlungsschreiben Meyerbeers nicht riskieren könne, die Oper eines unbekannten Komponisten aufzuführen – zumal er noch für die nächsten sieben Jahre Verpflichtungen habe. Er war wegen seiner desolaten finanziellen Lage gezwungen, sein Werk für 500 Francs zu verkaufen. Pillet gab es einem mittelmäßigen Komponisten, Pierre Dietsch, und es wurde ein Misserfolg. Heine berichtete darüber (unter Pseudonym) an die „Allgemeine Zeitung": *„‚Der Fliegende Holländer' von Dietz [sic.] ist seitdem traurig gescheitert; ich habe diese Oper nicht gehört, nur das Libretto kam mir zu Gesicht, und mit Widerwillen sah ich, wie die schöne Fabel, die ein bekannter deutscher Schriftsteller (H. Heine) fast ganz mundgerecht für die Bühne ersonnen, in dem französischen Text verhunzt worden."* [15]

Als er begriff, dass er geringe Chancen hatte, seine Werke auf die Bühne der Oper zu bringen, versuchte Wagner sein Glück in den Konzertsälen. Er verfasste Melodien zu französischen Gedichten, unter anderen zu *Die Grenadiere* von Heine (in der französischen Übersetzung). Ähnlich wie Schumann wollte auch er das Gedicht mit dem triumphierenden Klängen der Marseillaise beenden und Gewehre und Kanonen hinzufügen, aber er konnte den Plan nicht verwirklichen, weil die Sänger, an die er sich wandte, sich weigerten, mit ihm zusammenzuarbeiten. Von diesem ganzen Projekt blieb nichts übrig außer den Noten, die Schlesinger gedruckt hatte, jedoch nie verkaufen konnte.

Später, als Wagner schon berühmt war, wurde er über die Pariser Episode in seinem Leben befragt. Seine Augen füllten sich mit Tränen. Er nannte Paris einen „dunklen Abgrund der Vulgarität". Die zweieinhalb Jahre, die er dort verbracht hatte, bezeichnete er als eine „Zeit der Illusionen". Niemals verzieh er der Stadt, die sich weigerte, sein Genie anzuerkennen. Sogar dreißig Jahre später, während des Preußisch-Französischen Krieges, drückte er seine Hoffnung aus, dass diese „Mätresse der Welt" bis zum letzten Haus abbrennen möge.[16]

Der Wendepunkt in seiner Karriere fand im Jahre 1842 statt, als das Opernhaus von Dresden sich bereit erklärte, seine Oper „Rienzi" aufzuführen. Die Wagners packten sofort ihre Koffer, und ohne sich unnötig aufzuhalten verließen sie Paris. Heine berichtete darüber in der „Allgemeinen Zeitung": *„Welche traurigen Erfahrungen mußte Herr Richard Wagner machen, der endlich, der Sprache der Vernunft und des Magens gehorchend, das gefährliche Projekt, auf der französischen Bühne Fuß zu fassen, klüglich aufgab und nach dem deutschen Kartoffelland zurückflatterte."*[17]

Die Uraufführung des „Rienzi" war am 20. Oktober 1842. Als der Vorhang fiel reagierte das Publikum mit stürmischem Beifall. Die Kritiken waren ausgezeichnet, die Begeisterung beispiellos, und nur eine Sache verdarb ihm die Stimmung: Viele bemerkten, dass die Oper im Stil von Meyerbeer geschrieben war. An „Rienzi" schloss sich ein noch größerer Erfolg an, „Der Fliegende Holländer". Wagner erwarb Ruhm in ganz Deutschland und wurde zum stellvertretenden Dirigenten des Dresdner Hoforchesters ernannt. Er begann jetzt, den „Tannhäuser" zu schreiben.

Auf Empfehlung von Meyerbeer spielte die Berliner Oper den „Fliegenden Holländer". „Nach der Aufführung", schrieb Wagner stolz, „bestieg Mendelssohn die Bühne, umarmte mich und gratulierte mir aus ganzem Herzen."[18] „Die Tatsache, dass ich Ihnen ein wenig näher gekommen bin", schrieb er an Mendelssohn, „war die erfreulichste Sache meiner Berlinreise." Mendelssohn nahm später die Ouvertüre zum Tannhäuser in das Programm des Leipziger Gewandhauses auf, erhielt aber hier negative Kritiken. Kurze Zeit später, im Alter von nur 38 Jahren, starb Mendelssohn.

Während seine Beziehung zu Mendelssohn Höhen und Tiefen kannte, war Meyerbeer ein bösartiger Stachel im Fleische Wagners. Schumann war vom „Fliegenden Holländer" überhaupt nicht beeindruckt und bemerkte: „Irgendwelche Sachen erinnern in ihrem Ton an Meyerbeer". Der bedeutende Dirigent Hans von Bülow war beißender in seiner Kritik, als er über „Rienzi" schrieb, es sei „Meyerbeers beste Oper".[19] Als Wagner im Herbst 1847 nach Berlin fuhr, musste er sich überwinden, Meyerbeers Einladung zum Essen anzunehmen. „Er fährt bald weg von hier, um so besser", schrieb er an seine Frau über den Menschen, der ihm die Tore des Berliner Opernhauses geöffnet hatte.[20]

Zu dieser Zeit gab es keinen Zusammenhang zwischen seinen Vorwürfen und Meyerbeers Judentum. Der 35-jährige Wagner zählte sich noch zum revolutionären linken Lager, das an die Brüderlichkeit aller Menschen glaubte. In einem der Manifeste aus dieser Zeit drückte er seine Hoffnung aus (in einem Stil und Inhalt, die sehr an Heine erinnern), dass, nachdem das deutsche Volk sich aus seinen Fesseln befreien werde, die Strahlen der deutschen Freiheit „die Kosaken und Franzosen, die Buschmänner und die Chinesen erleuchten werden".[21] In den Jahren der Revolution von 1848-1849 sah er seine Träume Wirklichkeit werden. Während des Aufstands vom März 1849 bestieg er sogar mit dem berühmten russischen Anarchisten Bakunin die Barrikaden von Dresden. Zu dieser Zeit sah er in der Revolution einen Vorboten für die Erlösung der gesamten Menschheit, ohne Unterschied von Rasse und Religion. Nach seinen Worten kämpfte er damals sogar für die Emanzipation der Juden.[22]

Nachdem der Aufstand fehlschlug, war er gezwungen, Deutschland zu verlassen. Zunächst kehrte er in das verhasste Paris zurück, reiste dann aber weiter nach Zürich, wo er eine Lebensbilanz als Musiker und Revolutionär zog. Er war nunmehr 36 Jahre alt, als er sich von Grund auf änderte. Er ließ all seine liberalen Prinzipien zurück und schlug den Pfad des Nationalismus und Antisemitismus ein.

Im September 1850 erschien in der „Neuen Zeitschrift für Musik" in Leipzig ein Beitrag unter der Überschrift: „Das Judentum in der Musik". Sein Verfasser nannte sich K. Freigedank. Unter den Informierten verbreitete sich das Gerücht, dass sich hinter diesem Namen Richard Wagner versteckte, der in der Schweiz im Exil lebte. Franz Liszt, der später sein Schwiegervater werden sollte, fragte ihn, ob das Gerücht wahr sei und erhielt folgende ungehaltene Antwort: „Natürlich wissen Sie, dass ich der Verfasser dieses Artikels bin, warum fragen Sie überhaupt noch?" Danach erläuterte er seine Beweggründe mit der Bemerkung, dass er „einen lange unterdrückten Ärger über diese Judenangelegenheit" hegte. Als er auf Meyerbeer zu sprechen kam, brach es zornig aus ihm heraus. „Natürlich hasse ich ihn nicht", schrieb er, „aber er verursacht in mir einen unendlichen Ekel. Derselbe freundliche und unaufhörlich lächelnde Mensch, erinnert mich, ganz besonders als er mir die Gnade seiner Protektion gewähren wollte, an das trübste Kapitel, ich möchte fast sagen das korrupteste Kapitel in meinem Leben…"[23]

Was ihn am meisten verletzte waren die Bemerkungen von Musikern wie Schumann, von Bülow und anderen, die in seinem Werk den Einfluss Meyerbeers bemerkten. „Ich bin ganz verzweifelt", schrieb er, „wenn ich an diese falsche Meinung stoße, an die sogar viele meiner Freunde halten, als ob es zwischen mir und Meyerbeer etwas gemeinsames gäbe."[24]

Aus all dem kann man nicht folgern, dass Wagner wegen Meyerbeer seine Haltung zu den Juden änderte. Im Gegenteil, in seinem Essay „Das Judentum in der Musik" stellte er fest, dass sich sein Verhältnis zu den Juden überhaupt nicht verändert habe. Das sei nicht nötig gewesen, da er sie schon immer nicht gemocht habe. Der Grund, warum er sie nicht schon früher kritisiert habe, sei liberale Heuchelei gewesen, „so entsprang auch unser Eifer für die Gleichberechtigung der Juden viel mehr aus der Anregung eines allgemeinen Gedankens, als aus einer realen Sympathie", schrieb er; „denn bei allem Reden und Schreiben für Judenemanzipation fühlten wir uns bei wirklicher, tätiger Berührung mit Juden von diesen stets unwillkürlich abgestoßen."[25] In anderen Worten, die Liberalen waren unaufrichtig, wenn sie für die Rechte der Juden eintraten, und das Verlassen des linken Lagers war für ihn ein Akt der persönlichen Befreiung.

Es ist auch sehr unwahrscheinlich, dass die antisemitische Wende Wagners wegen seiner Misserfolge in Paris geschah. In der kommerziellen Welt der Musik war kein Platz für einen Revolutionär und Komponisten seines Formats; und wenn es einige Menschen gab, denen er dankbar sein musste, dann waren es in erster Linie Meyerbeer für die Aufmerksamkeit, die er diesem absolut unfreundlichen jungen Mann schenkte, Schlesinger für den Nebenverdienst, den er ihm gab; und Heine dafür, dass er ihn mit Ideen wie *Der fliegende Holländer*, *Tannhäuser* und anderen Werken versorgte. Der einzige, der ihn ausgebeutet hatte, war Léon Pillet (kein Jude), der Direktor der Pariser Oper. Aber Wagner klagte wegen der Sünde eines einzigen Franzosen nicht die ganze französische Nation an, und es gibt unter seinen Schriften keine Hetzschrift über „Das Franzosentum in der Musik".

Die Veröffentlichung von „Das Judentum in der Musik" wird als Wendepunkt in der Geschichte des Judenhasses betrachtet. Bis zu diesem Zeitpunkt war man geneigt die Judenfrage als ein Problem der Religion anzusehen, das durch Konvertierung gelöst werden konnte. Wagner jedoch sprach in Begriffen der Rasse und unterschied nicht zwischen einem konvertierten Juden (wie Mendelssohn oder Heine) und zwischen Juden, die nicht konvertiert waren (wie Rothschild oder Meyerbeer). In seinem Essay eröffnete Wagner eine neue Front: Es ist nicht mehr ein Krieg zwischen Christentum und Judentum, sondern zwischen Deutschtum und Judentum.

Dieser Aufsatz deckt ausdrücklich die dialektische Verbindung zwischen der Emanzipation der Juden und dem Antisemitismus auf. Wagner fragt, was ehrlicher war, das abstrakte, rationale Prinzip, also das Erbe Rousseaus und der Enzyklopädisten, oder die Stimme des Blutes, die Triebe und das Bauchgefühl. Glaubten die Liberalen an die Emanzipation, weil sie plötzlich Judenfreunde geworden waren, oder etwa weil sie wie in einer Art algebraischer Funktion der Form x = y die Gleichheit der Juden aus der Erklärung der Menschenrechte ableiteten? „Wie all' unser Liberalismus", schloß Wagner, „ein nicht sehr hellsehendes Geistesspiel war (...)."[26]

Und was ist mit den Juden, für die er, wie er sagte, auf die Barrikaden gestiegen war? Die Juden erhielten seiner Meinung nach weit mehr als die Gleichberechtigung, sie erhielten die Macht. Die Rothschilds beherrschen die Wirtschaft, Mendelssohn und Meyerbeer die Musik, Börne und Heine die Literatur. Mehr als das, von den Juden sollte nicht in Begriffen von Gleichheit gesprochen werden, sondern von Unterschied. Der Jude unterscheide sich „durch seine äußere Erscheinung, die (...) etwas (...) unangenehm Fremdartiges hat: wir wünschen unwillkürlich mit einem so aussehenden Menschen nichts gemein zu haben." Er sei auch anders in seiner Sprache: „Der Jude spricht die Sprache der Nation, unter welcher er von Geschlecht zu Geschlecht lebt, aber er spricht sie immer als Ausländer." Der Jude wachse nach Wagner „unglücklich und heimatlos" außerhalb der Geschichte und der Kultur auf. Er sei nicht in der Lage, den „Geist des Volkes" zu erfassen, und könne deshalb kein originärer schaffender Künstler sein, sondern im besten Falle ein Nachahmer und Fälscher. „In der Sprache und in der Kunst kann der Jude nur sprechen „wie" oder schaffen „wie" – aber unter gar keinen Umständen könnte er Dichtung oder Kunst schaffen ..."

Über Mendelssohn schrieb er, „(...) dass der Komponist für seine ausdrucksunfähige moderne Sprache besonders unseren alten Meister Bach als nachzuahmendes Vorbild sich erwählte"[27] – eine Formulierung, die uns irgendwie bekannt vorkommt. Ist es nicht die gleiche Kritik, die Heine über das Oratorium „Paulus" geäußert hatte, mit der Behauptung, Mendelssohn habe „Händel oder Sebastian Bach sklavisch (...) kopier[t]."[28]

Wagner hatte sein Leben lang nicht das Gefühl, in Heines Schuld zu stehen, nicht einmal für seinen Beitrag zu seinen antisemitischen Ideen. Heines Kritik über den „Paulus" erschien im April 1842 in der „Allgemeinen Zeitung", aber Wagner könnte sie auch direkt aus seinem Munde gehört haben, bei ihrem Treffen im Café Brocci. Daher, behauptet Wagner, „der wahre Dichter, gleichviel in welcher Kunstart er dichte, gewinnt seine Anregung immer nur noch aus der getreuen, liebevollen Anschauung des unwillkürlichen Lebens, dieses Lebens, das sich ihm nur im Volke zur Erscheinung bringt. Wo findet der gebildete Jude nun dieses Volk?"[29] Er wiederholte Heines Behauptung, dass Mendelssohns liturgische Musik an einem „gänzlichen Mangel an Naivetät" litt.[30] Nur dass Wagner Heines Worte verzerrte. Alles was Heine gesagt hatte, war, dass die Juden, so getauft sie auch sein mögen, nicht in der Lage waren, mit aufrichtigem Herzen christliche Musik zu machen. Wagner hatte diese Worte aus dem Zusammenhang herausgerissen und erklärte: „Auch seine berühmten musikalischen Stammesgenossen geißelte er unbarmherzig für ihr Vorgehen, Künstler sein zu wollen; keine Täuschung hielt bei ihm vor (…)."[31] So benutzte er Heine, um seine Verallgemeinerung zu bekräftigen, dass die Juden von ihrer Natur her keine wahren Künstler sein könnten.

Wenn er „Stammesgenossen" sagte, meinte Wagner in erster Linie Meyerbeer, der laut Wagner „ein weit und breit berührter [sic.] jüdischer Tonsetzer unserer Tage (…)." Er nannte seinen Namen nicht, doch es gibt keinen Zweifel, dass er Meyerbeer meinte. Er beschuldigte ihn der Kommerzialisierung der Musik, der Schöpfung von Opern, die in seinen Worten „Täuschung" waren, und nur dazu dienten, die Langeweile des Publikums zu mildern, das nach Unterhaltung und Spielen verlangte. „Dieser täuschende Komponist geht sogar so weit, dass er sich selbst täuscht", behauptete Wagner über Meyerbeer, „und dieses vielleicht ebenso absichtlich, als er seine Gelangweilten täuscht."[32] (Heines Diktion kann man nicht nur im Inhalt finden, sondern auch im Stil. Wagner versuchte, wie viele andere deutsche Autoren, Heines Scharfsinnigkeit zu imitieren, er scheiterte jedoch kläglich.)

Besonders interessant ist demnach seine Meinung über Heine. Sie scheint ziemlich ambivalent zu sein. Während Meyerbeer nicht mehr als ein „täuschender Komponist" war, war Heine eine große Begabung und wurde gleichzeitig vom Teufel geritten.

„Ich sagte oben, die Juden hätten keinen wahren Dichter hervorgebracht. Wir müssen nun hier Heinrich Heines erwähnen. Zur Zeit, da Goethe und Schiller bei uns dichteten, wissen wir allerdings von keinem dichtenden Juden: zu der Zeit aber, wo das Dichten bei uns zur Lüge wurde, unsrem gänzlich unpoetischen Lebenselemente alles Mögliche, nur kein wahrer Dichter mehr entsprießen wollte, da war es das Amt eines sehr begabten dichterischen Juden, diese Lüge, diese bodenlose Nüchternheit und jesuitische Heuchelei unserer immer noch poetisch sich gebaren wollenden Dichterei mit hinreißendem Spotte aufzudecken."[33] Diesem fügte er einen schlau klingenden, aber wenig unergründlichen Satz hinzu: „Er war das Gewissen des Judentums, wie das Judentum das üble Gewissen unserer modernen Zivilisation ist."[34]

Man muss diese Passagen mehrere Male lesen, um zu entscheiden, ob man lachen oder weinen soll. Wagner segnete und verflucht in einem Atemzug, um aber aus unserem Herzen jeden Zweifel zu entfernen, schrieb er Heine einen dämonischen Beweggrund zu, der die Falschheit der jüdischen Kunst entlarvt habe, gleichzeitig aber auch seine Doppelzüngigkeit zu Tage treten ließ: „Von dem unerbittlichen Dämon des Verneinens dessen, was verneinenswert schien, wird er rastlos vorwärtsgejagt, durch alle Illusionen moderner Selbstbelügung hindurch. Was er selbst log, das deckten unsre Juden wieder dadurch auf, dass sie es in Musik setzten."[35]

„Unsere Juden?" Wagner meinte offensichtlich Felix Mendelssohn, da Meyerbeer nur versprochen hatte, Heine zu vertonen, sein Versprechen aber nicht einhielt. Alle anderen Komponisten, die Musik zu den Worten Heines geschrieben haben, waren waschechte Christen, wie Schubert, Schumann, Liszt, Silcher und sogar – was für eine Ironie – Wagner selbst.

Das sind nicht die einzigen Aussagen, die den Tatsachen und dem gesunden Menschenverstand nicht standhalten. „Das Judentum in der Musik" ist, wie die meisten antisemitischen Essays, ein Traktat voller Lügen, unwissenden Behauptungen, unwahren Verallgemeinerungen und schwerfälligen Formulierungen, und hätten sie nicht derart furchtbare Folgen gehabt, hätte man aus vollem Herzen darüber lachen können. Jedenfalls ist jeder Versuch, sie zu widerlegen, sinnlos. Wagner ist an der Wahrheit nicht interessiert. Er ist nur am Untergang des Judentums interessiert, wie der letzte Satz seines Essays ausdrückt:

„Aber bedenkt, dass nur eines eure Erlösung von dem auf euch las-
tenden Fluche sein kann: die Erlösung Ahasvers [der ewige Jude], –
der Untergang!"[36]

Dieses Pamphlet hätte schon längst den Weg in den Mülleimer der
antisemitischen Literatur gefunden, wenn nicht 1869 eine zweite Auflage erschienen wäre, und diesmal offen unter dem Namen Richard
Wagners. In diesem Jahr war er schon eine berühmte Persönlichkeit,
der ruhmreiche Komponist von „Tannhäuser", „Lohengrin", „Die
Meistersinger von Nürnberg" und „Tristan und Isolde". Mit einem
solchen berühmten Namen gelangte die Broschüre zu einer weiten
Verbreitung und spielte eine große Rolle bei der Bildung einer rassistischen antisemitischen öffentlichen Meinung in Deutschland.

Zur gleichen Zeit war Wagner dabei, seinen „Ring des Nibelungen" zu vollenden, ein Zyklus von vier Opern, an dem er über 25
Jahre gearbeitet hatte. Der „Ring" war der Höhepunkt seiner Schaf-
fenskraft als Opernkomponist, und mit ihm erreichte die deutsche
Romantik einen neuen Gipfel. Mit strahlenden und ohrenbetäuben-
den Klängen erweckte Wagner den Glanz der barbarischen, vor-
christlichen Welt zu neuem Leben und verherrlichte das goldene
Zeitalter der Gewalttätigkeit, des Krieges und des Blutvergießens.
Diese mythologischen Motive, über die Heine stets voller Ironie geschrieben und sogar davor gewarnt hat, wurden von Wagner mit heiliger Ehrfurcht behandelt. Wagner verstand sich nicht nur als Musiker,
sondern auch als Philosoph und Dichter, von Gott dazu ausersehen,
seinem Volk die Erneuerung und die Wiedergeburt zu verkünden.
Viele Deutsche sahen in ihm tatsächlich einen Propheten, und Jahre
später, als Hitler gefragt wurde, wer seine geistigen Väter waren,
nannte er nur einen Namen: Wagner.[37] Es musste ein schrecklicher
Krieg stattfinden, bis der große deutsche Dichter Thomas Mann
schreiben sollte, dass er in Wagner „zu viel Hitler" gefunden habe, zu
viel latenten, und unverzüglich auch manifesten Nazismus."[38]

Max Brod, der nicht nur ein bekannter Autor war, sondern auch

Musikwissenschaftler und Komponist, stellte fest, dass Heine Richard Wagner nicht nur mit dem „Fliegenden Holländer" und dem „Tannhäuser" vorweggenommen hat, sondern auch mit den Motiven der Nibelungen, der Walküren und Siegfried mit dem Schwert.[39] Hätte Wagner diese Worte gelesen, wäre er sicher verärgert gewesen. So wie er seine Geldschulden nicht zurückzahlen pflegte, so ignorierte er auch seine geistige Schuld gegenüber Heine. In der ersten Auflage seiner Autobiographie erwähnte er kurz Heines Anteil am „Fliegenden Holländer". In der zweiten Auflage änderte er die Formulierung und behauptete, dass Heine nur das Märchen von einem anderen überarbeitet habe.

Das ist eine typische boshafte Bemerkung, da das Märchen vom Fliegenden Holländer zwar im 16. Jahrhundert entstanden war, aber die Idee, dass der Mann dank der Treue einer Frau erlöst wurde, und dass er durch das Ertrinken im Meer erlöst wird, ist ganz und gar die Idee Heines.[40] Wagner hat von Heine nicht die Idee gestohlen, aber er schrieb das Libretto zur Oper nach dessen Version. Heines Anteil an Wagner dritter Oper, dem „Tannhäuser", ignorierte er völlig.

Wagner schuldete Heine auch die Argumente für die Ablehnung Mendelssohns und Meyerbeers als originäre Künstler. So griff Heine nur die christliche liturgische Musik des konvertierten Mendelssohn an, mit der Behauptung, ihr mangle es an Naivität. „*Gibt es*", fragt Heine, „aber *in der Kunst eine geniale Ursprünglichkeit ohne Naivetät?*" Und er antwortet: „*Bis jetzt ist dieser Fall noch nicht vorgekommen.*"[41]

In dieser Behauptung hört man den Widerhall eines alten Gedankens, der bei Heine immer wiederkehrt: Der hohe Preis, den die aufgeklärten Juden für die Loslösung von ihren Wurzeln bezahlen mussten. In einem seiner Aufsätze beschrieb er ein Konzert von Mendelssohn, in dem einige Zuhörer, „*Söhne der Religion Moses*", behaupteten, dass sie „*gestohlene*" Abschnitte aus den „kinnot", den jüdischen Klageliedern anlässlich der Zerstörung Jesrusalems, entdeckt hätten. Heine bemerkte, dass er selbst feststellen musste, wie berechtigt der Vorwurf war, Mendelssohn habe aus den „*Antiken Klageliedern von der Zerstörung Jerusalems*" „gestohlen". Er erinnerte aber an den venezianischen Komponisten Benedetto Marcello aus dem frühen 18. Jahr-

hundert, ein Christ, *„dessen Vertonungen der Psalmen den alten Liedern der
Synagoge sehr ähnelten."* Mendelssohn, schloß Heine, war erst recht
dazu befugt, da er *„von seinem eigenen Haus stiehlt …"*[42] Und siehe da,
in „Das Judentum in der Musik" schickt auch Wagner den jüdischen
Künstler in sein eigenes Haus. „Die Synagoge", schreibt er, „ist der
einzige Quell, aus welchem der Jude ihm verständliche volkstümliche
Motive für seine Kunst schöpfen kann." Aber im Gegensatz zu Heine,
dem konvertierten Juden, der lebenslang nostalgische Gefühle gegenüber Melodien wie „Lecho daudi" oder „An den Wassern Babels"
hegte, drückt Wagner hier seine Abneigung gegenüber jüdischen Ge-
betsmelodien aus, in denen er nichts zu hören vermochte, als „Gegur-
gel, Geheul und Geplapper". „Die Sterilität" des jüdischen Künstlers
kommt nach Wagner daher, dass er keine eigene Tradition hat und sich
deshalb nicht mit der Kultur des Volkes, in dessen Mitte er lebt, identifizieren kann.

Heines scharfsinnige Kritik an Mendelssohn fiel auf ihn zurück:
Wagner bediente sich ihrer, als er seine Ideologie entwickelte, dass die
Juden frei von Kreativität sind. Zur Liste der falschen Künstler fügte er
auch Heine hinzu. Die ihm nachfolgenden Antisemiten behaupteten,
dass die Juden, seitdem sie heimatlose und entwurzelte Kreaturen
waren, einen zerstörerischen Geist hätten.

In seinem berühmten Essay „Betrachtungen zur Judenfrage" (Oktober 1944; zwei Monate nach der Befreiung von Paris) widerlegt Jean-
Paul Sartre die Wagnersche Behauptung, dass die Juden nicht kreativ
seien und nannte es einen „absurden Vorwurf". Als Beweis nennt er
die Namen Spinoza, Proust, Kafka, Chagall, Darius Milhaud, Einstein
und Bergson. Gleichzeitig gibt er zu, dass es für die Behauptung der
Antisemiten vom „zerstörerischen jüdischen Geist" durchaus eine
Basis gibt. Diese Behauptung ist anscheinend nicht nur wahr, sondern
verdiene auch, so Sartre, gelobt zu werden. „Der Jude, der von den irrationalen Kräften der Tradition, der Rasse und dem Instinkt angegriffen wurde, erwidert den Angriff mit der Macht des Verstandes und

der kritischen Analyse. (…) Der Jude verteidigt sich selbst, indem er die dunklen Kräfte zerstört, Magie, Unvernunft und Wahnsinn", schreibt der französische Philosoph und betont: „Das ist die höchste Form der Selbstverteidigung des Verfolgten: Angreifen um sich zu verteidigen, die Irrationalität des Gegners auf dessen Erde erobern."[43]

Im Jahr 1919 (dem Jahr, in dem Einsteins Relativitätstheorie bestätigt wurde) veröffentlichte der amerikanische Soziologe Thorstein Veblen den Artikel: „The Intellectual Pre-eminence of Jews in Modern Europe". In diesem Aufsatz versuchte er, das Phänomen der Bedeutung der Juden unter den Pionieren der geistigen Revolutionen des 20ten Jahrhunderts zu erklären. Die Menschen, die er erwähnte, sind sogenannte „Grenzjuden", junge Menschen, die sich von der jüdischen Tradition lösten, in der allgemeinen Kultur jedoch niemals Wurzeln schlugen. Darum, so erklärte er, wurde der jüdische Wissenschaftler ein „Verbreiter des intellektuellen Friedens (…), ein intellektueller Wandersmann, ein Wanderer im intellektuellen Niemandsland." Es waren skeptische, kritische Menschen, die gegen die Autorität rebellierten und sie blieben fremd und wurzellos. Nur Menschen dieser Art, die nicht mit Vorurteilen behaftet waren, waren in der Lage, so originell und revolutionär zu denken. Das ist das Wesentliche von Veblens Erklärung, warum es Juden waren, die „aufgefallen sind unter jenen, die vor dem Lager gingen, die Pioniere, Wegbereiter, Götzenzerschmetterer in Wissenschaft, Gesellschaft und institutionellem Wandel und Wachstum."[44]

Der sogenannte „zerstörerische jüdische Geist" erhält in den Worten Veblens und Sartres eine neue Bedeutung. Das ist der Geist, der der Welt die Relativitätstheorie Einsteins brachte, die atonale Musik Schönbergs, die Tiefenpsychologie Freuds, den modernen Zionismus Herzls und viele weitere Erfolge und Entdeckungen, die die Revolution der Moderne im 20. Jahrhundert auszeichnen.

KAPITEL 19

„Meinem ... verstocktern Freunde Marx"

„Meinem noch viel verstocktern
Freunde Marx"[1]
(Geständnisse)

„Mein Freund H. Heine ..."
(Marx, Das Kapital)

Im April 1840 besuchte Heine einige Fabriken im Viertel Saint-Marceau, wo er Gelegenheit hatte, einen Blick auf die andere Seite, eine dunkele Seite der Stadt der Lichter zu werfen. Einen großen Eindruck machte das Singen der Metallarbeiter auf ihn, während sie halb nackt mit ihrem großen eisernen Schmiedehammer auf den dröhnenden Amboss schlugen. *„(...) und Lieder hörte ich singen"*, schrieb er, *„die in der Hölle gedichtet zu sein schienen und deren Refrains von der wildesten Aufregung zeugten."*[2] Er schilderte die *„zornigen Funken"*, die aus der Esse hervorsprühen. *„Nichts als Leidenschaft und Flamme"*. Was ihn aber am meisten beeindruckte, war der Lesestoff, der unter den Arbeitern verbreitet war. Er fand dort *„nämlich mehre neue Ausgaben von den Reden des alten Robespierre, auch von Marats Pamphleten, in Lieferungen zu zwei Sous, die Revolutionsgeschichte des Cabet, Cormenins giftige Libelle, Babeufs Lehre und Verschwörung von Buonarotti, Schriften, die wie nach Blut rochen."*

Heine hatte zu Beginn dieses Jahres seine Arbeit für die „Augsburger Allgemeine Zeitung" wieder aufgenommen. Seinen Reportagen über die politische Lage und die Ereignisse am Theater und in Konzerten begann er nun auch Informationen über die Unruhen unter dem einfachen Volk hinzuzufügen, über die Arbeiter, die nach seinen Worten den *„kräftigsten Teile der untern Klasse"* ausmachten.

„Dieser Antagonist bewahrt noch sein schreckliches Inkognito und residiert wie ein dürftiger Prätendent in jenem Erdgeschoß der offiziellen Gesellschaft, in jenen Katakomben, wo unter Tod und Verwesung das neue Leben keimt und knospet. Kommunismus ist der geheime Name des furchtbaren Antagonisten, der die Proletarierherrschaft in allen ihren Konsequenzen dem heutigen Bourgeoisieregimente entgegensetzt."

Die Redakteure der „Allgemeinen Zeitung" standen Heines Berichten über die Anfänge des Kommunismus misstrauisch gegenüber. Überzeugt davon, dass er entweder aus einer Mücke einen Elefanten machte oder aber der Propaganda zum Opfer gefallen sei, strichen sie seine Berichte entsprechend zusammen. Doch mit der ihm eigenen, beinahe unheimlichen Fähigkeit, politische Strömungen zu erkennen, behauptete Heine, dass die Redaktion vielmehr den Routinepressemeldungen übertriebene Aufmerksamkeit schenkte. *„Unterdessen sind alle Augen auf das Schauspiel gerichtet, das auf Frankreichs Oberfläche, durch mehr oder minder oberflächliche Akteure, tragiert wird"*, schrieb er und bestand darauf, dass die wahre Geschichte der Kommunismus sei. Im jetzigen Stadium verstecke sich dieser hinter dem Vorhang, wo heimlich die ersten Proben für die Revolution stattfanden, die noch kommen sollte. Am 20. Juni 1842 schrieb er: *„Es wird ein furchtbarer Zweikampf sein. Wie möchte er enden? Das wissen die Götter und Göttinnen, denen die Zukunft bekannt ist. Nur soviel wissen wir: der Kommunismus, obgleich er jetzt wenig besprochen wird und in verborgenen Dachstuben auf seinem elenden Strohlager hinlungert, so ist er doch der düstre Held, dem eine große, wenn auch nur vorübergehende Rolle beschieden in der modernen Tragödie und der nur des Stichworts harrt, um auf die Bühne zu treten."*[3]

Der Mann, der dieses „Stichwort" geben sollte, Karl Marx, war sich indes seiner Rolle in diesem Drama noch gar nicht bewusst. Obwohl er sechs Jahre später „Das Kommunistische Manifest" verfassen sollte, war er im Moment noch unentschlossen, was seinen weiteren Werdegang betraf. Er war gerade 24 Jahre alt und hatte erst kürzlich seinen Doktortitel in Philosophie erlangt (das Thema seiner Dissertation: „Die Differenz der demokritischen und epikureischen Naturphilosophie"). Trotz seiner außergewöhnlichen Begabung hatte er sich jedoch keinen akademischen Posten sichern können.

Marx wurde 1818 in Trier geboren, als Sprössling einer Familie, die in dieser Stadt seit dem 16. Jahrhundert nahezu alle Rabbiner hervorgebracht hatte. Einer Studie zufolge reichte sein Stammbaum seitens des Vaters bis zu Raschi im 11. Jahrhundert, und seitens der Mutter bis zum Maharal von Prag, Rabbi Yehuda Loew.[4]

Marx' Großvater, Mordechai Halevy Marx, war der Rabbiner der jüdischen Gemeinde; hätte sein Vater Herschel sich nicht zur Aufklärung hingezogen gefühlt, hätte aus Karl sehr gut ein großer religiöser Gelehrter, vielleicht ein Philosoph oder eine rabbinische Autorität wie Maimonides werden können, ein das Ende aller Tage berechnender Bibelkommentator wie Don Isaac Abrabanel, ein bedeutender Gelehrter wie der Gaon [Vorsteher der Talmudschule] von Wilna oder vielleicht eine Synthese dieser drei großen Gestalten. Dies ist jedoch, wie man weiß, nicht geschehen, besonders weil Herschel in seiner Jugend einen Blick in die Schriften Voltaires, Rousseaus und der deutschen Philosophen hatte erhaschen können, woraufhin er seinen religiösen Pflichten nicht mehr nachgekommen war. Als sein Bruder Samuel den Stuhl des Rabbiners von Trier bestieg, studierte Herschel Jura. Er nahm den Namen Heinrich an und konvertierte während der reaktionären post-napoleonischen Periode, um die Entlassung von seiner Stelle als Rechtsanwalt zu verhindern. Karl, der im Jahr darauf geboren wurde, wurde im Alter von sechs Jahren getauft (1824, ein Jahr vor Heines Taufe im Alter von 27), und während seine Vettern die Bänke der Talmudschulen drückten, wurde er, wie Isaiah Berlin es formulierte, „aufgezogen mit einer Diät aus dem Rationalismus des 18. Jahrhunderts, von einem Vater, der gelinde gesagt ein Anhänger Voltaires war."[5] Im Alter von 17 begann er sein Studium an den Universitäten von Bonn und Berlin. Sein großer Traum war es, Dichter zu werden. Er füllte ganze Hefte mit Versen in Nachahmung Goethes,

Schillers und ganz besonders Heines. Seine ersten beiden Gedichtsammlungen, die er Jenny, der Tochter von Nachbarn in Trier, widmete, nannte er sogar „Buch der Lieder I und II". Erst als er begriff, dass er niemals ein bemerkenswerter Dichter sein würde, wandte er seine schöpferischen Talente der Philosophie zu. Zu jener Zeit wurde dieses Feld von der Hegelianischen Schule beherrscht, die Schnellrezepte zum Verständnis der historischen Entwicklungen und zur Prognose der Zukunft bot. Marx hatte sogar noch Gelegenheit, die Vorlesungen des Hegelschülers Eduard Gans zu besuchen, der großen Eindruck auf ihn machte.[6] Er schloss sich auch dem Kreis der Junghegelianer unter der Führung Bruno Bauers an, wo er wegen der Schärfe seines Verstandes und seiner entschiedenen Meinungen auffiel. Arnold Ruge (der „Türhüter der Hegelschen Schule"[7], wie ihn Heine nannte) erklärte: „Bruno Bauer, Karl Marx, Christiansen und Feuerbach ... machen den Atheismus zu ihrer Parole. Gott, Religion, Unsterblichkeit, wurden von den Thronen gestürzt und der Mensch wurde zum Gott erklärt!"

Im April 1841 erhielt Marx den Doktortitel in Philosophie. Seine Hoffnung auf eine Professur wurde jedoch zunichte gemacht. Keine Universität wollte einen Mann mit derart radikalen Ideen einstellen. Er kehrte ins Rheinland zurück, wo er mehrere Monate lang vergeblich nach Arbeit suchte. In Köln traf er eine Gruppe von Intellektuellen, die sich mit gesellschaftlichen und politischen Fragen beschäftigten, und trotz seines jugendlichen Alters, seiner nachlässigen Erscheinung und seiner ungehobelten Umgangsform, konnte er sie durch seine Persönlichkeit und Überzeugungskraft für sich gewinnen. Marx war von kleinem Wuchs, stämmig gebaut, mit einem großen Kopf auf breiten Schultern, einer schwarzen Mähne und buschigen Augenbrauen, und sein dichtes Haar „schoss" einer Beschreibung zufolge „aus seinen Wangen, Armen, Ohren und Nasenlöchern." Seine Braut Jenny pflegte ihn „mein kleiner schwarzer Wilder" zu nennen.

Moses Hess, eines der aktiven Mitglieder des Kölner Kreises, fasste seinen Eindruck von ihrem Gast in einem Brief an den Schriftsteller Berthold Auerbach zusammen: „Sie müssen sich darauf vorbereiten, den größten unter uns lebenden Philosophen kennen zu lernen, vielleicht sogar den einzigen Philosophen unserer Generation ... Doktor

Marx – so heißt mein Gott … Wenn er erst in der Öffentlichkeit auftritt, … alle Augen Deutschlands werden sich auf ihn richten" Hess war unter den ersten, der die historische Dimension von Karl Marx erkannte.

„Dr. Marx, so heißt mein Abgott, ist noch ein ganz junger Mann (höchstens 24 Jahre alt), der der mittelalterlichen Religion und Politik den letzten Stoß versetzen wird; er verbindet mit dem tiefsten philosophishen Ernst den schneidendsten Witz; denke Dir Rousseau, Voltaire, Holbach, Lessing, Heine und Hegel in einer Person vereinigt, ich sage vereinigt, nicht zusammengeschmissen – so hast Du Dr. Marx."[8]

Im Kölner Kreis war Hess bekannt für seine radikalen sozialen Ansichten. In Wahrheit war er der erste deutsche Kommunist, doch er war seiner Zeit voraus, da die Ideen des Sozialismus und Kommunismus, die gerade erst in England und Frankreich auftauchten, noch nicht bis nach Deutschland vorgedrungen waren. Sie waren während der Industriellen Revolution als Antithese zum Kapitalismus und zum bürgerlichen Regime entstanden. Da Deutschland hauptsächlich Agrarland war, seine gesamte städtische Bevölkerung, auch wenn man Wien und Berlin hinzunähme, nur die Hälfte der Einwohnerzahl von Paris ausmachte, und sich noch kein industrielles Proletariat entwickelt hatte, hatten Sozialismus und Kommunismus bisher keine Wurzeln schlagen können. Hess' „Die Heilige Geschichte der Menschheit" (1837), das erste deutsche Buch, das zu gesellschaftlichen Veränderungen im Sinne des Kommunismus aufrief, zeigte keinerlei Wirkung. Auch später, als der Kommunismus zu einer internationalen Bewegung mit Anhängern in jedem Winkel der Erde wurde und fast die Hälfte des Globus' beherrschte, sollten die Figuren von Karl Marx und Friedrich Engels weiterhin Moses Hess überschatten, der ihnen einst den Weg gewiesen hatte. Eine höhere Stellung nimmt Hess dank seinem Werk „Rom und Jerusalem, die letzte Nationalitätsfrage" (1862) in der jüdischen Geschichte ein, in dem er das Erscheinen des modernen Zionismus ankündigte. Nach der Gründung des Staates Israel, wurde 1951 sein Leichnam aus dem Grab auf dem Jüdischen Friedhof in Köln exhumiert und am Sees Genezareth bestattet, wo er nun ruht: Seite an Seite mit Nachman Syrkin, Ber Borochov, Berl Katznelson, der Dichterin Rachel, und den übrigen Vätern und Müttern des sozialistischen Zionismus.

Hess war ein ernster, empfindsamer, leidenschaftlicher und großzügiger Mensch. Sein Kommunismus entsprang aus der Tiefe seines Herzens und seiner Nächstenliebe. Seine Freunde beschrieben ihn als eine Person, die bereit war, sich für eine Idee zu opfern, als einen Mann, der eine Prostituierte heiratete, „um zu korrigieren was die Gesellschaft verbrochen hat ...“[9]

Er wurde im Jahre 1812 in Bonn geboren und wuchs im Haus seines Großvaters auf, ein frommer Jude, der seine Tage dem Handel und seine Nächte dem Torastudium widmete. Von ihm erbte der kleine Junge die Sehnsucht nach der Ankunft des Messias. Von ihm hörte er die Legenden von der Zerstörung Jerusalems. „Während er vorlas“, erzählte er, „sind bittere Tränen auf den schneeweißen Bart des strengen Greises geflossen, und auch wir, die Kinder, konnten uns beim Weinen nicht zurückhalten.“ Eines Tages zeigte der Großvater dem Enkel Oliven und Datteln. „Diese Früchte“, sagte er mit leuchtendem Gesicht, „wachsen im Lande Israel.“[10]

Als er 14 Jahre alt wurde, brachte ihn sein Vater, ein Zuckerfabrikant, nach Köln. Dort, in der freien Atmosphäre einer großen Stadt, machte er seine erste Bekanntschaft mit den Ideen der Aufklärung. Die Familie erwartete von ihm, dass er ein Rabbi würde, doch in sein Tagebuch schrieb er: „der Talmud wirkte völlig abstoßend auf mich, obwohl ich ein frommes Judenkind war.“[11] Es dauerte nicht mehr lange bis er über den Büchern von Spinoza, Rousseau und der anderen Philosophen der Aufklärung saß. Mit der Zeit hörte er auf, die religiösen Gebote zu befolgen, und als er volljährig wurde, verließ er das Haus und reiste nach Holland und Frankreich. Es war in Paris, als er auf die Kommunisten stieß.

Der Kommunismus bot ihm eine aufregende messianische Vision. An die Stelle seines alleinigen Traumes von der Erlösung der Juden trat jetzt ein universelles Ideal – die Erlösung der ganzen Menschheit. Dennoch war in ihm der jüdische Funke nicht völlig verglüht, so dass ihn die Ritualmordklage von Damaskus 1840 daran erinnerte, dass er

Sohn eines „unglückseligen, verleumdeten, verachteten und zersplitterten Volkes" war. „Schon damals", schrieb er, „obwohl ich vom Judentum weit entfernt war, wollte ich meinen jüdisch patriotischen Gefühlen in mir Ausdruck geben und eine große, bittere Klage erheben – aber diese Klage kehrte und würgte sehr bald meine Kehle durch den noch größeren Schmerz, den mir das europäische Proletariat bereitete."[12]

Anfang 1842 überzeugte Hess eine Gruppe liberaler Industrieller aus dem Rheinland, eine Zeitung zu finanzieren, die den Landadel, die Priesterschaft und die anderen Feudalmächte, die den Wohlstand des Volkes verhinderten, bekämpfen sollte. Er hoffte, zum Chefredakteur des Blattes, der „Rheinischen Zeitung", ernannt zu werden, da aber seine Ansichten den Herausgebern zu linksgerichtet waren, musste er sich mit einer Stelle als Redakteur begnügen. In dieser Funktion bat er Karl Marx um dessen Mitwirkung bei der neuen Zeitung. Der erste Beitrag von Marx, über „Die Freiheit der Presse", erntete begeisterte Zustimmung, die sein Streben nach einer akademischen Karriere dämpfte. Er begann stattdessen, seine Berufung im Journalismus zu sehen. Mit diesem Gedanken verlegte er im Juni 1842 seinen ständigen Wohnsitz nach Köln.

Zur selben Zeit verfasste Heine in Paris einen Artikel, in dem er die Umstände aufzeigte, die zu einer kommunistischen Revolution führen würden. Sie wird ausbrechen, so seine Vorhersage, als Folge des Krieges zwischen Deutschland und Frankreich, Russland und England. Am 12. Juli 1842, 62 Jahre vor Ausbruch des Ersten Weltkrieges und 65 Jahre vor der Oktoberrevolution, fuhr er also fort: *„Doch das wäre nur der erste Akt des großen Spektakelstücks, gleichsam das Vorspiel. Der zweite Akt ist die europäische, die Weltrevolution, der große Zweikampf der Besitzlosen mit der Aristokratie des Besitzes, und da wird weder von Nationalität noch von Religion die Rede sein: nur ein Vaterland wird es geben, nämlich die Erde, und nur einen Glauben, nämlich das Glück auf Erden"*[13]

Aber Heine endet nicht mit der Revolution. Sein ruheloser dialektischer Geist, sah ebenso die nächste Stufe der Revolution (die leninistisch-stalinistische, wenn man so will), den dritten Akt der Revolution. *„Wird gar die alte absolute Tradition nochmals auf die Bühne treten, aber in einem neuen Kostüm und mit neuen Stich- und Schlagwörtern?* ... *Es wird vielleicht alsdann nur einen Hirten und eine Herde geben, ein freier Hirt mit einem eisernen Hirtenstabe und eine gleichgeschorene, gleichblökende Menschenherde! Wilde, düstere Zeiten dröhnen heran* ... *Die Götter verhüllen ihr Antlitz aus Mitleid mit den Menschenkindern, ihren langjährigen Pfleglingen, und vielleicht zugleich auch aus Besorgnis über das eigene Schicksal."*[14]

Im Oktober 1842 erhielt Karl Marx von den Inhabern der „Rheinischen Zeitung" das Angebot für die Stelle des Chefredakteurs. Ironischerweise bestand seine erste Aufgabe darin, die Anschuldigung zu entkräften, dass das Blatt kommunistische Ideen verbreitete. Diese Anschuldigung stammte – eine weitere Ironie – ausgerechnet von der „Augsburger Allgemeinen Zeitung", die behauptete, die „Rheinische Zeitung" veröffentliche Artikel über Arbeiterwohnungen, über eine kommunistische Regierungsform und über ein Konvent in Straßburg, das ein Forum für die Ansichten der Jünger Fouriers darstellte. Alle diese Berichte waren von Moses Hess verfasst worden.[15]

In seiner Stellungnahme dementierte Marx jedwede Sympathie seiner Zeitung für die kommunistische Idee und verwarf sowohl die Theorie als auch jede Möglichkeit ihrer Realisierung. Wer dagegen kommunistische Ideen verbreitete, sei vielmehr das Blatt, das die Beschuldigungen ausgesprochen hatte. Er meinte offensichtlich den anonymen Pariser Korrespondenten der „Allgemeinen Zeitung", dessen Identität ihm offenbar bekannt war, denn nicht zufällig hatte er ihn einen „Konvertiten" genannt.[16] Die Debatte zwischen den beiden liberalen Zeitungen verursachte der Zensurbehörde viel Arbeit. Sie bewirkten außerdem, dass die Redaktion in Augsburg ein noch wachsameres Auge auf ihren Pariser Korrespondenten Heinrich Heine warf, der auf jedem nur erdenklichen Weg versuchte, seine Visionen über eine zukünftige Revolution in dem Blatt unterzubringen. In seinem Beitrag vom 4. Dezember 1842 schrieb Heine ganz beiläufig: *„Hier in Frankreich herrscht gegenwärtig die größte Ruhe. Ein abgematteter, schläfriger, gähnender Friede. Es ist alles still, wie in einer verschneiten Winternacht. Nur ein leiser, monotoner Tropfenfall. Das sind die Zinsen, die fortlaufend hinabträufeln in die Kapitalien, welche beständig anschwellen; man* *hört ordentlich, wie sie wachsen, die Reichtümer der Reichen. Dazwischen das leise Schluchzen der Armut. Manchmal auch klirrt etwas, wie ein Messer, das gewetzt wird.* "[17]

Trotz seiner Stellung als Star-Korrespondent der „Allgemeinen Zeitung" musste Heine um die Veröffentlichung seiner prophetischen Berichte kämpfen. Er warnte unaufhörlich Redakteure und Leser davor, die Macht des Proletariats zu unterschätzen. „(...) *die Propaganda des Kommunismus besitzt eine Sprache, die jedes Volk versteht: die Elemente dieser Universalsprache sind so einfach wie der Hunger, wie der Neid, wie der Tod. Das lernt sich so leicht!* "[18]

Bereits in diesem frühen Stadium zeigten sich bei Heine Anzeichen einer „Gott-hat-versagt-Haltung". „*Ich habe große Furcht vor dem Gräul einer Proletarierherrschaft und ich gestehe Ihnen, aus Furcht bin ich ein Conservativer geworden*"[19], gab er in einem Brief an Gustav Kolb, den Herausgeber der „Allgemeine Zeitung" zu. Verblüffend, wie Heine in nur einem einzigen Absatz zum Ausdruck bringen konnte, was der Rest der Welt in einem Zeitraum von mehreren Jahrzehnten absolviert hat, nämlich den Kommunismus zuerst begeistert anzunehmen, um hinterher völlig von ihm desillusioniert zu sein.

Im November 1842 besuchte ein junger Mann die Redaktionsbüros der „Rheinischen Zeitung". Erst kurz zuvor hatte er den Militärdienst beendet und war nun auf dem Weg nach England, um dort in der väterlichen Textilfabrik in Manchester zu arbeiten. Er machte Halt in Köln um sich mit Karl Marx zu treffen, über den er in den Kreisen der Junghegelianer in Berlin soviel gehört hatte. Der pedantische Marx zeigte kein übermäßiges Interesse an seinem Gast Friedrich Engels. Stattdessen wurde dieser von dem etwas einfacheren Hess empfangen, dem es gelang, ihn im Verlauf des Gesprächs davon zu überzeugen, dass Hegels Doktrin sich unvermeidlich im Geiste des Kommunismus fortsetzen würde. „Wir sprachen über die Probleme der Zeit", schrieb Hess, „und er [Engels] verabschiedete sich von mir als begeisterter Kommunist."[20]

Die Fusion von Hegelianismus und Kommunismus war, wie viele andere marxistischen Vorstellungen, eine geistige Leistung von Moses Hess, obwohl Engels sie später Heine zuschreiben sollte, als er 1886

PARISER EXIL

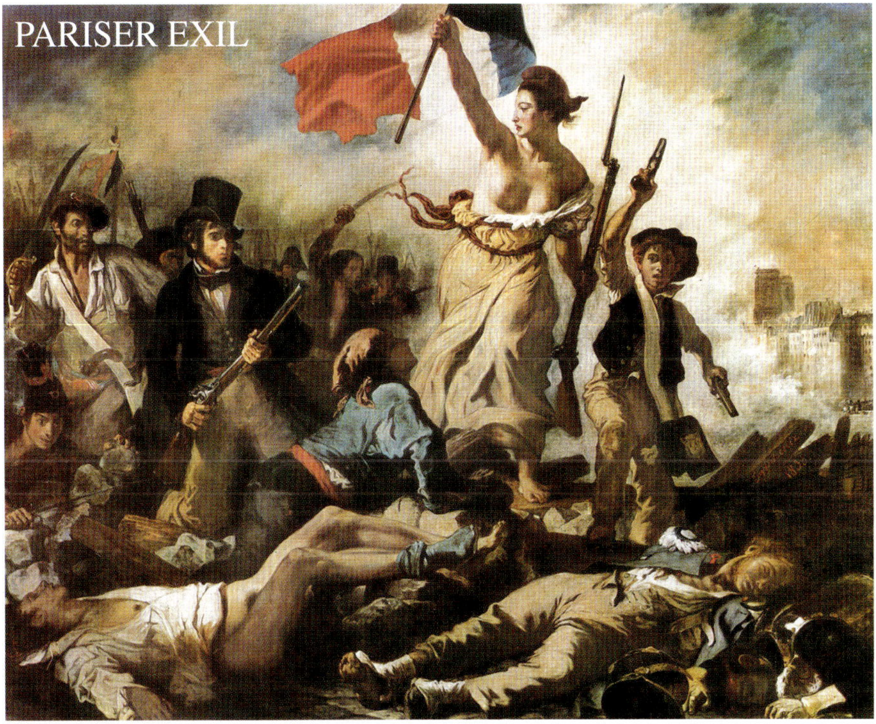

EUGÈNE DELACROIX: *„Die Freiheit führt das Volk auf die Barrikaden“*

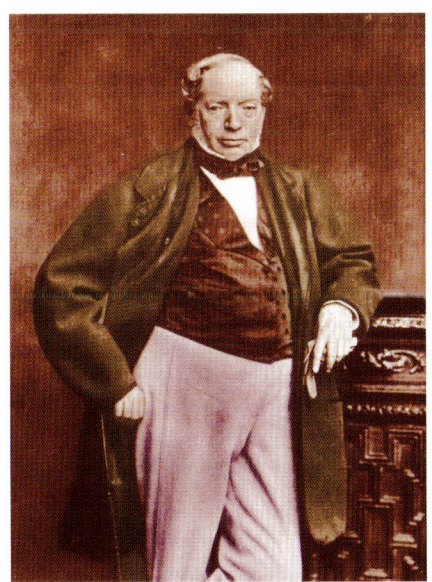

BARON JAMES DE ROTHSCHILD

„Denn das Geld ist der Gott unserer Zeit, und Rothschild ist sein Prophet.“

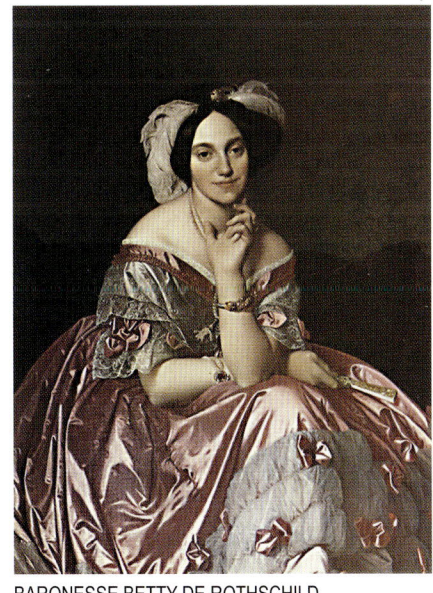

BARONESSE BETTY DE ROTHSCHILD

„Ein Engel im Gewand einer schönen Frau“

„Du hast keine Idee davon welche kolossale Reputazion hier auf mir lastet."

PRINCESS CRISTINA BELGIOJOSO.

„Heinrich, Harry, Henry - alle diese Namen klingen gut, wenn sie von schönen Lippen gleiten. Am besten freilich klingt Signor Enrico. So hieß ich in jenen hellblauen, mit großen silbernen Sternen gestickten Sommernächten jenes edlen und unglücklichen Landes, das die Heimat der Schönheit ist und Raffael Sanzio von Urbino, Joachimo Rossini und die Principessa Cristina Belgiojoso hervorgebracht hat."

(Memoiren)

ALEXANDRE DUMAS (DER VATER)

„Heine liebt Deutschland mit einer unglücklichen Liebe, viel mehr als es das wert ist."

HONORÉ DE BALZAC

[Begrüßt] „den berühmten, wunderbaren Heine!"

JENNY UND KARL MARX

„...mehrere meiner Landsleute, darunter der entschiedenste und geistreichste, Dr. Marx."

MATHILDE, ein Photo von ca. 1845

„Die deutschen Öfen wärmen besser als die französischen Kamine, aber dass man hier das Feuer lodern sieht, ist angenehmer."

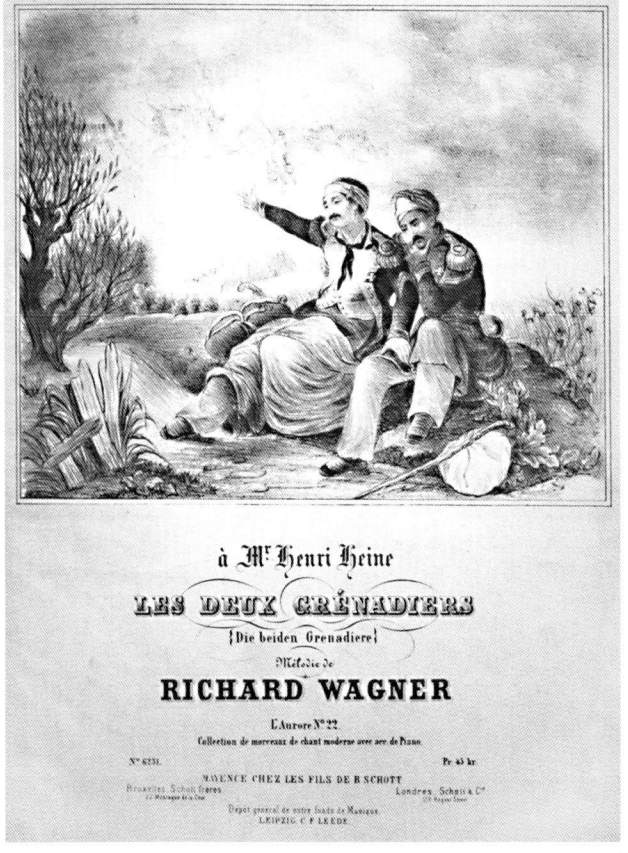

DIE BEIDEN GRENADIERE

Titelbild der Partitur zu Heines Ballade *Die Grenadiere*, komponiert von Richard Wagner

BARON VON COTTA, Herausgeber der *Augsburger Allgemeine Zeitung*

Nro. 119.

Beilage zur Allgemeinen Zeitung.

Musikalische Saison in Paris.

☆ Paris, 20 April. Der diesjährige Salon offenbarte nur eine buntgefärbte Ohnmacht. Fast sollte man meinen, mit dem Wiederaufblühen der bildenden Künste habe es bei uns ein Ende; es war kein neuer Frühling, sondern ein leidiger Altweibersommer. Einen freudigen Aufschwung nahm die Malerei und die Sculptur, sogar die Architektur, bald nach der Juliusrevolution; aber die Schwingen waren nur äußerlich angeheftet, und auf den forcirten Flug folgte der kläglichste Sturz. Nur die junge Schwesterkunst, die Musik, hatte sich mit ursprünglicher, eigenthümlicher Kraft erhoben. Hat sie schon ihren Lichtgipfel erreicht? Wird sie sich lange darauf behaupten? Oder wird sie schnell wieder hinabsteigen?

Jahr in unzähligen Concerten sie glänzen durch die Fertigkeit handhaben, bei Liszt hingegen wundene Schwierigkeit, das bart sich die Musik. In dieser ihn zum letztenmal hörten, früher an ihm vermißten. Pianoforte ein Gewitter spielte eigenes Gesicht dahinzucken, seine Glieder, und seine vom dargestellten Donnerwetter geschmettert fühlt, so

HEINE ÜBER DIE MUSIKSAISON 1841

Die *Allgemeine Zeitung* pflegte die Artikel nicht mit einer Verfasserzeile zu veröffentlichen. Heines Artikel waren manchmal mit einem ☆ markiert.

Cotta: „*[Heine] weiß, wie er mit seiner Feder auf einen Granitstein hauen soll, um aus ihm einen Funken zu gewinnen und ihn in eine Feuerbrunst zu verwandeln.*"

DIE DÄMMERUNG

Heine in Hamburg 1843
*„Und so sehe ich Dich bald
wieder, theure Mutter!
Erschrick nicht über mein
verändertes Aussehn!"*

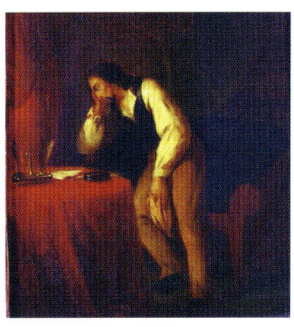

c. 1847. Heine
von Ari Scheffer

1847. Das letzte Jahr, in dem er auf seinen
Beinen stehen konnte

HEINE UND MATHILDE
*„ich habe es mit einer Bedingung
verbunden: Dass sie sich nach
meinem Tod beeilt zu heiraten.
Siehst Du, ich wollte sicher
gehen, dass zumindest ein
Mensch über meinen Tod trauert…"*

AUS DER MATRATZENGRUFT

Titelbild des Romanzero

„Ja, ja, das ist das wahre Bild unseres Herrn — er war ja auch ein Jude."

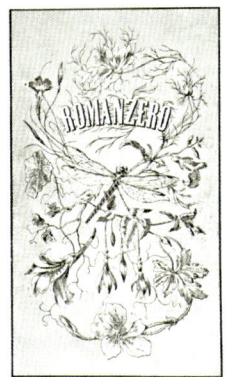

ROMANZERO

„Die dritte Säule meines lyrischen Ruhmes"

1851.

1853.

„MOUCHE"

„Die letzte Blume meines larmoyanten Herbstes..."

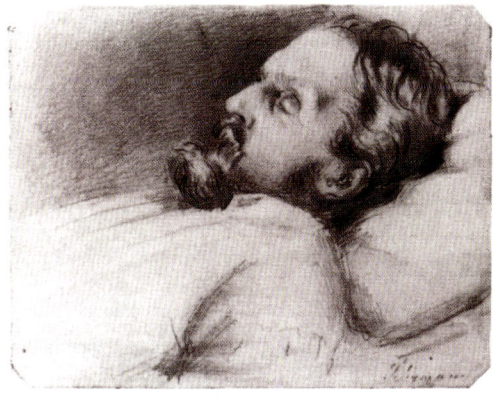

1856. AUF DEM TOTENBETT

„Gott wird mir vergeben. Das ist sein Beruf"

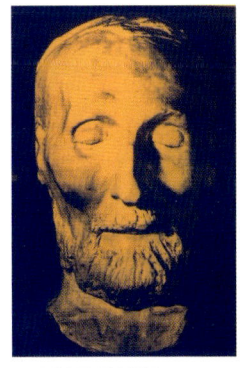

DIE TOTENMASKE

DER LORELEYBRUNNEN. Die österreichische Kaiserin Elisabeth („Sissi") wünschte, diesen Marmorbrunnen in Düsseldorf, des Dichters' Geburtsstadt, aufzustellen. Doch seine Würdenträger weigerten sich, ihn mit seiner Umrandung aufzustellen. Nachdem auch andere deutsche Städte es ablehnten, wurde das Denkmal nach New York geschickt.

HEINES GRABSTEIN IN MONTMARTRE, PARIS
„Wo wird einst des Wandermüden
Letzte Ruhestätte sein?.."

SISSIS HEINE. Für sich selbst bestellte die Kaiserin eine Statue, welche die letzten Tage des von ihr bewunderten Dichters ausdrücken sollte.

HARMONIE. Eine Statue des französischen Bildhauers Maillol, im Jahr 1953 der Stadt Düsseldorf zu Heines Gedenken überreicht. Sie wurde mit beleidigenden Gaffitis bedeckt.

HEINES STATUE IN OST-BERLIN
Die Kommunistische Partei war nicht erfreut…

Das ist die Bolkerstrasse 53 in Düsseldorf, dem Geburtsort Heines, heute ein Bierkeller namens Schnabelewopski (nach einer seiner Novellen) und ein Literatur-Klub. Kürzlich klebte jemand ein Plakat in hebräisch an, mit der Aufschrift: „H.Heine/53.“

EINE TODESSTATUE. 1981 wurde eine außergewöhnliche Statue in Düsseldorf aufgestellt: eine gigantische Vergrößerung der Totenmaske Heines, die die schrecklichen Todesqualen des Dichters zum Ausdruck bringt.

„Denk ich an Deutschland..."

Ein Poster, herausgegeben vom Heinrich-Heine-Institut in Düsseldorf, anlässlich des 200. Jubiläums von Heines Geburtstag

JERUSALEM HOB DEN BANN ÜBER HEINRICH HEINE AUF

Ein Resultat der Veröffentlichung des Buchs „Heine - Wer war er wirklich?" in Israel war die Entscheidung des Rates der Stadt Jerusalem, eine Straße nach Heine zu benennen. Im Bild: Der Autor Yigal Lossin vor dem Straßenschild, worauf steht (in Hebräisch): **Heinrich Heine, Jüdisch-Deutscher Dichter, Liebhaber Jerusalems**

„Sein Gemüte machte beben
Schon das Wort Jerusalem."
(Romanzero)

EINE OFFIZIELLE ISRAELISCHE BRIEFMARKE

Bei der Gelegenheit einer internationalen Konferenz „Heine in Jerusalem" (Dezember 2001) brachte die israelische Regierung eine offizielle Briefmarke zu Ehren des gemiedenen Dichters heraus. Die Sprecher erklärten feierlich, dass Israel den Dichter, der immer wieder in seinem Leben geschworen hatte: „Jeruscholajim! Wenn ich deiner je vergesse, so verwelke meine Rechte..." nie wieder vergessen werde.

angab, dass Heine bereits 1833 das revolutionäre Potential in der Hegelianischen Dialektik aufgezeigt hatte.[21]

Was Marx betrifft, so war er zu dieser Zeit (1842) noch kein „Marxist". Er war der Redakteur einer bürgerlichen Zeitung, die sich für eine wirtschaftliche und politische Liberalisierung Deutschland einsetzte. Er nahm an einer Diskussionsrunde für gesellschaftliche Probleme teil, die in einem der Redaktionsräume stattfand und von Hess moderiert wurde, und es gibt keinen Zweifel darüber, dass er dort in seinem Wissensdurst jede Menge Informationen über den Kommunismus in sich aufgesogen hat. Trotzdem hatte er zu dieser Zeit selbst noch keine Ahnung von seinen künftigen Anschauungen. Tatsächlich wusste die preußische Polizei auch nur von einem Kommunisten, wie ein Protokoll vom 14. August 1843 zeigt: „Dr. Hess wird für eines der bekanntesten Mitglieder der kommunistischen Bewegung gehalten."[22] Hess, der die Gefahr ahnte, setzte sich nach Frankreich ab. In Paris, der *„Hauptstadt der Revolution"*[23], wie sie Heine nannte, nahm Hess Kontakt zu Mitgliedern der geheimen kommunistischen Genossenschaft auf. Er traf sich auch mit Heine, der erst unlängst für seine Zeitung die immer schärfer werdenden Gegensätze in der französischen Gesellschaft geschildert hatte, wie die Korruption an der Spitze der Regierung im konstitutionellen Parlament, *„indem kein Minister ihnen etwas verweigern darf, keinerlei Amt oder Vergünstigung, weder ein Konsulat für den ältesten Sohn ihres Herrn Schwagers noch ein Tabaksprivilegium für die Witwe ihres Portiers."*[24] Heine warnte vor dem *„andringende[n] Volk, das nicht bloß Gleichheit der Gesetze, sondern auch Gleichheit der Genüsse verlangt"*[25] und prophezeite, dass früher oder später die Saint-Simonisten und Fourieristen *„zu dem wachsenden Heere des Kommunismus übergehen"*[26] würden. Hess berichtete der Redaktion in Köln über seine Kontakte, und dieses Material gab dem Chefredakteur zweifellos geistige Nahrung. Auch die Geheimagenten berichteten über Hess' Bewegungen. Ein Kommuniqué, das der preußische Gesandte am 23. September 1843 nach Berlin übermittelte, stellte fest: „Hess ist einer der Mitglieder der kommunistischen Bewegung in Paris und übertrifft mit seinen Begabungen alle anderen."[27]

Im Juni 1843 verfasste Heine einen seiner schönsten Artikel, in welchem er erklärt, weshalb er darauf bestand, über die Kommunisten zu berichten. Er verglich sie mit den ersten Christen. „*Hätte ich zur Zeit des Kaisers Nero in Rom privatisiert und etwa für die Oberpostamtszeitung von Böotien* [Provinz im Griechenland der Antike] *oder für die unoffizielle Staatszeitung von Abdera* [dessen Bürger für ihre Beschränktheit bekannt waren] *die Korrespondenz besorgt, so würden meine Kollegen nicht selten darüber gescherzt haben, daß ich z. B. von den Staatsintrigen der Kaiserin-Mutter gar nichts zu berichten wisse, daß ich nicht einmal von den glänzenden Diners rede, womit der judäische König Agrippa das diplomatische Korps zu Rom jeden Samstag regaliere, und daß ich hingegen beständig von jenen Galiläern spräche, von jenem obskuren Häuflein, das, meistens aus Sklaven und alten Weibern bestehend, in Kämpfen und Visionen sein blödsinniges Leben verträume und sogar von den Juden desavouiert werde.*"[28] Heine führte den Artikel weiter, indem er den Lesern in Erinnerung rief, wie dieses „obskure Häuflein" die Römischen Legionen besiegt hatte und über das ganze Römische Reich, zu Wasser wie zu Lande, triumphierte. Erneut verglich er diese frühen Christen mit den modernen Kommunisten: „*Ich spreche wieder von den Kommunisten, der einzigen Partei in Frankreich, die eine entschlossene Beachtung verdient.*"[29]

Die „Rheinische Zeitung" wurde unter der Leitung von Karl Marx zur Erfolgsstory. Marx hatte eine gemäßigte bürgerliche Zeitung mit begrenzter Auflage übernommen, die die Interessen der rheinischen Industriellen vertreten sollte, und hatte sie in ein radikales Forum verwandelt, das die Regierung attackierte. Dadurch vergrößerten sich nicht nur ihre Bekanntheit und ihre Auflage, sondern sie erregte auch gleichzeitig Misstrauen. Bei der Auseinandersetzung mit der Zensur zeigte der Chefredakteur immer wieder viel List, und der Zensor Saint-Paul schrieb: „Marx ist bereit, für seine Ideen und Ansichten zu sterben, von deren Richtigkeit er absolut überzeugt ist." Schließlich platzte den Behörden die Geduld, und sie beschlossen, die Zeitung einzustellen. Der Zensor atmete durch, und Marx nahm die Entscheidung ohne Bedauern an. „Die Regierung", schrieb er an Arnold Ruge, „gab mir meine Freiheit wieder …"[30]

Zu dieser Zeit weilte Ruge in Paris, das er „die Wiege des neuen Europa, das große Laboratorium in dem die Geschichte der Welt gestaltet wird" nennt. Zusammen mit Hess (dem er den Stempel „Rabbi Moses, der Kommunist"[31] aufdrückte) gründete er die „Deutsch-Französischen Jahrbücher", und bat Marx sich der Redaktion anzuschließen. Dieser nahm das Angebot dankbar an und kehrte in seine Geburtsstadt Trier zurück, wo er seine Jugendliebe Jenny heiratete, und zusammen gingen sie den Weg all derer, die sich mit ihren Regierungen zerstritten hatten.

Als sie im Oktober 1843 in Paris ankamen, schlug ihnen Ruge vor, sich mit einigen anderen Familien zu einer Kommune nach dem Vorbild Fouriers zusammenzuschließen. Jede Familie würde separate Wohnräume und ein gemeinsames Speisezimmer haben und die Frauen sollten sich die Hausarbeit teilen. Jenny aber, im vierten Monat schwanger, war nicht bereit, diesen kommunistischen Lebensstil anzunehmen, und das Ehepaar Marx nahm eine Wohnung in der 38 Rue Vaneau, in St. Germain links der Seine, einer Gegend, die Heimat für viele deutsche Emigranten war.

In Paris verwirklichte Marx einen lang gehegten Traum: den Dichter zu treffen, den er sehr verehrte – Heinrich Heine, dessen Gedichte er auswendig kannte und dessen Prosa er sich bemüht hatte nachzuahmen. Das Treffen fand im Dezember 1843 statt, höchstwahrscheinlich durch Vermittlung von Ruge oder Hess. Heine, der in der Regel die Gesellschaft deutscher Emigranten vermied, zeigte sich sehr beeindruckt von dem jungen Mann, der gerade in Paris eingetroffen war. Er schrieb darüber: *„Ich erinnere mich, als damals mehrere meiner Landsleute, darunter der entschiedenste und geistreichste, Dr. Marx, zu mir kamen"*[32]

Im Jahr 1844 entstand zwischen den beiden eine wunderbare Freundschaft, die zwar nur kurz andauerte (Marx wurde im Januar 1845 aus Frankreich vertrieben), aber dennoch intensiv, fruchtbar und von höchster Bedeutung war. Heine pflegte Jenny und Karl fast täglich zu besuchen. Sie konnten stundenlang beisammen sitzen und sich unterhalten, ohne satt zu werden; „wir brauchen ja wenige Zeichen um uns zu verstehen!"[33] schrieb er an Marx.

Manchmal brachte er seine neuen Gedichte, um sie ihnen vorzulesen und ihre Meinung zu hören. Marx, war hingerissen von der Gelegenheit, dem größten lebenden deutschen Dichter praktische Ratschläge geben zu dürfen. Marx' jüngste Tochter Eleanor schildert die Beziehung: „Ein Gedichtchen von acht Zeilen konnten Heine und Marx zusammen unzählige Male durchgehen, beständig das eine oder andere Wort diskutierend und so lange arbeitend und feilend, bis alles glatt und jede Spur von Arbeit und Feile aus dem Gedicht beseitigt war."[34]

Eines Tages kam Heine und fand das Ehepaar Marx in heller Aufregung: Jenny, noch ein Säugling, wand sich in Krämpfen, und die verzweifelten Eltern standen hilflos neben der Wiege. „*Das Kind muß in ein Bad*"[35] hatte Heine festgestellt und beeilte sich, eigenhändig ein Bad zuzubereiten und den Säugling wie ein erfahrener Kinderpfleger zu baden. Jahre später sollte Marx seiner Tochter Jenny stolz erklären: „Heine rettete dein Leben."[36]

Sein Leben lang hegte dieser unsentimentale Mann eine herzliche Zuneigung zu Heine. Sogar auf dem Sterbebett bat er noch darum, dass man ihm Textstellen von Heine vorlas, die, wie er beharrte, „die besten sind die je in einer Sprache produziert wurden."[37] Marx rühmte sich damit, dass er es gewesen sei, der Heine überredet hatte, sich der politischen Literatur zuzuwenden. „Lassen Sie doch die ewige Liebesnörgelei und zeigen Sie den poetischen Lyrikern mal, wie man das richtig macht – mit der Peitsche!"[38]

In der Tat, im selben Jahr, 1844, schrieb Heine seinen schärfsten politischen Vers. Gleichsam als Vorgeschmack schickte er seine *Lobgesänge auf König Ludwig* zur Veröffentlichung in die „Deutsch-Französische Jahrbücher" und schrieb in einem Brief an Campe „*das sanglanteste, was ich je geschrieben*".[39]

Heine selbst war sehr empfindlich gegenüber Kritik. Eleanor erzählte hierzu: „(...) Heine war krankhaft empfindlich für jede Kritik. Er kam mitunter buchstäblich weinend zu Marx, weil irgendein obskurer Literat in einem Blatt ihn angegriffen hatte. Marx wußte sich dann nicht anders zu helfen, als ihn zu seiner Frau zu schicken, deren Witz und Liebenswürdigkeit den verzweifelten Poeten bald wieder zur Ruhe brachte."[40] Das war typisch für Marx. Er war ein Genie in allem, was mit Volkswirtschaft zu tun hatte, so war er aber nicht zu gebrauchen, wenn es um die Führung eines Haushalts ging; obgleich ein intellektuelles Genie, das in der Geschichte das großartigste Programm zur Beglückung der Menschheit ersann, hatte er nicht die leiseste Ahnung davon, was er angesichts der Tränen eines Kindes zu tun hatte.

Wenn wir uns die Beziehung zwischen den zwei prachtvollen, verstoßenen Vertretern des deutsch-jüdischen Genius vorstellen, sind wir geneigt, uns einen älteren und einen jüngeren Mann vorzustellen, so wie es normalerweise dargestellt wird. Auf der einen Seite Marx mit seiner wilden Löwenmähne, dem dichten Bart und dem zornigen Blick; und auf der anderen Heine, so wie ihn Oppenheim malte, das Bildnis des ewigen Jüngling, mit zartem, blassem Gesicht, träumerischem Blick und einem dünnen, spöttischen Lächeln. Doch diese Vorstellung könnte gar nicht weiter von der Wahrheit entfernt sein.

Heine war der Ältere von beiden, etwa 46 Jahre alt, sein helles Haar leicht ergraut. Er hinkte und litt an einer ernsthaften Augenkrankheit sowie an Kopf- und anderen akuten Schmerzen. Er hatte nur noch vier Jahre vor sich, bis die schreckliche Krankheit ihn niederstrecken sollte und er an sein Sterbebett gefesselt sein würde. Marx dagegen war ein junger Mann im Alter von 25, kleinwüchsig, mit rabenschwarzem Haar, und vor Energie und Gesundheit strotzend. Vor ihm lagen noch weitere vierzig Jahre des Schaffens. Leider existieren keine Aufzeichnungen über ihre Unterhaltungen, die zweifellos sehr spannend gewesen wären, so wie man es nur von zwei Persönlichkeiten erwarten kann, die für ihre Gewitztheit bekannt waren. Gleichwohl kann man es wagen, aus der Betrachtung ihrer in jener Periode veröffentlichten Schriften zu erraten, worüber sie sprachen, vielleicht sogar welche Scherze sie austauschten. Heine war ein scharfsinniger politischer Beobachter, und der junge Marx, dessen Wissbegierde grenzenlos war, lernte von ihm eine Menge über das Leben in Paris, die Übel der kapitalistischen Gesellschaft und die regelmäßig vorgeschlagenen Heilmittel dagegen. Die Beiden hatten eine gemeinsame Sprache: Hegelianisch. Heine behauptete lange vor Marx, dass die Bourgeoisie dialektisch besiegt werden würde von der aufsteigenden Macht des Proletariats. Aber Heine, der immer auch das Gegenteil bedachte, hatte auch Zweifel an der langen Überlebensfähigkeit einer proletarischen Republik in Frankreich *(„Heimat der Koketterie und der Eitelkeit"*[41]*)*, und auch das formulierte er in hegelianischer Manier: „*In dem Lebens-prinzip einer solchen Republik liegt schon der Keim ihres frühen Todes.*"[42] Heine warnte auch vor den revolutionären Linksparteien, von denen er glaubte, sie haben „*jene moderne Schlauheit erlernt, jenen politischen Je-suitismus, worin die Jakobiner manchmal die Jünger Loyolas übertrafen.*"[43]

In ihrem Artikel „Heinrich Heine und Karl Marx" vertritt Profes-sorin Renate Schlesier von der Universität Paderborn die Auffassung, dass kein zeitgenössischer Autor deutlichere Spuren in den Schriften von Karl Marx hinterlassen habe, als Heine: „Von den ersten lyrischen Versuchen des Achtzehnjährigen bis zu den unvollendeten Studien über ‚Das Kapital', die der 64-jährige kommunistische Gelehrte nach seinem Tod zurückließ ist Heine in den Schriften von Marx allgegen-wärtig."[44]

Schlesier spricht von Marx' „stilistischer Anlehnung" an Heine. Diese drücke sich im polemischen Ton seiner „wissenschaftlichen" Artikel aus, in seinem Einsatz von Ironie und Sarkasmus, dem blumi-gen Stil und in den Wortspielen, den rhetorischen Tricks bei Antithe-sen, Paradoxa, Schlagworten und Redensarten, in der Verwendung von Beispielen aus der klassischen Literatur, der griechischen Mytho-logie und sogar der Bibel. Und wenn die abgeleitete Herkunft von Marx' Schriften nicht sofort zu erkennen sei, dann nur deshalb, weil ihm Heines beachtlich fesselnde Art, Flüssigkeit, Redegewandtheit, Lebhaftigkeit und Musikalität in der Sprache fehlten. Aber der Funke zwischen den beiden erschöpft sich nicht nur auf stilistischer Ebene. Heine erwähnte den Gedanken des Klassenkampfes, als Marx erst fünf Jahre alt war.[45] Er schrieb von der „*Geldwerdung Gottes*"[46], als Marx noch ein Schulknabe war, und vom „*Geldadel*"[47], als Marx studierte. Heine prägte den Begriff der „*Weltrevolution*"[48], als Marx noch Re-dakteur eines liberalen Blattes war, das von Industriellen im Rhein-land finanziert wurde. Aber Heine war ein Dichter, Journalist und Sa-tiriker, und nicht Wissenschaftler oder Philosoph. Seine Gedanken, von denen viele in Form eines kurzen aber treffenden Aphorismus zum Ausdruck kamen, beflügelten die Musik Richard Wagners, die Ideen Nietzsches, die Psychoanalyse Freuds, die Geschichtsschreibung von Graetz und vieles andere. Sie befruchteten die verschiedensten

Bereiche europäischer Kultur; und obwohl er selbst keine geschlossene Lehre hatte, so wurden doch einige seiner Vorstellungen Teil der Theorie von Marx, der vielleicht anerkanntesten Lehre des 19. Jahrhunderts, die eine mächtige politische Kraft des 20. Jahrhunderts hervorgebracht hat.

Marx lernte von Heine (und Börne) das Geheimnis der Nutzung eines scharfen Epigramms und einer Parole, die sich im Gedächtnis eingraviert. Auch wer keine einzige Seite von Marx gelesen hat kennt den Begriff der „Diktatur des Proletariats", die Parole „Proletarier aller Länder, vereinigt euch!" und die Formel „Jeder nach seinen Fähigkeiten, jedem nach seinen Bedürfnissen!" Alle drei Beispiele sind anderen Autoren entlehnt. Obwohl Marx die Namen der Verfasser nicht zu nennen pflegte, rettete er sie davor, in Vergessenheit zu geraten, aber alle halten ihn für den Urheber. Nicht einmal die marxistische Parole „Religion ist Opium des Volks" hat Marx geprägt. Er entnahm sie ohne irgendeine Quellenangabe aus der Denkschrift Heines über Ludwig Börne (1840)[49], und er benutzte sie auch im Vorwort zu „Zur Kritik der Hegelschen Rechtsphilosophie", einem von den zwei Artikeln, die er Anfang 1844 für die „Deutsch-Französichen Jahrbücher" schrieb.[50]

Spuren von Heine lassen sich auch im zweiten Artikel, „Zur Judenfrage", finden. Um ein Beispiel zu zitieren, weist Marx' Redewendung: „Das Geld ist der eifrige Gott Israels, vor welchem kein andrer Gott bestehen darf"[51] sowohl inhaltlich als auch vom (biblischen) Rhythmus her ziemlich viel Ähnlichkeit auf mit Heines früherem Tadel an die französischen Juden für ihre Teilnahmslosigkeit zur Ritualmordklage von Damaskus: *„Bei den französischen Juden, wie bei den übrigen Franzosen, ist das Gold der Gott des Tages, und die Industrie ist die herrschende Religion."*[52] oder: *„Denn das Geld ist der Gott unserer Zeit, und Rothschild ist sein Prophet."*[53]

Heine hatte die Idee vom „vergöttlichten Geld" bereits in seinem Essay *Die romantische Schule* (1835) eingeführt, worin er erklärte: *„... die große Menge glaubt nur an Geld. Besteht nun die heutige Religion in der Geldwerdung Gottes oder in der Gottwerdung des Geldes?"*[54] In *Ludwig Börne. Eine Denkschrift* schrieb er über die Amerikaner: *„Der weltliche*

Nutzen ist ihre eigentliche Religion, und das Geld ist ihr Gott, ihr einziger, allmächtiger Gott."[55]

Der Vergleich dieser beiden Texte zeigt, dass Marx nicht nur von Heine entlehnte, sondern auch seine Worte verdreht hat. Denn Heine, der über die Anbetung des Geldes schreibt (und über die Anbetung des Goldenen Kalbes), nahm Stellung zur allgemeinen Lage der Menschheit im Zeitalter des Kapitalismus. Er verschonte die Juden nicht, doch als er von den „französischen Juden" sprach, beeilte er sich, hinzuzufügen: „wie bei den übrigen Franzosen"[56]; und die Erwähnung Rothschilds enthält keinerlei Beschuldigung, die auf dessen jüdische Herkunft abzielt. Marx dagegen benutzte jene eher typisch antisemitische Art der Verallgemeinerung, indem er fragte: „Welches ist sein [des Juden] weltlicher Gott?" und antwortete: „Das Geld!"[57]

Marx schrieb „Zur Judenfrage" als Antwort auf ein Essay mit demselben Titel von Bruno Bauer, seinem Freund und Mentor im Kreis der Junghegelianer in Berlin. Bauer verneinte die Bürgerrechte der Juden, solange sie sich nicht taufen ließen. Marx, der sich hier erstmals in der Sprache des dialektischen Materialismus ausdrückt, argumentierte, dass man das Problem nicht nach den „Sabbatsjuden" beurteilen könne, wie es Bauer tat, sondern nach den „Alltagsjuden", auf die das Folgende gemünzt ist: „Welches ist der weltliche Grund des Judentums? Das praktische Bedürfnis, der Eigennutz. Welches ist der weltliche Kultus des Juden? Der Schacher. Welches ist sein weltlicher Gott? Das Geld."[58]

Marx, selbst Spross einer langen Ahnenreihe von Rabbinern, machte keinerlei Anstalten, das Judentum zu verteidigen. In der jüdischen Religion sieht er „die Verachtung der Theorie, der Kunst, der Geschichte, des Menschen als Selbstzweck, das ist der wirkliche bewußte Standpunkt, die Tugend des Geldmenschen. Das Gattungsverhältnis selbst, das Verhältnis von Mann und Weib etc. wird zu einem Handelsgegenstand! Das Weib wird verschachert.[59] Das grund- und bodenlose Gesetz des Juden ist nur die religiöse Karikatur der grund- und bodenlosen Moralität."[60] Er sprach über „Die chimärische Nationalität des Juden" und erklärte sie als „die Nationalität des Kaufmanns, überhaupt des Geldmenschen."[61] Das Sonderbare an diesen

Worten ist, dass sie in einem Artikel enthalten sind, der eigentlich beabsichtigte, die Gewährung der Bürgerrechte für die Juden zu unterstützen. Obwohl Marx diese Position unterstützte, stellte er fest: „Die gesellschaftliche Emanzipation des Juden ist die Emanzipation der Gesellschaft vom Judentum."[62]

Marx verfasste „Zur Judenfrage" zu einer Zeit, als Heine ständig Gast in seinem Hause war. Wurde das Thema bei ihren Unterhaltungen berücksichtigt? Es gibt darüber keine Angaben, aber es fällt schwer zu glauben, dass diese zwei wortgewaltigen Männer keine Gedanken über das Thema getauscht haben sollten, das damals die öffentliche Meinung bewegte und auch den empfindlichen Nerv von beiden getroffen hat. Herrschte zwischen ihnen Einigkeit bei diesem Thema? Oder gab es vielleicht Meinungsverschiedenheiten? Es gibt darüber keine Notitzen. Was es gibt, ist eine Aussage zu einem bestimmten Anlass, und diese ist nicht weniger überzeugend, als viele direkte Aussagen. Es ist die Trauerrede, die Heine über Ludwig Marcus schrieb. Heine brachte darin auch seine Meinung über die Emanzipation zum Ausdruck, *„die in unseren Tagen manchmal so ekelhaft geistlos durchgeträtscht wird, daß man das Interesse dafür verlieren könnte"*.[63]

Meinte er mit „Geträtsche" auch den Essay „Zur Judenfrage" von Marx? In *Ludwig Marcus. Denkworte* erwähnt Heine Marx nicht, weder im Guten noch im Bösen, und er gibt auch keinen Hinweis auf seinen Anteil bei der Polemik, die so *„ekelhaft geistlos"* war. Im Gegenteil, alle Zeugenaussagen deuten auf eine warme und herzliche Beziehung zwischen ihnen hin. Dennoch müssen wir die Chronologie der beiden Werke beachten. Der Beitrag von Marx erschien am 7. März 1844. Heines Beitrag erschien am 22. April, das bedeutet sechs Wochen später.[64] Im Gegensatz zu Marx, der die Emanzipation der Juden in der Hoffnung unterstützte, dass sich damit das Judentum auflösen werde, unterstützte Heine nicht nur die Befreiung der Juden, sondern rief auch zur Bewahrung des Judentums auf. Mit erregten Worten fordert er die Regierungen Europas auf, den Druck auf die Juden, zu konvertieren, zu beenden. Im Gegenteil, er fordert sie dazu auf, die Existenz des „Volk Gottes" zu fördern.

„Statt sie von ihrem Glauben durch gesetzliche Beschränkungen abtrünnig

zu machen, sollte man sie noch durch Prämien darin zu stärken suchen, man sollte ihnen auf Staatskosten ihre Synagogen bauen, damit sie nur hineingehen und das Volk draußen sich einbilden mag, es werde in der Welt noch etwas geglaubt. Hütet euch, die Taufe unter den Juden zu befördern. Das ist eitel Wasser und trocknet leicht. Befördert vielmehr die Beschneidung, das ist der Glauben eingeschnitten ins Fleisch; in den Geist läßt er sich nicht mehr einschneiden. Befördert die Zeremonie der Denkriemen, womit der Glaube festgebunden auf den Arm; der Staat sollte den Juden gratis das Leder dazu liefern sowie auch das Mehl zu Matzekuchen, woran das gläubige Israel schon drei Jahrtausende knuspert. Fördert, beschleunigt die Emanzipation, damit sie nicht zu spät komme und überhaupt noch Juden in der Welt antrifft, die den Glauben ihrer Väter dem Heil ihrer Kinder vorziehen."[65]

In diesem außergewöhnlichen Beitrag von 1844, dem radikalen Jahr Heines, das Jahr der Zusammenarbeit mit Karl Marx, das Jahr von *Deutschland. Ein Wintermärchen*, rollt Heine zum ersten Mal öffentlich die Geschichte des „Vereins für Kultur und Wissenschaft des Judentums" auf, dem er sich 1822 angeschlossen hatte, als er Student an der Berliner Universität war. Nun teilte er seine Version der Ziele des Vereins mit, nämlich nicht nur die Förderung der Emanzipation, sondern hauptsächlich die Schaffung einer jüdisch-deutschen Renaissance, die Angleichung des Judentums an den Geist der Zeit, wie es nach seinen Worten im Alexandria von Philo oder (könnten wir ergänzen) im Spanien von Solomon Ibn Gabriol und Judah Halevy geschehen war.

Warum wählte Heine von allen Mitgliedern des Vereins ausgerechnet Ludwig Marcus, der bei all seinen Begabungen und seiner Bedeutung nur eine zweitrangige Person im Verein war, um über ihn einen Nachruf zu schreiben? Warum hat er niemals einen Nachruf für einen der Führer des Vereins geschrieben wie für Moser, seinen Herzensfreund, der im Jahre 1838 starb? Oder für Gans, dem Präsidenten des Vereins, der hervorragende hegelianische Jurist, der im Jahre 1839 starb? Warum widmete er nicht Zunz einen Nachruf, dem geistigen Vater der Wissenschaft des Judentums? Vielleicht wählte er ausgerechnet Marcus, weil seine Person, so S.S. Prawer „so absolut den boshaften Vergleich von Marx widerlegt, der das Judentum mit kapitalistischer Gewinnsucht verglich."[66]

„*Der Kleine*", wie ihn Heine mit spöttischer Zuneigung nannte, war ein ehrlicher, bescheidener und leiderfahrener Mensch, sein Körper war klein und mager wie der eines 18-jährigen Knaben, und sein Gesicht sah aus wie das eines alten Mannes. Er hatte eine ungeheure Ähnlichkeit mit Moses Mendelssohn. Weiter schrieb Heine: „*in seiner Seele wohnte ebenfalls die größte Uneigennützigkeit, der duldende Stillmut, der bescheidene Rechtsinn, lächelnde Verachtung des Schlechten und eine unbeugsame, eiserne Liebe für die unterdrückten Glaubensgenossen. Das Schicksal derselben war wie bei jenem Moses auch bei Marcus der schmerzlich glühende Mittelpunkt aller seiner Gedanken, das Herz seines Lebens.*"[67]

Diese Gestalt, passend zu Moses Mendelssohn, widerlegte das Stereotyp des habgierigen Juden wie Karl Marx ihn beschrieb. Und wenn Marx in seinem Essay behauptete, dass die Motivation des Juden der Eigennutz sei, kam nun Heine und stellte dem Leser eine jüdische Seele vor, die wie Moses Mendelssohn nichts zu seinem eigenen Vorteil tat.

Marcus war Orientalist und hatte von der französischen Regierung eine Professur angeboten bekommen. Man hatte ihm vorgeschlagen, so Heine, „*wie in Frankreich gebräuchlich, seine Stelle durch einen wohlfeiler besoldeten Suppleanten zu besetzen und ihm selber den größten Teil seines Gehaltes zu überlassen.*" Diesen Vorschlag hatte Marcus abgelehnt, denn „*dagegen sträubte sich die Seele des Kleinen, er wollte nicht fremde Arbeit ausbeuten, und er ließ seinem Nachfolger die ganze Besoldung.*"[68]

Ludwig Marcus ist nicht nur das Gegenteil des „Klischeejuden" à la Marx; er ist auch das Gegenteil von Marx selbst. So schreibt Heine, wenn er das ungewöhnliche Wissen seines kleinen Freundes lobt: „*... es gab auf dieser Erde kein Faktum, keine Ruine, kein Idiom, keine Narrheit, keine Blume, die er nicht kannte – aber von allen seinen Geistesexkursionen kam er immer gleichsam nach Hause zurück zu der Leidensgeschichte Israels, zu der Schädelstätte Jerusalems und zu dem kleinen Väterdialekt Palästinas, um dessentwillen er vielleicht die semitischen Sprachen mit größerer Vorliebe als die andern betrieb.*"[69]

Mehr als dass sie eine Beschreibung von Ludwig Marcus vermittelt, scheint uns diese Passage einen Blick in das Seelenleben ihres Autors zu ermöglichen. Marx zeigte niemals Interesse an der Leidensgeschichte der Juden. Niemals erwähnte er die Verfolgungen, die sie erleiden mussten, die Diskriminierung, die Ritualmordanklagen, die Pogrome und Vertreibungen. Marx, der wunderbar historisch-ökonomische Vorgänge erklären konnte, interessierte sich niemals für die Frage, wie die Juden als ein Volk von Hirten und Bauern, was sie in den Tagen der Bibel gewesen waren, in ein Volk verwandelt wurden, das seinen Lebensunterhalt durch Geldgeschäfte und Handel bestreiten musste. Heine dagegen hob bei jeder Gelegenheit das jüdische Martyrium hervor, seit dem *Rabbi von Bacherach*, den er in seiner Jugend verfasste, bis zu den *Geständnissen*, die er auf seinem Sterbebett schrieb. In den *Geständnissen* lieferte er auch eine „marxistische" Erklärung für die Metamorphose der Juden in ihrer Diaspora: Die Juden trieben Handel, weil man sie von ihrem Grund und Boden vertrieben hatte; sie wurden zum Geldverleih gezwungen, weil die christliche Kirche es ihren Anhängern verboten hatte. „*So*", schrieb Heine, „*waren sie, die Juden, gesetzlich dazu verdammt, reich, gehaßt und ermordet zu werden.*"[70]

Marx, der jede Gesellschaft in Klassen unterschied, kannte bei den Juden nur eine Klasse: alle waren Händler, Parasiten, Ausbeuter. Er tat so, als ob er nie von den Millionen proletarischen Juden gehört hätte, die in Osteuropa und den Ländern des Islam von ihrer Hände Arbeit lebten. Niemals erhob er seine Stimme für verfolgte Juden, noch zeigte er Mitleid für ihr Elend. Während der Damaskus-Affäre, als Heine seine Stimme erhob, schwieg der 22-jährige Marx. In den Tagen der Pogrome in Russland, vierzig Jahre später, schwieg er ebenfalls, obwohl er zuvor scharf auf die Verfolgung der Moldawier und Wallachen reagiert hatte.[71] Er unterstützte die Emanzipation, obwohl er das Judentum hasste („Die Jüdische Religion ist mir zuwider"[72]) und die Juden verachtete („Sie (die Juden Polens) vermehrten sich wie schmutzige Läuse"). Ferdinand Lassalle, der ihn verehrte und mit Geld unterstützte, erhielt (hinter seinem Rücken) Beinamen wie „Baron Itzig", „Jüdischer Neger" und Marx bemerkte verächtlich und antisemitisch, dass von seinem Aufsatz über Heraklit „Der Geruch von Knoblauch ausgeht". Als später der paradoxe Begriff „Jüdischer Selbsthass" erfunden wurde, stand Marx an der Spitze der Liste.

Der Gegensatz zwischen beiden ist umso überzeugender, als ausgerechnet Marx, der Abkömmling einer Rabbinerdynastie, behauptete, dass das Wesen des Judentums die Geldgier sei und Heine dagegen, der Sohn einer Händlerfamilie, stolz darauf war, einer Nation anzugehören, *„die der Welt einen Gott und eine Moral gegeben"* gegeben hat. Marx stellte das Judentum als eine Nation von Shylocks dar, während Heine sogar Shylock reinwusch. In *Shakespeares Mädchen und Frauen* zeigte er, dass sein Motiv in der Pfund-Fleisch-Affäre nicht Geldgier war, sondern Rache für seine Ehre.

Beide, Heine und Marx, verstanden ihren Ursprung als schwierig und verwirrend, der sie ihr Leben lang dazu zwang, sich zu verteidigen. Aber jeder setzte sich mit seinem jüdischen Komplex auf anderer Weise auseinander. 1844 hörte Ruge, wie Heine einige Juden beschimpfte, die ihn betrogen hatten. „Ist das ein Familienstreit?" fragte er. *„Ich bin kein Jude",* sagte Heine verärgert, *„und bin nie einer gewesen."*[73] Einige Wissenschaftler sehen hierin den Beweis dafür, dass Heine sein Judentum verleugnete. Aber Heine liefert auch gegensätzliche Beispiele, die vielleicht eher als eine Taktik des zur Konvertierung Gezwungenen betrachtet werden sollte, der zu einem Doppelleben gezwungen war. „Er hatte etwas von einem Raubtier, das ununterbrochen auf der Hut ist", erzählte Heinrich Laube, „und hierin am meisten zeigte sich seine Herkunft von einem verfolgten Geschlechte. Wenn ich ihn mahnte, diese Unruhe doch endlich einmal aufzugeben, dann rief er halb grimmig, halb komisch: ,Wie kann ich aus meiner Haut, die aus Palästina stammt, und welche von den Christen gegerbt wird seit achtzehnhundert Jahren!'"[74]

Außer in einem einzigen Fall hat Marx niemals offen oder andeutungsweise seine jüdische Verbindung preisgegeben. Die Ausnahme ist ein Brief an seinen Onkel Leon Philips (der Ehemann seiner Tante und Großvater des Gründers der Elektronik-Firma Philips), in dem er mit einem Anflug von Humor festhielt, dass Disraeli* „Sohn unserer gemeinsamen Rasse" sei."[75]

Im Gegensatz zu Heine, der auf antisemitische Sticheleien ungehalten reagierte, war Marx ihnen gegenüber unempfindlich. Nicht nur,

---

★ Benjamin Disraeli, britischer Premierminister unter Königin Viktoria

dass er auf Diffamierungen, die mit seiner Abstammung zusammen-
hingen, nicht reagierte, sondern er selbst fuhr fort, Juden zu beleidigen
und zu beschimpfen, als ob er sich selbst und die Welt davon überzeugen wollte, dass er unmöglich zu diesen Kreaturen gehören könnte.
Über dieses Phänomen hatte Heine eine entschiedene Meinung.
*„Unter den getauften Juden sind viele, die aus feiger Hypokrisie über Israel
noch ärgere Mißreden führen als dessen geborne Feinde. In derselben Weise
pflegen gewisse Schriftsteller, um nicht an ihren Ursprung zu erinnern, sich
über die Juden sehr schlecht oder gar nicht auszusprechen. Das ist eine bekannte, betrübsam lächerliche Erscheinung."*[76]
Wären diese Worte nicht dreieinhalb Jahre vor ihrer Bekanntschaft
geschrieben worden, könnte man glauben, dass Heine Karl Marx vor
Augen hatte. Jedenfalls jetzt, in *Ludwig Marcus. Denkworte,* wiederholte
Heine seine negative Meinung über die Konvertiten. *„Gans (…) sich
die unverzeihlichste Felonie zuschulden kommen ließ. Sein Abfall…"*[77] So
schrieb er über die Christianisierung von Eduard Gans. Trotz der Meinungsverschiedenheiten zwischen Heine und Marx hat ihre Freundschaft nicht gelitten. Was Marx betrifft, der Menschen, die ihm nicht
gehorchten, nicht ausstehen konnte, war dies ein ungewöhnliches Verhalten; aber der enttäuschte Dichter in seiner Seele hätte nicht zugelassen, dass er die Freundschaft eines Dichters verlor, den er so sehr
verehrte. Ebenso wie Heine immer Erfurcht vor Genies gleich welcher Art gehegt hatte, sei es nun Napoleon, Metternich oder James de
Rothschild.
Im März 1844 erschien die erste Ausgabe der *Deutsch-Französischen
Jahrbücher.* Es war zugleich auch die letzte Ausgabe. Der größte Teil der
Drucke wurde beschlagnahmt und an der preußischen Grenze vernichtet, und in Frankreich gab es kaum eine Nachfrage für das Journal.
Jetzt geriet der Verlag in finanzielle Schwierigkeiten, und die Teilhaber
– in persönliche Auseinandersetzungen. Hess, der fast am Verhungern
war, wurde gezwungen in sein Elternhaus nach Köln zurückzukehren.
Beide Redakteure, Marx und Ruge, stritten sich über Finanzen, die
Gesellschaft und neue Ideen. Der ideologische Bruch fand vor dem
Hintergrund des offenen Bekenntnisses Marx' zum Kommunismus
statt. Ruge, der die Köpfe der kommunistischen Untergrundorganisa-

tion in Paris nicht mochte, reagierte darauf mit Schärfe. „Ihre Gedanken", schrieb er, „führen zu einem Polizeistaat und Sklaverei. Um das Proletariat von seinen seelischen und ökonomischen Leiden zu befreien, träumen sie von einer Organisation, die die Not gleichmäßig verteilen, und die Last auf alle Menschen übertragen soll."[78]

In einem Brief an seine Mutter nannte Ruge Marx einen „arroganten Juden". Marx brach die Beziehung zu ihm ab und fand sehr bald eine andere Bühne für seine Publikationen. Es war die Zeitschrift „Vorwärts", die von Giacomo Meyerbeer finanziert wurde zur Unterstützung seiner Pläne an seinem Unternehmen „Grand Opera"[79] In den Händen von Marx, Heine und noch einigen anderen radikalen Autoren verwandelte es sich in ein politisches Stoßwerk, mit dem sie, weit entfernt vom Zugriff der preußischen Zensur (so glaubten sie), die 36 deutschen Despoten und ihre Untergebenen attackierten. Die preußische Geheimpolizei begann mit Hilfe der französischen Sicherheitsdienste, die Mitarbeiter des „Vorwärts" zu beobachten. Heine war seit Jahren Ziel dieser Nachrichtendienste. Im April 1844 lieferte die Pariser Polizei den Deutschen folgende Beschreibung: „Heine, Schriftsteller, 50 Jahre alt, mittlerer Größe, angespitzte Nase und Kinn; ein ausgesprochen jüdischer Typus; Ehebrecher, dessen degeneriertem Körper Zeichen der Ermattung anzusehen sind."[80]

Dieser Steckbrief wurde zusammen mit denen der anderen Personen, die mit dem Journal zu tun hatten, nach Berlin weitergeleitet, darunter Karl Marx, der von da an der Polizei als revolutionärer Kommunist bekannt war.

Die Mitarbeit beim „Vorwärts" brachte bemerkenswerte Hassgedichte von Heine mit sich, zur Freude von Karl Marx. In dem Gedicht *Doktrin* beschrieb sich Heine als Trommler, dessen Aufgabe es sei, Deutschland aus dem Schlaf zu wecken. *„Das ist die ganze Wissenschaft. Das ist die Hegelsche Philosophie"*[81], schrieb er. In *Der neue Alexander*, warnte er vor Preußens König, der davon träume, Frankreich und die ganze Welt zu erobern. Aber das berühmteste Gedicht im „Vorwärts" war ein Gedicht, dass zu den Klassikern der Protestgedichte gehört: *Die schlesischen Weber.*

Im düstern Auge keine Träne,
Sie sitzen am Webstuhl und fletschen die Zähne:

‚Deutschland, wir weben dein Leichentuch,
Wir weben hinein den dreifachen Fluch —
Wir weben, wir weben! ...

Im Juni 1844 erreichte die Nachricht über ein Ereignis im schlesischen Städtchen Peterswaldau Paris. Weber waren in eine Textilfabrik eingebrochen, um die Maschinen zu zerstören, die ihnen die Lebensgrundlage raubten. Die Behörden hatten das Militär geschickt, und der Aufstand war äußerst blutig niedergeschlagen worden. Dieses Ereignis war eines dieser unvermeidlichen, tragischen Ereignisse, die die industrielle Revolution begleiteten. Marx betrachtete es seiner Ideologie gemäß als erstes Zeichen für die Revolution des deutschen Proletariats. Dieses Gedicht war so brisant, dass nicht einmal Campe, der mutigste Verleger Deutschlands, wagte, es zu drucken; aber die Worte erreichten die Adressaten auch ohne die Vermittlung des Verlegers: Das Gedicht wurde abgeschrieben, in Bulletins vervielfältigt, von Hand zu Hand weiter gereicht und unter Beifall in Bierkellern und literarischen Salons vorgelesen. Campe meldete Heine, dass in Berlin eine Person verhaftet worden sei, die dabei erwischt wurde, als sie das Gedicht laut vorlas.[82]

In dieser Zeit befiel Heine wieder die Sehnsucht nach seiner Heimat, und er brach zu seinem zweiten Besuch in Hamburg auf. Zweck der Reise war zum einen, den Druck der *Neuen Gedichte* zu beaufsichtigen, worin das große satirische Versepos *Deutschland. Ein Wintermärchen* enthalten war, und zum anderen, seiner Mutter, seinem Onkel und der übrigen Familie Mathilde vorzustellen. Er war für etwa drei Monate von Paris abwesend, währenddessen ereignete sich für Marx eines der wichtigsten, vielleicht das wichtigste Ereignis seines Lebens überhaupt: Er traf Friedrich Engels.

Wir erinnern uns, dass Engels noch im November 1842 versucht hatte, Marx kennenzulernen, als dieser Redakteur der „Rheinischen Zeitung" in Köln gewesen war. Damals war er abgewiesen worden, und Hess war derjenige gewesen, der ihm die Visionen des Kommunismus nahegebracht hatte. Der junge Engels war damals auf seinem Weg nach Manchester gewesen, um in der englischen Zweigstelle der väterlichen Textilfabrik zu arbeiten. Dort schrieb er die „Lage der arbeitenden Klasse in England", das als eines der Basisbücher der Kapitalismuskritik angesehen wird. Ende 1844 fuhr er auf Heimaturlaub, und als er durch Paris kam, bestand Marx darauf, ihn kennenzulernen. Sie saßen im „Café de la Régence", dem berühmten Treffpunkt, zu dessen Gästen Voltaire, Diderot, Benjamin Franklin, Louis Napoleon, Musset, und andere Berühmtheiten zählten. Es sollte nun Schauplatz für die Geburt der historischen Zusammenarbeit zwischen Marx und Engels werden. Marx, 26 Jahre alt, und Engels, 24 Jahre alt, unterhielten sich bis spät in die Nacht. Engels blieb noch einige Tage länger in Paris, währenddessen sich die beiden Männer immer mehr davon überzeugten, wie ähnlich sie sich in ihrem Denken waren. Von jetzt an sollte Engels sein treuester und ergebener Freund sein, der ihn regelmäßig auch finanziell unterstützte. Ihre enge Beziehung dauerte bis zu ihrem Tod.[83]

Von Paris aus reiste Engels nach Deutschland. Seine erste Station war Köln, wo er sich mit Moses Hess traf, der ihn über die politische und gesellschaftliche Lage im Rheinland in Kenntnis setzte. Hess wurde ständig von der Geheimpolizei überwacht, aber diese konnte nichts Verdächtiges erkennen. „Hess wohnt im Haus seines Vaters, der als reicher und anständiger Kaufmann bekannt ist", berichtete das polizeiliche Protokoll. „Er ist oft allein, entfernt sich von der Welt und beschäftigt sich, wie er behauptet, mit literarischen Arbeiten ..."[84] Heine, der hoffte, Hess würde ihm dabei helfen, sein neues Buch zu vermarkten, schrieb aus Hamburg an Marx: „*Schreiben Sie doch an Heß (dessen Addresse ich nicht weiß) daß er am Rhein, sobald ihm mein Buch zu Gesicht kommt, alles was er vermag in der Presse dafür thue, ehe die Bären drüber herfallen.*"[85]

Am Ende des Sommers kehrte Engels nach England zurück, dort verfasste er einen Artikel über „Die schnelle Entwicklung des Kommunismus in Deutschland". In dem Aufsatz, der am 13. Dezember 1844 in der Zeitschrift „The New Moral World" erschien, berichtete er (unter einem Pseudonym) dem englischen, sozialistischen Leser von den wichtigsten Persönlichkeiten im deutschen Sozialismus, darunter „Dr. Charles Marx" in Paris, „M. Hess, zurzeit in Köln" und „Frederick Engels in Barmen". Weiter fügte er hinzu: „Henry Heine, der größte Dichter, der unter uns lebt, schloss sich unseren Reihen an und veröffentlichte ein Buch mit politischer Dichtung, und darin Gedichte, die den Sozialismus ankündigen..."[86] Zu dieser Bemerkung fügte er das Gedicht „Die Weber" hinzu, in seiner Übersetzung.

Es war eine Übertreibung von Engels, dass Heine sich den Reihen der Revolutionäre angeschlossen habe. Bei all seiner Zuneigung für die Benachteiligten war Heine eine zu eigenwillige Person, als das man ihn vor den Wagen irgendeiner Partei spannen konnte. Er fürchtete auch den Tag an dem die Benachteiligten die Macht ergreifen, und Marx konnte diese Befürchtungen trotz seiner gewaltigen Überzeugungskraft nicht entkräften.

„Dichter sind seltsame Kerle", sagte er, „und man muss sie ihren Weg gehen lassen..."[87] Der harte, jähzornige und unversöhnliche Mann, der es nicht leiden konnte, wenn jemand nicht seiner Meinung war, zeigte eine außergewöhnliche Nachgiebigkeit gegenüber Heine. Er verteidigte ihn sogar vor den Radikalen, die an seiner Treue zur Idee zweifelten. „Man darf ihn nicht messen", sagte er, „im selben Maßstab wie gewöhnliche Menschen, und sogar ungewöhnliche."[88]

Es war in der Tat eine bemerkenswerte Freundschaft. Diese zwei selbstbewußten Menschen hatte eine stürmische Geschichte von Streit und Kampf hinter sich, von komplizierten zwischenmenschlichen Beziehungen, von einem unbeherrschbaren Drang, nicht nur politische Gegner zu treffen, sondern hauptsächlich Verbündete und Kampfkameraden. Trotz des Altersunterschieds, der Meinungsverschiedenheiten, der Temperamente und der nicht gesellschaftsfähigen Charaktere verschlechterte sich ihre Beziehung nicht. Marx hegte Heine gegenüber Gefühle, die in der Regel seiner Frau und seinen Kindern vorbehalten waren.

In Hamburg bereitete Heine die erste Auflage der *Neuen Gedichte* vor. Um die Zensur zu umgehen, war er gezwungen in *Deutschland. Ein Wintermärchen* einige Kürzungen vorzunehmen. Die unzensierte

Fahnen schickte er an Marx, damit er Teile von ihnen im „Vorwärts" druckte. Im September 1844 erließ die preußische Regierung einen Haftbefehl gegen Heine, Marx und die übrigen Mitarbeiter des „Vorwärts". In Paris verstärkte der preußische Gesandte seinen Druck auf die französische Regierung, die Herausgabe der Zeitung zu unterbrechen. Sogar Louis-Philippe, der König, sagte: „Man muss Paris von den deutschen Philosophen reinigen!"[89]

Am 25. Januar 1845 unterschrieb der Premierminister Guizot den Befehl zur Stillegung der Zeitung und den Befehl, alle Mitglieder der Redaktion auszuweisen. Marx wurde aufgefordert, die Stadt innerhalb von 24 Stunden zu verlassen. Er sandte Heine einen Brief und schrieb ihm, dass von allem, was er in Paris zurücklasse, ihn am meisten die „Trennung von Heine" leid tue. „Am liebsten würde ich Sie in meinen Koffer mitnehme..."[90] Er nahm die Eisenbahn nach Brüssel, mit ihm ein junger radikaler Journalist von der Redaktion des „Vorwärts", Heinrich Burgres. Beide saßen im Abteil und sangen, um nicht in Verzweiflung zu geraten. Heine vertraute Campe in einem Brief an: *„heute muß schon Marx weg, und ich bin rein wüthend."*[91]

Das Urteil der Verbannung betraf auch ihn, aber die Behörden wollten ihn nicht dazu zwingen. Er hatte einen besonderen Stand in Paris; viele sahen in ihm einen französischen Dichter, der deutsch schrieb, und er rühmte sich seiner französischen Kontakte. *„Nie"* schrieb er, „*hatte ein Deutscher in so hohem Grade wie ich die Sympathie der Franzosen gewonnen, sowohl in der literarischen Welt als auch in der hohen Gesellschaft"*[92]

Nach der Ausweisung von Marx aus Paris schrieb Heine in der „Revue des deux mondes": *„Die mehr oder minder unbekannten Führer der deutschen Kommunisten sind großartige Logiker, von denen die stärksten aus der Hegelianischen Schule kommen. Und sie sind zweifellos die fähigsten Köpfe und dynamischsten Charaktere in Deutschland. Diese Doktoren der Revolution sowie ihre gnadenlosen bestimmten Jünger sind die einzigen Menschen, in denen Leben steckt, und ich fürchte, dass sie es sind, denen die Zukunft gehört."*[93]

Marx ließ sich in Brüssel nieder mit dem festen Entschluss, sich nicht mehr der Theorie zu beschäftigen, sondern mit der Organisation einer politischen Bewegung zu beginnen, um das Proletariat für den Tag des Gerichts vorzubereiten. Zusammen mit Engels schrieb er das Parteiprogramm der neuen Bewegung, das unter den Namen: *Das kommunistische Manifest* berühmt wurde. Der Rest ist Geschichte.

In den westdeutschen Städten gibt es noch keine würdigen Denkmäler für Heine. Erst im Jahre 1988, nach einer Auseinandersetzung, die viele Jahre dauerte, war die Stadt Düsseldorf bereit, ihre Universität nach ihrem berühmten Sohn zu benennen. In Ostdeutschland dagegen (in der früheren DDR) erlangte der Dichter, der Freund von Karl Marx, Heldenruhm. Straßen, Plätze und Parkanlagen wurden nach ihm genannt, und Denkmäler zu seinen Ehren erbaut. Sein Gedicht *Deutschland. Ein Wintermärchen* erhielt im Lehrplan den zweitwichtigsten Platz, nach dem „Faust" von Goethe.[94] Dieses Gedicht, das das Blut der deutschen Patrioten zum Kochen brachte und sogar die liberalen Heineverehrer in Verlegenheit brachte, wurde ohne Einschränkung von der radikalen Linken akzeptiert. Als der Führer der Sozialdemokraten August Bebel anlässlich der Eröffnung des neuen Reichstags das Parteiprogramm vorstellte (1871), zitierte er aus *Deutschland. Ein Wintermärchen* von Heine den Vers, der dazu aufruft, ein neues Zeitalter der Schönheit, der Lust, des Wohlstands und der Gerechtigkeit zu eröffnen:

> *Wir wollen auf Erden glücklich sein,*
> *Und wollen nicht mehr darben;*
> *Verschlemmen soll nicht der faule Bauch,*
> *Was fleißige Hände erwarben.*[95]

Der „Spartakusbund" verteilte seinen Mitgliedern eine Sammlung der politischen Gedichte Heines mit folgender Erklärung: „Genossen der Revolution von 1918! Nehmt das und lest! Hier werdet ihr solche glänzenden und erfrischenden Worte finden, als wären sie erst gestern geschrieben — oder vielleicht heute — in dieser Zeit des Aufstandes!"[96]

Nach dem Zweiten Weltkrieg, als ein kommunistisch-marxistisches Imperium fast die halbe Erdkugel umspannte, behauptete Georg Lukács, der berühmte marxistische Philosoph, dass Heine das Bindeglied zwischen Hegel und Marx sei. Heine-Forscher im Westen nahmen diese These nicht ernst, denen es laut Sammons darum ging, Heine als den „Johannes der Täufer von Marx' Christus“ darzustellen.[97]

Es gibt nicht genug Zeugenaussagen über ihre Gespräche, um diese These zu beweisen, aber man kann sie auch nicht ganz und gar ignorieren. Immerhin war es kein anderer als Engels, der geschrieben hat, dass Heine der erste war, der das revolutionäre Potential in Hegels Lehre gesehen hat. Der erste, der diese Behauptung aufgestellt hatte, war Heine selbst. *„Ich sah, wie Hegel mit seinem fast komisch ernsthaften Gesichte als Bruthenne auf den fatalen Eiern saß, und ich hörte sein Gackern. Ehrlich gesagt, selten verstand ich ihn, und erst durch späteres Nachdenken gelangte ich zum Verständnis seiner Worte“*[98] Er schrieb das in den *Geständnissen* (1853), die fünf Jahre nach Erscheinen des „Kommunistischen Manifests“ gedruckt wurden, und dort rühmte er sich: *„Ich konnte leicht prophezeien, welche Lieder einst in Deutschland gepfiffen und gezwitschert werden dürften, denn ich sah die Vögel ausbrüten, welche später die neuen Sangesweisen anstimmten.“*[99]

Heine pflegte zu sagen, dass das bestgehütete Geheimnis der deutschen Philosophie ihr Atheismus war. Da er ein Schüler von Hegel an der Universität von Berlin gewesen war, konnte er das auch aus eigener Erfahrung sagen. *„Ich war jung und stolz, und es tat meinem Hochmut wohl, als ich von Hegel erfuhr, daß nicht, wie meine Großmutter meinte, der liebe Gott, der im Himmel residiert, sondern ich selbst hier auf Erden der liebe Gott sei.“*[100] Heine schrieb diese Worte in seinem Sterbebett, als seine unheilbare schreckliche Krankheit ihn zum Gottesglauben zurück gebracht hatte. Nun stellte er fest, *„der Atheismus [habe] ein mehr oder minder geheimes Bündnis geschlossen mit dem schauderhaft nacktesten, ganz feigenblattlosen, kommunen Kommunismus“*, und fuhr fort: *„als ich sah, daß Schmierlappen von Schuster- und Schneidergesellen in ihrer plumpen Herbergsprache die Existenz Gottes zu leugnen sich unterfingen – als der Atheismus anfing, sehr stark nach Käse, Branntwein und Tabak zu stinken: da gingen mir plötzlich die Augen auf, und was ich nicht durch meinen Verstand* begriffen hatte, das begriff ich jetzt durch den Geruchssinn, durch das Mißbehagen des Ekels, und mit meinem Atheismus hatte es, gottlob! ein Ende."[101]

Heine prophezeite auch, dass die Politik den leeren Raum füllen würde, den der Niedergang der Religion zurück gelassen hatte, und dass politische Fanatiker an die Stelle der religiösen Fanatiker treten würden: „Wir haben jetzt fanatische Mönche des Atheismus, Großinquisitoren des Unglaubens, die den Herrn von Voltaire verbrennen lassen würden, weil er doch im Herzen ein verstockter Deist gewesen."[102] Danach beschrieb er seine Verwandlung von einem jungen, gesunden Unsterblichen, der auf den Pariser Boulevards umherstreifte, „übermütig wie der König Nebukadnezar vor seinem Sturze."[103] Nun, auf seinem Sterbebett, erinnerte er sich jedoch „an die Geschichte dieses babylonischen Königs, der sich selbst für den lieben Gott hielt, aber von der Höhe seines Dünkels erbärmlich herabstürzte, wie ein Tier am Boden kroch und Gras aß – (es wird wohl Salat gewesen sein). In dem prachtvoll grandiosen Buch Daniel steht diese Legende, die ich nicht bloß dem guten Ruge, sondern auch meinem noch viel verstocktern Freunde Marx, ja auch den Herren Feuerbach, Daumer, Bruno Bauer, Hengstenberg, und wie sie sonst heißen mögen, diese gottlosen Selbstgötter, zur erbaulichen Beherzigung empfehle."[104]

Im Jahr 1853 fasste er seine journalistischen Arbeiten in Lutezia zusammen und prahlte im Vorwort ein wenig: „Ich berichtete oft und bestimmt über die Dämonen, welche in den untern Schichten der Gesellschaft lauerten und aus ihrer Dunkelheit hervorbrechen würden, wenn der rechte Tag gekommen. Diese Ungetüme, denen die Zukunft gehört, betrachtete man damals nur durch ein Verkleinerungsglas, und da sahen sie wirklich aus wie wahnsinnige Flöhe – aber ich zeigte sie in ihrer wahren Lebensgröße, und da glichen sie vielmehr den furchtbarsten Krokodilen, welche jemals aus dem Schlamm gestiegen."[105]

„Ungetüme ... wahnsinnige Flöhe ... furchtbarste Krokodile...", danach ging Heine von zoologischen zu botanischen Begriffen über, indem er erklärte, dass die Herrschaft des Proletariats gleichwohl den Sieg der Kartoffeln über die Rosen bedeutete. Nicht weiter verwunderlich, dass die Behörden in den (ehemaligen) ostdeutschen Schulen die Lehrer instruieren mussten, wie sie Heine in den Schulen zu behandeln hatten. Die marxistischen Lehrer hatte keine Schwierigkeiten damit, dialektisch zu beweisen, dass, wenn Heine Angst vor dem Kommunismus ausdrückte, seine Absicht genau umgekehrt war. Sie zitierten mit Stolz seinen Spruch „*Ich bin der Sohn der Revolution*"[106] und erklärten, worin er sich irrte, als er meinte, dass „*wir unsre ganze moderne Zivilisation, die mühselige Errungenschaft so vieler Jahrhunderte, die Frucht der edelsten Arbeiten unsrer Vorgänger, durch den Sieg des Kommunismus bedroht sehen.*"[107] Sie lobten seinen Wunsch, „*ein braver Soldat im Befreiungskriege der Menschheit*"[108] zu sein und ignorierten die Tatsache, dass er an die Befreiung der Menschheit glaubte, sprich an die Rede-und Pressefreiheit und alle anderen Menschenrechte, die ein Staat wie die DDR mit ihrer Stasivergangenheit ohne Gewissensbisse mit Füßen getreten hat.

Die Verbindung Heines zu Karl Marx verschärfte seinen Konflikt in seiner Haltung gegenüber der Revolution. Sein ganzes Leben schwankte er zwischen seiner Sehnsucht nach sozialer Gerechtigkeit und seiner Angst vor der Diktatur des Proletariats. Deutlich gab er dieser Ambivalenz in seinem Vorwort zu *Lutéce*, der französischen Ausgabe von *Lutezia* Ausdruck: „*Dieses Geständnis, daß den Kommunisten die Zukunft gehört, machte ich im Tone der größten Angst und Besorgnis, und ach! diese Tonart war keineswegs eine Maske! In der Tat, nur mit Grauen und Schrecken denke ich an die Zeit, wo jene dunklen Ikonoklasten zur Herrschaft gelangen werden: mit ihren rohen Fäusten zerschlagen sie alsdann alle Marmorbilder meiner geliebten Kunstwelt, sie zertrümmern alle jene phantastischen Schnurrpfeifereien, die dem Poeten so lieb waren; sie hacken mir meine Lorbeerwälder um, und pflanzen darauf Kartoffeln (...) und ach! mein ,Buch der Lieder' wird der Krautkrämer zu Tüten verwenden, um Kaffee oder Schnupftabak darin zu schütten für die alten Weiber der Zukunft – Ach! das sehe ich alles voraus, und eine unsägliche Betrübnis ergreift mich, wenn ich an den Untergang denke, womit meine Gedichte und die ganze alte Weltordnung von dem Kommunismus bedroht ist – Und dennoch, ich gestehe es freimütig, übt derselbe [- so feindlich er allen meinen Interessen und Neigungen ist –] auf mein Gemüt einen Zauber, dessen ich mich nicht erwehren kann (...) und kann ich der Prämisse nicht widersprechen: ,daß alle Menschen das Recht haben zu essen', so muß ich mich auch allen Folgerungen fügen – ich könnte darüber unklug werden, alle Dämonen der Wahrheit tanzen triumphierend um* mich her, und am Ende ergreift mich eine verzweiflungsvolle Großmut, wo ich ausrufe: (...) gesegnet sei der Krautkrämer, der einst aus meinen Gedichten Tüten verfertigt, worin er Kaffee und Schnupftabak schüttet für die armen alten Mütterchen, die in unsrer heutigen Welt der Ungerechtigkeit vielleicht eine solche Labung entbehren mußten – fiat justitia, pereat mundus!"

KAPITEL 20

Frühlingslieder und ein Wintermärchen

> *„Ich hätte mir als lyrischer Dichter Ruhm erwerben*
> *können … und Deutschland hätte mich geliebt, als*
> *satirischer hätte es mich gefürchtet, als Polemiker*
> *hätte es auf mich gehört und mich gehaßt! Nun bin*
> *ich aber, Gott sei's geklagt, so ziemlich alles gewe-*
> *sen und Niemand weiß mich zu classificiren;"*
> (Houben, S. 730)

Heine kam im Mai 1831 nach Paris, als *„alle Knospen sprangen"*. Er genoss die Freiheit, die Lichter, und eine Zeitlang auch seine gute Gesundheit. Er konnte sich nicht vorstellen, dass er hier den Rest seines Lebens verbringen sollte, zu Anfang als freiwilliger Exilant und später gezwungenermaßen. Es waren stürmische Jahre, in deren Verlauf er als wichtigster zeitgenössischer deutscher Dichter bekannt wurde, aber auch als der umstrittenste.

Im März 1832 war Goethe in Weimar gestorben. Die Vorstellung, dass von all den Dichtern Heine der passende Kandidat war, den frei gewordenen Stuhl dieses Giganten der deutschen Dichtung einzunehmen, spaltete die Deutschen, und spaltet sie noch heute.

Zwar hatten Goethe und Heine vieles gemeinsam: beide gehörten zur humanistischen Tradition Deutschlands, beide lehnten die deutsch-nationalistische Arroganz ab, und beide verachteten das Christentum

473

und verehrten das heidnische Griechenland. Aber Goethe glaubte im Gegensatz zu Heine an die Überlegenheit der Kunst über das Leben. Als nationalistische Strömungen in Deutschland für Unruhe sorgten, zog er sich in seinem Elfenbeinturm zurück, wo er sich seinen Studien der Farbenlehre und der Arbeit am „Faust" widmete. In der Wirtshausszene ließ er einen Studenten rufen: „Ein garstig Lied! Pfui! Ein politisch Lied!"

Die beiden Männer trafen sich nur ein einziges Mal, am 2. Oktober 1824. Heine, der gerade seine Reise in den Harz beendet hatte, kehrte in Weimar ein, um ihm seine Verehrung zu erweisen, einer Persönlichkeit (wie er in der Widmung seines ersten Buches schrieb) *„die mir und dem ganzen deutschen Volke den Weg zum Himmelreich gezeigt hat."*[1]

Der Empfang war kühl. Der 75jährige Goethe zeigte kein Interesse an seinem Gast, einem dichtenden Studenten von 27 Jahren, und dieser war vor lauter Aufregung nicht in der Lage, ein vernünftiges Gespräch zu führen. In einem Brief an einen Freund beschrieb er seine Enttäuschung von der Begegnung. *„Da fühlte ich erst ganz klar den Contrast dieser Natur mit der meinigen, welcher alles Praktische unerquicklich ist, die das Leben im Grunde geringschätzt und trotzig hingeben möchte für die Idee."*[2]

Heine sah seine Berufung als kämpfender Dichter." *Ihr Lieder! Ihr meine guten Lieder! Auf, auf! und wappnet euch!"* – so eröffnete er seinen Zyklus *Die Nordsee.* In den Salons von Paris traf er Geistesgrößen, die mit Begeisterung darüber diskutierten, wie man die Gesellschaft gerechter und die Menschen glücklicher machen könne. Wie anders waren da die deutschen Humanisten, die „reine" menschliche Werte verfochten, die eine strenge, pedantische Bildung des Einzelnen verlangten, als linke Politiker, die sie als zweit- und drittklassigen Menschen verachteten. Goethe symbolisierte für Heine die folgenschwere Kluft zwischen Kultur und Politik. In seinem Essay über die *Romantische Schule* griff er das an, was er Goethes Ästhetizismus die *„das Kunstwesen, das durch ihn in Deutschland verbreitet wurde, das einen quietisierenden Einfluß auf die deutsche Jugend ausübte, das einer politischen Regeneration unseres Vaterlandes entgegenwirkte."*[3]

57 Jahre lang ruhte der große Dichter auf den Lorbeeren am Hof des Herzogs von Weimar. Er hatte verschiedene Ministerposten inne, wurde mit dem Titel „Geheimrat" geehrt, und seit 1782, als er in den Adelsstand aufgenommen wurde, hieß er „von Goethe".

Johann Wolfgang von Goethe bewohnte ein prachtvolles großes Haus mit marmornen Balkonen, teuren Möbeln und farbigen Seidengardinen. Die Räume waren mit Sammlungen von Mineralien, Pflanzen und Kunstgegenständen gefüllt. Auf der obersten Etage war eine Bibliothek mit fünftausend Bänden. Diener in blauer Livree und Goldknöpfen standen bereit, um seine Befehle entgegenzunehmen. Im Hof befand sich ein großer Stall für Pferde und Kutschen. Seine Gäste empfing er in einem Seidengewand, geschmückt mit einem Silberstern, und sie redeten ihn mit „Eure Hoheit" an.

Heines dagegen führte ein ruheloses Leben, das sich nicht durch Extravaganz auszeichnete, dafür aber durch Skandale. Er war gezwungen, seine Heimat zu verlassen, und fand in Paris Zuflucht, wo er unaufhörlich von einer billigen Wohnung in die nächste zog. Alfred Meissner, ein junger Dichter aus Prag, erzählte wie er genötigt war, schmale, glattpolierte und gefährliche Holztreppen zu seiner Wohnung im dritten Stock eines alten Hauses in der Rue Faubourg Poissonniére im neunten Bezirk von Paris hinaufzusteigen. „Die Wohnung eines der größten Dichter, die Deutschland je gehabt, stand gewiss hinter der eines französischen Autors zweiten oder dritten Ranges weit zurück. Drei ganz kleine Zimmer im dritten Stockwerke waren mit bescheidenem Komfort geziert, die Aussicht, wenn sie so zu nennen, ging auf einen engen und nicht eben lichten Hof hinaus. Der Kamin hatte die übliche weiße Marmorverkleidung, über ihm hing ein breiter Spiegel, eine Uhr im Porzellangehäuse, zwischen den in Frankreich unausweichlichen Blumenvasen mit künstlichen Buketten aufgestellt, ließ ihr Tiktak vernehmen."[4]

In der gesamten Geschichte der deutschen Literatur, und vielleicht der ganzen Welt, gab es keinen Dichter, der seine Leser so verzaubern, ihnen so viel Freude bereiten und sie so tief bewegen konnte, aber gleichzeitig so viel Widerstand, Hass und Ärger auf sich zog. Heine, der Satyriker, peitschte sie mit seiner beißenden Kritik, er verspottete die Könige, ihrer Prinzen und Bischöfe, die das Volk versklavten. Er sparte auch nicht mit Kritik am Volk selbst und seiner Gleichgültigkeit gegenüber der Politik, seinem blinden Gehorsam und seiner Bereitschaft, jedem tyrannischen, gewissenlosen Herrscher zu dienen. Es war der Kampf eines Einzelnen. Er genoss weder den Rückhalt einer Regierung oder Armee, noch einer Partei. Wie viel Mut und Opferbereitschaft waren nötig, um als Einzelner gegen die gewaltigen Kräfte der Restauration und des Heiligen Bundes in den Kampf zu ziehen!

1834 forderte der preußische Außenminister ein Todesurteil über ihn; 1835 verboten alle deutsche Staaten seine Bücher; 1836 wurden seine Schriften auf den „Index" gesetzt, die Liste verbotener Bücher der katholischen Kirche, wo er sich in Gesellschaft von Montaigne, Descartes, Spinoza, Kant, Casanova, Marquis de Sade und noch vielen anderen befand. Doch die Bemühungen, ihn zum Schweigen zu bringen, erreichten das Gegenteil: Heine schrieb weiterhin Bücher und Campe veröffentlichte sie. Sie wurden zwar sofort nach ihrem Erscheinen beschlagnahmt, aber dank der Schläue des Verlegers und der Ohnmacht der Zensurbehörde konnte man sie unter der Hand überall erwerben.

Was Heine aber wirklich bekannt machte, waren – mehr noch als seine Bücher – die Melodien, die von Schubert, Mendelssohn, Schumann und anderen zu seinen Gedichten komponiert wurden. Ganz Deutschland hat sie gesungen: Adelige, Arbeiter, Sänger in Konzertsälen, Studenten in Bierkellern, Verliebte unter den Linden, Mütter neben den Wiegen. Viele Kinder, darunter auch der Verfasser dieses Buches, lernten den Namen Heine zuerst durch die wunderschöne Musik Felix Mendelssohns kennen zu seinem Gedicht *„Leise zieht durch mein Gemüt."*[5]

In der Ausgabe vom Dezember 1834 beschrieb der Londoner „Quarterly Review" Heine als einen literarischen Stern mit schädlichem Einfluss, schwankend in seiner Umlaufbahn, unstet flackernd, der aber alles mit einem seltenen Glanz übestrahlt. „Momentan wird er als literarischer Ausgestoßener betrachtet", schrieb der Verfasser des Beitrags, „als ein ausgesprochenes ‚caput lupinum' (Haupt der Wölfe) in den literarischen Zirkeln Deutschlands, wo er sich um alle kümmert und alle sich um ihn. Dennoch glauben wir, dass er viele noble und großzügige Eigenschaften aufweist, und, wie uns berichtet wurde, dass er seinen Umgang bessern wird."[6]

Das war eine vergebliche Hoffnung. Heine war durch und durch ein Oppositioneller. Die Polemik war seine zweite Natur, die Notwendigkeit der Selbstverwirklichung. Marx Brod bemerkte, „[seine Witze] waren eine Naturäußerung, entsprangen einer dämonischen Kraft in ihm, die er nicht zu meistern vermochte."[7] Er selbst pflegte Martin Luther zu zitieren, der vor seinen Richtern gesagt haben soll: „Hier stehe ich und kann nicht anders. Gott helfe mir, Amen!"[8]

Aber die schönste Erklärung für Heines Verhalten findet man in seinen Bemerkungen über Lessing: *„Lessing, wie er selbst eingestand, bedurfte eben des Kampfes zu der eignen Geistesentwickelung. (…) Sein Witz war kein kleines französisches Windhündchen, das seinem eigenen Schatten nachläuft; sein Witz war vielmehr ein großer deutscher Kater, der mit der Maus spielt, ehe er sie würgt."*[9]

Wie unwirksam der Boykott der 36 Herrscher und 36 Zensoren war, wird aus der Debatte deutlich, die 1836 in der Redaktion des Deutschen Musenalmanachs stattfand. Der Vorschlag des Verlegers, Heines Bild auf das Titelblatt der Jahresausgabe von 1837 zu setzen, gewann die Zustimmung des Redakteurs Adelbert von Chamisso, dem altgedienten romantischen Dichter. Aber sein Kollege, der Dichter Gustav Schwab, meinte (unabhängig von den Verboten der Bundesversammlung aus dem Jahr zuvor), dass es einem angesehenen literarischen Magazin nicht zukomme, einer moralisch bedenklichen Persönlichkeit eine derartige Anerkennung zu geben. Bis zu diesem Zeitpunkt hatten die beiden ein gutes Verhältnis gehabt. Schwab schrieb eine positive Besprechung über das *Buch der Lieder* (wobei er sich vom erotischen Inhalt der Gedichte distanzierte). Auch Heine erinnerte in seinem Essay *Die romantische Schule* kurz an Schwab, *„der ebenfalls aus den schwäbischen Gauen hervorgeblüht und uns noch jährlich mit hübschen und duftenden Liedern erquickt."*[10]

Schwab gehörte zur „Schwäbischen Schule", zu der einige süddeutsche Dichter zählten, die sich als Erben von Schiller und Uhland betrachteten, aber niemals ihr Niveau erreichten. Als Heine erfuhr, dass einer von ihnen sein Titelbild abgelehnt hatte, mit der Begründung, dass er mit seiner Dichtung die Grenzen der Keuschheit sprengte, antwortete er darauf mit dem Gedicht *Testament*: *„Ein treues Abbild von meinem Steiß / Vermach ich der schwäbischen Schule; ich weiß, / Ihr wolltet mein Gesicht nicht haben, / Nun könnt ihr am Gegenteil euch laben.“*[11]

Das Gedicht wurde zu seinen Lebzeiten nicht mehr veröffentlicht. Dagegen schickte er mit *Tannhäuser* (1837), einen vergifteten Pfeil gegen Schwab und die „Schwäbische Schule“: *„In Schwaben besah ich die Dichterschul', / Gar liebe Geschöpfchen und Tröpfchen! / Auf kleinen Kackstühlchen saßen sie dort, / Fallhütchen auf den Köpfchen.“*[12]

Schwab rächte sich nicht und war auch nicht nachtragend. Zwei Jahre später veröffentlichte er eine Anthologie, nahm die *Harzreise* auf und ehrte den Verfasser sogar mit freundlichen Versen. Heine war erbost darüber. *„In einer solch verlorenen Welt“*, schrieb er, *„Kann man sich nicht einmal auf seine Feinde verlassen …“*

Die Beziehung zwischen Heine und den schwäbischen Dichtern spitzten sich zu, als Gustav Pfizer im Jahre 1838 einen Beitrag über Heine schrieb, in dem er in aller Schärfe auf einen Schwachpunkt seiner Dichtung hinwies: Die unerträgliche Leichtigkeit, mit der sie Nachahmer ermutigte. „Wenn seine Gedichte verloren gingen“, behauptete er, „könnten wir sie fast neu zusammensetzen aus den Teilen, die durch seine ‚Schüler‘ gestohlen wurden.“ Pfizer gab zwar zu, dass es einen Unterschied zwischen Heines Gedichten und den Nachahmungen seiner ‚Schüler‘ gebe, „die sie des Geistes und der Poesie entleerten“. Heines Stärke war, wie er betonte, das Niedrige in ein poetisches Gewand zu kleiden, während seine Nachahmer den Fehler machten, nicht zwischen Grobheit und Poesie zu unterschieden. Heine sei zwar unschuldig an den Beleidigungen seiner Nachfolger, aber man könne ihn nicht ganz von der Verantwortung befreien, „zumal er in seinen späten Gedichten sozusagen mit seinen langweiligsten und schlechtesten Nachahmern wetteiferte.“[13]

Egal wie unser Urteil über Pfizers Beschuldigungen sein mag, ohne Zweifel war er einer der ersten, der auf die Nachahmer Heines hinwies, die Verse „Herz“ mit „Schmerz“ reimten. Dabei produzierten sie anstelle einer komplexen, ambivalenten Empfindung nur sentimentale Ergüsse und verfielen in überflüssigen Zynismus, bei dem Versuch, die unnachahmliche Subtilität von Heines Ironie zu imitieren. Über dieses Problem, dass fast die Dimension einer Epidemie angenommen hat, schrieben und warnten insbesondere Kritiker zu Beginn des 20. Jahrhunderts, allen voran Karl Kraus: „[Heine] hat der deutschen Sprache so sehr das Mieder gelockert, dass heute alle Kommis an ihren Brüsten fingern können." In seinem berühmten Essay „Heine und die Folgen" (1910) schrieb der bekannte Wiener Satiriker, dass Heine als erster getan hatte, was heute jeder Versmacher automatisch tat. Um seine Worte zu beweisen, brachte er Beispiele aus Operetten und behauptete, dass man sie leicht in das *Buch der Lieder* einfügen könnte.[14]

Nach Professor Sammons von der Yale University ist das unmöglich. Er und andere bedeutende Forscher unserer Zeit sehen in der Unfähigkeit von Kraus und seinesgleichen, zwischen Heine und seinen Nachahmern zu unterscheiden, die größte Bedrohung für den guten Ruf des Dichters. „Der Einfluss der Nachahmungen war verehrend", schreibt S. S. Prawer von der Universität in Birmingham, „ihnen blieb die Komplexität seiner Persönlichkeit verschlossen, eine Ambivalenz, seine Ironie."[15]

Der erste, der das Problem der Nachahmung erkannte, war nicht Pfizer gewesen, sondern Heine selbst. Schon im Jahre 1833 veröffentlichte er in einem Berliner Magazin ein Gedicht, in dem er sich beklagte „*daß mir tausend arme Jungen, / Gar verzweifelt nachgedichtet, / Und das Leid, das ich besungen, / Noch viel Schlimmres angerichtet!*"[16]

Hätte sich Pfizer mit der Missbilligung der Nachahmer begnügt, wäre Heine höchstwahrscheinlich zur Tagesordnung zurückgekehrt; aber die Behauptung, dass er nicht mehr sei als ein „Nachahmer seiner selbst" war unentschuldbar, zumal ihn der Schwabe noch der „unanständigen Rede" und der „Herabwürdigung der Musen" beschuldigt und sich auch über seine Prosa negativ geäußert hatte. „Die Franzosen", schrieb er, „wurden niemals so sehr verspottet und beleidigt, wie es ihr Gast und Verteidiger Heine getan hat, als er ihnen die philosophische Bewegung in Deutschland in einer solch dummen und witzigen Art und Weise geschildert hat, wie eine Amme, die

einem vierjährigen Kind über den Dreißigjährigen Krieg oder die
Französische Revolution erzählt."[17] Heine konnte weder vergessen
noch verzeihen. In *Ludwig Börne. Eine Denkschrift* attackierte er „G.
Pf." wegen dieser „*den langweilig breiten Schmähartikel*" und brachte das
Zeugnis eines „*ehrlichen Schwaben*", der ihm sagte: „*der G. Pf. war früher
der größte Enthusiast für Ihre Schriften, und wenn er jetzt so glühend gegen
die Immoralität derselben eifert, so geschieht das, um sich das Ansehen von
strenger Tugend zu geben und sich gegen den Verdacht der sokratischen Liebe,
der auf ihm lastete, etwas zu decken.*"[18]

Heine begnügte sich nicht damit, seinen Gegner homosexueller
Neigungen zu verdächtigen, sondern wartete auf eine passende Gelegenheit, auch seinen Ruf als Dichter zu beschädigen. In *Atta Troll*
brachte er die Geschichte eines Pudels, der wie sich herausstellte, kein
anderer war, als der verzauberte schwäbische Dichter. Der arme Pudel
erklärt dem Dichter dass er nur unter einer Bedingung erlöst werden
könne:

> ,Bis zum Jüngsten Tage bleib ich
> Eingekerkert in der Mopshaut,
> Wenn nicht einer Jungfrau Großmut
> Mich erlöst aus der Verwünschung.
>
> Ja, nur eine reine Jungfrau,
> Die noch keinen Mann berührt hat
> Und die folgende Bedingung
> Treu erfüllt, kann mich erlösen:
>
> Diese reine Jungfrau muß
> In der Nacht von Sankt Silvester
> Die Gedichte Gustav Pfizers
> Lesen — ohne einzuschlafen!
>
> Blieb sie wach bei der Lektüre,
> Schloß sie nicht die keuschen Augen —
> Dann bin ich entzaubert, menschlich
> Atm' ich auf, ich bin entmopst!'

,Ach, in diesem Falle' — sprach ich —
,Kann ich selbst nicht unternehmen
Das Erlösungswerk; denn erstens
Bin ich keine reine Jungfrau,

Und imstande wär ich zweitens
Noch viel wen'ger, die Gedichte
Gustav Pfizers je zu lesen,
Ohne dabei einzuschlafen.'[19]

Heine, dem scharfsinnigsten Autor Europas, gelang es, nicht nur den Haß seiner konservativen Kritiker auf sich zu ziehen. Er hatte eine besondere Begabung, Freunde zu Feinden zu machen. Der berühmteste Fall war Börne, der als sein literarischer Zwilling und Waffenbruder bekannt war. Heine verspottete seinen Wortreichtum, seine Selbstgerechtheit und vor allem seinen politischen Fanatismus. Im Gegenzug bezweifelte Börne Heines Wahrhaftigkeit als Revolutionär.

Er beschrieb ihn als jungen Geck, als Schmetterlingsjäger, als einen, der mit seinen Tränen nur seine Nelkenbeete begießt.[20] Gutzkow, einer der vier prominenten Schriftsteller des „Jungen Deutschland", folgte Börne darin, indem er behauptete, dass Heines Gedichte künstliche Blumen seien, die er mit Parfüm besprühte. Gutzkow arbeitete im Verlag Hoffmann und Campe und beschwerte sich eines Tages bei Julius Campe über den erbärmlichen Zustand der deutschen Dichtung. Sie entschieden, einen Dichter-Wettbewerb zu veranstalten, wobei dem Sieger eine goldene Feder verliehen werden sollte. Am 30. November 1837 veröffentlichte der „Telegraf" die Nachricht über den Wettbewerb der „Goldenen Feder", und als Heine davon hörte, beschloss er, daran teilzunehmen. Er sandte Campe ein vierzeiliges Gedicht:

Der Sangesvogel, der ist tot
Du wirst ihn nicht erwecken!
Du kannst Dir ruhig in den Steiß
Die goldne Feder stecken.[21]

Im Vergleich zu allen anderen Gedichten, die die Redaktion erhielt, war es ein Meisterwerk und Campe erklärte Heine zum Sieger.

Bei einem derart respektlosen Verhalten ist es kein Wunder, dass Heine einen Freund nach dem anderen verlor. Als Franz Liszt gefragt wurde, ob Heine seinen rechtmäßigen Platz im Pantheon der Unsterblichen einnehmen sollte, antwortete er: „Absolut, neben den Fäkalien und dem Mist." Marie d'Agoult, Liszts Geliebte (die Mutter seiner Tochter Cosima Wagner), schrieb: „Was für eine Schande! Wenn er ernsthaft sein wollte, was für ein großer Dichter hätte er sein können!"

Franz Liszt und die Gräfin d'Agoult waren nicht die einzigen, die bei der Einschätzung von Heines Genius versagten. Es bedurfte eines Giganten wie Nietzsche, um zu bemerken, dass sich hinter der Maske des Narren ein äußerst ernsthafter Autor versteckte. „Ich schätze den Wert von Menschen, von Rassen danach ab, wie notwendig sie den Gott nicht abgetrennt vom Satyr zu verstehen wissen."[22] In „Vom Willen zur Macht" schrieb er: „Im Bereich der Kunst berührte die Hand der Juden das Geniale mit Heinrich Heine und Offenbach …"

Heine war aber nicht nur ein Spötter und Satiriker. Er war ein lyrischer Dichter, der, wie er selbst schrieb, *„die schönsten deutschen Lieder gedichtet hat"*. Er war ein wortgewaltiger Prosaschreiber, der die deutsche Sprache von ihrer Beschwerlichkeit befreite. In Nietzsches Worten: „Er besaß jene göttliche Bosheit, ohne die ich mir das Vollkommne nicht zu denken vermag. (…) Und wie er das Deutsche handhabt! Man wird einmal sagen, dass Heine und ich bei weitem die ersten Artisten der deutschen Sprache gewesen sind."

Heine war sehr stolz auf seine sprachlichen Erfolge, und einmal beschrieb er, wie er *„aus solchen Grüften und Beinhäusern habe ich den Gedanken wieder zum wirklichen Leben heraufbeschworen, durch die Zaubermacht des allgemein verständlichen Wortes, durch die Schwarzkunst eines gesunden, klaren, volkstümlichen Stiles!"*[23]

Heines Ruhm als lyrischer Dichter und Satiriker verdunkelt zuweilen die Tatsache, dass er auch ein Philosoph und Denker war, der mit seinen Gedanken verschiedene, auch gegensätzliche Bereiche im

Denken des 19. Jahrhunderts befruchtete. „Während der letzten zwei-hundert Jahre gab es keinen deutschen Schriftsteller, dessen Einfluss auf die kommenden Generationen so umfassend war, wie Heine", schreibt Professor Robert C. Holub von der Berkeley-Universität in Kalifornien. „Viele deutsche Schriftsteller erreichten natürlich Ruhm wegen künstlerischer und literarischer Erfolge; doch Heine hat, abge-sehen davon, dass er in der Welt als einer der besten Dichter Deutsch-lands bekannt wurde, auch andere Bereiche beeinflusst. Spuren seiner Gedanken kann man bei fast allen erstklassigen Persönlichkeiten der deutschen Kultur in der zweiten Hälfte des 19. Jahrhunderts feststel-len. Karl Marx lehnte sich oft an seine Ansichten zur Philosophie und Religion an. Friedrich Engels bemerkte sogar, dass Heine der erste Deutsche war, der die Bedeutung der Hegelschen Philosophie für die revolutionäre Linke verstanden hatte. So ist es nicht erstaunlich, dass Heine der meist-zitierte Dichter in Marx' und Engels' „Neuer Rhei-nischer Zeitung" war. Richard Wagner entlieh Motive aus Heines Werken für zwei seiner Opern, „Der fliegende Holländer" und „Tannhäuser"; Friedrich Nietzsche nannte Heine „ein europäisches Ereignis" und sah in ihm einen der besten deutschen Stilisten aller Zeiten; Sigmund Freud würdigt Heine in seinem Aufsatz „Der Witz und seine Beziehung zum Unbewussten" sowohl wegen seiner glän-zenden Scharfsinnigkeit wie auch des psychologischen Verständnisses. Heine hinterließ seinen Stempel auf Systemen und Werken von der Politik bis zur Psychologie, von der Musik zur Philosophie, was bis heute spürbar ist."[24]

Was die deutschen Geistesgrößen dazu brachte, sich von Heine zu distanzieren, war unter anderem seine phänomenale Begabung, die ernsthaftesten und tiefsten Dinge in einer klaren und humorvollen Sprache zu beschreiben. Jeder der vier Bände des *Salon*, in dem er seine Dichtung und Prosa aus den Jahren 1833-1840 veröffentlichte, war ein literarisches Fest. Heine berichtete hier vom Salon, der jähr-lichen Ausstellung der französischen Kunst (daher auch der Name seiner Sammlung), interpretierte Spinoza und Kant, lieferte eine neue Version des Märchens vom fliegenden Holländer, warb für die Sache des Sozialismus, parodierte die Ballade von Venus und Tannhäuser, bekämpfte die Zensur, beschäftigte sich mit der Frage des Ursprungs von Vampiren und Salamandern, verkündete den Tod Gottes, beschrieb ein Konzert Paganinis, erzählte die Geschichte vom Rabbi von Bacherach und schilderte seine Erlebnisse in den Armen Angéliques.

In *Shakespeares Mädchen und Frauen* schrieb Heine, dass der Held der Dramen Shakespeares die Menschheit sei, *„jener Held, welcher beständig stirbt und beständig aufersteht — beständig liebt, beständig haßt, doch noch mehr liebt als haßt — sich heute wie ein Wurm krümmt, morgen als ein Adler zur Sonne fliegt — heute eine Narrenkappe, morgen einen Lorbeer verdient, noch öfter beides zu gleicher Zeit."*[25] Er hätte hier von sich selbst sprechen können.

Siebzehn Jahre waren seit der Veröffentlichung seines ersten Gedichtbands, dem *Buch der Lieder*, vergangen. Nun, im September 1844, erschien sein zweiter, von Campe *Neue Gedichte* genannt. Im Gegensatz zum ersten Werk, über welches man sagte, dass die meisten Gedichte nichts anderes seien, als Variationen über ein einziges Thema, die unerwiderte Liebe, gab Heine im neuen Buch einer ganzen Skala von Gemütsregungen Ausdruck. Der Band enthält Frühlingsgedichte, Liebesverse, politische Proteste und sogar Geschichten über die Sehnsucht zur Heimat. Die Gedichte waren trotz des Titels nicht neu. Das erste Kapitel *Neuer Frühling* umfasst 44 Gedichte, von denen die meisten schon vor seiner Flucht aus Deutschland geschrieben worden waren. Das früheste stammt aus dem Jahr 1824:

Gekommen ist der Maie,
Die Blumen und Bäume blühn,
Und durch die Himmelsbläue
Die rosigen Wolken ziehn.

Die Nachtigallen singen
Herab aus der laubigen Höh',
Die weißen Lämmer springen
Im weichen grünen Klee.

Ich kann nicht singen und springen,
Ich liege krank im Gras
Ich höre fernes Klingen,
Mir träumt, ich weiß nicht was.[26]

Einige der Frühlingsgedichte wurden von Felix Mendelssohn vertont,
eines von ihnen, das Gedicht über die Feenkönigin, das zuerst im
Essay *Elementargeister* erschienen war, beschreibt Heines Kampf mit
der romantischen Tradition:

Durch den Wald, im Mondenscheine,
Sah ich jüngst die Elfen reuten;
Ihre Hörner hört ich klingen,
Ihre Glöckchen hört ich läuten.

Ihre weißen Rößlein trugen
Güldnes Hirschgeweih und flogen
Rasch dahin, wie wilde Schwäne
Kam es durch die Luft gezogen.

Lächelnd nickte mir die Kön'gin,
Lächelnd, im Vorüberreuten.
Galt das meiner neuen Liebe,
Oder soll es Tod bedeuten?

Hier scheinen alle typischen romantischen Motive aufzutauchen:
Elfen, böse Geister, wilde Schwäne, Mondschein, Glöckchengeklingel.
Die Elfen spazieren in einer Sommernachtstraum-Landschaft, vergnügt und geheimnisvoll. Doch die letzte Zeile zerstört die Illusion
und weckt uns jäh aus dem Traum. Die Königin der Elfen ist die archetypische Loreley, jene „femme fatale", die die tragische Verbindung
zwischen Eros und Thanatos symbolisiert. Das schreibt er im Vorwort
zum Gedicht: *„Das Äußere der Elfen und ihr Weben und Treiben ist euch*
ebenfalls ziemlich bekannt. Spensers ‚Elfenkönigin' ist längst zu euch her-
übergeflogen aus England. Wer kennt nicht Titania? Wessen Hirn ist so dick,

daß es nicht manchmal das heitre Geklinge ihres Luftzugs vernimmt? Ist es aber wahr, daß es ein Vorzeichen des Todes, wenn man diese Elfenkönigin mit leiblichen Augen erblickt und gar einen freundlichen Gruß von ihr empfängt? Ich möchte dieses gern genau wissen."[27]

Der Liederzyklus, der auf den *Neuen Frühling* folgte, hieß *Verschiedene*. Diese Werke meinte der Literaturhistoriker George Brandes, als er notierte: „Es besteht kein Zweifel, dass nichts dem guten Ruf Heines mehr geschadet hat als die indiskrete Beschreibung sexueller Themen." Im Vergleich zu den Liebesklagen im *Buch der Lieder*, beschreibt Heine hier seine gelegentlichen Beziehungen mit Seraphine, Angélique, Diana, Hortense, Clarisse, Yolante, Marie, Emma und Kitty. Wahrscheinlich sollten sie seine Auffassung ausdrücken, dass die Befreiung des Menschen auch das Recht einschließt, nach seinen Bedürfnissen sexuelle Beziehungen zu genießen, ohne Gewissensbisse zu haben. Trotz aller Pariser Fröhlichkeit hinterlassen diese Gedichte einen bitteren Nachgeschmack, da sie auch die Leere solcher Beziehungen offenbaren. Einige von ihnen sind ausgesprochene Anti-Liebeslieder. In einem von ihnen, (das in der ersten Auflage fehlt), erzählt er von einer gewissen „Kitty", die sich wohl von ihm erhoffte, zu einer ehrbaren Frau gemacht zu werden.

Das Glück, das gestern mich geküßt,
Ist heute schon zerronnen,
Und treue Liebe hab ich nie
Auf lange Zeit gewonnen.

Die Neugier hat wohl manches Weib
In meinen Arm gezogen;
Hat sie mir mal ins Herz geschaut,
Ist sie davongeflogen.

Die eine lachte, eh sie ging,
Die andre tät erblassen;
Nur Kitty weinte bitterlich,
Bevor sie mich verlassen.

Diese Gedichte, die heutzutage einen recht unschuldigen Eindruck machen, schockierten damals die bürgerliche Gesellschaft. Auch ein Mann mit starkem Magen wie Julius Campe fand sie schwer verdaulich. „Wie ich Ihnen gleich sagte", behauptete der Verleger, „der Deutsche verträgt dergleichen Huren- und Nachtstuhl-Geschichten nicht."[28]

Heute sieht die Literaturkritik den Zyklus *Verschiedene* gemäßigter. Im besten Falle sagt man, dass es keine Liebesgedichte sind, sondern Gedichte über die Liebe. Wenn man sie aber in ihrem historischen Kontext versteht, wird man unweigerlich ihrer revolutionären Funktion gewahr. „Es ist", schreibt S.S. Prawer, „ein Versuch, sich ehrlich mit der Art von Liebe auseinander zusetzen, mit der sich deutsche Dichter bisher nicht beschäftigt haben; die Art der gelegentlichen Liebe, mit der die Menschen in den Großstädten Erfahrung machen, und die in den Augen von Ausländern besonders für Paris so typisch ist."[29]

Heine nahm in diesen Zyklus auch seine Version der Tannhäuser-Legende auf. Hier sind wir Zeugen seiner virtuosen Fähigkeit der Verbindung des Erhabenen mit dem Lächerlichen. Von den Höhen lyrisch-romantischer Beschreibungen der atemberaubend schönen Venus („*Schaun dich die großen Augen an, / wird dir der Atem stocken*") stellt er das Paar auf den Boden der Wirklichkeit (*Frau Venus in die Küche ging, / um ihm eine Suppe zu kochen.*) und endet mit politisch-satirischen Sticheleien über den gegenwärtigen Zustand Deutschlands, wobei er auch vergiftete Pfeile gegen seine literarischen Gegner schoss: „*In Dresden sah ich einen Hund, / der einst gehört zu den Bessern, / doch fallen ihm jetzt die Zähne aus, / er kann nur bellen und wässern.*"*

Heine liebte das Leben im Pariser Venusberg, aber fühlte sich dort niemals wirklich zu Hause. In einigen Gedichten kam seine Sehnsucht

---

* Gemeint ist Ludwig Tieck, Autor, Übersetzer und Kritiker, der zu den Führern der Romantischen Schule gehörte und der 1835 verkündete, dass die Juden „ein Fremdkörper im Staat sind; und ihr Einfluss auf die deutsche Literatur ist seit Rahel (Varnhagen), Heine und Börne, eher schädlich als nützlich".

nach der Heimat zum Ausdruck. Als er in den Armen Katharinas lag, hörte er das „*singen der alten, deutschen Nachtigallen;* " dagegen verbot er auf dem Lager Angéliques, sein Heimatland zu erwähnen. „*Es hat seine Gründ*", sagte er und erklärte es nicht. Alexandre Dumas der Ältere bemerkte: „Heine liebt Deutschland mit einer unglücklichen Liebe, viel mehr als es das wert ist."[30] Aber ein Perle der Dichtung erschien *In der Fremde*:

> *Ich hatte einst ein schönes Vaterland.*
> *Der Eichenbaum*
> *Wuchs dort so hoch, die Veilchen nickten sanft.*
> *Es war ein Traum.*
>
> *Das küßte mich auf deutsch, und sprach auf deutsch*
> *(Man glaubt es kaum,*
> *Wie gut es klang) das Wort: ,Ich liebe dich!'*
> *Es war ein Traum.*[31]

In der Regel kommen die Frauen in diesem Buch nicht gut weg. Sie sind lästig, leer und langweilig, und ihre Liebe ist „*ein Stern in einem Haufen Mist*". In dem Gedicht *Ein Weib* überträgt Heine die Loreley von den romantischen Ufern des Rheins in die Wirklichkeit des Verbrechens und der Prostitution der Großstadt:

> *Sie hatten sich beide so herzlich lieb,*
> *Spitzbübin war sie, er war ein Dieb.*
> *Wenn er Schelmenstreiche machte,*
> *Sie warf sich aufs Bette und lachte.*
>
> *Der Tag verging in Freud und Lust,*
> *Des Nachts lag sie an seiner Brust.*
> *Als man ins Gefängnis ihn brachte,*
> *Sie stand am Fenster und lachte.*

Er ließ ihr sagen: ‚O komm zu mir,
Ich sehne mich so sehr nach dir,
Ich rufe nach dir, ich schmachte' –
Sie schüttelt' das Haupt und lachte.

Um sechse des Morgens ward er gehenkt,
Um sieben ward er ins Grab gesenkt;
Sie aber schon um achte
Trank roten Wein und lachte.

Den *Romanzen* folgt der Zyklus *Zeitgedichte* mit sieben politischen Protestgedichten, die im selben Jahr in der Zeitung „Vorwärts" gedruckt wurden. Manche meinen, dass diese Gedichte Heines Antwort auf Marx' Drängen waren, der sagte: „Lassen sie doch die ewige Liebesnörgelei und zeigen sie den poetischen Lyrikern mal, wie man das richtig macht – mit der Peitsche."[32] Andere sehen in ihnen eine Antwort auf seine Kritiker aus den Reihen der deutschen Radikalen. Heine war tief getroffen von ihrer Kritik und ihrem Zweifel an seiner revolutionären Gesinnung, und mit Hilfe dieser Gedichte wollte er sein Image als *„mutiger Soldat in dem Befreiungskampf der Menschheit"* rehabilitieren.

Das erste Gedicht *Doktrin* erzählt von einem Trommler-Soldaten, der gekommen war, um das Volk aus seinem Schlaf zu wecken. Nach Heines Verständnis war das die Hegelsche Philosophie: das Denken geht dem Handeln voraus. Aber schon im Gedicht *Adam der Erste* kehrt die Furcht vor der revolutionären Linken zurück, die nach der Vernichtung des „ancien régime" eine neue Tyrannei errichten könnte, die das Volk im Namen der Freiheit versklaven würde. Adam der Erste erzählt, dass er zu Unrecht aus dem Paradies vertrieben wurde, das aber kein echtes Paradies, gewesen sei, da in ihm verbotene Bäume standen. *„Ich will mein volles Freiheitsrecht! / Find ich die g'ringste Beschränknis, / verwandelt sich mir das Paradies [das von den Revolutionären versprochen wird] in Hölle und Gefängnis."* Es gibt hier auch ein Gedicht *Der Kaiser von China*, der betrunken und impotent ist. Es bedarf keiner großen Mühe, um zu verstehen, dass von Friedrich Wilhelm IV. die Rede ist. In *Das*

Neue israelitische Hospital zu Hamburg behauptet der Dichter, dass die Krankheit der Juden das Judentum sei. Das berühmte Gedicht *Nachgedanken* beginnt mit den beiden viel zitierten Zeilen: „*Denk ich an Deutschland in der Nacht, / dann bin ich um den Schlaf gebracht.*"

In der ersten Auflage der *Neuen Gedichte* diente dieses Gedicht als Einleitung zu *Deutschland. Ein Wintermärchen*, nach *Atta Troll* Heines zweitlängstes Werk in Versen mit zweitausend Zeilen, außerdem das schärfste und umstrittenste. Heine verhöhnt und verspottet hier alle heiligen Symbole, Werte und Mythen des alten Deutschland.

> *Ade, Paris, du teure Stadt*
> *Wir müssen heute scheiden*
> *Ich lasse dich im Überfluß*
> *Von Wonne und von Freuden.*

> *Das deutsche Herz in meiner Brust*
> *Ist plötzlich krank geworden,*
> *Der einzige Arzt, der es heilen kann,*
> *Der wohnt daheim im Norden.*

> *Er wird es heilen in kurzer Frist,*
> *Man rühmt seine großen Kuren;*
> *Doch ich gestehe, mich schaudert schon*
> *Vor seinen derben Mixturen.*

> *Ade, du heitres Franzosenvolk,*
> *Ihr meine lustigen Brüder,*
> *Gar närrisch Sehnsucht treibt mich fort,*
> *Doch komm ich in Kurzem wieder.*

Hier wird die Ironie und Ambivalenz der Gefühle Heines gegenüber dem Vaterland deutlich: Er beschreibt sein dringendes Bedürfnis, deutsche Luft zu atmen, sonst würde er ersticken. Er sehnt sich nach dem Geruch von Sauerkraut, nach Tabakqualm, nach den blonden Pfarrerstöchtern — am meisten sehnt er sich nach seiner alten Mutter. Er

beschreibt das Herzklopfen, als er zur Grenze kam, und die Tränen, als
er den Klang der deutschen Sprache vernahm.[33]

> *Ein kleines Harfenmädchen sang.*
> *Sie sang mit wahrem Gefühle*
> *Und falscher Stimme, doch ward ich sehr*
> *Gerühret von ihrem Spiele.*
>
> *Sie sang von Liebe und Liebesgram,*
> *Aufopfrung und Wiederfinden*
> *Dort oben, in jener besseren Welt,*
> *Wo alle Leiden schwinden.*
>
> *Sie sang vom irdischen Jammertal,*
> *Von Freuden, die bald zerronnen,*
> *Vom Jenseits, wo die Seele schwelgt*
> *Verklärt in ew'gen Wonnen.*
>
> *Sie sang das alte Entsagungslied,*
> *Das Eiapopeia vom Himmel,*
> *Womit man einlullt, wenn es greint,*
> *Das Volk, den großen Lümmel.*

Er kennt die Heuchelei der Verfasser sehr gut:

> *Ich weiß, sie tranken heimlich Wein*
> *Und predigten öffentlich Wasser.*

Deshalb schlägt er ein neues Lied vor, ein besseres Lied, nämlich schon
hier auf Erden das Himmelreich zu errichten:

> *Wir wollen auf Erden glücklich sein,*
> *Und wollen nicht mehr darben;*
> *Verschlemmen soll nicht der faule Bauch,*
> *Was fleißige Hände erwarben.*

In seiner neuen Welt, der Welt des Saint-Simonismus, verteilt man den Hungrigen nicht nur Brot, sondern auch Zuckererbsen, Kuchen und Rosen,

> *Den Himmel überlassen wir*
> *Den Engeln und den Spatzen.*

An der Grenzstation durchsuchen die preußischen Zöllner seine Koffer, beschnüffeln seine Hemden und Hosen, auf der Suche nach verbotenen Büchern.

> *Ihr Toren, die ihr im Koffer sucht!*
> *Hier werdet ihr nichts entdecken!*
> *Die Konterbande, die mit mir reist,*
> *die hab ich im Kopfe stecken.*

> *(...) mein Kopf ist ein zwitscherndes Vogelnest*
> *von konfiszierlichen Büchern.*

Die Freude über die Rückkehr in die Heimat wird sehr bald getrübt. Der Dichter aus Paris, der lebendigen Hauptstadt der Welt, ist betroffen über die Langweiligkeit der deutschen Städte. In Aachen, der ersten Stadt in die er einkehrt, bitten ihn die Hunde: „*Gib uns einen Fußtritt, o Fremdling, das wird / Vielleicht uns zerstreuen ein wenig.*" Die preußischen Soldaten marschieren in den Straßen, großspurig und steif, „*Als hätten sie verschluckt den Stock, / womit man sie einst geprügelt.*" Und als er auf dem Posthausschild den Adler sah, das Symbol des verhassten Preußen, sagt er:

> *Du häßlicher Vogel, wirst du einst*
> *Mir in die Hände fallen,*
> *So rupfe ich dir die Federn aus*
> *Und hacke dir ab die Krallen.*

Daraufhin ruft er die „*rheinischen Vogelschützen*" und lädt sie ein, bei der Revolution mitzumachen: „*Wer mir den Vogel herunterschießt, / Mit*

Zepter und Krone belehn ich / Den wackern Mann! Wir blasen Tusch / Und rufen: ,Es lebe der König!'.

In Köln besucht er den großen Dom, der „*verteufelt schwarz empor-ragt*" und wird an die Verbrechen der Priesterschaft im Mittelalter er-innert, als man Bücher und Menschen in die Scheiterhaufen warf und zum Glockengeläute „*Kyrie eleison*" gesungen wurde. „*Dummheit und Bosheit buhlten hier / Gleich Hunden auf freier Gasse; / Die Enkelbrut er-kennt man noch heut / An ihrem Glaubenshasse.*"★

Vom Dom, dieser Festung der Religion, geht er an den Rhein, der klagt, dass er des patriotischen frankophoben Rheinlieds von Nikolaus Becker müde ist:

Wenn ich es höre, das dumme Lied,
Dann möcht ich mir zerraufen
Den weißen Bart, ich möchte fürwahr
Mich in mir selbst ersaufen!

Daß ich keine reine Jungfer bin,
Die Franzosen wissen es besser,
Sie haben mit meinem Wasser so oft
Vermischt ihr Siegergewässer.

Kapitel sechs und sieben sind geheimnisvoll und voller Furcht. Der Dichter beschreibt, wie er in seinem Traum durch die nächtlichen Straßen Kölns wandelt und zuweilen von einer dunklen, unheim-

---

★ Im Original schrieb Heine nicht „Glaubenshasse", sondern „Judenhasse"; sein Freund François Wille, der die Handschrift las, riet ihm, einen anderen Aus-druck zu gebrauchen. „Was hast Du noch mit den Juden gemein?" fragte er, „Du magst sie doch nicht, nicht als Volk und nicht als Religion. Und warum musst Du in einem Werk, in dem Du eine einzige Art von Nationalität ver-spottest, eine Schwäche für eine andere Art zeigen?" Offensichtlich haben die Worte den Dichter beeindruckt, und er änderte den Text. S. S. Prawer be-merkt: „Aber mit Willes Frage, was er mit den Juden gemeint habe, sollte er sich eines Tages auseinandersetzen müssen. Er musste erklären, warum er noch eine Beziehung zu einer Nation fühlte, deren Religion er ablehnte."

lichen Schattengestalt verfolgt wird. Wenn er still steht, bleibt auch der Schatten stehen. *„Jetzt steh mir Rede, / Was folgst du mir auf Weg und Steg / Hier in der nächtlichen Ode? // Ich treffe dich immer in der Stund', / Wo Weltgefühle sprießen / In meiner Brust (…) Wer bist du und was willst du?"* Doch jener erwidert trockenen Tons: *„(…) was du ersonnen im Geist, / Das führ ich aus, das tu ich. / (…) Du denkst, und ich, ich handle. // Du bist der Richter, der Büttel bin ich."*

Das meinte Heine durchaus ernst. Er versuchte, der Hegelschen Idee der sich selbst verwirklichenden Idee eine konkrete Form zu geben. Diese Idee erscheint auf unterschiedliche Weise in seinen Werken. In *Zur Geschichte der Religion und Philosophie in Deutschland* schrieb er, dass der Gedanke vor der Tat komme, wie der Blitz vor dem Donner, und dass jeder Revolution philosophische Ideen vorausgingen. *„Voltaire mußte sein scharfes Gelächter erheben, ehe Sanson [der Henker der Französischen Revolution] sein Beil fallen lassen konnte."*[34] An einer anderen Stelle heißt es: *„Dieses merkt euch, ihr stolzen Männer der Tat. Ihr seid nichts als unbewußte Handlanger der Gedankenmänner. (…) Maximilian Robespierre war nichts als die Hand von Jean-Jacques Rousseau, die blutige Hand, die aus dem Schoße der Zeit den Leib hervorzog, dessen Seele Rousseau geschaffen."*

Nun, in seinem Traum in *Deutschland. Ein Wintermärchen* wandert er in Gedanken versunken durch die Straßen des schlafenden Köln, hinter ihm sein schwarzer, schweigender Doppelgänger, im Mantel ein Beil versteckt. Als sie den Dom erreichen, betreten sie die Kappelle der „Heiligen Drei Könige".★

Zu seiner großen Überraschung trifft er die Könige, das heißt ihre Gerippe, auf ihren Sarkophagen aufrecht sitzend an. *„Die haben nach Moder und zugleich / Nach Weihrauchduft gerochen."* Der eine bewegt sogar den Mund und hält eine sehr lange Rede, in der er um Respekt bittet, da er ein Toter sei, ein König und ein Heiliger. Der Dichter jagt

---

★ Es war Friedrich Barbarossa, der in Köln die Reste der drei Magier, der Könige des Ostens, zurückgelassen hatte, die nach der Erzählung des Neuen Testamentes einem Stern nach Bethlehem folgten, um vor dem neugeborenen Jesus niederzuknien.

ihn aber fort, da jetzt die Stunde des Lebens sei, und dieses Leben bald käme, um die Geister der Vergangenheit zu vertreiben. Noch während er spricht, zerschmettert sein Doppelgänger mit dem Beil „*die armen Skelette des Aberglaubens, / Er schlug sie nieder ohn' Erbarmen.*"

In *Deutschland. Ein Wintermärchen* schlägt Heine nach links und nach rechts. Einerseits verspottet er die nationalen Mythen:

> *Das ist der Teutoburger Wald,*
> *Den Tacitus beschrieben,*
> *Das ist der klassische Morast,*
> *Wo Varus steckengeblieben.*
>
> *Hier schlug ihn der Cheruskerfürst,*
> *Der Hermann, der edle Recke;*
> *Die deutsche Nationalität,*
> *Die siegte in diesem Drecke.*

Andererseits wird der Dichter unaufhörlich von der Frage gequält, welche Stellung im linken Lager er innehat. Seine Kutsche bleibt im Wald stecken, wo er von einer Meute heulender Wölfe eingeschlossen wird, offensichtlich die deutschen Radikalen, die Misstrauischen, die Heine der Wankelmütigkeit und der Untreue beschuldigten. Er hält ihnen einen Vortrag, eine Parodie auf den revolutionären Jargon und die abgedroschenen Slogans auf Parteiversammlungen:

> *Mitwölfe! Ihr zweifeltet nie an mir,*
> *Ihr ließet euch nicht fangen*
> *Von Schelmen, die euch gesagt, ich sei*
> *Zu den Hunden übergegangen,*
>
> *Ich sei abtrünnig und werde bald*
> *Hofrat in der Lämmerhürde —*
> *Dergleichen zu widersprechen war*
> *Ganz unter meiner Würde.*

Der Schafpelz, den ich umgehängt
Zuweilen, um mich zu wärmen,
Glaubt mir's, er brachte mich nie dahin,
Für das Glück der Schafe zu schwärmen.

Ich bin kein Schaf, ich bin kein Hund,
Kein Hofrat und kein Schellfisch –
Ich bin ein Wolf geblieben, mein Herz
Und meine Zähne sind wölfisch.

Ich bin ein Wolf und werde stets
Auch heulen mit den Wölfen –
Ja, zählt auf mich und helft euch selbst,
Dann wird auch Gott euch helfen!

Friedrich Barbarossa, das Symbol der Größe Deutschlands im Mittelalter, war im 19. Jahrhundert ein Symbol für alle messianischen Hoffnungen der Deutschen. Der rotbärtige Kaiser ertrank zwar während des Dritten Kreuzzuges (1190), aber seine Erben verbreiteten das Märchen, dass er nicht gestorben, sondern dass er in einer Höhle im Kyffhäuser in Thüringen nur schlafe, und dass er bald erwachen würde, um Deutschland zu retten und ein mächtiges Deutsches Reich zu errichten. Heine verspottete all diejenigen, die von der Rückkehr Barbarossas träumen, auch, weil dieser Tyrannei und Absolutismus symbolisierte und weil die Vision von der Einigung Deutschlands seiner Meinung nach eine Katastrophe wäre. In seinem eigenen Traum im Gedicht besucht er den schläfrigen Messias-König, der ihn nach der Lage draußen in der Welt fragt. Unter anderem erzählt ihm der Dichter von der französischen Revolution und der Enthauptung des Königs und der Königin. Als er ausführlich mit dem Eifer eines Verkäufers erklärt, wie die Guillotine funktioniert, verärgert er den König: *„Dein Odem schon"*, sagt dieser aufbrausend, *„ist Hochverrat und Majestätsverbrechen."* Aber der Dichter ist ungerührt: *„Herr Rotbart, du bist ein altes Fabelwesen, / Geh, leg dich schlafen, / Wir werden uns auch ohne dich erlösen."*

So wandert der Dichter durch Deutschland, beobachtend, tagträu-
mend, amüsiert und voller Tränen. In Hamburg trifft er seine alte
Mutter (eines der schönsten und rührendsten Kapitel), seinen Onkel,
den Millionär Salomon Heine, und andere Familienmitglieder. Der
Verleger Julius Campe lädt ihn zu einer Mahlzeit im Bierkeller Lorenz
ein, sie essen Muscheln und trinken dazu einen ausgezeichneten
Rhein-Wein. Auf dem Gänsemarkt trifft er den alten Zensor Hoffmann. Sie schütteln sich die Hände wie alte Freunde und „*es
schwamm im Auge des Manns eine Träne.*" Hoffmann erscheint auch wieder in seinem Traum, mit der Schere der Zensur in der Hand.

> *Die Schere klirrt in seiner Hand,*
> *Es rückt der wilde Geselle*
> *Dir auf den Leib – er schneidet ins Fleisch –*
> *Es war die beste Stelle.*

In der „berüchtigten Straße" trifft er „*Hammonia*", die Schutzpatronin
von Hamburg. Sie lädt ihn in ihre Wohnung ein, bewirtet ihn mit
einer Tasse Tee mit Rum, während sie selbst „*Rum ganz ohne Tee genoss*". Nach einigen schönen gemeinsamen Stunden verrät sie, dass sie
die Geheimnisse der Zukunft verraten könne, dass sie es aber nicht
tun werde, da er dafür bekannt sei, kein Geheimnis bewahren zu können. Er fleht sie an, ihm ein solches Vergnügen nicht vorzuenthalten
und ist bereit, ihr jeden Eid zu schwören, um sein Schweigen zu verbürgen.

> *Doch jene erwiderte: ‚Schwöre mir*
> *In Vater Abrahams Weise,*
> *Wie er Eliesern schwören ließ,*
> *Als dieser sich gab auf die Reise.*

> *Heb auf das Gewand und lege die Hand*
> *Hier unten an meine Hüften,*
> *Und schwöre mir Verschwiegenheit*
> *In Reden und in Schriften!‘*

Er freut sich über dieses Angebot, und als er ihr nach der Weise der Vorväter geschworen hat, fühlt er den Geist vergangener Zeiten: *„Ich hob das Gewand der Göttin auf, / Und legte an ihre Hüften / Die Hand, gelobend Verschwiegenheit / In Reden und in Schriften."* Da zeigt sie ihm einer Ecke den Nachtstuhl von Karl dem Großen. *„Und steckst du in die Ründung den Kopf, so wirst du die Zukunft schauen."* Er erzählt weiter: *„Was ich gesehn, verrate ich nicht, / Ich habe zu schweigen versprochen, / Erlaubt ist mir zu sagen kaum, / O Gott! was ich gerochen!"* Die Zukunft, faßt er zusammen, ist ein Gemisch aus altem Kohl und Jauche. *„Es war, als fegte man den Mist aus sechsunddreißig Gruben."* Doch diesen „deutschen Zukunftsduft" kann er nicht länger ertragen und wird ohnmächtig.

Der pessimistische Schluß steht im vollen Widerspruch zum Geist jener Zeit. Das 19. Jahrhundert was das Jahrhundert des Optimismus, des Glaubens an den Fortschritt, an das Voranschreiten Richtung Freiheit, Gleichheit und Brüderlichkeit. Am Anfang des Gedichts hat er dafür auch einen Ausdruck *(„auf Erden glücklich sein")*, aber je weiter er durch Deutschland reist, desto mehr sagt ihm sein Gefühl, dass das eine leere Hoffnung ist.

Sein Leben lang hatte Heine den Konflikt zwischen Glauben und Skepsis. Er schloss sich mit Begeisterung jeder neuen Idee an, die eine Verbesserung der Welt versprach, aber sein dialektischer Verstand und seine ethische Gesinnung bewirkten sehr schnell, dass er gegen den Strom schwamm. In *Deutschland. Ein Wintermärchen* rief er zwar zum Aufstand auf, der das alte Regime vernichten und die Geister der Vergangenheit vertreiben sollte, aber gleichzeitig konnte er sich nicht auf die Zusagen der Aufständischen verlassen, dass sie eine bessere Welt schaffen würden. Professor Eliza Marian Butler von der Cambridge Universität stellt fest, dass sogar seine treuesten Verehrer meinten, dass er in diesem Abschnitt zu weit gegangen war. Dennoch bemerkt sie, dass der Gestank, den er in seinem Gedicht erwähnt, nicht mit dem schrecklichen Gestank aus dem Jahr 1945 vergleichbar ist, der die Befreier von Belsen und Buchenwald empfangen hat.[35]

Die *Neuen Gedichte* erschienen am 25. September 1844 und wurden schneller konfisziert als alle seiner anderen Bücher. Doch das hinderte den listenreichen Campe nicht daran, innerhalb weniger Monate eine neue Auflage zu drucken. Das Buch verursachte eine Welle von Protesten, und gleichzeitig eine noch größere Welle von Beifallskundgebungen. Campe veröffentlichte auch eine Sonderausgabe von *Deutschland. Ein Wintermärchen*. Heine musste sich mit einigen Auslassungen abfinden und sich für das Übrige entschuldigen. Im Vorwort, das er extra für die Sonderausgabe verfasst hatte, klagte er, dass sein Gedicht wegen der Beschränkungen der Zensur nicht schärfer sei. Was ihn viel stärker getroffen hatte, war der Zweifel an seinem Patriotismus und seiner Loyalität zum Vaterland. *„Ich höre schon ihre Bierstimmen: ‚Du lästerst sogar unsere Farben, Verächter des Vaterlands, Freund der Franzosen, denen du den freien Rhein abtreten willst!‘ Beruhigt euch. Ich werde eure Farben achten und ehren, wenn sie es verdienen, wenn sie nicht mehr eine müßige oder knechtische Spielerei sind. Pflanzt die schwarzrotgoldne Fahne auf die Höhe des deutschen Gedankens, macht sie zur Standarte des freien Menschtums, und ich will mein bestes Herzblut für sie hingeben. Beruhigt euch, ich liebe das Vaterland ebensosehr wie ihr. Wegen dieser Liebe habe ich dreizehn Lebensjahre im Exile verlebt, und wegen ebendieser Liebe kehre ich wieder zurück ins Exil, vielleicht für immer, jedenfalls ohne zu flennen oder eine schiefmäulige Duldergrimasse zuschneiden. Ich bin der Freund der Franzosen, wie ich der Freund aller Menschen bin, wenn sie vernünftig und gut sind ... wenn wir das vollenden, was die Franzosen begonnen haben ... wenn wir den Gott, der auf Erden im Menschen wohnt, aus seiner Erniedrigung retten, wenn wir die Erlöser Gottes werden, wenn wir das arme, glückenterbte Volk und den verhöhnten Genius und die geschändete Schönheit wieder in ihre Würde einsetzen, wie unsere großen Meister gesagt und gesungen und wie wir es wollen, wir, die Jünger − ja, nicht bloß Elsaß und Lothringen, sondern ganz Frankreich wird uns alsdann zufallen, ganz Europa, die ganze Welt − die ganze Welt wird deutsch werden! Von dieser Sendung und Universalherrschaft Deutschlands träume ich oft, wenn ich unter Eichen wandle. Das ist mein Patriotismus ... "*

KAPITEL 21

Der Kampf um die Erbschaft

Wenn ich sterbe, wird die Zunge
Ausgeschnitten meiner Leiche;
Denn sie fürchten, redend käm ich
Wieder aus dem Schattenreiche.

(Aus dem Nachlass Heines)

Heines Schriften dienen bis heute als reiche Quelle für die Redner und Journalisten, die ihre Vorträge oder Artikel gern mit seinen Worten würzen. Selbst in normalen Unterhaltungen bedient man sich seiner Gedanken. Eines der häufigsten Zitate stammt aus dem Gedicht *Nachgedanken* (1843): „*Denk ich an Deutschland in der Nacht, / Dann bin ich um den Schlaf gebracht.* "[1]

Dieses Zitat wird im politischen Zusammenhang oft ironisch verwendet, dagegen gibt es im Original keine Ironie oder Zweideutigkeit. Es sind die ersten Zeilen des Gedichtes, das die Sehnsucht nach seiner alten Mutter ausdrückt, die er schon seit zwölf Jahren nicht mehr gesehen hatte, sowie einer Klage über seine Lieben, die gestorben sind, seitdem er die Heimat verlassen hat.

Heine schrieb oft an seine Mutter. Diese Briefe (mehr als hundert von ihnen sind erhalten geblieben) sind voller Wärme, Liebe und Humor. Es ist schwer in ihrem Verfasser jenen Satiriker zu erkennen, der die größten Männer seiner Generation aufs schärfste kritisierte und Angst und Schrecken unter den mächtigsten Herrschern verbreitete.

Eines jedoch verheimlichte er vor ihr: seine schreckliche Krankheit. Die Lähmung, die zuerst seine linke Hand befallen hatte, war längst auf sein linkes Bein übergegangen, das er nun beim Gehen hinter sich herzog. Kinder liefen auf der Straße hinter ihm her, um seinen hinkenden Gang nachzuahmen. Seine Nerven lagen blank, Lärm machte ihn wahnsinnig, nur sein Sinn für Humor hatte nicht gelitten. Einmal wandte er sich in einem Lesesaal an zwei sich unterhaltende Damen: *„Wenn mein Lesen sie stört, kann ich aufhören …"*[2]

Mehr als alles andere machte ihm ein Augenleiden zu schaffen, das mit kurzen Anfällen von Blindheit einherging. Im April 1843 berichtete er seinem Bruder Max, der in St. Petersburg als Arzt praktizierte, über die Verschlechterung seines Zustands. *„Fast die ganze linke Seite ist paralisiert (…) ueber der linken Augenbraue, wo die Nase anfängt, liegt ein Druck wie Bley, der nie aufhört […] welch ein Unglück! Damit ist auch das linke Auge sehr schwach und leidend, stimmt oft nicht zusammen mit dem rechten, und zu Zeiten entsteht dadurch eine Verwirrung des Gesichtes, die weit unleidlicher als das Dunkel der vollen Blindheit. […] Ich habe wenig Hoffnung des Besserwerdens und sehe einer trüben Zukunft entgegen…"*[3]

Der Gedanke an seinen herannahenden Tod zermürbte Heine. Seine größte Sorge galt jedoch Mathilde, wegen der *„Hülflosigkeit und Rathlosigkeit meiner Frau im Fall ich stürbe"*, wie er seiner Mutter schrieb, *„denn sie ist unerfahren und rathlos wie ein dreyjähriges Kind!"*[4]

Es beunruhigte ihn zutiefst, was mit ihr geschehen sollte, wenn er sie im Falle seines plötzlichen Todes völlig mittellos zurückließ. In dieser bedrückten Stimmung beschloss er nach Hamburg zu fahren. In allererster Linie um bei seiner Mutter und seiner Schwester zu sein. Außerdem wollte er seinen Onkel Salomon Heine besuchen, der ebenfalls bei schlechter Gesundheit war. Er beabsichtigte auch, mit seinem Verleger Julius Campe eine neue Vereinbarung über seine Tantieme auszuhandeln, die nach seinem Tod Mathildes Rechte absichern sollte. Heine hatte aber noch einen Grund für diese Reise, und diesen nannte er: *„die närrische Sehnsucht"* die man auch „Vaterlandsliebe" nennt.

Am 18. Oktober 1843 schrieb er seiner Mutter, um sie darüber zu informieren, dass er sie besuchen wollte. Nach drei Tagen verspürte er ein Bedürfnis ihr einen weiteren Brief zu schicken. *„Und so sehe ich Dich bald wieder, theure Mutter! Erschrick nicht über mein verändertes Aussehen! ..."*[5]

Er bat sie außerdem seinen Besuch geheim zu halten, weil er befürchtete, eine Vorwarnung würde seine Feinde in Alarmbereitschaft versetzen. Zusätzliche Vorsichtsmaßnahmen traf er, indem er es vermied, durch preußisches Territorium zu reisen, wo ihm die Gefahr der Verhaftung drohte. Heine nahm deshalb die Route über Brüssel, Amsterdam und Bremen, da diese, wie Hamburg, freie Stadtstaaten waren. In Hamburg selbst hatte er viele einflussreiche Freunde und Verwandte, so dass er damit rechnen konnte, dort einigermaßen sicher zu sein. Und so stahl sich Deutschlands größter lebender Dichter (Goethe war bereits gestorben) am 29. Oktober heimlich in das Haus seiner Mutter.

> *„Und als ich zu meiner Frau Mutter kam,*
> *Erschrak sie fast vor Freude;*
> *Sie rief: „Mein liebes Kind!" und schlug*
> *Zusammen die Hände beide ..."*[6]

Die Beschreibung ihrer Begegnung in *Deutschland. Ein Wintermärchen* ist eines der eindrücklichsten Porträts, vielleicht sogar die erste literarische Darstellung der „jüdischen Mutter", die ihren geliebten Sohn nicht nur mit Essen, sondern auch mit Fragen überhäuft, Fragen, denen er ausweicht, damit sie sich nicht um ihn sorgen muss.

> *„Mein liebes Kind, wohl dreizehn Jahr'*
> *Verflossen unterdessen!*
> *Du wirst gewiß sehr hungrig sein —*
> *Sag an, was willst du essen?*

Ich habe Fisch und Gänsefleisch
Und schöne Apfelsinnen."-
So gib mir Fisch und Gänsefleisch
Und schöne Apfelsinnen.

Und als ich aß mit großem App'tit,
Die Mutter ward glücklich und munter,
Sie frug wohl dies, sie frug wohl das,
Verfängliche Fragen mitunter.

„Mein liebes Kind! Und wirst du auch
Recht sorgsam gepflegt in der Fremde?
Versteht deine Frau die Haushaltung
Und flickt sie dir Strümpfe und Hemde?"

Der Fisch ist gut, lieb Mütterlein,
Doch muß man ihn schweigend verzehren;
Man kriegt so leicht eine Grät' in den Hals,
Du darfst mich jetzt nicht stören.

Und als ich den braven Fisch verzehrt,
Die Gans ward aufgetragen.
Die Mutter frug wieder wohl dies, wohl das,
Mitunter verfängliche Fragen.

Und als ich den braven Fisch verzehrt,
Die Gans ward aufgetragen.
Die Mutter frug wieder wohl dies, wohl das,
Mitunter verfängliche Fragen.

,Mein liebes Kind! in welchem Land
Läßt sich am besten leben?
Hier oder in Frankreich? und welchem Volk
Wirst du den Vorzug geben?'

‚Die deutsche Gans, lieb Mütterlein,
Ist gut, jedoch die Franzosen,
Sie stopfen die Gänse besser als wir,
Auch haben sie bessere Saucen.‘ —

Und als die Gans sich wieder empfahl,
Da machten ihre Aufwartung
Die Apfelsinen, sie schmeckten so süß,
Ganz über alle Erwartung.

Die Mutter aber fing wieder an
Zu fragen sehr vergnüglich,
Nach tausend Dingen, mitunter sogar
Nach Dingen, die sehr anzüglich.

‚Mein liebes Kind! Wie denkst du jetzt?
Treibst du noch immer aus Neigung
Die Politik? Zu welcher Partei
Gehörst du mit Überzeugung?‘

‚Die Apfelsinen, lieb Mütterlein,
Sind gut, und mit wahrem Vergnügen
Verschlucke ich den süßen Saft,
Und ich lasse die Schalen liegen.‘“[7]

Hamburg bereitete ihm einen herzlichen Empfang. Man stellte ihm einem Neffen und einer Nichte vor, die sich lange gewünscht hatten, den berühmten Onkel kennen zu lernen. Er traf alte Freunde wieder, und auch Leser und Verehrer nahmen ihn begeistert in Empfang. „*Meine Mutter ist glücklich, meine Schwester ist außer sich vor Entzücken und mein Oheim findet an mir alle erdenklichen guten Eigenschaften*", schrieb er an Mathilde, „*Auch ich bin sehr liebenswürdig. Welch saure Arbeit! Ich muß den uninteressantesten Leute gefallen! Bei meiner Rückkehr werde ich so sauertöpfisch wie möglich sein, um mich von den Anstrengungen meiner Liebenswürdigkeit zu erholen!*"[8]

Salomon Heine begrüßte seinen Neffen herzlich, aber mit gemischten Gefühlen. Er war jetzt 76 Jahre alt und krank, aber geistig rege. Wie immer tauschten sie Sticheleien aus, die jedoch nicht über ihren gegenseitigen Respekt hinwegtäuschten. Sie waren die beiden Berühmtheiten der Familie: der Onkel einer der reichsten Männer Deutschlands, der Neffe der populärste Dichter des Landes, wenn auch unleugbar der problematischste. Unbegreiflich war es für den „Alten" (wie Salomon Heine im Kreise der Familie genannt wurde), warum der Bursche, dessen Gedichte ganz Deutschland begeisterten, sein glänzendes Image mit frivolen Versen und zügellosen Meinungen über Politik und Religion ruinieren muss. Der Onkel rügte ihn wegen der Missachtung, die er gegenüber Würdenträgern wie dem König von Bayern zeigte. „„Hör' mal, du!" sagte der alte, wackere Salomon zu seinem Neffen, „ich begreif' nicht, wie du dir so was herausnehmen kannst gegen 'nen König. Was bist du gegen den? 'n Lump bist du!" – „Da hast du freilich recht, Onkel", antwortete der Dichter äußerst gelassen; „aber siehst du, das Versemachen ist mein Geschäft. Der König von Bayern macht auch welche, beeinträchtigt mir mein Handwerk und das brauch' ich nicht zu leiden – also ..."9

Heine war diesmal nicht gekommen, um sich mit dem Alten zu streiten. Er wollte sich mit ihm versöhnen und alle Streitigkeiten der Vergangenheit vergessen machen, nicht zuletzt um im Testament des Onkels bedacht zu werden. Salomon Heine war nicht nur einer der reichsten Männer in Deutschland, sondern auch einer seiner größten Philantrophen, der Wohltätigkeitsvereine sowie religiöse und kulturelle Institutionen unterstützte. So hatte er in Hamburg erst kürzlich das „Neue Israelitische Hospital" gegründet. Und Heinrich Heine hatte zu Ehren des Anlasses ein Gedicht verfasst, das auch eine schmeichelhafte Strophe über den Onkel beinhaltet:

> *„Er gab mit reicher Hand – doch reichre Spende*
> *Entrollte manchmal seinem Aug', die Träne,*
> *Die kostbar schöne Träne, die er weinte*
> *Ob der unheilbar großen Brüderkrankheit."*10

Welche war diese unheilbare Brüderkrankheit, über die der Onkel die nachgesagte Träne vergoss? Der zentrale Gedanke des Gedichtes ist, dass die Juden an drei Krankheiten leiden: Armut, Schmerzen und Judentum. Letztere ist die schlimmste von allen, denn ihr ist nicht mit Medikamenten, Dampfbädern oder chirurgischen Eingriffen beizukommen. Es ist eine Erbkrankheit, die sich die Juden schon aus Ägypten mitgebracht haben, und sie ist sogar eine Art Behinderung, von der niemand geheilt werden kann. So gehen sie ihren eigenen Leidensweg und tragen ihr Judentum auf dem Rücken wie ein Buckliger seinen Höcker. Heine scheint hier von sich selber zu sprechen. Auch er war arm und von Schmerzen gepeinigt, und wer wusste besser als er, dass nicht einmal die Taufe ihn von der jüdischen Behinderung kurieren konnte. Es war im Übrigen nicht das erste Mal, dass er seinen privaten Umständen symbolische Bedeutung verlieh.[11]

In Bezug auf seine Armut war Heine weniger pessimistisch. Schon seit frühester Jugend wünschte er, Salomon Heines Reichtum zu erben, damals durch den Versuch, dessen Töchter zu einer Heirat zu bewegen. Als ihm dies nicht gelang, versuchte er es mit anderen Mitteln. *„Weißt Du, Onkel" das Beste an Dir ist, daß Du meinen Namen trägst."*[12]

Was er damit meinte war, dass er, der der Familie als berühmter Dichter Ruhm und Ehre eingebracht hatte, dafür eine Belohnung verdiente. Der Onkel, vor dem die Hamburger Senatoren ihre Hüte zogen, wenn sie ihn sahen, schluckte alle Provokationen, sah ihm seine Frechheit nach und fuhr fort ihn zu unterstützen, auch wenn er oft über seinen Neffen sagte: „Hätte er etwas gelernt, müsste er nicht Bücher schreiben."[13]

Heine, der in seiner handschriftlichen Originalfassung der *Harzreise* Geld als mächtiges Wundermetall bezeichnet hatte, von dem der Onkel so viel und der Neffe so wenig hatte, war der Meinung, dass ihm ein Anteil an diesem Geldsegen zustand. Einmal schrieb er ihm, er solle ihm hunderttausend Mark geben und seinen Neffen dann für immer vergessen.[14]

Heines Sticheleien waren in Wirklichkeit nichts anderes als ein wütender Protest gegen die Abhängigkeit von seinem Onkel. Schon lange vorher hatte Salomon Heine die Familie seines Bruders unter seine Fittiche genommen, nachdem dieser geschäftlichen Schiffbruch erlitten hatte und psychisch erkrankt war. Er sorgte für den Lebensunterhalt, finanzierte das Studium seiner Söhne und stellte der Tochter die Mitgift zur Verfügung. Nach Samsons Tod zahlte er der Witwe eine bescheidene Rente. Er war der Patriarch der Familie, der *„Löve[n] unserer Menagerie"*[15], wie ihn Heine bezeichnete, der schon in jungen Jahren im Haus der Familie Salomons ein- und ausging, mit ihnen speiste und ihnen die arrogante Herablassung, mit der sie ihm begegneten, sehr verübelte. In ihren Augen war er der „arme Verwandte", den man eben unterstützte.

Den Kampf um seine Ehre focht er mit der Waffe der Schwachen aus, dem Humor. So pflegte er zum Beispiel zu sagen: *„Meine Mutter las Verse, und es wurde ihr ein Dichter geboren; hätte sie Räubergeschichten gelesen, wäre ihr vielleicht ein Bankierssohn geboren worden."* Eine Variante dieser Anekdote erschien auch in *Aus den Memoiren des Herren von Schnabelewopski* (1834), dort erzählte er auch von König Salomon, der ganze Schiffsladungen voller Gold, Silber, Elfenbein, Pfauen und Affen aus Tharsis erhielt. *„Salomo, nämlich der König von Juda und Israel, hatte immer eine besondere Liebhaberei für Gold und Affen."*[16]

Und das war ein weiterer Pfeil, den er in Richtung seines Onkels schoss, zumal sich ihre Beziehung derzeit auf dem Tiefstpunkt befand. Am 8. November 1836 schrieb er an Moser: *„Mit meinem Oheim, dem Millionär, habe ich mich unlängst auf bitterste überworfen; ich konnte seine Schnödrigkeit nicht länger ertragen…"*[17] Am 10. Mai 1837 schrieb er an Campe: *„Mit meinem Oheim Salomon Heine stehe ich sehr schlecht, er hat mir vorig Jahr eine schreckliche Beleidigung zugefügt, wie man sie im reiferen Alter schwerer erträgt, als in der leichten Jugendzeit. Es ist schlimm genug, dass dieser Mann, der, wie ich höre, Institute stiftet, um heruntergekommene Schacherer wieder auf die Beine zu bringen, seinen Neffen mit Weib und Kind in den unverschuldetsten Nöthen lungern lässt…"*[18]

Zu dieser Zeit befand sich er sich in einer ernsthaften Notlage infolge des Boykotts, mit dem man die Autoren des „Jungen Deutschland" belegt hatte. Heine verkaufte deshalb die Rechte an seinen Büchern für eine Pauschale von 20.000 Francs an Campe. Er war dazu gezwungen, wie er an Meyerbeer schrieb, „... *um nur Brod, Medizin und Holz zu kaufen* ...“[19]

Doch das Geld war schnell ausgegeben, und wieder stand er mittellos da. Am 15. September 1837 teilte er Campe mit: „*Bin auch schwach wie eine Fliege* ...“[20] Zwei Wochen vorher, am 1. September, hatte er seinem Onkel einen langen Brief geschickt, ein Meisterwerk an Anbiederung und Entschuldigungen, das möglicherweise das Herz des Onkels erweichen hätte können, hätten seine Ausführungen nicht mit der folgenden Bemerkung geendet: „*... dass kein Mensch in der Welt, mit wenigen Federstrichen, sich gewaltiger rächen könnte als ich* ...“[21] Salomon interpretierte diese Worte als Drohung und verhärtete seine Einstellung. Er und seine Familie hatten durchaus Grund zur Sorge, da gerade Gerüchte im Umlauf waren, dass Heine dabei war, seine *Memoiren* herauszubringen. Es war nicht das erste Mal, dass dieses Vorhaben angekündigt wurde. Heine hatte bereits angedeutet, er schreibe an einer Autobiographie, als er noch Student in Berlin gewesen war. Damals, im April 1823, schrieb er an einen Freund: „*Wenn Du einst meine Memoiren liest und einen Hamburger Menschentroß geschildert findest, wovon ich einige liebe, mehrere hasse und die meisten verachte* ...“[22]

Jetzt, im Alter von 40 Jahren, verbreitete er erneut das Gerücht, dass er plane, seine Memoiren zu schreiben. Am 17. März 1837 schrieb er an Campe: „*Tag und Nacht beschäftige ich mich mit meinem großen Buche, dem Romane meines Lebens* ...“[23] Seinem Bruder Max schrieb er, dass es ihm am liebsten sei, wenn die *Memoiren* erst nach seinem Tode veröffentlicht würden, „*Aber ich brauche das Geld. Und es ist wieder meine Geldnoth, die mich in die Nothwendigkeit versetzt, die Welt mit meinem großen Scandal zu regaliren. Ich habe sehr vielen ein Messerchen gegeben, manchem auch ein Challaf*, ein Guillotinenbeil.*“[24]

Im März 1838 drohte er damit, dass er später in seinen Memoiren alle Wohltätigkeiten seitens des Onkels auflisten würde, um dessen gerühmte Großzügigkeit als Märchen zu enttarnen.[25] Gleichzeitig rekrutierte er Freunde, darunter Giacomo Meyerbeer, die den Stand-

---

* Challaf = hebräischer Begriff aus dem Talmud für das koschere Schlachtmesser der Juden

punkt des Alten erweichen sollten. Die Verhandlungen dauerten lange, und am Ende stimmte er zu, seinem Neffen eine jährliche Unterstützung in Höhe von 4000 Francs zu gewähren, beginnend im Januar 1839. Salomon Heine, der die lockere Einstellung Heinrichs dem Gelde gegenüber überhaupt nicht tolerierte, bestimmte, dass der Betrag in Raten zu 400 Francs monatlich zu zahlen sei, und erhöhte damit die die Rente auf 4.800 Francs. Darüber hinaus machte er ihm auch noch häufig Geldgeschenke. Nun, da die Tage Salomons gezählt waren bemühte sich Heine sicherzustellen, dass diese Unterstützung nicht eingestellt würde.

Sein vordringlichstes Anliegen war es, Mathildes Zukunft abzusichern. So merkwürdig es auch erscheinen mag, Heine muss sie wohl wirklich geliebt haben. Die Briefe, die er ihr aus Hamburg schrieb, sind voller Beteuerungen wie: *„Ich denke beständig an dich, und ich vermag nicht ruhig zu sein…"* Oder: *„… mein Engel, meine Liebste, mein armes Kind, mein gutes Weib! Vergiß nicht…"* Doch mehr noch als er sie vermisste, quälte er sich mit den Gedanken darüber, was sie wohl während seiner Abwesenheit anstellte. *„Ich mache mir Sorgen"*, schrieb er, *„Ich habe mein armes Lamm in Paris gelassen, wo es so viel' Wölfe giebt…"* Der Mann, der in seinen Gedichten die freie Liebe hochgelobt, und so oft gesagt hatte, dass man jedes Mädchen in Paris innerhalb von nur fünf Minuten verführen könne, erschrak jetzt bei der Vorstellung, seine Frau könnte eines derselben Pariser Mädchen sein. Zwar war sie kein Mädchen mehr und hatte zudem während der neun Jahre ihres Zusammenlebens beträchtlich an Gewicht zugelegt, doch sah er in ihr noch immer das begehrenswerteste und verführerischste aller Wesen, so dass er sich leicht vorstellen konnte, wie sie von den Pariser Wölfen verschlungen wurde.

Am 31. Oktober schrieb er an Mathilde: *„Carl Heine lacht über meine Eifersucht auf dich. Er wundert sich wie ich es mir erlauben konnte, dich in Paris zu lassen! Ich flehe dich an, geh nicht zu oft auf die Strassen…"* Und drei Tage später warnte er sie: *„Vergiß nicht, dass mein Auge immer auf dich ruht, ich weiß alles, was du tust, und was ich jetzt nicht weiß, werde ich später erfahren…"*[26]
Eine Zeit lang wohnte er in der bescheidenen Zwei-Zimmer-

Wohnung seiner Mutter „*Was meine Mutter betrifft*", schreibt er, „*so finde ich sie sehr verändert. Sie ist sehr schwach und entkräftet. Sie ist durch Alter und Sorgen zusammen geschrumpft. Aengstlich wie sie ist, regt die geringste Kleinigkeit sie schmerzlich auf. Ihr größtes Übel ist der Stolz. Sie geht nirgends hin, da sie nicht die Mittel hat, bei sich Besuch zu empfangen ...*" Schon bald wurde es ihm in der Wohnung seiner Mutter zu eng. Er bezog eine andere Unterkunft, aber seine Stimmung verbesserte sich dadurch nicht. „*Ich bin leidend und langweile mich*", schrieb er an Mathilde, „*Es war Tollheit von mir, dich nicht mit hierher zu bringen. – Um Gotteswillen, tue nichts, worüber ich bei meiner Rückkehr böse werden könnte.*" Und im selben Brief: „*Du bis die einzige Freude meines Lebens – mache mich nicht unglücklich!*"[27]

In den sechs Wochen, die er in Hamburg verbrachte, schrieb er gut ein Dutzend Briefe an Mathilde. Jeder einzelne von ihnen enthüllt, wie sehr er sie liebte und wie wenig er ihr vertraute. Er bat sie eindringlich, auf seine Briefe zu antworten, aber sie schrieb ihm nur einmal zurück.

Seit Sokrates und Xanthippe gab es in der Geschichte einige ungewöhnliche Paare; Heine und Mathilde sind wohl die berühmtesten darunter. Seine Biographen taten sich schwer, zu erklären, was das Genie der deutschen Dichtung an dieser einfachen Frau fand, die seine Gedichte nicht einmal in französischer Sprache lesen konnte. Und doch liebte er sie zutiefst. „*Meine Frau*", schrieb er, „*ist ein gutes, natürliches, heiteres Kind, fast zu sehr Kind, launisch wie nur irgend eine Französin seyn kann, und sie erlaubt mir nicht in melancholisches Träumen, wozu ich soviel Anlage, zu versinken*"[28] Er liebte sie nicht nur, sondern er war auch ausgesprochen eifersüchtig. In einem Kaffeehaus hatte er einmal einen Studenten geschlagen, weil dieser Blicke mit ihr ausgetauscht hatte. Und wenn Sie zum Tanzen ausgehen wollte, begleitete er sie, jedoch nicht etwa um zu tanzen, sondern einzig um ein Auge auf sie zu werfen. Aus Hamburg berichtete er ihr nun von einer Familienfeier, bei der getanzt wurde: „*Lieber Gott*", schrieb er, „*wie glücklich hätte es mich gemacht, dich dort mit deinem dicken Popo herumwirbeln zu sehen...*"[29]

Einige Forscher wollen Heines Eifersucht damit erklären, dass Mathilde 17 Jahre jünger war als er, und dass seine expandierende Lähmung ihn vermutlich schon längst impotent gemacht hatte. Tatsächlich bekannte er in einem Brief an seine Schwester, dass er schon seit einigen Jahren keine sexuelle Beziehung mehr zu Mathilde hatte.[30] Selbst bei den Verhandlungen mit Campe stellte er die Aufrichtigkeit seiner Gefühle zu ihr unter Beweis. Der Verleger war ein gerissener Geschäftsmann, der bereits 1837 die Rechte an all seinen Büchern bis ins Jahr 1848 erworben hatte. Heine konnte daher nur noch seine zukünftigen Werke zum Verkauf anbieten, wofür Campe bereit war, einen jährlichen Betrag von 1200 Mark oder entsprechend 2400 Francs zu zahlen, jedoch nicht vor dem Jahr 1848. Heine hatte keine andere Wahl, als Campes Bedingungen zu akzeptieren. Der wichtigste Punkt in der Vereinbarung war in seinen Augen die Klausel, dass nach seinem Tode die Zahlungen an Mathilde weiter geleistet würden. Er beeilte sich ihr mitzuteilen: *„Deine Einnahmen sind auch nach meinem Tod gesichert, allein das wird in nächster Zukunft nicht passieren, da ich mich ausgezeichnet fühle…"*

Sobald der Vertrag unterschrieben war, hatte Heine keinen Grund mehr noch länger in Hamburg zu bleiben. Am 7. Dezember verließ er die Stadt so eilig, dass er sich nicht einmal von seinem Onkel verabschiedete. Er vergaß auch, seine Aufzeichnungen mitzunehmen. Doch waren dies nur Kleinigkeiten im Vergleich zu seiner bedeutsameren Entscheidung, nämlich das gewagte Unternehmen, auf dem Heimweg durch Preußen zu reisen. *„Hab auch auf meiner Reise mancherley Verse gemacht"*, schrieb er an Campe, *„die mir mit größerer Leichtigkeit gelingen, wenn ich deutsche Luft athme."*[31] Es war diese Reise, die ihn zu seinem satirischen Versepos *Deutschland. Ein Wintermärchen* inspirierte.

Zurück in Paris, wo er am 16. Dezember 1843 ankam, lernte er einen jungen Journalisten kennen, der erst kürzlich aus Deutschland geflohen war, nachdem die Behörden veranlasst hatten, seine Zeitung zu schließen. Der schwarzhaarige junge Mann, Dr. Karl Marx, machte einen starken Eindruck auf ihn, und trotz des Altersunterschiedes waren sie einander sehr zugetan.

Heine litt an starken Schmerzen, während er *Deutschland. Ein Wintermärchen* schrieb. Im Januar schrieb er an seine Schwester: *„Trotz meiner zunehmenden Gesichtslähmung arbeite ich viel."*[32] Im Februar berichtete er Campe: „*Ich kann kaum die Buchstaben sehen…*" Und am 17. April schrieb er: „*Liebster Campe! Seit 4 Wochen bin ich wieder von meinem Augenübel hergestellt. Vorher war ich fast blind – Nicht Schreiben können, und was noch schrecklicher ist, nicht lesen können – Sie haben keinen Begriff von dem Unmuth der mich verzehrte. Zum Glück war mein großes Gedicht fast vollendet. Nur der Schluß fehlte, und ich habe ihn vielleicht sehr nothdürftig ersetzt. Seitdem beschäftige ich mich mit dem Abschreiben dieser Arbeit und das schöne, reinliche Mspt liegt jetzt vor mir. Ich will es nur noch mahl durchgehen, mit der Lupe, und dann schicke ich es Ihnen direkt zu über Havre. Es ist ein gereimtes Gedicht, welches, vier Strophen die Seite berechnet, über 10 Druckbogen betragen mag und die ganze Gährung unserer deutschen Gegenwart, in der keksten persönlichen Weise ausspricht. Es ist politisch romantisch und wird der prosaisch bombastischen Tendenzpoesie hoffentlich den Todesstoß geben. Sie wissen ich prahle nicht, aber ich bin diesmal sicher dass ich ein Werkchen gegeben habe, das mehr furore machen wird als die populärste Broschüre und das dennoch den bleibenden Werth einer klassischen Dichtung haben wird…*"[33]

Am 1. Juni schickte er sein Manuskript von *Deutschland. Ein Wintermärchen* nach Hamburg, und fügte der Sendung noch ein ganzes Bündel Gedichte bei, die er während der letzten sechzehn Jahre geschrieben hatte. Der Verleger schlug vor, sie alle in einem Band unter dem Titel *Neue Gedichte* abzudrucken, womit Heine einverstanden war. Campe schlug auch einige Änderungen vor, die Heine einigermaßen beunruhigten. Er beschloss deshalb erneut nach Hamburg zu reisen, um persönlich den Druck des neuen Buches zu überwachen.

Diesmal sollte er Mathilde nicht in Paris zurückzulassen. Um das Durchqueren preußischen Gebiets zu vermeiden, beschloss er mit dem Schiff zu reisen. Am 20. Juli verließ das Paar mit einem Dampfschiff Le Havre und landete zwei Tage später im Hamburger Hafen.

Der Besuch begann mit unguten Vorzeichen. Mathilde hatte darauf bestanden, ihren Papageien Cocotte mitzunehmen. Als die Familie sie am Landungssteg begrüßen wollte, hackte der Vogel seinen Schnabel in den Finger von Moritz Embden, Lottes Ehemann. Dieser schrie vor Schmerz, der Papagei kreischte wie ein Wahnsinniger, Mathilde brüllte wütend und Heine lachte. „*Er wollte sich nur bei Ihnen vorstellen*"[34], versuchte er den Schwager zu beruhigen. Auch danach wurden die Dinge nicht eben besser. Mathilde konnte kein Deutsch, und die Bemühungen der angeheirateten Verwandtschaft, sich in gebrochenem Französisch mit ihr zu unterhalten, waren kaum erfolgreich. Zu Ehren der Gäste gab Salomon ein Festessen und die Unterhaltung am Tisch verlief natürlich auf Deutsch. Zwei lange Stunden saß Mathilde schmollend und stumm unter den Gästen, wie es sonst gar nicht ihre Art war. Nach wenigen Tagen verkündete sie, dass sie nach Hause wollte. Heine erfand die Geschichte, ihre Mutter sei krank geworden und benötige ihre Hilfe. Schweren Herzens schickte er sie und ihren Papagei zurück nach Paris. Und wieder bombardierte er sie mit einer Serie von Liebesbriefen und Warnungen. *„Bleib ruhig in deinem Nest, meine kleine, arme Taube. Lass die Deutschen dich nicht in deinem Versteck aufspüren …“*

Die Kopfschmerzen kehrten zurück. Am 12. August schrieb er an Mathilde: *„… mein Kopf ist heute wie ein gebratener Apfel …“* Eine Woche später teilte er ihr mit, dass er seine Wohnung in eine Gegend verlegte, *„wo ich während der Nacht kein Hundegebell höre …“*, und, dass *„… sich hier eine ganze Meute gegen meinen Schlaf verschworen; das macht mich jede Nacht wütend …“* Erneut drängte er sie ihm mindestens zweimal die Woche zu schreiben. Da seine Erwartungen jedoch in diesem Punkt ziemlich heruntergeschraubt waren, war seine Freude umso größer, wenn das Unglaubliche geschah und er einige Zeilen von ihr erhielt. *„Bei dem bloßen Anblick deines Briefes jauchzte mein Herz, ich trällerte, ich tanzte und ich ging ins Theater, um mich an Gesang und Tanz zu ergötzen …“*

Zwischenzeitlich hatte sich der Zustand seines Onkels verschlechtert. *„… ich hätte ihm vielerlei zu sagen“*, schreibt er, *„aber es scheint, dass er nicht mehr Zeit haben wird, es in dieser Welt zu hören. O mein Gott, welches Unglück! Er wird dieses Jahr nicht überleben …“*[35]

Es ist nicht bekannt, was er dem Onkel nicht mehr sagen konnte. Doch widmete er ihm zwei Strophen in *Deutschland. Ein Wintermärchen*, das damals gerade in Druck gegangen war:

> *Auch jenem edlen alten Herrn,*
> *Der immer mich ausgescholten*

Und immer großmütig beschützt, auch ihm
Hat mancher Seufzer gegolten.

Ich wollte wieder aus seinem Mund
Vernehmen den ‚dummen Jungen‘,
Das hat mir immer wie Musik
Im Herzen nachgeklungen. [36]

Zu anderen Zeiten hätte er bestimmt Anstoß an den geringschätzigen Äußerungen seitens Salomon Heine genommen. Doch nun wäre er sogar bereit gewesen, Schläge einzustecken. Dies geht jedenfalls aus einem Brief hervor, den er seine Schwester nach dem Tod des Onkels schrieb, der die etwas peinliche Bemerkung enthält: *„Mir sagte er viel Hartes, er hat diesen Sommer mir in der Aufregung sogar einen Schlag mit dem Stock gegeben – ach Gott! Wie gern bekäme ich wieder meine Schläge!“* [37] Das einzige, was ihn derzeit interessierte, war die Sicherstellung seiner weiteren Rentenbezüge.

Heine machte geltend, dass Salomon ihm weit mehr als nur diese versprochen hätte. *„Mein Onkel“*, so schrieb er später, *„prophezeite bei einigen Gelegenheiten, dass ich eines Tages reich sein werde; er war anständig und reich und großzügig, um eine solche Prophezeiung zu erfüllen ...“* [38] An anderer Stelle schrieb er, dass der Onkel ihm eine glänzende Zukunft vorausgesagt habe, und immer gesagt habe, *„dass ich nicht meine Begabungen als Kaufmann benutzen sollte, des reinen Geldverdienens wegen, wie es bisher war, sondern als Dichter den Namen der Familie in Ehren halten soll ...“* [39] All diese Aussagen waren offensichtlich nichts anderes als reines Wunschdenken, da der Onkel ihm in dieser Sache eine bittere Enttäuschung bereiten sollte.

Die *Neuen Gedichte* erschienen am 25. September. Preußen erteilte postwendend einen Beschlagnahmungsbefehl, und die anderen deutschen Staaten folgten diesem Beispiel ganz erschrocken in einer zuvor nie da gewesenen Eile. Campe jubelte vor Begeisterung: Eine bessere Publicity hätte er sich nicht wünschen können. Aus allen Teilen Deutschland trafen Bestellungen für das verbotene Buch ein, so dass er sich innerhalb von nur zwei Monaten genötigt sah, eine zweite Auflage zu drucken. Der Nachfrage des Publikums entsprechend druckt er auch eine gesonderte Auflage von *Deutschland. Ein Wintermärchen.* Die Vollstreckungsbehörden waren schwerfällig, unbeholfen und von Korruption durchsetzt, und sogar das disziplinierte deutsche Volk kümmerte sich nicht allzu sehr um all die Erlasse und Verbote. Über einen Vollzugsbeamten wird erzählt, dass er in eine Buchhandlung spazierte und den Inhaber informierte, dass er unter dem Verdacht stand, viele Exemplare von Heines *Deutschland. Ein Wintermärchen* zu verstecken, und aus diesem Grunde um vier Uhr nachmittags eine Hausdurchsuchung bei ihm durchgeführt werden sollte. Der Besitzer der Buchhandlung schwor indes, dass diese Behauptung unwahr sei, und um den Beamten besser von seiner Ehrlichkeit zu überzeugen, steckte er ihm ein paar Mark in die Tasche. In der Tat, als dieser zur besagten Stunde mit seinen Kollegen wiederkam, fand man im Laden überraschenderweise kein einziges unerlaubtes Buch.[40] So brachten die *Neuen Gedichte* dem Verlag beträchtliche Profite ein, was man dagegen von ihrem Verfasser nicht behaupten kann. Heine erhielt einen „Wink von oben", dass er gut daran täte, Hamburg zu verlassen. Er hatte auch vor, genau das zu tun: „*Meine Beine haben kein Talent eiserne Ringe zu tragen.*"[41]

Er sagte seiner Mutter auf Wiedersehen – es war das letzte Mal, dass er sie sah. Es war auch das letzte Mal, dass seine Füße den Boden seines Vaterlandes betraten.

Am 16. Oktober kehrte er zurück nach Paris. Wie er seiner Mutter berichtete, war Mathilde überglücklich ihn wieder zu sehen: „*Wir sehen uns mit großen Augen an, lachen, umarmen uns, sprechen von Euch, lachen wieder und der Papagey schreit dazwischen wie toll. Wie froh bin ich meine beiden Vögel wieder zu haben!*"[42] Was er seiner Mutter nicht erzählte, war, dass er seit seiner Rückkehr nach Paris nur noch Kummer und Angst kannte. Unter dem Druck der preußischen Gesandtschaft war das französische Innenministerium im Begriff, seinen Namen auf die Liste der radikalen Schriftsteller zu setzen, denen die Ausweisung drohte, darunter auch Marx und die anderen Mitglieder der Redaktion des „Vorwärts". Er erzählte ihr auch nichts von seiner schlimmer werdenden Krankheit und dem Nervenzusammenbruch, den er zu

Beginn des Winters erlitten hatte. Ende Dezember erreichte ihn die Nachricht vom Tod seines Onkels. *„O Gott, welch ein Kummer!"*, schrieb er an seine Schwester, *„Die Feder zittert mir in der Hand (...) Dieser Mann spielte eine große Rolle in meiner Lebensgeschichte und soll unvergesslich geschildert werden. Welch ein Herz! Welch ein Kopf!"* [43]

Die bloße Vorstellung, dass er den Onkel zu verewigen gedachte, verursachte eine gewisse Panik in der trauernden Familie. Wenn er schon zu Lebzeiten des Onkels die Hand, die ihn fütterte zu beißen pflegte, wusste nur der Teufel, wozu er jetzt erst fähig wäre! Das Schreckgespenst der *Memoiren* begann sie wieder zu verfolgen.

Salomon Heine starb am 23. Dezember 1844. Er hinterließ ein Erbe im Wert von 41 Millionen Francs (mehr als 20 Millionen Mark), in jener Zeit ein ungeheures Vermögen. In seinem Testament waren ein Altersheim, ein Witwenfonds und Organisationen bedacht, die sich um Kranke kümmerten, Armen zu essen gaben oder Juden in nützlichen Fähigkeiten unterrichteten. Erhebliche Summen vermachte er seinen Schwiegersöhnen, und er vergaß nicht einmal den Gärtner und dessen Töchter, genauso wenig wie seine Kutscher. Heine und seine Geschwister mussten sich jeder mit einer einmaligen Summe von 8000 Mark begnügen. An keiner Stelle war jedenfalls von einer Rente die Rede. [44]

Carl, Salomons Sohn, beeilte sich, seinem Vetter die testamentarischen Bestimmungen mitzuteilen. *„Obschon es mir schwer wird mich jetzt über Geldverhältniße einzulassen, so will ich es doch thun aus Achtung vor Deinem talent und Deiner Lage. – Es ist besser, wenn ich Dir damit komme, als Du mir (...) dahert proponire ich Dir, diese Mark Banco 8000 – will ich, wenn Du es wünschst zu mir nehmen und Dir darauf 4% Zinsen vergüten – ".* [45]

Was Heine noch mehr erschütterte als dieser Vorschlag, der in einem geschäftlichen Ton formuliert war, kühl und ziemlich beleidigend, war der Abschnitt in Carls Brief, in dem er sich bereit erklärte, aus eigener Tasche eine jährliche Rente von 2000 Francs zu zahlen (weniger als die Hälfte der Summe, die er bisher erhalten hatte), und dies nur unter der Bedingung, dass künftig jedes Wort das über den Verstorbenen oder seine Familie geschrieben werden sollte, vor einer Veröffentlichung Carl zur Genehmigung vorgelegt würde. [46]

Heines Reaktion darauf war heftig. Die ganze während der letzten Monate entstandene Belastung der Ungewissheit darüber, ob und wie er im letzten Willen des Onkels bedacht würde, brach mit einem Mal in sich zusammen. Er erlitt eine Art Schlaganfall, in dessen Verlauf er auf den Boden fiel, wo er eine ganze Stunde lang bewegungslos liegen blieb. Als er sein Bewusstsein wiedererlangte, begann er unaufhörlich zu weinen. Es waren „die einzigen Tränen, die ich je bei ihm je gesehen"[47] erinnerte sich Alexander Weil, der bei dem Anfall anwesend war und Mathilde dabei half, ihn zu Bett zu bringen. *„Wahrlich, was ich schreibe überliefere ich um keinen Preis einer Verwandtencensur"*[48], schrieb Heine in einem Brief an Campe.

Mathilde geriet in Panik. Die Frau, die ihr Leben lang nicht in der Lage war, ihren Mann zu verstehen, erfasste nun völlig die Situation. Sie begriff, dass ihre ganze Existenz gefährdet war. *„Seit zwey Tagen"*, schrieb Heine an Campe, *„sitzt meine Frau wie ein Marmorbild am Kamin und spricht kein Wort: das Unerhörte hat sie wie versteinert."* [49]

Campe war der Erste, den Heine um Hilfe bat. *„... da er [Carl] ja doch die Wittwe von Heinrich Heine nicht vor Hunger sterben lassen darf ..."*[50] schrieb Heine. Er wandte sich auch an seinen Freund Johann Hermann Detmold, ein Anwalt und Politiker. In seinem Brief wiederholte er seinen lebenslangen Anspruch auf die jährliche Rente in Höhe von 4.800 Francs, die ihm sein Onkel zugesagt und sogar versprochen hatte, die er nach seinem Tod auf Mathilde übertragen lassen wollte. *„... in Betreff der Pension habe ich Beweißthümer der Verpflichtung"*, schrieb er dem Anwalt.[51] Meyerbeer, der seinerzeit in der Rentensache vermittelt hatte, bestätigte gehört zu haben, dass Salomon Heine derartiges gesagt hatte. Heine ließ sich nicht beschwichtigen. *„So viel werden Sie merken, dass ich einen Todeskampf beginne"*, schrieb er an Campe, *„und neben den Gerichten auch die öffentliche Meinung für mich gewinnen will, im Fall Carl Heine nicht nachgiebt. Ich will mein Recht, und müsste ich es mit meinem Tode besiegeln ..."*[52] Er drohte, fluchte und heulte. *„Gott sey gnädig dem Hintern den sie [Heines Füße] nächstens treffen"*, so schrieb er seinen Bruder Gustav. Im Brief an Detmold zitierte er einen alten Spruch: *„contemnere mundum / contemnere se ipsum / contemnere se contemni – lehrten die alten Mönche"* (Ich verachte die

Welt, ich verachte mich selbst, ich verachte, die mich verachten)[53].
Zunächst erwägte er, nach Hamburg zu fahren, um die Schlacht persönlich zu führen, aber seine Gesundheit machte eine derartige Anstrengung unmöglich. *„Ich bin in der That sehr krank"*, schrieb er weiter, *„vielleicht einem Nervenfieber nahe."*
In diesen schweren Stunden konnte er sich nicht auf Mathilde stützen. Sie wurde krank, jähzornig und suchte Gründe um mit ihm zu streiten. *„dazu kommt, dass mein Hausvesuv, der seit drey Jahren ruhig war, jetzt wieder Feuer speit"*, beschwerte er sich. Am 25. Oktober 1845 erteilte das französische Innenministerium den Ausweisungsbefehl für alle radikalen deutschen Schriftsteller. Erst in allerletzter Minute wurde Heines Name durch die Intervention einer höheren Autorität von der Liste getilgt. Am 4. Februar schrieb er an Campe: *„… seit 14 Tagen stecke ich bis am Hals in einer Hetze von Quälnissen, hauptsächlich in Folge der preußischen Verfolgungen gegen alle die am Vorwärts geschrieben; heute muß schon Marx weg, und ich bin rein wüthend (…) Meine Frau krank und ich halb blind. Sie sehen, ich könnte den hamburger Successionskrieg wohl entbehren …"*[54]
Mit diesem Brief schickte er Campe eine notarielle Vollmacht, die ihm erlaubte, in seinem Namen über seinen Anteil am Nachlass zu verhandeln. Er ermächtigte Campe, Carl sein verbindliches Ehrenwort zu übermitteln, dass er niemals über seine Familie, weder im Guten noch im Schlechten schreiben würde. *„… ich will gern meinen Privatgroll verschlucken und gar nichts über das Lumpenpack schreiben, das sich alsdann seines obscuren Daseyns ruhig erfreuen mag und seiner blöden Vergessenheit nach dem Tod sicher seyn wird … Sie können daher den Besorgnissen der Leute von meiner Seite die bestimmtesten Garantien geben und hier jeden zufrieden stellen. Ich habe im Grunde bessere Personen zu schildern als die Schwiegersöhne meines Oheims."* Andererseits betonte er wieder, dass er *„niemals, für keinen Preis, etwas der Zensur meiner Verwandten vorlegen werde!"* Um Missverständnisse zu vermeiden, fügte er hinzu: *„Zum Unglück ist mein Wille auch so starr wie eines Wahnsinnigen – das liegt in meiner Natur. Ich endige vielleicht im Irrenhaus …"*
Heine war überzeugt, dass Carls Frau Cécile und seine Schwager Friedländer und Halle gegen den Bezug seiner Rente intrigierten.

Immer wieder hatten sie ihn vor dem Onkel diffamiert. Jetzt nannte er sie *„Männliche und weibliche Shylocks, die ein Stück Fleisch aus meinem Herzen schneiden möchten, und es gelang ihnen (gelang ihnen wirklich!) ein kleines Stück abzuschneiden…"* [55] Er prägte sogar einen neuen Begriff: „Mistpoche" – eine Zusammensetzung aus „Mist" und „Mischpoche" [Yiddish für Familie].

Campe ging also zu Carl um ihn zu überreden, dieser jedoch verwies ihn an den Testamentsvollstrecker, der unglücklicherweise kein anderer war als Heines alter Feind Gabriel Riesser. Riesser, ein berühmter Hamburger Anwalt, war ein führender Verfechter der Emanzipation, und betrachtete Heine, der den Namen Gottes entweihte sowie gleichermaßen Juden und Deutsche beleidigte, als einen Satan, der das antisemitische Feuer schürte. Während der Affäre um Heines Aufsatz *Ludwig Börne. Eine Denkschrift* hatte er sogar das Vorhaben geäußert, nach Paris gehen zu wollen, um ihn zum Duell herauszufordern – vermutlich um die Ehre von Madame Jeanette Wohl-Strauß und ihrem Gatten Salomon Strauß zu retten. In Wirklichkeit wollte er jedoch den Nichtjuden zeigen, dass Heine ein getaufter Verräter war und die Juden nichts mit ihm zu tun haben wollten. Heine hatte darauf nur mit Verachtung reagiert. Jetzt sprach er von dem *„berüchtigte[n] Dr. Riesser, der wegen der Strauß Affäre die bösen Pläne gegen mich schmiedet …"* Campe, der den Anwalt getroffen hatte, konnte nur bestätigen, dass dessen Feindschaft keineswegs geringer geworden war. Heine reagierte verbittert: *„Ist dieser Shylok denn noch nicht zufrieden? Hat er mir nicht bey dem Testamente meines Oheims das gewünschte Pfund Fleisch unter dem Herzen herausgeschnitten? O, wie dank ich dem Himmel, nicht zu seyn wie meine Feinde…"* [56]

Riesser war ein ausgezeichneter Anwalt und hatte beim Aufsetzen des Testaments kein Schlupfloch offen gelassen. Heine, der sich darüber im Klaren war, dass er Carl vor Gericht nicht besiegen konnte, beschloss, die Presse auf ihn zu hetzen, und erklärte: *„Die öffentliche Meinung ist leicht zu gewinnen für den Dichter – gegen Millionäre…"* Er glaubte, seinen Cousin mit der Aussicht auf einen Skandal abschrecken zu können. *„Die Leute sind drgl nicht gewöhnt, während ich ganze Mistkarren vertragen kann, ja diese, wie auf Blumenbeeten, nur mein Gedeihen zeitigen…"* [57]

Er hörte nicht auf, wilde Pläne und verrückte Ideen zu ersinnen. „Carl", schrieb Heine an Campe, „hat nur drey Leidenschaften: die Weiber, Zigarren und Ruhe. Wenn ich die hamburger Freudenmädchen gegen ihn aufwiegeln könnte, müsste er bald nachgeben. Seine Zigarren kann ich ihm nicht nehmen – aber seine Ruhe."[58]

Trotz des scheinbaren Mangels an Zurückhaltung in dieser Korrespondenz äußerte Heine kein Wort gegen Salomon Heine, obwohl er sich sehr wohl darüber bewusst war, dass es sein Onkel, nicht der Cousin gewesen war, der seine Rente gestoppt hatte. Seinen bitteren Groll gegen den Alten versteckte er stattdessen zwischen den Zeilen seiner Gedichte. So schrieb er zum Beispiel ein Gedicht über den Dichter Firdusi, worin er folgende Zeilen unterbrachte:

> Hätt er menschlich ordinär
> Nicht gehalten, was versprochen,
> Hätt er nur sein Wort gebrochen,
> Zürnen wollt ich nimmermehr.

> Aber unverzeihlich ist,
> Daß er mich getäuscht so schnöde
> Durch den Doppelsinn der Rede
> Und des Schweigens größre List.[59]

Firdusi war der größte Dichter des 10. Jahrhunderts in Persien und hatte seinem klassischen Epos „Schah Nama" 36 Jahre seines Lebens gewidmet. Der Schah hatte ihm für jede Strophe eine Goldmünze versprochen, als aber die Arbeit beendet war, bekam er anstelle der Gold- nur Silbermünzen. Firdusi beschwerte sich erbittert darüber, dass man ihn betrogen hatte. Diese Geschichte bot Heine die Gelegenheit, seinen Onkel Salomon, den „Schah" der Familie Heine, zu verewigen.

> Stattlich war er, würdevoll
> Von Gestalt und von Gebärden,
> Wen'ge glichen ihm auf Erden,
> War ein König jeder Zoll.

Wie die Sonn' am Himmelsbogen,
Feuerblicks, sah er mich an,
Er, der Wahrheit stolzer Mann –
Und er hat mich doch belogen.

Für seinen Streit verpflichtete Heine neben Campe und Detmold auch Laube, Meyerbeer, Varnhagen, Baron James de Rothschild und Fürst von Pückler-Muskau. Letzterer, der Verfasser der „Briefe eines Verstorbenen", schrieb in einem Brief an Carl, dass jeder Deutsche stolz darauf sein müsse, ein Genie wie Heinrich Heine unter seinen Landsleuten zu haben. Doch Carl blieb völlig unberührt von diesem Versuch, ihn umzustimmen. Er war nicht bereit, die einzige Waffe aus der Hand zu geben, mit der er den guten Namen seines verstorbenen Vaters und die Ehre der Familie verteidigen konnte. Auch Heinrich Heine blieb stur. „*Meine Feder ist meine Waffe*", schrieb er, und betonte, dass er nicht zulassen würde, dass ihm irgendjemand diese einzige Waffe wegnahm.[60] Alle Versuche seiner Freunde und Vermittler, einen Waffenstillstand herbei zu führen, waren vergebens. Beide Seiten verbarrikadierten sich in ihren Stellungen.

Der Erbschafts-Krieg tobte fast zwei Jahre. Es war ein Zermürbungskrieg, in dessen Verlauf sich Heines Gesundheit weiter verschlimmerte. Am 24. Mai 1845 schrieb er an Laube: „*Mein Uebel ist eigentlich eine Paralisie, welche leider zunimmt. Ich arbeite gar nichts, kann keine sechs Zeilen hintereinander lesen und suche mich zu zerstreuen; Herz und Magen, vielleicht auch das Gehirn, ist gesund.*" Am 10. Juni begab er sich nach Montmorency, wo er auf Anraten seiner Ärzte Schwefelbäder nahm, doch diese verschlechterten lediglich seinen Zustand. Als er nach Hause zurückkam, war er für mehrere Wochen an sein Bett gefesselt. In einem Brief vom 31. Oktober erzählte er Varnhagen, dass er sich wünschte, tot zu sein. „*Was das mit meinen Augen geben wird, weiß der liebe Himmel; das linke ist seit Januar immer geschlossen und auch das rechte ist trüb und lahm. Ich kann gar nichts lesen, aber noch schreiben und gehe einer gänzlichen Blindheit entgegen.*"[61]

Einer der Menschen, die er für seinen Kampf mobilisieren wollte, war Ferdinand Lassalle. Sie trafen sich im November 1845, und Heine, ganz im Gegensatz zu seinem üblichen Misstrauens und der Ironie, konnte seine Bewunderung nicht verheimlichen. *„Als er hierher kam mit Friedländer, war er kaum 19 Jahre alt, und nie hat ein junger Mensch sowohl durch sein Wissen als durch seine Persönlichkeit, besonders durch seine Geistesschärfe und eine meinem träumerischen Charakter fehlende Energie mir mehr zugesagt wie eben dieser junge Lassalle…"*[62]

Ferdinand Lassalle, der Mann, der später die sozialdemokratische Bewegung in Deutschland gründen sollte, sah gar nicht aus wie ein Führer der arbeitenden Klasse. Der große Mann mit hoher Stirn, blauen Augen und braunem, lockigem Haar stellte viel eher Auftreten und Gehabe eines Playboys zur Schau. Seine ganze Erscheinung strahlte Arroganz und Koketterie aus. Seine Identifikation mit den Armen und Unterprivilegierten hinderte ihn weder daran dem Luxus, noch dem leiblichen Vergnügen zu frönen. Er konnte Ewigkeiten vor dem Spiegel verbringen, um seine modische Krawatte zu binden und den erwünschten lässigen Stil zu erzielen. Inmitten des schlesischen Weberaufstands, in dem er ein Zeichen für den Beginn der proletarischen Revolution gesehen hatte, schrieb er seiner Mutter, dass er Reitstunden nahm. Nach Paris war er gekommen, um Material für seine Doktorarbeit über den griechischen Philosophen Heraklit zu sammeln. Kaum angekommen, änderte er die Schreibweise seines Familiennamens „Lasal", der seine jüdische Abstammung verriet, in „Lassalle" – ein berühmter Name in der Französischen Revolution.

In seinem kurzen aber stürmischen Leben spiegelt sich der Umbruch, den das deutsche Judentum im Zeitalter der Emanzipation erfahren hat, wie auch der Zusammenbruch ihrer Identität und der beschleunigte Zerfall, der gleichzeitig stattgefunden hatte. Als Sohn eines jüdischen Seidenhändlers aus Breslau hatte er als Kind seinen Vater in die Synagoge begleitet, fand aber die Gebetsriten langweilig und sinnlos. Zuhause aß man koscher, befolgte den Sabbat und feierte die jüdischen Festtage, doch nach dem Sabbatmahl spielte man Karten und übersprang ganze Abschnitte der Haggada an Pessach, um so schnell wie möglich mit dem Essen anfangen zu können.[63]

Schon vor seinem 15. Lebensjahre hielt er in seinem Tagebuch fest, dass er die Gebote nicht befolgte und merkte dazu noch an: „dennoch denke ich, dass ich einer der besten Juden der Welt bin". Derselbe Eintrag vom 2. Februar 1840 enthält die Erklärung, dass es sein Traum sei „an der Spitze der Juden zu stehen, die Waffe in der Hand, und sie zur Freiheit zu führen."[64] Drei Tage später, am 5. Februar, begann die Ritualmordaffäre in Damaskus, und als die Nachricht einige Wochen später Europa erreichte, drückte er seine Wut über die Passivität der Juden aus, die es nach seinen Worten vorzogen, an der Folter zu sterben, statt in der Schlacht zu fallen. „Ein feiges Volk", schrieb er, „die Zeit ist gekommen, dass wir uns endlich wirklich mit Christenblut erlösen." Je mehr sich in seinem Bewusstsein die Überzeugung festigte, dass er für Großes bestimmt war, desto weniger schien ihm die Rolle des Judas Maccabäus groß genug für ihn zu sein. Am 25. August schrieb er: „Ich will mich vor dem deutschen Volk stellen, vor allen Völkern und sie mit feurigen Worten für den Kampf um ihre Freiheit erwecken."

So ersetzte er das beschränkte Ideal eines Stammes von der Befreiung des jüdischen Volkes durch das vielmehr universale Ideal, der Erlösung der ganzen Menschheit. Als er gefragt wurde, was er studieren wollte, antwortete er: „Die größte und umfassendste Lehre der Welt, die Lehre mit dem stärksten und heiligsten Bezug zur Menschheit, die Geschichte." Er war sehr angetan von der Lehre Hegels, in der er den Schlüssel zu den Geheimnissen der Geschichte zu finden hoffte, und adaptierte im nächsten Schritt – wie vor ihm schon Hess und Marx – den kommunistischen Standpunkt. Den Aufstand der schlesischen Weber im Juni 1844 betrachtete er als die Geburtswehen der Revolution, den Beginn des Siegeszugs des Kommunismus. Damals beschloss er auch, seine jüdische Bindung aufzulösen. Seiner frommen Mutter schrieb er, dass das „hebräische Volk die absolute Hässlichkeit"[65] verkörpere und ähnliche Verleumdungen, die auch Karl Marx mit Stolz erfüllt hätten. Vom Feuer des Humanismus brennend und inspiriert von Autoren wie Börne und Heine beschloss er sein Leben dem Befreiungskrieg der Menschheit zu widmen. Börnes „Briefe aus Paris", so sagte er, hätten ihn gelehrt, „was für ein riesiges Gefängnis Deutschland ist, wie Menschenrechte mit Füßen getreten werden, wie dreißig Millionen Menschen unter den Händen von dreißig Tyrannen litten." Aus Heines *Harzreise* übertrug er die folgenden Zeilen in sein Tagebuch: „*Alle Menschen, gleichgeboren, / Sind ein adliges Geschlecht.*"[66]

Der *Salon* und die *Französischen Zustände*, die er „Deutsche Philosophie" nannte, machten auf ihn einen gewaltigen Eindruck, wie er in sein Tagebuch schrieb: „Ich liebe ihn, diesen Heine, er ist mein zweites Ich. Diese kühnen Ideen, die Macht der Sprache zerschmettern alles! Er kann leise flüstern wie ein flüchtiger Wind, der die Rosen küsst, kann Liebe mit Feuer und Leidenschaft beschreiben, und setzt seine Zauberkräfte ein, um uns mit Sehnsucht zu erfüllen, uns leichte Traurigkeit ins Herz zu pflanzen oder auch wütende Grausamkeit. Er beherrscht alle Gefühle und Sinne, und seine Ironie ist so treffend, so tödlich."

Und nun stand er Angesicht zu Angesicht vor ihm, dem so verehrten Dichter. Heine, 48 Jahre alt, war alles andere als eine beeindruckende Erscheinung. Er hinkte und konnte seine Augen nicht mehr öffnen. Um seinen Gast sehen zu können, musste er ein Augenlid mit dem Finger anheben. Aber sobald er den gut aussehenden jungen Mann erblickt hatte, der damals noch gänzlich unbekannt war, war ihm klar, dass dieser der aufsteigende Stern der kommenden Generation von Revolutionären sein würde. „*Wohl haben Sie das Recht, frech zu seyn – wir Andern usurpiren bloß dieses göttliche Recht, dieses himmlische Privilegium –* „*In Vergleichung mit Ihnen*", schrieb ihm Heine, „*bin ich doch nur eine bescheidene Fliege…*"[67]

Für Heine war die Begegnung ein Zeichen dafür, wie die Zeit verging, und zugleich die Mahnung, dass seine Generation der Träumer abtreten und die Bühne freimachen musste für die neue Generation, die Generation der Krieger. Bevor Lassalle nach Berlin weiterreiste, gab Heine ihm ein enthusiastisches Empfehlungsschreiben für Varnhagen mit auf den Weg. „*Mein Freund, Herr Lassalle, der Ihnen diesen Brief bringt, (…) ist nun einmal so ein ausgeprägter Sohn der neuen Zeit, die nichts von jener Entsagung und Bescheidenheit wissen will, womit wir uns mehr oder minder heuchlerisch in unserer Zeit hindurchgelungert und hindurchgefaselt – Dieses neue Geschlecht will genießen und sich geltend machen im Sichtbaren; wir, die Alten, beugen uns demüthig vor dem Unsichtbaren, haschten nach Schattenküssen und blauen Blumengerüchen, entsagten und*

*flennten, und waren doch vielleicht glücklicher als jene harten Gladiatoren, die
so stolz dem Kampftode entgegengehn.*"[68]

Dem Kampftod entgegen? Lassalle war der Inbegriff blühender,
kraftstrotzender Jugend. Nur Heine konnte mit seinem alles durch-
dringenden, prophetischen Blick den Tod in dieser Gestalt erahnen.
(Lassalle gründete 1863 die deutsche Arbeiterbewegung, aus der die
Sozialdemokratische Partei erwuchs. Im Jahr darauf fand er im Alter
von 39 Jahren den Tod, jedoch nicht als Gladiator im Kampf für ein
Ideal, sondern in einem sinnlosen Duell wegen einer jungen Dame,
die er bei einem Ball kennengelernt hatte.)

Das Empfehlungsschreiben Heines öffnete Lassalle Tür und Tor zu
Varnhagens Berlin. Rahel, seine viel gepriesene Gattin, war 1833 ver-
storben, aber der Salon, den sie gegründet hatte bestand noch immer
und war gut besucht von den Intellektuellen und Aristokraten der
preußischen Hauptstadt.

Lassalle verzauberte auch sie. Der berühmte Naturforscher Alexander von Humboldt nannte ihn ein Wunderkind und prophezeite ihm
eine glänzende Zukunft. Aber der Jüngling, der noch keine 20 Jahre
alt war, war ungeduldig und suchte nur nach einer Gelegenheit, vor-
zugsweise einen Skandal, die ihm den Ruf eines Kriegers für die Gerechtigkeit verschaffen sollte.

Zunächst dachte er daran, sich Heines Kampf gegen dessen Familie
anzuschließen. Heine stellte die Sache als *„Kampf des Genius mit dem
Geldsak"*[69] dar, doch Lassalle beschloss, sie als einen „Kampf um das
Prinzip der Freiheit der Kunst und Unabhängigkeit des Dichters" zu
sehen. *„Sagen Sie das an Varnhagen"*, schrieb Heine an Lassalle in biblischen Begriffen, mit denen er so wunderbar umzugehen verstand,
*„sagen Sie ihm: die Herzen der Geldpharaone seien so verstockt, dass das
bloße Androhen von Plagen nicht hinreichend sei, obgleich sie wohl wissen, wie
groß die Zaubermacht des Autors, der schon vor ihren eigenen Augen so manches Schlangenkunststück verrichtet hat − Nein, diese Menschen müssen die
Plagen fühlen, ehe sie daran glauben und ihre zähen Selbstwillen aufgeben, sie
müssen Blut sehen, auch Frösche, Ungeziefer, wilde Thiere, Jan Hagel u.s.w.
und erst beim zehnten Artikel, worin man ihre geliebte Erstgeburt todtschlägt,
geben sie nach, aus Furcht vor dem noch größeren Übel, dem eignen Tod. Wahr-*

lich, hätte Moses sich mit der Güte befasst, mit Halbdrohen und Vernunftreden, die Kinder Israel säßen noch heute in Ägypten..."[70]

Sobald aber Lassalle mit großem Eifer seine Pläne in die Tat umzusetzen begann, verlangte Varnhagen Zurückhaltung. Die Befürworter Heines bevorzugten die leise Diplomatie, eine Politik, die nicht zu dem heißblütigen und unerschrockenen Charakter Lassalles passte, der so erpicht darauf war zu kämpfen.

Innerhalb kurzer Zeit fand er die passende Bühne für sein hyperaktives Temperament: Er engagierte sich für die Unterstützung der Gräfin Sophia von Hatzfeld, einer Frau aus einer Fürstenfamilie, die von ihrem Ehemann verlassen und grausam ihrer Kinder beraubt wurde, und mittellos zurückgelassen worden war. Das war die Art Thema, wonach er gesucht hatte: eine rührende kleine Geschichte über eine Person, mit einer viel größeren gesellschaftlichen Botschaft. Er startete einen spektakulären Kreuzzug, der acht Jahre lang vor Gericht und in der Presse ausgetragen wurde und in dessen Verlauf er mit Heine brach. Im Rahmen der Diffamierungskampagne, die er gegen den Graf führte, wollte er sich Heines journalistischer Kontakte bedienen, doch Heine hatte abgelehnt: *„Wie wenig ich passend bin zu einem Auftrage"*, antwortete er, *„der mehr ins Gebieth der Sueschen Romane als zu meinen Begebnissen gehört"*[71]. Einige Zeit später wurde Lassalle in die Affäre des Diebstahls der Dokumentenschatulle des Grafen verwickelt, die angeblich bestimmte Beweise für seine finanzielle Verpflichtung gegenüber der Gräfin enthalten hatte. Er wurde in Köln vor Gericht gestellt, wo er eine glänzende Verteidigungsrede hielt und sich dabei vom Angeklagten in einen Kläger verwandelte. Er wurde frei gesprochen. Dennoch besserte sich die Beziehung zwischen Lassalle und Heine nicht mehr. Jetzt beschrieb ihn auch Heine als *„einer der furchbarsten Bösewichter geworden, der alles fähig ist, Mord, Fälschung und Diebstahl ..."*[72]

Und in einem Brief an Lassalles Vater Heymann schrieb er: *„Mein armer Ferdinand Lassalle! Das Herz zerreißt mir's, wenn ich an ihn denke, wenn ich sehe, wie so viel glückliche Naturgaben der dämonischen Selbstzerstörung anheimgefallen."*[73]

Gleiches hätte er auch über sich selbst sagen können. Heine hatte keinen größeren Feind als sich selbst. Unter all den verrückten Ideen, die er fast täglich ausbrütete, war eine Spottschrift, die er über Carl zu schreiben plante, etwas, das ähnlich viel Staub aufwirbeln würde wie die Platen-Affäre und der Börne-Skandal. Am 6. Februar 1846 erklärte er Campe seine Beweggründe: *„Meine Pension achte ich für verloren und ich schlage sie in die Schanze, Ich, wie mir meine Ärzte (Dr. Roth und Dr Sichel) aus Freundschaft gestanden und weil sie wissen dass ich ein Mann bin den der Tod nicht schreckt, ich habe nicht lange mehr zu leben, und meine Frau geht alsdann ins Kloster und lebt von dem gringen Jahrgeld, das Sie ihr geben…"* [74]

Aber seine fortschreitende Krankheit machte seine Pläne zunichte. Im Mai 1846 erreichte die Lähmung die Halsmuskel, er hatte Schwierigkeiten beim Essen, Schlucken und Sprechen, und litt schrecklich an Krämpfen und Entstellungen. Eine Zeitung brachte sogar die Nachricht über seinen Tod. *„Was soll ich zu dem Zufall sagen, der eben in jetziger Zeit eine falsche Todesnachricht von mir in Deutschland verbreitete? Diese hat mich eben nicht ergötzlich gestimmt. Zu anderen Zeiten hätte ich drüber gelacht."* [75]

Doch der vorzeitige Nachruf hatte einen positiven Effekt, denn er verursachte eine Wende der öffentlichen Meinung zu seinen Gunsten. Die Deutschen vergaßen den Satiriker Heine, der sie zur Zielscheibe seines Spottes gemacht hatte, und dachten nur noch an den Heine des *Buch der Lieder* und die Poesie der darin enthaltenen Zeilen wie *Im wunderschönen Monat Mai* und *Auf Flügeln des Gesanges*. Sogar Carl zeigte sich betroffen, und fuhr nach Paris um Frieden zu schließen (und vielleicht auch, um seinen Daumen auf die *Memoiren* zu halten). Der Millionär erklärte sich bereit, Heines Jahresrente in der von seinem Vater festgelegten Höhe zu erneuern, und die Hälfte dieser Summe nach seinem Tod weiter an Mathilde zu zahlen. Heine, ans Bett gefesselt, krank und hilflos, verpflichtete sich im Gegenzug mit seiner Unterschrift, nichts Negatives über Salomon Heine zu schreiben und den guten Namen der Familie nicht zu verletzen. Alles was er noch schrieb, sollte zuerst zur Genehmigung vorgelegt werden. Die Angst, zu sterben und seine Witwe völlig mittellos zurückzulassen, hatte ihn besiegt. Carl reichte ihm die Hand, und Heine, unfähig seine

Gefühle zu verstecken, zog sie an seine Lippen und küsste sie. So gelang es der „Mistpoche" nach zweijähriger Auseinandersetzung, ihn
auf die Knie zu zwingen, im Austausch gegen finanzielle Vergütung,
die zugegebenermaßen großzügiger war als die, die er in der Vergangenheit erhalten hatte. Bei seinem nächsten Besuch in Paris 1848
brachte ihm Carl eine Extravergütung, verdoppelte seine Rente und
zahlte sogar seine Schulden. Dasselbe tat er auch bei seinen nächsten
Besuchen in den Jahren 1850 und 1853.

Von da an herrschte augenscheinlich Friede zwischen den beiden
Cousins. Sie wechselten herzliche Briefe, wovon sich Heine in einem
an den *„dummen"* Streit über Geld erinnerte. Er berichtete, die Hälfte
seiner *Memoiren* verbrannt zu haben und erklärte sein Verhalten (das er
als *„Autodafé"* bezeichnete), damit, es *„teils aus leidigen Familienrücksich-
ten, teils auch wegen religiöser Skrupeln"*[76] getan zu haben.

Carl war zufrieden, doch irrte er gewaltig, wenn er dachte, dass er
den Kampf gewonnen hatte. Es war nur eine Schlacht. Er kontrollierte
die Prosa und hielt ein Auge auf die *Memoiren*, aber niemals dachte er
daran, auch die Gedichte durchzusehen. Dies war ein Genre, in dem
Heine genug Erfahrung darin gesammelt hatte, wie die deutschen
Zensoren auszumanövrieren waren. So, wie er über den alkoholseli-
gen, impotenten Kaiser von China geschrieben hatte[77] (und damit
Friedrich Wilhelm IV. meinte) oder über den *„König Langohr I.",* der
verkündet hatte: *„Ihr glaubt, daß ich ein Esel sei / Wie ihr, ihr irrt euch, ich
bin ein Leu"*[78] (eine versteckte Anspielung auf Napoleon III.) nahm er
sich auch die Freiheit, den persischen Schah (d.h. Salomon Heine) zu
diffamieren, weil er den Dichter Firdusi um seinen gerechten Lohn
betrogen hatte; oder den spanischen König Pedro I., der Grausame
(d.h. Carl Heine), weil dieser die Hände seines Dichterneffen hatte
abhacken lassen (aus dem Entwurf zu *Spanische Atriden*)[79] weil er ge-
träumt hatte, wie dieser ein satirisches Gedicht gegen ihn schrieb.

Heine verließ sich auf die geistige Beschränktheit seiner reichen
Verwandten und war davon überzeugt, dass sie nicht merken werden,
dass er mit diesen Zeilen ihre Gemeinheit verewigte. Das Gedicht *Der
Dichter Firdusi* wurde im *Romanzero* (1851) abgedruckt, ohne dass Carl
Heine Notiz davon nahm. Das noch sehr viel giftigere Gedicht *Affron-*

tenburg das in dem Zyklus *Gedichte 1853 und 1854* veröffentlicht wurde, passierte ohne Schwierigkeiten die familiäre Zensur. Zwei Jahre vor seinem Tod veröffentlicht, beschrieb er, ohne Namen zu nennen, das Landgut seines Onkels Salomon Heine in Ottensen bei Hamburg:

> *Vermaledeiter Garten! Ach,*
> *Da gab es nirgends eine Stätte,*
> *Wo nicht mein Herz gekränket ward,*
> *Wo nicht mein Aug' geweinet hätte.*

> *Da gab's wahrhaftig keinen Baum,*
> *Worunter nicht Beleidigungen*
> *Mir zugefüget worden sind*
> *Von feinen und von groben Zungen.*[80]

Er schilderte die dort herrschende Atmosphäre der Anbiederung, die privilegierten Kriecher, eine Bande von Idioten und Speichelleckern, die, bevor sie den Mund aufmachten, nach der Wetterfahne schauten, um zu sehen woher der Wind wehte; der Marmorbrunnen, der trotz der Tränen, die hineingefallen waren, vertrocknet war; die Kröten und Schlangen (Friedländer und Halle?), die welkenden Rosen (seine Nichten?), und die Nachtigall (er selbst?), die vergiftet wurde. *Affron-tenburg* ist eine der verbittertsten und bösartigsten Gedichte, die Heine jemals publiziert hat.

Carl Heine, seine Frau Cécile, Johann Friedländer und Adolf Halle wären längst in Vergessenheit geraten, hätte Heine sie nicht unsterblich gemacht, gleichwohl er es bestimmt nicht mit Wohlwollen getan hat. Nachts, wenn er nicht schlafen konnte, zielte er mit Giftpfeilen nach ihnen, die sie ironischerweise gerade unsterblich machten. In einem dieser Gedichte, *Vermächtnis* drückte er seine Rache aus:

> *Nun mein Leben geht zu End',*
> *Mach ich auch mein Testament;*
> *Christlich will ich drin bedenken*
> *Meine Feinde mit Geschenken.*

Diese würd'gen, tugendfesten
Widersacher sollen erben
All mein Siechtum und Verderben,
Meine sämtlichen Gebresten.

Ich vermach euch die Koliken,
Die den Bauch wie Zangen zwicken,
Harnbeschwerden, die perfiden
Preußischen Hämorrhoiden.

Meine Krämpfe sollt ihr haben,
Speichelfluß und Gliederzucken,
Knochendarre in den Ruccken,
Lauter schöne Gottesgaben.

Kodizill zu dem Vermächtnis:
In Vergessenheit versenken
Soll der Herr eu'r Angedenken,
Er vertilge eu'r Gedächtnis.[81]

In seinem Nachlass fand man noch mehr Hassgedichte, die er zu Lebzeiten nicht gewagt hatte zu veröffentlichen, aus Angst, seine Rente zu
gefährden. Er bedachte auch, dass Mathilde die Konsequenzen aus
einer Veröffentlichung nach seinem Tode zu spüren bekäme. In einem
dieser Verse drückte er seine Befürchtungen detaillierter aus: *Wenn ich*
sterbe, wird die Zunge / Ausgeschnitten meiner Leiche; / Denn sie fürchten,
redend käm ich / Wieder aus dem Schattenreiche."

Nach Heines Tod in Februar 1856 überwies Carl wie versprochen
weiterhin seine finanzielle Unterstützung an die Witwe. Er wusste
sehr wohl, dass der tote Heinrich Heine nicht weniger gefährlich war
als der lebende, und dass seine Zahlungen an die Witwe die Gewähr-
leistung dafür waren, dass kein kompromittiertes Material aus dem

Nachlass veröffentlicht würde. Bei einer Gelegenheit versuchte er einmal, die *Memoiren* an sich zu reißen, doch Mathilde hielt sie mit eisernem Griff. Mit den gesunden Instinkten einer einfachen Französin ausgestattet, war ihr völlig klar, dass dieser Haufen Papier die beste Garantie für ihre weiteren regelmäßigen Renteneinkünfte darstellte.

Im Jahre 1867, elf Jahre nach Heines Tod, zeigte sie die Papiere Max. Es wird angenommen, dass er dabei verschiedene Textstellen löschte. Als die Texte dann (nach Mathildes Tod im Jahr 1883) endlich veröffentlicht wurden, gab es deutliche Hinweise auf grobe Streichungen. So scheint zum Beispiel in dem Abschnitt in seinen *Memoiren*, in dem er die Kinder von Salomon Heine beschrieb und von ihnen sprach als *„diesem schönen Menschenblumenstrauß "*[82] eine unbekannte Hand gestrichen zu haben, was immer auch darauf gefolgt hatte. Heine hatte gesagt, dass die *Memoiren* vier Bände füllen würden. Alles was davon noch übrig ist, sind etwa 50 Seiten. Sammons bemerkt: „Heineforscher glauben, dass das vollständige Werk, falls es je existierte, für immer verloren ist, doch in ihren Herzen glimmt immer noch die Fantasie, dass es eines Tages auf irgend einem Dachboden in Paderborn oder Cleaveland oder Buenos Aires auftauchen könnte: solche Dinge sind ja bekanntermaßen schon vorgekommen. Es wäre das aufregendste Ereignis in der deutschen Literaturgeschichte, seit der Entdeckung der lange verloren geglaubten Erstfassung von Goethes „Wilhelm Meister" im Jahr 1910. Es wäre von so unschätzbarem Wert, dass man es mit Diamanten aufwiegen müsste."[83]

KAPITEL 22

Die Dämmerung

So sterbe ich dennoch ohne Vermögen und Würden im Exil und arm. Mein Herz hat es so gewollt, denn ich liebte immer die Wahrheit und verabscheute die Lüge.

(Aus dem Testament, 1846)

Im Winter 1846 sagten die Ärzte Heine die Wahrheit: Seine Krankheit war unheilbar. Er äußerte den Wunsch, einen Spezialisten in Berlin aufzusuchen, aber trotz der Bemühungen des bekannten Wissenschaftlers Alexander von Humboldt weigerte sich die Polizei, Heine eine Einreiseerlaubnis zu gewähren. Er wurde gewarnt, dass er verhaftet würde, sobald seine Füße preußischen Boden beträten. *„Oh "*, murrt er, *„Könnte ich bloß wieder die Heimat sehen! Würden sie mir in ihrer Gnade erlauben in Deutschland zu sterben![1] ..."* Als seine Lage sich verschlechterte, fuhr er mit Mathilde in die Heilbäder von Barèges in den Pyrenäen, wo er auf einer Bahre zu den Wassern getragen wurde, jedoch vergeblich. Die schleichende Lähmung erreichte nun auch seinen Hals. *„Ich küsse, fühle aber nichts dabey"*, schreibt er an Ferdinand Lassalle, *„so starr gelähmt sind meine Lippen. Auch der Gaumen und ein Theil der Zunge affizirt, und alles was ich esse schmeckt mir wie Erde."*[2] Seiner Freundin Caroline Jaubert sagt er mit bitterem Humor, er könne nur auf einer Seite essen und auf der anderen Seite weinen. Ein weiterer Arzt untersuchte ihn und fragte, ob er pfeiffen könne, worauf er antwortete, das könne er nicht einmal auf die Stücke von Herrn Scribe.[3]

Mit der wenigen Kraft, die ihm blieb, spazierte er durch die Straßen von Paris. *„Die schönen Frauen verdrehen ihre Augen, wenn sie mich auf der Straße sehen"*, erzählt er Caroline Jaubert , *„meine geschlossenen Augen (das Rechte ist ein wenig geöffnet), meine blassen Wangen, mein verwirrter Bart, mein schleppender Gang verleihen mir den Eindruck eines Sterbenden, das zu mir wunderbar passt! Ich kann Ihnen versichern, dass als Mann, der bald sterben wird, ich im Moment sehr großen Erfolg habe ...*"[4]

Mit großer Anstrengung erreichte er die Bibliothek nahe dem Palais Royal, wo er gewöhnlich die deutschen Zeitungen las. Als er eintrat kamen ihm sicherlich sofort einige der Stammleser zur Hilfe. Einer wird seinen Arm genommen und ihn zu einem bequemen Stuhl geführt, ein anderer wird ihm die „Allgemeine Zeitung" gereicht haben. Er wird die Zeitung nah an sein Gesicht gehalten und nach oben und nach unten bewegt haben, da sein Auge nicht mehr in der Lage war, dem Geschriebenen zu folgen. Als er aufstand werden ihm die Leser wieder geholfen haben, seinen Weg nach draußen zu finden und sich mit einer Verbeugung verabschiedet haben. Einer der neuen Leser fragte seinen Nachbarn, wer das sei. „C'était Monsieur Henri Heine" wurde ihm zugeflüstert.[5]

Trotz seiner unerträglich schweren körperlichen Lage blieb sein Gehirn auf wunderbare Weise klar. Zu Theodor Creizenach, der ihn in das Buch „Die Geschichte der Israeliten" von Markus Jost vertieft vorfand, sagte Heine: *„Wäre ich sicher, dass mir noch zehn Jahre Leben verblieben sind, hätte ich eine jüdische Geschichte geschrieben."*[6] Einen tiefen Eindruck machte das Buch von Michael Sachs „Die religiöse Poesie der Juden in Spanien" (Berlin 1845) auf ihn. Dieses Buch inspirierte ihn zu seinem Gedicht über Jehuda Halevy.

Im selben Jahr, 1846, beauftragte ihn der Direktor der Oper, ein Libretto für ein neues Ballett zu schreiben. Das Ergebnis war *Doktor Faust, ein Tanzpoem*, in dem die Rolle des Teufels durch eine Tänzerin verkörpert wird. In diesem Werk gibt es auch ein jüdisches Moment: König David singt und tanzt vor der Bundeslade, und Juden in traditionellem Gewand vollführen einen stürmischen, chassidischen Tanz. Das findet im zweiten Akt statt. Faust und Mephistophela geraten in ein Fest im Schloss des Herzogs. Nach einem stürmischen *Pas de deux*: *„Der Herzog wendet sich endlich gegen Faust und verlangt als eine Probe seiner Schwarzkunst den verstorbenen König David zu sehen, wie er vor der Bundeslade tanzte. Auf solches allerhöchste Verlangen nimmt Faust den Zauberstab aus den Händen Mephistophelas, schwingt ihn in beschwörender Weise, und aus der Erde, welche sich öffnet, tritt die begehrte Gruppe hervor. Auf einen Wagen, der von Leviten gezogen wird, steht die Bundeslade, vor ihr tanzt David possenhaft vergnügt und abenteuerlich geputzt, gleich einem Kartenkönig, und hinter der heiligen Lade, mit Spießen in den Händen, hüpfen schaukelnd einher die königlichen Leibgarden, gekleidet wie polnische Juden in lang herabschlotternd schwarzseidenen Kaftans und hohen Pelzmützen auf den spitzbärtigen Wackelköpfen. Nachdem dieses Karikaturen ihren Umzug gehalten, verschwinden sie wider in den Boden unter rauschenden Beifallsbezeigungen.“*[7]

Im Frühling 1846 kam es zu einer weiteren Verschlechterung seiner Situation. Er klagte über *„verfluchte schreckliche Nächte, mit fürchterlichem Getöse in der Brust; hätte ich keine Frau und einen Papagei (Gott verzeih mir) hätte ich meinem Leiden ein Ende gemacht, wie ein Römer im Altertum …“*[8] Nach einer leichten Verbesserung im Sommer kehrten im Herbst, der in diesem Jahr früh kam, die Attacken erneut zurück. Als Friedrich Engels ihn besuchte erschrak er. An Karl Marx schrieb er: „Es macht einen höchst fatalen Eindruck, so einen famosen Kerl so Stück für Stück absterben zu sehen!“[9]

Die Ärzte fuhren fort, ihn mit den bekannten Methoden zu behandeln, hauptsächlich dem Aderlaß, und probierten neue Medikamente aus, die ihm nur schadeten. Die Zeitungen brachten widersprüchliche Meldungen. Einige berichteten, dass er in einem Irrenhaus eingesperrt war; andere meldeten seinen Tod. Im August 1846 schrieb Laube einen Nachruf über Heine, und buchstäblich in letzter Minute, als die Meldung sich als Irrtum herausstellte, konnte er die Veröffentlichung stoppen. Die Nachrichten über seinen Tod waren um neun Jahre zu früh.

Im Winter erschien ein neuer Arzt, Dr. David Gruby, von dessen medizinischen Wundern ganz Paris sprach. Er war ein ungarischer

Jude, teils Genie, teils Scharlatan, der eine neue Behandlungsmethode anwendete, bei welcher er Jod und Quecksilber verwendete. Um Heines Schmerzen zu lindern, schnitt er in seinem Rücken neue Wunden und ließ sie offen, um durch sie Morphium direkt in die Blutbahn zu träufeln. Heine, der dem kleinwüchsigen Arzt vertraute, sagte: „... *der von so kleiner Statur ist, dass ich beinahe sagen kann, ich brauche gar keinen Arzt.*"[10]

Alle Versuche die in der Vergangenheit und Gegenwart gemacht wurden, um Heines Krankheit zu diagnostizieren, blieben Spekulation. In der Regel glaubte man, dass er Syphilis hatte – besonders weil man sich auf sein Zeugnis verließ: In der Novelle *Aus den Memoiren des Herren von Schnabelewopski* beschrieb er einige junge Prostituierte, und deutete an, dass diese Beziehungen ihm teuer zustehen kamen. Als ihn Ferdinand Lassalle besuchte, zeigte er unmittelbar nach der Begrüßung auf sein Glied und sagte: „*Was sagen sie zu solch einer Dankbarkeit? Der, für den ich so viel getan habe, brachte mich in diese Situation...*"[11] In seinem letzten Gedicht *Für die Mouche* schrieb er über die Zeit, dass sie „die *schlimmste Syphilis [ist]*". Heute ist diese Diagnose nicht anerkannt, insbesondere weil er bis zu seinem letzten Tag bei klarem Verstand geblieben war. Deshalb erwägte man Diagnosen wie Schwindsucht der Wirbelsäule und sogar die Multiple Sklerose. Sammons meint, dass wir niemals wissen werden, was seine Krankheit wirklich war, aber es sieht so aus, dass man ihn im Zeitalter der Antibiotika leicht hätte kurieren können.[12]

Ich zeigte Heines Krankheitsgeschichte zwei Spezialisten in der Universitätsklinik „Hadassah" in Jerusalem, Professor Saul Merin von der Abteilung für Augenkrankheiten und Professor Avinoam Reches von der neurologischen Abteilung. Die zwei Ärzte, jeder von ihnen eine Kapazität auf seinem Gebiet, verneinten die Möglichkeit einer Syphilis, Schwindsucht oder Multiplen Sklerose. Die Symptome, Kopfschmerzen während seines Universitätsstudium, Gesichtskrämpfe, seine krankhafte Lärmempfindlichkeit (Hundegebell und Uhrenticken), Lähmung, die im Alter von 34 mit zwei Fingern der linken Hand begann und sich allmählich auf die Hand und in die Beine ausbreitete, Leibschmerzen, Schwierigkeiten beim Essen,

Sprechstörungen, ebenso die schwere Augenkrankheit, die sich im Senken der Augenlider ausdrückte, und manchmal im Doppel-Sehen und in Perioden völliger Blindheit – all dies kann durch eine einzige Erklärung verständlich werden: das Wachstum eines gutartigen Tumors, der sich seit seiner Jugend in seinem Gehirn entwickelte, sich in Richtung der Wirbelsäule ausbreitete und allmählich das Nervensystem traf.

Würde Heine heute leben, könnte man, falls die Diagnose richtig ist, nach den Professoren Merin und Reches, den Tumor schon in einem frühen Stadium mit Hilfe der Computer-Tomographie entdecken und ihn durch einen chirurgischen Eingriff, durch Chemotherapie oder Bestrahlung entfernen. Aber Heine lebte im 19. Jahrhundert und war von Ärzten abhängig, von denen Dr. Gruby offensichtlich einer der Besten war.

An einem Abend fühlte sich Heine ein wenig besser und er ging zusammen mit Mathilde und Dr. Gruby aus. Die Kutsche, die ihn zurückbringen sollte, wurde unterwegs durch eine Gruppe erregter junger Menschen in zerschlissener Arbeitskleidung angehalten und umgeworfen, um eine Barrikade zu errichten. Heine befand sich plötzlich inmitten der Revolution von 1848. Mühsam nach Hause zurückgekehrt, berichtete er der „Allgemeinen Zeitung" ... von den *„drei schrecklichen Tagen"* im Februar. *„Mein Kopf war vollkommen betäubt"*, schrieb er, *„ohne Pause das Geräusch von Trommeln, Geschossen und der Marseillaise ..."* Er berichtete von dem 74jährigen König, der gezwungen wurde, aus Paris zu fliehen. „Der arme Louis Phillip!" schrieb er, *„Im Alter wieder den Wanderstab halten! Und nach England, mit dem kalten Nebel, wo der Geschmack der Diaspora doppelt bitter ist ..."* Er lobte den Premierminister Alphonse de Lamartine und die Mitglieder der provisorischen Regierung Arago, Carnot, Crémieux, Louis Blanc, Marast, Dupont de l'Eure, usw. *„Was für ein Stab von ausgezeichneten und begabten Menschen"*, schrieb er, *„alle sind begeistert von Menschliebe und Weltbürgertum!"*

Die drei Reportagen über die Februar Revolution waren seine letzten journalistischen Berichte aus Paris. Am 10. März schrieb er dem Herausgeber: „*Liebster Kolb! Ich kann gar nicht mehr sehen und keine zwey Schritte gehen. Ihr armer Freund, H. Heine*".[13]

In der Februar-Revolution von 1848 betrat das Proletariat zum ersten Mal die Bühne der Geschichte. Marx, der erst jetzt die Niederschrift des „Kommunistischen Manifest" beendet hatte, eilte von Brüssel nach Paris. Er konnte noch rauchende Barrikaden und rote Fahnen neben der Trikolore sehen. Er nahm an den Versammlungen der Arbeiter teil und wartete ungeduldig auf den Aufstand des Proletariats von Paris.

Doch das Pariser Proletariat erhob sich nicht, dennoch verbreitete sich die Revolution wie ein Lauffeuer über ganz Europa. Metternich, die Person, die mehr als jeder andere das Zeitalter der post-napoleonischen Reaktion symbolisierte, war sehr besorgt wegen der Ereignisse in Paris. Er pflegte immer zu sagen, dass, wenn Frankreich niest, ganz Europa an der Grippe leidet. Und so geschah es auch: Am 12. März demonstrierten in Wien die Studenten. Metternich floh, und der Kaiser war gezwungen, seinem Land eine Verfassung zu geben. Am 17. März führte Daniele Manin (der Enkel eines getauften Juden) einen Aufstand gegen die Herrschaft Österreichs in Venedig. Er rief eine Republik aus und wurde ihr Präsident. Venedigs Beispiel folgend begannen auch Mailand und Parma einen Aufstand. In Rom vertrieben die Aufständischen den Papst, und Giuseppe Mazzini rief zusammen mit Garibaldi die Republik aus. Zur selben Zeit revoltierten die Tschechen gegen die Österreicher, und die Ungarn erklärten ihre Unabhängigkeit. Auch Deutschland revoltierte. In Berlin wurden Barrikaden ähnlich wie in Paris errichtet. Um die Gemüter zu beruhigen, gewährte Friedrich Wilhelm IV. Preußen eine liberale Verfassung und hob die Zensur auf. Als Heine davon hörte, hatte er seine Zweifel. „*Wie könnte ein Mensch, der immer unter der Zensur lebte, schreiben ohne Zensur?! Jeder Stil würde verloren gehen, jede Grammatik, jeder gute Maßstab!*"[14]

Das Fieber der Revolution erreichte das Rheinland. Marx packte die Exemplare des „Kommunistischen Manifest" in seine Koffer und eilte von Paris nach Köln. Dort wirkte schon eine Gruppe des kommunistischen Bundes unter der Führung von Andreas Gottschalk, Sohn eines jüdischen Metzgers, zusammen mit Moses Hess. Auch Ferdinand Lassalle erreichte das Rheinland, reiste von Ort zu Ort und hielt feurige Reden an die Arbeiter. Marx, der sich mit der Gruppe zerstritt, konzentrierte sich auf die Herausgabe der „Neuen Rheinischen Zeitung", aber die Bemühungen, in Deutschland eine sozialistische Revolution zu entfachen, waren vergebens. Das war die große (aber kurzlebige) Stunde der Liberalen. In der Frankfurter Paulskirche kam die Nationalversammlung zusammen, die Deutschland eine liberale Verfassung gab – und den Juden volle Bürgerrechte. Der Vizepräsident der Versammlung war Gabriel Riesser.

In diesem Jahr, 1848, bestiegen Juden alle Barrikaden: Sie nahmen Anteil an den nationalen Aufständen zur Befreiung Italiens, Ungarns und Polens; sie gehörten sogar zu den Liberalen von Paris, Wien, Frankfurt und Berlin, und sogar zu den sozialistischen Revolutionären, die in diesem Jahr die rote Fahne schwenkten. Kein Ruf zur nationalen Selbstbestimmung der Juden wurde in diesem Jahr vernommen, das Jahr, das als „Frühling der Völker" bekannt war.

Heine, der seinerzeit die Juli-Revolution von 1830 mit größter Begeisterung empfangen hatte und später prophezeite, dass die Juli-Monarchie durch eine Revolution gestürzt werden würde, reagierte mit Verdruss auf den Aufstand vom Februar 1848. „Über die Zeitereignisse sage ich nichts", schrieb er an Campe, „das ist Universalanarchie, Weltkuddelmuddel, sichtbar gewordener Gotteswahnsinn! Der Alte muß eingesperrt werden, wenn das so fort geht. – Das haben die Atheisten verschuldet, die ihn toll geärgert."[15]

Seine Stimmung war, wie hier deutlich wird, auf dem Tiefpunkt angelangt, wegen seiner Krankheit, die immer schlimmer wurde, aber auch durch das, was zutage trat, als man die Archive der Regierung öffnete und die Geheimnisse der Juli Monarchie entdeckte. Im Mai veröffentlichte die „Revue Rétrospective" die Dokumente des Außenministeriums, und aus ihnen wurde bekannt, dass „der deutsche Dichter" Heine für „außergewöhnliche Dienste" eine jährliche Rente von 4800 Francs erhalten hatte. Seine Gegner stürzten sich schadenfroh auf diese Nachricht. Jetzt hatten sie den Beweis, dass er die Revolution verraten hatte. Ein schwerer Schatten fiel auf sein Image als Mann des Fortschritts und des Gewissens.

Der schmerzlichste Schlag kam von der „Allgemeinen Zeitung", die sich dem Angriff auf ihren Star-Reporter anschloss. Ein anonymer Beitrag behauptete, dass Heine seine Feder der französischen Regierung verkauft habe. Zynisch bemerkten die Herausgeber der Zeitung dazu, so Heine, *„daß ich dieselbe in keinem Falle für das, was ich schrieb, sondern nur für das, was ich nicht schrieb, empfangen haben könne."*[16]

Halb blind und fast vollständig gelähmt, nahm Heine Feder und Papier und sandte seinen Protest: *„Die Redaktion der ‚Allgemeinen Zeitung', die seit zwanzig Jahren nicht sowohl durch das, was sie von mir druckte, als vielmehr durch das, was sie nicht druckte, hinlänglich Gelegenheit hatte, zu merken, daß ich nicht der servile Schriftsteller bin, der sich sein Stillschweigen bezahlen läßt – besagte Redaktion hätte mich wohl mit jener levis nota verschonen können."*[17]

Die Rente, behauptete er, war mit keinen Bedingungen verknüpft. Es war eine großzügige Geste seitens des französischen Volkes gegenüber Tausenden von fremden Emigranten, die durch ihren revolutionären Eifer den Zorn ihrer Regierungen erregt hatten. *„Ich nahm solche Hülfsgelder in Anspruch",* schrieb er, *„kurz nach jener Zeit, als die bedauerlichen Bundestagsdekrete erschienen, die mich, als den Chorführer eines sogenannten Jungen Deutschlands, auch finanziell zu verderben suchten, indem sie nicht bloß meine vorhandenen Schriften, sondern auch alles, was späterhin aus meiner Feder fließen würde, im voraus mit Interdikt belegten und mich solchermaßen meines Vermögens und meiner Erwerbsmittel beraubten, ohne Urteil und Recht. Ja, ‚ohne Urteil und Recht.' – Ich glaube mit Fug solchermaßen ein Verfahren bezeichnen zu dürfen, das unerhört war in den Annalen absurder Gewalttätigkeit. Durch ein Dekret meiner heimischen Regierung wurden nicht bloß alle Schriften verboten, die ich bisher geschrieben, sondern auch die künftigen, alle Schriften, welche ich hinfüro schreiben würde; mein Gehirn wurde konfisziert, und meinem armen unschuldigen Magen sollten durch dieses Interdikt alle Lebensmittel abgeschnitten werden. Zugleich sollte auch mein Name ganz ausgerottet werden aus dem Gedächtnis der Menschen, und an alle Zensoren meiner Heimat erging die strenge Verordnung, daß siesowohl in Tagesblättern wie in Broschüren und Büchern jede Stelle streichen sollten, wo von mir die Rede sei, gleichviel, ob günstig oder nachteilig."*[18]

Die Rente erhielt Heine von Premierminister Thiers auf Veranlassung der gemeinsamen Freundin, der Prinzessin Cristina di Belgiojoso. Als Thiers 1840 gestürzt wurde und Francois Guizot an seine Stelle kam, stattete Heine ihm einen Besuch ab. Der Premier versprach die Rente weiter zu zahlen. „Ich bin kein Mensch", sagte er, „der den Lebensunterhalt einem deutschen Dichter, der in der Emigration lebt, vorenthalten kann." Heine schrieb, dass Guizot keine Gegenleistung verlangt hatte. Seine strengen Kritiker wundern sich, warum er das nicht auch über Thiers gesagt hatte.[19]

Wie bei fast jedem Thema, das mit Heine zu tun hat, sind die Meinungen in Bezug auf die Regierungs-Rente geteilt. Bis heute gibt es Kritiker, die ihn als einen Mann ohne moralisches Rückgrad darstellen, der bereit ist, seine Feder zu verkaufen. Andere beweisen das Gegenteil, indem sie seine Artikel heranziehen, die voller Kritik gegen das Regime sind. Sie heben besonders seine Angriffe gegen Thiers im Jahre 1840 hervor, als er ihn als Kriegstreiber darstellte. Einer seiner frühesten Verteidiger war der Wiener Dramatiker Franz Grillparzer. Er verglich die Rente der französischen Regierung für Heine mit dem Honorar von 6000 Talern, das Friedrich der Große Voltaire gezahlt hatte. Doch was Voltaire verziehen werden konnte, wollte man bei Heine nicht verzeihen.

Heines Brief in der „Allgemeinen Zeitung" ist auf den 15. Mai 1848 datiert. Wenige Tage später brach er zusammen und war von nunmehr an sein Bett gefesselt.

KAPITEL 23

Die Blume der Passion

Fort mit der Lyra Griechenlands,
Fort mit dem liderlichen Tanz
Der Musen, fort! In frömern Weisen
Will ich den Herrn der Schöpfung preisen.

Fort mit den Heiden Musika!
Davids frommer Harfenklang
Begleite meinen Lobgesang!
Mein Pslam ertönt: „Halleluja!"
(*Halleluja,* aus dem Nachlass)

E s war im Mai 1848, an dem Tage, wo ich zum letzten Male ausging, als ich Abschied nahm von den holden Idolen, die ich angebetet in den Zeiten meines Glücks. Nur mit Mühe schleppte ich mich bis zum Louvre, und ich brach fast zusammen, als ich in den erhabenen Saal trat, wo die hochgebenedeite Göttin der Schönheit, Unsere liebe Frau von Milo, auf ihrem Postamente steht. Zu ihren Füßen lag ich lange, und ich weinte so heftig, daß sich dessen ein Stein erbarmen mußte. Auch schaute die Göttin mitleidig auf mich herab, doch zugleich so trostlos, als wollte sie sagen: siehst du denn nicht, daß ich keine Arme habe und also nicht helfen kann?"[1]

Zeitgenössische Heine-Biographen geben nicht allzu viel auf seine Geschichten über sich selbst. Die Geschichte von seinem Zusammenbruch zu Füßen der Venus von Milo, wie es im *Romanzero* geschildert wird, ist für ihren Geschmack ein wenig zu glatt. Dennoch ist es zweifellos eine sehr aussagekräftige Schilderung über die Wandlung in Heines Leben: seine Abkehr vom Hellenismus, von der hedonistischen Philosophie und seine Zuwendung zum Gott der Bibel, dessen Tod er 13 Jahre zuvor verkündet hatte.[2]

Am 7. Juni schrieb er an Campe: *„Seit 8 Tagen bin ich ganz und gar gelähmt, so dass ich nur im Lehnsessel und auf dem Bette seyn kann; meine Beine wie Baumwolle und werde wie ein Kind getragen. Die schrecklichsten Krämpfe. Auch meine rechte Hand fängt an zu sterben und Gott weiß ob ich Ihnen noch schreiben kann. Diktiren peinigend wegen der gelähmten Kinnladen. Meine Blindheit ist noch mein geringstes Uebel …"*[3]

Eine Woche später verriet er auch seiner Schwester, wie krank er war: *„Meine Frau wünschte, dass ich Dich nicht in allzu großer Täuschung, die der Mutter wegen nöthig war, länger erhielte, damit wenn ich peigere Du Dich nicht zu sehr erschrickst.***"*[4]

Doch Heines Tod kam nicht so schnell: es sollten ihn noch acht Jahre des Todeskampes erwarten, acht Jahre, während derer er gelähmt war, fast völlig blind, und an Krämpfen, Kopfschmerzen und qualvollsten Schmerzen am ganzen Körper litt. Nur sein Verstand blieb erstaunlicherweise völlig unangetastet, und erhielt ihm seine schöpferischen Kräfte genauso kraftvoll wie ehedem. Hier auf seinem Totenbett schrieb er einige seiner schönsten Verse.

Seit September 1848 lebte er im dritten Stock in der 50 Rue d'Amsterdam, einer dunklen Wohnung mit Aussicht auf den Hinterhof. Aus dem Fenster konnte man nur ein winziges Stückchen Himmel sehen. *„Matratzengruft"* nannte er sein karges Zimmer, dessen Luft geschwängert war vom schweren Geruch der Medikamente. *„Ein Grab ohne Ruhe"*, schrieb er, *„der Tod ohne die Privilegien der Verstorbenen"*[5]

In dieser Wohnung in der Rue d'Amsterdam blieb er sechs Jahre – eine Rekordzeit für jemanden, der so oft seine Adresse gewechselt hatte wie Heine. Seit er sein Elternhaus in Düsseldorf verlassen hatte, hatte er keinen festen Wohnsitz mehr gehabt. In seiner Zeit in

---

*   *peigere*: Jiddisch für „abkratzen"

Deutschland hatte er in neun verschiedenen Städten und 23 Wohnungen gelebt und während seiner 25 Jahre in Paris war er 15 Mal umgezogen.[6] Im Oktober 1847 wohnte er drei Monate in einer lauten Wohnung über einem Stall in der Rue de la Victoire: *„Meine Nerven sind bestens gespannt"*, schrieb er, *„und ich bin sicher, dass sie den ersten Preis bei jedem Wettbewerb bekommen könnten …"*[7]

Ende Januar 1848 siedelte er in die Rue de Berlin um, von wo aus er in die Klinik eines Freundes verlegt wurde, und zog anschließend von dort aus in die Rue d'Amsterdam, die berühmteste all seiner Adressen. Hier, auf seiner Matratzengruft, gab es zwar keine Pferde, die ihn wahnsinnig machten, dafür musste er aber den Klavierübungen eines Mädchen lauschen, während die monotonen Tönen der Musik, die in seinem Kopf dröhnte, sich mit dem Geschrei spielender Kinder auf dem Hof vermischte. *„Ich bin nur ein armer Mensch"*, schrieb er über sich, *„der obendrein nicht mehr ganz gesund und sogar sehr krank ist."*[8] Er konnte dort nur noch auf zwei Matratzen, von Kissen gestützt und in Decken gehüllt liegen. Das Bettzeug war auf dem Boden aufgestapelt, um ihm den Zugriff zu Büchern, Zeitungen und Papierbögen zu erlauben, die um ihn herum verstreut lagen. An besseren Tagen setzte man ihn in einen Sessel. Seine Briefe und Prosatexte diktierte er seinem Sekretär.[9]

Er ersann seine Gedichte in der Nacht, diktierte sie am Morgen, und redigierte sie dann eigenhändig Stunde um Stunde, bis er zufrieden damit war. Auf ein großes Brett gestützt, konnte er seine rechte Hand, die noch eine winzige Spur von Leben in sich hatte, dazu benutzen, um Bögen mit einer großen und kindlich wirkenden Schrift zu bedecken.

Am 3. Dezember 1848, etwa ein halbes Jahr nach seinem Zusammenbruch, diktierte Heine einen Brief an seinen Bruder Max: *„In meinen schlaflosen Marternächten verfasse ich sehr schöne Gebete, die ich aber doch nicht niederschreiben lasse"*, und nachdem der Sekretär gegangen war, fügte er eigenhändig hinzu: *„und die alle an einen sehr bestimmten Gott, nemlich an den Gott unserer Väter gerichtet sind."*[10]

In den Pariser Salons war Heines Rückkehr zur Religion Tagesgespräch. Die Leute fragten sich, welche Religion das sein könnte. Es gab

Gerüchte, dass er den Katholizismus angenommen habe, während andere behaupteten er sei ein reuiger Protestant. Die Prinzessin Belgiojoso schickte ihm einen Priester, und die beiden führten eine lebhafte Diskussion über göttliche Angelegenheiten. Heine interessierte sich jedoch weit mehr für die Prinzessin. Sie war erst vor kurzem von einer Wallfahrt in den Osten zurückgekehrt, und Heine war gespannt auf ihre Eindrücke von Jerusalem. Während er mit seinen nicht-jüdischen Besuchern über Gott eher in allgemeinen Begriffen sprach, wurde er gegenüber seinen jüdischen Freunden deutlicher. Zu Alexander Weill sagte er, dass die zum Christentum Konvertierten *„einen Meineid leisteten, da ein Jude niemals an die Gottheit eines anderen Juden glauben würde."* [11]

Im April 1849 nahm Heine erstmalig direkt Bezug auf seine jüdischen Wurzeln: nicht durch einen bloßer Hinweis, sondern in einer ausdrücklichen Stellungnahme, und zwar nicht in einem privaten Brief oder Gespräch, sondern in aller Öffentlichkeit. *„Ich bin nicht mehr ein gesunder Helene, der das Leben liebt, der überheblich über armselige Nazarener lächelt. Jetzt bin ich nichts als ein armer Jude, krank bis zum Tode, eine armselige Gestalt, die Mitleid erregt, ein unglücklicher Mensch ... "* [12]

Als ihm Ludwig Kalisch erzählte, dass ihm zu Ohren gekommen war, Heine sei zum Judentum zurückgekehrt, antwortete dieser: *„Ich mache kein Hehl aus meinem Judentume, zu dem ich nicht zurückgekehrt bin, da ich es niemals verlassen hatte."* [13]

Die in der Presse regelmäßig erscheinenden Berichte über seine Krankheit erzeugten eine Welle der Sympathie für ihn, zumindest jedoch nivellierten sie beträchtlich die Feindseligkeit, die Heine in den letzten Jahren aufgewirbelt hatte. Deutsche Touristen in Paris erachteten es als ihre Pflicht, dem großen Dichter ihre Referenz zu erweisen, der so schöne Lieder geschrieben hatte, und ein so glänzender Satiriker war, dass man ihn den „deutschen Aristophanes" [14] nannte. Einem Gast, der zugegen war, als die Pflegerin ihn ins Badezimmer trug, sagte er, er solle in Deutschland erzählen, dass sie ihn in Paris auf Händen tragen. [15] Einem anderen Gast, der ihn fragte, warum er nicht ganz offiziell zum Judentum zurückkehrte, antwortete er, es sei besser, wenn ein weiterer Christ statt eines weiteren Juden stirbt. Am 2. Februar 1850 schrieb er an Laube: „*Gottlob, daß ich jetzt wieder einen Gott habe, da kann ich mir doch im Uebermaaße des Schmerzes einige fluchende Gotteslästerungen erlauben; dem Atheisten ist eine solche Labung nicht vergönnt.*"[16]

In seinem Gedicht *Miserere*, das man in seinem Nachlass fand, erklärte Heine, dass er die glücklichen Menschen nicht um deren Leben beneidete, sondern vielmehr die Art und Weise, wie sie ohne Schmerzen sterben.

> *Wie sehr muß ich beneiden ihr Los!*
> *Schon sieben Jahre mit herben,*
> *Qualvollen Gebresten wälz ich mich*
> *Am Boden, und kann nicht sterben!*
>
> *O Gott, verkürze meine Qual,*
> *Damit man mich bald begrabe;*
> *Du weißt ja, daß ich kein Talent*
> *Zum Martyrtume habe.*[17]

Heine fährt fort mit der Frage, wieso der allmächtige Gott den „*fröhlichsten Dichter*" erschaffen sollte, nur um ihn zu zerstören. Es ist, so stellt er fest, „*ein trauriger Spaß*". Und er endet „*O Miserere! Verloren geht / Der beste der Humoristen!*"[18] In anderen Gedichten, die in seinem Nachlass gefunden wurden, preist er das Leben in dieser Welt:

> *Mich locken nicht die Himmelsauen*
> *Im Paradies, im selgen Land;*
> *Dort find ich keine schönre Frauen*
> *Als ich bereits auf Erden fand.*
>
> *Kein Engel mit den feinsten Schwingen*
> *Könnt mir ersetzen dort mein Weib;*
> *Auf Wolken sitzend Psalmen singen,*
> *Wär auch nicht just mein Zeitvertreib.*

O Herr! Ich glaub, es wär das Beste,
Du ließest mich in dieser Welt;
Heil nur zuvor mein Leibgebreste,
Und sorge auch für etwas Geld.[19]

Eine von Heines Besucherinnen war die Baronin Rothschild, eine langjährige Verehrerin seiner Dichtkunst, die ihm oft Bücher aus Deutschland mitbrachte. Im Sommer 1851 gab sie ihm die Ghettogeschichten von Leopold Kompert, einem jüdischen Autoren aus Wien, der damals ziemlich bekannt war. Er überreichte ihr ein Exemplar des *Atta Troll*, in das er ihr als Widmung einen Vers aus *Die Engel* geschrieben hatte, in dem er erklärte, dass er zwar nicht glaubte, dass der Weg zum Himmel über Rom oder Jerusalem führte, er aber keineswegs an der Existenz von Engeln auf Erden zweifelte.[20] Ihrem Gatten schrieb er: *„Jetzt erlaube ich mir Ihnen wissen zu lassen, dass ich noch nicht gestorben bin, obgleich mein Zustand nicht eben den Namen Leben verdient."* Seine Briefe an den Baron, der im Frankfurter Ghetto geboren wurde, würzte er sehr häufig mit Begriffen aus ihrer gemeinsamen Muttersprache. *„Die älteren Juden"*, schrieb er, *„welche sehr gefühlvolle Menschen waren, hegten den Glauben, daß man in Gegenwart eines Kindes nicht etwas Gutes essen dürfe, ohne demselben einen Bissen davon mitzutheilen"*, wegen des *„Zaar lechajim"* [eine Verfälschung des hebräischen *zaar ba'alei chayim*: Vermeidung von Grausamkeit an Tieren], *was noch mehr sagen will, als das Wort Rachmones."* [Mitleid].[21]

Baron Rothschild verstand den Wink mit dem Zaunpfahl. Er schickte Heine etwas Geld und behauptete, was typisch für ihn war, dass es sich um einen Börsengewinn handelte.

„Ich bin mit dem verwünschten russischen Calender nicht sehr vertraut", schreibt Heine an seine Mutter, *„und weiß nicht ob der Staatsrath Gimmel Kisseleff diese Woche oder die nächste Woche bei Dir seine Aufwartung machen wird. Heute schreibe ich Dir, um Dir zu Deinem Geburtstag zu gratulieren…"*[22]

Aus diesem Brief erfährt man, dass die 82-jährige Mutter ihren Geburtstag nach dem hebräischen Kalender feierte, und dass dieser auf den dritten Tag des neunten Monats, Kislev (Gimmel ist der dritte Buchstabe im hebräischen Alphabet) fiel. Wie in den meisten Briefen an seine Mutter, unterschrieb er diesen Brief mit „*Harry*". Heine war 51 Jahre alt, als er bettlägerig wurde, aber für seine Mutter blieb er ihr kleiner Liebling. „*Du meine liebe, brave, rechtschaffene und treue Mutter*", schrieb er ihr, „*was sind die Andern in Vergleichung mit Dir! Man sollte den Boden küssen, den Dein Fuß betreten hat.*"[23]

Ihre Korrespondenz zeigt, dass es ihm gelang, seine Krankheit vor ihr zu verheimlichen. In einem ihrer Briefe schrieb sie ihm, dass sie täglich Gott dafür dankte, dass er die Gesundheit ihres geliebten Sohnes erhielt.[24] Als seine Schmerzen unerträglich wurden, gab man Opium in eine offen gehaltene Wunde am Hals. Derart betäubt lag er stundenlang auf seinem Bett. Auf seinen Wunsch hin saß Alexander Weill, der früher Kantor in der Synagoge war, neben ihm und sang Gebete und Psalmen.

„,*Monsieur Weill! Monsieur Weill!' rief Mathilde ängstlich ,treiben Sie doch nicht allemal den Spaß zu weit!' ,Henri, sage mir, was sind das für Lieder?' – ,Es sind unsere deutschen Volksgesänge', erwiderte ich; ich bin bei dieser Aussage hartnäckig verblieben*", erinnert sich Weill in Houbens „Gespräche mit Heine".[25]

Heines bevorzugter Vers war Psalm Nr. 137, von dem er einmal sagte, er könne ihn zum Weinen bringen. Nun lag er regungslos da, die eingefallenen Augen geschlossen, *auf Flügeln des Gesanges,* vielleicht auch auf Wolken von Opium, in das Reich der Träume. Auf diese Weise könnte durchaus das Gedicht *Jehuda ben Halevy* in seinem Geist Gestalt angenommen haben. „*Lechzend klebte mir die Zunge*", die biblischen Worte, mit denen er das Gedicht beginnt, waren nicht mehr bloße Metapher. Nun beschrieben sie vielmehr mit schrecklicher Exaktheit seinen körperlichen Zustand. „*Lechzend klebe mir die Zunge / An dem Gaumen, und es welke / Meine rechte Hand, vergäß' ich / jemals dein, Jerusalem.*"[26] Unmittelbar nach diesen Zeilen beziehen sich seine Worte auf seine halluzinatorischen Visionen:

> *Wort und Weise, unaufhörlich*
> *Schwirren sie mir heut im Kopfe,*
> *Und mir ist, als hört ich Stimmen,*
> *Psalmodierend, Männerstimmen –*

Manchmal kommen auch zum Vorschein
Bärte, schattig lange Bärte —
Traumgestalten, wer von euch
Ist Jehuda ben Halevy?

Es wäre sicherlich keine Übertreibung, zu behaupten, dass Heines großartiges zionistisches Gedicht, zumindest aber die ersten Zeilen, unter dem Einfluss von Opium entstanden sind; und dasselbe kann man auch vom Beginn des zweiten Teils behaupten:

Bei den Wassern Babels saßen
Wir und weinten, unsre Harfen
Lehnten an den Trauerweiden —
Kennst du noch das alte Lied?

Kennst du noch die alte Weise,
Die im Anfang so elegisch
Greint und sumset, wie ein Kessel,
Welcher auf dem Herde kocht?

Lange schon, jahrtausendlange
Kocht's in mir. Ein dunkles Wehe!
Und die Zeit leckt meine Wunde,
Wie der Hund die Schwären Hiobs.

Dank dir, Hund, für deinen Speichel —
Doch das kann nur kühlend lindern —
Heilen kann mich nur der Tod,
Aber, ach, ich bin unsterblich!

Heine verfknüpft hier wie schon früher einige Motive miteinander: Er ist Hiob, er ist der „Ewige Jude"; und seine Qualen setzt er gleich mit dem Leiden des jüdischen Volkes.

Heines Bruder Max, Arzt in St. Petersburg, kam zu einem kurzen Besuch. Was konnte er schon sagen? Er tröstete ihn mit Worten über den ewigen Ruhm der ihn erwarten würde, und beschrieb das monumentale Denkmal, das ihm in ihrer Heimatstadt Düsseldorf errichtet werden würde „*In Hamburg hab' ich schon eins*", unterbrach ihn der Dichter, „*wenn du von dem Börsenplatze dich links hältst, so siehst du ein großes, schönes Haus, das dem Verleger meiner ‚Reisebilder', Herrn Julius Campe, gehört. Das ist ein prachtvolles Monument aus Stein, in dankbarer Erinnerung an die vielen und großen Auflagen meines ‚Buches der Lieder'*."[27]

Die Beziehung zwischen dem Verleger und seinem berühmtesten Autoren könnte ein ganzes Buch füllen. Stürmisch von ihrem Beginn 1826 an, war sie stets von Höhen und Tiefen gekennzeichnet gewesen, befand sich nun aber in einer ernsthaften Krise. Seit drei Jahren hatte Campe Heines Briefe nicht beantwortet. Heine war ein schwieriger Klient. Seine langen Briefe waren voller Klagen über seinen gesundheitlichen Zustand, Beschwerden darüber, dass man ihn um seine Tantieme betrog, und grober Wutausbrüche immer dann, wenn der Zensor eine seiner Publikationen besudelt hatte. Wiederholt beschuldigte er Campe der Kollaboration mit der Zensur sowie des Mangels an Begabung, Zivilcourage und Loyalität. Mehr als einmal drohte er damit, seine Arbeiten zu einem anderen Verleger zu bringen. In der Regel bemühte sich Campe, mit Zurückhaltung darauf zu antworten, dennoch verlor er 1839 doch einmal die Geduld und sprach sogar davon, Heine zum Duell herauszufordern.[28]

Heine war viel zu sehr Egozentriker, als dass er die Schwierigkeiten des Verlages Hoffmann und Campe, der sich auf oppositionelle Literatur spezialisiert hatte und dafür einen hohen Preis zahlte, hätte einschätzen können. Ganze Auflagen wurden beschlagnahmt und Bücher vernichtet, aber Campe, der dauernd mit seiner Verhaftung rechnen musste, schaffte es zu überleben, und sogar Erfolg zu haben, dank seines Einfallsreichtums und seiner List, die in den Annalen der Freien Presse zur Legende geworden sind. Der Bruch zwischen den Beiden hatte im Revolutionsjahr 1848 stattgefunden. Als die deutschen Staaten einer nach dem anderen dabei waren, die Zensur aufzuheben, wollte Campe die Gunst der Stunde nutzen, um Heines Gesamtwerk in mehreren Bänden herauszugeben, diesmal unzensiert – ein langgehegter Traum beider. Campe hatte geschrieben, dass sie, wenn sie sich nicht beeilten, die Chance verpassen würden. Wie immer ließ Heine sich Zeit mit seiner Antwort und verursachte dadurch Schwierigkeiten, für die er dann Campe verantwortlich machte. Dieser verlor endlich die Geduld und brach im April 1848 jeden Kontakt zu dem Dichter ab. Nie war es Campe in den Sinn gekommen, dass Heine schlichtweg nicht in der Lage gewesen wäre, dieses große Projekt durchzuziehen, denn er konnte kaum noch lesen. Heine fuhr fort, ihn mit Briefen zu bombardieren, doch blieben sie allesamt unbeantwortet.

Der Verleger nahm all diese Informationen über Heines Zusammenbruch, seine Lähmung sowie seine Bettlägerigkeit nicht ernst, da er allzu sehr an dessen Beschwerden, Gejammer und Selbstmitleid gewöhnt war. Nicht einmal die Zeitungsberichte über Heines Krankheit konnten ihn vom Ernst der Lage überzeugen. Dieses eine Mal irrte er allerdings. Er ließ Heine ausgerechnet zu dem Zeitpunkt, da der kranke Dichter ihn am allermeisten brauchte, fallen. Erst im Juli 1851, als er davon hörte, dass sich bei Heine eine beträchtliche Anzahl neuer Gedichte angesammelt hatte, nahm der Geschäftsmann Notiz von ihm und beschloss, nach Paris zu reisen.

Campe, mit dunkelroten Pausbacken und grauen Haaren, war zu der Zeit etwa sechzig Jahre alt. Nachdem er seinen schwerfälligen Körper die engen Treppen hinauf gequält hatte, wurde er bereits an der Tür abgefertigt von der Dienstmagd, die angewiesen war, keine deutschen Touristen hereinzulassen. „Der Herr ist sehr krank", sagte sie, „und kann mit niemandem sprechen". Campe, der in seinem Leben ganz andere Hindernisse überwunden hatte, zeigte ihr ein breites Grinsen. „Madame", sagte er, „für jede Regel gibt es eine Ausnahme", und überreichte ihr seine Karte mit der Bitte, diese ihrem Herrn vorzulegen. Kurz darauf kam sie zurück und ließ ihn ein.

Heine freute sich über dessen Besuch und fragte, wie es seiner [Heines] Mutter gehe. Er sprach mit schwacher Stimme und reichte ihm die Hand. Der Verleger schüttelte sie herzlich. *„Und meine Mutter, wie geht es meiner Mutter?"* Jetzt wurde Campe klar, dass der Dichter den Ernst seines Zustandes nicht übertrieben hatte.

Heine reichte ihm eine Auswahl von Gedichten, an denen er während der letzten zwei Jahre gearbeitet hatte. Nachdem er einen kurzen Blick darauf geworfen hatte, wusste er, dass er einen Schatz in seinen Händen hielt. „Was halten Sie davon, wenn wir das Buch *Romanzero* nennen?" schlug er vor. Und Heine, von Kindheit an entzückt von der Maskerade des spanischen Kavaliers, stimmte sofort zu. Campe zahlte ihm 6000 Francs – das größte Honorar, das Heine jemals für seine Schriften bekommen hatte. Das Geld kam zur rechten Zeit. Die finanzielle Lage des Dichter war mehr als angespannt, oder wie er selbst es beschrieb: „*Ich bin krank wie ein Hund, arbeite wie ein Pferd, und bin arm wie eine Kirchenmaus.*"[29]

Campe gab auch eine Radierung von ihm für die Titelseite des Buches in Auftrag. Als Heine dann sein Portrait sah, angefertigt von Ernst Kietz, bemerkte er: „*Ja, ja, das ist das wahre Bild unseres Herrn – er war ja auch ein Jude.*"[30]

Campe kehrte nach Hamburg zurück und bereitete die Veröffentlichung des *Romanzero* vor. Das Projekt begeisterte ihn so sehr, dass er in die Verlagsbuchhandlung stürmen konnte, um den Kunden mit triumphierender Stimme Textproben vorzutragen. Das Buch erschien im September 1851. Der Verkauf wurde in Preußen, Österreich und andernorts sofort verboten. Dennoch landete Campe ein erfolgreiches Geschäft. Obwohl die preußische Polizei alle Bücher vernichtete, die sie nur beschlagnahmen konnte, verkauften sich innerhalb von vier Wochen 21 Tausend Exemplare des Buches, in vier Auflagen, was es damals zu einem absoluten Bestseller machte.[31] Heine nannte den *Romanzero* „*die dritte Säule meines Ruhmes als lyrischer Dichter*", nach dem *Buch der Lieder* (1827) und den *Neuen Gedichten* (1844).[32]

Das Buch ist in drei Zyklen unterteilt. Der erste Teil, *Historien*, ist weltumspannend und zeugt einmal mehr von der Reichweite der Gefühle, vom Reichtum der Phantasie und dem unbegrenzten Horizont des Dichters. Er enthält Balladen über den großen Pharao Ramses, über den weißen Elefanten des Königs von Siam; über die Walküren, die skandinavischen Kriegsjungfrauen; über Karl I., den englischen König, der einem Kinde Wiegenlieder sang, das dann aufwuchs, um später einmal sein Henker zu sein; über Marie Antoinette, die enthauptete französische Königin; über die junge Nonne,

die am Ufer des Rheins auf der Suche nach dem Gott Apollo um-
herirrte; über die israelitischen Weiber, die um das Goldene Kalb
tanzen; über Boabdil, den letzten maurischen König von Granada;
und über den Dichter Firdusi, Verfasser des persischen Versepos
„Schah-Name" (Königsbuch). In der Ballade *Der Asra* taucht das
Motiv Eros – Thanatos wieder auf, das sich wie ein roter Faden
durch seine Dichtung zieht. Heines Loreley wurde nun eine arabische Prinzessin.

> *Täglich ging die wunderschöne*
> *Sultanstochter auf und nieder*
> *Um die Abendzeit am Springbrunn,*
> *Wo die weißen Wasser plätschern.*
>
> *Täglich stand der junge Sklave*
> *Um die Abendzeit am Springbrunn,*
> *Wo die weißen Wasser plätschern;*
> *Täglich ward er bleich und bleicher.*
>
> *Eines Abends trat die Fürstin*
> *Auf ihn zu mit raschen Worten:*
> *„Deinen Namen will ich wissen,*
> *Deine Heimat, deine Sippschaft!"*
>
> *Und der Sklave sprach: „Ich heiße*
> *Mohamet, ich bin aus Yemmen,*
> *Und mein Stamm sind jene Asra,*
> *Welche sterben, wenn sie lieben."*[33]

Die letzte Ballade des Zyklus „*Vitzliputzli*" erzählt von der Eroberung
Mexikos durch den Spanier Cortez. Es ist eines der düstersten, grau-
samsten und pessimistischsten Gedichte der Sammlung. *Vitzliputzli*
(eine Verballhornung des Namens der Hauptgottheit der Azteken,
Huitzilopochtli) schwört die Niederlage der Indianer dadurch zu rächen, indem er als Geist in Europa umgeht:

Quälen will ich dort die Feinde,
Mit Phantomen sie erschrecken –
Vorgeschmack der Hölle, Schwefel
Sollen sie beständig riechen.

Obwohl sich Heine zur Rache Vitzliputzlis nicht näher äußert, weist die Beschreibung doch auf die Syphilis hin, von der man annimmt, dass sie von aus Amerika zurückkehrenden spanischen Soldaten nach Europa eingeführt wurde. Die Wahrscheinlichkeit, dass genau dies Heine Intention gewesen ist, wird verstärkt durch die letzten Verse des Gedichts:

Ja, ein Teufel will ich werden,
Und als Kameraden grüß ich
Satanas und Belial,
Astaroth und Beelzebub.

Dich zumal begrüß ich, Lilis,
Sündenmutter, glatte Schlange!
Lehr mich deine Grausamkeiten
Und die schöne Kunst der Lüge!

Mein geliebtes Mexiko,
Nimmermehr kann ich es retten,
Aber rächen will ich furchtbar
Mein geliebtes Mexiko.[34]

Ungeachtet der Tatsache, dass die Geschichte von Vitzliputzli absolut nichts mit jüdischer Geschichte zu tun hat, gelang es Heine, eine persönliche Botschaft in das Gedicht einzuschmuggeln. An der Stelle, wo er Kolumbus dafür preist, der Menschheit die Neue Welt gegeben zu haben, bemerkt er, dass es einen noch größeren Helden als ihn gäbe, derjenige nämlich, der den Menschen Gott gegeben hat: „*Sein Herr Vater, der hieß Amram, / Seine Mutter hieß Jochebeth, / Und er selber, Moses heißt er, / Und er ist mein bester Heros.*"[35]

Im Gedicht *Der Apollogott* ist die Wendung zu einem jüdischen Thema sogar noch schärfer. Hier führt Heine den Leser vom Berg Parnassus in Griechenland ins Judenviertel von Amsterdam; und verwandelt Phoebus Apoll, den Gott der Musen und der Dichtung, in einen Kantor namens Rabbi Faibisch, der sich dem Diktat der Religion widersetzte, Schweinefleisch aß und die Synagoge verließ, um ein fahrender Sänger zu werden, der sich mit Straßenmädchen umgab, denn das waren seine Musen, und großen Erfolg damit hatte, auf Märkten als Clown, Holofernes oder König David aufzutreten. Letztere Rolle erntete den größten Beifall, da er die Lieder des David in der „Originalsprache" und auch im Stil der überlieferten Nigen (hebr.: liturgische Melodien) sang.[36]

Im Gegensatz zu diesem Gedicht, das einen eher persönlichen Bezug hat, enthalten die biblischen Gedichte in *Romanzero*, wie *Das Goldne Kalb* und *König David* universelle Botschaften: Ersteres verdammt den schnöden Mammon, letzteres prangert die Tyrannei an.

Der zweite Teil des Buches trägt den Titel *Lamentationen*. Die größte Aufmerksamkeit wurde davon dem Zyklus der *Lazarus*-Gedichte zuteil, in denen Heine die Frage nach der Gleichgültigkeit Gottes angesichts des Leidens in der Welt aufwirft. Heine schrieb, es sei ein Schrei aus dem Grab, ein Schrei mitten in der Nacht von einem lebendig Begrabenen, oder vielleicht von einer Leiche, oder sogar des Grabes selbst. Eines der Lazarusgedichte beginnt so: „*Keine Messe wird man singen, keinen Kadosch wird man sagen …*"[37]

Der Höhepunkt des *Romanzero* sind die *Hebräischen Melodien*. Das ist der dritte und letzte Teil mit den drei langen Balladen: *Prinzessin Sabbat, Jehuda ben Halevy* und *Disputation*. In *Prinzessin Sabbat* rühmt der Dichter die Harmonie und Zufriedenheit des althergebrachten jüdischen Haushalts. Tatsächlich ist die Vorstellung, dass der traditionelle Jude glücklicher sei als der moderne, ein immer wiederkehrendes Thema in Heines Schriften. Hier beschreibt er einen Juden (der Zwilling des Lumpensammlers Moses Lump aus *Die Bäder von Lucca*), der an sechs Tagen in der Woche lebte wie ein Hund, und sich dann am Sabbat in einen Prinzen verwandelte. Dieses Loblied auf den Sabbat, das mit viel Liebe und lebendigem Humor geschrieben ist, enthält auch eine Zeile aus dem hebräischen Sabbat-Gesang: „*Lecho Daudi li-kras Kalle*" (Komm Geliebter, die Braut erwartet dich).[38]

Ein wesentlicher Teil dieses Gedichts widmet sich dem Lobgesang auf die jüdische Küche, ganz besonders deren vorzüglichstem Produkt, dem Schalet, einem Auflauf, der am Sabbat gereicht wird, auch Tscholent genannt. Es enthält aber auch eine Parodie auf Schillers Ode „An die Freude", die in Beethovens Neunter Symphonie vertont wurde:

> *Schalet, schöner Götterfunken,*
> *Tochter aus Elysium!*
> *Also klänge Schillers Hochlied,*
> *Hätt er Schalet je gekostet.*

Heine zufolge übergab Moses auf dem Berg Sinai den Israeliten das Rezept für diesen Auflauf zusammen mit den Glaubensgrundsätzen und den Zehn Geboten. Und nachdem der Prinz diese göttliche Speise verzehrt hat, lockert er seine Knöpfe, macht es sich auf seinem Sessel bequem und sagt mit einem seligen Lächeln:

> *Hör ich nicht den Jordan rauschen?*
> *Sind das nicht die Brüselbrunnen*
> *In dem Palmental von Beth-El,*
> *Wo gelagert die Kamele?*

> *Hör ich nicht die Herdenglöckchen?*
> *Sind das nicht die fetten Hämmel,*
> *Die vom Gileathgebirge*
> *Abendlich der Hirt herabtreibt?*[39]

In Jehuda Halevy (Heine hatte ihn offenbar aus Gründen der Metrik *Jehuda ben Halevy* genannt) identifiziert sich Heine mit dem größten hebräischen Dichter, den Spanien im Mittelalter hervorbrachte. „*Das ist meine schönste Ballade*", bemerkte er.[40] Er präsentiert Jehuda Halevy als einen Troubadour, und Troubadoure richten bekanntlich ihre Liebeslieder an reizende Damen. Jehuda Helevis Dame war aber keine Frau, sie war eine Stadt mit dem Namen Jerusalem.

Schon in frühen Kindestagen
War sie seine ganze Liebe;
Sein Gemüte machte beben
Schon das Wort Jerusalem.

Das Gedicht erzählt von einem Abgesandten des Landes Israel, der nach Toledo geschickt wurde (oder könnte es Düsseldorf gewesen sein?) und berichtet, wie die Heilige Stadt, die einst Heimat der Propheten war, nun in Schutt und Asche lag. Bewohnt nur von Schlangen und Füchsen, und ihre Mauern vergossen am neunten Tag des Monats „Ab" (jüdischer Gedenktag für die Zerstörung des Tempels) Tränen. Die Geschichte über den Abgesandten, den Heine als Ewigen Juden porträtiert, veranlasst Jehuda Halevy, in die von ihm geliebte Stadt zu reisen. Dort singt er, auf einer zerbrochenen Säule sitzend, ein Zionslied und erweckt damit die Schatten des alten, nun aus dem Grabe entstiegenen Propheten Jeremias. Mitten in seinem Gesang wird er von einem sarazenischen Reiter ermordet, und er seufzt noch „Jerusalem" als er seine Seele aushaucht. Heine fügt hinzu, dass nach alter Tradition (die er selbst erfand), der mörderische Araber ein verkleideter Engel war, der geschickt wurde, um Halevy ins Paradies zu tragen. Im himmlischen Jerusalem wird ihm ein überschwänglicher Empfang bereitet:

Englein bliesen auf Hoboen,
Englein spielten Violine,
Andre strichen auch die Bratsche
Oder schlugen Pauk' und Zimbel.

Und das sang und klang so lieblich,
Und so lieblich in den weiten
Himmelsräumen widerhallt es:
„Lecho Daudi Likras Kalle."

Die *Hebräischen Melodien* hätten wohl bei den Juden beträchtlichen An-
klang finden können, hätte Heine nicht beschlossen, den Zyklus mit
einer Karikatur über eine christlich-jüdische Debatte aus dem Mittelalter zu beenden. Die *Disputation* findet in Toledo statt, im Beisein des Königs Pedro (Peter I.), genannt „der Grausame", und seiner Königin, vormals Blanche de Bourbon, nun Doña Blanka. Der Bruder José, ein Ka-
puzinermönch, und der Rabbi Juda von Navarra diskutieren die Frage,
wessen Gott der Wahre sei: der einzige, starre Gott der Hebräer oder der
christliche Gott der Liebe und der Dreifaltigkeit? Der Verlierer würde
mitsamt seiner 11-köpfigen Gefolgschaft die Religion des Gegners annehmen. Beide Parteien sind sich des Sieges gewiss. Die Christen bereiten das Heilige Wasser für die Taufe vor, und die Juden wetzten die Messer für die Beschneidung. Bruder José eröffnet den Disput mit einem
Exorzismus, denn (so erklärt der Dichter) die Christen glaubten, dass
der Scharfsinn der Juden vom Teufel käme. Daher musste er zuerst einmal die Dämonen austreiben, die sich in den Juden versteckten und
ihnen kluge Argumente einflüsterten. Danach gibt er eine Rückschau
auf das Leben Christi und erzählt, wie er der Jungfrau in Bethlehem geboren wurde, wie er in der Krippe lag, wie er Todesqualen unter Pontius Pilatus und auf Geheiß der Juden gelitten hat, und wie er nach drei
Tagen aus seinem Grabe auferstand und in den Himmel aufgefahren sei.

> *„Zittert, Juden!" rief der Mönch,*
> *„Vor dem Gott, den ihr mit Hieben*
> *Und mit Dornen habt gemartert,*
> *Den ihr in den Tod getrieben.*
>
> *Seine Mörder, Volk der Rachsucht,*
> *Juden, das seid ihr gewesen –*
> *Immer meuchelt ihr den Heiland,*
> *Welcher kommt, euch zu erlösen."*[41]

Die Situation wird gar noch grotesker, als der Mönch damit beginnt,
die Juden mit den Namen aller niederträchtigen und gemeinen Kreaturen dieser Welt zu bezeichnen: Hyänen, Wölfe, Schakale, Säue, Pavi-

ane, Nashörner, Krokodile, Vampire, Raben, Eulen, Uhus, Fleder-
mäuse, Vipern, Ottern und Nattern – die Liste ist noch lang. Endlich
beschließt er seine Rede mit den Worten:

> *„Unser Gott, der ist die Liebe,*
> *Und er gleichet einem Lamme;*
> *Um zu sühnen unsre Schuld,*
> *Starb er an des Kreuzes Stamme.*
>
> *Unser Gott, der ist die Liebe,*
> *Jesus Christus ist sein Name;*
> *Seine Duldsamkeit und Demut*
> *Suchen wir stets nachzuahmen. (…)*
>
> *Deshalb sind wir auch so sanft,*
> *So leutselig, ruhig, milde…*
>
> *Einst im Himmel werden wir*
> *Ganz verklärt zu frommen Englein,*
> *Und wir wandeln dort gottselig,*
> *In den Händen Lilienstenglein. (…)*
>
> *Trinkend, küssend, lachend wollen*
> *Wir die Ewigkeit verbringen,*
> *Und verzückt Halleluja,*
> *Kyrie eleison singen."*

Die Begleiter des Bruders sind so von der Unwiderlegbarkeit seiner
Worte überzeugt, dass sie schon mit der Taufzeremonie beginnen wollen, doch Rabbi Juda bleibt optimistisch. Die Heilige Dreifaltigkeit
stehe den Juden nicht, behauptet er. Was kann es Neues geben an
einem Gott, in dem drei Personen enthalten sind, wo doch die alten
Völker sechstausend Götter hatten?! Und was die Unannehmlichkei-
ten betrifft, die er von zwölfhundert Jahren in Jerusalem hatte, so tut
es ihm Leid darum, sagt der Rabbi:

„Ob die Juden ihn getötet,
Das ist schwer jetzt zu erkunden,
Da ja das Corpus delicti
Schon am dritten Tag verschwunden."

Heine, das haben wir schon fast vergessen, ist Doktor der Juristerei, und er bringt hier das Argument des „corpus delicti", wonach man einen Menschen wegen Mord nicht verurteilen kann, wenn die Leiche nicht auffindbar ist.

Auch bezweifelt der die Verwandtschaft Jesu mit Gott, denn *„soviel wir wissen, hat der letzte keine Kinder!"* Mehr noch: *„Unser Gott ist nicht gestorben / Als ein armes Lämmerschwänzchen / Für die Menschheit, ist kein süßes / Philantröpfchen, Faselhänschen."* Noch sei sein Gott ein turtelnder Gott der Liebe, vielmehr ein Gott der Rache, der gnadenlos mit Donner und Blitz die Sünder bestrafe, ja selbst noch dessen Kinder und Kindeskinder sühnen ließe. Er sei *„Ein gesunder Gott"*, der Sonne, Mond und Sterne in Händen trägt, und ganze Nationen stürzt, nur *„Wenn er runzelt seine Stirne"*. Täglich spiele er ausgelassen mit Leviathan, *„Ausgenommen an dem neunten Tag des Monats Ab"*, an dem die Erinnerung an die Zerstörung seines Tempels ihn zum Spielen zu traurig stimmt. Das Fleisch des Leviathan sei sehr delikat (*„Delikater als Schildkröten"*), und am Tag seiner Auferstehung werde Gott die Gerechten zu einem Festmahl laden, bei dem sie diesen vorzüglichen Fisch, mit Wein, Knoblauchbrühe, Rosinen und Gewürzen bereitet, speisen werden. *„Nimm jetzt meinen Rat an"*, sagt der Rabbi dem Mönch, und *„Opfre hin die alte Vorhaut / Und erquick dich am Leviathan."*

Die Rede des Rabbi wird mit Verwünschungen und Beleidigungen beantwortet. Juda aber fährt fort und zitiert aus der „Mischna" und dem „Tausves Jontof"★. *„Der Tausves-Jontof möge sich zum Teufel scheren"*, platzt der Mönch in die Worte des Rabbi, und es gelingt ihm, Rabbi Juda aus der Fassung zu bringen. *„Da hört alles auf, o Gott!"* kreischt der

---

★ Tosefot Yomtov, ein Kommentar zur Mischna von Rabbi Yomtov Lipmann Heller aus dem 16. Jahrhundert, ca. 300 Jahre nach Pedro dem Grausamen. Er war Rabbi in Prag, Wien und einigen polnischen Städten.

Rabbi jetzt entsetzlich. *„Gilt nichts mehr der Tausves-Jontof, was soll gelten?"* Und er ruft Gott auf, die Missetat des unverschämten Mönches zu rächen, der Abgrund solle ihn verschlingen, *„wie des Korah böse Rotte"*, und sein Schlag ihn treffen *„wie du Pharaon getroffen"*.

> *„Hunderttausend Ritter folgten*
> *Diesem König von Mizrayim, (…)*
>
> *Gott! da hast du ausgestreckt*
> *Deine Jad* [hebr.: Hand], *und samt dem Heere*
> *Ward ertränkt, wie junge Katzen …*
> *Pharao im Roten Meere."*

Erneut unterbricht ihn der Mönch, außer sich vor Wut: *„Ach! anstatt zu disputieren, / Lieber möcht ich schmoren, braten / Auf dem wärmsten Scheiterhaufen / Dich und deine Kameraden."* So dauert der Disput schon zwölf Stunden, das Publikum fängt an zu gähnen und die Frauen stark zu schwitzen – und da kommt der unerwartete Schluss: Der König fragt die Königin wer von beiden, nach ihrer Meinung, Recht hat, und sie antwortet:

> *„Welcher recht hat, weiß ich nicht –*
> *Doch es will mich schier bedünken,*
> *Daß der Rabbi und der Mönch,*
> *Daß sie alle beide stinken."*[42]

Diese beiden letzten Zeilen der *Hebräischen Melodien* haben mit Sicherheit jeden guten Eindruck, den *Prinzessin Sabbat* und *Jehuda ben Halevy* auf gläubige Juden gemacht hatten, ruiniert. Bis heute gibt es Juden, die Heine sofort mit dem letzten Wort der *Disputation*, dem Wort „stinken" in Verbindung bringen, selbst wenn es das Einzige sein sollte, was sie über ihn wissen. Es ist das, was man sie in den Synagogen und Talmudschulen gelehrt hat. Hätten sie das Gedicht selbst gelesen, hätten sie sicher den klaren Vorteil des Rabbi gegenüber dem Mönch bemerkt: Der Rabbi widerlegt die Worte des Mönches, gleich einem

Philosophen der Aufklärung, mit rationaler Argumentation; der Mönch dagegen ist die Inkarnation aller engstirnigen und üblen Ideen, die das Christentum durch die Jahrhunderte hinweg gefördert hat. Erst als sich der Rabbi zur Verteidigung seines Glaubens auf die „Tosefot Yomtov" stützt, verspottet Heine den talmudischen Legalismus, doch ist es nur ein sehr leiser Spott. Ungeachtet der Meinung der Königin riecht der Rabbi Juda weitaus weniger streng als Bruder José.

Im August 1851 bekam Heine Besuch von seinem jüngeren Bruder Gustav. Inzwischen Herausgeber eines regierungskonformen Magazins in Wien, war er für seine treuen Dienste am österreichischen Kaiserreich großzügig belohnt worden, und der Titel des Baron von Heine-Geldern sollte ihm bald übertragen werden. Heine, der es liebte seinen Bruder zu necken, sagte zu ihm: *„Ich (…) bete täglich zum lieben Gott, daß er dir, lieber Bruder, bessere politischen Gesinnungen einflöße."* Gustav bat ihn, für seine Zeitung einen Artikel zu schreiben, in dem er seine Rückkehr zum Glauben an Gott erklärt. Heine wich aus und sagte: *"Dem großen weißen Elefanten des Königs von Siam kann es ganz gleichgültig sein, ob ein kleines Mäuschen in der Rue d'Amsterdam zu Paris an seine Größe und Weisheit glaube oder nicht"*[43]

Statt der Bitte des Bruders nachzukommen, entschied sich Heine dafür, das, was er zu sagen hatte, im Vorwort zur zweiten Auflage seines Werkes *Zur Geschichte der Religion und Philosophie in Deutschland*, zu veröffentlichen, die 1852 erschien.

„In der Tat", schrieb er, *„weder eine Vision noch eine seraphitische Verzückung noch eine Stimme vom Himmel, auch kein merkwürdiger Traum oder sonst ein Wunderspuk brachte mich auf den Weg des Heils, und ich verdanke meine Erleuchtung ganz einfach der Lektüre eines Buches — Eines Buches? Ja, und es ist ein altes, schlichtes Buch, bescheiden wie die Natur, auch natürlich wie diese; ein Buch, das werkeltägig und anspruchslos aussieht, wie die Sonne, die uns wärmt, wie das Brot, das uns nährt; ein Buch, das so traulich, so segnend gütig uns anblickt wie eine alte Großmutter, die auch täglich in dem Buche liest, mit den lieben, bebenden Lippen und mit der Brille auf der Nase — und dieses Buch heißt auch ganz kurzweg das Buch, die Bibel. Mit Fug nennt man diese auch die Heilige Schrift; wer seinen Gott verloren hat, der kann ihn in diesem Buche wiederfinden, und wer ihn nie gekannt, dem weht hier ent-*

*gegen der Odem des göttlichen Wortes. Die Juden, welche sich auf Kostbar-
keiten verstehen, wußten sehr gut, was sie taten, als sie bei dem Brande des
zweiten Tempels die goldenen und silbernen Opfergeschirre, die Leuchter und
Lampen, sogar den hohenpriesterlichen Brustlatz mit den großen Edelsteinen
im Stich ließen und nur die Bibel retteten. Diese war der wahre Tempelschatz,
und derselbe ward gottlob nicht ein Raub der Flammen oder des Titus Ves-
pasianus ...*"[44]

Je schlimmer Heines Zustand wurde, desto mehr betete Mathilde
und flehte zu Gott um Vergebung für den sterbenden Mann. Wie die
Brüder Goncourt sich erinnerten, versuchte Heine sie einmal mit folgenden Worten zu beruhigen *„Il me pardonnera; c'est son métier!"* (Er
wird mir vergeben, das ist sein Beruf)[45]

Man muss sich vor Augen halten, dass Mathilde nicht wusste, dass
er Jude war. Er hatte ihr nie gesagt, dass er einer war, diese Vorstellung
wäre ihr sowieso völlig unbegreiflich gewesen. Es gibt zahlreiche
Anekdoten über dieses seltsame Paar – die französische Schuhverkäuferin und das deutsche Dichtergenie. Einer Erzählung Weills zufolge
bestand Heine darauf, dass Mathilde nach seinem Tode bald wieder
heiraten sollte, denn *„Ein Mensch auf der Welt soll mich auf jeden Fall
betrauern."*[46]

Im Gedicht *Jehuda ben Halevy* beklagt sich Heine – natürlich spa-
ßeshalber – darüber, dass seine Frau kein Hebräisch kann und nie von
diesem großen Dichter gehört hat. Dies schreibt er dem französischen
Bildungswesen zu, das den Mädchen wohl Wissen über *„ausgestopfte
Pharaonen"* in Ägypten, *„Merowinger Schattenkön'ge"* und *„Porzellanpa-
godenkaiser"* in China, aber nichts vom Goldenen Zeitalter des spanischen Judentums vermittelte.[47]

> *Raten möcht ich dir, Geliebte,*
> *Nachzuholen das Versäumte*
> *Und Hebräisch zu erlernen –*
> *Laß Theater und Konzerte,*

Widme ein'ge Jahre solchem
Studium, du kannst alsdann
Im Originale lesen
Iben Esra und Gabirol

Und versteht sich den Halevy,
Das Triumvirat der Dichtkunst,
Das dem Saitenspiel Davidis
Einst entlockt die schönsten Laute.

Mathilde hatte in den letzten Jahren an Gewicht zugenommen. Sie wog an die neunzig Kilo und wollte sich für den Verlust ihrer jugendlichen Schönheit durch den Kauf von teuren Kleidern entschädigen. In Briefen an seine Mutter und Schwester in Hamburg nannte er sie (jiddisch) *„meine kleine Verbrengerin". „Meine Frau führt sich ziemlich gut auf"*, schrieb er, *„zehkent nicht zu oft, bleibt aber immer eine Verbrengerinn." „Meine Frau führt sich fast exemplarisch auf. Sie erleichtert mir und verschönt mir das Leben, tröstet mich und entzückt mich, stößt mir aber doch manchmal unversehns das Herz ab, durch ihre unheilbare Verbrengerei. Da ist nicht zu helfen; das ist wahrhaftig mein größter Verdruß. (...) Und ich bin doch kein Geizhals. Das Lachen darüber ist mir längt vergangen."* Aber der „Deutsche Aristophanes" konnte sich das Lachen trotzdem kaum verkneifen. *„Wir leben sehr einig; d.h. ich gebe in allen Dingen nach."* [48]

Mathilde blieb Heine in all den Jahren seiner Krankheit treu, und nach seinem Tode heiratete sie nicht wieder. Wohl konnte sie für viele Stunden verschwinden, um auf den Boulevards zu bummeln und Gelegenheitskäufe zu machen, doch saß sie auch Nächte lang an seinem Bett, da er besser einschlafen konnte, wenn sie seine Hand hielt. „Das ernüchterte Heldentum, das diese Frau an das Bett des Kranken fesselte", schreibt Antonia Valentin, „war nur eine Fortsetzung dieser wilden Leidenschaft, die sie veranlasst hatte, nach der ersten Liebesnacht zu schwören, dass sie ihn nie verlassen werde. Henri war „son mari", ihr Ehemann, und sie blieb ihm treu, so wie Frauen ihrer Art selbst Kriminellen treu bleiben, die im Gefängnis sitzen."[49]

Im Sommer 1853 kamen Cousin Carl und Cousine Therese zu Besuch. Therese, die allgemein als seine verlorene Jugendliebe betrachtet wird, verließ ihn weinend. Nach ihrer Rückkehr nach Deutschland schrieb sie ihm: „Lieber Harry, seit meinem Besuch, welchen ich Dir bei unserem kurzen Aufenthalt in Paris gemacht habe, steht Dein Bild fortwährend vor mir, und kann ich nur mit großer Wehmuth Deiner körperlichen Leiden gedenken, welche Du mit vieler, vieler moralischer Kraft trägst, einer Stärke welche mir eine Achtung einflößt, die ich mich gedrungen fühle, Dir zu bezeigen. Hoffentlich, lieber Harry, wirst Du diese Zeilen mit früherer freundlicher Anhänglichkeit annehmen, und sie so auffassen, wie sie aus einem warmen, mitfühlenden Herzen an Dich gerichtet werden. Der liebe Gott stehe Dir bei, das ist mein innigster Wunsch."[50]

Auch seine Brüder Max und Gustav besuchten ihn wieder, ebenso seine Schwester Charlotte. Max war Militärarzt in St. Petersburg, verheiratet mit der Witwe des Hofarztes, und stand kurz davor, Baron Maximilian von Heine-Geldern zu werden. Gustav, Redakteur in Wien, sollte bald ebenfalls Baron von Geldern heißen. Seine jüngere Tochter war mit dem Grafen de Novis verheiratet. Auch seine Schwester Charlotte Embden konnte mit Stolz auf ihre Kinder blicken. Ihr Sohn Ludwig war inzwischen Baron von Embden, und ihre Tochter Maria war Principe della Rocca. Eine von Heines Cousinen, Alice, die Tochter seines Onkels Isaak, war Prinzessin von Monaco und verheiratet mit Albert I., von dem sie 1902 geschieden wurde.[51]

All dies dürfte einem Mann wie Heine, der sein ganzes Leben lang Verachtung für feudale Titel gezeigt und die Meinung vertreten hatte, dass man Aristokraten an den Straßenlaternen aufhängen sollte, als eine ziemliche Ironie erschienen sein. Seine Nichte, die Prinzessin, stattete ihm im Frühjahr 1854 einen Besuch ab. *„Er hatte mir von seinen Jugendjahren, seinen Kämpfen mit der Menschheit und seinen Liebesabenteuern erzählt, und ich lauschte schweigend seinen Erzählungen. Ermüdet lag er fast leblos da ... plötzlich suchte er seine Lage zu verändern ... Er wurde von Krämpfen befallen und klagte und stöhnte aufs schrecklichste ... ich glaubte, es sei der Todeskampf ... Pauline, seine treue Pflegerin, suchte ihn zu beruhigen, versicherte, daß es ein vorübergehendes Leiden sei und sie ihn schon* *oft in diesem Zustande gesehen hätte. Mich hielt es nicht länger im Zimmer, schluchzend eilte ich davon.* " [52]

Von seinen Bekannten in Paris kamen ihn nur sehr wenige zu Besuch. Balzac war im 1850 gestorben, Alexandre Dumas und Théophile Gautier waren nur ein oder zwei Mal aufgetaucht, und Rossini, Alfred de Musset und die Schauspielerin Rachel ließen sich überhaupt nicht blicken, genauso wenig wie George Sand. *„George Sand, das Luder hat sich seit meiner Krankheit nicht um mich gekümmert"*[53], schrieb er an Laube. Er war höchst überrascht, als er eines Tages hörte, dass Berlioz gekommen war. *„Sie besuchen mich, Sie! – Sie bleiben doch immer originell!"* [54]

Im Grunde aber wollte er nur Papier und Bleistift. Heine schrieb praktisch bis zum allerletzten Augenblick. Trotz seiner physischen Beeinträchtigungen, der Lähmung, der Blindheit, der Krämpfe fuhr er beinahe zwanghaft, aber bei klarem Verstand fort, Wunderbares zu schaffen. Regelmäßig überraschte er die Welt wieder mit neuen Werken in Prosa und Poesie. Nirgendwo in den Annalen der Literatur findet sich ein vergleichbar heroisches Kapitel.

Trotzdem gab es auch Momente der Verzweiflung, in denen er sterben wollte. In den Briefen an seine Familie beklagte er sich über die *„Schonim"* (Jahre), die vergangen, und über die *„Chuschem"* (Sinne), die abgestumpft sind, über das *„Ketz"* (Ende), das sich nahte, und über sein baldiges *„peigern"* (Sterben).[55] Im Herbst 1852 sagte er zu Gustav: *„Ich fürchte – ich möchte fast sagen, ich hoffe, dass ich den Winter nicht überstehe."* [56]

Im nächsten Frühling schrieb er an Kolb: *„… und bitte Gott täglich, mir meine endliche Erlösung zu gönnen."*[57] Aber zu Fanny Lewald und Adolf Stahr sagte er: *„So unglücklich ich auch sein mag, würde ich gerne noch viele Jahre leben. Da die armseligste Existenz in meinen Augen lieber ist als alle Annehmlichkeiten der anderen Welt…"*[58]

Campe bat er, das Geschriebene unter dem Titel *Vermischte Schriften von H. Heine* zu verlegen.[59] Die drei Bände der *Vermischten Schriften* erschienen im Oktober 1854. Es waren die letzten Bücher, die er persönlich für den Druck vorbereitete, und die bloße Tatsache, dass er es tat, grenzt an ein Wunder. Der erste Band beinhaltete die *Geständnisse,*

die wir im Folgenden betrachten wollen, daneben die *Gedichte von
1853 – 1854*[60], Letztere enthalten *Das Sklavenschiff*, ein wortgewaltiges
Protestgedicht gegen die Versklavung der Afrikaner, eines der er-
schütternsten politischen Gedichte, die er je schrieb, sowie *Affronten-
burg*, in dem er seinen Streit mit dem verstorbenen Onkel Salomon
und dessen lebenden Nachfolger fortsetzt. Noch schockierender sind
die elf Gedichte in Ergänzung *Zum Lazarus*, in denen Heine erneut
die Hiobsfrage nach der göttlichen Gerechtigkeit erhebt. Der erste
Band enthält auch ein Essay mit dem Titel *Die Götter im Exil*, in dem
er eine seiner Lieblingsideen weiter entwickelt, nämlich dass der Triumph des Christentums die griechischen Götter in Dämonen verwandelte; ebenso enthält er auch ein Szenario für ein Ballett, *Die Göttin Diana* zum selben Thema. In diesem Band brachte er auch noch
eine erweiterte Version seiner Denkschrift auf Ludwig Marcus aus
dem Jahre 1844, in die er auch Erinnerungen an den „Verein für Kultur und Wissenschaft der Juden" einfließen lässt. Die anderen beiden
Bände der *Vermischten Schriften* sind Sammlungen seiner journalistischen Arbeiten über Untergang und Fall der Julimonarchie, inklusive
seiner Prophezeiungen über den Kommunismus, der Artikel über die
Ritualmordklage in Damaskus, und ähnliche *Berichte über Politik,
Kunst und Volksleben*, die er mit dem Haupttitel *Lutezia* bezeichnet
hatte – der römische Name von Paris.

Die *Geständnisse* sind eines der interessantesten Dokumente über
die Geschichte der Juden in der Periode der Emanzipation. Heine rollt
hier die geistige Odyssee seines Lebens auf. *„Sonderbar!"* schrieb er,
*„Nachdem ich mein ganzes Leben hindurch mich auf allen Tanzböden der
Philosophie herumgetrieben, allen Orgien des Geistes mich hingegeben, mit
allen möglichen Systemen gebuhlt, ohne befriedigt worden zu sein, wie Messa-
line nach einer lüderlichen Nacht – jetzt befinde ich mich plötzlich auf demselben Standpunkt, worauf auch der Onkel Tom steht, auf dem der Bibel."*[61]

Als relativ gesunder, junger Mann hatte er die hegelianische Ansicht
vertreten, das Christentum sei eine fortgeschrittene Stufe des Judentums. Jesus, behauptete er, sei größer als Moses, *„denn dieser [Moses]
konnte, wenn er noch so stark gegen den Felsen schlug, nur Wasser hervorbringen, jener [Jesus] aber brauchte nur ein Wort zu sprechen, und die Krüge füll-*

ten sich mit dem besten Wein."[62] Seine Wertschätzung Jesus stammte jedoch nicht aus seinem Glauben an dessen Göttlichkeit *(„Da ein Jude niemals an die Göttlichkeit eines anderen Juden glauben könnte"),* sondern weil er die moralischen Werte des Judentums in der ganzen Welt verbreitet hatte, weil das Christentum kosmopolitisch sei, nicht national wie das Judentum.

Jetzt, als er dem Tod nahe war, sah er Moses in einem neuen Licht, und gab seinem Namen in den *Geständnissen* die hebräische Form *„Mosche Rabenu".* Sich daran erinnernd, dass er in seiner hellenischen Phase Moses das Dritte Gebot „Du sollst Dir kein Bildnis machen" sehr verübelt hatte, fährt er fort: *„Ich sah nicht, daß Moses, trotz seiner Befeindung der Kunst, dennoch selber ein großer Künstler war und den wahren Künstlergeist besaß. Nur war dieser Künstlergeist bei ihm, wie bei seinen ägyptischen Landsleuten, nur auf das Kolossale und Unverwüstliche gerichtet. Aber nicht wie die Ägypter formierte er seine Kunstwerke aus Backstein und Granit, sondern er baute Menschenpyramiden, er meißelte Menschenobelisken, er nahm einen armen Hirtenstamm und schuf daraus ein Volk, das ebenfalls den Jahrhunderten trotzen sollte, ein großes, ewiges, heiliges Volk, ein Volk Gottes, das allen andern Völkern als Muster, ja der ganzen Menschheit als Prototyp dienen konnte: er schuf Israel! (…) Welche Riesengestalt! (…). Wie klein erscheint der Sinai, wenn der Moses darauf steht!"*[63]

Immer wieder entschuldigt er sich dafür, dass er die Juden nicht mit dem gebührenden Respekt behandelt hatte, und gibt seinem *„hellenischen Naturell"* die Schuld dafür, dem der *„judäische Asketismus zuwider war. Meine Vorliebe für Hellas hat seitdem abgenommen."* So schreibt er: *„Ich sehe jetzt, die Griechen waren nur schöne Jünglinge, die Juden aber waren immer Männer, gewaltige, unbeugsame Männer, nicht bloß ehemals, sondern bis auf den heutigen Tag, trotz achtzehn Jahrhunderten der Verfolgung und des Elends. Ich habe sie seitdem besser würdigen gelernt, und wenn nicht jeder Geburtsstolz bei dem Kämpen der Revolution und ihrer demokratischen Prinzipien ein närrischer Widerspruch wäre, so könnte der Schreiber dieser Blätter stolz darauf sein, daß seine Ahnen dem edlen Hause Israel angehörten, daß er ein Abkömmling jener Märtyrer, die der Welt einen Gott und eine Moral gegeben und auf allen Schlachtfeldern des Gedankens gekämpft und gelitten haben."*[64]

Als die *Geständnisse* in die Buchläden kamen, konnte sich Heine nicht mehr länger als den kranken Mann aus der Rue d'Amsterdam bezeichnen. Im August 1854 zogen er und Mathilde in die Grand Rue 51 im Bezirk Batignolles. Es war ein kleines Häuschen außerhalb der Stadt, mit einem Garten und Obstbäumen. *„Du hast keinen Begriff, liebe gute Mutter, wie sehr die gute Luft und der Sonnenschein, den ich in meiner alten Wohnung gar nicht hatte, mir wohlthut. Gestern saß ich, wohler als je, unter den Bäumen meines eigenen Gartens, und aß die schönen Pflaumen, die mir überreif fast ins Maul fielen."*[65]

Das war wie immer gelogen – das Haus in Batignolles war eher ein äußerst armseliger Ort. Wegen des Schimmels erkrankte er an einer schweren Halsentzündung, so dass er kaum noch flüstern konnte, und zu all seinen körperlichen Leiden kamen jetzt auch noch unerträgliche Ohrenschmerzen. Auch Mathilde war nicht glücklich mit der neuen Wohnung, besonders wegen der Entfernung zum Stadtzentrum. Nach nur zwei Monaten wurde Heine schon wieder auf einer Trage in eine andere Wohnung getragen, in die 3 Avenue Matignon. Es sollte dies seine letzte Adresse sein. Von dem Balkon, der von seinem Zimmer abging, konnte er einen Ausschnitt der Champs Élysées und die Kutschen, die in Richtung Triumphbogen galoppierten, sehen. *„Sie können nicht wissen, wie mir zumute war"*, erzählte er Adolf Stahr, *„als ich nach so vielen Jahren von da aus zum ersten Male wieder mit meinem einen halben Auge die Welt sah, und es war doch so wenig. Ich hatte mir das Opernglas meiner Frau auf mein Lager reichen lassen und sah mit unglaublichem Vergnügen einem Pastetenbäckerjungen nach, der zwei Damen in Krinolinröcken seine Pastetchen anbot, und einem kleinen Hunde, der daneben auf drei Beinen an einem Baume stand und sich erleichterte! Da machte ich das Glas zu; ich wollte nichts mehr sehen – denn ich beneidete den Hund!"*[66]

Im Jahr 1855 fand in Paris die Weltausstellung statt, und viele deutsche Touristen wollten gern bei dieser Gelegenheit ihren sterbenden Dichter besuchen. *„Es scheint, dass ich eines der Objekte der Ausstellung bin"*, murrte er. Unter den Teilnehmern an der Ausstellung war der Kölner Männerchor. Einige Sänger erhellten die düstere Hoffnungslosigkeit des Herbstes in Heines Zimmer, indem sie ihm das *Kleine Früh-*

lingslied (Aus *Neuer Frühling,* „*Leise zieht durch mein Gemüt* ...")[67] vorsangen, das von Felix Mendelssohn vertont worden war. Ganz Deutschland sang dieses Lied. Tränen traten ihm in die Augen, als er hörte, wie populär seine Lieder waren, wie sie von den Musikern in ihre Konzertprogramme aufgenommen und von den Liebenden in die Ohren ihrer Geliebten gesummt wurden, und wie Mütter ihre Kinder damit in den Schlaf sangen. Obwohl Heine sehr wohl davon wusste, dass Schubert, Mendelssohn, Schumann und viele andere seine Gedichte in Musik umgesetzt hatten, wollte er es immer und immer wieder hören. „*Die allbekannte Loreleymelodie war ihm fremd*", stellte Fanny Lewald traurig fest.[68]

In den *Geständnissen* erklärte Heine stolz: „*Man ist viel, wenn man ein Dichter ist, und gar wenn man ein großer lyrischer Dichter ist in Deutschland, unter dem Volke, das in zwei Dingen, in der Philosophie und im Liede, alle andern Nationen überflügelt hat.*"[69]

Im selben Abschnitt, in dem er auch seinen „*Kollegen Wolfgang Goethe*" erwähnte, gab er damit an, dass er in Finnland bekannt sei, in Kalkutta zitiert werde, und er der erste europäische Dichter sei, dessen Werke man ins Japanische übersetzte. Doch dann fügte er hinzu: „*Selbst unterdessen, abgesondert von aller Weltlust, nur mit einer schalen Tisane meine Lippen netzen darf! Was nützt es mir, daß begeisterte Jünglinge und Jungfrauen meine marmorne Büste mit Lorbeeren umkränzen, wenn derweilen meinem wirklichen Kopfe von den welken Händen einer alten Wärterin eine spanische Fliege hinter die Ohren gedrückt wird! Was nützt es mir, daß alle Rosen von Schiras so zärtlich für mich glühen und duften – ach, Schiras ist zweitausend Meilen entfernt von der Rue d'Amsterdam, wo ich in der verdrießlichen Einsamkeit meiner Krankenstube nichts zu riechen bekomme als etwa die Parfüms von gewärmten Servietten. Ach; der Spott Gottes lastet schwer auf mir. Der große Autor des Weltalls, der Aristophanes des Himmels, wollte dem kleinen irdischen, sogenannten deutschen Aristophanes recht grell dartun, wie die witzigsten Sarkasmen desselben nur armselige Spöttereien gewesen im Vergleich mit den seinigen und wie kläglich ich ihm nachstehen muß im Humor, in der kolossalen Spaßmacherei.*"[70]

Im Juni kamen Leopold und Adelaide Zunz ihn besuchen, seine alten Berliner Freunde aus der Zeit, als er noch aktiv im „Verein für

Kultur und Wissenschaft der Juden" gewesen war. Zunz, der Heine bei den Recherchen zum *Rabbi von Bacherach* geholfen hatte, war das einzige Mitglied der Gruppe, welches das Werk der Gesellschaft fortsetzte, nachdem die Gruppe sich aufgelöst hatte. Unter seinen Bemühungen waren die jüdischen Studien gewachsen und gediehen. *„Mann der Rede und der Tat"*, schrieb Heine über ihn in seinem letzten Band, in dem er seine Erinnerungen aus der Zeit des „Vereins" festhielt, *„hat er geschaffen und gewirkt, wo andere träumten und mutlos hinsanken."*[71]

„Als er uns erkannte", schrieb Frau Zunz, „rief er uns mit Freude entgegen: ‚Ihr seid die einzigen, die mir aus früheren, glücklichen Zeiten verblieben sind', und reichte uns seine Hand – das einzige Glied, das nicht gelähmt war ... Heine sah nicht die Träne auf meiner Wange, weil seine Augen immer geschlossen sind; nur einmal hob er mit seinem Finger das Lid seines rechten Auges um uns zu sehen. ‚Auch deine Kopfhaare, Zuns, fallen langsam ...' sagte er." Zwei Tage später besuchten ihn die Zunz' wieder. „Heine", schrieb Adelaide, „sprach über einige jüdische Dichter und zeigte Sympathie und Interesse für das Thema; die Unterhaltung drehte sich um die Kabbala, und Heine wollte wissen, wer darüber geschrieben hat; er verwendete in der Unterhaltung einige jiddische und hebräische Worte. Gegen Ende des Besuches fragte er: ‚Ihr werdet doch wieder kommen?' Wir konnten nicht verneinen, obwohl wir wussten, dass es nicht möglich sein würde, und auch er hat es gespürt. Schließlich gab er mir sein letztes Buch, in dem er Zunz erwähnte."[72]

In diesem Juni, acht Monate vor seinem Tod, durfte Heine noch eine ganz besondere Freude erleben. Eine Frau hatte an die Tür geklopft und ein Bündel Noten abgegeben, die ein gewisser Wiener Bewunderer für seine Gedichte geschrieben hatte. Bereits im Begriff wieder zu gehen, hörte sie eine Glocke. Es war Heine. Er hatte das Gespräch an der Tür gehört und darum gebeten, die Frau hereinzuführen. „Das Zimmer war verdunkelt", schrieb die Frau später in ihren Memoiren, „er lag auf einem Sofa mit Lehne, eine ohnmächtige Kreatur, bemitleidenswert, fast blind ... Ist das mein verehrter Dichter? Der Dichter meiner Jugend und wessen Jugend nicht?" Als er ihr aber seine Hand reichte, wurde sie von seiner Erscheinung verzaubert: „Ein Gesicht wie von Jesus, ein Lächeln wie von Mephisto." Sie unterhielten sich dann eine Zeit lang und zum Abschied gab er ihr eines seiner Bücher, und bat sie wieder zu kommen. Sie ging nach Hause mit dem Gefühl, dass die Einladung nur eine Höflichkeitsfloskel war, aber nur einige Stunden später brachte ihr der Kurier einen Brief: *„Ich weiß nicht, warum Ihre liebreiche Theilnahme mir so wohl thut, und ich habe abergläubischer Mensch mir einbilden will, eine gute Fee besuche mich in trüber Stunde. Sie war die rechte Stunde. – Oder sind Sie eine böse Fee? Ich muß das bald wissen."*[73]

Am nächsten Tag kam sie zurück. Sie war eine kleine Frau von 27 Jahren, nicht ausgesprochen attraktiv, aber Heine, der kaum noch sehen konnte, vernarrte sich total in sie. Er nannte sie die *„letzte Blume meines larmoyanten Herbstes"*[74], und das verdunkelte Zimmer, seine Matratzengruft, wurde Schauplatz einer der seltsamsten Liebesgeschichten in der Geschichte der Literatur.

Wer war diese Frau? Meißner, mit dem sie eine kurze Affäre hatte, kannte sie als Margot. Ihre Briefe an Heine waren mit Margaret unterzeichnet. Aber die Forschung hat enthüllt, dass sie in offiziellen Dokumenten unter dem Namen Elise Krinitz geführt wurde. Ihr Geburtsname jedoch ist nach wie vor unbekannt. Sie wurde offenbar in Prag geboren, als nicht legitime Tochter des Grafen Nostitz, und von einer deutschen Familie namens Krinitz adoptiert. Mit dieser Familie war sie nach Paris gezogen.

Die Dame verbarg behutsam ihre wahre Identität. Für den Roman, den sie einige Jahre später schrieb, benutzte sie das Pseudonym Camilla Selden, so wie sie es auch bei „Les Derniers Jours de H. Heine" („Heinrich Heines letzte Tage", Paris 1884), getan hatte, aus dem viele Einzelheiten über das letzte Kapitel im Leben des Dichters bekannt wurden.

Margaret? Elise? Camilla? Heine war es gleichgültig, welcher ihr echter Name war. Er nannte sie *„Mouche"* (frz.: Fliege), nach der Gravur einer Fliege auf ihrem Siegelring. Dieser Name ist es, der ihr den Eintritt in die literarische Ruhmeshalle verschaffte. Ihre Beziehung dauerte acht Monate, bis der Tod sie trennte. Bei ihren fast täglichen

Besuchen unterhielten sich die Beiden, sie erledigte Schreibarbeiten für ihn oder las ihm aus seinen Lieblingsromanen vor. Besonders mochte er die Abenteuerromane von Alexandre Dumas dem Älteren. Er lag mit geschlossenen Augen da und hörte zu. Manchmal nahm er ihre Hand und drückte ganz fest. „Ich wusste nicht woher er diese Kräfte genommen hat", schrieb sie.

Diese junge Frau war mit allen Eigenschaften gesegnet, die ein kreativer Künstler in einer Partnerschaft sucht: sie war eine gute Zuhörerin, die Empathie, Neugier, Herzlichkeit und Inspiration entfaltete. Sie war die erste Muse in seinem Leben, deren Hand er auch streicheln konnte. Sie erweckte in dem dahinschwindenden Menschen ein neues Feuer der Begierde, seine letzten Momente des Glücks.

In ihren Memoiren schreibt Camilla Selden darüber, dass Mathilde beschlossen hatte, sie zu ignorieren. „Wenn ich komme, verlässt sie das Zimmer. Niemals bleibt sie mit uns. Niemals bot sie mir an zu Mittag oder zum Abendessen zu bleiben. Heine verrät sie vor ihren Augen, bei Tageslicht", schrieb sie, „und was für ein Verrat das ist! Sein Körper ist gelähmt, und nur das Herz flattert! Das ist der schlimmste Verrat überhaupt, der Verrat des Herzens!"

„Man braucht nicht zu erwähnen", bemerkt Sammons in seiner Biographie, „dass Mathilde diese Beziehung nicht so sehr liebte, auch wenn sie sie kaum beachtet hatte. Sie hätte sie noch weniger geliebt, wenn sie imstande wäre, Deutsch zu lesen."[75]

Heine schrieb 25 Briefe an Mouche. Er sehnte sich nach ihr, der *„letzte[n] Blume meines lamoryanten Herbstes"*, wie er schrieb. Und in einem anderen Brief: *„Ich liebe Sie mit todtkranker, innigster Zärtlichkeit."* Und so: *„Ein Tödter, lechzend nach den lebendigsten Lebensgenüssen! Und* mehr: *„Je pose une empreinte vivante auf alle Deine Herrlichkeiten – aber nur in Gedanken – das ist alles, was Du von mir haben kannst poor girl!"* Und einmal schieb er: *„Ich kann nicht sehn, was ich schreibe."* Heine wartete sehnsüchtig auf ihre Besuche. *„Flattern Sie mir ein bischen um die Nase herum mit Ihren kleinen Fittichen!"* So drängte er in einem dieser Briefe.[76] Wenn sie sich verspätete, wurde er wütend, wenn sie gar nicht kam, bombardierte er sie mit Geschimpfe oder Gedichten.

Er schrieb sechs Gedichte für Mouche. In diesen sinnlichen, ironischen Versen nahm er Abschied von seinem Leben. Sie waren das letzte Aufflackern eines verlöschenden Feuers.

> *Wahrhaftig wir beide bilden*
> *Ein kurioses Paar*
> *Die Liebste ist schwach auf den Beinen*
> *Der Liebhaber lahm sogar*
>
> *Sie ist ein leidendes Kätzchen*
> *Und Er ist krank wie ein Hund;*
> *Ich glaube im Kopfe sind beide*
> *Nicht sonderlich gesund.*
>
> *Sie sey eine Lotosblume*
> *Bildet die Liebste sich ein;*
> *Doch Er, der blasse Geselle,*
> *Vermeint der Mond zu seyn. (…)*
>
> *Die Lotosblume erschließet*
> *Ihr Kelchlein im Mondenlicht*
> *Doch statt des befruchtenden Lebens*
> *Empfängt sie nur ein Gedicht!*

In einem anderen Gedicht schreibt er:

> *Worte! Worte! keine Taten!*
> *Niemals Fleisch, geliebte Puppe,*
> *Immer Geist und keinen Braten,*
> *Keine Knodel in der Suppe!*

Zwei, drei Wochen vor seinem Tod schrieb Heine sein allerletztes Gedicht. Es ist ein seltsames und wundersames Gedicht, in dem er den Konflikt seines Doppellebens zusammenzufassen scheint. Mit dem Titel *Für die Mouche* beschreibt es einen Traum, in dem er in einem Marmorsarkophag liegt, vor dem Hintergrund einer Ruinenlandschaft der Renaissance, mit Bruchstücken von Statuen und Säulen übersät.

In den Sarkophag eingemeißelt sind Reliefs der Figuren, die die zwei großen, gegensätzlichen Traditionen repräsentieren, die den Geist des Dichters beseelt haben – die klassische Mythologie und die Biblische Geschichte. In einem Abschnitt tanzen die zügellosen Götter des Olymp wild umher, in einem anderen stehen Adam und Eva, züchtig in Feigenblätter gehüllt; hier sieht Heine Paris und Helena, dort Moses und Aaron. Unter den Figuren des Sarkophags befinden sich Amor, Apollo, Bacchus und Venus in einer Reihe mit Ester, Haman und dem Esel des Billeam, der von Gott in Versuchung geführte Abraham, der betrunkene Lot mit seinen zwei Töchtern; Petrus, die Schlüssel zum Himmeltor haltend; und die Israeliten, die am Berg Sinai die Thora in Empfang nehmen.

Ganz plötzlich erhascht sein Blick jedoch etwas ganz anderes: eine große Blume, schwefelgelb, die sich von oben ihm entgegen beugt, *„Das Volk nennt sie die Blume der Passion"*[77], die der Legende nach aus dem Blut des gekreuzigten Jesus erblüht ist. Es wurde gesagt, man könne im Blütenkelch das Abbild des Kreuzes, der Dornenkrone, der Geißel, des Hammers, der Nägel und aller anderen Folterinstrumente – die Symbole des Leidens Christi – erkennen. Und plötzlich, *„Zauberei des Traumes!"* verwandelte sich die Blume in eine wunderschöne Frau, geisterhaft im Mondlicht glänzend. *„Du warst die Blume, du geliebtes Kind"*, schreibt er in *An die Mouche* und weiter: *„So zärtlich keine Blumenlippen sind, / So feurig keine Blumentränen brennen!"*

Noch während ihres *„lautlosen Zwiegesprächs"* inmitten dieses Sommernachtstraumes, erfüllt mit einem Mal ein lautes Geschrei die Luft. Die Marmorreliefs erwachen zum Leben, um miteinander zu streiten. Es ist der Kampf zwischen dem Hellenismus und dem jüdisch-christlich Biblischen, der Krieg zwischen der Schönheit und der Wahrheit, der nicht allein auf dem Schlachtfeld der Kultur, sondern genauso auch in der Seele des Dichters ausgetragen wird. Das Gedicht endet in typischer Heine-Manier: noch über den lautstarken Disput zwischen Moses und Pan hinweg dröhnt laut das Schreien von Balaams Esel:

Oh, dieser Streit wird enden nimmermehr,
Stets wird die Wahrheit hadern mit dem Schönen,
Stets wird geschieden sein der Menschheit Heer
In zwei Partei'n: Barbaren und Hellenen.

Das fluchte, schimpfte! gar kein Ende nahm's
Mit dieser Kontroverse, der langweil'gen,
Da war zumal der Esel Balaams,
Der überschrie die Götter und die Heil'gen!

Mit diesem I-A, I-A, dem Gewieh'r,
Dem schluchzend ekelhaften Mißlaut, brachte
Mich zur Verzweiflung schier das dumme Tier,
Ich selbst zuletzt schrie auf – und ich erwachte.

Soweit bekannt ist, sind die Worte „*ich erwachte*" die letzten Worte Poesie, die Heine im Leben schrieb.

Anfang Februar 1856 erkrankte Mouche und war für mehrere Tage nicht in der Lage, ihn zu besuchen. Dies waren die allerletzten Tage seines Lebens, von denen seine Krankenpflegerin Catherine Bourlois in einem Brief an Gustav Heine berichtet:

„Herr Heine musste ganze Nächte im Bette sitzend zubringen, ich konnte ihn keinen Augenblick verlassen, zumal ich ihm den vorgeschriebenen Heiltrank nur Tropfen für Tropfen einzuflößen vermochte. Mittwoch, den 13. Februar, arbeitete mein armer Herr volle sechs Stunden, was er bereits eine ganze Woche aus Schwäche unterlassen hatte. Ich bat ihn flehentlich, sich Ruhe zu gönnen. Er wies mich mit den Worten ab: ‚Ich habe nur mehr vier Tage Arbeit, dann ist mein Werk vollendet.' Nie hatte er mit mir über literarische Dinge gesprochen. Am Donnerstag quälten ihn heftige Kopfschmerzen. Wir hielten es für seine gewöhnliche Migräne. Herr Heine machte sich Vorwürfe, dass er nicht an seine Mutter geschrieben: ‚Ich werde der teuren Mutter nicht mehr schreiben können', lautete seine Klage. Freitag, den 15. Februar, beschlich mich ein banges Vorgefühl, und um neun Uhr morgens sendete ich nach dem Arzte. Herr Dr. Gruby war nicht zu Hause und nachmittags wurde ein alter Arzt gerufen, der in der Nachbarschaft wohnte. Dieser befahl, dem Kranken jede halbe Stunde eine halbe Tasse Tee von Orangenblüten und Wasser von Vichy zu reichen, auch jedesmal einen Tropfen Laudanum beizufügen. Er bat mich, ich solle, um Dr. Gruby nicht zu beleidigen, geradezu sagen, ich hätte den Tee nach eigenem Gutdünken verabreicht. Gegen Abend kam Dr. Gruby, ließ den Tee beiseitestellen und verordnete andere Medikamente, sowie Eisumschläge auf den Magen. Ich erkannte nunmehr, dass alle Hoffnung verschwunden sei. Erleichterung stellte sich freilich, doch nur vorübergehend ein. Zu wiederholten Malen äußerte Herr Heine: ‚Ich fühle mich glücklich, dass ich meine gute Schwester noch einmal gesehen habe, denn ach, Katharine, ich bin ein toter Mann!‘ Am Sonnabend verschlimmerte sich sein Übel noch mehr, nachmittags zwischen vier und fünf Uhr flüsterte er dreimal das Wort: ‚Schreiben.‘ Ich verstand ihn nicht mehr, antwortete aber: ‚Ja.‘ Dann rief er: ‚Papier – Bleistift …‘ Dies waren seine letzten Worte. Die Schwäche nahm zu und der Bleistift entfiel seiner Hand … Ich richtete ihn auf. Krämpfe stellten sich ein. Qualvolle Pein malte sich in seinen Zügen und der Todeskamp ging zu Ende. Herr Heine behielt bis zum letzten Augenblicke sein volles Bewusstsein.“[78]

Heine starb am 17. Februar 1856 um 5 Uhr morgens im Alter von 58 Jahren und zwei Monaten. Obwohl er zum Zeitpunkt seines Todes beinahe Sechzig war, was in den Begriffen des 19. Jahrhundert doch schon ein recht fortgeschrittenes Alter gewesen ist, erinnert sich die ganze Welt an Heine als der ewige Jüngling. Genauso könnte auch nichts typischer für ihn sein als seine letzten gesprochen Worte: *„Schreiben … Papier … Bleistift …“*

Sein Letzter Wille war unter anderen, dass er auf dem Friedhof von Montmartre begraben werden wollte, *„da ich eine Vorliebe für dieses Quartier hege, wo ich lange Jahre hindurch gewohnt habe.“* Und *„Ich verlange“*, schrieb er, *„daß mein Leichenbegängnis so einfach wie möglich sei und daß die Kosten meiner Beerdigung nicht den gewöhnlichen Betrag derjenigen des geringsten Bürgers übersteigen.“*[79]

Am Mittwoch, den 20. Februar 1856, versammelte sich eine kleine Gruppe in der Wohnung in der Avenue Matignon. Darunter waren einige der Menschen, die ihm während seiner Krankheit Beistand geleitstet hatten: Alexander Weill, Ludwig Kalisch und sein Sekretär Richard Reinhardt. Als einzige Prominente aus der Pariser Gesellschaft waren Théophile Gautier und Francois Mignet anwesend. Die Witwe, die das Haus eine halbe Stunde früher verlassen hatte, glänzte durch Abwesenheit. Mouche stand schweigend neben dem Sarg. Als die kleine Prozession aufbrach, schlossen sich einige Neugierige und Müßiggänger an. Unterwegs fuhr eine Kutsche an ihnen vorbei. Der Fahrgast, Alexandre Dumas, erkannte, dass es sich hier um Heines Beerdigung handelte, kletterte aus der Kutsche und ging sprachlos mit den anderen Trauernden weiter.

In seinem Testament bat Heine auch darum, dass kein Priester, egal welcher Konfession, seinem Begräbnis beiwohnen sollte. *„Dieser Wunsch entspringt aus keiner freigeistigen Anwandlung. Seit vier Jahren habe ich allem philosophischen Stolze entsagt und bin zu religiösen Ideen und Gefühlen zurückgekehrt; ich sterbe im Glauben an einen einzigen Gott, den ewigen Schöpfer der Welt, dessen Erbarmen ich anflehe für meine unsterbliche Seele. Ich bedaure, in meinen Schriften zuweilen von heiligen Dingen ohne die ihnen schuldige Ehrfurcht gesprochen zu haben, aber ich wurde mehr durch den Geist meines Zeitalters als durch meine eigenen Neigungen fortgerissen. Wenn ich unwissentlich die guten Sitten und die Moral beleidigt habe, welche das wahre Wesen aller monotheistischen Glaubenslehren ist, so bitte ich Gott und die Menschen um Verzeihung."*

Er fügte seinem Testament auch hinzu, dass er sich jedwede Trauerrede an seinem Grabe verbot, egal ob in deutscher oder französischer Sprache, und er wollte, dass man seine Asche nicht nach Deutschland bringen sollte, egal *„wie glücklich sich auch die Geschicke unsrer Heimat gestalten mögen."* [80]

Es war ein feuchtkalter Wintertag und es herrschte Stille auf dem Friedhof. Der Sarg wurde eilig zu Grabe gelassen. Ohne christliche Messe, ohne „Kaddisch" und ohne Trauerreden. Plötzlich zerriss ein lautes Schluchzen die Stille: wie ein Monument stand Alexandre Dumas der Ältere an dem offenen Grab, weinend wie ein kleines Kind.

„Es gab weder eine große Prozession", schrieb Gautier, „noch Trauermusik, keine Trommel war zu hören, keine schwarzen Kleider und keine funkelnden Medaillen, keine feierlichen Grabreden – aber alle Trauergäste wussten, dass sie der Beerdigung eines Herrschers im Königreich des Geistes beiwohnten."[81]

KAPITEL 24

„An meinen Sterbetagen ..."

Keine Messe wird man singen,
Keinen Kadosch wird man sagen,
Nichts gesagt und nichts gesungen
Wird an meinen Sterbetagen.[1]
(Romanzero)

Die Zeilen des Gedichts *Gedächtnisfeier*, waren, wie sich später herausgestellen sollte, noch ziemlich untertrieben. Die Deutschen haben ihrem größten Dichter (nach Goethe) nicht nur keine Messe gehalten, sondern versuchten sogar, ihn in Schande aus dem Ruhmestempel der deutschen Literatur zu vertreiben.

Der Streit wurde in den ehrbarsten Universitäten ausgetragen. Wilhelm Dilthey, Professor für Philosophie an der Berliner Universität, beschuldigte Heine der Verbreitung des „Nihilismus" und des moralischen Verfalls. Karl Goedeke, der Literaturhistoriker von der Universität Göttingen, beschrieb seine Gedichte als „vergiftete Blumen" und schrieb seine giftige Scharfsinnigkeit seiner jüdischen Abstammung zu.[2] Heinrich von Treitschke, der preußische Historiker, stellte fest: „Mit Börne und Heine beginnt der Einfall der Juden in die deutsche Literaturgeschichte, ein hässliches und unfruchtbares Zwischenspiel, dass zum Glück nicht lange gedauert hat."[3]

Heine war sicherlich nicht der einzige Künstler, der zu seinen Lebzeiten umstritten war, aber im Vergleich zu ihm, behauptet Hugo Bieber, „waren die Kontroversen um Byron, Victor Hugo, Zola, Ibsen und Richard Wagner kurze Episoden. Im Fall dieser Männer war die öffentliche Meinung für nur zehn Jahre aufgewühlt, oder höchstens für die Dauer einer Generation. Danach kam eine Beruhigung und vielleicht auch das Vergessen, oder die Auseinandersetzung wurde in die engen Kreise von Sachverständigen oder Liebhabern gedrängt. Die Auseinandersetzung um Heine dagegen erregt schon seit mehr als einem Jahrhundert die Gefühle breiter Teile der Öffentlichkeit, wobei ihn politische, gesellschaftliche und religiöse Motive von Anfang an begleiten.“[4]

Die Heine-Debatte kann als Gradmesser für die geistige, politische und moralische Situation Deutschlands über die Jahre hinweg dienen und spiegelt den verschlungenen Pfad wider, auf dem sich das Land befunden hatte, bevor es zu den westlichen Demokratien gehörte. Die Diskussion verschärfte sich mit dem Aufkommen eines neuen säkularen rassistischen Antisemitismus, der keinen Unterschied mehr zwischen Juden und Konvertierten machte. Von allen möglichen Kandidaten wählte die antisemitische Bewegung ausgerechnet Heine für ihre giftigsten Angriffe. In ihrem absurden Theater teilte sie ihm die Rolle des Hauptschurken zu. Im Jahre 1888 erschien in Leipzig ein Pamphlet, „Was dünket euch um Heine?“, eine Sammlung von Beleidigungen und Diffamierungen. Der Herausgeber, Franz Sandfoß, verlieh Heine den Titel „Stachel in unserem Fleisch“.[5]

Diese Meinung teilten viele deutsche patriotische Juden, die Heine vorwarfen, ihrem Ansehen Schaden zuzufügen. Es kam ihnen nie in den Sinn, dass das Gegenteil der Fall sein könnte. Je loyaler sie dem Kaiser gegenüber waren, je stärker ihre Bemühungen waren, den Deutschen zu gefallen, desto größer war ihre Enttäuschung angesichts des wachsenden Antisemitismus.

Während des Ersten Weltkriegs waren die Juden Deutschlands gekränkt, weil ihr erwiesener Patriotismus nicht angemessen gewürdigt wurde. Zehntausende hatten sich gemeldet und vergossen ihr Blut auf dem Schlachtfeld. Trotz ihres Beitrags zum Krieg wurden sie als Deserteure und Kriegsgewinnler angesehen. Im März 1917 traf sich der Bankier Max Warburg mit dem Kriegsminister General von Stein und forderte ihn auf, eine Stellungnahme zu verfassen, dass die Juden ebenso tapfer gekämpft hätten, wie alle anderen Deutschen. General von Stein, der Sohn eines Pfarrers, weigerte sich. Während er den Erfolg der Juden auf vielen Gebieten zugab, zählte er auch die „semitischen Züge" auf, die in ihm Abscheu erregten, und nannte Heine als Beispiel.[6]

Dennoch reichten diese antisemitischen Kampagnen, die boshaften Angriffe nicht aus, die Druckpressen anzuhalten, die das *Buch der Lieder* in einer Auflage nach der anderen druckten. Im Jahr 1861, nur fünf Jahre nach dem Tod des Dichters, begann der Verlag „Hoffmann & Campe", Heines Werke in 21 Bänden herauszugeben. Von 1867 bis 1869 veröffentlichte Adolf Strodtmann die erste Biographie des Dichters: „Heinrich Heines Leben und Werke", die sich auf Briefe und Zeugnisse aus erster Hand stützte. Damit legte Strodtmann den Grundstein für einen der lebendigsten Bereiche in der Literaturkritik.[7] Seitdem wurden Dutzende von Biographien und Monographien über Heine geschrieben, Hunderte von Dissertationen und Tausende von Artikeln (zur Zeit erscheinen jährlich etwa 200 wissenschaftliche Publikationen in verschiedenen Sprachen)[8], und dennoch ist das Thema noch nicht erschöpft. Auch wenn nur eine kleine Gruppe von Akademikern und Forschern in diese Fülle von Material Einblick haben, blieb Heine das Schicksal der großen Klassiker erspart, deren Werke nur noch zur Pflichtlektüre in der Schule herabgewürdigt wurden. Die Melodien, die große Komponisten wie Schubert, Mendelssohn, Liszt, Wagner und Schumann zu seinen Versen verfassten, haben sie gut bewahrt und am Leben erhalten. Ganz Deutschland sang diese Lieder – *„Von der Herzogin bis zur Wäscherin"*[9], wie er zu sagen pflegte. Sie scherten sich nicht darum, dass der Verfasser von *Im wunderschönen Monat Mai, Auf Flügeln des Gesanges* und der *Loreley* zu jener verachtenswerten Rasse gehörte, denn die Faszination seiner Dichtung überwand alle Vorurteile. Die Deutschen liebten ihn ebenso sehr wie sie ihn hassten, sie sangen mit derselben Leidenschaft seine Lieder, mit der sie seinen Namen anschwärzten. Das ist eine Hassliebe wie keine andere.

Heine lebt auch dank der vielen Redensarten weiter, die er in die deutsche Sprache einbrachte. War es denn für Liebende möglich, unter einer Linde zu sitzen, ohne dass er ihr ins Ohr flüsterte: *„Du bist wie eine Blume ...“* Und welcher Politiker war in der Lage auf einen Satz wie *„Denk ich an Deutschland in der Nacht ...“* zu verzichten, oder darauf, seine Worte seufzend zu beenden *„Es ist eine alte Geschichte, doch bleibt sie immer neu ... “*?

Mehr noch, als in Deutschland die Debatte entbrannt war, ob Heine als deutscher Dichter anerkannt werden sollte, verlor diese Frage jede Bedeutung. Er war mittlerweile „ein europäisches Ereignis“, wie Nietzsche es ausdrückte, eine Persönlichkeit, deren Bedeutung die Grenzen der deutschen Kultur sprengte. In seinem Aufsatz „Jenseits von Gut und Böse“, erwähnte er ihn in einem Atemzug mit „Napoleon, Goethe, Beethoven, Stendahl, Heinrich Heine und Schopenhauer.“[10]

Noch zu seinen Lebzeiten wurde er in fast alle gängigen Sprachen übersetzt; sein Einfluss auf die Weltdichtung war enorm, und in jedem Land hatte er Nachfolger und Nachahmer. In Frankreich, wo er seine letzten 25 Jahre verbracht hatte, wurde er fast als Nationaldichter angesehen. Der bedeutende Kritiker Sainte-Beuve bezeichnete Heine als Franzosen, und der Politiker und Historiker Thiers nannte ihn „den größten Franzosen nach Voltaire“.[11] Das viktorianische England vergötterte ihn, wo Elizabeth Barrett Browning seine Gedichte übersetzte; George Eliot lobte sein Werk hoch, Matthew Arnold behauptete, dass Heine seit dem Tod Goethes die wichtigste Persönlichkeit in der europäischen Literatur sei.[12]

Die Engländer betrachteten ihn vor allem als deutschen Dichter und Freiheitskämpfer, aber es gab auch Hinweise zu seiner Abstammung. So erschien zum Beispiel in den Londoner Zeitschrift „Athenaeum“ in der Ausgabe vom 15. Januar 1876 folgender Kommentar: „Jüdisch war er in seiner Zartheit, und vor allem in seinem Hass; Ein Jude war er in seiner Vielseitigkeit und weltweiten Sympathie; ein Jude in seiner realistischen Auffassung der Idee, in der Art und Weise, in welcher er die Liebesleidenschaft verstand, die an Sinnlichkeit des Lieds Salomons erinnert; jüdisch war er im stolzen Bewusstsein der

Menschenwürde, in seinem nervösen Temperament, seiner unglaublichen Leidensfähigkeit, seiner wunderbaren Duldsamkeit angesichts von Leid; jüdisch in der Kühnheit und Rücksichtslosigkeit seines Skeptizismus; jüdisch war er, kurz gesagt, darin, dass er niemals dauerhaft einen Glauben annahm, der jedes spirituelle Element ausschloss. Auch in seinem Witz und Humor war Heine ein wahres Kind der hebräischen Rasse. Wie ursprünglich er auch immer gewesen sein mag, so stellte er doch die Charakteristika und Besonderheiten des hebräischen Humors dar, die zu den witzigsten und fröhlichsten Völkern der Welt gehören. Es ist ein Volk, das inmitten beispiellosen Unglücks und Leidens einen unausrottbaren Frohmut und einen unbesiegbaren satirischen Geist bewahrt hat ...[13]

Die Nachricht, dass ein freimütiger, frankophiler Dichter – dazu noch ein Jude – der deutschen Literatur weltweit Ruhm einbrachte, sorgte in seiner Heimat für viel Ärger und Enttäuschung. Der religiösen und nationalen Rechten gelang es zwar, jeden Versuch zu vereiteln, ein Denkmal für ihn zu errichten, aber sie repräsentierten nur einen Teil der öffentlichen Meinung. Das gemäßigte Bürgertum hatte Heine gegenüber ambivalente Gefühle, während die Linke ihn enthusiastisch adoptierte. Im Jahre 1871 erreichte er, dass man ihn in der feierlichen Eröffnung des neuen Reichtags zitierte. August Bebel, der Führer der Sozialdemokraten, übernahm in seiner Rede Zeilen aus *Deutschland. Ein Wintermärchen*, die zu einem neuen Zeitalter der Schönheit, des Glücks, Reichtums und der sozialen Gerechtigkeit aufriefen:

> *Wir wollen auf Erden glücklich sein,*
> *Und wollen nicht mehr darben;*
> *Verschlemmen soll nicht der faule Bauch,*
> *Was fleißige Hände erwarben.*[14]

Jedoch diese Aufteilung zwischen links und rechts entsprechend der Freunde und Feinde Heines ist eine grobe Vereinfachung. In Wirklichkeit durchquert die Kontroverse alle Lager, so wie unter seinen Gegnern (seit Ludwig Börne) ausgesprochen Liberale waren, so konnte man unter seinen Bewunderern Antisemiten finden. Ein solcher war Wilhelm Marr, der im Jahr 1879 den Begriff „Antisemitismus" geprägt hatte. Wie Richard Wagner hatte auch Marr seinen politischen Weg als linker Radikaler begonnen, als Anhänger des „Jungen Deutschland" und Befürworter der Bürgerrechte für die Juden, und wie dieser hatte er seine Meinung nach dem Scheitern der Revolution von 1848 geändert und wechselte vom radikal linken Humanismus zum rechten Flügel des Nationalismus. In seinem Essay „Testament eines Antisemiten" (1891) verriet er, dass er gegen die Errichtung eines Heine-Denkmals in Düsseldorf gewesen war, aber zur gleichen Zeit kritisierte er den „gelehrten Mob", der behauptete, dass „Heine kein Dichter sei, Börne kein Künstler der Sprache, und Spinoza kein Philosoph". Heine, Börne, Marx und Lassalle waren in seiner Meinung nach „Vier geniale und freche Juden". Insbesondere die beiden ersten verehrte er.[15] „Heine und Börne waren unsere Propheten", schrieb er in seinen Erinnerungen über den frühen Abschnitt seines politischen Lebens. Er beschrieb die geheimen Versammlungen der jungen Radikalen in Wien, in denen „wir Heines und Börnes Werke im Geheimen gelesen haben, und uns darüber begeistern. Als die Fenster verschlossen und die Türen richtig zu waren, sangen wir die Marseillaise, denn das waren die Tage der Herrschaft Metternichs und Radetzkys in Österreich." Weiter schrieb der Antisemit Marr: „Es ist wahr und man kann es nicht leugnen, dass diese zwei Juden die Vorreiter waren für die Ideen der Freiheit in der Zeit, in der eine törichte und heuchlerische Reaktion herrschte. Man kann es leicht erklären. Israel war noch mehr unterdrückt als wir, die Deutschen. Und Israel hat uns aufgehetzt, um für sich selber Erfolge zu erreichen. Das ist schließlich das ganze Geheimnis des revolutionären, liberalen Judentums, in der Vergangenheit und auch in der Gegenwart, da das Judentum die uneingeschränkte Macht anstrebt."[16]

Heines Verehrer konnten demnach in allen Kreisen und Ständen gefunden werden, auch in der herrschenden Klasse. Wie schon erwähnt hatte Bismarck bemerkt, dass man Heines Namen nur in einem Atemzug mit Goethe nennen dürfe. Aber es scheint, dass keiner Elisabeth, die Kaiserin von Österreich, Königin von Ungarn, in der Verehrung Heines übertreffen konnte.[17]

Elisabeth (1837-1898; liebevoll „Sissi“ genannt) war in ihrer Jugend als die schönste Prinzessin Europas bekannt. Sie war die Nichte Ludwigs I., des Königs von Bayern, derjenige, der Heine seinerzeit die Professur an der Universität von München verweigert hatte und von Heine im Gedicht *Lobgesänge auf König Ludwig* (*„Das sanglanteste, was ich je geschrieben“*) verewigt wurde. Ihre Verehrung für Heine erbte sie von ihrem Vater Maximilian, dem Herzog von Bayern, dem Schwager des verpönten Königs. Der Herzog war eine exzentrische Person, mit der Anmaßung eines Künstlers, der unter dem Pseudonym Phantasius Verse, Märchen und Satiren veröffentlichte, alle im Stil Heines.

Sissi liebte Sport, Wanderungen in der Natur und Reisen, außerdem war sie gebildet, sprach mehrere Sprachen, schrieb Gedichte, und war eine große Verehrerin von Homer, Shakespeare und Heine. Im Jahre 1854 heiratete sie ihren Vetter Franz Josef I., den Kaiser von Österreich, der ein freundlicher Mensch war, aber ein wenig langsam und schwerfällig. Das einzige Buch, das er in seinem ganzen Leben gelesen hatte, war laut Stefan Zweig, der „Führer der militärischen Ränge“. Als sie ihm Stellen aus Shakespeares Dramen und Heines Gedichte vorlesen wollte, konnte er seine Langeweile nicht verstecken. Er zog die Gesellschaft von Katharina Schratt vor, einer Schauspielerin des Burgtheaters, die ihn mit dem letzten Klatsch aus den Wiener Kaffeehäusern unterhielt.[18]

Bis zum heutigen Tag erweckt Sissi Wehmut im Herzen der Österreicher. Diese schöne und unglückliche Kaiserin konnte sich den Sitten des Hofes nicht anpassen. Sie zog es vor, sich allein in ihren Räumen zu verschließen, dort teilte sie ihre Zeit zwischen Turnübungen, um ihre berühmte schmale Taille zu bewahren, und ihrem intellektuellen Vergnügen. Einmal erzählte sie Carmen Sylva, der Königin von Rumänien, wie sehr sie sich bei all den offiziellen Empfängen vor Langeweile quäle. Danach eile sie in ihre Räume, ziehe ihre prachtvollen Gewänder aus, lege die Diamantenkrone und den verhassten Schmuck ab und setze sich an ihren Schreibtisch, um Gedichte zu schreiben. Heine, erzählte sie, flüstere ihr diese Gedichte in die Ohren.

Carmen Silva muss sich bisweilen gefragt haben, ob Sissi, wie viele ihrer Verwandten aus dem bayerischen Königshaus, nicht ganz bei Sinnen sei.[19]

„Heine ist mein Begleiter überall und zu jeder Zeit", schrieb die Kaiserin, „jedes Wort bei ihm ist ein Edelstein, jeder Buchstabe …"[20] Eine Taschenausgabe vom *Buch der Lieder*, in einem dunkelgrünen Leineneinband, lag Tag und Nacht auf ihrem Nachttisch. Sie sammelte eifrig seine Handschriften, hängte seine Bilder in ihren Zimmern auf und plazierte seine Büsten in den Palästen des Kaisers. Als sie erfuhr, dass der Baron von Heine-Geldern (Gustav) in Wien wohnte, lud sie ihn in den Palast ein und er schenke ihr rührende Andenken seines seligen Bruders. Im Jahre 1887, auf dem Weg nach England, hielt sie extra in Hamburg, um Charlotte Embden, die alte Schwester des Dichters, zu besuchen. Kurze Zeit später, am Weihnachtsabend 1888, schenkte ihr der Kronprinz Erzherzog Rudolf eine neue Ausgabe von Heines Briefen. Es wird erzählt, dass der Kaiser einen sauren Blick auf das Geschenk des Sohnes warf, aber kein Wort sagte.[21] Dieser Lieblingsdichter seiner Frau war in seinen Augen nicht mehr als ein „jüdischer Verschwörer", und er dachte in diesem Moment wohl eher an die polizeilichen Protokolle über die zu liberalen Neigungen der Kaiserin und ihres Sohnes, des Erzherzogs.

Sissi bildete sich ein, dass Heine ein Teil ihres Ichs sei. Tatsächlich hatten sie einige Züge gemeinsam: Übersensibilität, Nervosität, Melancholie, Depressionen, ebenso wie Ironie, Scharfsinn, schelmischer Humor, religiöse Skepsis, Mut, Ruhelosigkeit, Reiselust, Liebe zum Meer. Bei Heine kamen diese Eigenschaften in seinem Werk zum Ausdruck, während sie bei ihr die Befürchtung auslösten, dass sie ihren Verstand verlöre. Es gab in der Familie einige tragische Fälle. Das bekannteste Ereignis war die Absetzung König Ludwig II. von Bayern, ein Sohn ihres Vetters, nachdem bei ihm 1886 eine Geisteskrankheit attestiert wurde. Dieser König, der Mäzen von Wagner, kam einige Tage später im Starnberger See ums Leben. Auch ihr einziger Sohn, Erzherzog Rudolf, neigte zu schweren Depressionen. Eines Tages schickte sie ihrer Tochter, der Erzherzogin Valerie, einen seltsamen und verwirrten Brief, worin sie erzählte, wie eines Nachts an ihrem

Lager im vom Mondlicht durchfluteten Zimmer plötzlich Heines Geist erschienen sei, und sie das seltsame und beängstigende Gefühl gehabt habe, dass seine Seele von ihr Besitz ergreifen wolle. „Der Kampf dauerte nur einige Minuten", schrieb sie, „aber Jehowa war stärker. Er ließ nicht zu, dass meine Seele sich vom Körper verabschiedete. Der Geist verschwand, und trotz der Enttäuschung, dass ich am Leben blieb, war ich glücklich, in meinem zuweilen erschütterten Glauben bestärkt, mit einer stärkeren Liebe zu Jehowa und im Glauben, dass er die Vereinigung zwischen meiner und Heines Seele heilig sprach."[22]

Sissi ärgerte sich über das Verhältnis der Deutschen zu Heine. Sie sah in ihm einen Dichter, der wegen seiner Ansichten in Armut im Exil gestorben war. In den Jahren 1870 bis 1880, nach der Einigung Deutschlands, errichtete man überall in Deutschland Denkmäler für Dichter und Philosophen, aber alle Bemühungen, auch Heine ein Denkmal zu setzen, blieben erfolglos. In Köln ereignete sich beispielsweise folgendes: Es wurde ein Denkmal für Friedrich Wilhelm III. errichtet, dessen Sockel mit Bildnissen großer Literaten geschmückt war. Als man entdeckte, dass auch Heine darunter war, brach ein Sturm der Entrüstung aus, der sich nicht eher legte, bis die Stadtväter angeordnet hatten, dass man Heines Relief vom Denkmal des Königs abkratzte.[23]

Heine gelang es, nach seinem Tod mehr Skandale zu verursachen, als zu seinen Lebzeiten. Es genügte, dass irgendjemand, irgendwo das Thema seines Gedenkens eröffnete, damit sich die Zeitungen mit Protesten füllten. An einer der Diskussionen im Jahr 1887 nahm ein junger Wiener Dramatiker und Journalist teil. „Nein, es ist kein Bedarf an einem Denkmal. So tot ist er noch nicht …" schrieb Theodor Herzl im „Berliner Tageblatt".

Herzls Kaiserin dagegen war nicht bereit, sich mit Worten zu begnügen. Sie gab einen Marmorbrunnen beim Berliner Bildhauer Ernst Herter in Auftrag, mit der Absicht, ihn der Stadt Düsseldorf, Heines Geburtstadt, zu schenken. Um die Gefühle der Bevölkerung nicht zu verletzen, willigte Sissi ein, dass auf dem Springbrunnen keine Statue des umstrittenen Heine, aufgestellt werden sollte, sondern der allgemein akzeptierten Loreley. Die Verehrer sollten sich mit einem bescheidenen Heine-Relief auf dem Sockel des Denkmals begnügen. Sie selbst war zu keinem Kompromiss bereit. Sie wollte eine Statute, die ganz und gar Heine gewidmet war und ganz und gar ihr gehörte, und dieses private Denkmal bestellte sie bei dem dänischen Bildhauer Louis Hasseltriis.

Als die Künstler mit der Arbeit begannen, ereignete sich ein Unglück: Der Kronprinz Rudolf tötete seine junge Geliebte und beging Selbstmord. Das geschah am 30. Januar 1889 in der Jägerhütte von Mayerling im Wiener Wald. Die trauernde Kaiserin war untröstlich über den Tod ihres Sohnes und entfernte sich noch mehr aus dem öffentlichen Leben. Zu dieser Zeit beendete sie den Bau ihrer Villa auf der Insel Korfu. Diese kaiserliche Villa, Achilleion (nach Achilles), wurde im neo-klassizistischen Stil gebaut. Sie war den Helden des klassischen Griechenland gewidmet, deren Statuen über den Park verteilt waren. Auf der untersten Trasse errichtete sie einen kleinen Tempel für Heine, und dort stellte sie 1890 die Statue von Hasseltriis auf. Es war keine allegorische Statue, sondern ein Bildnis des Dichters in seiner natürlichen Größe, so wie sich der Künstler ihn in seinen letzten Tagen vorstellte: auf einem Stuhl sitzend, den Rücken gebeugt, den Kopf gesenkt, Tränen fließen aus seinen geschlossenen Augen, in seiner Hand hält er einen Bündel Papiere, und auf einem von ihnen ist der erste Vers von Gedicht Nr. 27 aus dem Zyklus *Die Heimkehr* eingraviert: *„Was will die einsame Träne?“* Sissi ordnete an, die Statue mit dem Gesicht zum Meer aufzustellen, das sie liebte und über das er seine schönsten Gedichte geschrieben hatte.

Das Loreley-Denkmal von Herter, aus weißem Tiroler Marmor, wurde erst nach sieben Jahren vollendet, im Jahre 1897, gerade noch zum 100. Geburtstag des Dichters. Auf einer Säule, 3 Meter hoch, sitzt die Loreley, ein wenig plump, und kämt ihr langes marmornes Haar. Zu ihren Füssen sitzen drei Meerjungfrauen, die die „Poesie“, die „Melancholie“ und den „Weltschmerz“ repräsentieren, außerdem einige Delphine als Wasserspeier. Die Säule wurde auch mit Reliefs geschmückt: eines davon ist eine Seitenansicht von Heine nach der Medaille von David d'Angers; aber ein anderes Relief zeigt einen Jüngling, der gerade einen Drachen tötet. Misstrauische Beobachter sahen darin eine anti-deutsche Verschwörung, und wieder brachen stürmische Diskussionen aus. Schließlich teilten die Oberen der Stadt Düsseldorf mit, dass sie kein Interesse an einer solchen „Loreley" hätten.

Der Brunnen wurde Frankfurt, Hamburg und Berlin angeboten, aber auch diese Städte, zu denen Heine eine Bindung hatte, sahen das Denkmal nicht als Bereicherung ihrer Stadt an. Trotz des Ansehens der Kaiserin fand sich in ganz Deutschland keine Stadt, die bereit war, diesen Brunnen aufzustellen. Die Situation wurde von der deutschen Gemeinde von New York gerettet, die in einer Kommission entschieden (an deren Spitze der Klavierfabrikant Steinway stand), das Denkmal zu erwerben und ihn an einem der zentralen Plätze der Stadt aufzustellen.

Die Nachricht darüber rief viele Reaktionen hervor. In der Berliner satirischen Zeitung „Ulk" wurde eine Parodie im Loreleystil abgedruckt: Nun weiß ich es mir zu deuten. / Warum ich so traurig bin: / Man jagt mich zu fremden Leuten. / Das will mir nicht in den Sinn. // Das Mittelalter dunkelt, / Doch ruhig fließt der Rhein./ Er soll jetzt, wie man munkelt, / auch antisemitisch sein. // Ich glaube, die Wellen verschlingen / Am Ende noch Cahen und Cohn, / Mich läßt man ins Ausland bringen / Wie eine verruf'ne Person.[24]

Der letzte Akt dieser peinlichen Angelegenheit blieb der Kaiserin erspart: Im Dezember 1897, während eines Besuchs in Paris, konnte sie noch einen Kranz auf Heines Grab in Montmartre legen. Neun Monate später, am 10. September 1898, wurde sie in Genf von einem italienischen Anarchisten erstochen.

Wien trauerte über den Tod der geliebten Kaiserin, die schon zu Lebzeiten eine Legende war. Noch bevor die Trauerzeit zu Ende war, packten die Berliner die Loreley in 64 Kisten, um sie auf dem Seeweg nach New York zu schicken.

Es gab einen Plan, sie am Plaza Square an der Fifth Avenue aufzustellen, gegenüber der südöstlichen Ecke des Central Park. Doch kaum wurde dieser Plan bekannt, ging auch durch New York ein Aufschrei. Heine, so zeterten die Gegner, habe einen solch zentralen und angesehenen Platz für sein Denkmal nicht verdient. „Das ist wirklich ein Familienstreit innerhalb unserer deutsch-amerikanischen Freunde", berichtete die „New York Times" und bemerkte, dass die Argumente einen antisemitischen Unterton hatten. Der Redakteur schrieb weiter, dass die „schärfsten Gegner des Loreley-Brunnens Deutsche sind, die Heine hassen wie der Teufel das Weihwasser."[25] Der Vorschlag, den Brunnen im Vergnügungspark Glen Island aufzustellen, wurde nicht akzeptiert. Stattdessen fand man einen Kompromiss: Sie stellten ihn am Grand Concourse auf, Ecke 164. Straße in der Bronx. Weit entfernt von ihrem ursprünglichen Felsen war die Loreley, so Louis Untermeyer, die die Rheinschiffer so verzaubert hatte, nun nicht in der Lage, die Lastwagenfahrer anzulocken, die auf der geschäftigen Straße an ihr vorüberdonnerten.[26] In der Aufstellung des Denkmals an diesem Ort liegt eine bemerkenswerte Ironie, da einige Jahre später in der Nähe das Yankee-Stadion gebaut wurde. Jedes Mal, wenn die Massen auf ihrem Weg zum Stadion an dem Denkmal vorbeilaufen, erinnern sie sich an das, was Heine in seinem Gedicht *Jetzt wohin?* geschrieben hat: *„Nach Amerika zu segeln, / Nach dem großen Freiheitsstall, / Der bewohnt von Gleichheitsflegeln..."*[27]

Heines Statue in Korfu erging es nicht besser. Nach dem Tod seiner Frau wollte Franz Josef die Villa „Achilleion" loswerden und verkaufte sie an den deutschen Kaiser Wilhelm II. Dieser verlangte sofort, dass das Denkmal des Dichters, der seine Vorfahren beleidigt hatte, entfernt werden sollte, und zu einem lächerlichen Preis von zehntausend Mark ging es an den „Hoffmann und Campe" Verlag. Dieser transportierte die Statue nach Hamburg, doch um Protest zu vermeiden, zeigte man es in einem geschlossenen Saal. Später wurde das Denkmal von einem bescheidenen Platz zu einem anderen bescheidenen Platz bewegt. Im Jahre 1927 wurde die Statue nach Altona geschafft, im Jahre 1933, als die Nazis an die Macht kamen, wurde sie ins Ausland geschmuggelt. Heute steht das Denkmal im Mistral-Park in Toulon, im Süden Frankreichs.

Frankreich, das Heine zu seinen Lebzeiten Zuflucht gewährte, tat das auch mit seinen Denkmälern. Am 24. November 1901 wurde ein neues Denkmal auf Heines Grab in Montmartre aufgestellt, eine Büste, der Statue Hasseltriis' für die Kaiserin nachempfunden. Bei der

Zeremonie zur Denkmalenthüllung sprach auch Max Nordau. In einer typisch Heineschen Ironie stellte er fest, dass, wie im Altertum sieben Städte damit geprahlt hatten, die Heimat Homers zu sein, so können in der Neuzeit sieben Städte damit prahlen, dass sie sich weigerten, ein Heine-Denkmal zu beherbergen.[28]

Eine dieser Städte war Mainz. Als man dort 1906 die Idee hatte, ein Denkmal zum fünfzigsten Todestag zu errichten, entstand wie üblich eine Debatte, an der sich jüdische Honoratioren beteiligten. Heine gelang es, die Orthodoxen und Reformer zu einigen, die für eine Weile ihren Streit vergaßen und zusammen mit dem Oberrabbiner der Stadt eine Petition gegen das Projekt unterschrieben.[29]

Im selben Jahr erscheint die Monographie: „Heinrich Heine: Auch ein Denkmal". Der Verfasser Adolph Bartels, ein nationalistischer Journalist und Literaturhistoriker, legte in dieser Broschüre den Grundstein für die „Literaturkritik" der Nazis. Wenn die klassischen Heinefeinde wie Wagner und Treitschke noch eine Achtung vor seiner Begabung gehabt hatten, so behauptete Bartels, wie nach ihm Streicher und Goebbels, dass Heine kein Dichter, sondern ein einfacher jüdischer Schmarotzer sei, der seinen Lebensunterhalt dadurch verdient habe, literarischen Diebstahl bei anderen Dichtern zu begehen. Die politischen Ansichten Heines betrachtete Bartels als eine Mischung aus billigem Opportunismus und jüdischer Tücke. Überhaupt, so Bartels, verdiene dieser holländisch-westfälische Jude, der in Paris begraben und dessen Denkmäler in die Vereinigten Staaten veschifft wurden, Chajim Bückeburg (nach seinem Großvater) genannt zu werden.[30]

Eine andere Geschichte um ein Heine-Denkmal ereignete sich in Hamburg. Im Jahr 1909 wurde veröffentlicht, dass man eine Bronzestatue von Heine in der Stadt aufstellen wollte, in der seine Schriften hauptsächlich herausgegeben wurden. Eine antisemitische Hetzschrift aus Wien lieferte einen illustrierten Vorschlag für das Design: Heine, wie er auf einem Schwein reitet. Der Autor fügte auch einige Zitate hinzu, die zeigen sollten, wie sehr Heine die deutsche Sprache „verunreinigt" habe.[31]

Nicht nur grobe Antisemiten haben Heine beschuldigt, die deutsche Sprache zu zerstören. Ein Jahr nach dem Wiener Schweine-

Pamphlet warf ihm der Satiriker und Kritiker Karl Kraus, der die Reinheit der Sprache eifrig verteidigte, ähnliches vor. Seine Vorwürfe waren weniger antisemitisch (er war selbst ein getaufter Jude), als frankophob, indem er Heine vorwarf, der große „Französierer" der deutschen Sprache zu sein. „Ohne Heine kein Feuilleton", schrieb er, „Das ist die Franzosenkrankheit [ein Synonym für die Syphilis], die er uns eingeschleppt hat."[32] Kraus sah im geschriebenen Wort eine göttliche Offenbarung und in der Sprache die Seele der Kultur. Er spottete nicht nur über Heines Prosa, sondern auch über seine Liebesgedichte, die er mit Operettentexten verglich. Mehr noch beklagte er die vielen Nachahmer. „Er [Heine] hat der deutschen Sprache so sehr das Mieder gelockert, dass heute alle Kommis an ihren Brüsten fingern können."

Kraus' Aufsatz „Heine und die Folgen" (1910) fiel auf fruchtbaren Boden. In der Literatur und Kunst kam gerade der Modernismus auf, jene kulturelle Revolution, die Teil der großen Umwälzung am Anfang des 20. Jahrhunderts in allen Bereichen des Lebens war. Die Idee des Fortschritts, die das 19. Jahrhundert beherrscht hatte, hatte ausgedient, ebenso die Meinung, dass der Mensch ein rationales und ethisches Wesen sei. Die Psychoanalyse Freuds deckte die irrationalen Antriebe des Menschen auf, die Physik Einsteins widersprach dem gesunden Menschenverstand und die Politik geriet in einen Wirbel, der das Zeitalter der Gewalt und der Kriege ankündigte. Die Moderne zeigte sich als kulturelle Revolution in der wunderbaren Vielfalt des Expressionismus, Kubismus, Futurismus, Dadaismus, Surrealismus usw., in der neuen Musik, die die Dissonanz favorisierte. Die Poesie hatte sich selbst von der Natur abgetrennt, indem sie das Esoterische, das Absurde, das Rätselhafte und Unerforschte betonte.

Die neue Poesie lehnte Heines Dichtung ab, die ihr zu einfach, zu klar und zu elegant war. Theodor Adorno, einer der Begründer der „Frankfurter Schule", behauptete, dass diese Dichtung ihren guten Ruf verloren hatte, da sie in die Sprache der Zeitungen und des Handels gelangt war.[33] Gershom Scholem schrieb in seinen Erinnerungen an Walter Benjamin: „Keiner von uns hatte, wie viele Juden in der Generation vor Hitler, eine große Hochachtung vor Heine."[34]

Die schöngeistigen Intellektuellen waren weitaus gefährlichere Feinde als die groben Antisemiten, doch auch dieses Schlachtfeld verließ Heine, verwundet aber nicht besiegt. Der dadaistische Kabarettdichter Walter Mehring verwandte Zeilen von Heine in einem seiner Gedichte, ein Ausdruck der Stimmung unter den Linken vor dem Untergang der Weimarer Republik kurz vor der Machtergreifung durch die Nazis:

> *Berlin, Dem Tänzer ist der Tod –*
> *Foxtrott und Jazz –*
> *Die Republik amüsiert sich königlich –*
> *Vergiß mein nicht zum ersten Mai*
> *Als alle Knospen sprangen!*

Heine hätte zweifellos die politische Spitze begrüßt, mit der Mehring sein Frühlings – Liebeslied verwandelte, durch den Wechsel von „Mai" in den „Ersten Mai". Weniger erfreut wäre er angesichts des Missbrauchs seiner Redewendungen durch die Antisemiten gewesen. Die Parole „Die Juden sind unser Unglück!", die der Historiker Treitschke geprägt hat, war wahrscheinlich eine Entstellung des humorvollen Aphorismus Heines, dass das Judentum keine Religion sei, sondern „ein Unglück". Diese Parole erschien regelmäßig auf der Titelseite des „Stürmers", ein antisemitisches Hetzblatt und Wochenzeitung der Nazis. Es war nicht der einzige Fall, in welchem scharfe Pfeile aus Heines Bogen vergiftet zu ihm zurückkehrten.

Als 1926 eine Bronzestatue des Dichters in Hamburg aufgestellt wurde, provozierte das den erwarteten Aufschrei. „Der Stürmer" wiederholte seine Angriffe auf das „Jüdische Schwein aus Montmartre" und sieben Jahre später, als Hitler an die Macht kam, wurden die Worte durch Taten ersetzt: Die Statue wurde vom Sockel genommen und schließlich zur Herstellung von Granaten eingeschmolzen. Eine andere Statute, die in Frankfurt gestanden hatte, verschwand ebenfalls.

Die Revolution der Nazis war unter anderem auch eine kulturelle Gegenrevolution. Nicht nur die Juden wurden vertrieben und ermordet, sondern auch Intellektuelle, Liberale, Sozialisten, Kommunisten,

Anarchisten und Pazifisten, ebenso wie avantgardistische Dichter und moderne Künstler, die alle als Opposition zum Regime angesehen wurden. Das Ereignis, das diese Revolution symbolisieren sollte, fand in der Nacht zum 10. Mai 1933 statt, als in allen Universitätsstädten Deutschlands öffentliche Bücherverbrennungen von „zersetzenden jüdischen Schriften" stattfanden. Das „Autodafé" (wie es die Nazis nannten) fand in Berlin auf dem Opernplatz Unter den Linden statt, gegenüber der Universität, und wurde vom Propagandaminister Josef Goebbels selbst geleitet. Bei dieser Gelegenheit rief sich unweigerlich Heines prophetische Aussage aus dem Almansor ins Gedächtnis, dass es nur ein kleiner Schritt von der Bücherverbrennung zur Verbrennung von Menschen sei.

Zu dieser Zeit befand sich Goebbels in größter Verlegenheit. Als einer der einflussreichsten Führer des Dritten Reiches vergab er beliebig Posten und Vorteile. Eine der Begünstigten war eine gewisse Anka Stalhern, die durch ihn eine Stelle bei der Zeitschrift „Die Dame" erhielt. Goebbels war als Weiberheld bekannt; Anka eine seiner früheren Geliebten, prahlte mit dem Buch, das er ihr mit einer glühenden Widmung geschenkt hatte: Heines *Buch der Lieder*.[35] Andere hochrangige Nazis wären ebenso in Verlegenheit geraten, wenn bekannt geworden wäre, dass sie in ihrer Jugend die Sünde begangen hatten, Heine zu verehren.

Von da an war der Heines Name tabu. Die Lieder, die Hitler und Goebbels wegen ihrer Popularität nicht verbieten konnten, wurden als „Volkslieder" oder mit „Dichter unbekannt" bezeichnet (allerdings wurde kein Liederbuch gefunden, in dem dies unter einem Heine-Liedtext gestanden hätte). Außerhalb von Deutschland aber erlebte er eine Wiedergeburt. Viele Intellektuelle, die zur Flucht aus Deutschland gezwungen waren, fanden, wie er hundert Jahre zuvor, Zuflucht in Frankreich. In den Cafés von Montparnasse und auf dem Boulevard St.-Germain konnte man Lion Feuchtwanger (der seine Doktorarbeit über den *Rabbi von Bacherach* schrieb) sehen, zusammen mit Franz Werfel („Die vierzig Tage des Musa Dahg") und Alfred Döblin („Berlin Alexanderplatz"), auch nicht-jüdische Emigranten wie Heinrich Mann („Die Jugend des Königs Henri Quatre") und Erich Maria Remarque („Im Westen nichts Neues"). Sie alle tauchen in Frederic Grunfelds Buch „Prophets Without Honour" auf, in dem er beschreibt, wie Paris im Frühjahr 1933 temporär zur Hauptstadt der deutschen Literatur wurde.[36] Die meisten dieser Intellektuellen waren außerhalb Deutschlands unbekannt, weshalb sie zum Teil ein elendes Leben in Armut und schäbigen Hotelzimmern führen mussten. Joseph Roth („Radetzkymarsch") starb mit 45 Jahren krank in einem Pariser Armenhaus. Walter Benjamin lebte einsam und in Armut, und nahm sich mit 48 Jahren das Leben, als der Versuch, die Grenze nach Spanien zu überqueren, fehlgeschlagen hatte. Grunfeld, der in seinem Buch die Geschichte der Eingliederung der Juden in der Deutschen Kultur aufrollt, im „Goldenen Zeitalter", die Welt von Freud, Mahler, Einstein, Schönberg, Kafka und noch Hunderte weitere berühmte Namen aus Wissenschaft und Kunst, beschreibt auch das Ende dieser erstaunlichen Tradition, die mit einem Liebesgedicht von Heine aus dem Jahre 1821 begonnen hatte. „Prophets Without Honour" beginnt mit Heine und endet mit ihm. Er wird darin „Der heilige Patron der Juden, die die Gleichberechtigung erreicht haben" genannt. Heine könnte daher als das Symbol des jüdisch-deutschen Paradoxes verstanden werden.

Es wäre anzunehmen, dass man im Deutschland nach Hitler Heine historische Gerechtigkeit hätte widerfahren lassen, aber die Dinge verliefen nicht so einfach. Das Land wurde in zwei Staaten gespalten und Westdeutschland ignorierte Heine anfangs, obwohl es ein demokratischer Staat war. Während Heine im Ausland der populärste deutsche Dichter war, der meistübersetzte und -zitierte,[37] geschah seine Rehabilitation im Westen seiner Heimat äußerst langsam und hatte ihre lächerlichen Momente.

Das erste Denkmal zu seinen Ehren wurde 1953 in Düsseldorf errichtet. Es handelt sich um die Statue einer nackten Frau von dem Künstler Aristide Maillol, gestiftet von Dina Vierny, seinem Modell, seiner Geliebten, eine Tochter russisch-jüdischer Emigranten und eine leidenschaftliche Verehrerin Heines. Es ist demnach nicht ein Denkmal für den Dichter, sondern für eine seiner Verehrerinnen, auch sein Name, „Harmonie", ist nicht sehr passend für die Beziehung des

Dichters zu seiner Heimat. Die Stadtverwaltung stellte die Statue nicht an einer zentralen Stelle auf, auch nicht neben dem Haus in der Bolkerstraße, wo der Dichter geboren wurde. Stattdessen wählten sie eine Lichtung im Hofgarten, wo nach der Überlieferung der 13-jährige Harry Heine Napoleon während seines Staatsbesuches in Düsseldorf gesehen haben soll. Als wir im Herbst 1966 dort waren, dauerte es eine Weile, bis wir die Stelle gefunden haben. Wir entdeckten schließlich eine wunderschöne Statue, eines der schönsten Werke der modernen Kunst, bedeckt mit unanständigen Graffitis. Eine weitere Anstrengung führte uns zu einem kleinen, unauffälligen Schild unten auf den Stufen mit einer zurückhaltenden Widmung an Heine.

In Ostdeutschland dagegen nahm man Heine wie eine Umarmung Atta Trolls auf. Dort erinnerte man sich an seine Freundschaft mit Karl Marx und nannte Institute, Straßen und öffentliche Parkanlagen nach ihm. Den deutschen Kommunisten fiel es nicht schwer, ihn zum zweitwichtigsten Dichter nach Goethe zu krönen, und *Deutschland Ein Wintermärchen* in den Schulunterricht aufzunehmen, als wichtigstes literarisches Werk nach dem „Faust". Als der hunderste Todestag nahte, plante die Stadtverwaltung von Ost-Berlin, ihm ein Denkmal in einer der wichtigsten Straßen der Stadt, „Unter den Linden" zu setzen. Man beabsichtigte, ihn in Über-Lebensgröße darzustellen, als einen der Propheten des Kommunismus. Doch der Bildhauer Waldemar Grzimek schuf einen mageren Intellektuellen mit gebeugtem Rücken, auf einer Bank sitzend, eine Hand gestikulierend wie bei einer Diskussion. Die Parteiideologen fanden keinen Gefallen an dieser Pose, die daran erinnern könnte, dass der Freund von Karl Marx zwar den Sieg des Kommunismus vorausgesehen, aber auch Befürchtungen gehegt hatte, dass ein totalitäres Regime infolge eines solchen Sieges entstehen würde. Um den Schaden zu begrenzen beschloss man, das Denkmal nicht an der ursprünglich vorgesehenen Stelle inmitten der Stadt, sondern in einem kleinen Park neben dem Volkspark am Weinbergsweg zu plazieren.[38]

Eine Wende im Verhältnis zu Heine zeichnete sich in Westdeutschland in den sechziger Jahren ab, als er von den Studenten der Neuen Linken entdeckt wurde. Alle Fehler, die seine Kritiker von rechts und von links an ihm entdeckten, waren für sie positive Eigenschaften – dass er ein rebellischer Dissident war, ein politischer Verschwörer, ein „Anti-Patriot", ein „Verfechter des Kommunismus", ein „Dichter der Unzucht", ein „ frivoler Feuilltonist", ein „Atheist" – beides, Revolutionär und Hedonist, waren in den Augen der Blumenkinder der sechziger Jahre positive Eigenschaften.[39]

Das Aufkommen einer neuen Generation in Deutschland, frei von der Last der Vergangenheit – so weit das überhaupt möglich ist – entspannte die Beziehungen zum widerspenstigen Sohn. Es war ein langsamer Prozess. Mehrere Jahre sollten vergehen, bis die Stadt Düsseldorf sich bereit erklärte, einen Teil der Straße, die in die Altstadt führt, „Heinrich-Heine-Allee" zu nennen. Aber eine noch erstaunlichere Geschichte betrifft die Düsseldorfer Universität. Über vierzig Jahre verfolgte die Welt spottend und ungläubig die heißen Diskussionen über die Frage, ob man die Universität nach Heinrich Heine, dem einzigen Düsseldorfer, der je zu Weltruhm gelangt war, nennen sollte. Die Gegner konnten zwar keinen anderen Namen vorschlagen, aber erst im Jahr 1988 gewannen die Heine-Befürworter. Am Siegestag sammelten sie sich im Bierkeller in der Bolkerstraße 53, wo der Dichter 191 Jahre zuvor geboren worden war. Die Gläser wurden erhoben, man prostete sich zu, als eine einzelne Stimme in Hebräisch einstimmte: „Lechajim!"[40]

NOTIZ DES AUTORS

Seit mehr als vierzig Jahren beschäftige ich mich mit Heine und seinem Werk. Die Beschäftigung mit ihm war für mich ein lehrreiches und erfreuliches geistiges Abenteuer, spannend und voller Inspiration. Deshalb möchte ich all den Menschen danken, die mir bei dieser angenehmen Anstrengung, die das Schreiben dieses Buches bedeutet hat, geholfen haben. An erster Stelle sind die zahlreichen Forscher und Biographen zu nennen, die mir den Weg geebnet haben. Einige von ihnen sind in der Bibliographie aufgeführt, aber drei möchte ich ganz besonders hervorheben: Hugo Bieber, den Verfasser der „Confessio Judaica" von Heinrich Heine. Sigbert-Salomon Prawer von der Universität Birmingham, den Herausgeber von Heines *Buch der Lieder*, von „The Tragic Satirist" und vor allem von „Heine's Jewish Comedy". Sowie Jeffrey L. Sammons von der Universität Yale, dessen Bücher „Heinrich Heine – The Elusive Poet" und „Heinrich Heine: A modern Biography" den Leser zum Nachdenken und zum Widerspruch zwingen.

Mein Dank gilt den Mitarbeitern der Nationalen Bibliothek und der Hebräischen Universität in Jerusalem, und ganz besonders dem Leiter der Ausleihabteilung, Shlomo Goldberg, der dieses Buch mit Wohlwollen begleitete und mir gestattete, Akten einzusehen, die der Öffentlichkeit verschlossen sind. Ohne die besondere Zuwendung, die ich in dieser Bibliothek mit ihren in den Archiven verborgenen Handschriften und Büchern, die den weltweit größten Schatz jüdischer Weisheit darstellen, erfahren habe, wäre dieses Buch niemals zustande gekommen. Besonderer Dank sei auch an meine Freunde in der Universitäts-Bibliothek auf dem Skopusberg gerichtet, besonders an Karen Lipzin-Sitton und Mirjam Beyth-Katz. Shlomo Avineri von der Hebräischen Universität in Jerusalem las das Kapitel „*Mein ver-stockter Freund Marx*" und hat mich auf Einiges aufmerksam gemacht und mir die Augen geöffnet. Avineri ist Mitglied der wissenschaft-lichen Gesellschaft für die Schriften von Marx und Engels. Er ist auch der Verfasser bekannter Bücher und Aufsätze über Moses Hess und Karl Marx, Aufsätze, die mir beim Schreiben des Kapitels sehr gehol-fen haben. Besonderer Dank auch an Amnon Rubinstein und Arthur Fried, die mich zur Arbeit ermuntert haben; und Naomi Kaplansky, meiner Kollegin, die all die Jahre dafür gekämpft hat, einen Etat für die Dreharbeiten zu dem Film „Ein Doppelleben" zu erhalten und bis heute nicht aufgegeben hat den Mäzen zu suchen, der den Traum vom Film erfüllen wird. Schließlich danke ich Ruthie, meiner Frau und Freundin und meiner Tochter Daphna, die die ersten Leser des Ma-nuskripts waren, und deren kritische Bemerkungen zur Verbesserung des Werkes beigetragen haben. Ihnen ist dieses Buch gewidmet.

Als dieses Buch im Januar 2000 erstmals auf Hebräisch erschien, führte dies zu einigen recht unerwarteten Entwicklungen:

Zunächst versammelte sich eine Gruppe von angesehenen Jerusale-mer Bürgern im Haus des verstorbenen Haim Cohn, (geboren in der deutschen Stadt Lübeck und später Richter am Obersten Gerichtshof von Jerusalem). Sie stellte fest, dass der Heine-Boykott nicht länger hinnehmbar sei, und beschloss, sich für die Rehabilitierung des Dich-ters einzusetzen. Daraufhin regte der frühere Botschafter Michael Shi-loh, Direktor des Mishkenot-Shaananim-Kulturzentrums, an, eine internationale Konferenz zum Thema „Heine in Jerusalem" abzuhal-ten. Ruth Cheshin, Präsidentin der vom früheren Bürgermeister Jeru-salems, Teddy Kollek, ins Leben gerufenen „Jerusalem Foundation", erklärte, dass sich ihre Organisation zum Sponsor einer derartigen Konferenz zur Verfügung stelle. Naomi Kaplansky und Geula Cohen, beides Mitglieder des Hauptausschusses, traten mit der Bitte an die is-raelische Postbehörde heran, aus diesem Anlass eine Heine-Brief-marke herauszugeben. Zu unser aller Erstaunen erhielten sie eine po-sitive Antwort. Sogar die israelische Regierung stimmte offiziell zu. Einige aufgebrachte religiöse Parlamentsmitglieder sprachen dieses Thema in der Knesset an. Nach einer leidenschaftlichen Debatte wurden sie jedoch überstimmt. Als dann auch noch der Jerusalemer Stadt-rat, in dem religiöse und ultra-orthodoxe Parteien maßgeblichen Ein-fluss besitzen, beschloss, eine Straße nach Heine zu benennen, waren wir noch mehr überrascht. Nun befindet sich in einer der schönsten Gegenden Jerusalems, nahe der historischen Windmühle gegenüber der Altstadtmauer, ein Straßenschild mit der Aufschrift:

„Heinrich Heine, jüdisch-deutscher Poet, Jerusalemliebhaber."

Bei der Einweihungszeremonie am 13. Dezember 2001 (dem 204. Geburtstag Heines) waren zugegen: der frühere israelische Präsident Yitzhak Navon, der amtierende Bürgermeister Ehud Olmert, der ehe-malige Bürgermeister Teddy Kollek, Dr. Gert Kaiser, Direktor der Heinrich-Heine-Universität Düsseldorf, und Dr. Joseph A. Kruse, Di-rektor des Heinrich-Heine-Instituts. Mehrere Zeitungen berichteten mit der Überschrift „Jerusalem hebt Heinrich-Heine-Boykott auf" über die Feierlichkeiten. Die Redner versicherten feierlich, dass Jeru-salem den Dichter, der sein ganzes Leben lang gelobt hatte: *„Wenn ich deiner vergesse, o Jerusalem, so soll meine Rechte verdorren!"*, nie wieder in Vergessenheit geraten lassen werde. Schließlich äußerten manche der Anwesenden sogar die Überzeugung, dass nicht nur Heine rehabili-tiert wurde. Vielmehr sei es ein Zeichen für die Rehabilitierung des Staates Israel als einem modernen, aufgeklärten Land. Und so wurde der Heine-Boykott aufgehoben.

★

Das letzte Kapitel in der Geschichte der Beziehungen zwischen Hein-rich Heine und dem Jüdischen Volk ereignete sich am Sonntag, den 19. Februar 2006, in Jerusalem. Annähernd zweihundert Menschen versammelten sich im Konrad Adenauer Saal im Mishkenot Shaan-anim Zentrum, wo eine Gedenkfeier zum 150 Todestag des Dichters stattgefunden hat. Eine Sängerin von der Musikakademie sang *Auf Flügeln des Gesanges* und *Loreley* und unter den Gedichten, die vorge-tragen wurden war auch *Gedächtnisfeier* aus dem *Romanzero*-Zyklus, das Heine auf seinem Todesbett geschrieben hatte und welches mit folgenden Zeilen begann: *Keine Messe wird man singen, / Keinen Kadosch wird man sagen, / Nichts gesagt und nichts gesungen / Wird an meinen Sterbetagen …*

Die Organisatoren dieser Gedenkfeier beschlossen es absichtlich mit einem „Kadisch" zu beenden, diesem jüdischen Gebet zu Ehren der Toten, von dem Heine nicht geglaubt hat, dass es an seinem „Sterbetag" gesagt werden würde. Das war ein beispielloses Ereignis. Professor Jehuda Friedländer, der frühere Rektor der Bar-Ilan Universität, die der religiös-orthodoxen Strömung nahe steht, bestieg die Bühne und erklärte, warum große rabbinische Gelehrte festgehalten haben, dass man nach der Halacha, dem jüdischen Gesetzeskodex, auch für getaufte Juden Kadisch sagen kann, wenn diese es verdient haben. Friedländer, ein Jude mit Bart und Kopfbedeckung, der einem Rabbi ähnlich aussieht, las also den „Kadisch" vor, für Chajim ben Samson, das ist der hebräische Namen für Heinrich Heine, und alle Anwesenden standen nacheinander auf, senkten ihre Köpfe und flüsterten in tiefer Trauer die Worte des Gebetes nach, als wäre er, Heine, erst gestern von uns gegangen.

Der Journalist Tom Segev, der darüber in „HaAretz" berichtet hat, stellte fest, dass es „eine der Zeremonien war, die es wert ist in der Geschichte der israelischen Kultur in ewiger Erinnerung zu bleiben."

Jerusalem, den 22. Februar 2006

QUELLENVERZEICHNIS

Zitate

1 H. H. Houben: Gespräche mit Heine, April 1948, S. 366
2 Heinrich Heine: Buch der Lieder, Werke I (Hg. Hans Kaufmann), Berlin/Weimar 1972, S. 177 [im Folgenden wird aus dieser Werkausgabe zitiert, Bandzahl in römischen Ziffern]
3 Matthew Arnold: Heinrich Heine, in: Ders.: Essays, London 1906, S. 125
4 Nietzsche, Nachgelassene Fragmente
5 Houben, S. 150
6 Heine: Zu: Die Nordsee, DHA I, S. 5
7 Romanzero, II, S. 131

Vorrede zur Vorrede

1 Nachlese, II, S. 422
2 An Moses Moser, 9.1.1824, HSA XX, S. 133

Vorrede

1 Hasefer Haivri: Kitvei C.N.Bialik, Tel Aviv 1983, S. 237
2 Heinrich Graetz: Volkstümliche Geschichte der Juden, Köln 2000, Bd. II, S. 979 ff; Shimon Bernfeld: Ach Rachok, Hashiloah (Heb.), 1898, III, S. 320

3 Max Brod: Heinrich Heine, Amsterdam 1934, S. 319

4 Jeffrey Sammons: Heinrich Heine. The Elusive Poet, New Haven 1977, S. 447, 452, 456

5 Isaak Deutscher: The Non-Jewish Jew and Other Essays, Oxford 1968

6 Hannah Arendt: The Schlemihl and Lord of Dreams (April 1944), in: Arendt: The Jew as Pariah, New York 1978, S. 67-90

7 Max Nordau: Ketavim Ziyoniyim (Heb.), vol. I, Jerusalem 1955, S. 65

8 Hugo Bieber: Heinrich Heine. Bekenntnis zum Judentum (Confessio Judaica), Berlin 1925

9 Der Rabbi von Bacherach, IV, S. 36

10 Romanzero, II, S. 179

11 An Moses Moser, 9.1.1824, HSA XX, S. 133

12 Geständnisse, XV, S. 42

13 Solomon Liptzin: The English Legend of Heinrich Heine, New York 1954

14 Buch der Lieder, I, S. 75

15 Friedrich Nietzsche: Ecce Homo, in: Nietzsche, Werke in drei Bänden, Bd. 2, München 956, S. 1088f.

16 Vgl. Günter Metzner (Hg.): Heine in der Musik, Tutzing 1989-1994

17 Reise von München nach Genua, VII, S. 74

18 Liptzin: The English Legend of Heinrich Heine, New York 1954, S. 70, 127, 136

19 Ritchie Robertson: Heine, London 1988, S. x

20 Geständnisse, VII, S. 153ff

21 Lutezia, VI, S. 431

22 Geständnisse, VII, S. 121

23 Zur Geschichte der Religion und Philosophie in Deutschland, V, S. 307f

24 Shakespeares Mädchen und Frauen, V, S. 559

25 Zur Geschichte der Religion und Philosophie in Deutschland, V, S. 308

26 Vgl. Ludwig Börne. Eine Denkschrift, VI, S. 195

27 Richard Wagner: Das Judentum in der Musik. Bremen, 1998, S. 30, 31

28 Nietzsche: Ecce Homo, vgl. Anm. 14

29 Hugo Bieber: Heinrich Heine. A Biographical Anthology, Philadelphia 1956, S. 4

30 Karl Kraus: Heine und die Folgen, zitiert in: Zohn: Karl Kraus, S. 63

31 S. S. Prawer: Heine. Buch der Lieder, London 1960, S. 9

32 Jeffrey Sammons: Heinrich Heine: A modern Biography. Princeton 1979, S. 351-352

33 Hannah Arendt: Heinrich Heine: The Schlemihl and Lord of Dreams, in: Arendt: The Jew as Pariah, New York 1978, S. 74

34 Hugo Bieber: Heinrich Heine, Jüdisches Manifest, New York 1946, S. 290

35 Sammons: A modern Biography, S. 313

36 S. S. Prawer: Heine's Jewish Comedy, Oxford 1983, S. 708-713

37 Vgl. Max Wiener: Jüdische Religion im Zeitalter der Emanzipation, Berlin 1933, S. 259ff. Wiener gibt das Beispiel Heines als „der kraftvollste Vertreter des Wesens des Judaismus, definiert als eine rein geistige Verfassung".

38 An Moses Moser, 23.8.1823, HSA XX, S. 107

39 Geständnisse, VII, S. 134

40 Bieber: Jüdisches Manifest

41 An Moses Moser, 8.10.1825, HSA XX, S. 215

42 Ahad Ha'Am: Kol Kitvei (Heb.), Tel Aviv 1947, S. 408

43 Matthew Arnold: Heinrich Heine (August 1863), in Ders.: Essays, London 1906, S. 125

44 An Immanuel Wohlwill, 7.4.1823, HSA XX, S. 72

45 Der Rabbi von Bacherach, IV, S. 47

46 Ahad Ha'Am: Kol Kitevi (Heb.), Tel Aviv 1947, S. 69

47 Vgl. Prawer: Heine's Jewish Comedy, Oxford 1983, S. 501-502; Sammons: A modern Biography, S. 242; J. Sammons: The Elusive Poet, S. 451

48 Romanzero, II, S. 128

49 Theodor Herzl: Altneuland, Norderstedt 2004, S. 220

50 Max Nordau: Ketavim Ziyoniyim (Hebrew.), III, Jerusalem 1960, S. 25; siehe auch Mark H. Gelber: Heine, Herzl und Nordau, in Gelber: The Jewish Reception of Heinrich Heine, Tübingen 1992, S. 139-151

51 An Moses Moser, 23.4.1826, HSA XX, S. 239

52 An Moses Moser, 9.1.1824, HSA XX, S. 133. Die Zerstörung Jerusalems ist ein in Heines Werk immer wiederkehrendes Thema. Das Gedicht *Jehuda ben Halevy* (1851), das er in der „Matratzengruft" geschrieben hat, beginnt mit den Versen *„Lechzend klebe mir die Zunge / An dem Gaumen, und es welke / Meine rechte Hand, vergäß' ich / Jemals dein, Jerusalem"*

Kapitel 1

1 Lyrisches Intermezzo, I, S. 87

2 Die Bäder von Lucca, III, S. 299

3 Aphorismen und Fragmente, V, S. 402

4 A. Altman: Moses Mendelssohn, Philadelphia 1973, S. 427

5 Memoiren, VII, S. 205 (folgende Zitate ebd.)

6 Sammons: A modern Biography, S. 42

7 Ideen. Das Buch Le Grand, III, S. 152,153

8 Max Brod: Heinrich Heine, Amsterdam 1934, S. 31

9 Israel Tabak: Judaic Lore in Heine, Baltimore 1948, S. 75-79; Prawer: Jewish Comedy, S. 209

10 Vgl. Houben, S. 721

11 Geständnisse, VII, S. 241

12 Ideen. Das Buch Le Grand , III, S. 159

13 Memoiren, VII, S. 187

14 An Christian Sethe, 6.7.1816, HSA XX, S. 18

15 An Christian Sethe, 20.11.1816, HSA XX, S. 21

16 Lyrisches Intermezzo, I, S. 72

17 Buch der Lieder, I, 19

18 An Karl August Varnhagen von Ense, 19.10.1827, HSA XX, S. 301f.

19 Vgl. Houben, S. 824

20 Sammons: A modern Biography, S. 42–46

21 Vgl. Ludwig Börne: Der ewige Jude, 1821

22 Memoiren, VII, S. 190

23 Die Romantische Schule, V, S. 74

24 Houben, S. 25

25 Zitiert nach: Louis Untermeyer: Heinrich Heine. Paradox and Poet, the poems, New York 1937, S. 53; siehe auch Sammons: A modern Biography, S. 55

26 An Friedrich von Beughem, 15.7.1820, HSA XX, S. 25

27 Ebd.

28 Antonina Vallentin: Poet in Exile. The Life of Heinrich Heine, New York 1934, S. 63; Untermeyer, S. 52

29 Almansor, II, S. 492

30 Ebd., S. 489

31 Ludwig Börne. Eine Denkschrift, VI, S. 171

32 Die Nordsee. Dritte Abteilung, III, 107

33 Ludwig Börne. Eine Denkschrift, VI, S. 172

34 Der Tannhäuser, I, S. 265

35 Zur Geschichte der Religion und Philosophie in Deutschland, V, S. 299

36 Geständnisse, VII, S. 126

37 Vgl. Untermeyer, S. 76, Houben, S. 150

38 Max Brod: The Artist in Revolt, London 1956, S. 126

39 An Ludwig Robert, 27.11.1823, HSA XX, S. 124

40 An Karl August Varnhagen von Ense, 28.2.1830, HSA XX, S. 390

41 An Karl August Varnhagen von Ense, 29.7.1826, HSA XX, S. 254

42 Houben, S. 31–32

43 An Johann Wolfgang von Goethe, 29.12.1821, HSA XX, S. 46

44 Die Romantische Schule, V, S. 96

45 Houben, S. 34–35

46 An Christian Sethe, 21.1.1823, HSA XX, S. 69

47 An Christian Sethe, 14.4.1822, HSA XX, S. 50

Kapitel 2

1 Vgl. Hans Günther Reissner, Eduard Gans, Tübingen 1965
2 Zum Verein für Kultur und Wissenschaft der Juden und zu den Anfängen der jüdischen Studien, siehe Graetz, S. 996 ff; Leopold Zunz and the Scientific Ideal in Michael Meyer: The Origins of the modern Jew, Detroit 1967, S. 144-182; Paul Mendes-Flohr (Hg.), Hochmat Yisrael, Hebetim Historim u filosofim (Heb.), Jerusalem 1980; G. Scholem: Mitoch Hirhurim al hochmat yisrael, in Devarim Bego (Heb.), Tel Aviv 1975, S. 385-403.
3 Bieber: Jüdisches Manifest, S. 278
4 Über Polen, III, S. 560ff
5 Bieber: Jüdisches Manifest, S. 278
6 An Immanuel Wohlwill, 7.4.1823, HSA XX, S. 72
7 Michael Meyer: David Friedländer, in: The Origins of the Modern Jew, Detroit 1967, S. 57-84
8 An Immanuel Wohlwill, 7.4.1823, HSA XX, S. 71f
9 Vgl. Paul Mendes-Flohr (Hg.): Hochmat Yisrael, Hebetim Historim u filosofim (Heb.), Jerusalem 1980
10 Aphorismen und Fragmente, V, S. 412
11 An Moritz Embden, 2.2.1823, HSA XX, S. 70
12 An Immanuel Wohlwill, 7.4.1823, HSA XX, S. 71
13 G. Scholem: Mitoch Hirhurim al hochmat yisrael, in Devarim Bego (Heb.), Tel Aviv 1975, S. 389
14 William Ratcliff, II, S. 571
15 Louis Untermeyer: Heinrich Heine. Paradox and Poet, the poems, New York 1937, S. 100
16 Zitiert nach Prawer: A Jewish Comedy, S. 272
17 Vgl. Sammons: The Elusive Poet, S. 454
18 Vgl. P.F. Veit: Heine: The Marrano Pose, Monatshefte 66 (1974), S. 146-156
19 An Moses Moser, 18.6.1823, HSA XX, S. 99
20 An Moses Moser, 23.5.1823, HSA XX, S. 87
21 An Moses Moser, 18.6.1823, HSA XX, S. 96
22 Ludwig Marcus, Werke, Berlin/Weimar 1980, S. 289

23 An Leopold Zunz, 27.6.1823, HSA XX, S. 102f.

24 G. Scholem: Mitoch Hirhurim al hochmat yisrael, in Devarim Bego (Heb.), Tel Aviv 1975, S. 392

25 Reise von München nach Genua, III, S. 209

26 Heine schrieb den *Rabbi von Bacherach* in den Jahren 1823 bis 1825, und ließ ihn 15 Jahre unberührt liegen. Erst im Jahre 1840 veröffentlichte er das Werk. Der erste historische jüdische Roman, der veröffentlicht wurde, war „David Elroi" von Benjamin DeJisraeli (1833). Der erste historisch-jüdische Roman, der in deutscher Sprache veröffentlicht wurde, war „Die Marranen", von Feiboss Philippsohn. Der Roman erschien in einer Zeitschrift, von 1834 an, und später im Jahr 1855 in Buchform. Danach erschien „Die jüdische Mystik" von Herrmann Rackendorf (1857). Der *Rabbi von Bacherach* von Heinrich Heine war der erste Versuch dieser literarischen Art, die eine wichtige Rolle im nationalen Erwachen der Juden spielen sollte.

27 An Moses Moser, 23.8.1823, HSA XX, S. 106

28 An Moses Moser, 30.8.1823, HSA XX, S. 112

29 Buch der Lieder, I, S. 47ff

30 An Moses Moser, 6.11.1823, HSA XX, S. 122f.

31 An Moses Moser, 28.11.1823, HSA XX, S. 128

32 An Moses Moser, 9.11.1824, HSA XX, S. 133

Kapitel 3

1 An Moses Moser, 2.2.1824, HSA XX, S. 142

2 Houben, S. 93-94

3 An Moses Moser, 23.8.1823, HSA XX, S. 106

4 An Rudolf Christiani, 7.3.1824, HSA XX, S. 148

5 Houben S. 65-67

6 Vgl. Brod: Heine, S. 244f

7 Buch der Lieder, I, S. 104

8 An Moses Moser, 25.6.1824, HSA XX, S. 167f.

9 Die Romantische Schule, V, S. 43

10 An Rudolf Christiani, 26.5.1825, HSA XX, S. 199

11 Houben, S. 99-100

12 An Rudolf Christiani, 26.5.1825, HSA XX, S. 200

13 An Moses Moser, 1.7.1825, HSA XX, S. 205

14 An Moses Moser, 25.10.1824, HSA XX, S. 176

15 Houben, S. 104-108

16 An Moses Moser, 1.7.1825, HSA XX, S. 203f.

17 An Gustav Hugo, 16.4.1825, HSA XX, S. 194

18 An Moses Moser, 22.7.1825, HSA XX, S. 206

19 An Christian Sethe, 1.9.1825, HSA XX, S. 213f.

20 An Moses Moser, 8.10.1825, HSA XX, S. 215

21 Almansor, I, S. 158ff

22 An Moses Moser, 8.10.1825, HSA XX, S. 215

23 Nachlese, II, S. 295

24 An Moses Moser, 19.12.1825, HSA XX, S. 227

25 An Moses Moser, 23.4.1826, HSA XX, S. 240f

26 An Moses Moser, 14.10.1826, HSA XX, S. 267

27 Marcus, S. 181-182

28 An Joseph Lehmann, 26.5.1826, HSA XX, S. 244

29 Meyer: The Origins of the Modern Lew, S. 181

30 Ludwig Marcus. Denkworte, S. 179

31 Der Rabbi von Bacherach, IV, S. 8ff

32 L. Feuchtwanger: Heinrich Heines Fragment „Der Rabbi von Bacherach", München 1907

Kapitel 4

1 Romanzero, I, S. 140

2 Zu Mordecai Manuel Noah, sein Ararat-Projekt und seine Verbindungen zum Verein für Kultur und Wissenschaft der Juden, sowie zu Eliezer Kirschbaum, siehe: I. Goldberg, Major Noah: American Jewish Pioneer, Philadelphia, 1936; J. D. Sarna, Jacksonian Jew: The Two Worlds of Mordecai Noah, New York, 1981; D. Weinryb: Tsiyonut etzel Yehudei Germania Bitkufat

Ha'haskala (Heb.) Kneset. Tel Aviv, 1937; D. Weinryb: Ararat, Medinat Hayehudim Be'Artzot Habrit (Heb.), Perakim II, New York, 1960; und B. D. Weinryb, in The Jewish experience in America, vol. 2, New York, 1969, S. 136-157

3 Ludwig Marcus. Denkworte, S. 286

4 Heine an Moser, 23. Mai 1823, HSA XX, S. 85

5 Heine an Moser, 20. Juli 1824, HSA XX, S. 170

6 Heine an Moser, 23. April 1826, HSA XX, S. 239

7 Heine an Moser, 23. April 1826, HSA XX, S. 239

8 Heine an Zunz, Mai 1826, HSA XX, S. 249

9 Heine an Moser, 23. April 1826, HSA XX, S. 239

10 G. Scholem: MiBerlin LiYerushalayim (Heb.), Tel Aviv 1982, S. 144

11 Marcus, in: Werke und Briefe Bd. 7, Berlin/Weimar 1980, S. 292

12 Kafka an Milena Jesenská, zitiert in E. Pawel: The Nightmare of Reason, New York 1984, S. 338-339

Kapitel 5

1 Houben, S. 110f

2 Buch der Lieder, I, S. 129

3 Prawer: Heine's Jewish Comedy, S. 113

4 An Eduard Gans, Mai 1826, HSA XX, S. 248

5 S. S. Prawer: Heine's Jewish Comedy, Oxford 1983, S. 112-113; Hans-Günther Reissner: Eduard Gans, Tübingen 1965, S. 116

6 Reinigung, I, S. 193

7 George Brandes: Main Currents in Nineteenth Century Literature, London 1925, Bd. VI, S. 138

8 Ebd., S. 149

9 „Philister" war eine abschätzige Bezeichnung, die die Studenten in Jena zur Bezeichnung selbstgefälliger, engstirniger Mitglieder des Bürgertums benutzten, die über alles Neue die Nase rümpften. Der Begriff verbreitete sich auch an anderen deutschen Universitäten und wurde später, im Gefolge von Goethes „Werther", unter den Romantikern beliebt.

10 Die Harzreise, III, S. 17ff
11 Houben, S. 115-118
12 An Moses Moser, 14.10.1826, HSA XX, S. 267f.;
13 An Karl August Varnhagen von Ense, 14.5.1826, HSA XX, S. 241
14 An Moses Moser, 14.10.1826, HSA XX, S. 266
15 An Moses Moser, 14.10.1826, HSA XX, S. 265
16 Die Nordsee, III, S. 89ff. Heine strich die letzte Bemerkung aus den weiteren Auflagen von Norderney (vgl. Prawer: Heine's Jewish Comedy, S. 117)
17 Houben, S. 119
18 Die Nordsee, III, S. 89ff
19 An Friedrich Merckel, 10.1.1827, HSA XX, S. 281
20 Ideen. Das Buch Le Grand, III, S. 126 (die folgenden Zitate ebd.)
21 Vgl. Prawer: Heine's Jewish Comedy, S. 125
22 Ideen. Das Buch Le Grand, III, S. 165
23 An Karl August Varnhagen von Ense, 12.2.1828, HSA XX, S. 324
24 Houben, S. 121-122
25 An Friedrich Merckel, 23.4.1827, HSA XX, S. 285
26 Englische Fragmente, III, S. 422 ff (die folgenden Zitate ebd.)
27 Florentinische Nächte, IV, S. 151
28 Englische Fragmente, III, S. 473
29 Französische Zustände, IV, S. 429
30 Shakespeares Mädchen und Frauen, V, S. 466
31 Florentinische Nächte, IV, S. 144
32 Englische Fragmente, III, S. 428
33 Die Bäder von Lucca, III, S. 275
34 Französische Zustände, IV, S. 486
35 Englische Fragmente, III, S. 422
36 Shakespeares Mädchen und Frauen, V, S. 461
37 Florentinische Nächte, IV, S. 142
38 An Moses Moser, 9.6.1827, HSA XX, S. 292
39 Fritz Mende: Heinrich Heine: Chronik Seines Lebens und Werkes, Berlin 1970, S. 62
40 An Moritz Embden, 2.2.1823, HSA XX, S. 70
41 Englische Fragmente, III, S. 477ff

42 Houben, S. 122
43 Ludwig Börne. Eine Denkschrift, VI, S. 112
44 Vgl. Sammons: A modern Biography, S. 125
45 An Karl August Varnhagen von Ense, 19.10.1827, HSA XX, S. 301f
46 An Wilhelm Müller, 7.6.1826, HSA XX, S. 250
47 Houben, S. 166
48 Ebd., S. 130; vgl. auch Lewis Browne: That man Heine: A Biography, New York 1927, S. 165-166
49 An Karl August Varnhagen von Ense, 28.11.1827, HSA XX, S. 307
50 Ludwig Börne. Eine Denkschrift, XI, S. 15ff
51 Vgl. Jeffrey Sammons: Heinrich Heine. The Elusive Poet, New
Haven, 1977, S. 8; vgl. auch Sammons: A modern Biography, S. 134

Kapitel 6

1 Reise von München nach Genua, III, S. 261
2 An Karl August Varnhagen von Ense, 28.11.1827, HSA XX, S. 306
3 An Friedrich Merckel, 30.12.1827, HSA XX, S. 313
4 An Julius Campe, 1.12.1827, HSA XX, S. 309
5 Ebd.
6 An Karl August Varnhagen von Ense, 1.4.1828, HSA XX, S. 321
7 An Salomon Heine, 15.9.1828, HSA XX, S. 342
8 Vgl. Daniel Moran: Toward the Century of Words. Johann Cotta
and the Politics of the Public Realm in Germany, 1795-1832,
Berkeley 1990, S. 250-251
9 Englische Fragmente, III, S. 416ff
10 Heine an Moser, 14. April 1928
11 An Wolfgang Menzel, 16. 4. 1828, HSA XX, S. 329
12 An Karl August Varnhagen von Ense, 1.4.1828, HSA XX, S. 322
13 Reise von München nach Genua, III, S. 198
14 Houben, S. 140
15 Ebd., S. 135, 136
16 An Johann Friedrich von Cotta, 18.6.1828, HSA XX, S. 339
17 An Moses Moser, 6.9.1828, HSA XX, S. 341

18 Ideen. Das Buch Le Grand, III, S. 148

19 An Eduard von Schenk, Anfang September 1828, HSA XX, S. 339

20 Reise von München nach Genua, III, S. 249

21 Ludwig Börne. Eine Denkschrift, XI, S. 35

22 Reise von München nach Genua, VII, S. 49

23 Die Bäder von Lucca, III, S. 289

24 Jeffrey Sammons: Heinrich Heine. A modern Biography, Princeton 1979, S. 141

25 An Eduard Schenk, Anfang September 1828, HSA XX, S. 339

26 An Eduard von Schenk, 1.10.1928

27 Die Bäder von Lucca, III, S. 301

28 George Brandes: Main Currents in Nineteenth Century Literature, Bd. V, S. 175

29 An Karl Immermann, 10.8.1830, HSA XX, S. 417

30 An Rudolf Christiani, 24.5.1824, HSA XX, S. 163

31 Byrons Briefe und Tagebücher, Bd. 6, 65; zitiert in P. Johnson: The Birth of the Modern, S. 507

32 Die Bäder von Lucca, III, S. 291

33 An Eduard von Schenk, 1.10.1828, HSA XX, S. 344

34 Ebd.

35 Vgl. Sammons, A modern Biography, S. 113

36 Houben, S. 148

37 An Rahel Varnhagen von Ense, 1.4.1829, HSA XX, S. 353

38 Houben, S. 147

39 Zitiert nach S. Hensel: The Mendelssohn Family, New York 1882, S. 173

40 An Friedrike Robert, 30.5.1829, HSA XX, S. 358

41 Florentinische Nächte, IV, S. 119

42 An Friedericke Robert, 30.5.1829, HSA XX, S. 358f.

43 Die Bäder von Lucca, III, S. 284

44 Moses Hess: Rom und Jerusalem

45 Heine löschte diese Passage, bevor das Buch veröffentlich wurde. Sie erscheint nur im Manuskript; vgl. S. S. Prawer: Heine's Jewish Comedy, Oxford 1983, S. 138-139

46 Die Bäder von Lucca, III, S. 309ff

47 Die Bäder von Lucca, III, S. 313

48 Ebd., S. 311

49 Ebd., S. 337

50 Brod: Heine, S. 356

51 Reise von München nach Genua, III, S. 200

52 Die Bäder von Lucca, III, S. 273

53 An Karl August Varnhagen von Ense, 4.2.1830, HSA XX, S. 385

54 Houben, S. 162-164

53 An Karl August Varnhagen von Ense, 4.2.1830, HSA XX, S. 385

54 Houben, S. 162-164

55 Die Stadt Lucca, III, S. 375, 376

Kapitel 7

1 Reise von München nach Genua, III, S. 260

2 An Karl August Varnhagen von Ense, 5.4.1830, HSA XX, S. 393

3 Ludwig Börne. Eine Denkschrift, VI, S. 118

4 Ebd., S. 114-118

5 Aphorismen und Fragmente, V, S. 372

6 Ebd., S. 185, 139

7 An Wilhelm Müller, 7.7.1826, HSA XX, S. 249

8 An Karl August Varnhagen von Ense, 30.11.1830, HSA XX, S. 425

9 Felix Mendelssohn an Immerman, 11. Jan. 1832; zitiert nach S. Prawer: Heine the Tragic Satirist, S. 17

10 Neue Gedichte VI, I, S. 217

11 Zitiert in: Laura Hofrichter: Heinrich Heine, Oxford 1963, S. 54-55

12 Englische Fragmente, III, S. 481-483

13 Die Stadt Lucca, III, S. 402ff

14 Ebd., S. 388f

15 Vgl. Sammons: A modern Biography, S. 122-123

16 Schlusswort zu: Englische Fragmente, III, S. 490

17 Englische Fragmente , III, S. 491-492

18 Geständnisse, VII, S.112

19 Englische Fragmente, III, S. 488

Kapitel 8

1 Französische Zustände, IV, S. 438
2 Geständnisse, VII, S. 113, 114
3 Vgl. Sammons: A modern Biography, S. 160
4 An Maximilian Heine, 21.4.1834, HSA XXI, S. 82
5 Französische Zustände, IV, S. 403
6 Börne, S. 60
7 Französische Zustände, IV, S. 433
8 Geständnisse, VII, S. 113
9 Französische Zustände, IV, S. 413
10 Louis Untermeyer: Heinrich Heine, Paradox and Poet, The Life, New York 1937, S. 206
11 Memoiren, VII, S. 219
12 J. Sammons: A modern Biography, S. 169
13 Reise von München nach Genua, III, S. 265
14 Zitiert nach: Prawer: Heine, the tragic Satirist, S. 37
15 An Karl August Varnhagen von Ense, 27.6.1831, HSA XXI, S. 20
16 Französische Maler, IV, S. 309, 310
17 Französische Zustände, IV, S. 39918 Ebd., S. 384
18 Ebd.
19 An Johann Friedrich von Cotta, 20.1.1832, HSA XXI, S. 27
20 Französische Zustände, IV, S. 393
21 Französische Maler, IV, S. 354
22 Französische Zustände, IV, S. 368
23 Lutezia, VI, S. 254
24 Französische Zustände, IV, S. 403ff
25 Ebd., S. 124, siehe auch Brod, S. 126
26 Die romantische Schule, V, S. 26
27 Zur Geschichte der Religion und Philosophie in Deutschland, V, S. 250
28 An Johann Friedrich von Cotta, 21.4.1832, HSA XXI, S. 34
29 Französische Zustände, IV, S. 426
30 Ebd., S. 512
31 Vgl. Daniel Moran: Toward the Century of Words: Johann Cotta

and the Politics of the Public Realm in Germany, 1795-1832, Berkeley 1990, S. 14

32 Ebd., S. 275

33 Französische Zustände, IV, S. 369

34 Sammons: A modern Biography, S. 175

35 Ludwig Börne. Eine Denkschrift, VI, S. 163

36 Zitiert aus: L. Marcuse: Heine – A life between love and hate, New York 1933, S. 223-224

37 Ebd., S. 211; Sammons: A modern Biography, S. 181

38 zitiert aus: Susanne Zantop (Hg.): Painting on the Move: Heinrich Heine and the Visual Arts, University of Nebraska Press 1989, S. 1

39 Sammons: A modern Biography, S. 181

40 Französische Zustände, IV, S. 451-446. Die folgenden Beschreibungen der Epidemie sind alle dieser Quelle entnommen.

41 Ebd., S. 497

42 An Ferdinand Hiller, 24.10.1832, HSA XXI, S. 40

43 Französische Zustände, IV, S. 377ff

44 Schriftstellernöte, S. 11,13-14

45 An Karl Immermann, 19.12.1832, HSA XXI, S. 42

46 An Betty Heine, 4.3.1834, HSA XXI, S. 79

47 An Karl August Varnhagen von Ense, 28.3.1833, HSA XXI, S. 50

48 Lutezia, VI, S. 299

49 Vgl. Karl Kraus: Die Schere im Kopf oder „Heine und die Folgen", München 1910

50 Amos Elon: Herzl. New York 1975, S. 28

51 Alex Bein: Theodor Herzl: A Biograohy. Philadelphia 1941, S. 73

Kapitel 9

1 Ludwig Börne. Eine Denkschrift, VI, S. 132

2 Englische Fragmente, III, S. 488

3 Ludwig Börne. Eine Denkschrift, VI, S. 139

4 Französische Zustände, IV, S. 421

5 An Merckel, 24.8.1832 , HSA XXI, S. 38

6 Florentinische Nächte, IV, S. 156

7 Börne, S. 52, VI, S. 132

8 Lutezia, VI, S. 491-492

9 Französische Zustände, IV, S. 384

10 Lutezia, VI, S. 538

11 Französische Zustände, IV, S. 406-407

12 Ebd., S. 531-532

13 An Embden, 2.2.1823, HSA XX, S. 70

14 Zitiert in: J. Talmon: Be'idan ha'Alimut (Heb.), Tel Aviv 1975, S. 200

15 Französische Zustände, IV, S. 395, 506

16 An Karl August Varnhagen von Ense, Mitte Mai 1832, HSA XXI, S. 36

17 An Heinrich Laube, 10.7.1833, HSA XXI, S. 55

18 Französische Zustände, IV, S. 521

19 Ebd., S. 521-522. Die folgenden Zitate sind derselben Quelle entnommen.

20 Lutezia, VI, S. 349

21 Ludwig Börne. Eine Denkschrift, VI, S. 117

22 Französische Zustände, IV, S. 509

23 Geständnisse, VII, S. 112

24 Vgl. Edmund Silberner: Sozialisten zur Judenfrage, Berlin 1962, S. 51-52; J. Talmon: Political Messianism: The Romantic Phase, S. 35-124

25 An Heinrich Laube, 10.7.1833, HSA Bd. 21, S. 55

26 Zur Geschichte der Religion und Philosophie in Deutschland, V, S. 180

27 Ebd., S. 180

28 Lutezia, VI, S. 458

29 Aphorismen und Fragmente, V, S. 412

30 Zur Geschichte der Religion und Philosophie in Deutschland, V, S. 203

31 Neue Gedichte, I, S. 239

32 Aphorismen und Fragmente, V, S. 378-379

Kapitel 10

1 Heinrich Graetz: Volkstümliche Geschichte der Juden, Bd. II, Köln 2000, S. 978

2 Graetz, S. 979

3 Zu Börne vgl. Graetz, S. 978-984

4 An Moses Moser, 1.7.1825, HSA XX, S. 203

5 Moshe Zimmermann: Wilhelm Marr, The Patriarch of Anti-Semitism, Oxford University Press, 1986, S. 131-132 (vgl. StA Hamburg, Nachlass Marr Bva: Im Philosemitismus 1887)

6 Vgl. Jacob Katz: From Prejudice to Destruction. Anti-Semitism, 1700-1933, Cambridge, Mass. 1980, S. 177-179; vgl. auch Jacob Katz: The Darker Side Of Genius: Richard Wagner's Anti-Semitism, Hannver & London, 1986, S. 16-17

7 S. Bernfeld: Gabriel Riesser (Heb.), Warsaw 1901, S. 48

8 Marvin Lowenthal: The Jews of Germany: A Story of Sixteen Centuries, Philadelphia 1936, S. 252

9 Jeffrey Sammons: Heinrich Heine. The Elusive Poet, New Haven, 1977, S. 248

10 Börne. Eine Denkschrift, VI, S. 141

11 Houben: Gespräche mit Heine, S. 212

12 An Karl August Varnhagen von Ense, 27. Juni 1831, HSA XXI, S. 20

13 Börne. Eine Denkschrift, VI, S. 177

14 Zitiert nach Graetz (engl.): History, S. 539

15 Französische Zustände, III, S. 377

16 Ludwig Börne. Eine Denkschrift, VI, S. 148. Die folgenden Zitate sind derselben Quelle entnommen.

17 Geständnisse, VII, S. 122

18 Französische Maler, IV, S. 308

19 Ludwig Börne. Eine Denkschrift, VI, S. 111

20 Elementargeister, V, S. 354

21 Französische Zustände, IV, S. 526

22 Ludwig Börne. Eine Denkschrift, VI, S. 194. Die folgenden Zitate stammen aus derselben Quelle.

23 Französische Zustände, IV, S. 369ff

24 Ludwig Börne: Briefe aus Paris, Dreieich 1986, S. 810f

25 Heine: Ludwig Börne. Eine Denkschrift, VI, S. 220 ff

26 Max Brod: Heinrich Heine, S. 400, 401

27 An Giacomo Meyerbeer, 6.4.1835, HSA XXI, S. 102

28 Ludwig Börne. Eine Denkschrift, VI, S. 184. Die folgenden Zitate sind derselben Quelle entnommen.

29 Jeffrey Sammons: Heinrich Heine. The Elusive Poet, New Haven 1977, S. 256, Eliza M. Butler: Heinrich Heine. A Biography, London 1956, S. 158

30 Ludwig Börne. Eine Denkschrift, S. 180

31 An Julius Campe, 18.2.1840, HSA XXI, S. 347

32 Vgl. Lewis Browne: That Man Heine: A Biography, S. 306; Louis Untermeyer: Heinrich Heine. Paradox and Poet, The Life, S. 254; Eliza Butler: Heinrich Heine: A modern Biography, S. 159

33 An Julius Campe, 15.9.1840, HSA XXI, S. 383

34 Lewis Browne, S. 306

35 Laura Hofrichter: Heinrich Heine, Oxford 1963, S. 107-108

36 Jacob Katz: The Darker Side of Genius: Richard Wagner's Anti-Semitism, Hannover & London, 1986, S. 26

37 Vgl. Brod: Heine, S. 429

38 Houben, S. 222f

39 Ludwig Börne. Eine Denkschrift, S. 110f

40 Houben, S. 221

41 An Julius Campe, 7.7.1841, HSA XXI, S. 405

42 Vgl. Prawer: Heine's Jewish Comedy, S. 501; vgl. Sammons: Heinrich Heine. A modern Biography, S. 241-242

43 Renate Schlesier: Heinrich Heine and Karl Marx, in Gelber, S. 21-43, S. 23

44 An Leopold Wertheim, 22.12.1845

45 Zitiert in Sol. Liptzin: The English Legend of Heinrich Heine, New York 1954, S. 134

46 Louis Untermeyer: Heinrich Heine. Paradox and Poet. The Life, New York 1937, S. 252

47 Max Brod: Heine, S. 432

48 Sammons: Heinrich Heine. The Elusive Poet, S. 256; Sammons: A modern Biography, S. 241

49 Boerne. Eine Denkschrift, VI, S. 184

50 Vgl. Ludwig Börne. Eine Denkschrift, S. 194 (hier: „*Religion, geistiges Opium, einige Tropfen Liebe, Hoffnung und Glauben!*")

51 Vgl. Walter Kaufmann: Nietzsche: Philosopher, Psychologist, Antichrist, New York 1956, S. 323–325

52 Thomas Mann: Gesammelte Werke, Frankfurt 1990, S. 839

Kapitel 11

1 Die romantische Schule, V, S. 141

2 Sammons: A modern Biography, S. 184–185

3 An Heinrich Laube, 10.7.1833, HSA XXI, S. 55

4 Zur Geschichte der Religion und Philosophie in Deutschland, V, S. 308

5 Geständnisse, VII, S. 116

6 Ebd., S. 105

7 Die romantische Schule, V, S. 48

8 Ebd., S. 50

9 George Brandes: Main Currents in Nineteenth Century Literature, Vol. VI, S. 46; 52; 54; 97; 111

10 Zur Geschichte der Religion und Philosophie in Deutschland, V, S. 292

11 Französische Zustände, S. 218. IV, S. 500

12 Aphorismen und Fragmente, V, S. 379

13 Zur Geschichte der Religion und Philosophie in Deutschland, V, S. 292

14 Die romantische Schule, V, S. 33. Die folgenden Zitate stammen aus derselben Quelle.

15 Houben, H. H. (Hrsg.): Gespräche mit Heine, 2. Auflage, Potsdam 1948, S. 366

16 Die romantische Schule, V , S. 14 (Im Folgenden ebd.)

17 Zur Geschichte der Religion und Philosophie in Deutschland, V, S. 191

18 Die romantische Schule, V, S. 105

19 Memoiren, VII, S. 238

20 Ebd., S. 233

21 Ludwig Börne. Eine Denkschrift, VI, S. 170

22 Die romantische Schule, V, S. 33

23 Zur Geschichte der Religion und Philosophie in Deutschland, V, S. 308

24 Die romantische Schule, V, S. 154

25 Zur Geschichte der Religion und Philosophie in Deutschland, V, S. 185

26 Die romantische Schule, V, S. 121

27 Zur Geschichte der Religion und Philosophie in Deutschland, V, S. 190-191

28 Vgl. Butler, S. 106-107 und vgl. das tödliche Schwert in Andersen Märchen „Die roten Schuhe"

29 Elementargeister, V, S. 311

30 Zur Geschichte der Religion und Philosophie in Deutschland, V, S. 184 ff. Die folgenden Zitate ebd.

31 Die romantische Schule, V, S. 56; S. 75

32 Ebd., S. 72

33 Zur Geschichte der Religion und Philosophie in Deutschland, V, S. 176. Die folgenden Zitate ebd.

34 Ebd., S. 256

35 Die romantische Schule, S. 130. V, S. 90. Zu Spinoza und dessen Einfluss auf Heine vgl. Yovel, Yirmiyahu: Spinoza and other Heretics, Princeton 1989, S.51-72

36 Zur Geschichte der Religion und Philosophie in Deutschland, V, S. 225

37 Die romantische Schule, V, S. 96-97

38 Zur Geschichte der Religion und Philosophie in Deutschland, V, S. 235. Die folgenden Zitate ebd.

39 Houben: Gespräche mit Heine, S. 260

40 Vgl. Bieber: Jüdisches Manifest, S. 356

41 Die romantische Schule, V, S. 126

42 Vgl. Sammons: A modern Biography, S. 205-215 ff

43 Ludwig Börne. Eine Denkschrift, VI, S. 188

44 Geständnisse, VII, S. 108

45 Ewin Schuppe: Der Burschenschaftler Wolfgang Menzel, Frankfurt 1952, S. 108-109

46 Lutezia, VI, S. 495

47 Vgl. Bieber: Jüdisches Manifest, S. 356-359

48 An Julius Campe, 28.2.1842, HSA Bd. XXII, S. 18

49 Vorrede zu Atta Troll, I, S. 343

50 J. Talmon: Beldan HaAlimut (Heb.) Tel Aviv 1975, S. 42-43; George L. Mosse Fallen Soldiers: Reshaping the Momory of the World Wars, Oxford University Press 1990, S. 162

51 Liptzin: The English Legend of Heinrich Heine, S. 160,161

52 Aphorismen und Fragmente, V, S. 412

53 Shakespeares Mädchen und Frauen, V, S. 558

Kapitel 12

1 Neue Gedichte, I, S. 285

2 Friedrich Nietzsche: Ecce Homo, in: Werke Bd. 2, S. 1088f

3 Ideen. Das Buch Le Grand, III, S. 171

4 Ebd., S. 135, 136

5 Geständnisse, VI, S. 155

6 Zitiert nach: André Maurois. Léila, ou, La Vie de George Sand, Paris 1952, S. 317

7 Houben, S. 391

8 Lutezia, VI, S. 280

9 Vgl. Untermeyer, S. 207-208; Vallentin, S. 160-162

10 An Heinrich Laube, 27.9.1835, HSA XXI, S. 121

11 Florentinische Nächte, IV, S. 115ff

12 Der Doktor Faust, VII, S. 12

13 Memoiren, VII, S. 239

14 Lutezia, VI, S. 340

15 Vgl. Sammons: A modern Biography, S. 201

16 Florentinische Nächte, IV, S. 154-155

17 Vgl. Marcuse, S. 267

18 Ludwig Börne. Eine Denkschrift, VI, S. 179

19 Vgl. Ideen. Das Buch Le Grand, III, S. 181

20 Geständnisse, VII, S. 133

21 Neue Gedichte, I, S. 238

22 Ebd., S. 250. Vgl. Luther zu Ecclesiastes 7 26

23 An Karl Gutzkow, 23.8.1838

24 Die romantische Schule, V, S. 128; Aphorismen und Fragmente, V,
    S. 410

25 An Heinrich Laube, 27.9.1835

26 Houben, S. 296

27 Neue Gedichte, I, S. 285

28 Untermeyer, S. 237

29 Marcuse, S. 257-259

30 Houben, S. 382

31 Zitiert nach Untermeyer, S. 231

32 An August Lewald, 11.4.1835, HSA XXI, S. 107

33 Marcuse, S. 267. Vgl auch Aphorismen und Fragemente, V, S. 424

34 An Heinrich Laube, 31.3.1838, HSA S. 270

35 Die romantische Schule, V, S. 145

36 Elementargeister, V, S. 361. Hier liefert Heine zwei Versionen von
    Tannhäuser, die Ballade aus „des Knaben Wunderhorn" und seine
    eigene Parodie darauf. (vgl. Neue Gedichte, I, S. 258)

37 Elementargeister, V, S. 363

38 Ebd., S. 365

39 Eduard Gans an Heine, 7.6.1838, HSA Bd. XXV, S. 144

40 Neue Gedichte, I, S. 266

41 Dieser „fehlende" Abschnitt erscheint in den Versionen, die den
    Neuen Gedichten (1844) vorausgeht. Vgl. *Elementargeister* (1837), wo
    Tannhäuser zuerst veröffentlicht wurde. Draper erklärt, dass das
    geändert werden musste, als er nach Hamburg fuhr.

42 Houben, S. 296-297

43 Die romantische Schule, V, S. 146

44 Vgl. Browne, S. 275; Untermeyer, S. 243-244

45 Brod, S. 436

46 Baron Ludwig von Embden, The Family Life of Heinrich Heine, London 1893, S. 93

47 An Emma Kaan d'Albest, 1.2.1846, HSA XXII, S. 186

48 An Betty Heine, 17.10.1844, HSA XXII, S. 137

49 Untermeyer, S. 242

50 Zitiert in Prawer: Heine's Jewish Comedy, S. 405

51 Houben S. 700

52 Geständnisse, VII, S. 146

53 An Johann Hermann Detmold, 29.7.1837, HSA XXI, S. 219

54 An Maximilian Heine, 5.8.1937, HSA XXI, S. 222

55 Geständnisse, VII, S. 144

56 An Charlotte Embden, 13.9.1841, HSA XXI, S. 423

57 An August Lewald, 13.10.1841, HSA XXI, S. 426

58 Houben, S. 426

59 Houben, S. 427

Kapitel 13

1 Shakespeares Mädchen und Frauen, V, S. 558)

2 Zur Geschichte der Religion und Philosophie in Deutschland, V, S. 205

3 Ludwig Börne. Eine Denkschrift, VI, S. 195

4 Ludwig Börne: Briefe aus Paris (7. Februar 1832), Frankfurt am Main 1986, S. 510

5 Prawer: Heine's Jewish Comedy, S. 258

6 An Moser, Oktober 1825 und 14. Dezember 1825

7 Reisebilder. Dritter Teil, III, S. 311

8 Reisebilder. Vierter Teil, III, S. 400

9 Reisebilder. Vierter Teil, III, S. 369

10 Ludwig Börne. Eine Denkschrift, VI, S. 118

11 Ebd., S. 126

12 Ebd., S. 118

13 Ebd., S. 118, 119
14 Zitiert nach Sammons: A modern Biography, S. 215
15 Französische Zustände, IV, S. 499
16 Ebd., S. 398
17 Ebd., S. 380
18 Vorrede zum ersten Band des *Salon*, IV, S. 586
19 Aus den Memoiren des Herren von Schnabelewopski, IV, S. 53
20 Ebd., S. 54
21 Ebd., S. 58
22 Ebd., S. 61
23 Ebd., S. 65
24 Ebd., S. 61
25 Ebd., S. 78
26 Ebd.
27 See Sammons: A modern Biography, S. 38
28 Aus den Memoiren des Herren von Schnabelewopski, IV, S. 67-68
29 Ebd., S. 80
30 Ebd., S. 81
31 Ebd., S. 80
32 Ebd., S. 81
33 Ebd., S. 89
34 Ebd.
35 Ebd.
36 Ebd., S. 90
37 Ebd., S. 101f
38 Ebd., S. 104ff
39 Zvi Graetz, Pirkei Yoman (16 Jan. 1837), in: Darkhei HaHistoria HaYehudit (Heb.), Jerusalem 1969, p. 247-248
40 Sammons: A modern Biography, S. 91
41 Aus den Memoiren des Herren von Schnabelewopski, IV, S. 95ff
42 Zur Geschichte der Religion und Philosophie in Deutschland, V, S. 208
43 Prawer: Jewish Comedy, S.767
44 Elementargeister, V, S. 317
45 Shakespeares Mädchen und Frauen, V, S. 526

46 Ebd., S. 543

47 Ebd.

48 Ebd., S. 547

49 Ebd., S. 544f

50 Ebd.

51 Ebd., S. 549

52 Ebd., S. 548

53 Ebd., S. 558

54 Ebd.

55 Ebd.

Kapitel 14

1 Ludwig Börne. Eine Denkschrift, VI, S. 95

2 Houben, S. 723

3 Schnabelewopski, IV, S. 97

4 Zur Geschichte der Religion und Philosophie in Deutschland, V, S. 219

5 Ebd., S. 230

6 Die romantische Schule, V, S. 34

7 Zur Geschichte der Religion und Philosophie in Deutschland, V, S. 182-183

8 Die romantische Schule, V, S. 15

9 Ebd., S. 22-23

10 Ebd. 15

11 Ebd.

12 Zur Geschichte der Religion und Philosophie in Deutschland, V, S. 194

13 Ebd., S. 198

14 Zur Geschichte der Religion und Philosophie in Deutschland, V, S. 202

15 Ludwig Börne. Eine Denkschrift, VI, S. 123f

16 Englische Fragmente, III, S. 485

17 Die Stadt Lucca, III, S. 410; Zur Geschichte von Religion und

Philosophie in Deutschland, Werke V, S. 249; Deutschland. Ein Wintermärchen, I S. 465

18 Shakespeares Mädchen und Frauen, V, S. 461

19 An Joseph Lehmann, 26.6.1823, HSA XX, S. 100

20 Zur Geschichte der Religion und Philosophie in Deutschland, V, S. 230

21 Vgl. Englische Fragmente

22 Französische Zustände, IV

23 Bieber: Confessio

24 An Moses Moser, 14.10.1826, HSA XX, S. 265

25 Ideen. Das Buch Le Grand, III, S. 146

26 Deutschland. Ein Wintermärchen, I, S. 497

27 Zitiert nach: Prawer: Jewish Comedy, S. 524

28 Ebd., S. 117

29 Zur Geschichte der Religion und Philosophie in Deutschland, V, S. 226

30 Ebd., S. 225-226

31 Spinoza, Die Ethik, Teil I, Propositio 15, Stuttgart 1997, S. 35

32 Die romantische Schule, V, S. 91

33 Zur Geschichte der Religion und Philosophie in Deutschland, V, S. 230

34 Ludwig Börne. Eine Denkschrift, VI, S. 179

35 Religion, V, S. 203

36 Neue Gedichte, I, S. 239

37 Religion, V, S. 284

38 Ebd., S. 261ff

39 Französische Zustände, IV, S. 499

40 Lutezia, VI, S. 271

41 Elementargeister, V, S. 354

42 Shakespeares Mädchen und Frauen, V, S. 462

43 Börne. Eine Denkschrift, VI, S. 95

44 Ludwig Börne. Eine Denkschrift, VI, S. 188; S. 193

45 Ludwig Börne. Eine Denkschrift, VI, S. 119

46 Ebd., S. 118,119

47 Ebd., S. 120, 121

48 Ebd., S. 136

49 Ebd., S. 132

50 Ebd., S. 210

51 Ebd., S. 225

52 Ebd., S. 99

53 Ebd., S. 104

54 Ebd., S. 109

55 Babylonischer Talmud, Megillah 16a

56 Ebd., S. 202

57 Ebd., S. 203

58 Ebd., S. 202-203

Kapitel 15

1 An Moser, 23.8.1823

2 Vgl. Graetz: Volkstümliche Geschichte der Juden, S. 1022

3 For the Damascus blood libel see: J Frankel: The Damascus Affair, Cambridge 1997; Graetz (engl.): History of the Jews, S. 632-666; Poliakow, Léon: The History on Anti-Semitism, Vol. III, London 1975, S. 324-5, 345-9; A. J. Brawer: Chomer Chadash Lidi'at Alilat Dameseq, in Sefer Hayovel laProfessor S. Krauss (Heb.), Jerusalem 1937; Diaries of Sir Moses and Lady Montefiore, Ed. Dr Louis Loewe, London 1890; S. Shamir, Toledot haAravim baMizrach haTichon baEt haChadasha (Heb.) Tel Aviv 1971

4 Corti, Count: The Reign of the House of Rothschild, London 1928, S. 224

5 Zur Rolle, die James de Rothschild bei der Rettung der Juden in Damaskus spielte, vgl. Michael Graetz, The Jews in Nineteenth-Century France, Stanford, 1996, S. 95-98

6 Lutezia, VI, S. 285-286

7 Ebd., S. 287

8 Corti, S. 224

9 Lutezia, VI, S. 288f

10 Ebd.

11 Ebd., S. 305

12 Ebd.

13 Ludwig Börne. Eine Denkschrift, VI, S. 160

14 Lutezia, VI, S. 305

15 Magen David: Encyclopaedia Judaica, Bd. XI, S. 698

16 Lutezia, VI, S. 228

17 Der Rabbi von Bacherach, IV, S. 8

18 Geiger an Derenburg, 22 Nov.1840; zitiert in: B. Dinur: BeMifne haDorot (Heb.), Jerusalem 1954, S. 31

19 Hess: Rome and Jerusalem, S. 68

20 Lutezia, VI, S. 293

21 Ebd., S. 294

22 Ebd., S. 292

23 Ebd., S. 294

24 Ebd.

25 Ebd., S. 295

26 Geständnisse, VII, S. 108-109

27 Lutezia, VI, S. 295

28 Ebd.

29 Ebd., S. 295

30 Ebd., S. 303

31 Ebd., S. 303-304

32 Ebd., S. 302

33 Poliakov, S. 348

34 Vgl. Prawer: Jewish Comedy, S. 306

35 An Karl August Varnhagen von Ense, 5.4.1830, HSA XX, S. 393

36 Vallentin, S. 164

37 Französische Zustände, IV, S. 394; vgl. S. 63; S. 402

38 Marcuse, S. 344

39 Lutezia, VI, S. 260

40 Ebd., S. 291

41 Ebd., S. 304

42 Ebd.

43 Ebd., S. 303

44 Ebd., S. 287

45 Ebd., S. 329

46 Ebd. Lutezia, S. 293

47 Frankel: The Damascus Affair, Cambridge 1997, S. 221

48 Michael Graetz: The Jews in Nineteenth-Century France, Stanford, 1996, S. 98

49 The Times, 4 July 1840, in Frankel: The Damascus Affair, Cambridge 1997, S. 224

50 M. A. Margolis & A. Marx: A History of the Jewish People, New York 1927, S. 652

51 S. Shamir: Toledot haAravim baMizrach haTichon baEt haChadasha (Heb.) Tel Aviv 1971, S. 72

52 Lutezia, VI, S. 323

53 Diaries of Sir Moses and Lady Montefiore, Hg. Von Dr. Louis Loewe, London 1890, S. 221

54 Lutezia, VI, S. 321

55 Ebd.

56 Diaries of Sir Moses and Lady Montefiore, S. 224

57 Lutezia, VI, S. 340. Heines Angst vor dem Krieg rührte u.a. von seiner Überzeugung her, dass der nächste Aufstand, diesmal ein sozialer, sogar blutiger verlaufen würde als sein politischer Vorgänger, die Französische Revolution. Vgl. ebd., S. 340 ff

58 Ebd., S. 341–342

59 Ebd.

60 Ebd., S. 343

61 Nachlese, II, S. 335

62 Heine über Thiers

63 André Maurois: A history of France, London 1950, S. 375

64 Ebd.

65 Lutezia, VI, S. 344

66 S. Shamir: Toledot haAravim baMizrach haTichon baEt haChadasha (Heb.) Tel Aviv 1971 67 Vgl. Montefiore (siehe Anm. 3), S. 224

68 Heinrich Graetz: Volkstümliche Geschichte der Juden, S. 1030

69 Simon Dubnov: History of the Jews, Bd. V, New York und London 1973, S. 250

70 Yikhuda shel haTenuah haLeumit haYehudit, in: Ideologia uMediniyut Tzionit, (Heb.) Jerusalem 1978, S. 15
71 Sammons: The Elusive Poet, S. 446-465
72 Geständnisse, VII, S. 135-136

Kapitel 16

1   Atta Troll, I, S. 403
2   Der Rabbi von Bacherach, IV, S. 36
3   Sammons: A modern Biography, S. 96
4   Der Rabbi von Bacherach, IV, S. 34
5   Ebd., S. 33
6   Ebd., S. 13
7   Ebd. S. 47
8   An Julius Campe, 21.7.1840
9   Der Rabbi von Bacherach, IV, S. 48
10 An Karl August Varnhagen von Ense, 3.1.1846, HSA XXII, S. 180
11 Atta Troll, I S. 364
12 Prawer: Heine's Jewish Comedy, S. 438
13 Atta Troll, I, S. 381
14 Ebd., S. 428
15 Ebd., Abschnitte XVIII-XX
16 Ebd., S. 403
17 Ebd., S. 400
18 Ebd., S. 402-403
19 Ideen. Das Buch Le Grand, III, S. 180
20 Vgl. Yaacov Shavit: Athens in Jerusalem. Classical Antiquity and Hellenism in the Making of the Modern Secular Jew, London 1997

Kapitel 17

1 Französische Zustände, IV, S. 433

2 Houben, S. 342

3 Zitiert in Vallentin, S. 165

4 Houben, S. 298

5 Ebd.

6 Ebd., S. 299

7 Ludwig Börne. Eine Denkschrift, VI, S. 105-107

8 Aphorismen und Fragmente, V, S. 428

9 Lutezia, VI, S. 483

10 Ludwig Börne. Eine Denkschrift, VI, S. 105

11 Shakespeares Mädchen und Frauen, V, S. 557

12 Zur Geschichte der Religion und Philosophie in Deutschland, V, S. 249

13 Lutezia, VI, S. 377-378

14 Ebd.

15 Ebd., S. 377

16 Die Bäder von Lucca, III, S. 313; vgl. auch: „(...) des Mannes [Rothschild], der selbst jetzt die ganze Welt in Händen hat..." Ebd., S. 306

17 Börne, VI, S. 104

18 Ebd., S. 105

19 Marcus, S. 295

20 Corti, S. 220

21 Prawer: Jewish Comedy, S. 426

22 George Brandes, S. 133

23 Französische Zustände, IV, S. 413, 414

24 Memoiren, VII, S. 186, 188

25 Lutezia, VI, S. 283

26 Ebd.

27 Maurois: Léila, ou: La vie de George Sand, S. 184; 196

28 Lutezia, VI, S. 567; 470f

29 Ebd., S. 279-280

30 An Heinrich Laube, 12.10.1850, HSA XXIII, S. 53

32 Lutezia, VI, S. 462

33 Florentinische Nächte, IV, S. 124-125; Houben, S. 276-277

34 Lutezia, S. 471

35 Florentinische Nächte, IV, S. 124

36 Lutezia, VI, S. 573

37 Ebd., S. 563

38 Über die französische Bühne, VI, S. 78

39 Florentinische Nächte, IV, S. 159

40 Liptzin: The English Legend of Heinrich Heine, S. 36

41 Lutezia, VI, S. 471, 584

42 Florentinische Nächte, IV, S. 158

43 Lutezia, V, S. 415

44 Lutezia, VI, S. 463

45 Michael Mann: Heinrich Heines Musikkritiken, Hamburg 1971, S. 33. Vgl. auch Jocelyne Kolb: Heine's Amusical Muse, in: Monatshefte, Bd. 73, Nr. 4, 1981, S. 392-404

46 Houben, S. 228

47 Florentinische Nächte, IV, S. 121

48 Ebd., S. 130

49 Ebd., S. 130 -138

50 Lutezia, VI, S. 381

51 Zitiert nach: Ernst Pawel: Heinrich Heine's Last Years in Paris, New York 1995, S. 24

52 Zitiert in Brod, S. 276

53 Prawer: Jewish Comedy, S. 267, 281; Über die französische Bühne, VI, S. 67

54 A. Druyanov: Sefer haBedicha vehaChidud (Heb.), Bd. II, Tel Aviv 1935, S. 414.

55 Houben, S. 527

56 Lutezia, S. 315

57 Lutezia, VI, S. 576-577

58 Ebd., S. 316

59 Ebd., S. 577

60 Sammons: A modern Biography, S. 245

61 Lutezia

62 Vgl. Prawer: Jewish Comedy, S. 491

63 Zitiert nach Prawer, Ebd.

64 Lutezia, VI, S. 584

65 Vgl. Butler, S. 244

66 Atta Troll, I, S. 370

67 An Ferdinand Lassalle, 11.2.1846, HSA XXII, S. 194

68 Lutezia, VI, S. 424-425

69 Ebd., S. 427

70 Prawer: Jewish Comedy, S. 319

Kapitel 18

1 Wagner, S. 31

2 Houben, S. 389

3 Für die ersten Kapitel in Wagners Leben und seine Beziehung zu den Juden, vgl. vor allem Newman; Taylor: R. Wagner. His Life, Art and Thought, New York 1979; Jacob Katz: The Darker Side Of Genius: Richard Wagner's Anit-Semitism, Hannover/London 1986

4 Nietzsche, Werke Bd. II. S. 905ff

5 Ernst Newman: The Life of Richard Wagner, Bd. I, New York 1937, S. 269

6 Katz: The Darker Side of Genius, S. 91

7 Lutezia, S. 583

8 Lutezia, S. 474; S. 282-283

9 Ebd., S. 427

10 Katz: The Darker Side of Genius, S. 24

11 Ebd., S. 22

12 Houben, S. 405

13 Katz: The Darker Side of Genius, S. 26

14 Zitiert nach Newman, S. 276

15 Lutezia, VI, S. 472

16 Newman, S. 286; 234; Katz: The Darker Side of Genius, S. 91

17 Lutezia, VI, S. 472-473

18 Newman, S. 437

19 Ebd., S. 212

20 Katz: The Darker Side of Genius, S. 31

21 Newman, S. 9

22 Wagner, S. 13

23 Zitiert in Bein, S. 600; vgl. auch Katz: The Darker Side, S. 49

24 Zitiert in Katz: The Darker Side, S. 50

25 Wagner, S. 13

26 Ebd., S. 13ff

27 Ebd., S. 26

28 Lutezia, S. 425

29 Wagner, S. 21

30 Lutezia, S. 427

31 Wagner, S. 31

32 Ebd., S. 28

33 Ebd., S. 31

34 Ebd.

35 Ebd., vgl. auch Ausgabe von 1869

36 Ebd., S. 31

37 Hermann Rauschning: Hitler's Speaks, London 1939, S. 226

38 Thomas Mann, Gesammelte Werke, Frankfurt 1974, Bd. X, S. 926.

39 Vgl. Brod, S. 287

40 Vgl. Sammons: The Elusive Poet, S. 319

41 Lutezia, S. 426

42 zitiert nach: Prawer: Jewish Comedy, S. 320

43 J.P. Sartre, Betrachtungen zur Judenfrage

44 Thorstein Veblen: The Intellectual Pre-Eminence of Jews in Modern Europe, Political Science Quarterly, Bd. 34 (1919), S. 33–42. Zitiert in: Lewis D. Feuer: Einstein and the Generations of Science, New York 1974, S. 51–52

Kapitel 19

1 Geständnisse, VII, S. 132

2 Heine: Lutezia, VI, S. 268ff

3 Heine: Lutezia, VI, S. 432

4 Das ist beispielsweise die Position von Abraham Beek in: Netzer mi.Shorashav (Der Ursprung und die Jüdische Welt von Karl Marx), Tel Aviv 1984. Dennoch behauptet Professor Shlomo Avineri, dass er eine vorsichtige Annäherung an die Wissenschaftler begeht, die die Marx-Familie mit den Name berühmter jüdischer Weiser in Verbindung bringen. Auf jeden Fall gibt er zu, dass es schwierig ist, einen unter den vielen jüdischen Revolutionären zu finden, der Karl Marx folgte, dessen Abstammung so ausgezeichnet war.

5 Isaiah Berlin: Against the Current, Essays in the History of Ideas, London 1797, S. 214

6 Renate Schlesier: Heinrich Heine and Karl Marx, in: Mark Gelber: The Jewish Reception of Heinrich Heine, Tübingen 1992, S. 37

7 Zur Geschichte der Religion und Philosophie in Deutschland, V, S. 170

8 Moses Hess: Ausgewählte Schriften, Köln 1962, S. 382

9 I. Berlin: Against the Current, London, 1955, S. 309. In einer späteren Anmerkung gibt Berlin zu, daß E. Silberner die Zuverlässigkeit dieser Geschichte in Frage stellt und behauptet, dass sie keine „unwiderlegbare Evidenz" habe. S. Avineri mißt ihr keine Glaubwürdigkeit bei, wenn er sagt: „Die Vorstellung, daß sie eine Prostituierte gesesen sei, die von Hess ‚gerettet' worden sei, ist ein nobler Gedanke, in der sozialistischen Literatur eine gewisse Verbreitung erlangte und als eine Mischung zwischen romantischem Unsinn und übler Nachrede aufkam." (Shlomo Avineri: Moses Hess. Prophet of Communism and Zionism, New York 1985, S. 16-17)

10 Hess, S. 63-65

11 Avineri, S. 10

12 Hess, S. 68

13 Lutezia, VI, S. 433f

14 Ebd.

15 David McLellan: Marx, München 1974, S. 54

16 Edmund Silberner: Sozialisten zur Judenfrage, Berlin 1962, S. 113

17 Lutezia, VI, S. 453

18 Ebd., S. 399

19 Heine an Gustav Kolb, 27.1.1841, HSA XXI, S. 391

20 Hess an Auerbach, 19 Juni 1843, zitiert in: Theodor Zlocisti: Moshe Hess (Heb.), Jerusalem 1945

21 Vgl. William Rose: Heinrich Heine. Two Studies of his Thought and Feeling: Heine's Political and Social Attitude; Heine's Jewish Feeling, Oxford 1962, S. 45-46. Über Hess schrieb Engels im November 1943, fünf Monate nach ihrem Treffen, daß Hess der erste gewesen sei, der „zeigte, daß die hegelianische Philosophie sich unweigerlich zum kommunistischen Geist entwickeln würde." Vgl. Zlocisti.

22 Zlocisti, S. 92

23 Ludwig Börne. Eine Denkschrift, VI, S. 139

24 Lutezia, VI, S. 488

25 Ebd., S. 345

26 Ebd., S. 530

27 Zlocisti, S. 92

28 Lutezia, VI, S. 529 f

29 Ebd.

30 Mclellan, S. 61f

31 Hess, S. 69

32 Lutezia, VI, S. 496

33 An Karl Marx, 21.9.1844, HSA XXII, S. 130

34 Houben, H.H. (Hrsg.): Gespräche mit Heine, 2. Auflage, Potsdam 1948, S. 489

35 Ebd.

36 McLellan, S. 103-104

37 Zitiert in Schlesier, S. 37

38 Houben, S. 507

39 An Julius Campe, 29.12.1843, HSA XXII, S. 90

40 Houben, S. 489

41 Lutezia, VI, S. 268

42 Ebd.

43 Ebd., S. 258

44 Schlesier, S. 21

45 Vgl. William Ratcliff

46 Die romantische Schule, V, S. 131

47 Ludwig Börne. Eine Denkschrift, VI, S. 107

48 Lutezia, VI, S. 433

49 *„Für Menschen, denen die Erde nichts mehr bietet, ward der Himmel erfunden ... Heil dieser Erfindung! Heil einer Religion, die dem leidenden Menschengeschlecht in den bittern Kelch einige süße, einschläfernde Tropfen goß, geistiges Opium, einige Tropfen Liebe, Hoffnung und Glauben!"* Ludwig Börne. Eine Denkschrift, VI, S. 194

50 „Das *religiöse* Elend ist in einem der *Ausdruck* des wirklichen Elendes und in einem die *Protestation* gegen das wirkliche Elend. Die Religion ist der Seufzer der bedrängten Kreatur, das Gemüt einer herzlosen Welt, wie sie der Geist geistloser Zustände ist. Sie ist das *Opium* des Volks." (Ruge, Arnold und Marx, Karl (Hrsg.), Deutsch-Französische Jahrbücher 1844, Verlag Philipp Reclam jun., Leipzig 1973, S. 163)

51 Ebd., S. 330

52 Lutezia, VI, S. 292

53 Ebd., S. 378

54 Die romantische Schule, V, S. 131

55 Ludwig Börne. Eine Denkschrift, VI, S. 117

56 Lutezia, VI, S. 292

57 Ruge, Arnold und Marx, Karl, S. 327

58 Ebd.

59 Ebd., S. 330

60 Ebd.

61 Ebd.

62 Ebd., S. 333

63 Hugo Bieber (Hg.): Heinrich Heine. Bekenntnis zum Judentum, Berlin 1925, S. 176

64 Mende, Heinrich Heine, S. 220-221; vgl. auch Marcus, S. 176

65 Bieber: Bekenntnis zum Judentum, S. 177

66 Prawer: Jewish Comedy, S. 476-477

67 Bieber: Bekenntnis zum Judentum, S. 171

68 Ebd., S. 178

69 Ebd., S. 171

70 Geständnisse, VII, S. 139

71 Vgl. Silberner, S. 141

72 Ebd., S. 116, die folgenden Zitate ebd. ff

73 Houben, S. 508

74 Houben, S. 402

75 Berlin, S. 276

76 Lutezia, VI, S. 295

77 Bieber: Bekenntnis zum Judentum, S. 175

78 McLellan, S. 99

79 Sammons: A modern Biography, S. 260

80 Zlocisti, S. 125

81 Neue Gedichte, I, S. 319

82 Eliza Butler: Heinrich Heine. A Biography, London 1956, S. 177; Sammons: A modern Biography, S. 260

83 McLellan, S. 313

84 Zlocisti, S. 126

85 An Karl Marx, 21. 9.1844, HSA XXII, S. 130

86 Marx, Bd. 4, S. 232

87 Marcuse, S. 226.

88 Ebd.

89 McLellan, S. 135

90 Schlesier, S. 37

91 An Julius Campe, 4.2.1845, HSA XXII, S. 160

92 Lutezia, S. 508-509

93 Schlesier, S. 41

94 Sammons: A modern Biography, S. 268

95 Deutschland. Ein Wintermärchen, I, S. 436

96 Ebd.

97 Sammons: A modern Biography, S. 76, 261

98 Geständnisse, VII, S. 125

99 Ebd.

100 Ebd. S. 127

101 Ebd., S. 120

102 Ebd.

103 Ebd., S. 132

104 Ebd., S. 132-133 Die Einbeziehung Hengstenbergs unter die Linkshegelianer war ein typicher Scherz Heines. Hengstenberg war ein reaktionärer Theologe, der Goethe der Unmoral und Respektlosigkeit beschuldigte. Vgl. Prawer: The tragic Satirist, S. 66

105 Lutezia, VI , S. 254

106 Ludwig Börne. Eine Denkschrift, VI, S. 132

107 Geständnisse, VII, S. 121

108 Reisebilder. Dritter Teil, III, S. 265f

Kapitel 20

1 An Johann Wolfgang von Goethe, 29.12.1821, HSA XX, S. 46

2 An Rudolf Christiani, 26.5.1825, HSA XX, S. 199

3 Die romantische Schule, V, S. 51

4 Houben, S. 583

5 Neue Gedichte VI, I, S. 218

6 Liptzin: The English Legend, S. 21-22

7 Brod: Heine, S. 299

8 Vorrede zu Salon I (1833)

9 Zur Geschichte der Religion und Philosophie in Deutschland, S. 250, 251

10 Die romantische Schule, V, S. 150

11 Nachlese, II, S. 347-348

12 Neue Gedichte, I, S. 264

13 Für die ganze Geschichte von Heine und den Schwaben vgl. Sammons: A modern Biography, S. 229-230; Werner Kraft: From Lessing to Kafka (Heb.), Tel Aviv 1988, S. 64-73

14 Vgl. Zohn, Karl Kraus, S. 63ff

15 Sammons: A modern Biography, S. 351; Prawer: Heine. Buch der Lieder, S. 9

16 Neue Gedichte, I, S. 241

17 Sammons: A modern Biography, S. 229

18 Ludwig Börne. Eine Denkschrift. VI, S. 192

19 Atta Troll, I, S. 414

20 Ludwig Börne: Briefe aus Paris, S. 810, 811

21 An Julius Campe, 23.12.1837, HSA XXI, S. 242

22 Nietzsche: Ecce Homo, S. 1089

23 Die Götter im Exil, DHA Bd. 9, S. 126

24 Robert Holub: Heine's Sexual Assault: Towards a Theory of the Total Polemic, Monatshefte Bd. 73, Nr. 4, 1981, S. 415-428, S. vii

25 Shakespeares Mädchen und Frauen, V, S. 469

26 Neue Gedichte, I, S. 218

27 Elementargeister, V, S. 318-319

28 Julius Campe an Heine, 25.10.1844, HSA XXVI, S. 114

29 Prawer: The tragic Satirist, S. 26

30 Zitiert in Butler, S. 105

31 Neue Gedichte, I, S. 279

32 Houben, S. 506

33 Deutschland. Ein Wintermärchen, I, S. 435ff

34 Zur Geschichte der Religion und Philosophie in Deutschland, V, S. 176-177; 258

35 Butler, S. 181

Kapitel 21

1 Neue Gedichte, I, S. 339

2 zitiert nach Untermeyer, S. 236

3 An seinen Bruder Maximilian Heine, 12.4.1843, HSA XX, S. 54

4 An seine Mutter Betty Heine, 8.3.1842, HSA XXII, S. 21

5 An seine Mutter Betty Heine, 21.10.1843, HSA Bd. XXII, S. 69

6 Deutschland. Ein Wintermärchen, I, S. 483

7   Deutschland. Ein Wintermärchen, I, S. 483-484

8   An Mathilde, 5.11.1843, HSA Bd. XXII, S. 74

9   Houben, S. 504

10 Neue Gedichte, I, S. 328

11 Es ist unwahrscheinlich, dass Heine mit Solomon Ibn Verga bekannt war, der im spanischen Exil lebte und bereits früher das Judentum als Krankheit beschrieben hatte: „Und wie wird es unserem König und der König dienen, Weihwasser über die Juden zu gießen und uns Pedro oder Pablo zu nennen, wenn sie ihre Religion behalten wie Akiva und Tarfon?...User König sollte wissen, dass das Judentum ohne Frage eine der unheilbaren Krankheiten ist." (Shevet Yehudah (Heb. 16th century), Jerusalem, 1947)

12 Houben, S. 122

13 Sammons: A modern Biography, S. 26

14 zitiert nach Sammons, ebd., S. 28. Sammons merkt hierzu an, dass diese Textstelle diplomatisch aus der gedruckten Fassung entfernt worden sei.

15 An Christiani, 15.7.1833, HSA XXI, S. 57

16 Aus den Memoiren des Herren von Schnabelewopski, IV, S. 78

17 An Moses Moser, 8.11.1836, HSA XXI, S. 168

18 An Julius Campe, 10.5.1837, HSA Bd. XXI, S. 208

19 An Giacomo Meyerbeer, 24.3.1839, HSA XXI, S. 263

20 An Julius Campe, 15.9.1837, HSA XXI, S. 231

21 An Salomon Heine, 1.9.1837, HSA XXI, S. 228

22 An Immanuel Wohlwill, 7.4.1823, HSA XX, S. 71

23 An Julius Campe, 17.3.1837, HSA XXI, S. 192

24 An seinen Bruder Maximilian Heine, 5.8.1837, HSA XXI, S. 222

25 An Giacomo Meyerbeer, 24.3 1838, HSA Bd. XXI, S. 263

26 An Mathilde, 28.10.1843

27 An Mathilde, 28.10.1843; 31.10; 2.11.; 5.11; 19.11.

28 An seinen Bruder Max, 12.4 1843, HSA XXII, S. 54

29 An Mathilde, 25.11.1843, HSA XXII, S. 81

30 An seine Schwester Charlotte Emden, 11.7.1844, HSA XXII, S. 114

31 An Julius Campe, 29.12.1843, HSA XXII, S. 90

32 An seine Schwester Charlotte Embden, 23.1.1844, HSA XXII, S. 94

33 An Julius Campe, 17. 4.1844, HSA XXII, S. 99

34 zitiert nach: Baron Ludwig von Embden: The Family Life of Heinrich Heine, London 1893, S. 93

35 An Mathilde, 12.8.1844, 16.8., 20.8.; 27.8., HSA XXII, S. 117 ff

36 Deutschland. Ein Wintermärchen, I, S. 495–496

37 An seine Schwester Charlotte, 29.12.1844, HSA Bd. XXII, S. 149

38 Zitiert nach einem Brief, dem Testament zugehörig, 4.11.1851

39 Prawer: Heine's Jewish Comedy, S. 716

40 Embden: Heine Family, S. 97

41 An Karl Marx, 21.9.1844, HSA XXII, S. 130

42 An seine Mutter Betty Heine, 17.10.1844, HSA XXII, S. 137

43 An seine Schwester Charlotte Emden, 29.12.1844, HSA XXII, S. 149

44 Sammons: A modern Biography, S. 21

45 Carl Heine an Heinrich Heine, 30.12.1844, HSA XXVI, S. 123

46 Heine an Johann Hermann Detmold, 9.1.1845, HSA XXII, S. 152

47 Houben, S. 511

48 An Julius Campe, 4.2.1845, HSA XXII, S. 160

49 An Julius Campe, 8.1.1845, HSA XXII, S. 151

50 An Julius Campe, 4.2.1845, HSA XXII, S. 160

51 An Johann Hermann Detmold, 9.1.1845, HSA XXII, S. 152

52 An Campe, 8.1.1845, HSA XXII, S. 151

53 An Johann Hermann Detmold, 13.1.1845, HSA XXII, S. 155

54 An Julius Campe, 4.2.1845, HSA XXII, S. 160

55 Prawer: Heine's Jewish Comedy, S. 720

56 An Campe, 2.3.1846, HSA XXII, S. 210

57 An Johann Hermann Detmold, 9.1.1845, HSA XXII, S. 152

58 An Julius Campe, 4.2.1845, HSA XXII, S. 160

59 Romanzero, II, S. 51f

60 An Julius Campe, 6.2.1846, XXII, S. 188

61 An Karl August Varnhagen von Ense, 31.10.1845, HSA XXII, S. 174

62 An Gustav, 21.1.1851, HSA XXIII, S. 75

63 Vgl. S. Na'aman: Ferdinand Lassalle (Heb.), Tel Aviv 1984, S. 15-33

64 Zitiert aus: Ferdinand Lassalle: Yoman Neurim (Heb.), Tel Aviv 1946, S. 253

65 R. Wistrich: Revolutionary Jews: From Marx to Trotsky, London 1976, S. 50

66 Reisebilder. Erster Teil, III, S. 50

67 An Ferdinand Lassalle, 10.2.1846, HSA XXII, S. 191

68 An Karl August Varnhagen von Ense, 3.1.1846, HSA XXII, S. 180

69 Heine an Ferdinand Lassalle, 27.2.1846, HSA XXII, S. 207

70 Heine an Ferdinand Lassalle, 13.2.1846, HSA XXII, S. 195

71 An Ferdinand Lassalle, 7.3.1846, HSA XXII, S. 212

72 An seinen Bruder Gustav, 21.1.1851, HSA XXIII, S. 75

73 An Heyman Lassalle, 16.4.1850, HSA XXIII, S. 34

74 An Julius Campe, 6.2.1846, HSA XXII, S. 188

75 An Julius Campe, 1.9.1846, HSA XXII, S. 223

76 Memoiren, VII, S. 183

77 Neue Gedichte, I, S. 333

78 Nachlese, II, S. 383

79 Romanzero, II, S. 85 ff

80 Gedichte 1853 und 1854, II, S. 207

81 Romanzero, II, S. 123-124

82 Memoiren, VII, S. 208

83 Sammons: A modern Biography, S. 337-8

Kapitel 22

1 Vgl. Brod: Heine

2 An Ferdinand Lassalle, 27.2.1846, HSA XXII; S. 207

3 Zitiert in Vallentin, S. 261

4 Ebd.

5 Houben, S. 571

6 Zitiert nach Prawer: Jewish Comedy, S. 5

7 Der Doktor Faust, VII, S. 16

8 Zitiert nach Pawel, S. 4
9 Houben, S. 551
10 An Betty Heine, 12.3.1851, HSA XXIII, S. 90
11 Prawer: Jewish Comedy, S. 724
12 Sammons: A modern Biography, S. 296
13 An Gustav Kolb, 10.3.1848, HSA XXII, S. 269
14 Nach der Aufhebung der Zensur. Zitiert nach: Marcuse: Heine. A
   life between Love and Hate, S. 206
15 An Julius Campe, 9.7.1848, HSA XXII, S. 286
16 Lutezia, VI, S. 501
17 Ebd., S. 502
18 Ebd., S. 494-495
19 Sammons: A modern Biography, S. 223-225

Kapitel 23

1 Romanzero, II, S. 189-190
2 Vgl. Sammons: A modern Biography, S. 295
3 An Julius Campe, 7. Juni 1848
4 An seine Schwester Charlotte Embden, 12.6.1848, HSA XXII, S.
   282
5 Romanzero, II, S. 186
6 Vgl. Mende, S. 353
7 Zitiert nach Untermeyer, S. 313
8 Geständnisse, VII, S. 130
9 Über die Februar-Revolution vgl. Lutezia
10 An seinen Bruder Max, 3.12.1848, HSA XXII, S. 300
11 Vgl. Bieber: Jüdisches Manifest
12 Zitiert nach Bieber, ebd.
13 Houben, S. 723
14 Geständnisse, VII, S. 154
15 Brod, S. 318
16 An Heinrich Laube, 7.2.1850, HSA XXIII, S. 26
17 Nachlese, II, S. 432

18 Ebd.
19 Vgl. Heine: Nachlese
20 Neue Gedichte, I, S. 317
21 An Baron James Rothschild, 15.1.1852, HSA XXIII, S. 174
22 An seine Mutter Betty Heine, 3.12.1853, HSA XXIII, S. 301
23 An seine Mutter Betty Heine, 21.1.1850, HSA XXIII, S. 22
24 Vgl. Vallentin, S. 267
25 Houben: Gespräche mit Heine, S. 751
26 Romanzero, II, S. 130
27 Houben, S. 918
28 Sammons: A modern Biography, S. 232
29 An Baron James de Rothschild, 13.1.1855, HSA XXIII, S. 406
30 Houben, S. 867
31 Sammons: A modern Biography, S. 313-314
32 Ebd., S. 310
33 Romanzero, II, S. 40-41
34 Ebd., S. 78
35 Ebd., S. 61
36 Ebd., S. 30ff
37 Ebd., S. 116
38 Ebd., S. 127
39 Ebd., S. 129-130
40 Zitiert nach Prawer: The tragic Satirist, S. 199
41 Romanzero, II, S. 167-168
42 Ebd., S. 178
43 Houben, S. 868f
44 Zur Geschichte der Religion und Philosophie in Deutschland, V, S. 172-173
45 Zitiert nach Sammons: A modern Biography, S. 307
46 Houben, S. 427
47 Romanzero, II, S. 153
48 An Charlotte Embden, 23.1.1844, HSA XXII, S. 94; An Betty Heine, 12.3.1851, HSA XXIII, S. 90; An Betty Heine, 18.3.1853, HSA XXIII, S. 273
49 Vallentin, S. 279-280

50 Therese Halle an Heine, 10.8.1853, HSA XXVII, S. 126

51 Vgl. Sammons: A modern Biography, S. 22; 26

52 Houben, S. 958-959

53 An Heinrich Laube, 12.10.1850 , HSA XXIII, S. 53

54 Houben, S. 1058

55 Vgl. Prawer: Heine's Jewish Comedy, S. 720

56 An Gustav Heine, 14.10.1852, HSA XXIII, S. 250

57 An Kolb, 22.3.1853, HSA XXIII, S. 23

58 Zitiert nach: Lewis Browne: That Man Heine, S. 377

59 An Julius Campe, 7.3.1854, HSA XXIII, S. 305

60 Gedichte 1853 und 1854, II

61 Geständnisse, VII, S. 134

62 Reisebilder. Vierter Teil, III, S. 382

63 Geständnisse, VII, S. 134-135

64 Ebd., S. 135-136

65 An seine Mutter Betty, 31.8.1854, HSA XXIII, S. 363

66 Houben, S. 1020-1021

67 Neue Gedichte, I, S. 217-218

68 Houben, S. 807

69 Geständnisse, VII, S. 153f

70 Ebd.

71 Vgl. Hugo Bieber: Heinrich Heine. Bekenntnis zum Judentum (Confessio Judaica), Berlin 1925

72 N. Glazer, Yom Tov Lipman Zunz (Heb.), Jerusalem 1988, S. 194-195

73 An Elise Krinitz, 20.6.1855. HSA 23, S. 427

74 Materialien: Leben und Werk, S. 242

75 Vgl. Sammons: A modern Biography, S. 341-343

76 An Eliese Krienitz, 10.11.1855, HSA XXIII, S. 469; An Eliese Krienitz, 25.9.1855, HSA XXIII, S. 456; An Elise Krinitz, 20.7.1855, HSA XXIII, S. 434; An dies., 2.10.1855, HSA XXIII, S. 458; An dies. , 22.1. 1856, HSA XXIII, S. 479; An dies., 20.11.1855, HSA XXIII, S. 470

77 Nachlese, II, S. 447

78 Houben, S. 1065-1067

79 Testament, VII, S. 450
80 Ebd.
81 Zitiert in Frederic Ewen (Hg.): The Poetry and Prose of Heinrich Heine, New York 1948, S. 45

Kapitel 24

1   Romanzero, II, S. 116
2   Vgl. Karl Goedeke: Grundriss zur Geschichte der deutschen Dichtung, 1881, S. 437-465
3   Zitiert in Pawel, S. 192
4   Bieber: Heinrich Heine. A Biographical Anthology, S. 2-3
5   „Thorn in our flesh", übers.: Xantippus [Franz Sansfoß]: Was dünket euch um Heine? Ein Bekenntnis, Leipzig 1888
6   R. Chernow: The Warburgs, New York 1993, S. 172
7   Sammons: Jewish Reception as the Last Phase of the American Heine Reception, in Gelber, S. 201
8   Sammons: A modern Biography, S. viii
9   Die romantische Schule, V, S. 132
10 Vgl. Nietzsche: Jenseits von Gut und Böse
11 Marcuse: Heine, S. 344
12 Liptzin: The English Legend of Heinrich Heine, S. 78
13 Zitiert in Liptzin, ebd., S. 112
14 Deutschland. Ein Wintermärchen, I, S. 436
15 Moshe Zimmermann: Wilhelm Marr. The Patriarch of Anti-Semitism, Oxford 1986, S. 133-136
16 Ebd., S. 131-132. Vgl. Nachlass Marr BVb/ „Testament eines Antisemiten",1891
17 Vgl. Conte Corti, Egon Caesar: Elisabeth - Die seltsame Frau; vgl.auch Joan Haslip: The Lonely Empress, London 1965
18 Haslip, S. 84; 148
19 Ebd., S. 361
20 Corti, S. 352
21 Ebd., S. 386. Nach der zionsitischen Wochenzeitung Die Welt war

das Geschenk kein geringeres als das Original-Manuskript des *Buch der Lieder.* Vgl. Mark Gelber: Heine, Herlz and Nordau: Aspects of the Early Zionist Reception, in: Gelber, S. 148

22 Haslip, S. 361

23 Untermeyer, S. 365

24 Ulk: Illustriertes Wochenblatt für Humor und Satire 26 (18) Berlin, April 30, 1897. Unser Dank für den Hinweis geht an Joseph A. Kruse.

25 New York Times, 2. Juli 1899

26 Untermeyer, S. 368

27 Romanzero, II, S. 105

28 M. Nordau: Ketavim Ziyoniyim (Heb.), Jerusalem 1960, vol. II, S. 188

29 Sammons: The Elusive Poet, S. 451

30 Solomon Liptzin: Germany's Stepchildren, Philadelphia 1944, S. 67

31 G. E. Berkley: Vienna and its Jews, Cambridge, Mass. 1988, S. 108

32 Karl Kraus: Heine und die Folgen

33 Sammons: The Elusive Poet, S. 451

34 G. Scholem: Walter Benjamin (Heb.) Tel Aviv 1987, S. 67

35 R. Manvell and H. Fraenkel: Doctor Goebbels, London 1960, S. 31

36 Frederic V. Grunfeld: Prophets Without Honour, New York 1979, S. 207

37 W. Lammar Kopp: German Literature in the United States 1945-1960, Chapel Hill 1967, S. 67.

38 R. Taylor: Berlin and its Cultur, New Heaven 1997, S. 354

39 Vgl. Sammons: A modern Biography, S. 352

40 D. Dagan: Hameshorer Nitzach be'Iro (Heb) 6. Jan 1989

BIBLIOGRAPHIE

Werke von Heine:

Heinrich Heine: Werke und Briefe in zehn Bänden, hg. Hans Kaufmann, 2. Auflage, Aufbau Verlag, Berlin / Weimar 1972 (für Ludwig Marcus. Denkworte: 3. Auflage von 1980 verwendet)

Bieber, Hugo (Hg.): Heinrich Heine. Bekenntnis zum Judentum (Confessio Judaica), Berlin 1925

Hirth, Friedrich. (Hg.): Heinrich Heine. Briefe, Mainz 1950-51

Houben, Heinrich Hubert (Hg.): Gespräche mit Heine, 2. Aufl., Potsdam 1948

Verwendete Literatur:

Ahad Ha'Am, Kol Kitvei (Heb.), Tel Aviv 1947
Altman, Alexander: Moses Mendelssohn, Philadelphia 1973
Arendt, Hannah: The Schlemihl and Lord of Dreams (April 1944), in: Arendt: The Jew as Pariah, New York 1978, S. 67-90
Arnold, Matthew: Heinrich Heine (August 1863), in Matthew Arnolds Essays, London 1906
Avineri, Shlomo: Moses Hess: Prophet of Communism and Zionism, New York 1985

Bein, Alex: Theodor Herzl: A Biography. Philadelphia 1941
Bein, Alex: The Jewish Question, übers. Harry Zohn, New York 1990

Berkley, George E.: Vienna and its Jews, Cambridge, Mass. 1988

Berlin, Isaiah: Against the Current, Essays in the History of Ideas, London 1979

Bernfeld, Shimon: Ach Rachok (A Distant Brother), Hashiloah (Heb.) 1898

Bernfeld, Shimon: Gabriel Riesser (Heb.), Warsaw 1901

Bialik Chayim N.: Hasefer Haivri, Kitvei, Tel-Aviv 1983

Bieber, Hugo: Heinrich Heine. Jüdisches Manifest, New York 1946

Bieber, Hugo (Hg.): Heinrich Heine: A Biographical Anthology, Philadelphia 1956

Bieber, Hugo: Heinrich Heine. Bekenntnis zum Judentum (Confessio Judaica), Berlin 1925

Börne, Ludwig: Briefe aus Paris, Dreieich 1986

Brandes, George: Main Currents in Nineteenth Century Literature, Vol. VI, London 1925

Brod, Max: Heinrich Heine, Amsterdam 1934

Brod, Max: The Artist in Revolt, London 1956

Browne, Lewis: That Man Heine: A Biography, New York 1927

Butler, Eliza M.: Heinrich Heine: A Biography, London 1956

Corti, Count: The Reign of the House of Rothschild, London 1928

Corti, Conte: Elisabeth - Die seltsame Frau, Salzburg 1936

Chernow, Ron: The Warburgs, New York 1993

Dagan, Daniel: Hameshorer Nitzach be'Iro (Heb) Haaretz, 6. Jan 1989

Deutscher, Isaak: The Non-Jewish Jew and Other Essays, Oxford 1968

Dinur, Ben-Zion: BeMifne haDorot (Heb.), Jerusalem 1954

Dubnov, Simon: History of the Jews, Bd. V, New York und London 1973

Druyanov, Alter: Sefer haBedicha vehaChidud (Heb.), Bd. II, Tel Aviv 1935

Elon, Amos: Herzl. New York 1975

Embden, Baron Ludwig von: The Family Life of Heinrich Heine, London 1893

Ewen, Frederic (Hg.): The Poetry and Prose of Heinrich Heine, New York 1948

Fairly, Barker: Heinrich Heine. An Interpretation, Oxford 1954

Feuchtwanger, Lion: Heinrich Heines Fragment: Der Rabbi von Bacherach, München 1907

Frankel, Jonathan: The Damascus Affair, Cambridge 1997

Friedel, Egon: A Cultural History of the Modern Age, Bd. III, New York 1953

Fleishman, Jacob: Bein Filosofia le Romantizm (Heb.), Iyyun, 8 (1957)

Freud, Sigmund: Der Witz und seine Beziehung zum Unbewussten, Wien 1905

Gelber, Mark H. (Hg.): The Jewish Reception of Heinrich Heine, Tübingen 1992

Glatzer, Nahun N: Yom Tov Lipman Zunz (Heb.), Jerusalem 1988

Goldberg, Isaac: Major Noah: American Jewish Pioneer, Philadelphia 1936

Goedeke, Karl: Grundriss zur Geschichte der deutschen Dichtung 1881

Graetz, Heinrich: Volkstümliche Geschichte der Juden , Köln 2000

Graetz, Heinrich: History of the Jews, Vol. V, Philadelphia 1949

Graetz, Heinrich Zvi: Pirkei Yoman (16 Jan. 1837), in: Darkhei HaHistoria HaYehudit (Heb.), Jerusalem 1969, S. 247-248

Graetz, Michael: The Jews in Nineteenth-Century France, Stanford 1996

Grunfeld, Frederic: Prophets without Honour, New York 1979

Haslip, Joan: The Lonely Empress, London 1965

Hensel, Sebastian: The Mendelssohn Family, New York 1882

Hensel, Sebastian: Die Familie Mendelssohn, Berlin 1891

Hess, Moses: Rome and Jerusalem (1826), New York 1943

Hess Moses: Ausgewählte Schriften, Köln 1962

Herzl, Theodor: Altneuland, Norderstedt 2004

Hofrichter, Laura: Heinrich Heine, Oxford 1963

Hohendahl, Peter U.; Gilman, Sander L. (Hg.): Heinrich Heine and the Occident, Lincoln, Nebraska 1991

Holub, Robert: Heine's Sexual Assault: Towards a Theory of the Total Polemic, Monatshefte Bd. 73, Nr. 4, 1981

Holub, Robert: Young Germany, in: A concise History of German Literature, Hg.: Kim Vivian, Columbis SC USA 1992

Katz, Jacob: From Prejudice to Destruction: Anti-Semitism, 1700-1933, Cambridge, Mass. 1980

Katz, Jacob: The Darker Side of Genius: Richard Wagner's Anti-Semitism, Hannover & London 1986

Kaufmann, Walter: Nietzsche: Philosopher, Psychologist, Antichrist, New York 1956

Kraft, Werner: From Lessing to Kafka (Heb.), Tel Aviv 1988

Kraus, Karl: Die Schere im Kopf oder „Heine und die Folgen", München 1910

Kolb, Jocelyne: Heine's Amusical Muse, in: Monatshefte, Vol 73, Nr.4, 1981

Lammar Kopp, W.: German Literature in the United States 1945-1960, Chapel Hill 1967

Lassalle, Ferdinand: Yoman Neurim (Heb.), Tel Aviv 1946

Lensing, Leo: Heine's Body. Heine's Corpus. Sexuality and Jewish Identity in Karl Kraus's Literary Polemics against Heinrich Heine, in Gelber (s.o.)

Liptzin, Solomon: Germany's Stepchildren, Philadelphia 1944

Liptzin, Solomon: The English Legend of Heinrich Heine, New York 1954

Lowenthal, Marvin: The Jews of Germany, Philadelphia 1936

Loewe, Dr. Louis (Hg.): Diaries of Sir Moses and Lady Montefiore, London 1890

Mann, Michael: Heinrich Heines Musikkritiken, Hamburg 1971

Mann, Thomas: Gesammelte Werke, Frankfurt 1990

Manvell, Arnold Roger und Fraenkel, Heinrich: Doctor Goebbels, London 1960

Marcuse, Ludwig: Heine – A Life between love and hate, New York 1933

Margolis, Max A. und Marx, Alexander: A History of the Jewish People, New York 1927

Marx, Karl und Engels, Friedrich: Gesammelte Werke

Maurois, André: A history of France, London 1950

Maurois, André: Lélia, ou La Vie de George Sand, Paris 1952

McLellan, David: Karl Marx. His Life and Thought, New York 1973

Meyer, Michael: The Origins of the Modern Jew, Detroit 1967

Mende, Fritz: Heinrich Heine. Chronik Seines Lebens und Werkes, Berlin 1970

Mendes-Flohr, Paul (Hg.): Hochmat Yisrael, Hebetim Historim u filosofim (Heb.), Jerusalem 1980

Metzner, Günter (Hg.): Heine in der Musik, Tutzing 1989-1994

Moran, Daniel: Toward the Century of Words: Johann Cotta and the Politics of the Public Realm in Germany, 1795-1832, Berkeley 1990

Na'aman, Shlomo: Ferdinand Lassalle (Heb.), Tel Aviv 1984

Nietzsche, Friedrich: Werke in drei Bänden, München 1955

Nordau, Max: Ketavim Ziyoniyim (Heb.), vol. I, Jerusalem 1955

Newman, Ernst: The Life of Richard Wagner, Bd. I, New York 1937

Pawel, Ernst: The Nightmare of Reason: A Life of Franz Kafka, New York 1984

Pawel, Ernst: The Poet Dying, Heinrich Heine's Last Years in Paris, New York 1995

Prawer, Sigbert Solomon: Heine: Buch der Lieder, London 1960

Prawer, Sigbert Solomon: Heine: The Tragic Satirist, Cambridge 1961

Prawer, Sigbert Solomon: Heine's Jewish Comedy, Oxford 1983

Poliakow, Léon: The History on Anti-Semitism, Vol. III, London 1975

Rauschning, Hermann: Hitler's Speaks, London 1939

Reissner, Hans-Günther: Eduard Gans, Tübingen 1965

Robertson, Ritchie: Heine, London 1988

Rose, William: The Early Love Poetry of Heinrich Heine, Oxford 1962

Rose, William: Heinrich Heine. Two Studies of his Thought and Feeling, Oxford 1962

Ruge, Arnold und Marx, Karl (Hg.), Deutsch-Französische Jahrbücher 1844, Verlag Philipp Reclam jun., Leipzig 1973

Sammons, Jeffrey: Heinrich Heine. The Elusive Poet, New Haven, 1977

Sammons, Jeffrey: Heinrich Heine: A modern Biography. Princeton 1979

Sammons, Jeffrey: Jewish Reception as the Last Phase of the American Heine Reception, in Gelber (s.o.)

Sansfoß, Franz: Was dünket euch um Heine? Ein Bekenntnis, Leipzig 1888

Sarna, Jonathan D.; Jacksonian Jew: The Two Worlds of Mordecai Noah, New York 1981

Sartre, Jean.Paul: Überlegungen zur Judenfrage, Reinbek bei Hamburg 1994

Selden, Camille: Les Derniers Jours de H. Heine, Paris 1884

Schlesier, Renate: Heinrich Heine and Karl Marx, in Gelber (s.o.)

Scholem, Gershom: Mitoch Hirhurim al hochmat yisrael in Devarim Bego (Heb.), Tel Aviv 1975

Scholem, Gershom: MiBerlin LiYerushalayim (Heb.), Tel Aviv 1982

Scholem, Gershom: Walter Benjamin (Heb.) Tel Aviv 1987

Shamir, Shimon: Toledot haAravim baMizrach haTichon (Heb.) Tel Aviv 1971

Shavit, Yaacov: Athens in Jerusalem. Classical Antiquity and Hellenism in the Making of the Modern Secular Jew, London 1997

Silberner, Edmund: Sozialisten zur Judenfrage, Berlin 1962

Spinoza, Benedictus de: Die Ethik, Stuttgart 1977

Strodtmann, Adolf: Heinrich Heines Leben und Werke, Berlin 1867-69

Tabak, Israel: Judaic Lore in Heine, Baltimore 1948

Taylor Ronald: Richard Wagner. His Life, Art and Thought, New York 1979

Taylor, Ronald: Berlin and its Culture, New Haven 1997

Talmon, Jacob: Be'idan ha'Alimut (Heb.), Tel Aviv 1975

Untermeyer, Louis: Heinrich Heine. Paradox and Poet, New York 1937

Ulk: Illustriertes Wochenblatt für Humor und Satire 26 (18) Berlin, April 30, 1897

Vallentin, Antonina: Poet in Exile, The Life of Heinrich Heine, New York 1934

Veit, Phillip F.: Heine: The Marrano Pose, in: Monatshefte 66 (1974)

Veblen, Thorstein: The Intellectual Pre-Eminence of Jews in Modern Europe, Political Science Quarterly, Bd. 34 (1919), S. 33–42. Zitiert in: Lew.s B. Feuer: Einstein and the Generations of Science, New York 1974, S. 51–52

Wagner, Richard: Das Judentum in der Musik, Bremen 1998

Weinryb, Dov.: Tsiyonut etzel Yehudei Germania Bitkufat Ha'haskala (Heb.), Kneset, Tel Aviv 1937

Weinryb, Dov.: Ararat, Medinat Hayehudim Be'Artzot Habrit (Heb.), Perakim II, New York 1960

Weinryb, Bernard D.: The Jewish experience in America, vol. 2, New York 1969

Wiener, Max: Jüdische Religion im Zeitalter der Emanzipation, Berlin 1933

Wistrich, Robert: Revolutionary Jews: From Marx to Trotsky, London 1976

Yovel, Yirmiyahu: Spinoza and other Heretics, Princeton 1989

Zantop, Susanne (Hg.): Painting on the Move: Heinrich Heine and the Visual Arts, University of Nebraska Press 1989

Zimmermann, Moshe: Wilhelm Marr, the Patriarch of Anti-Semitism, Oxford University Press 1986

Zlocisti, Theodor: Moshe Hess (Heb.), Jerusalem 1945

Zohn, Harry: Karl Kraus, Frankfurt/Main 1990

CHRONOLOGISCHE LEBENSDATEN

1797   13. Dezember. Harry Heine wird in Düsseldorf in der Bolkerstraße 53 geboren, als ältester Sohn des jüdischen Ehepaares Samson und Betty Heine.

1803   Besuch des „Cheder", der jüdischen Schule.

1804   Harry besucht die Schule im früheren Franziskanerkloster und hat weiterhin Religionsunterricht im „Cheder".

1810   Aufnahme ins Jesuiten-Lyceum

1811   3. November. Harry sieht Napoleon während dessen Besuch in Düsseldorf.

1812   Die Franzosen verlassen Düsseldorf. Das Rheinland wird preußisch.

1814   Heine verlässt das Lyceum ohne Abitur.

1815   Missglückter Versuch einer kaufmännischen Lehre im Bankhaus Rindskopf in Frankfurt

1816   Ein kurzer Versuch als Lehrling im Bankhaus seines Onkels in Hamburg. Er verliebt sich in seine Cousine Amalie.

1817   8. Februar. Seine ersten Gedichte erscheinen im Hamburger „Wächter".

1818   Im Mai eröffnet Onkel Salomon für Harry das Manufakturwarengeschäft „Harry Heine & Comp."

1819   Im März wird das Geschäft wegen drohenden Bankrotts

liquidiert. Heine geht nach Bonn und beginnt ein Jura-Studium. Er lernt August Wilhelm Schlegel kennen.

1820   September. Wechsel nach Göttingen; Arbeit am *Almansor*.

1821   Heine wird wegen eines Duells der Universität verwiesen. Er geht nach Berlin, wo er Vorträge von Hegel an der Universität hört. Er freundet sich mit Rahel und August Varnhagen, außerdem mit Autoren der Romantischen Schule an. Am 20. Dezember erscheint sein erstes Buch *Gedichte* bei Maurer in Berlin.

1822   4. August. Heine wird Mitglied im „Verein für Kultur und Wissenschaft der Juden". Er macht eine Reise durch Polen.

1823   18. Januar. Sein Artikel *Über Polen* wird veröffentlicht. Am 9. April erscheint sein zweites Buch *Tragödien nebst einem lyrischen Intermezzo* bei Dümmler; Heine verlässt Berlin und zieht nach Lüneburg zu seinen Eltern. Uraufführung des *Almansor* in Braunschweig – daraus ergibt sich ein Theaterskandal.

1824   24. Januar. Heine kehrt zurück nach Göttingen, um sein Studium zu beenden. Heine arbeitet an seinem *Rabbi von Bacherach*; er veröffentlicht den Gedichtzyklus *Die Heimkehr* (und darin die *Loreley*); September - Oktober wandert er durch den Harz und besucht am 2. Oktober Goethe in Weimar.

1825   28. Juni. Heine wird evangelisch getauft und erhält den Namen: „Christian Johann Heinrich Heine". Promotion am 20. Juli. Er macht Urlaub auf Norderney.

1826   Januar. Heine lernt den Verleger Julius Campe kennen. Es beginnt eine lebenslange Verbindung zum Verlag „Hoffmann & Campe". Im Mai erscheinen *Reisebilder. Erster Teil* und darin die Gedichte der *Heimkehr*, die *Harzreise*, und die Gedichte der *Nordsee*.

1827   12. April. Bei Campe erscheinen *Reisebilder. Zweiter Teil*, darin weitere *Nordsee* Gedichte, *Ideen – Das Buch Le Grand* und *Briefe aus Berlin*. Am 12. April segelt Heine nach England und bleibt dort bis zum 13. August. Am 18. Oktober erscheint sein *Buch der Lieder*. Am 27. Oktober reist Heine von Hamburg nach München mit Aufenthalten in Lüneburg (Eltern), Göttingen (Sartorius), Kassel (Brüder Grimm), Frankfurt (Ludwig Börne), Heidelberg (Bruder Max) und Stuttgart (Wolfgang Menzel). Am 26. November kommt er in München an und beginnt als Redakteur der „Neuen Politischen Annalen".

1828   4. August. Heine bricht zu einer viermonatigen Reise durch Italien auf. Am 11. Dezember kehrt er nach München zurück und bricht am 25. Dezember wieder auf nach Hamburg. In Würzburg erhält er die Nachricht vom Tod seines Vaters am 2. Dezember.

1829   Februar-Juli. Heine weilt in Berlin und Potsdam. Den Sommer verbringt er auf Helgoland und im Herbst ist er wieder in Hamburg. Im Dezember erscheint *Reisebilder. Dritter Teil*. (*Reise von München nach Genua* und *Die Bäder von Lucca*).

1830   Skandal um die Platen - Satire. Heine erfährt auf Helgoland von der Juli-Revolution in Paris.

1831   *Reisebilder. Vierter Teil* (*Englische Fragmente, Die Stadt Lucca*). Heine verlässt am 1. Mai Hamburg und kommt am 19. Mai in Paris an. Er wird Korrespondent der „Allgemeinen Zeitung" in Augsburg.

1832   Im Dezember erscheinen seine *Französischen Zustände*.

1833   Heine schreibt eine Artikelserie über Deutschland für „L´Europe Litteraire"; daraus entstehen *Die romantische Schule* und *Zur Geschichte der Religion und Philosophie in Deutschland*.

1834   Oktober. Heine trifft Crescene Eugenie Mirat, genannt Mathilde.

1835   Januar. *Der Salon. Zweiter Teil*; April. *De l'Allemagne* (Die französische Ausgabe von *Die romantische Schule* und *Zur Geschichte der Religion und Philosophie in Deutschland*) erscheinen in Paris. Am 10. Dezember: Bundestagsbeschluss gegen die Dichter des Jungen Deutschland und Heinrich Heine an ihrer Spitze.

1837   *Der Salon. Dritter Teil* (*Florentinische Nächte, Die Elementargeister*).

1838   Oktober. „*Shakespeare's Mädchen und Frauen*".

1839   Oktober. Heine trifft Richard Wagner in Paris.

1840   12. Februar. Heine schickt wieder seine Beiträge an die „Allgemeine Zeitung". Am 8. August erscheint bei Campe *Heinrich Heine über Ludwig Börne*. Ende Oktober erscheint *Der Salon. Vierter Teil*.

1841   31. August. Heine heiratet Mathilde.

1843   Januar–März. *Atta Troll. Ein Sommernachtstraum* wurde in Fortsetzungen in der „Zeitung für die elegante Welt" gedruckt, die Laube herausgab.
Vom 29. Oktober bis zum 7. Dezember: Besuch der Heimat, Aufenthalt in Hamburg.
Heine kehrt am 16. Dezember nach Paris zurück und trifft Karl Marx.

1844   22. April. *Ludwig Marcus. Denkworte* (darin seine Erinnerungen an den „Verein für Kultur und Wissenschaft der Juden". Am 10. Juli erscheint im „Vorwärts" sein Gedicht *Die Weber*. Am 20. Juli zweite Reise nach Hamburg. *Deutschland. Ein Wintermärchen* und *Neue Gedichte* erscheinen; Am 23. Dezember stirbt sein Onkel Salomon in Hamburg.

1847   *Atta Troll* erscheint als Buch.

1848   22. Februar. Ausbruch der Februar-Revolution in Paris. In der zweiten Mai-Hälfte bricht Heine im Louvre zusammen. Von da an bis an seinem Tod ist er an seine *Matratzengruft* gefesselt.

1851   Nach jahrelangem Schweigen kommt Julius Campe nach Paris und versöhnt sich mit Heine. Im Oktober erscheint der *Romanzero*.

1852   Beginn der Arbeit an *Lutezia*.

1854   Oktober. Bei Hoffmann & Campe erscheinen seine *Vermischten Schriften* in drei Bänden. (*Geständnisse, Gedichte 1853 und 1854, Die Götter im Exil, Ludwig Marcus. Denkworte*; Band 2 und 3: *Lutezia*.)

1855   Heine lernt im Juni Elise Krinitz, genannt „Mouche", kennen.

1856   Heine stirbt am 17. Februar um fünf Uhr morgens; er wird am 20. Februar auf dem Friedhof in Montmartre beerdigt.

PERSONENREGISTER

Abarbanel, Don Isaac 145, 330, 442

Achad Ha'Am 26, 28, 68, 117, 179, 326

Adam, Adolphe 406

Adams, John 118

Adler, Viktor 74

Adorno, Theodor 592

Agnon, S.Y. 116

Albert I 564

Alharisi, Judah 327

Andersen, Hans Christian 200, 279, 314

Antoinette, Maria 254, 551

Arendt, Hannah 17, 24

Aristophanes 412

Arnim, Achim von 274

Arnim, Bettina von 173

Arnold, Matthew 14, 26, 126, 582

Audebrand, Philibert 392

Auerbach, Berthold 443

Auersberg, Anton von 310

Avineri, Shlomo 598

Babeuf, Francois Noel 440

Bach, Johann Sebastian 421, 433

Bakunin, Michail 430

Balzac, Honore de 199, 313, 369, 399, 565

Barbarossa, Friedrich 494, 496

Bar-Kokchba 29

Barrett Browning, Elisabeth 582

Bartels, Adolph 591

Basnage, Jacques Christian 80

Bauer, Bruno 139, 443, 456, 470

Bayron, Lord 271

Bebel, August 468

Beethoven, Ludwig van 400, 402, 412, 416, 582

Bein, Alex 220

Belgiojoso, Cristina di 271, 294f., 301, 369, 401, 540, 544

Bellini, Vincenzo 200, 401, 402, 418, 413

Bendavid, Lazarus 121

Berdyczewski, Micha Josef 27, 113, 383

Berlin, Isaiah 18,

Berlioz, Hector 11, 190, 270f., 403f., 565

662

Graetz, Heinrich 16, 21, 48, 63,
80, 129, 240, 325, 379, 454
Grillparzer, Franz 200, 298, 301,
393, 540
Grimm, Brüder 21, 36, 153,
274
Grimm, Pastor 99
Gruby, Dr. David 534, 536,
576
Grunfeld, Frederic 595
Grzimek, Waldemar 596
Gubitz, Friedrich 58, 60, 66, 78,
80
Guizot, Francois 223, 467, 540
Gumpel, Lazarus 175
Gutzkow, Karl 255, 261, 286,
287, 300, 481

Halevy, Jehuda 17, 27, 29, 77,
130, 327, 391, 458, 533, 536
Halevy, Eliezer 374
Halevy, Jacques 234, 412, 414,
416, 424, 427
Halfon-Halevy, Elie 414
Halle, Adolf 45, 82, 158, 518,
529
Hasseltriis, Louis 588
Hegel, Georg Wilhelm Friedrich
56f , 62, 64, 79, 282, 345, 351,
444, 448, 469, 523
Heine, Alice, Prinzessin von
Monaco 564
Heine, Betty 39
Heine, Carl 214, 509, 516f.,
527f., 564

Heine, Cecile 518, 529
Heine, Gottschalk-Gustav 38,
517, 561, 564f., 575
Heine, Gustav 517, 561, 564,
565, 575
Heine, Max 156, 199, 293, 301,
501, 508, 531, 543, 564
Heine, Meyer-Maximilian 38,
156, 199, 301, 501, 508, 531,
543, 564
Heine, Mathilde 300f., 310f.,
419, 501, 509f., 512f., 527,
530, 536, 526f., 568, 572
Heine, Salomon 40f., 47, 60, 5,
77f., 81, 83, 101, 151, 158,
175, 183, 418, 497, 501, 505,
506, 509, 514, 516, 517, 520,
527, 528, 529, 531
Heine, Samson 40f., 78, 172,
318f.
Heine-Embden, Sarah Charlotte
C. 38, 81, 564, 586
Heine-Friedländer, Amalie 43,
44f., 75f., 81f., 90, 152, 214,
292
Heine, Halle Therese 45f., 82,
90, 158, 214, 293, 564
Hengstenberg 470
Herder, Johann Gottfried 269,
270, 282
Herodes Antipas 386
Herodias 386f.
Herter, Ernst 587f.
Hertz, Henriette 57
Herz-Beer, Jakob 412

Heinrich Heine

CONFESSIO JUDAICA

BEKENNTNIS ZUM JUDENTUM

Melzer

Mit einem Vorwort von Yigal Lossin

In diesem Buch sind Heines Äußerungen über Juden und Judentum vollständig gesammelt – offene Bekenntnisse und unwillkürliche Geständnisse, Dokumente seiner seelischen Situation und seiner unzerstörbaren Eigenart, der Liebe und des Hasses, der Ergriffenheit und der Spottlust. Das Schicksal der Juden hat ihn tief ergriffen, die Tatsache, dass er als Jude geboren ist, hat die Formung seines Weltbildes, die Richtung seines Denkens, die Färbung seines Gefühls bestimmt.

In der Textsammlung Confessio Judaica bekommen wir einen tiefen Einblick in seine gespaltene Persönlichkeit und sein enges Verhältnis zum Judentum, trotz seiner Taufe. Auf seinem Sterbebett erklärte er: „Ich habe niemals mein Judentum verleugnet, zu dem ich nicht zurückgekehrt bin, aus dem einfachen Grunde, weil ich es niemals verließ …"

Heine war einer der ersten, die einen säkularen, antireligiösen Weg suchten, ihr Judentum zu leben, was zu seiner Zeit fast unmöglich war. Seine Taufe betrachtete er auch nur als „Entreebillet zur Europäischen Kultur".

ISBN 3-937389-97-0   Hardcover, 284 Seiten